MARTHE ROBIN
TAGEBUCH
DEZEMBER 1929
NOVEMBER 1932

MARTHE ROBIN
TAGEBUCH
DEZEMBER 1929
NOVEMBER 1932

übersetzt von
P. Wolfgang Sütterlin SDS
in Zusammenarbeit mit dem Foyer de Charité
von Châteauneuf-de-Galaure

Umschlagbild und -gestaltung:
Fabrice Delorme

Imprimatur:
Fest des hl. Lukas, 18. Oktober 2012
+ Jean-Christophe Lagleize, Bischof von Valence

Französische Originalausgabe
Marthe Robin, Journal Décembre 1929 – Novembre 1932
Editions Foyer de Charité © 2013

Deutsche Ausgabe
© 2016 by EOS Editions Sankt Ottilien
www.eos-books.com
ISBN 978-3-8306-7778-9

Bibliografische Information der Deutschen Bibliothek

Die Deutsche Bibliothek verzeichnet diese Publikation
in der Deutschen Nationalbiografie;
detaillierte bibliografische Angaben
sind im Internet unter http://dnb.ddb.de abrufbar.

Printed by EOS Druckerei
Printed in Germany

Geleitwort

„Man muss lieben, man muss" (Marthe Robin)

Marthe Robin – ein Name, der außerhalb von Frankreich kaum jemandem etwas sagt. Und doch ist diese Frau eine der eindrucksvollsten Mystikerinnen des 20. Jahrhunderts. Ihre Bedeutung für die Erneuerung der Kirche kann gar nicht überschätzt werden. Zu ihren Lebzeiten hat sie mit mehr als 100.000 Menschen Gespräche geführt, ihnen zugehört, sie getröstet oder auf den Weg der Umkehr geführt. Und seit ihrem Tod haben über 400.000 Menschen ihr Zimmer besucht, in dem sie den Großteil ihres Lebens als Schwerkranke verbracht hat.

Das Leben von Marthe Robin war bis zu ihrem Tod am 6. Februar 1981 von einem kaum vorstellbaren Leiden gezeichnet. Und doch nahm sie gerade dieses Leiden bewusst auf sich. Am 15. Oktober 1925 weihte sie Gott ihr Leben und Leiden. Ab 1929 war sie stigmatisiert und erlebte regelmäßig von Donnerstag bis Freitag intensiv das Leiden Christi. Über ihr Ziel sagte Marthe Robin: „Meine Sendung ist es, dass Jesus in überfließender Liebe geliebt wird".

Was war das Geheimnis von Marthe Robin? Für mich ist sie eine der ganz großen Glaubenszeuginnen des 20. Jahrhunderts. Trotz ihrer besonderen Gnadengaben blieb sie immer ein schlichter, freundlicher, offener Mensch mit gesundem Menschenverstand, Humor und Realitätssinn, die sie zu einer außergewöhnlichen Persönlichkeit machten.

Durch 2.000 Jahre machen Menschen immer wieder die Erfahrung, dass die Worte Jesu wirklich stimmen. Da gibt es bisweilen die außergewöhnliche Tatsache, dass Menschen über lange Jahre nur von der Eucharistie leben. Ein berühmtes Beispiel ist die hl. Katharina von Siena, die sich durch Jahre nur von der Eucharistie ernährt hat. Ebenso war es beim hl. Bruder Klaus von der Flüe in der Schweiz und in unserer Zeit besonders eindrucksvoll bei der stigmatisierten Marthe Robin, die Jahrzehnte lang nur von der Eucharistie gelebt hat. Solche außergewöhnlichen Gaben sind uns als Zeichen dafür gegeben, dass der Herr nicht einfach von einem Symbol spricht, sondern dass er selber sich uns zur Speise gibt, dass er wirklich „Lebensmittel" ist. Diese Zeichen sollen uns daran erinnern, dass Jesus in der Eucharistie wirklich zu uns kommt und uns Leben schenkt.

Eindeutig gottgelenkt ist auch die entscheidende Begegnung von Marthe mit Georges Finet, einem Priester aus Lyon, am 10. Februar 1936. Sie richtet das Leben des Priesters neu aus: Marthe sprach den Wunsch aus, dass ein „Foyer de Charité" errichtet werden sollte. Finet wird Marthes Seelenführer und Père, also Vater des ersten „Foyer de Charité" in Châteauneuf, einer zunächst kleinen Gemeinschaft, 1939 sind es sechs Mitglieder. Diese „Foyers" sollten Gemeinschaften von Laien sein, die unter der Leitung eines Priesters, des Foyervaters, durch ihr Leben des Gebetes und der Arbeit in der Welt Zeugnis für die Gottes- und Nächstenliebe geben, indem sie geistliche Exerzitien anbieten. Zahlreiche „Foyers de Charité" entstanden in den folgenden Jahren in aller Welt. Heute gibt es 80 solche Niederlassungen auf der ganzen Welt.

1996 konnte ich selbst erstmals im Zimmer von Marthe Robin in Châteauneuf beten. Seit damals war es mein Wunsch, dass auch in der Wiener Diözese ein Foyer de Charité entstehen möge. Am 13. Juni 2009 war es dann im Haus am Sonntagberg in der Diözese St. Pölten endlich soweit. Dank des Gebetes und der tatkräftigen Unterstützung vieler Freunde, Unterstützer und Förderer aus dem ganzen Land konnte das Foyer de Charité „Haus am Sonntagberg" durch die feierliche Segnung durch den Ortsbischof, Msgr. Klaus Küng, eröffnet werden. Seither ist das Foyer am Sonntagberg ein „Ort des Lichtes, der Liebe und der Gegenwart Gottes, der die Liebe ist".

Marthe Robin war ein starkes und sprechendes Zeichen, wie sehr die persönliche Hingabe und Vereinigung mit Gott für die ganze Kirche, ja für die Welt fruchtbar ist. Sie hat maßgeblichen Anteil an der Entstehung vieler neuer geistlicher Gemeinschaften, wie etwa der Gemeinschaft der Seligpreisungen, der Gemeinschaft vom heiligen Johannes, oder der Gemeinschaft Emmanuel.

Marthe Robins Leben kann allen Mut machen, die resigniert das Ende des Glaubens in Europa vorhersehen. Ihr Zeugnis macht aber auch offenkundig: Es ist das Übermaß der Hingabe, das Gottes Wirken mit unvorhersehbaren Folgen die Tore öffnet. Ihr „Journal Intime", dieses wichtige persönliche Zeugnis, ist eine tiefe Quelle, die uns so viel von Marthe und ihrem Gebet, ihrem Leiden und ihrer tiefen bräutlichen und eucharistischen Vereinigung mit Jesus am Kreuz zeigt. Berührend ist ihr brennender Wunsch, „... dass ich doch genügend Stimme hätte, um in die Welt zu schreien, dass Gott Liebe ist, und dass man die Liebe lieben muss. Man muss lieben, man muss".

Es freut mich, dass dieses Zeugnis von Marthe Robin nun auch in deutscher Sprache vorliegt. Es ist zwar nicht wie einen Roman zu lesen, kann aber sicher Nahrung sein für den Glauben, die Hoffnung und die Liebe, die Freude und die Bereitschaft, sich Gott ganz zu schenken. Möge dieses Werk dazu beitragen, dass die ehrwürdige Dienerin Marthe Robin, deren Seligsprechung wir in den nächsten Jahren erhoffen dürfen, auch in unserem Land und im ganzen deutschsprachigen Raum von immer mehr Menschen geliebt und verehrt wird.

Wien, 8. März 2016, Fest des hl. Johannes v. Gott

+ Christoph Kardinal Schönborn
Erzbischof von Wien

Inhaltsverzeichnis

Geleitwort V
Christoph Kardinal Schönborn

Vorwort 1
P. Bernard Michon

Einführung 3
P. Jacques Bernard

Beschreibung der Hefte 23
Sophie Guex

Hinweise für den Leser 26

Abkürzungen und Textausgaben 27

Erstes Heft des *Tagebuchs* 29

Zweites Heft des *Tagebuchs* 181

Drittes Heft des *Tagebuchs* 317

Kleine Chronologie 495

Vorwort

Im Jahre 1985 händigte Père[1] Jacques Ravanel den Foyermitgliedern zum Herz-Jesu-Fest den ersten Teil dessen aus, was man damals das „Journal intime"[2] von Marthe Robin nannte: einen mit Hilfe von Matrizen vervielfältigten Text zum „ausschließlich internen Gebrauch in den Foyers de Charité". Dies geschehe, so betonte er, mit der Erlaubnis von Msgr. Didier Léon Marchand, dem damaligen Bischof von Valence, der Genehmigung von Père Finet[3] und der Zustimmung der Familie von Marthe. Auf diese Präsentation folgte ein zweiter Teil am 29. Juli 1988 und der dritte Teil an Allerheiligen 1991, wobei die drei Teile des *Tagebuchs* mit den drei handschriftlichen Heften übereinstimmen. Diese Ausgabe ist nun seit einiger Zeit vergriffen.

Im April 2012 fand auf Initiative der Verantwortlichen der katholischen Universität von Lublin (Polen) ein eintägiges Kolloquium zu Marthe Robin statt unter dem Vorsitz Seiner Exzellenz des Bischofs von Warschau-Praga, Msgr. Henryk Hoser, der lange schon, nämlich seit der Zeit, als er Verantwortlicher der Pallottiner in Ruanda war, die Mission der Foyers de Charité, besonders die Ausbildung für alle in den Exerzitien, schätzt.

Dieses Kolloquium an einer Universität und diese internationale missionarische Dimension der Foyers de Charité waren mir wie ein Zeichen und wie ein Aufruf, dass es an der Zeit sei, Marthe Robin und besonders

---

[1] *Père* (Vater) ist im Französischen Bezeichnung und Anrede sowohl für Diözesan- als auch für Ordenspriester. (Anm. d. Übers.).
[2] „Das Tagebuch".
[3] Père Georges Finet (1898–1990), ein durch Erfahrung gereifter, gebildeter und führungsstarker Mann, entstammte einem soliden, großbürgerlich-katholischen Milieu. In der Verkündigung der Vaterliebe Gottes und in der Begegnung mit Christus sah er die Voraussetzung für einen lebendigen Glauben. Seit 1934 wirkte er als Vizedirektor des kirchlichen Schulwesens in der Erzdiözese Lyon. Marthe erkannte in ihm den Priester, den Gott dazu ausersehen hatte, die Entstehung des Werkes der Foyers de Charité zu begleiten. Von 1936 an war er der geistliche Beistand und enge Vertraute von Marthe. Siehe BERNARD PEYROUS, *Das Leben der Mystikerin Marthe Robin*, Hauteville/Schweiz, Parvis 2008, S. 93–123 und 145–154. (Anm. d. Übers.).

ihr *Tagebuch* weiter bekannt zu machen. Allmählich und gerade auch im Zuge meines eigenen Umgangs mit diesem *Tagebuch*, hat der Wunsch Gestalt angenommen, es in einer literarisch hochwertigen Ausgabe zu veröffentlichen, die eine sichere Referenz für all jene sein soll, die Marthe Robin besser kennen lernen wollen, wie auch für Studien universitärer Art.

Eine sorgfältige Lektüre der Originale durch Sophie Guex wurde ergänzt durch die Untersuchungen von Marie-Thérèse Gille, Marie-Odile Riwer und Louis Darbouret, die alle Mitglieder des Foyer de Charité in Châteauneuf-de-Galaure sind. Père Jacques Bernard hat diese Arbeit begleitet und eine Einleitung verfasst, die den Leser in der Tat in das Denken und in die Mystik Marthe Robins einführt.

Es war mir darüber hinaus ein Anliegen, das Nihil obstat von Msgr. Jean-Christophe Lagleize, unserem Bischof, zu erbitten.

Allen sei Dank: Das ist eine schöne, auf „Genauigkeit" basierende Arbeit, was Marthe wichtig war und oft von Père Finet betont wurde, denn, so pflegte er mit Marthe zu sagen, „Genauigkeit" ist ein Ausdruck für die Jungfrau Maria in Nazareth.

Père Bernard Michon
Verantwortlicher der Foyers de Charité,
am 15. September 2012

Einführung

Marthe Robin wurde 1902 geboren. Als sie 16 Jahre alt ist, zeigen sich die ersten Symptome einer schweren Erkrankung. Mit ungefähr 20 Jahren hat sie den Wunsch, in den Karmel einzutreten und erfährt Visionen der Jungfrau Maria. 1925 vollzieht sie mit 23 Jahren die „Hingabe und Auslieferung an die Liebe und an den Willen Gottes". Mit 25 Jahren ist sie endgültig ans Bett gefesselt. Ein Jahr später, 1928, findet in der Pfarrgemeinde eine Volksmission der Kapuziner statt, die sie ermutigen, ihr geistliches Erleben durch Lektüren zu erweitern. Sie hat zunächst ihr Messbuch, das ihr Nahrung ist und aus dem sie sich zahlreiche Anregungen holt (Schrifttexte, liturgische Texte, Hymnen, Kirchenlieder, Gebete). Sie selbst schreibt, wie außerordentlich bevorzugt diese Quelle für sie bleibt: *„Gerade eben habe ich nachgedacht und in meinem Herzen auf die Frage einer Freundin geantwortet, die mich nach meinen liebsten Gedanken gefragt hat ... [...] Ich weiß, es gibt sehr schöne, aber ich wage zu behaupten, [...] ganz allgemein, dass diejenigen, die ich allen anderen, selbst den schönsten, vorziehe, in der Regel die Gedanken des Evangeliums, die Heilige Schrift, die heilige Liturgie und die schönen Gebete der Kirche sind!"*[1] Ihr stehen auch Lektüren zur Verfügung, die von ihren Freundinnen, aus der Bibliothek der Pfarrgemeinde und aus Zeitschriften, z.B. *„La vie spirituelle"*[2], stammen. Marthe ist zu dieser Zeit 26 Jahre alt.

Père Faure, der Pfarrer von Châteauneuf-de-Galaure, wird der geistliche Begleiter von Marthe, die ihn im Dezember 1928 darum bittet.[3] 1929

---
1 *Tagebuch*, 3. März 1930.
2 „*Das geistliche Leben*".
3 Père Léon Faure (1873–1955) war von 1923 bis 1955 Pfarrer in Châteauneuf-de-Galaure, ein herzensguter, bodenständiger, aber auch energischer Seelsorger, der Gott ausdrücklich gebeten hatte, ihn mit Mystikern zu verschonen. Aus dem anfangs schwierigen Verhältnis zu Marthe entwickelt sich ab 1927 eine tiefe, vertrauensvolle geistliche Beziehung. 1936 löst Père Finet ihn als Begleiter ab, so dass er sich wieder mehr um die Angelegenheiten der Pfarrei kümmern kann. Siehe PEYROUS, *Das Leben der Mystikerin Marthe Robin*, S. 33f und 122f. (Anm. d. Übers.).

ist Marthe 27 Jahre alt. Sie macht sich an die Abfassung ihres *Tagebuchs*.[1] Bis zum Alter von 30 Jahren wird sie daran weiterarbeiten. Nach der Volksmission der Kapuziner von 1928[2] sind das drei grundlegende Jahre für ihr geistliches Leben. Um sich nicht von ihrer Krankheit entmutigen zu lassen, liest sie viel oder lässt sich vorlesen. Sie schreibt bzw. diktiert, als die Krankheit es ihr unmöglich macht, ihre Hände zu gebrauchen. Das *Tagebuch* entsteht in der Zeit von 1929 bis 1932.[3]

Von 1933 bis 1938 wird Père Faure Zeuge der Passionen Marthes, die nun das *Tagebuch* ablösen. Wort für Wort verzeichnet Père Faure in kleinen Heften die Worte Marthes, die er versteht, während sie freitags die Passion durchlebt.[4] Sowohl das *Tagebuch* von Marthe als auch die *Hefte von Père Faure* geben also in ausgezeichneter Weise (von innen und von außen) Einblick in das geistliche Leben Marthes während jener Jahre, die dem ersten Besuch von Père Finet bei Marthe im Jahre 1936 vorausgehen.

Das *Tagebuch* wurde nach dem Tod Marthes wiedergefunden. Es wurde nach und nach von ihr selbst und von anderen Personen in drei kleinen Heften niedergeschrieben. Von einem zum anderen kann man den geistlichen Weg verfolgen, den Marthe mit Hilfe ihrer Lektüren und unter der Anleitung ihres geistlichen Begleiters, der die wesentlichen Teile des zweiten Heftes schreibt[5], zurückgelegt hat.

Während eben dieser Periode zwischen Ende 1931 und Anfang 1932 hat Marthe, die auf ihren 30. Geburtstag zugeht, die ersten Wundmale: *„Wie hat mich Jesus doch heute geliebt! ... Die Umarmung war so stark, sogar ein bisschen blutig. Der Bräutigam schmückt sein kleines Opfer mit den Wunden seiner Liebe"* (27. September 1931). Davon ist noch einmal Anfang 1932 die Rede: *„Diese wirkliche Umgestaltung in eine Ähnlichkeit mit dem Opfer des gekreuzigten Jesus, die sich durch ein mystisches Entflammen der göttlichen Liebe ereignet hat, lässt mich zu meinem großen Glück ohne äußere Male zurück ... Es lebe*

---

1 Zwei Jahre zuvor hatte sie auf die Anregung einer Freundin hin angefangen, es zu schreiben, dann aber diesen ersten Versuch zerrissen.
2 Zu dieser Mission von 1928 und die Wende, die sie im Leben von Marthe bedeutete, siehe PEYROUS, *Das Leben der Mystikerin Marthe Robin*, S. 45–50.
3 Ein letzter Text wurde wahrscheinlich nach 1934 angefügt. Siehe S. 491 Anm. 3.
4 Diese Aufzeichnungen sind veröffentlich worden: *Les Passions de Marthe Robin, relatées par le Père Faure, curé de Châteauneuf-de-Galaure*, Ed. Foyer de Charité 2009. (Nachstehend werden die Aufzeichnungen auch als *Hefte von Père Faure* oder *CF* [*Carnets du Père Faure*] bezeichnet. Anm. d. Übers.).
5 Père Faure hat weitere Spuren seiner Arbeit bei Marthe in dieser Zeit auf Seiten hinterlassen, die zu Heften gebunden wurden und später veröffentlicht werden.

Einführung

Maria! ... Ihrer ganz mütterlichen Vermittlung verdanke ich es auch dieses Mal, dass kein sichtbares Mal zurückgeblieben ist" (26. Januar 1932).

Schon beim bloßen Lesen des *Tagebuchs* bemerkt man in der Folge dieser ersten Wundmale eine Fülle von Texten (36 Seiten im *Tagebuch* seit jenem Tag und im folgenden Monat) wie auch eine Vertiefung im Denken. Die Bezugnahmen auf ihre geistlichen Vorbilder werden umfangreicher. Das dritte Heft ist in dieser Hinsicht symptomatisch: Dort gibt es eine Fülle von Anklängen an mystische Autoren. Das lässt sich vielleicht erklären: Am Anfang des *Tagebuchs* versucht Marthe, wenn sie über ihre mystischen Erfahrungen spricht, zu präzisieren, ob es sich um *„innere Intuitionen"* handelt oder um *„klare Visionen"* oder um *„Mitteilungen"*. Man spürt eine Unsicherheit und eine große Vorsicht. Mit den Wundmalen aber muss die Gewissheit, dass Gott sich ihr näherte, größer geworden sein, gleichzeitig aber auch Fragen aufgeworfen haben. Sie hat das Bedürfnis, ihre Intuitionen bestätigt zu finden. Deshalb hält sie sich an die Schriften der anderen Mystiker. Bald darauf, im Jahre 1935 und kurz vor der Begegnung mit Père Finet, wird Marthe, als sie die Berichte von Katharina Emmerich/Brentano[1] liest, froh sein, sich hinsichtlich ihrer eigenen Passionserfahrungen auf die einer „älteren Schwester" stützen zu können; dies umso mehr, als die Berichte ihrer „älteren Schwester" ihr nicht nur Zugang zu einer Vorgängerin hinsichtlich der Wundmale verschaffen, sondern auch zum archäologischen Umfeld der Passionen, was von großem Wert für Mystiker ist, die darauf bedacht sind, ihre Erfahrungen in der Wirklichkeit anzusiedeln. Mit einem großen Bemühen um Genauigkeit wird sie sich daraus nähren. Es sei den Forschern überlassen, das alles herauszuarbeiten.[2]

Mit den *Heften von Père Faure* und dem *Tagebuch* besitzen wir den Grundstock der Spiritualität Marthes. Dennoch haben wir die Ausgabe der Werke Marthes mit dem Heft, das den Titel *Préparation de la Pâque*[3] trägt, begonnen. Da wir den Bericht der Passion herausgeben wollten, der das eigentliche Werk Marthes ist, war es angebracht, mit dieser *Préparation de la Pâque* anzufangen, die den Blick auf *La douloureuse Passion de Notre-Seigneur Jésus Christ*[4] eröffnet. Das war durchaus eine Herausforderung, denn

---
1 Anna Katharina Emmerick (auch Emmerich, 1774–1824), Ordensfrau und Mystikerin, trug die Wundmale Christi, 2004 von Papst Benedikt XVI. seliggesprochen. Ihre Visionen wurden von dem Dichter Clemens von Brentano aufgezeichnet. (Anm. d. Übers.).
2 Zur ersten Orientierung, siehe MARTHE ROBIN, *La douloureuse Passion du Sauveur I: Préparation de la Pâque*, Ed. Foyer de Charité 2008, S. 9 und S. 20–23.
3 *Vorbereitung auf Ostern*, siehe Anm. 2.
4 *Das schmerzhafte Leiden unseres Herrn Jesus Christus*.

die Meditation Marthes liegt in zwei Niederschriften vor, in einer ersten Version, 1935 begonnen, als sie 35 Jahre alt war und den von Brentano verfassten Bericht ihrer „älteren Schwester", Katharina Emmerich, kennenlernte. Ihre eigene Meditation wurde dadurch verbessert und erweitert. Das hat zu zwei Exemplaren des Berichts von der Passion geführt, denen schließlich, Anfang 1941, der Bericht vom Gründonnerstag, *Préparation de la Pâque*, vorangestellt wurde.[1]

Die große Frage, die der Passionsbericht aufwarf, war der bei Marthe nicht zu vernachlässigende Anteil von Anklängen an ihre „ältere Schwester". Da die *Hefte von Père Faure* noch nicht aufgelegt waren, kannten wir die Persönlichkeit Marthes nicht genügend. Wir mussten uns damit begnügen zu untersuchen, wie Marthe sich im Hinblick auf ihre zwei Hauptquellen, die Passion in den *Evangelien* und den Bericht von Emmerich/Brentano, verhielt. Wir haben dann an den rechten Rändern den Beitrag Marthes auf der Basis der Schrift kenntlich gemacht und an den linken Rändern, was sie von Emmerich/Brentano her eingebracht hat. Marthe, die darauf bedacht war, die Landschaft in den Passionen zu beschreiben, die sie durchlebte, hielt sich an den archäologischen Rahmen, den Brentano Katharina Emmerich vorgegeben hatte. Wie Katharina Emmerich folgt sie diesem erzählerischen Rahmen, der von der damaligen Archäologie erstellt worden war, fast immer Schritt für Schritt (selbst dort, wo er falsch ist). Sie ordnet Auszüge auf ihre Weise an und nimmt wieder Abstand davon, um auf die Schrift zurückzugreifen, wenn es ihr am Gedächtnis – oder am Interesse für das Detail – mangelt. Anders gesagt, sie stellt die Anklänge, die sie verwendet, in einem allgemein anerkannten Rahmen neu zusammen. Das ist eine wirkliche Autorenarbeit.

Mit dem *Tagebuch* ist die Aufgabe unverhältnismäßig leichter geworden. Marthe kennt Emmerich/Brentano noch nicht und ihre Autorenpersönlichkeit kommt wunderbar zum Vorschein. Gewiss, seit der Volksmission von 1928 hat man ihr empfohlen zu lesen und sie hat gehorcht. Sie hat viel gelesen. Aber sie hat ihre Lektüren so gut integriert, das Messbuch, die Bibliothek der Pfarrgemeinde oder auch den Geist ihrer Zeit, dass man oftmals entsprechende Ausdrücke erkennt, ohne dass man genau weiß, aus welcher Quelle sie kommen. Um nur ein Beispiel zu nennen: Es kommt vor, dass man einen Ausdruck von Elisabeth von der Dreifaltigkeit

---

[1] Mehr Details über die Komposition des Passionsberichts, siehe MARTHE ROBIN, *La douloureuse Passion du Sauveur I: Préparation de la Pâque*, S. 11–16.

Einführung

aufspürt. Eines Tages wurde Marthe gefragt, ob sie das Gebet Elisabeths von der Dreifaltigkeit[1] „Oh mein Gott, Dreifaltigkeit, die ich anbete" kannte, als sie ihr Gebet „Du innigst geliebte Mutter" verfasste. Sie antwortete, dass sie es damals nicht kannte. Solche Anklänge gibt es in Fülle im *Tagebuch*, besonders im dritten Heft, selbst wenn ausdrückliche Entlehnungen selten sind. Bei Entlehnungen gibt man etwas so wieder, wie es dasteht. Das kommt bei Marthe nur sehr selten vor (sechs oder sieben Mal im *Tagebuch*[2], so wie man etwa eine Abschrift auf einem Zettel erstellt zum persönlichen Gebrauch). Immer überarbeitet sie das, was sie sich gemerkt hat. Man spricht dann von „Anklängen". Das *Tagebuch* ist in den beiden ersten Heften zu 90 % Marthes ganz eigene Leistung und etwas weniger im dritten. Wir werden dazu eine Erklärung vorschlagen.

Eine kurze Darstellung der geistlichen Persönlichkeit Marthes in den Heften von Père Faure[3]

Die Notizen, die Père Faure während der Passionen Marthes machte, haben es ermöglicht, Zugang zu dem *halbbewussten Ausdruck* dessen zu haben, was Marthe freitags erlebte. Es ist gelungen, einige Themen herauszustellen, die uns den Kern ihrer Erfahrungen offenbaren. Marthe greift mit Blick auf sich die Worte Jesu bei seiner Passion auf, so als sei sie es, die sie erlebt und spricht.

Sie weiß sich – und das sagt sie in vielfacher Weise – mit dem erlösenden Geheimnis des Kreuzes und mit der Jungfrau Maria vereint:
– Ihr Blut wird von einem Engel zur Jungfrau Maria gebracht, die es zu Jesus trägt und der zum Vater: Es handelt sich um ein und denselben Kelch. *Hefte von Père Faure* (CF) S. 153.
– *„Finde in mir deinen geliebten Sohn"* (CF S. 87).
Sie wendet die Worte am Kreuz auf sich an:
– *„Warum hast du mich verlassen?"* (sehr häufig).

---

[1] Elisabeth von der Dreifaltigkeit / Élisabeth de la Trinité (Marie-Joséphine-Élisabeth Catez, 1880–1906), frz. Karmelitin und Mystikerin, erlebte in inneren Erfahrungen die Einwohnung der heiligsten Dreifaltigkeit in der Seele, verfasste ein berühmtes Gebet zur Dreifaltigkeit. 1984 von Papst Johannes Paul II. seliggesprochen (Anm. d. Übers.).
[2] Von derartigen Entlehnungen ist unter der Nr. 16 in unserer Klassifikation die Rede (siehe Einf., S. 14). Vgl. z.B.: S. 468 Anm. 1; S. 470 Anm. 1; S. 483 Anm. 4.
[3] Vgl. S. 4 Anm. 4.

- *„Mich dürstet!"* (CF S. 41; S. 45; S. 93; S. 97–98; S. 100; S. 132; S. 147; S. 154).
- *„Ich lege meinen Geist in deine Hände"* (sehr häufig).
- *„Vergib ihnen, denn sie wissen nicht, was sie tun!"* (sehr häufig).

Sie fühlt sich der Jungfrau eng verbunden, die in mystischer Weise mit der Kirche vereint ist:
- *„Jesus, segne die heilige Kirche, deine heilige Mutter"* (CF S. 80).
- Ihre Passion kommt im *Vaterunser* zur Sprache, das durch Jesus der Kirche geschenkt wurde (CF S. 121).
- Sie findet ihren Ausdruck auch im ersten Hochgebet der Messe (CF S. 58).
- Maria ist ständig (zahlreiche Belege) Bindeglied zwischen Marthe und Jesus.

Sie opfert ihre Leiden für:
- die Sünder oder „ihren Sünder" (sehr häufig, wie Thérèse vom Kinde Jesu).
- die Priester (jedes Mal).
- ihren geistlichen Begleiter, Père Faure (oft).
- die Pfarrgemeinde (mit ihren Initiativen, ihrer Schule, ihren Festen, der Katholischen Aktion) durch den Dienst von Père Faure.
- ihre wenig praktizierende Familie (CF S. 117), die „Foyers" (Familien) der Gemeinde, die Kinder.
- die Kirche, den Papst.

Sie trägt die Wundmale:
- blutigen Schweiß (den ein Arzt heutzutage wohl Ängsten zuschreiben würde im Zusammenhang mit Unterernährung und großer Sensibilität).
- sie bittet Gott, dass ihr das erspart werden möge (CF S. 50; S. 52) (wie im *Tagebuch*).
- Père Faure erwähnt ihn unter allen Formen. Dieser blutige Schweiß ist nicht nur Symptom, sondern Zeichen, wenn er sich auf der Höhe der Dornenkrone oder des Herzens zeigt, was bei Marthe oft der Fall ist. Aber Père Faure notiert auch die anderen Formen: Wangen und Augen, wie auch das Fehlen (CF S. 127; S. 136; S. 137; S. 138; S. 141; S. 146; S. 147; S. 150).

Sie ist mit Satan konfrontiert:
- Er wird verjagt (CF S. 44; S. 62; S. 105; S. 140; S. 159; S. 160) ...

Einführung

– ... mit einer trinitarischen exorzistischen Formel der Kirche, die so wirksam ist, dass sie sich über die Feigheit des Teufels, der verloren hat, lustig machen kann (CF S. 45).

Sie hat an der Erlösung teil: Seitdem Marthe ihre Leiden mit dem Kreuz verbunden hat, hat sie all die Jahre ihres Krankseins nach dem Sinn gefragt, den diese Leiden im Kontext der Erlösung haben könnten. Dabei werden alle Lösungen ins Auge gefasst und ausprobiert: Sie tauscht um, sie wechselt, sie nimmt die Sünde auf sich, sie nimmt die Hölle auf sich, das Fegefeuer, die Gerechtigkeit *("Was du für mich tust, das tue auch für die anderen")*, sie verhandelt ihre eigene Vergebung mit der Vergebung der anderen; alle Formen der Erlösung, die die Kirche ins Auge fasst, greift sie auf. Damit ließe sich eine Abhandlung hinsichtlich der Erlösung machen:

– Sie möchte *„zermalmt"* werden (Hl. Ignatius von Antiochien) (CF S. 49; S. 51; S. 84).
– Sie bietet sich *„im Austausch"* an (CF S. 92f).
– Sie will *„in die Hölle eintreten"* (CF S. 107; S. 155).
– *„ins Fegefeuer eintreten"* (CF S. 145).
– Sie betet: *„Möge ich doch sterben, damit sie leben"* – Teresa von Avila[1] sagte: *„Möge ich doch sterben, um nicht zu sterben"* – (CF S. 119); *„Möge ich doch sterben, damit sich unzählige Herzen dir auf immer schenken"* (CF S. 133).

Das ist wirklich ihr Ureigenstes, ihre ganz besondere Beziehung mit Christus und seiner Mutter. Dabei gibt es keine andere Berührung mit der Außenwelt als den neutralen und akribischen Zeugen, der aus Gehorsam gegenüber seinem Bischof aufschreibt, was er sieht und hört.

---

[1] Teresa von Ávila / Teresa de Jesús (Teresa Sánchez de Cepeda y Ahumada, 1515–1582), span. Ordensfrau und bedeutende Mystikerin, Begründerin des strengen Reformzweigs der Unbeschuhten Karmeliten. Ihr Anliegen war das innere Beten, die Begegnung und Freundschaft mit Gott, auch mit dem Gekreuzigten. 1622 von Papst Gregor XV. heiliggesprochen, 1970 von Papst Paul VI. zur Kirchenlehrerin ernannt. (Anm. d. Übers.).

Die geistliche Persönlichkeit Marthes im *Tagebuch*

Mit dem *Tagebuch*, das Sie in Händen halten, haben wir nun keineswegs mehr eine halbbewusste Sprache, die im Zuge unmittelbar erlebter mystischer Erfahrungen aufgenommen wurde, sondern eine *Sprache bewusster und überlegter Meditationen*, die diese Erfahrungen, die den Passionsbericht vorbereiten, in Erinnerung rufen. Dieses *Tagebuch* beginnt 1929, unmittelbar nach der Mission, die im Dezember 1928 von den Kapuzinern abgehalten worden war und die Marthe nahelegten, Werke zu lesen, die geeignet waren, ihre geistlichen Erfahrungen zu nähren. Erst vier Jahre später wird Père Faure in systematischer Weise von den Passionen berichten, die Marthe vielleicht schon eine Zeit lang durchlebte, ohne dass er davon wusste oder den Auftrag erhalten hatte, sie zu übertragen. Wir haben also mit dem *Tagebuch* Marthes Meditationen, mit deren Aufzeichnung schon drei Jahre vor den *Heften von Père Faure* begonnen wurde. Man wird nicht überrascht sein, dort die Frucht der geistlichen Lektüren zu finden, welche die Kapuziner ihr empfohlen hatten. Ausgehend von der Tatsache, dass der Text von Marthes *Journal* Anklänge an die mystischen Texte, die sie las, enthält, sollte man aber nicht zu dem Schluss kommen, dass es bei ihr nicht eine wirkliche Inspiration aus dem Himmel gibt. Die Exegeten pflegen zu sagen: *„Eine bessere Kenntnis der Bedingungen, unter denen ein Text geschrieben wurde, ist der Tatsache, dass er vielleicht vom Himmel offenbart wurde, keineswegs abträglich."* Einige unserer Zeitgenossen werden Marthe vorwerfen, dass sie ihre Quellen nicht angibt, wie das jeder gute Wissenschaftler in seinen Veröffentlichungen tut. Das aber heißt vergessen, dass Marthe, als sie ihre Meditationen verfasste, niemals daran gedacht hat, dass ihre Werke veröffentlicht würden. Sie schreibt für ihren Pfarrer, und ihr *Tagebuch* wurde erst nach ihrem Tod entdeckt.

Schreiben kann Marthe noch bis Februar. Dann allerdings erleidet sie einen tetraplegischen Schub, der ihr das Schreiben zunehmend unmöglich macht (außer während eventueller Perioden des Nachlassens). Das *Tagebuch* beginnt im Dezember 1929. Im folgenden Jahr (am 21. April 1930) wählt sie, nachdem sie schon am 22. Januar einen ersten Versuch der Formulierung unternommen hat, *„das Heiligste Herz Jesu am Kreuz"* zu ihrer *„unverwundbaren Wohnung"*.

Die Quellen

Die uns zugänglichen Quellen erlauben es bereits, eine Grammatik der Zitate oder Verweise auf Autoren zu skizzieren, die den Rahmen von Marthes *Tagebuch* abstecken.

Marthe hat Consummata[1] gelesen, Gemma Galgani[2], Madeleine Sémer[3], Veronica Giuliani[4] und Thérèse von Lisieux[5]. Sie hat sich davon so tief durchdringen lassen, dass man auf jeder Seite die geistliche Verwandtschaft spürt. Marthe hat auch eine karmelitische Berufung in Betracht gezogen. Es ist normal, dass sie eine Sammlung der schönsten Formulierungen ihrer Vorläuferinnen in dieser Berufung erstellt oder auswendig gelernt hat. Diese erste Suche nach den Anklängen deckt nicht das Spektrum der vielen frommen Schriften ab, die sich an den großen Autoren orientierten, oder der geistlichen Zeitschriften, die Marthe in ihrer Pfarrgemeinde finden konnte oder die ihr vielleicht ausgeliehen wurden.

1. Sie verwendet **markante Ausdrücke eines Autors** (oder *topoi*: Gemeinplätze). Beispiel.: Sie übernimmt von Consummata (S. 236) *„eine schöne apostolische Karriere"* (nach dem Tod), wie man von Thérèse den Ausdruck *„es regnet Rosen"* übernimmt, um vom Jenseits zu sprechen. Ein anderes Beispiel: Marthe übernimmt von Thérèse die Formulierung *„in den Tröstungen schwimmen"* (HA S. 208[6]), oder auch *„das Herz ins Paradies versetzen"* von Veronica Giuliani (PR S. 141). Noch ein Beispiel: *„dieser Vater, der zärtlicher als eine Mutter ist"*, eine damals wenig gebräuchliche Ausdrucksweise (MS S. 258). *„Sich aus Liebe freuen"* (HA S. 218).

---

1 „Die von der Liebe Verzehrte", Selbstbezeichnung der frz. Mystikerin Marie-Antoinette de Geuser (1889–1918). Ihre Texte und Briefe wurden von 1921 an von dem Jesuiten P. Raoul Plus herausgegeben. (Anm. d. Übers.). MARIE DE LA TRINITÉ (Marie-Antoinette de Geuser), *Lettres de „Consummata" à une carmélite*, Carmel d'Avignon 1931.
2 Gemma Galgani (1878–1903), ital. Mystikerin, 1940 von Papst Pius XII. heiliggesprochen. (Anm. d. Übers.).
3 Madeleine Sémer (1874–1921), frz. Mystikerin. (Anm. d. Übers.).
4 Veronica Giuliani (1660–1727), ital. Kapuzinerin und Mystikerin, 1839 von Papst Gregor XVI. heiliggesprochen. (Anm. d. Übers.).
5 Thérèse von Lisieux / Thérèse vom Kinde Jesu (Thérèse Martin, 1873–1897), frz. Karmelitin und Mystikerin, lehrte einen Weg der vertrauensvollen und auch stellvertretenden Hingabe an Gott. 1925 von Papst Pius XI. heiliggesprochen und 1997 von Papst Johannes Paul II. zur Kirchenlehrerin ernannt. (Anm. d. Übers.).
6 Siehe die Liste der verwendeten Abkürzungen und Textausgaben am Ende der Einführung, S. 27–28.

2. Im Allgemeinen finden sich diese **geistlichen Formulierungen**, die mitunter von mehreren Autoren, die sie verwenden, übernommen werden können, in den frommen Schriften der damaligen Zeit oder sie kommen nach Themen geordnet im Gedächtnis aller Christen vor (zum Beispiel: „*Maria, vollkommenes und nachahmenswertes Vorbild*", ein Ausdruck, den Marthe bei Consummata und Grignion de Montfort[1] sowie andernorts aufgegriffen hat). Muss man in „*Seine Liebe hat mich mit Gutem überschüttet*" das Magnifikat erkennen? Thérèse vom Kinde Jesu? Bernadette?... Dazu kommen die Formulierungen, die in Bezug zu Marthes Wunsch nach einem karmelitischen Leben stehen, zum Beispiel: „*Mein Kloster, das ist meine heilige Dreifaltigkeit.*"

3. Es kommt vor, dass sie Formulierungen aus **mystischen Erfahrungen, die sie sich zu eigen macht**, aufgreift und sie durch Varianten und Glossen (Kommentare) personalisiert („*durch Mitteilung*"; „*Aufhebung der Kräfte*"). Vgl. „*deine Nägel, ich will sie in meinen Händen*", übernommen aus einer Erfahrung, die Veronica Giuliani beschreibt (PR S. 36) und ergänzt durch „*Kreuz, als Mitgift gegeben*", das bei derselben Autorin steht (PR S. 153). „*Früher wandelte ich im Glauben, aber jetzt ist es eine Wirklichkeit, eine Erfahrung*" (vgl. MS S. 232).

4. Manchmal wird ein Satz, der sie beeindruckt hat und eine **geistliche** oder **erbauliche Stütze** geworden ist, ganz oder in Bruchstücken beibehalten, zum Beispiel: „*Ich vermag um nichts mehr mit glühendem Eifer zu bitten, außer um die vollkommene Verwirklichung des Willens Gottes hinsichtlich meiner Seele*" (Ms A fol. 83r; vgl. *Tagebuch*, 4. Dezember 1931). Es fällt ihr schwer zu lesen und sie findet Trost bei Veronica Giuliani (PR S. 210): „*Weise jedes Buch zurück... ich allein bin deine Fackel*" (vgl. *Tagebuch*, 20. Oktober 1931). „*Ich bin so weit gekommen, dass ich nicht mehr leiden kann, weil mir alles Leiden süß ist*" (Novissima Verba[2] S. 21).

---

1 Louis-Marie Grignion de Montfort (1673–1716), frz. Priester und Ordensgründer, förderte die Hingabe an Jesus durch Maria, 1947 heiliggesprochen. (Anm. d. Übers.).

2 Unter dem Titel *Novissima Verba. Derniers entretiens de Ste. Thérèse de l'Enfant-Jésus. Mai-Septembre 1897* erschien 1926 eine Sammlung mit Worten der Heiligen Thérèse von Lisieux, die bei Gesprächen in den letzten Monaten ihres Lebens aufgezeichnet worden waren. (Anm. d. Übers.).

Einführung 13

5. Als geistlichen Halt stützt sie sich u. U. auch auf ein **Patchwork** von Reminiszenzen, die verstreut sind, weit auseinander liegen, ja sogar in umgekehrter Reihenfolge oder frei zitiert bzw. glossiert beim **gleichen** Autor vorkommen, auf den sie sich bezieht (und die sie in ihrem Gedächtnis oder mittels thematischer Notizen zusammengestellt hat, vgl. unten Nr. 16).

6. Das **Patchwork** kann auf **verschiedene** Autoren zurückgehen oder auf einen, der einen anderen zitiert (Schwester Marie Saint-Anselme[1], angeführt bei Madeleine Sémer: *Tagebuch*, 16. Januar 1932).

7. Manchmal **glossiert** die **Zitierweise** Marthes einen Autor mit Auslassungen bzw. persönlichen oder poetischen Einfügungen (Blumen usw.). Hin und wieder kann es sein, dass diese Einfügungen weiter ausgeführt werden, aber schwer einzuordnen sind. Sie hat bevorzugte Einschübe (z.B. die Priester), die ihre eigene geistliche Erfahrung präzisieren. Es kommt vor, dass sie selbst ihre Quelle zitiert und sie dabei glossiert. Wir verstehen dadurch besser, wie sie ihre Quellen personalisiert.

8. Marthe zitiert **entfernt** einen Autor, den sie in **freizügiger Weise** aufgreift. Einige Worte gleichen sich. Dazu kommen personalisierte Ausdrücke und Auslassungen. Manchmal tut sie das aufgrund einer fehlerhaften Erinnerung (Beispiel: *Regina martyrum* bei Consummata wird zu *virginum martyrum*, was im Lateinischen keinen Sinn ergibt, *Tagebuch* 11. Oktober 1931).

9. Manchmal wird ein und dieselbe kurze Information oder geistliche Stütze aufgegriffen, dabei aber die **Person gewechselt**. Die Aneignung liegt in diesem Wechsel der Person. Es kann sich um eine Beschreibung in der dritten Person handeln, da wo sich beim Autor so etwas wie ein mystischer Dialog in der ersten Person fand. Zum Beispiel: Jesus wendet sich an Veronica Giuliani, indem er sagt: *„Die Gnaden, die ich dir schenke [...] zur Verherrlichung meines Namens, zur Ehre meiner Passion, zur Stärkung des Glaubens, zum Heil der Seelen"*. Daraus wird bei Marthe: *„Ich überlasse Gott die Früchte meiner Gebete und Leiden zur Verherrlichung seines Namens, zur Ehre seiner Passion, zur Stärkung des Glaubens und für den Sieg der Liebe"* (*Tagebuch*, 3. Oktober 1931).

---

[1] Soeur Marie Saint-Anselme (1889–1919), Angehörige der „Missionsschwestern Unserer Lieben Frau von Afrika". (Anm. d. Übers.).

Das ändert sich am Ende des *Tagebuchs*, als es für Marthe im Hinblick auf ihren geistlichen Begleiter nötig wird, ihre mystischen Erfahrungen auf die ihrer Vorgängerinnen zu stützen. Den Zitaten kommt nun eine regelrechte Vormundschaft zu:

10. Der Text des jeweiligen Tages besteht **zu 90%** aus Bezugnahmen auf Autoren.
11. Eine geistliche Erfahrung wird aufgegriffen, aber in einer **zerstückelten** Weise wiedergegeben (Umstellung von Sätzen im gleichen Abschnitt).
12. Worte werden teilweise übernommen, aber dabei **gleitet** sie zu einer anderen Erfahrung hin **ab** als der des Autors, auf den sie sich bezieht. Beispiel: (Mein Herz) *„belästigt mich sehr, da es mich dazu zwingt, aufrecht im Bett zu sitzen; und das Bett zittert auch"* bei GEM S. 171f wird zu: (Mein Herz) *„belästigt mich sehr, weil es mich unablässig dazu zwingt, den Mund zu schließen. Mein ganzer Körper zittert"* (*Tagebuch*, 19. Juni 1932). Weiteres Beispiel: *„Ich liebe den Karmel"* bei Consummata wird ersetzt durch *„Ich liebe das Leiden"* (*Tagebuch*, 11. August 1932).
13. Marthe gibt eine Erfahrung wieder und beruft sich auf die Zeugenschaft ihres **geistlichen Begleiters** (ausdrücklich, gestrichen oder mangels Alternativen).
14. Aufgreifen einer **Erfahrung**, die auf der Grundlage des **Neuen Testaments** kommentiert wird. Es kommt dann vor, dass sie die Schlussfolgerungen des Autors, auf den sie sich bezieht, modifiziert, um näher an der Schrift zu bleiben, manchmal unter Heranziehung eines anderen Autors. Beispiel: Der Autor fügt eine neunte Seligpreisung hinzu und Marthe ersetzt sie durch einen Kommentar der Seligpreisungen, der ihr am Herzen liegt und den sie unverändert übernommen hat (vgl. den nicht datierten Text am Ende des *Tagebuchs*).
15. Bezugnahme auf einen Autor, wobei die Formulierung **Wort für Wort** in **dogmatischer** Sprache zitiert wird. Beispiel: *„Dreifaltigkeit in der Einheit, Einheit in der Dreifaltigkeit. [...] Einzigartig ist das Wesen dieser Dreifaltigkeit."* (*Tagebuch*, 7. Juli 1932).
16. **Ausführliche**, beinahe **wortwörtliche** Übernahme des Bezugsautors (einschließlich lateinischer Zitate), der seine Spiritualität oder seine geistliche Erfahrung zum Ausdruck bringt. (Diese genauen Notizen, die nach Themen geordnet sind, obwohl sie beim Bezugsau-

tor sehr weit auseinanderliegen, konnten in einem Patchwork von Texten zusammengestellt werden, die ein gleiches Thema veranschaulichen. Wenn die Notizen nicht erhalten geblieben sind, dann vielleicht, weil Marthe sie zerrissen hat, nachdem sie sich ihrer bedient hat.)

17. Beinahe **wortwörtliche** Übernahme des Bezugsautors, der seinerseits seine biblische oder **geistliche** Quelle zitiert: Zitat Newmans in MS, das von Marthe übernommen wird.
18. Man kann auch die **Abschrift** eines Autors finden, die mit einer Erklärung aus dem **Neuen Testament** versehen ist.
19. Beinahe wortwörtliche, aber fehlerhafte Abschrift aufgrund unvollständigen **Notierens**. Beispiel: Der Bezugsautor zitiert den Heiligen Stanislaus. Marthe hat das nicht notiert und spricht von einem Heiligen ohne nähere Angabe.
20. Es gibt auch wirkliche **Zitate von Autoren** in Anführungszeichen.

Die mystische Sprache, eine Aneinanderreihung von Gegensätzen bis zur Unvereinbarkeit

Um Fehler bei der Auslegung zu vermeiden, ist es an dieser Stelle angebracht, ein weiteres Charakteristikum der mystischen Sprache hervorzuheben. Es gehört zur Eigenheit des Mystikers, dass er von Erfahrungen berichtet, die ihn übersteigen. Und um deutlich zu machen, dass das, was er sieht, ihn übersteigt, benutzt er Worte so, dass er ihnen eine Bedeutung gibt, die in exzessiver Weise in die eine und dann in die andere Richtung weist.

Schauen Sie, wie von den Erfahrungen mit dem Auferstandenen berichtet wird. Er erscheint Maria Magdalena, die ihn für den Gärtner hält. Er ruft sie beim Namen und sie weiß, wer er ist. Aber als sie ihn erkennt wie ehedem, kann sie ihn nicht mehr berühren. Die Kontraste sind gehäuft, um auszudrücken, dass das, was da vor sich geht, das Verstehen übersteigt. Weiteres Beispiel: Jesus betritt den Abendmahlssaal, obwohl alle Türen geschlossen sind. Das ist ein Gespenst! Aber er isst mit den Jüngern. Ein Gespenst isst nicht! Und er geht wieder bei geschlossenen Türen hinaus, usw. ... Man hat diese Darstellungsweise häufig im Neuen Testament: Da ist die Rede von der Hölle, wo *„Heulen und Zähneklappern"* sein wird, und gleichzeitig von der Barmherzigkeit des Vaters, der seinem

Schuldner *„die ganze Schuld erlässt"*, sogar die pharaonische Schuld von *„10.000 Talenten"*.

Nehmen wir noch einmal ein Beispiel aus unserem Neuen Testament, diesmal aus dem *Brief an die Hebräer* (Hebr 12,18ff): *„Denn ihr seid nicht zu einem sichtbaren, lodernden Feuer hingetreten, zu dunklen Wolken, zu Finsternis und Sturmwind, zum Klang der Posaunen und zum Schall der Worte, bei denen die Hörer flehten, diese Stimme solle nicht weiter zu ihnen reden ... Ja, so furchtbar war die Erscheinung, dass Mose rief: Ich bin voll Angst und Schrecken."* Die mystische Sprache des Autors versetzt uns an einen Sinai, der einem Entsetzen einjagt. Aber er fährt fort: *„Ihr seid vielmehr zum Berg Zion hingetreten, zur Stadt des lebendigen Gottes, dem himmlischen Jerusalem, zu Tausenden von Engeln, zu einer festlichen Versammlung und zur Gemeinschaft der Erstgeborenen, die im Himmel verzeichnet sind."* Die mystische Sprache verlagert nun den Sinai, diesmal aber nicht an einen erschreckenden Ort, sondern in den Himmel. Wie man sieht, benutzt der Autor ein Vokabular, das an Extreme rührt, um von Realitäten zu sprechen, die über den Menschen hinausgehen, und um deutlich zu machen, dass die Wirklichkeit, wie er es am Anfang des Zitats sagt, das Verstehen übersteigt. Auf diese Art und Weise entsagt er zudem jeglichem Anspruch, das Geheimnis zu erfassen. Ebenso verhält es sich mit der Sprache der Mystiker.

Marthe ist vom Leiden überwältigt und sie drückt das in einer mitunter schockierenden Sprache aus. Aber sie wird auch mit Gnade überschüttet und zwar in dem Maße, wie sie ihr Leiden aufopfert. Auch das besingt sie dann in einer Sprache, die ans Extreme rührt, aber nun nicht mehr im Sinne der Hölle, sondern des Himmels. Sie spricht in Schwarz und in Weiß, niemals in Grau. Sie versucht, das Extreme zu sagen, und trägt Begriffe zusammen, die ins Totale verweisen (diese Begriffe finden sich in großer Zahl im *Tagebuch*). Im Angesicht dieses Spektrums, das von extremem Leiden bis zu extremem Glück reicht, kann der Leser, der nicht auf das Ganze achtet, sich à la carte in dem einen wie in dem anderen Register bedienen. Nach Belieben nimmt er alles, was sich mit seinen überspannten Schwärmereien oder im Gegenteil mit seinen morbiden Vorlieben deckt, und kann sich dabei auf Zitate berufen, die authentisch von Marthe stammen.

Einige könnten sogar versucht sein, das Buch wieder zuzumachen, weil man dort nur Schwarzes sehe. Marthe würde dann masochistischer Tendenzen bezichtigt! Sie ist nur dann glücklich, wenn sie Schläge erhält! Ja, natürlich, der liebe Gott kann eine Heilige aus einer Kranken machen. Aber das ist nichts für mich! Und man macht das Buch zu, ohne weiter zu schauen.

Andere legen das Buch weg, weil sie dort nur Weißes sehen. Und das sei nichts anderes als Flucht nach vorn. Wenn nichts mehr geht, verdränge man eben die Realität durch Engel. Ihre Mystik ist nur die Sublimierung ihres Leidens. Was wollen Sie! So wie sie dalag, hatte sie keinen anderen Ausweg mehr! Man versteht, dass Gott Heilige machen kann mit einer Kranken. Aber das ist nichts für mich.

Schließlich gibt es diejenigen, die genau wissen, was los ist: Marthe war manisch-depressiv, einmal im Keller und am nächsten Tag auf dem Speicher. Das erklärt, warum das Weiße zu weiß und das Schwarze zu schwarz ist. Es stimmt, dass zahlreiche Künstler manisch-depressiv sind. Und Gott kann Heilige machen mit Künstlern und mit Manisch-Depressiven. Aber das ist nichts für mich.

Die einen wie die anderen, so scheint mir, gehen, indem sie anthropologisches Grau produzieren (das tut der Mensch, der alles erklärt), an dem vorbei, was das mystische Bewusstsein ist. Selbst wenn man nicht alles erklären will (das überzeugt heute nicht mehr), wählt man zwischen dem optimistischen Weiß Marthes und dem Schwarz ihres Schmerzes, ein mittleres Grau. Aber auch das heißt, das Wesentliche zu verfehlen. Denn die mystische Sprache stellt ihre Überlegungen normalerweise nicht in der ausgewogenen Sprache der Analogie an, sondern in der Aneinanderreihung entgegengesetzter Extreme. Erklären wir das:

Bei der **Analogie** geht es um den Grad der Entsprechung zwischen einem Urbild und einem Abbild, das dieses ins Bewusstsein ruft. Man betrachtet beide in der Perspektive einer geraden Linie, die es erlaubt, den mehr oder weniger großen Abstand zu bestimmen. Das Abbild erreicht das Urbild nicht, obwohl es derselben Ordnung angehört. Es ist nur eine Analogie. Das ist ein sehr rationaler und sehr griechischer Zugang zur Wahrheit. Die Bibel und der Mystiker, die Gott nicht eingrenzen wollen, drücken sich in der Aneinanderreihung von Unvereinbarem aus. In der Aneinanderreihung ist das, was man in den Blick nimmt, unterschiedlichen Ursprungs. Es ist möglich, dass es nicht der gleichen Ordnung entstammt. Alles ist aber auf das Urbild hin ausgerichtet. Man begnügt sich damit zu sagen: „*Dies und das* (was im Widerspruch zueinander stehen kann) *sind Worte des lebendigen Gottes.*"[1] Darüber hinaus schweigt man und

---

[1] *Elu weelu divrey Elohim Haïm (Dies und das sind Worte des lebendigen Gottes)*, ein Prinzip, das der Mischna entstammt.

macht nicht den Versuch, die mehr oder weniger große Nähe jedes einzelnen Ausdrucks zum Bezugsobjekt zu prüfen.

Um ein Bild zu nehmen: Die Analogie bewegt sich Stufe um Stufe auf einer einzigen Leiter dem Unerreichbaren entgegen. Jede Sprosse steht zur folgenden in einer Entsprechung. Die **Aneinanderreihung** überwindet diese Grade auf mehreren einander gegenüberstehenden Leitern, die erst im Himmel zusammenlaufen. Wer hinaufsteigen will, gesteht schnell ein, dass er unfähig ist, diesen großen Spagat zu bewältigen.[1] Aber er weiß, dass der obere Teil der beiden Leitern im Himmel zusammenkommt.

Nennen wir einige Beispiele: Wir können nicht alle Themenbereiche untersuchen, wo dieses Vokabular der Gegenüberstellung sich entfaltet. Das wird die Arbeit von Forschern sein. Als Beispiel wählen wir aber das Thema des **Leidens**, das zusammen mit dem der Hingabe an den göttlichen Willen, der Eucharistie und der Priester eines der zentralen Themen ihres Denkens ist:

Im ersten Heft beschreibt Marthe den Beginn ihres Leidens und ihr Nichtverstehen, ja ihre Auflehnung. Im zweiten Heft kommt es zu einem Wechsel im Ton. Als sie das *„Heiligste Herz Jesu am Kreuz"* zu ihrer *„unverwundbaren Wohnung"* erwählt (21. April 1930), ist ihr Leiden wie auf sich genommen in der Hingabe, durch die sie sich ihm schenkt, um mit ihm um des Heiles der Sünder willen verbunden zu sein. Im dritten Heft betreten wir, wahrscheinlich im Zusammenhang mit dem Auftreten der Wundmale, den Bereich der eigentlich mystischen Sprache. Am folgenden Karfreitag (25. März 1932) orientiert sich die Meditation viel mehr an der Passion des Herrn und man trifft auf die einander gegenüber gestellten Ausdrücke, von denen wir gesprochen haben, und die, da offensichtlich im Widerspruch stehend, nach einer höheren Synthese verlangen. Nehmen wir einige Beispiele aus diesem dritten Heft.

---

1   Das Bild gilt auch hinsichtlich der Beziehungen zwischen dem christlichen Denken und den Vorstellungen, die aus dem Mittleren Osten kommen: Frère Jean-Pierre, der Mönch aus Tibhirine, der überlebt hat, drückt es im Interview mit dem *Figaro Magazine* vom 6. Februar 2011 so aus: „Die Sufis benutzten ein Bild, um über unsere Beziehung zu den Mohammedanern zu sprechen. Es ist eine Leiter mit zwei Schrägen. Sie steht auf der Erde und der obere Teil berührt den Himmel. Wir steigen auf der einen Seite hinauf, sie steigen gemäß ihrer Methode auf der anderen Seite hinauf. Je näher man Gott ist, desto näher ist man einander. Und umgekehrt: Je näher man einander ist, desto näher ist man Gott. Alle Theologie ist darin enthalten!"

Am 26. Januar 1932 schreibt sie:

„*Diese wirkliche Umgestaltung in eine Ähnlichkeit mit dem Opfer des gekreuzigten Jesus, die sich durch ein mystisches Entflammen der göttlichen **Liebe** ereignet hat, lässt mich zu meinem großen Glück ohne äußere **Male** zurück.*"
Im gleichen Satz kommen das extreme, wenn auch unsichtbare Leiden und die nicht weniger extreme Liebe zum Ausdruck.

Am 2. Februar 1932:

„*Mein Herz ist **durch die Liebe** so **weit geworden** [...] bei dem Gedanken an alles, was dieser angebetete Meister für uns getan hat, [...] dass ich **Angst habe** [...], plötzlich von einer unwiderstehlichen Kraft ergriffen, mitgerissen zu werden. Was mich zurückhält, ist einfach das: **Ich habe Angst** vor der **Verzückung**.*"

Und am 7. Februar 1932: „*Mehr **Schmerz** in mehr **Liebe** und in welcher Hingabe!*" „*Wie **gut** es ist, über seinem **Leiden** und wie außerhalb seiner selbst zu leben. Sich an Jesus zu **erfreuen** und ... an ihm zu **leiden**.*"

Am 11. März 1932 sagt sie:

„***Freuden**, die viel mehr in **Blut** getaucht wurden als in die Süße des **Honigs**, solcherart wie die **Freuden**, die im Herz des großen **Opfers** vom Kalvarienberg wohnten, als es sich an dem **Schmerz berauschte**, der es das Leben kostete, um die Welt zu retten.*"

Am 25. März 1932 (Karfreitag) sagt sie:

„*Das Kreuz wollen, **das Kreuz umarmen**, das Kreuz küssen, am Kreuz leiden, das heißt, sich in Jesus allein [...] **all der Liebe zu erfreuen**, nach der meine Seele so sehr dürstet.*" „*Wenn Jesus sich manchmal zum **Henker** macht (er selbst hat sich mir gegenüber so bezeichnet), dann gibt er zu erkennen, dass er es nur aus der Fülle der **Liebe** heraus ist, nur um wieder **der sehr** zärtliche Freund zu werden.*"

Und weiter hinten am selben Tag: „*Die unermesslichen **Gnaden** Gottes fordern einen unermesslichen Anteil an **Leiden**. Liebe! Nichts als Liebe! So geht **Sterben**: in jedem Augenblick höher steigen, sich **von der Liebe verzehren** lassen, bis man dadurch nicht mehr leben kann.*"

„*Nur die **Liebe** kann in solchem Maße **leiden** lassen! Leben, das ist leiden, denn überall, wo man aus der **Liebe** lebt, lebt man aus dem **Leiden**. Ich nehme das Leben immer noch an, ich nehme das Leiden an, ich will keine andere **Bettstatt** als das **Kreuz**.*"

Ostermontag 1932:

„*Ich weiß nicht, ob ich in diesem Augenblick mehr leiden könnte ... aber ich möchte nicht **weniger leiden**. Ich verbrenne, ich blute; das ist das blutige, quä-*

*lende Kreuz; ich will alles, was **er** will. Das **Leiden** ist die **Antwort der Liebe**, es ist auch ihre **Belohnung**. **Gekreuzigt** leben heißt, in der **Schönheit** leben. Ich leide im **Übermaß**, aber meine Seele fließt in all ihren Drangsalen über vor Freude."*

*„Nichts erhebt und reinigt, nichts fördert das Wachstum und heiligt so sehr wie der heilige **Kuss** des **Schmerzes**."*

Osterdienstag 1932:

*„Was bedeutet es schon zu **weinen**, wenn man **liebt**!" „Vermehre meine Liebe, damit ich es verstehe, diese große Gabe des **Leidens**, die du mir anvertraut hast, **fruchtbar** werden zu lassen."*

*„Meine **Leiden** sind körperlich, sie sind seelisch, sie sind mehr noch diese verzehrende **Liebe**, diese feurige und wahnsinnige Liebe, diese **Marter**, die ganz und gar göttlich, weil so durch und durch **köstlich** ist."*

Am 14. April 1932:

*„Es bedarf wirklich einer verrückten Liebe von Seiten des Herrn, um zuzulassen, dass das **Leiden**, eine Qual für den Menschen, für die Seele zur unaussprechlichen **Marter** wird, zur unbegreiflichen **Freude**."*

11. Mai 1932:

*„Ich **sterbe aus Liebe** und **komme wieder zum Leben** durch die **Liebe**. Ich frage mich manchmal, ob ich den Mut hätte, nichts zu wählen, wenn Gott mir die Freiheit ließe zu sterben."*

Alle diese Texte führen uns durch die Aneinanderreihung von Ausdrücken des Extremen an den Rand des Geheimnisses.

Marthe bringt, eins nach dem andern, das extreme Weiß und das extreme Schwarz zu Papier. Sie kontrastiert, wie das alle Mystiker tun, um uns den Gipfel erahnen zu lassen, dem sie entgegenstrebt und der zugleich Schrecken der Hölle und Wunsch nach dem Himmel ist. Der Leser wird also in den Texten Marthes die Wahl zwischen zwei Optionen haben:
- Er will im Gefolge Marthes den Gipfel besteigen, auf den er sich ebenfalls gerufen fühlt. Er kann angesichts des Spektrums der Ausdrücke, die Marthe benutzt, ein wenig nach links und ein wenig nach rechts abbiegen und alles auf einer Sprosse zusammenführen, so dass er, wie es seinem Belieben entspricht, Grau erhält. Aber in diesem Fall muss er wissen, dass dieses Grau seine eigene, wenn auch gewiss legitime Sicht ist, die aber hinsichtlich dessen, was Marthe in ihren mystischen Erfahrungen empfängt, nur **analog** bleibt. Und er kann seine Konstruktion von Grauem nicht auf die

Aussagen Marthes stützen. Jede Sprosse der einzigen Leiter, die er erklimmt, ist das Ergebnis seiner eigenen Wahl.
- Er kann natürlich weiter gehen, sich in die Fremde schicken lassen und die Wahl treffen, beide Leitern zu behalten. Er wird die Ausdrücke Marthes lesen und sie in ihrer Aneinanderreihung stehen lassen. Es ist ihm dann nicht mehr möglich, seine Synthese zu erstellen (ein Grau zwischen dem Schwarz und dem Weiß). Er ist vielmehr gezwungen, sich mit Marthe dem Himmel zuzuwenden und dabei anzuerkennen, dass Gott im Schwarzen wie im Weißen, in der Erfahrung der Hölle wie in der Erfahrung des Himmels, größer ist als unser Herz. Er kann sich dann auf die Schriften Marthes stützen, muss aber gut darauf achten, dass er gleichzeitig mit dem Weißen immer auch das Schwarze mit einbringt.

In den Texten über die Passion geleitet Marthe ihren Leser immer zu den Schriften des Evangeliums. Ihnen müssen wir uns zuwenden, um zu einer Schlussfolgerung zu gelangen. Bei dem Versuch, in das Denken Marthes einzudringen, die *unaussprechliche* **Marter** und *unfassbare* **Wonne** aneinander reiht, könnten wir verstehen, dass die Auferstehung Christi sich schon am Kreuz ereignet hat, in dieser extremen Liebe, die sich gleichermaßen in seinem Tod zur Vergebung für die Sünder wie in seiner Auferstehung zeigt. Wie wäre es sonst zu begreifen, dass er zu dem guten Schächer sagen konnte: „*Heute noch wirst du mit mir im Paradies sein*"? Die Liebe wartet nicht, bis nach drei Tagen der Tod festgestellt wird, um dann von neuem zum Leben geboren zu werden und es dem Sünder in Fülle zu schenken: „*Vater, vergib ihnen, denn sie wissen nicht, was sie tun.*" Auch Marthe hat ihr Leben lang mit Christus am Kreuz gefleht, als sie das extreme Leiden im Verein mit der extremen Liebe erfuhr. Möge sie uns mitnehmen in das Leben, wo ihr Geliebter sie erwartet.

Die gleiche Meditation wäre auch für alle anderen Themenbereiche anzustellen.

Père Jacques Bernard
Exeget und Doktor der Theologie,
Katholische Universität Lille

Beschreibung der Hefte

Das erste Heft des *Tagebuchs*[1] ist broschiert, in Packpapier eingeschlagen. Nach Meinung der befragten Graphologen stammt dieses Heft wohl von der Hand Marthes, mit Ausnahme der Seiten 3 bis 7, die von Père Faure geschrieben wurden *("Die 16 Diamanten, um zur höchsten Vollkommenheit zu gelangen"* und *"Ratschläge, um auf dem Weg der Vollkommenheit voranzuschreiten"*). Es wurde im Zimmer Marthes gefunden. Es ist bis zur letzten Seite beschrieben.

Die Zeit der Niederschrift dieses Heftes (Dezember 1929 – April 1930) würde also mit einer Periode des Nachlassens der Krankheit von Marthe einhergehen. Das klingt im Text selbst an, wenn Marthe nach einer mystischen Erfahrung sagt: *"Jesus allein kennt die äußerste Gewalt, die ich mir antun musste, um einige Zeilen darüber zu schreiben."* (12. März 1930). Es scheint, dass Marthe in dieser Zeit auch in der Lage war zu sticken, denn sie sagt am 10. März 1930: *"Ich habe in meiner Seele eine Vorahnung der großen Schmerzen, die kommen werden! ... Muss ich sie also für immer sein lassen, meine geliebte Näharbeit?"* Wir wissen außerdem, dass ihr Vater in den 30er Jahren ihr ein kleines Tischchen installiert hatte, das auf ihrem Bett stand, um ihr das Lesen und Schreiben zu erleichtern.

Zum Ende des Hefts hin bemerkt man manchmal unten auf den Seiten so etwas wie eine Störung im Verlauf der Buchstaben oder auch eine Schwierigkeit, die Worte auseinanderzuhalten.[2] Das folgende Heft wurde nicht von ihr geschrieben.

Das zweite Heft des *Tagebuchs*[3] hat einen Einband aus Karton. Père Faure hat die Niederschrift begonnen mit dem Text *"Den christlichen Seelen*

---

[1] = Heft Nr. 3 nach der Nummerierung der Hefte Marthes. Siehe MARTHE ROBIN, *La douloureuse Passion du Sauveur I: Préparation de la Pâque*, S. 11–14.
[2] Zum Beispiel S. 107 oder S. 108 im Heft.
[3] = Heft Nr. 4 nach der üblichen Nummerierung der Hefte Marthes.

zur Ehre Gottes" (S. 1 bis 27)[1]. Es folgten Frau Perrossier[2] (S. 29 bis 67) und Fräulein Plantevin[3] (S. 67 bis 99). Dann wieder Père Faure, der das Heft zu Ende führt (S. 99 bis 236). Es ist bis zur letzten Seite beschrieben und Père Faure beschließt es mit der Abkürzung A.M.D.G. *(ad majorem Dei gloriam*: zur größeren Ehre Gottes). Dieses Heft wurde im Zimmer Marthes gefunden, eingewickelt mit den vier kleinen Terminkalendern von Père Faure.

Dieses zweite Heft ist interessant, denn es zeigt Spuren einer wirklichen Editionsarbeit: Père Faure hat den Text an zahlreichen Stellen mit kastanienbrauner Tinte oder mit einer violetten Mine korrigiert. Er kennzeichnete am Rand die Passagen, die er nicht verstand, mit einem kleinen horizontalen Strich und wenn er das Problem gelöst hatte, verwandelte er den horizontalen Strich in ein kleines Kreuz. Auf der Rückseite des Einbands notierte er: *„Seite 219 nochmal anschauen zwecks Korrektur."* Und auf Seite 219 finden sich tatsächlich Korrekturen mit violetter Mine. Auf der Rückseite des Einbands hatte er auch einen kleinen Index erstellt, wo er die Passagen verzeichnete, die er sich noch einmal vornehmen musste oder die ihn interessierten.[4] Seine Editionsarbeit ist nicht zu trennen von seiner Meditation aus der Sicht des Hirten.

Das dritte Heft des *Tagebuchs*[5] hat ebenfalls einen Einband aus Karton, der mit blauem Papier überzogen ist. Nach Ansicht der befragten Graphologen stammt dieses Heft wohl auch von der Hand Marthes. Es wurde in ihrem Zimmer gefunden. Am Ende sind vier leere Seiten.

Die Schrift des ersten und des dritten Heftes, die nach Aussagen von Graphologen diejenige von Marthe sein kann, ist klein und fein. Sie füllt jede Zeile aus. Manchmal wird eine Zeile übersprungen, um einen Abschnitt ein bisschen deutlicher zu kennzeichnen. Links ist ein Rand von vier Kästchen gelassen, aber die Zeilen sind bis zum Ende vollgeschrieben, so dass sogar ein etwas längerer Strich auf dem folgenden Blatt, das übersteht, endet.

---

1 Siehe unten S. 181–199.
2 Über Frau Perrossier, siehe S. 199 Anm. 1.
3 Über Fräulein Plantevin, siehe S. 214 Anm. 1.
4 Hier die Transkription dieses Index. Die Zahlen entsprechen den Seiten des Hefts: 130 (zur Korr<ektur>) und 144 auch, 137 um sich (?) (es folgt ein unleserliches Wort); 154 Gr (?) Gebet zu Jesus; 158 über die Tugenden, 182 zu lesen, 187 Unbefleckte Empf<ängnis>, 195 Das Leiden, 207 Über das innere Gebet, 208 Definition der th<eologalen> Tugenden, 212 Gebet, um Gott seinen Tag aufzuopfern, 213 Irrtum hinsichtlich des Lebens, 220 [sic] Es lebe Maria, Ende 223 Was ihr Leben ist.
5 = Heft Nr. 5 nach der Nummerierung der Hefte Marthes. Siehe S. 23 Anm. 1.

Marthe liest durch, was sie geschrieben hat. Darauf weisen die zahlreichen Streichungen und die Ergänzungen zwischen den Zeilen hin. Ziemlich oft sind Passagen auch noch einmal über einem wegradierten Text geschrieben worden, was die Lektüre nicht gerade erleichtert.

Häufig fehlt ein Wort, so als sei der Gedanke der Niederschrift vorausgeeilt. Meistens handelt es sich um einen Artikel, eine Präposition, ein „dass" oder das Verb „sein". Wir haben sie ergänzt und durch spitze Klammern (< >) kenntlich gemacht, wenn der Sinn keinen Zweifel ließ.

Am Ende der Zeile kommt es oft vor, dass die Punktierung fehlt, auch Kommas innerhalb einer Aufzählung.

Die häufigsten Rechtschreibfehler sind Fehler in Bezug auf den Akkord. Marthe verwechselt auch häufig *et / ait / est* wie auch die Formen des Futur und Konditionals [*-rai / -rais*]. Die Verwendung der Präpositionen ist manchmal unsicher und wir haben uns erlaubt, den korrekten Gebrauch wiederherzustellen, wenn das Verständnis zu sehr beeinträchtigt war. Das haben wir immer in einer Anmerkung vermerkt.

Die Sprache ist reich und nunanciert. Erstaunlich ist die Mischung von gelehrten (vielfach korrekt geschriebenen) Worten und einer Syntax, die nicht selten die einer mündlichen oder familiären Sprache ist (Umstellungen, Anakoluthe, Auslassung des *ne* bei *ne ... que* oder *ne ... pas, ...*) Marthe verwendet manchmal auch lokale Wendungen oder Ausdrücke.

Die meisten Texte sind datiert. Das Datum steht im Allgemeinen am Schluss des Textes. Einige Texte jedoch scheinen hinter dem Datum durch einen oder zwei Abschnitte ergänzt worden zu sein. Marthe hat dann mit einem horizontalen Strich abgeschlossen. Gegen Ende des ersten Hefts gibt es mehrere Abschnitte *(„Wirkungen der Meditation")*, die durch Striche getrennt sind und kein Datum tragen. Sind sie alle dem vorausgehenden Datum (4. April 1930) zuzuordnen? Der nachfolgende Text trägt das Datum vom 5. April 1930.

Dr. phil. Sophie Guex
Foyer de Charité von Châteauneuf-de-Galaure

Hinweise für den Leser

Wie werden wir in dieser Ausgabe vorgehen, um unter Berücksichtigung all dieser Gegebenheiten dafür zu sorgen, dass die Lektüre zugleich bereichernd und angeleitet ist?
Der Text Marthes ist mit größtmöglicher Treue wiedergegeben. Das geht so weit, dass sogar manchmal das lokale Französisch beibehalten wird, das Marthe mit ihren Nachbarn teilte. Wurde korrigiert, um einer waghalsigen Lektüre entgegenzuwirken, bleibt der Originaltext mit seinen Fehlern so, wie er ist, in einer Anmerkung erhalten. Es ist wichtig, dass der Leser einen gut erarbeiteten Text hat, der ihm zu jeder Zeit den Blick auf das Original erlaubt (in den Anmerkungen oder im Text).
Literarische und biographische Anmerkungen im Text werden durch 1, 2, 3 ... angegeben. Die literarischen Anmerkungen erheben nicht den Anspruch auf Vollständigkeit, sondern wollen Türen zu weiteren Forschungen öffnen. Marthe zitiert häufig die Schrift (besonders das Evangelium und die Briefe des heiligen Paulus). Wir haben uns darauf beschränkt, einige Belegstellen aus der Schrift anzugeben und überlassen es einer intensiveren Forschung, die Art und Weise zu untersuchen, wie Marthe manchmal mehrere Verse zitiert oder miteinander verquickt.
Worte, die zum besseren Verständnis des Textes **eingefügt** wurden, stehen zwischen spitzen Klammern (< >).
Worte, die unserer Einschätzung nach *überzählig* oder einem fehlerhaften Französisch zuzurechnen sind, sind in eckige Klammern gesetzt [ ].
Passagen, die einen **Anklang an Texte anderer Autoren** enthalten, stehen zwischen halben Klammern (⌐ ⌐).
Ein kleiner Pfeil vor dem Datum (↑) erinnert daran, dass dieses sich auf den voranstehenden Text bezieht.

Abkürzungen und Textausgaben

CF (*Carnets du Père Faure*): *Les Passions de Marthe Robin, relatées par le Père Faure, curé de Châteauneuf-de-Galaure*, Ed. Foyer de Charité 2009.

Consummata: MARIE DE LA TRINITÉ (Marie-Antoinette de Geuser), *Lettres de „Consummata" à une carmélite*, Carmel d'Avignon 1931. Das Buch gehörte zur Gemeindebibliothek von Châteauneuf-de-Galaure. [dt.: Briefe in den Karmel. Briefe von Marie-Antoinette de Geuser (Maria von der hl. Dreifaltigkeit) an eine Karmeliterin, übertr. aus dem Französischen von Elisabeth Kaufmann, mit einem Geleitwort von Gertrud von Le Fort, Regensburg, Pustet 1935].

GEM: R. P. GERMAIN DE SAINT STANISLAS, *La séraphique vierge de Lucques, Gemma Galgani (1878 – 1903), adapté de l'italien par le R. P. Félix de Jésus crucifié*, Arras 1910.

HA: THÉRÈSE DE L'ENFANT-JÉSUS, *Histoire d'une âme*, Lisieux/Bar-le-Duc, nach 1925. [dt.: Thérèse von Lisieux, Geschichte einer Seele, verschiedene deutsche Ausgaben]. Bei Zitaten verweisen wir in den Anmerkungen sowohl auf den von Marthe benutzten Text, eine damals verbreitete, von Mitschwestern der kleinen Thérèse bearbeitete Ausgabe, als auch auf die entsprechenden Stellen in der inzwischen vorliegenden kritischen Gesamtausgabe: THÉRÈSE DE LISIEUX, *Oeuvres complètes*, Paris, Ed. du Cerf 1992. Aus dieser Ausgabe werden zusätzlich folgende Abkürzungen verwendet: **CJ** = Carnet Jaune [Gelbes Heft]; **LT** = Lettres [Briefe]; **Ms** = Manuscrit [Handschrift]; **PN** = Poésies [Gedichte].

MS: Ab. FÉLIX KLEIN, *Madeleine Sémer, convertie et mystique (1874–1921)*, Paris 1923. [dt.: Felix Klein, Madeleine Sémer 1874–1921. Übersetzung und Nachwort von Romano Guardini, Mainz 1929].

Novissima Verba: THÉRÈSE DE L'ENFANT-JÉSUS, *Novissima Verba. Derniers entretiens de Ste. Thérèse de l'Enfant-Jésus. Mai-Septembre 1897*, (1926).

PR: P. DÉSIRÉ DES PLANCHES, *La Passion Renouvelée ou Sainte Véronique Giuliani*, Paris 1927.

Louis Chardon, *La Croix de Jésus. Nouvelle édition, introduction par le R.P.F. Florand*, Paris, Ed. du Cerf 1937. [dt.: Louis Chardon, Geheimnis des Kreuzes. Gedanken über die brennende Liebe Gottes, Patmos-Verlag 1954].

Ulrich Horst, *Die Gaben des Heiligen Geistes nach Thomas von Aquin*, Berlin, Akad.-Verl. 2001.

Jean de la Croix, *Oeuvres complètes*, Paris, Ed. du Cerf 1997.

Johannes vom Kreuz, *Sämtliche Werke. Band 5. Kleinere Schriften, aus dem Span. übers. v. P. Aloysius ab Immac. Conceptione*, München, Kösel ⁵1956.

Johannes Paul II., *Redemptor hominis*, Rom 1979.

Le Livre de l'Amour miséricordieux, Arras 1934.

Bernard Peyrous, *Vie de Marthe Robin*, Paris, Ed. de l'Emmanuel / Ed. Foyer de Charité 2006. [dt.: Bernard Peyrous, *Das Leben der Mystikerin Marthe Robin*, Hauteville/Schweiz, Parvis 2008].

Marthe Robin, *La douloureuse Passion du Sauveur I: Préparation de la Pâque*, Ed. Foyer de Charité 2008.

Franz von Sales, *Philothea. Anleitung zum frommen Leben*, übers. u. erl. v. Franz Reisinger, Eichstätt/Wien, Franz-Sales-Verlag 1959.

Bernard Sesé, *Petite vie de François de Sales*, Paris, Desclée de Brouwer 2005.

Thomas von Kempen, *Die Nachfolge Christi. Vier Bücher*, übers. u. hrsg. v. Wendelin Meyer, Kevelaer, Butzon und Bercker ⁵2000.

Alles um der Liebe Gottes willen,
zur Ehre der heiligen Kirche
und zum Heil der Seelen

Ehre sei Gott... Freude dem Nächsten... Mir das Opfer.[1]
Jesus lieben, die Seelen lieben, um sie dazu zu bringen, Jesus zu lieben.

Mein Leben verzehrt sich unaufhörlich in den Schmerzen, den Prüfungen, in aller Art von Erschütterungen, im inneren Gebet, in der liebenden Hingabe.

Mein Leben gehört ganz Gott um der Seelen willen! Ganz Jesus, der Kind ist, Jesus, der sterbend am Kreuz hängt, Jesus in der Hostie, um der Liebe zu den Seelen willen ... ganz den Seelen um der Liebe Jesu willen.

In mir brennt die unermessliche Sehnsucht, allen die glühend heißen Flammen meiner Liebe zu Jesus und zum gekreuzigten Jesus zu schenken, sie ihnen zu vermitteln und ebenso die grenzenlose Nächstenliebe, die er in meiner Seele zugunsten jedes einzelnen und aller verbreitet.

Die sechzehn Diamanten, um zur höchsten Vollkommenheit zu gelangen[2]

Gottesliebe – Nächstenliebe – Keuschheit – Armut – Reinheit – Gehorsam – Geduld – Demut – Verzicht – Sanftmut – Teilnahme am Gottesdienst – Treue zum inneren Gebet – innere Abtötung – Vertrauen – Schweigen – Frieden.

---

1   Es handelt sich auf den Seiten 3 bis 7 um die Handschrift von Père Faure. Es gibt zwei weitere Versionen der *Sechzehn Diamanten* und der *Ratschläge*, die daran anschließen, mit geringfügigen Veränderungen. Eine dieser Versionen ist ebenfalls von Père Faure geschrieben, der ergänzt: *Abgeschrieben von der Aufstellung Jeanne Bonnetons, die unter den Augen von Marthe entstanden ist, die* (gemeint ist Marthe, Anm. d. Übers.) *erklärt hat, dass nichts ihrer eigenen Hand entstammt, sondern dass sie erst nach ausdrücklicher Aufforderung durch Gott und unter der Inspiration des Heiligen Geistes geschrieben hat, in der Woche der ersten Exerzitien vom 16. bis 19. August 29.*

2   Die *Sechzehn Diamanten* lassen an die *Zwölf Sterne, um zur höchsten Vollkommenheit zu gelangen* von Johannes vom Kreuz denken („Points d'amour, aux carmélites de Béas", Nr. 154, in: JEAN DE LA CROIX, *Oeuvres complètes*, Paris, Ed. du Cerf 1997, S. 286). (Johannes vom Kreuz / Juan de Yepes, 1542–1591, span. Karmelit und bedeutender Mystiker, unterstützte Teresa von Avila bei ihrem Reformwerk. Seine Schriften beschreiben den Reinigungsweg der Seele bis zur liebenden Vereinigung mit Gott. 1726 von Papst Benedikt XIII. heiliggesprochen, 1926 von Papst Pius XI. zum Kirchenlehrer ernannt. In deutscher Übersetzung findet sich der o.g. Text in: JOHANNES VOM KREUZ, *Sämtliche Werke. Band 5. Kleinere Schriften*, aus dem Span. übers. v. P. Aloysius ab Immac. Conceptione, München, Kösel ⁵1956, S. 119. Anm. d. Übers.).

Ratschläge, um auf dem Weg zur Vollkommenheit voranzukommen[1]

1. Je geringer man sie schätzt, desto mehr entledigt man sich der eitlen Freuden der Welt und all dessen, was von ihr kommt, und desto mehr dringt man in die göttlichen Dinge ein und ist man in der Lage, die hohen Wahrheiten zu verstehen und auf diese Weise große geistliche Schätze zu erwerben.
2. Allem abzusterben lässt das Leben in Gott finden! Binden wir weder unser Herz noch unsere Gedanken an Kreaturen, wenn uns daran gelegen ist, das Antlitz des göttlichen Erlösers in unserer Seele vollkommen rein zu erhalten. In dem Maße, wie wir uns vom Geschaffenen loslösen, erfreuen wir uns des göttlichen Lichts, denn Gott kann in nichts mit den Kreaturen verglichen werden. Derjenige, dem Gott nicht reicht, ist wohl zu beklagen.
3. Das Böse ist ein tückisches Gift. Fliehen wir es, entfernen wir uns davon wie von einem gefährlichen Abgrund. Tun wir mit heiligem Mut, von ganzem Herzen, mit ganzer Kraft das Gute. Streben wir immer nach dem Vollkommensten, dann wird Vertrauen, Friede in unseren Seelen aufscheinen.
4. Die größte Ehre, die wir Gott machen können, ist, ihm in der ganzen Vollkommenheit des Evangeliums zu dienen: Jede Handlung, die sich davon entfernt, bringt der Seele keinen Verdienst und keinen Lohn.
5. Erinnern wir uns wohl daran, dass sowohl das Gute wie auch das Schlechte immer nur mit der Zulassung Gottes geschehen. Dann werden wir im Glück wie im Unglück weder Stolz noch Entmutigung fühlen. Nehmen wir alles an aus der Hand Dessen, der die ganze Güte ist. Warum sollten wir, da wir die guten Dinge aus der Hand Gottes empfangen, nicht auch die schlechten annehmen, die um unseres Wohles willen zugelassen, von ihm kommen?
6. Wie sehr sie vom Herzen Jesu gehätschelt wird, die demütige und reine Seele, die sich opfert, die sich < in > ihr eigenes Nichts stürzt und die sich vorbehaltlos im Vertrauen und in der Liebe zu dem, der alles ist, hingibt. Warum sein eigener Herr sein wollen, wenn man seinen Willen Gott übergeben hat?

---

1 Siehe dazu S. 31 Anm.1.

7. Um glücklich zu sein, gilt es, Jesus den Schlüssel zum eigenen Willen zu übergeben, damit man in aller Freiheit und mit der Entschlossenheit zu ihm kommt, alles aufzugeben, um ihm nachzufolgen. Dann aber wird er, indem er uns an der Hand nimmt, aus unserem Verlangen etwas Gutes machen. Haben wir einmal das Kreuz umarmt und fühlen uns nicht stark genug, es uns vom göttlichen Erlöser auf unsere Schultern legen zu lassen, dann lasst uns wenigstens wie die Töchter Jerusalems unsere Tränen mit seinen Schmerzen vermischen. Machen wir, nach dem Vorbild der heiligen Veronika, durch unsere Gebete und unsere Opfer die Beleidigungen, die Missachtungen, die Kränkungen, die seiner Liebe zugefügt werden, wieder gut.
8. Wer in den geistlichen Übungen nachlässig wird und das Joch des Herrn als störend empfindet, ist leider schon nahe daran zu fallen. Lassen wir uns von dieser Wahrheit durchdringen und möge sie uns dazu bringen, dass wir auf der Hut sind.
9. Vergessen wir nicht, dass wir nur deshalb zu Christen gemacht wurden, um heilig zu werden: deshalb müssen wir ohne Rast, ohne zu erlahmen an unserer Vervollkommnung im Dienst und in der Liebe Gottes arbeiten.
10. Haben wir in allen Dingen, in allem, was wir tun, nur unsere Heiligung und die Ehre Gottes im Blick; sonst werden wir keinen Gewinn, kein Vorankommen, keinen Verdienst haben. Es gibt keinen Verlust, der weniger wiedergutzumachen, keine Verblendung, die größer und kein Elend, das herzzerreißender wäre, als Anhänglichkeit an das zu zeigen, was nur Staub, was nur flüchtiger Rauch ist!
11. Wenn wir ohne nachzulassen, ohne Rast daran arbeiten, unsere Natur zu besiegen, werden wir schneller auf dem schönen Weg Gottes vorankommen als durch die geheime Freude am Fasten bei Wasser und Brot.
12. Weichen wir niemals ab von der frommen Verrichtung des inneren Gebets, auch wenn wir dabei nur Trockenheit und Leid finden, auch wenn unser Geist dabei schrecklichen und unerfreulichen Abschweifungen[1] ausgeliefert wäre. Vielmehr soll uns das dazu bringen durchzuhalten, denn oftmals will Gott prüfen, wie weit wir das Kreuz umarmt haben.

---

1 *Abschweifungen*: im Heft ist das Wort zur Hälfte ausradiert.

Vergessen wir nicht, dass wir niemals unsere eigene Befriedigung suchen, sondern Gott gefallen und uns vervollkommnen sollen. Es muss der Seele am Herzen liegen, ganz demütig aus dem inneren Gebet hervorzugehen, dann wird der Dämon, der begreift, dass er nichts zu gewinnen hat, es nur ganz selten wieder mit seiner List versuchen. Die Demut ruft das Vertrauen herbei. Je mehr die Demut hinabsteigt, desto mehr steigt das Vertrauen auf, desto mehr schwingt sich die Seele zur Liebe auf.

13. Dem inneren Gebet gegenüber Widerstreben zu empfinden und es zu vernachlässigen, heißt, dem Geist der Hölle Waffen zu geben, die er gegen uns richten kann, ihm eben die Waffen zu geben, mit denen wir uns gegen ihn verteidigen sollten. Für das innere Gebet braucht der Herr Seelen, die ganz folgsam und ganz treu und ganz geschmeidig sind und die sich keinesfalls, in keiner Weise auf sich selbst verlassen. Seien wir wachsam und beten wir, dass wir nicht von der Trockenheit zur Lauheit übergehen.

14. Streben wir nicht nach Offenbarungen noch nach übernatürlichen Mitteilungen. Unsere Seele soll nur nach der wirklichen Vollkommenheit verlangen, ungeachtet jeglicher Tröstung. Bedienen wir uns ausschließlich und blind unseres wahren Führers – des Glaubens –, um der Vereinigung, der Liebe entgegenzufliegen.

15. Das Leiden ist der beschwerlichste Weg, aber es ist der sicherste und auch der verdienstvollste. Es ist der Weg des Herrn. Er selbst hat uns diesen Weg als den der höchsten Vollkommenheit gezeigt, als er gesagt hat: „Diejenigen, die ich liebe, werde ich züchtigen. Alle meine Freunde werden an meinen Leiden teilhaben und mein Kreuz mittragen."

16. Wenn die Seelen wüssten, welchen Wert das Leiden und die Demut haben, um Tugenden zu erwerben und für das Heil der Seelen zu arbeiten, würden sie in keiner Weise nach Tröstungen suchen oder sie haben wollen. Die Leiden im Leben sind nur von kurzer Dauer, die Schätze, die sie uns anhäufen lassen, sind für die Ewigkeit.

17. Keine Beschäftigung, kein Vorwand soll uns von der Gewissenerforschung abhalten; für jeden Fehler müssen wir Sühne leisten. „Dieser Entschluss hat den Vorteil, dass er unseren Willen, nicht mehr zu sündigen, stärkt."

18. Jedes Mal, wenn wir uns eine allzu natürliche Befriedigung versagen, vergilt uns das der Herr, der ganz Güte ist, in hundertfacher

Weise schon in diesem Leben, sowohl in geistlichen als auch in zeitlichen Gütern. Wenn wir uns dagegen die Befriedigung gönnen und nachgeben, empfinden wir in hundertfacher Weise Bitternis und Schuldgefühle.

19. Wir machen uns der Liebe Gottes unwürdig jedes Mal, wenn wir uns zum Zorn hinreißen lassen, jedes Mal, wenn wir der Nächstenliebe und der Vergebung die Tür verschließen.
20. Wir wollen nicht danach trachten, entweder viel noch wenig oder gar nichts von dem zu erfahren, was andere über uns denken und sagen. Denken wir daran, Gott zu gefallen und ihn über alles zu lieben. Bitten wir ihn darum, dass sein heiliger Wille geschehe, jedoch niemals der unsere. Überlassen wir uns ihm. Das ist unsere Pflicht.
21. Die völlige Abtötung der Sinne, die völlige Loslösung vom Geschaffenen ist unerlässlich für die Seele, die die Vereinigung mit dem Göttlichen erreichen will. Die Lehre Jesu Christi unterrichtet uns in der Loslösung von allen Dingen, damit wir immer frei sind, den Heiligen Geist in unseren Seelen zu empfangen. Das Geschaffene versetzt in Unruhe und zieht nach unten. Der Geist Gottes reinigt und heiligt.
22. Unsere Vervollkommnung ist in Wirklichkeit nur möglich in dem Maße, wie wir Opfer bringen. Inneres Gebet, Stille, Geduld, Verzicht, innere und äußere Abtötung sind die großen Akte, durch die wir, im Vertrauen auf unseren Herrn Jesus Christus und unter dem göttlichen Schutz der Jungfrau Maria, unser letztes Ziel erreichen können: die göttliche Liebe.
23. Betrachten wir niemals Betrübnis und Armut als Bestrafung, sondern nehmen wir sie vielmehr als einen Schatz von großem Wert an, denn durch sie werden wir, sozusagen, zum Ebenbild Jesu. Was wäre wahrer und begeisternder!
24. Lieben wir Gott! Lieben wir auch unseren Nächsten, wer auch immer er sei. Das ist das formelle Gebot, das Jesus, unser Herr, allen auferlegt hat. Und so zu lieben, heißt in Gott lieben, also in aller Freiheit des Geistes und des Herzens. Und wenn sich dann sogar eine gewisse Anhänglichkeit einstellen sollte, wird diese ganz göttlich sein, denn sie wird nur ein Ideal, ein Ziel haben: Jesus. Die Liebe zum Nächsten lässt in uns die Liebe zu Gott wachsen und in dem Maße, wie die Seele mehr in Gott voranschreitet, liebt sie den Nächsten innerlich. Diese Liebe ist eine Liebe des Himmels.

25. Gott stellt uns an den Fuß des heiligen Gebirges der Liebe! Es liegt an uns, in den Spuren des sanften Jesus die hohen Gipfel zu erklimmen und mit ihm auf den Kalvarienberg zu steigen, wo die Seele, nachdem sie verklärt wurde und den Sieg über das Fleisch und die Sinne errungen hat, Festigung erfährt in der Liebe zum lebendigen Gott.

26. Keinesfalls das Beste suchen, das das Leben bietet, sondern immer das Vollkommenste. Aus Liebe zu Christus, dem Erlöser, nur eines im Sinn haben: immer mehr einzutreten in die Entäußerung, den Mangel und die Armut im Hinblick auf alles, was nicht von Gott ist. Führt man alles, was man tut mit Liebe aus, mit einer großen Demut des Herzens, dann gelangt man sehr schnell zum vollen Genuss der göttlichen Freuden. Was tut nicht der göttliche Meister in einer Seele, die vertraut und sich seinem wunderbaren und vollkommenen Willen völlig überlässt!

27. Daraus ist zu schließen, dass jede Unvollkommenheit, und sei sie noch so klein, die Reinheit der Seele trübt und ihre vollständige Vereinigung mit < Gott > verzögert, wenn nicht gar verhindert.

28. Ah! Wie schön, wie wunderbar, wie unaussprechlich sie sein werden, die Schätze der Liebe, derer wir uns auf ewig im Himmel erfreuen werden! Jesus hat uns nur einen Vorgeschmack gegeben, aber die Wirklichkeit wird bei weitem das, was wir in beschränkter Weise voraussehen, übertreffen.

Ehre sei Gott in der Höhe![1]

Das herrliche Ereignis, das große Wunder ist geschehen: „Der Himmel hat heute Nacht die Erde besucht."[2]

Weihnacht! Für mich ist es das Fest der Feste, das Fest, an dem der Himmel sich in so herrlicher Weise mit der Erde verbindet und wo das Christkind immer wieder neu Mensch wird, wo es immer wieder neu in jedem von uns geboren wird, wenn wir es wollen ... wenn wir es rufen.

---

1 Wechsel der Handschrift bis zum Ende des Heftes. Nach Meinung der befragten Graphologen, könnte es sich um die Handschrift Marthes handeln, was vermuten lässt, dass Marthe eine Zeit der Besserung ihrer Krankheit erlebte, die es ihr erlaubte zu schreiben. Siehe Beschreibung der Hefte, S. 23–25.
2 Vgl. ein Kirchenlied von Gounod, das zu dieser Zeit in den Gemeinden gesungen wurde *(Le ciel a visité la terre)*.

25. Dezember 1929

Sich dieses großartigen Wunders der Liebe bewusst zu werden, bedeutet, die Wahrheit zu erkennen, bedeutet, sie zu wollen und aus ihr zu leben.

In dieser Weihnacht, in dieser Nacht der Liebe, lege ich meine ganze Sehnsucht, meine vielen und liebevollen Wünsche, die für alle sind und immer gleich, in die Wiege des Christkinds, in die Wiege Jesu, der unendlichen Liebe. Sehnsüchte und Wünsche in erster Linie im Hinblick auf die Seele, die, begierig nach Wahrheit, nach Schönheit, nach Unendlichem nur glücklich sein kann, wenn sie sucht, wenn sie erkennt.

„Gott suchen." Das ist gewiss wichtiger, ernster, schwerwiegender als aller Erfolg, aller Reichtum, aller Ruhm. Und müsste man sterben, um ihn zu finden, würde ich immer noch sagen: Suchen wir Gott, suchen wir ihn trotzdem. Im Allgemeinen aber verlangt er gar nicht so viel Verdienstvolles von uns. Und haben wir den göttlichen Schatz einmal im Herzen, dann bedeutet das im Gegenteil eine große Hilfe, eine große innerliche und sogar greifbare Kraft für uns, so sehr bringt er Schönheit, Klarheit und Freude in unser Leben. Friede, wirklicher Friede, tiefer Friede kommt in die Seele, wenn das geschehen ist, wenn sie Gott gefunden hat, wenn sie auf den Ruf der Gnade antwortet. Möge dieser so große Gott, der sich so schwach gemacht hat und doch noch immer so mächtig ist, mein Gebet annehmen und allen Seelen, die guten Willens sind, in Fülle die Freude gewähren, ihn zu erkennen, ihn zu lieben und ihm zu dienen. Damit hat man alles, wenigstens aber verzichtet man leicht auf das Übrige.[1]

Ehre sei Gott! Kann ich etwas Schöneres singen? Möge Gott von allen erkannt, geliebt, verherrlicht werden, möge seine Herrschaft sich in den christlichen und heidnischen Nationen ausbreiten, möge sein heiliger Wille sich auf der Erde und im Himmel vollkommen erfüllen ... „Friede auf Erden den Menschen guten Willens." Friede den Menschen auf der Erde. Friede den Seelen im Fegfeuer. Oh mein Jesus, schenke ihnen den ewigen Frieden, und das ewige Licht leuchte endlich über ihnen[2] ... mögen sie in Frieden ruhen. Friede der heiligen Kirche und ihrem Oberhaupt, unserem geliebten Heiligen Vater! Möge der Herr ihm die Heiligkeit schenken, möge er ihn in seiner Liebe bewahren und schützen.[3] Friede meinen

---

[1] Glossierte Übernahme verschiedener Passagen aus Félix Klein, *Madeleine Sémer, convertie et mystique (1874–1921)*, Paris 1923, S. 246, 250 und 251. Siehe Einf., S. 13 Nr. 5 und 7.
[2] Vgl. das *Requiem* aus der Messe für die Verstorbenen.
[3] Liturgischer Vers, der vor dem Allerheiligsten Sakrament gebetet wurde *(Dominus conservet eum!)*.

lieben und guten Eltern, Friede meinen Wohltätern. Gewähre ihnen allen das ewige Leben um all des Guten willen, das sie mir aus Liebe zu dir tun. Friede meinen Feinden. Liebe sie, oh Jesus, mit derselben Liebe, mit der du mich liebst. Friede auch meiner Seele, oh mein Geliebter. Schütte den Überfluss deiner Gnaden über mir aus, bringe in mir deine und meine Wünsche zur Erfüllung. Dich sehr zu lieben, dich mehr als alles andere zu lieben, in Liebe aufzugehen, das ist mein Traum. Wirst du, mein Herr und mein Gott, ihn in deiner Güte ganz und gar verwirklichen?

↑ 25. Dezember 1929 (Mittwoch)

Oh Liebe! Oh Geheimnis! Unbegreifliches, wunderbares Geheimnis: Ich lebe in Gott; nicht mehr ich lebe, sondern Jesus, mein geliebter Jesus, lebt in mir. Ich verstehe das nicht voll, aber ich kenne diese Freude, dieses unvergleichliche Geheimnis! ... Ihm sei alle Ehre! ...

↑ 26. Dezember < 1929 > (Donnerstag)

Ich möchte, dass alle Seelen wissen, dass sie gewahr werden, dass an diesem Morgen am Ende des Jahres mein Herz ihnen betend und zärtlich zugewandt bleibt.

Zuallererst danke < ich > Gott. Ihn bitte ich um Erbarmen, Vergebung, Kraft, Mut für mich, für alle. Dieser zärtliche und gute Vater kennt meine Gedanken, meine Wünsche, meine Sehnsucht: für mich, für jeden und für alle.

Möge er zufrieden sein, das ist es, was mir in allem reicht!

Meine Seele ist ganz und gar erfüllt vom Wohlgeruch Mariens! Lieblicher Veilchenduft, zarter Lilienduft.

Ich fühle mich immer mehr angezogen von dem so demütigen, so vollkommenen Weg der Jungfrau Maria ... Maria, die reine Jungfrau, die Königin der Märtyrer, nimmt mich mit in ihre Gefolgschaft. Ich glaube zu verstehen, dass Jesus es so will.[1]

Ich übergebe mich also in die Obhut Jesu, ganz und gar in der Schule der Jungfrau Maria, um tiefer einzudringen, um die großen Geheimnisse von Glaube, < von > Hoffnung und < von > Liebe besser zu verstehen.

---

1 Glossierte Übernahme von MARIE DE LA TRINITÉ, Lettres de „Consummata", S. 165. Siehe Einf., S. 13 Nr. 7.

31. Dezember 1929

Oh treue und so reine Jungfrau, meine Stütze in allem und überall, meine Zuflucht, mein so reines und vollkommenes Vorbild, erfülle mich ganz mit Ehrfurcht, mit Liebe, mit kindlicher Hingabe an den Willen des Herrn in allem, an den Willen, der oft geheimnisvoll, manchmal erdrückend, aber immer barmherzig, immer anbetungswürdig, immer voller Liebe ist. Lehre mich, oh meine Mutter, alles zu fliehen, was dessen Bedeutsamkeit, Heiligkeit, Größe und Schönheit herabsetzen und mindern könnte.

Jungfrau voller Gnade und Heiligkeit! Oh weiße Lilie der Liebe! Du, die niemals von der Sünde gestreift wurde und die doch unseren schuldhaften Schwächen mit so zärtlicher Barmherzigkeit, mit so mütterlicher Nachsicht begegnet, erlaube mir, in deinen Armen dein schönes und göttliches Kind zu verehren, unseren so teuren Freund, unseren zarten, kleinen Bruder. Erlaube mir, einen Kuss voller Liebe auf seine entzückenden Füße zu drücken, auf seine kleinen Hände, die gekommen sind, um zu segnen, um loszusprechen, um zu heilen; auf seine Stirn, von der die Göttlichkeit strahlt; auf sein liebendes Herz, sein Herz, in dem, wie ich weiß, mein Herz und das Herz aller Menschen schlägt. Lehre mich, die wunderbaren Geheimnisse, die großen Lehren der Krippe und des Kalvarienbergs besser zu verstehen, sie besser zu durchdringen ... und bitte für mich, gute Mutter, bei Jesus, unserem Retter, unserem göttlichen Erlöser, auf dass er sich meines Herzens bemächtige, auf dass er sich meines ganzen Wesens bemächtige und mir niemals mehr etwas davon zurückgebe.

Oh Jesus, ich liebe dich! Oh Jesus, ich komme, ich komme zu dir, ich werfe mich dir entgegen im Glauben ... in der Hoffnung ... und in der Liebe! Komm in mich und drücke mich an dich, jeden Tag mehr, in deiner liebenden Umarmung.

Dieses mein Jahr soll Gott gehören ... Gott allein! ...

Jungfrau des guten Rates! Jungfrau der guten Hilfe! Jungfrau, unsere Hoffnung! Jungfrau, Mittlerin aller Gnaden, bitte für uns, gute und wohltätige Mutter, auf dass wir der bewundernswerten Verheißungen unseres Herrn Jesus Christus würdig werden."[1]

↑ 31. Dezember 1929 (Dienstag)

---

1 Vgl. den liturgischen Vers, der vor dem *Angelus* gebetet wird.

Dienen: Gott, dann den Seelen.

Nächstenliebe[1]

Es gibt eine große Liebe und das ist die Liebe zum Nächsten,
Sie strömt, oh mein Gott, aus Deinem Herzen,
aus dem Herzen des Höchsten.
Wahre Barmherzigkeit ist in der Seele, die liebt,
Die auf Ansehen, Lob und Tadel nichts gibt.
Und erhalt' ich für meine Gaben vielleicht nicht mal Dank,
Ich will die Arme öffnen, austeilen mit voller Hand.
Für die bloß zu sorgen, die freundlich mir leben,
Es hieße nicht, mich hinzugeben.
Und stark, wie im Herzen die Flamme mir brennt,
Will ich lieben die Liebe... austeilen, damit jeder sie kennt.
Lieben, nur Güte, Sanftmut und Gerechtigkeit sein,
Glühen, mich verschenken in opfernder Pein.
Ja, das für alle und aus ganzem Herzen nur tun,
Den Irrtum zerstreuen mit dem Willen zur Ruh,
Ohne jemals vom Feuer die Flamme zu scheiden,
Muss ich, mich selbst vergessend, Seelen zu Gott geleiten,
Hingegeben für alle, immer und ohne zu zählen,
Geben, nur geben, nach den Früchten nicht spähen.[2]

↑ 31. < Dezember > – 1. Januar 1930 (Dienstag – Mittwoch)

---

1 Wir haben noch zwei andere Versionen dieses Textes, die sich geringfügig unterscheiden. Sie wurden von Père Faure geschrieben (spätere Ausgabe; siehe Einf., S. 4 Anm. 5). (Bei der Wiedergabe der Gedichte Marthes handelt sich nicht um wortwörtliche Übersetzungen, sondern um Übertragungen. So konnte unter Wahrung der inhaltlichen Aussage auch die poetische Struktur der Texte erhalten werden. Die Originale sind jeweils in Fußnoten abgedruckt. Anm. d. Übers.).

2 *Charité:* Il est un grand amour, et c'est la charité, / Qui jaillit, ô mon Dieu, de votre Coeur sacré. / C'est la vraie charité... la charité de l'âme / Dédaigneuse du bruit, des louanges, du blâme. / Sans savoir si mes dons seront pour des ingrats / Je veux ouvrir mes mains, ouvrir bien grand mes bras. / Aimer qui me chérit, et chérir ce qui m'aime, / Serait vraiment donner que bien peu de moi-même, / Et si fort que mon coeur puisse en être enflammé / Je veux aimer l'Amour... semer la charité. / Aimer, n'être éprise que de bonté, de douceur, de justice, / Etre ardente et aimante, dans le pur sacrifice. / Oui, l'être pour tous, l'être de tout mon coeur / Avec la volonté d'apaiser, de confondre l'erreur, / Sans séparer jamais le feu avec la flamme, / Je dois, en m'oubliant, faire aimer Dieu aux âmes, / En me donnant pour tous sans cesse et sans compter. / Donner, toujours donner sans vouloir récolter.

Oh zärtlicher und guter Vater! Oh, einziger und vollkommener Gott! Was wirst du in diesem Jahr mit mir machen? ... Wohin wird mich deine Liebe führen? ... Welche Zeit des Wartens wirst du mir auferlegen? ... Was wirst du von mir verlangen? ... Welche unvorhergesehenen Dinge wirst du noch von deiner armen kleinen Dienerin verlangen, von deinem armen kleinen Opfer? ... Ich weiß es nicht... und trachte nicht danach, es zu wissen.

Fiat[1], oh mein Jesus, mein Gott, *fiat* und immer wieder *fiat*, in der Liebe und im Verzicht auf alles.

Oh Herr, sei verherrlicht und gepriesen von mir, von allen und durch alle, jetzt und für alle Zeit. Amen.

Magnificat anima mea dominum! ...[2]

Herr Jesus! Oh mein angebeteter Meister! In dir allein will ich leben. Durch dich, mit dir, in dir will ich zum Vater beten, ihn lieben, loben, preisen und verherrlichen.

Wie könnte ich die teure Hand, die mich schlägt, jemals genug küssen, wie könnte ich die geliebte Hand, die mir so viele Leiden schickt, die mich so lange leiden lässt, jemals mit genug Tränen der Liebe übergießen?

Mein göttlicher Jesus, mögen deine Liebe und deine Gnade immer mit mir sein.

↑ 2. Januar 1930 (Donnerstag)

Oh Jungfrau, meine zärtliche Mutter, um Jesu willen, der kommen soll, mach mein Herz demütig wie ein Veilchen und weiß wie eine ganz reine Lilie. Um seinetwillen und um deinetwillen, oh meine Mutter, mach alles weiß, bring Demut überallhin, in mein ganzes Wesen.

Ja, für Jesus will ich mein Herz, will ich mich ganz demütig und ganz rein! ... Das ist sein göttliches Verlangen.

Jesus gewährt uns ganz liebliche Freuden auf Erden. Er erweist uns hier große Gunst, er überschüttet uns mit unzähligen Gnaden; aber nichts ersetzt, nichts kommt der süßen, reinen Freude gleich, um seiner Liebe willen zu leiden.

---

1 *Es geschehe!*
2 *Meine Seele preist die Größe des Herrn* (Lk 1,46).

Die Glückseligkeiten, die Befriedigungen auf der Erde dauern nur eine bestimmte Zeit; nur die Freude, gegeben zu haben, sich selbst vergessen zu haben, bleibt.

Oh! Es ist wahr, mein Geist und mein Herz sind voller Licht und Wahrheit!

Ich sollte meine Seele weit öffnen für so viele arme Menschenwesen, die überhaupt nichts wissen von Gott, vom wahren Leben. Aber ich erkenne, dass meine körperliche und geistige Unfähigkeit zu groß ist, ich habe meine Unzulänglichkeiten viel zu sehr vor Augen.

Oh mein Jesus, fülle alles aus, was leer in mir ist ... Entreiß mich mir selbst und zwar für immer und erfülle mich mit dir, erfülle mich mit der Überfülle aller deiner Güter.

Mein zärtlicher Jesus, gib mir all das, was du willst, dass ich dir gebe ... all das, was du willst, dass ich ihnen gebe.

Mache auch, dass ich, indem ich dich liebe, bewirke, dass man dich liebt!

Ich trage in mir die Gnade, ja sogar das Leben Gottes! Ich will alles tun, um seine Ehre zu mehren, um seine Herrschaft zu vergrößern.

Herr, ich bin dein ganz kleines Werkzeug, ich bin da, um deinen Willen zu tun, um alles zu verwirklichen, was du wünschst, um dir meine ganze Liebe zu schenken ... und um dein Lob zu singen.

Weder suche ich die neuen Kreuze noch flüchte ich vor ihnen! Sie zu suchen, wäre meinerseits wohl Stolz, sie zu fliehen, wäre natürlich Feigheit.

Ich bin bereit für alles, was der liebe Gott mir gibt, für alles, was ich um seiner Liebe willen leiden soll. Und wenn ich in meiner Natur, die niemals genug gekreuzigt ist, spüre, dass ein Erschrecken aufkommt, schmiege ich mich ganz schnell in die so zärtlich mütterlichen Arme der Jungfrau Maria und da, an ihrem Herzen, vollziehe ich ganz leise einen Akt der Liebe und der Hingabe an die drei göttlichen Personen der Heiligsten Dreifaltigkeit.

Ich verlange nichts: weder leben, noch sterben, noch gesund werden. Und wenn ich könnte, wenn es mir erlaubt wäre zu wählen, ich glaube, ich würde nichts wählen. Denn das, was ich liebe, ist das, was Gott in mir und für mich tut. Das ist es, was er von mir für sich zugunsten der Seelen verlangt.

Mein Gott! Du erfüllst mich mit Freude, du überflutest mich mit Liebe durch alles, was du tust.

3. Januar 1930

Mein Gott, ich bin dein, um dir alle Tröstungen zu bringen, um für alle meine Fehler zu sühnen ... um in Ewigkeit deine Barmherzigkeit zu besingen.

„*Die Gnade, ohne Mühe zu sterben, ist wohl der Mühe wert, ohne Freude zu leben*"¹... ohne Annehmlichkeiten zu leiden.

Ein Leben, das lange leidvoll ist, ist eine Wohltat, denn es erlaubt uns, Jesus viel zu geben, Jesus sehr viel zu geben.

Die Tage der düsteren, der mühseligen Leiden sind Tage der Gnade, des Anrechts auf die Glückseligkeit.

Gott ist immer da, er ist es, der alles erlaubt! Und selbst wenn er sich zurückzuziehen und uns alles zu verweigern scheint, liebt er uns noch immer.

Wenn die Schmerzen unsagbar wehtun, denke ich, dass der liebe Gott, der so gut ist, mich in dem Maße leiden lässt, wie ich ihn liebe und wie er mich liebt. Deshalb lächle ich immer und habe immer so viel Frieden!

Ich lebe für Jesus, vereint mit Jesus! Was ich von ihm erbitte, ist in seiner Liebe zu sterben.

⌜Ich erstaune die Leute, wenn ich ihnen sage, dass ich lebe, um zu sterben, und dass der Tod das große Thema, der Sinn meines Lebens ist.

Der Tod ist die höchste aller Gnaden und die Krönung unseres Lebens als Christen. Er ist nicht, wie leider noch zu viele denken, ein Ende, sondern der Anfang einer schönen Geburt.

Er bedeutet nicht die Stunde der Auflösung einer Kreatur, sondern ihre eigentliche Entfaltung, ihr volles Aufblühen in der Liebe. Er bringt uns vollständig in den Besitz des göttlichen Lebens, indem er die Hindernisse beseitigt, die uns hier auf Erden daran hindern, es so zu genießen, wie es uns behagt.⌟² Er erlaubt es uns schließlich, ⌜uns ungehindert der ewigen Liebe hinzugeben, uns bewusst zu sein, dass diese sich uns schenkt, und dass wir für immer in ihr bleiben.⌟³

⌜„Denn für mich ist Christus das Leben."⁴ Es wird mir also ganz von Vorteil sein zu sterben, da es ja die große Wirkung des Todes sein wird,

---

1 Marthe formt hier eine gängige monastische Wendung leicht um *(Die Freude, ohne Mühe zu sterben, ist wohl der Mühe wert, ohne Vergnügen zu leben.)*
2 Glossierte Übernahme aus Klein, *Madeleine Sémer*, S. 264. Siehe Einf., S. 13 Nr. 7.
3 Vgl. Ruysbroek in Klein, *Madeleine Sémer*, S. 270. Siehe Einf., S. 13 Nr. 6. Zu Ruysbroek, siehe S. 447 Anm. 1.
4 Vgl. Phil 1,21.

den dunklen Schleier zu vertreiben, der mir ein so anbetungswürdiges Wunder verbirgt.⌐¹

„Alles geht vorüber"², nur Gott und die Seele sind unsterblich. ⌐Denken wir ernsthaft daran. Nehmen wir diesen Gedanken, die Sorge, die Unruhe hinsichtlich der letzten Dinge in unser Leben auf.⌐³

Wenn ich an den baldigen Tod denke, sage ich mir: umso besser, bald werde ich den lieben Gott sehen! Trotzdem habe ich so etwas wie eine Vorahnung, dass Jesus noch größere, noch schwerere, noch dunklere Kreuze und neue Prüfungen für sein kleines Opfer vorbereitet. Sie mögen kommen! Aus der Tiefe meiner Seele heraus preise ich sie.

⌐Meine Seele soll allein für Gott leben... Darin liegt das Heil!⌐⁴

↑ 3. Januar 1930 (Freitag)

Meine Seele bindet sich leidenschaftlicher an Gott als je zuvor. Oh mein Gott, es geht um Leben und Tod. Sollte ich auch niemals mehr deine zärtliche Gegenwart hier auf Erden spüren und sollte ich niemals mehr fühlen, dass ich dich liebe: Ich weiß es, ich will es, ich tue es! ... Das ist mein größtes Glück, das ist all meine Freude. Nichts ist dem Herzen Jesu angenehmer als die Seele, die sich mit ganzem Vertrauen hingibt. Sich Sorgen zu machen, missfällt seiner Liebe immer ein wenig.

Gott in allem und an alle weitergeben, ihn ununterbrochen geben, ihn so viele Male und auf so viele Weisen geben, wie er es will. Durch das Gebet, durch das Beispiel, durch das Wort, durch die Güte, die Nächstenliebe, die Vergebung ... und besonders durch die Liebe und durch die Ausstrahlung eines Lebens, das ganz Gott gehört. Im Verzicht und in vollkommener Selbstvergessenheit.

Mein ganzes Wesen akzeptiert das Leiden, das fast völlige körperliche Unvermögen, immer großherziger, mit immer größerer Liebe und in einer sehr viel größeren Hingabe, in größerer Gelassenheit, größerem Verzicht auf alles.

---

1 Vgl. KLEIN, Madeleine Sémer, S. 264. Siehe Einf., S. 13 Nr. 5.
2 Vgl. u.U. ein Kirchenlied, das in jener Zeit während der Fastenzeit gesungen wurde und bei dem jeder Satz mit „alles geht vorüber" endet. (*Unter dem Firmament ist alles nur Wandel, alles geht vorüber...*).
3 Vgl. KLEIN, Madeleine Sémer, S. 266. Siehe Einf., S. 13 Nr. 5 und 9 (Wechsel der Person).
4 Vgl. KLEIN, Madeleine Sémer, S. 266. Siehe Einf., S. 12 Nr. 2 (geistliche Formulierung) und S. 13 Nr. 5.

4. und 5. Januar 1930

Jedoch, wie schwer fällt es der armseligen Natur manchmal, ihre ganze Machtlosigkeit einzusehen in unendlich vielen Dingen, die gleichsam den Stoff des Lebens bilden.

Aber wenn man Jesus liebt und ihn mit reiner Liebe liebt, bleibt man trotzdem sehr ruhig, man lächelt freudig und liebevoll trotz der Schmerzen, die einen erdrücken, trotz der Erschütterungen, die wie eine Folter sind, und der stechenden Leiden, trotz der trostlosen Prüfungen und des bitteren Überdrusses.

↑ 4. Januar 1930 (Samstag)

Immer fröhlich zu sein ist eine ausgezeichnete Buße.

Père de Ravignan[1]

Oh guter und süßester Jesus, reinige mein Herz ganz, ⌜schenke meiner Seele den Frieden, mache deinen kleinen Himmel daraus⌝[2], deinen Lustgarten! Oh Jesus, ich liebe dich. Nichts, nichts <sei> mehr in mir, das nicht Gott als Ursprung und als Ziel hat, sei es im Bereich des Tuns, sei es im Bereich der Neigungen! Herr, ich übergebe dir und ich unterwerfe dir alles ... Sieh her ... und handle nach deinem Herzen!

↑ 5. Januar 1930 (Sonntag)

Nichts, nichts sei mehr in mir, das nicht Jesus gehöre und ganz allein für Jesus sei und das nicht durch ihn zum höchsten Thron des Vaters aufsteige, um dann als Segen zurückzukommen auf mich, auf meine liebe Familie, auf alle, die ich liebe und die ich lieben soll; auf unsere Pfarrgemeinden, unsere Diözese, unser untreues Frankreich; auf die heilige Kirche, auf ihr oberstes Haupt, unseren Heiligen Vater, den Papst, den ich nicht nur von ganzem Herzen liebe (das wäre nicht genug), sondern mit den so sehr liebenden Herzen meines Jesus und der Jungfrau Maria,

---

1   P. Gustave-Xavier de La Croix de Ravignan, französischer Jesuit des 19. Jhds., Zeitgenosse Lacordaires.
2   Elisabeth von der Dreifaltigkeit, zitiert bei KLEIN, *Madeleine Sémer*, S. 210. Siehe Einf., S. 12 Nr. 2 und S. 13 Nr. 6. Hat Marthe vielleicht das Gebet Elisabeths von der Dreifaltigkeit selbst gekannt? Das ist vorstellbar, denn es findet sich ein Anklang an eine andere Stelle dieses Gebets, die bei *Madeleine Sémer* nicht vorkommt (vgl. S. 122 Anm. 3 und S. 159 Anm. 2). Man wird auch an Marthes Gebet „Du innigst geliebte Mutter" denken und besonders an die Formulierung: *Nichts möge uns jemals von unseren Gedanken an Gott abbringen*. Marthe äußerte einmal gegenüber einer anderen Person, dass sie zu der Zeit, als sie „*Oh geliebte Mutter*" verfasste, das Gebet Elisabeths von der Dreifaltigkeit nicht kannte.

meiner Mutter ... und < um > sich über alle Seelen, über die ganze Nation, über die ganze Erde auszubreiten.

Herr Jesus, herrsche über uns und rette uns!

↑ 5. Januar 1930 (Sonntag)

Mich um ein einwandfreies Leben bemühen, um ein tadelloses Leben zu führen inmitten einer Welt, die, ohne es zu ahnen, so böse ist, in einer so unselig verdorbenen Zeit; das heißt, als wahres Kind Gottes immer nach dem Guten streben, nach dem wirklich Vollkommenen, durch den Glauben, die Hoffnung und die Liebe, gemäß den schönen, von Gott offenbarten Wahrheiten.

Oh Jesus, mein angebeteter Meister! Ich sage „ja" und ich gebe dir mit freigebigem Herzen die noch ausstehenden Tage meines Lebens, um – in meinem Leib, in meinem Herzen, in meiner Seele – alles zu leiden, was man leiden kann, und ich bitte dich flehentlich, niemals zuzulassen, dass ich anders als nach deinem anbetungswürdigen Willen lebe, noch für etwas anderes als deine Liebe, die Ehre deines Namens und den Triumph der Kirche.

Mit deiner Gnade werde ich mutig die große Prüfung des Exils zu ertragen wissen. Aber mache, dass bald die Morgenröte meiner Befreiung anbricht.

Fiat voluntas tua![1] Ich habe es gesagt: Deine Gnade, oh mein Gott, ersetzt mir alles.

↑ 6. Januar 1930 (Montag)

Alles um der Liebe Gottes willen! ...

Herr, wenn es dein göttlicher Wunsch ist, bin ich bereit, aus deiner Hand ein noch erdrückenderes, noch blutigeres Kreuz, noch erschütterndere Leiden zu empfangen.

Ich will die Seelen weder mit Gold noch mit Silber loskaufen, sondern mit dem Kleingeld meiner Leiden in Einheit mit dem unerschöpflichen Schatz der Leiden des Erlösers und seiner heiligsten Mutter, durch das starke Mittel des Kreuzes, das mir zur Verfügung gestellt ist, durch die

---

1 *Dein Wille geschehe!*

tägliche Hingabe und dadurch, dass ich mein Leben dem Schöpfer, der es mir gegeben hat, schweigend als Opfer darbringe.

Gott ist mein Vater, mein Bruder und mein einziger Freund und von dem Augenblick an, wo ich sein Kind, seine Schwester, seine Dienerin < bin >, wird mir nichts, rein gar nichts passieren. Ich werde nichts zu leiden, nichts zu erdulden, nichts auszuhalten haben, wenn er es nicht als sehr guter Vater zugelassen und von langer Hand vorbereitet hat.

In seinen väterlichen und so zärtlichen Armen kann ich mich in allen Prüfungen, die mir seine Liebe noch bereitet, ohne Schrecken, ohne Angst fallen lassen und dabei weiß ich, dass alles, was Gott will, gut, heilig und vollkommen ist und dass es das süßeste Glück ist, seinen Willen ganz und gar zu erfüllen.

Die geliebte Hand, die mich mit so viel Liebe auf einem dornenreichen und schmerzhaften Weg zu den Gipfeln mitzieht, ist auch die allmächtige Hand, die mich verteidigt und gegen die Angriffe und die schreckliche Wut des Feindes stark macht.

Oh du Hand, du anbetungswürdige und göttliche Hand, die du mit so viel Macht auf mir liegst, ich liebe dich, ich drücke dich, voller Ergriffenheit küsse ich dich und benetze dich mit meinen Tränen, weil du die Sanftheit für mich bist, weil du meine Stärke bist, weil du mein Aufzug in der Liebe bist.

Glücklich diejenigen, die verstehen, dass die Sünde, die die Liebe beleidigt hat, der Sühne bedarf.

Glücklich diejenigen, die auf dieser Erde Sühne leisten! Glücklich diejenigen, die um ihrer selbst und um der anderen willen, erwählt und bereit sind zu sühnen!

Glücklich diejenigen, die verstehen, die zustimmen, die Jesus nach dem Maß ihrer Großherzigkeit und der Gnaden, die sie erhalten haben, nachfolgen.

Mit jedem Schritt in der Liebe wird ihr Kreuz leichter, ihr Gang beflügelter, ihr Herz froher, ihre Seele himmlischer.

Wenn wir wüssten und wenn wir auch wollten!, zu welch mächtiger, fruchtbarer Ausstrahlung würde unser Leben werden! Wie viel Gutes würden wir bewirken, ohne es zu sehen, ohne es zu wissen, ohne es zu verstehen ... wenn wir einfach zu wollen verstünden. Christen, glauben wir an die Wahrheit, glauben wir an die Wissenschaft und < an > die

Macht Gottes, und lassen wir uns von seiner Liebe führen, dann werden wir stärker sein als alle Tyrannen der Welt.[1]

Aber diesen unvergleichlichen Schatz gilt es vom Himmel zu empfangen, um ihn seinem wahren großen Wert entsprechend schätzen zu können, denn diese Welt mit ihren Freuden weiß nichts von jenen Freuden. Wahrscheinlich muss man weiter kämpfen, immer kämpfen, manchmal sogar in sehr mühsamer Weise. Aber welch ein Unterschied zwischen diesen Kämpfen, wo das Gute so wunderbar triumphiert und jenen, wo das Böse immer siegt.

Das Leid ist das härteste und das süßeste aller Heilmittel! Die Seele, die das Leiden erfahren hat bis zu dem Punkt, wo sie das Grauen ihres Übels nicht mehr fürchtet, bis zu dem Punkt, wo sie den beißenden Schmerz nicht mehr fühlt, diese Seele ist zu allem bereit.

Ich glaube, dass niemand wirklich weiß, was Friede, was Freude ist, solange er nicht durch den Schmelztiegel des Leidens gegangen ist. Niemand weiß, welchen Rückhalt, welchen übermenschlichen Jubel es bringt, im Willen Gottes (selbst wenn er ans Kreuz schlägt) zu ruhen. Das ist noch nicht die Seligkeit, aber das ist schon etwas unendlich viel Besseres als alles, was man hier auf Erden antrifft! ... Es ist die Glückseligkeit in der Liebe.

Oh meine sehr gütige, meine zärtlichste Mutter! Nimm meinen Willen, ich gebe ihn dir, vereine du ihn mit dem deinen, der auch der von Jesus ist, damit ich mich [und] wie du mit ganzer Seele jeder einzelnen der Absichten Gottes überlasse. Hilf mir, einen großen Eifer für das Gute zu erlangen, eine Großherzigkeit im Opfer, die Liebe im Leiden und bitte Jesus, dass er mir auf die Weise, die ihm gefällt, sage, ob er mit seinem kleinen Opfer zufrieden ist.

Oh du vollkommen reine Jungfrau, vom Duft der Liebe umgebene Lilie! Da du unsere Mutter bist, oh Maria, lehre uns, die Liebe zu verstehen, hilf uns, im Einklang mit ihrer großartigen Lehre zu leben. Lehre uns

---

1 *Wissenschaft Gottes* meint das Erkennen und Urteilen Gottes. Dieses ist nach Thomas von Aquin nicht abwägend und folgernd, sondern absolut und unmittelbar (STh II-II 9, 1 ad 1, vgl. ULRICH HORST, *Die Gaben des Heiligen Geistes nach Thomas von Aquin*, Berlin, Akad.-Verl. 2001, S. 123). Daraus folgt, dass der Christ in allem, was ihm begegnet, vertrauen darf, dass Gott das Geschehen im Blick hat und ihn in rechter Weise führt. Diese Überzeugung bringt Marthe auch an anderen Stellen zum Ausdruck, vgl. z.B. S. 32 Nr. 5, S. 39, S. 48. (Anm. d. Übers.).

7. Januar 1930

beten, vergeben, lieben, die Wunder des Herrn zu besingen; lehre uns, mit unseren Brüdern die Gnaden, die du uns erwirkst, zu teilen, oh du göttliche Mittlerin zwischen Gott und den Menschen.

Oh Mutter, oh unbefleckte Jungfrau, hilf mir, im Frieden und in der Liebe Gottes zu leben und zu sterben.

Wir werden uns nie, nie genug freuen können, wenn wir Gott unser ganzes Leben geschenkt haben. So sehr gibt er ein Vielfaches von dem zurück, was man ihm schenkt.

Wie sehr sind wir also verpflichtet, niemals vor den grausamen Trennungen, den erschütternden Prüfungen, den schmerzlichen Opfern zu erschrecken, die wir aus Liebe zu ihm zu erleiden haben. Für denjenigen, der leidenschaftlich liebt, gibt es keine Leiden, die einen zurückhalten.

Von welchem Punkt des Horizonts auch immer die Brise weht oder der Sturm tobt, immer bringen sie uns ein Geschenk des Himmels. Die geistlichen Kreuze sind wertvolle Quellen der Heiligung und Mittel zur Vereinigung, die mehr als Gunsterweise und Tröstungen den Seelen zur Vollkommenheit verhelfen.

Schaffen wir uns unsere Leiden nicht selber. Aber wenn Gott sie zulässt oder anordnet, dann wollen wir sie wie Jesus, wie Maria, mit Jesus, mit Maria, durch Jesus und Maria in vornehmer Gesinnung, tapfer, mit Liebe und schweigend tragen. Einem Schmerz, der klagt und laut ist, mangelt es an Ehre und Würde.

Leiden ist etwas Großes unter der Bedingung, dass man heilig leidet! Das Leiden bekommt den Wert, den derjenige, der leidet, ihm gibt. Es könnte leider auch sein – und das kommt unglücklicherweise nur allzu oft vor –, dass es keinen hat. Um Gottes willen, leiden wir, ob wir wenig oder viel leiden, nicht umsonst, denn das ist – bei weitem – zu traurig. Leiden wir für Gott und für die Seelen ... Leiden wir in Frieden und aus Liebe.

Vom hohen Thron seiner Herrlichkeit, wo er als Herrscher, besonders aber als gerechter und guter Vater regiert, neigt sich Gott mit barmherziger Zärtlichkeit herab, um die durch seine Liebe betrübte Seele durch seine sanfte Gegenwart aufzumuntern, zu stützen, zu stärken.

Er ist da, bei ihr: Leiter, Licht, Tröster, Freude, Liebe. Schöpfer und Erlöser. Freund und Bruder. Mit offenem Herzen, offenen Augen, offenen Armen lässt er seine Gnade und seine Liebe bis in sie hinein fließen.

↑ 7. Januar 1930 (Dienstag)

Mit Jesus und mit Maria vereint in immer noch größerer Liebe! Mitten in der Welt und doch durch den Geist und das Herz so weit weg von ihr. Ich bin niemals weniger einsam, als wenn ich ganz alleine bin, und weit davon entfernt, dass mir das, was als Isolation erscheint, zu einer Quelle der Langeweile und des Überdrusses würde, verkoste ich in der vollkommensten Einsamkeit einen unendlichen Frieden.

Mein kleines Zimmer ist jetzt ein wahrer Himmel, da mir jene Worte des Herrn bewusst sind: „Seid gewiss: Ich bin bei euch alle Tage bis zum Ende der Welt"[1], und da ich weiß, da ich fühle, da ich erkenne, dass ich ununterbrochen mit ihm zusammen bin in der himmlischen und göttlichen Gesellschaft der allerhöchsten Dreifaltigkeit. Zärtliche Gegenwart, die meine Seele und mein Herz bezaubert und entzückt. Mein kleines Zimmer ist vielleicht arm und nicht schön, ich sehe aber weder seine Armut noch seine Hässlichkeit.

Ich bin in Gott. Ich spreche mit ihm. Ich vernehme ihn. Ich höre ihm zu. In meinem Herzen bete ich ihn an und liebe ihn.

Wie sehr mich dieses Überzeugtsein von der Wahrheit in meinen Schwächen stützt, in meinen Mühseligkeiten tröstet, mir in meinen Leiden hilft, mich ermutigt und mich stark macht in den Prüfungen und gegen die schrecklichen Angriffe des höllischen Satan.

Oh süße, oh süßeste Dreifaltigkeit, Freude meines Herzens, Himmel und Wonne meiner Seele! ...

Die treu gehütete, fröhlich geliebte Zelle wird der Seele, die in der Verbindung mit Gott bleibt, süß.[2] Gerade durch die persönliche Erfahrung der Abgeschiedenheit, durch die Kenntnis des Leidens, aber besonders durch das direkte und allmächtige Handeln Gottes in mir und durch die bestän-

---

1 Mt 28,20.
2 Vgl. THOMAS VON KEMPEN, *Die Nachfolge Christi. Vier Bücher*, übers. und hrsg. v. *Wendelin Meyer*, Kevelaer, Butzon und Bercker, ⁵2000, 1.20.5. (Thomas von Kempen [1379/80–1471], Augustiner-Chorherr, Verfasser zahlreicher geistlicher Schriften. Die *Nachfolge Christi* ist sein bekanntestes Werk und war über Jahrhunderte eines der meistgelesenen asketisch-spirituellen Bücher. Anm. d. Übers.).

9. Januar 1930

dige und wunderbare Hilfe der Jungfrau Maria, meiner Mutter, ist es mir langsam und in einem konstanten, stufenweisen Aufstieg in der Liebe gelungen, ohne dass ich es fast selber bemerkt hätte, unvergleichliche Höhen zu erklimmen, von wo aus ich, ergriffen und verzückt und wie auf einmal entdecke, was das Größte und Allerschönste ist, das es zu sehen gibt: die Seele und Gott ... die Seele und die Liebe.

Ich glaube nicht nur, sondern ich kenne, ich verkoste in unaussprechlicher Weise dieses Leben ganz in Gott ... Ich verstehe es. Ich weiß, was diese erstaunlichen Worte sagen wollen: „Bleibt in meiner Liebe."[1] „Das Wort ist Fleisch geworden, es hat unter uns gewohnt."[2] Ich weiß darum mit einem Licht, mit einer unermesslich großen Freude.

Jesus wohnt durch sein Wort in mir und ich bin in seiner Liebe, durchströmt von seiner göttlichen und reinen Liebe.

Oh! Vergessen wir Christen niemals, dass wir niemals, niemals alleine sind, dass wir ununterbrochen in der Gegenwart und im Licht der anbetungswürdigen Dreifaltigkeit leben und dass wir in Jesus (dem fleischgewordenen Wort) und durch das so einfache und so vollkommene Mittel der Jungfrau Maria leben und uns mit ihnen vereinen können: Vater ... Sohn und Heiliger Geist.

⌜Bringen wir das Bemühen, die Besorgnis, die erhebliche Bedeutung der letzten Dinge in unser Leben⌟[3] und bitten wir Gott, uns zu stärken und uns in der Heiligkeit seines Kultes zu bewahren, in einer unwandelbaren Treue.

In mir brennt die übermäßig große Sehnsucht, Gott, den Vater, den Sohn und den Heiligen Geist zu sehen, die hier unten wie auch im Himmel geliebt, angebetet, verherrlicht und gepriesen [sic] werden.

Unser Vater im Himmel, dein Name werde heute und jeden Tag von mir und von allen geheiligt. Das Reich deiner Liebe breite sich in meiner Seele und in allen Seelen aus. Dein Wille geschehe wie im Himmel so auch in mir, in meiner Familie, in meiner Pfarrgemeinde, in ganz Frankreich und auf der ganzen Erde.

Möge der Glaube unser ganzes Leben beherrschen und regieren.

---

1 Joh 15,9.
2 Joh 1,14.
3 Glossierte Übernahme aus KLEIN, *Madeleine Sémer*, S. 266, mit Wechsel der Person. Siehe Einf., S. 13 Nr. 7 und 9.

Glücklich, glückselig ist die Seele, die Gott kennt, wäre sie auch noch so unwissend in allen anderen Dingen! Aber wie unglücklich, wie unwissend ist diejenige, die, wüsste sie auch alles Übrige, die große und einzigartige Wahrheit nicht kennt, das einzig wahre Gut, das Gott ist. ⌜Und nicht das Studium der Geisteswissenschaften, der Künste, der profanen Wissenschaften kann in der Kenntnis der höchsten Liebe voranbringen, da diese sowohl höher als auch bescheidener ist, für alle erreichbar, für große Gelehrte und für die ganz Kleinen. Verlieren wir keine Zeit, um nach der Wahrheit zu suchen, um die wahre Wissenschaft, die wahre Philosophie des Lebens zu erlernen, auch wenn man dafür alles andere lassen müsste. Glauben wir nicht aufgrund des Glaubens der anderen. Hören wir in Treue auf alle Ratschläge, insofern sie rein und heilig sind und uns erleuchten, uns ermutigen, uns den guten Weg eröffnen können, und folgen wir dann den besten Zeugnissen.⌟[1]

Allmächtiger Jesus, mache, dass ich dich immer noch mehr kennenlerne, um noch besser zu lieben ..., um ohne Maß zu lieben. Jesus, meinen Gott, ich liebe ihn! Das ist Leidenschaft, das ist Trunkenheit.

Liebe, immer mehr Liebe, um Jesus zu folgen, um der Vereinigung entgegenzueilen! ...

↑ 9. Januar 1930 (Donnerstag)

Ich bitte den lieben Gott um wenige Dinge für mich! Aber in jedem Augenblick sage ich ihm in meinem Herzen: Mein Gott, mein geliebter Jesus, um meine Seele, um meine arme kleine Seele kümmere dich, wache über sie.

Ich glaube, dass die große Leidenschaft der Liebe zu Jesus wichtiger ist als alles andere, um sein so unendlich zartfühlendes Herz anzurühren und von ihm alle Arten von Gnaden zu erhalten. Deshalb mische ich mich niemals ein, um etwas Spezifisches zu erbitten. Ich verlange nichts Besonderes. Ich liebe ihn, ich bemühe mich, ihn mit meinem ganzen Wesen zu lieben, mit allen meinen Kräften, die sich nach ihm ausstrecken, und bin überzeugt, dass das reicht.

Mich dürstet nach Jesus, nach einem Leben aus Jesus ... Mich dürstet danach, ihm Seelen zu geben, ihm Seelen zu retten. Und ich fühle, dass

---

[1] Glossierte Übernahme aus KLEIN, *Madeleine Sémer*, S. 247, mit Wechsel der Person. Siehe Einf., S. 13 Nr. 7 und 9.

mein Durst, mein brennender Durst sich in dem Maße entwickelt, wie er gestillt wird.

Welche Ehre! Welches Glück! Welch unwandelbare Freude!

Jemand hat gesagt: „Das Herz eines jungfräulichen Menschen ist eine tiefe Vase."¹ Ja, das menschliche Herz ist unermessliche Weite, ein Abgrund. Es ist weiter als die Erde. Es gibt nichts Größeres als Gott allein, als ihn, den unendlich Lebenden!

↑ 10. Januar 1930 (Freitag)

Lieber sterben, als Gott zu beleidigen!! ...

Herr, gewähre mir die Gnade, in deiner heiligen Liebe zu leben und zu sterben, ohne dich jemals zu beleidigen! Bewahre mich vor jedem Ehebruch des Herzens!

↑ 11. Januar 1930 (Samstag)

Die Liebe auf den ersten Blick, die schmerzhaften Prüfungen, die unvorhergesehenen Zwischenfälle sind oftmals Gnadenstöße.

In der Geschichte der Seelen gibt es nichts, was Zufall wäre. Es gibt nur die großen Absichten einer Vorsehung; was für uns unerwartet kommt, war immer schon im Plane Gottes.

Gott ist gut. Gott ist Vater. Gott liebt uns. Gott fühlt mit all unseren Leiden und lindert sie. Wenn wir ihn gewähren lassen, wird er alles, was wir verloren haben, alles, was er uns nehmen wollte, zu ersetzen wissen, und zwar hundertfach, durch Güter, die unendlich viel besser sind.

Jesus teilt alle unsere Schmerzen. Alle unsere Kreuze will er mit Blumen schmücken.

Der Schmerz, das Leiden kommen nicht aus dem Himmel, aber die Hilfe kommt von dort und das Glück ist von dort.

Es ist besser und es ist unendlich viel weiser, sein Kreuz mit vollem Vertrauen und schweigend zu tragen, als das Risiko einzugehen, durch Worte, durch unbedachte Redeschwalle, durch unnütze Schilderungen den wertvollen Verdienst des Leidens zu verlieren.

---

1 Vgl. A. de Musset, *La coupe et les lèvres* (IV. Akt). Marthe hatte wohl Kenntnis davon durch ein frommes Buch, in dem man Sentenzen fand, die von geistlichen oder, wie hier, sogar von weltlichen Autoren stammten.

Jesus allein, der wahre Freund, der teure Freund, der Geliebte, kann uns in allen unseren Mühen und Schwierigkeiten wirksam stützen. Er allein kann uns vollkommenen Beistand gewähren, eine wirkliche Hilfe, weil nur er über die göttlichen Mittel verfügt, die uns trösten können, die uns in unseren körperlichen und seelischen Schmerzen stärken können. Das Leben der Seelen, die vertrauen und sich ganz und gar in die Hände Gottes geben, ist erfüllt von glücklichen Überraschungen, welche jene Seelen nicht kennen, die sich entmutigen lassen, jene Seelen, denen es an Glauben und an Unterwerfung mangelt, die ihre Leiden in schlechter Weise gebrauchen und so den Schmerz ohne die Gegenleistung Gottes haben.

Lehnen wir uns auf gegen die heiligen Gesetze des Herrn, dann werden wir von ihnen zermalmt. Gehorchen wir ihnen freiwillig und schon ist Er[1] liebevoll besiegt. In den Prüfungen kommen die Gewohnheiten Gottes zum Ausdruck.

Nicht die Seele, die folgsam, besonders aber in christlichem Sinn, ihre Leiden erträgt, muss zittern, sondern diejenige, die ungeduldig wird, die protestiert, die sich lautstark gegen sich selbst, gegen alle und gegen Gott wendet. Nicht um uns leiden zu lassen, hat Gott uns das Leben gegeben, sondern um uns glücklich zu machen, um uns mehr an ihn zu binden. Das Leiden ist ein wirklicher Samen der Freude.

Das Leiden dauert nur sehr kurze Zeit, das Glück eine selige Ewigkeit. Das Kreuz ist mit der Freude verbunden, aber die Auferstehung folgt dem Tod auf dem Fuß. Das Halleluja kommt nach dem Libera.[2]

Regentage sind manchmal sehr betrüblich, aber was für schöne Sonnentage gibt es als Ausgleich! Es gibt Schatten und eisige Nebel, aber auch so innige Lichter und strahlende Himmel! Es gibt raue Winter, aber auch so blühende und dufterfüllte Frühlingszeiten, so fruchtbare und liebliche Herbstzeiten! Es gibt schwierige Augenblicke, es gibt aufreibendes Getöse, welches Singen aber auch der Seelen, was für schöne Harmonien in der Natur!

Vertrauen wir uns Gott an und ihm allein: Er ist stärker als die Stärksten, als alle Starken; er durchschaut die Finsternis, unser Herz, und kennt den richtigen Augenblick, um einzugreifen.

---

[1] Gemeint ist: *der Herr.*
[2] Das *Libera* war ein Begräbnisgesang; das Halleluja ist das Lied der Auferstehung.

12. Januar 1930

Jesus wird zum tröstenden Engel für alle Seelen, er erleuchtet sie, stärkt sie, wenn die Gefahr auf dem Höhepunkt des Kampfes bedrohlich wird. Er schwächt die Schläge ab, zügelt die bittere Flut der Drangsale und der Widrigkeiten.

Wie viel Unbekanntes! Wie viel Unerwartetes! Wie viel Licht und göttliches Leben entdeckt man im Himmel des Leidens!

Das aufrichtige Loslassen, das Vertrauen voller Liebe, die vollkommene Hingabe des Herzens befreit die Seele vom Endlichen und öffnet ihr den Blick ins Unendliche! Ah! Wenn wir um die Gabe Gottes wüssten und wer derjenige ist, der uns bittet, ihm zu folgen! ...

Aber wie selten sie sind – hat jemand gesagt –, die hingegebenen Seelen ... Dabei ist es so einfach und unkompliziert.

Der Mensch, der von der Liebe geschaffen wurde, um die Liebe zu lieben, sollte nicht daran denken, sich mit weniger zufrieden zu geben.

Die Gnade, die Liebe fließen in meine Seele im Übermaß ein. Ich werde von oben mit Reichtümern erfüllt.

Meine Aufgabe ist es, aus diesen wundervollen Schätzen, die der Himmel schickt, das Beste zu machen, um mit Maria und wie Jesus das große Werk Gottes zu tun. Alleine bin ich zu nichts fähig, aber „ich vermag alles", ich erwarte alles vom Herrn, dem ich die ganze Verantwortung für seine geheimnisvolle Führung überlasse und indem ich mich freudig nach seinem wunderbaren Willen richte. Ich zähle einzig und allein auf seine Hilfe, auf seinen machtvollen Beistand und auf den meiner zärtlichen Mutter ... und sogar auf Wunder, sofern Wunder notwendig werden. Ich weiß, dass das Herz eines guten Vaters [der] niemals die Seele verlässt, die sich seiner Liebe ausliefert, die mit Vertrauen und mit ganzem Herzen alles akzeptiert, was seine göttliche Hand ihr an Bitterem und Süßem, an Demütigendem und Schmerzhaftem vorlegt, und die sich von dem einen nicht ablenken und von dem anderen nicht entmutigen lässt.

Krankheit ist eine wundervolle Gnade, ein unvergleichlicher Reichtum. Ah! Welche Schönheiten offenbart die Gnade des Leidens, welch große Dinge lehrt sie! Leiden nützt zuallererst uns selbst. Leiden ist nützlich zu allem und für alle. Leiden lehrt zu lieben, zu beten, zu betrachten, sich zu verleugnen. Leiden lehrt die Nächstenliebe, die Hingabe an Gott, das Loslassen. Leiden lehrt zu sehen, zu verstehen. Leiden lehrt, denjenigen, die leiden, beizustehen, mitzufühlen, sie zu trösten. Nur die persönliche Kenntnis des

Leidens schenkt der Seele dieses rettende Wort, diesen geheimnisvollen Balsam, diesen Tropfen heiligen Öls, diesen göttlichen Tonfall, der wieder aufrichtet, lindert, stärkt. Und die Gabe, trösten zu können, ist bei weitem die lieblichste der Tröstungen. Leiden lehrt außerdem, besser zu leiden und die anderen weniger durch unser Leiden leiden zu lassen! ... Und endlich macht Leiden uns Christus ähnlich und eint uns mit Gott! Aber was machen wir aus unseren Stunden des Leidens? ... Gerade in seiner heiligen Passion, gerade im Leiden hat Christus sich unserer menschlichen Schwachheit am meisten genähert. Und gerade im Schmerz bringt er uns sich selbst am nächsten, nimmt er uns auf in vertrauteste Gesellschaft mit ihm.

Die Übel, die wir erleiden, sind nicht immer Strafen, die wir verdienen. Es sind oftmals Prüfungen und sogar Gnaden, die wegen unseres Vertrauens und unserer Treue in der Verrichtung unserer christlichen Pflichten ausnahmsweise gewährt werden.

Unser Herr, die Heiligste Jungfrau haben das, was sie erleiden mussten, nicht verdient!

Was jedoch haben ihre schrecklichen Prüfungen gebracht? Für Gott die Zufriedenstellung und Befriedung seiner göttlichen Gerechtigkeit. Für ihn, Christus, den Retter, die vollständige Verwirklichung seines Planes der Erlösung. Für die Jungfrau Maria einen Ruhm und eine Glückseligkeit, die jene aller Erwählten weit übersteigen. Und für das Menschengeschlecht, das der Qual der Hölle geweiht war, das ewige Heil. Ah! Gewiss, um die Welt zu retten, um dem Vater die Schuld des schuldigen Menschen zu bezahlen, hätte ein Wort, ein Seufzen des Sohnes gereicht, ist das doch von unendlichem Wert. Doch hätte der Mensch die Größe seiner Schuld nicht begriffen. Er hätte das Abscheuliche seiner Auflehnung gegen seinen Schöpfer nicht gefühlt. Deshalb braucht es diese ganze Anhäufung von Leiden beim Sohn und seiner heiligen Mutter, um der verdorbenen Menschheit die Größe der Beleidigung bewusst zu machen, die von jenen begangen wurde, die zur Passion Christi und zum Martyrium der Jungfrau Maria beigetragen haben.

Deshalb muss nach dem Willen Gottes jede Seele ihrerseits wiedergutmachend und erlösend wirken. Jesus ist unser einziger Retter, aber er rettet uns nur unter der Bedingung, dass wir unsere armselige kleine persönliche Wiedergutmachung mit seiner unendlichen Wiedergutmachung vereinen, als Unterpfand unserer tiefen Reue und unserer unermesslichen Sehnsucht, Gott zu sehen.

Wenn diese Wiedergutmachung aus Glauben und Liebe groß genug, verdienstvoll genug ist, kann es sein, dass nachdem wir selbst gerettet sind, wir viele viele andere Seelen retten.

Aber man büßt nicht, ohne zu leiden. Also müssen wir leiden! Viel? ... Wenig? ... Gott allein weiß es! Verlieren wir nicht den Verdienst unserer Leiden durch unsere kleinen Auflehnungen. Die Qual, die daraus entstünde, wäre doppelt so groß, der Wert dagegen weit geringer, wenn nicht sogar völlig unbedeutend.

Uns zugeneigt, rufen uns Jesus und Maria. Sie strecken uns die Arme entgegen. Steigen wir mit ihnen nach oben, so wie sie und bis zu ihnen. Wir werden an ihrer Herrlichkeit teilhaben, nachdem wir ein wenig an ihrem Martyrium teilgenommen haben.

Was wird aus meinem kleinen Elend hervorgehen, aus meinen Prüfungen, die ich in christlicher Liebe ertragen habe? Daraus können für mich ganz sicher außergewöhnliche Gnaden der Tugend und der Heiligkeit erwachsen. Für die, die mir so teuer sind, die Gnade einer durchschlagenden Bekehrung und vielleicht für viele, viele andere Seelen wunderbare Gnaden des Heils.

Vielleicht wird es gerade durch die Prüfungen, die am meisten den Eindruck erwecken, mich auszulöschen, mich unfähig machen zu wollen, zur Erfüllung meiner glühendsten Wünsche, meiner eifrigsten Gebete, meines flehendsten Bittens kommen. Lieben, leiden, das heißt Verdienste erwerben, das heißt wachsen ... das heißt, sich Gott nähern. Das heißt, sich von allem zu lösen, um sich an den, der Alles ist, zu binden.

Oh Maria! Oh, meine heilige und gute Mutter! Gewähre mir, gewähre allen, dass wir den großen Wert des Schweigens verstehen, in dem wir Gott hören. Lehre mich zu schweigen, um auf die ewige Weisheit zu hören. Lehre mich, aus dem Schweigen all das Große, Heilige, Übernatürliche und Göttliche zu schöpfen, das sich darin verbirgt. Hilf mir, daraus ein vollendetes Gebet zu machen, ein Gebet voll des Glaubens, des Vertrauens und der Liebe. Es soll ein bebendes, wirksames und fruchtbares Gebet sein, ein Gebet, das imstande ist, Gott zu verherrlichen und die Seelen zu retten! Mein Leben wird so viel wert sein wie mein inneres Gebet.

↑ 12. Januar 1930 (Sonntag)

Welch schöner Platz ist der leidenden und sündigen Menschheit bereitet, der unwissenden, tauben und blinden Menschheit, in einer ganz hingegebenen, ganz der Liebe geweihten Seele![1]

Es stimmt nicht, dass ihre nahen Verwandten, ihre Freunde, die Allgemeinheit, sich sorgen oder belustigen müssen, wenn diese sich vor ihren Augen ganz dem Dienste Gottes weiht, weder im Hinblick auf sich selbst, denn sie verlieren nicht einmal im Zeitlichen etwas von ihrer sehr tiefen, von ihrer überaus zärtlichen Zuneigung, noch im Hinblick auf jene Seele, die darin das Glück, die Hoffnung und den Frieden findet ... ja, ich möchte sagen, die Wonne, die der Beginn der ewigen Glückseligkeit und der Liebe ohne Maß und Ende ist.

In der Tat liebt sie alle, die sie liebte, bevor Jesus ihr sein unauslöschliches Siegel einprägte, viel mehr und besser, als sie sie davor zu lieben vermochte.

Sie hat nur eine übergroße, nur eine einzige Liebe: Gott allein. Und gerade aus dieser reinen und einzigartigen Liebe heraus, die ihr ihr Herr und Gott in unerschöpflicher Weise schenkt, liebt sie all die Ihren und ohne Unterschied überhaupt jedwedes Geschöpf.

Möge in jeder Familie eine einzige Seele sein, die voll ist von Gott und sie wird damit das Haus erfüllen. Durch die wohltuende Wärme, die sie ausstrahlt, durch den Akzent ihrer durchdringenden und überzeugenden Stimme, im Lichte ihrer reinen Klarheit, werden die düstersten Herzen, die verschlossensten und hartnäckigsten Herzen sich öffnen. Gott wird einziehen und sie erobern.

Es ist weise, es ist christlich, die Verfehlungen der anderen nur insofern zu sehen, als man wachsam wird und sich gegen sich selbst wendet. Es ist so gut, Gutes über seinen Nächsten zu denken. Alle Geschöpfe sind gut, sie sind alle gut. Gott hat sie geschaffen und er hat sie nach seinem Bild geschaffen. Aber Gott hat sie geschaffen, damit sie uns dienen, damit wir ihnen dienen, nicht um uns zu versklaven.

Er hat sie geschaffen, um uns, um sie zu ihm zu führen und nicht, damit wir uns von ihnen ablenken lassen oder, was vielleicht noch schwerwiegender ist, damit wir selbst sie von ihm abwenden.

---

[1] Gehören die Abschnitte, die auf den 12. Januar 1930 folgen und durch Striche getrennt sind, zum 12. oder zum 22. Januar? Siehe Beschreibung der Hefte, S. 25.

Die Menschheit ist so gedacht, dass alle Geschöpfe für uns notwendig sind, und wir sind für sie alle notwendig. Sie können nicht ohne uns sein und wir können nicht ohne sie sein. Deshalb stellt der Schöpfer sie in so großzügiger Liebe an unseren Weg. Aber kein einziges kann uns genügen, ist fähig dazu, noch soll es das.

Ich vertraue darauf, dass Gott mich nach meinem Tod in seinen Himmel führen wird. Ich hoffe, dass mir erlaubt werden wird, mich der unüberschaubaren Schar der Erwählten anzuschließen, den himmlischen Chören der Engel und Erzengel.

Ich spüre, dass ich so sehr die ganze Ewigkeit brauche, um das Lob des Herrn zu singen, um seine unendliche Liebenswürdigkeit zu besingen, um ihn frei zu lieben, wie es mir gefällt, und mich der unaussprechlichen Umarmungen der Liebe und der zärtlichen Vertrautheit mit ihm, die niemals enden wird, zu erfreuen.

Ich bin nur die ganz kleine Lampe, in die die göttliche Sonne der Gerechtigkeit, Jesus, der König der Liebe, in überfließendem Maß das heilige Öl, das teure und heiligende Öl gießt ... das Feuer des Himmels.

Der Herr überschüttet mein kleines Elend mit seinen übermäßigen Barmherzigkeiten! Aber je mehr ich durchdrungen werde, desto mehr wird mir mein Elend bewusst, desto tiefer, desto grenzenloser scheint es mir, desto mehr fühle ich auch den mächtigen Einfluss der Gnade, desto mehr bewundere ich seine wundervollen Absichten für mich. Dann wird mein Gebet glühender, dann werden meine Herzensregungen heftiger, meine Aufwallungen von Dankbarkeit begeisterter, dann wird meine innerste Bindung an den göttlichen Willen sanfter. Zu was wäre meine schöne Berufung, meine himmlische Sendung nütze, wenn ich mich nicht darum bemühen würde, wie mein geliebter Jesus zu werden, sanft und demütig von Herzen, und darum, meine Seele der seinen anzugleichen, um recht gehorsam und allen Wünschen seiner Liebe ganz hingegeben zu sein?

Oh! Ich darf mich nicht rühmen, den Willen des Herrn in der aus ganzer Liebe erfolgten Erfüllung meiner kleinen Pflichten zu < >.[1] Ein solcher Gedanke sei mir fern! Ich erhalte alles von Gott und das in jedem Augen-

---

[1] Mehrere Worte wurden ausradiert. Lesbar ist *mich anpassen*, aber *mich* wurde korrigiert in *meine* mit einer Beifügung zwischen den Zeilen, die wir nicht lesen können.

blick. Und doch geruht er mich zu behandeln, als wenn ich für ihn unbedingt notwendig wäre.

Oh Liebe, oh unbegreifliche Liebe! Oh süße Nächstenliebe! Oh mein Gott! Ich liebe dich! Oh, ich liebe dich! Aber ich weiß nicht, wie ich dir meine Liebe sagen, wie ich sie dir beweisen soll. Oh meine zärtliche Mutter, sag dem lieben Gott, dass ich ihn liebe. Herr, du weißt, ich bin so arm an Tugenden wie an Verdiensten. Lege deine unvergleichlichen Schätze in mein Herz, gib mir viel, damit ich dir viel gebe.

Ich lebe, um zu dienen, so lange wie mein Gott es will und auf so viele Weisen, wie es ihm gefallen wird.

Jesus, mein Gott! Erlaube, dass ich nicht nur mit dir verachtet, verfolgt werde – das wäre noch zu viel der Ehre für ein so kleines Ding –, sondern unverstanden sei, an deiner Stelle unbeachtet, offensichtlich unnütz und allen gleichgültig. Bewahre mich vor aller Belohnung, vor aller Anerkennung hier auf Erden von Seiten meiner Nächsten. Herr, ich opfere dir alles auf, ich überlasse dir alles zugunsten der Kirche und < für > das geistliche und ewige Wohl der Seelen.

Der Herr mache aus mir einen wahren Feuerherd des Lichtes und der Liebe, ein Wort, das seine Freude bringt!

↑ 22. Januar 1930[1] (Mittwoch)

Oh! Wie ich leide und das in meinem ganzen Wesen! Aber die Liebe spricht noch kraftvoller, lauter als das Leiden. Es ist sogar in letzter Zeit mehr Freude, mehr Frieden in meiner Seele! ... also mehr Kraft. Welch ein Friede! Was für ein süßer und göttlicher Friede in mir!

Mein Gott, ich liebe dich! Oh Jesus, ich danke dir für so viele Freuden, für so viele heilige Empfindungen, die du heute in meine Seele gelegt hast! Heute Morgen dachte ich: Ah! Wenn man um all die Geheimnisse im Zimmer eines Kranken wüsste, würde man es nicht wagen, ihn zu bedauern oder Mitleid zu haben angesichts seines Schicksals. Man würde ihn beneiden um den Anteil, der ihm gewährt wird.

Ich glaube, es käme einem nicht mehr in den Sinn, in ihm einen weniger Begnadeten zu sehen, einen vom Leben Benachteiligten, sondern einen glücklichen Auserwählten, einen vom Herrn Geliebten.

---

1 Ein zweiter Text mit Datum vom 22. Januar 1930 findet sich auf den Seiten 61–65.

Man würde auf die Knie fallen vor Bewunderung, in Angst, in der Freude über das, was Gott in und mit den kleinen Elenden verwirklicht und vollendet, wenn diese „kleinen Elende" seiner Gnade gegenüber ganz folgsam, ganz treu sind.

Möge der Glaube im Kontakt mit den leidenden Seelen, die manchmal den Frieden und das göttliche Leben so sehr ausstrahlen, erwachen und erstarken; mögen die verhärtetsten Herzen weit werden und sich dem Licht, der Liebe öffnen!

Auf welche Höhe würde Gott unsere Seelen erheben, wenn wir es verstünden, von all den Gnaden, die er uns anbietet, zu profitieren! ...

Möge das heilige und unbefleckte Herz Mariens in mir sein, um den Herrn zu lieben! ... Möge die Seele Mariens in mir sein, um ihn so zu verherrlichen, wie es seiner unumschränkten Größe zukommt! ... Möge der Geist Mariens in mir sein, um sich in Gott zu freuen! ...

Ich gehöre ganz dir, oh meine zärtliche und gute Mutter, und alles, was in mir ist ... alles, was mir gehört ... alles, was ich bin, gehört dir, denn ich bin ja dein Kind. Bring alles dar, bring mich Jesus, meinem Herrn und meinem Gott, dar.

Würdig sein! Würdig sein! Jesu und Mariens würdig! Der Liebe würdig sein.

Oh meine gute Mutter, mache mich würdig, aus Liebe zu leiden, für Jesus; mache mich würdig, mich im Leiden zu heiligen. Denn ich weiß: das einfachste Leiden würde, wollte man sich würdig bereiten, um es zu empfangen, viele Jahre innigster Vorbereitung erfordern.

↑ 17. Januar 1930 (Freitag)

Mit aller Kraft, aus meinem ganzen Willen hat es mich verlangt, ⌈habe ich das Gute gewollt und mit seiner Gnade habe ich Gott gefunden. Nach Jahren der Angst und tiefer Erschütterungen; nach recht vielen körperlichen und seelischen Prüfungen, habe ich es gewagt und habe Christus Jesus, ihn, das Fleisch gewordene Wort, das Lamm, das die Welt rettet, als Herrn gewählt, als einziges und vollkommenes Vorbild. Oder besser: Ich habe ihn angefleht, dass er mein Meister sei, mein Vorbild, mein Weg und mein Leben. Dann, an einem Tag mit noch größerem Schmerz (nachdem ich mich ihm schon lange ganz geschenkt und geweiht hatte und nachdem ich den tatsächlichen und spürbaren Beweis meiner Erhörung hatte)¹, nach einem Akt demütiger aber sehr vertrauender Hingabe, hat er sich offenbart und sich mir (in spiritueller Weise) als Gott und Bräutigam meiner Seele, als der, der in ihr lebt und wirkt, geschenkt. In Verbindung mit seinem Leben habe ich die glorreiche Dreifaltigkeit erkannt und geliebt, die unvergleichliche und unbefleckte Jungfrau Maria, die Engel und die Heiligen. Ich habe die bewundernswerte und so mütterliche Rolle der heiligen Kirche verstanden, die reine Schönheit ihrer Lehre, die so erhaben und zugleich so einfach ist, den größten und gelehrtesten Geistern ebenso zugänglich wie den demütigsten und den ganz Kleinen, die alle in Gemeinschaft mit ihr leben und gemäß der Reinheit ihrer Lehre und in der Bejahung dessen, was sie bezeugt, wandeln wollen. Und dann habe ich, fast ohne dass ich daran gedacht hätte, erfahren und plötzlich gefühlt, dass ich eine Tochter des heiligen Josef bin und unter seinem Schutz stehe.

So also sind bei mir alle Offenbarungen in ihrer rein göttlichen Ordnung aufeinander gefolgt.⌋²

⌈Auch wenn ich mich häufig dieser frommen Übung hingebe, so glaube ich doch, dass ich bis zu jenem Tag nicht wusste, was die geistige Kommunion sei. Aber an jenem gesegneten Tag habe ich diese unermessliche, diese unendliche Zärtlichkeit kennen gelernt ... „Das Herz Jesu hat in meinem Herzen geschlagen."

In meiner Ergriffenheit, meinem andächtigen Staunen und meiner Dankbarkeit über einen so großen Liebeserweis habe ich an jene Worte Jesu gedacht: „Ich bin gekommen, um Feuer auf die Erde zu werfen und wie sehr verlangt mich danach, dass es schon brenne!"⌋³

⌈Was ist wahrer, was ist in herrlicherer Weise schön als das Dogma? Wie gerne würde ich studieren, um in die Tiefe der Geheimnisse einzudringen! Manchmal beneide ich diejenigen, die das Glück haben, Theologie zu betreiben ... Aber übertreffen das innere Gebet, die göttliche Kontemplation, nicht die intensivsten Studien um ein Vielfaches in der Erkenntnis, in der Liebe, in der Kraft? Die Erfahrung ist tiefer, leuchtender, fruchtbarer als die Wissenschaft.

---

1 Die Passage in Klammern wurde als Anmerkung beigefügt. Sie scheint von derselben Hand zu stammen. Das Verweiszeichen steht hinter *an einem Tag*. Wir sind dem nicht gefolgt.
2 Freie und glossierte Übernahme aus KLEIN, *Madeleine Sémer*, S. 256. Siehe Einf., S. 13 Nr. 7 und 8.
3 Übernahme einer Erfahrung aus KLEIN, *Madeleine Sémer*, S. 186, die auf der Grundlage des Neuen Testaments glossiert wurde (Lk 12,49). Siehe Einf., S. 14 Nr. 14.

22. Januar 1930

Für mich ist meine ganze Theologie, meine ganze Wissenschaft die Liebe, die Vereinigung meiner Seele mit Gott durch Jesus Christus mit der Jungfrau Maria, nicht mehr und nicht weniger. Da ist mein Höhepunkt und mein Alles.⌐¹ Mehr verlange ich nicht zu wissen.

⌐Ich lebe in Gott, trage in mir sein Leben, fühle in mir seine Kraft⌐² und seine Liebe, verkoste seine Freude in einer so zarten und innigen Vereinigung, dass alle meine Leiden, alle meine Mühen in Freuden verwandelt werden.

Eine Seele kann in vielen Dingen unwissend sein und doch fähig, Gott großartig zu lieben.

Selbst ohne Geistesgröße, selbst ohne Talent, selbst ohne Geld, selbst ohne Bildung hat eine Seele, die die Gnade hat, alles, was nötig ist, um das tiefste, das heiligste Leben zu leben. Denn Gnade zu haben, heißt die Hilfe des Höchsten zu haben. Sie in vollem und überfließendem Maße zu erbitten, heißt das allernotwendigste Gebet zu beten: „Ohne mich könnt ihr nichts tun." Die Gnade ununterbrochen, überall suchen, aus dieser unaussprechlichen Quelle endlos trinken, das ist die dringlichste aller Beschäftigungen, die wichtigste aller Pflichten.

Die Gnade genügt, um sich zu heiligen. Wer er auch sei, welche Schwierigkeiten auch immer ihn behindern, auf welche Hürden auch immer er trifft, mit ihr kann der Mensch seine Bestimmung verwirklichen. Unter der Voraussetzung jedoch, dass er, was unerlässlich ist, mitwirkt, dass er sich nicht weigert, sich von der Gnade helfen zu lassen, d.h. sich von Gott helfen zu lassen, um in Gott zu handeln.

In Gott gibt es genug Liebe, Güte, Nächstenliebe, Macht, um voll und ganz, in überfließendem Maße allen menschlichen Bedürfnissen abhelfen zu können.

Christus, der Retter, hat genug Verdienste erworben, so dass sein Verdienst, der unendlich ist, allen und jedem in großzügiger Weise zusichert, was nötig ist, um gerettet zu werden.

Es gibt keine Sünde, die man mit der Gnade nicht vermeiden könnte, keine Versuchung, über die man nicht triumphieren könnte, keine unerlässlichen Erleuchtungen, die man nicht erhalten könnte, keine Schmer-

---

1 Freie und glossierte Übernahme aus KLEIN, *Madeleine Sémer*, S. 256–257. Siehe Einf., S. 13 Nr. 7 und 8.
2 Vgl. KLEIN, *Madeleine Sémer*, S. 195. Siehe Einf., S. 12 Nr. 4 (geistliche Stütze).

zen, die nicht getröstet werden könnten, keinen moralischen Sieg, den man nicht erlangen könnte, keine Schwächen, die nicht stark gemacht werden könnten, keine Entmutigung, die nicht in ausreichender Weise geheilt werden könnte, so dass man nicht mehr verzweifelt mitgerissen und unweigerlich erdrückt wird.

„Herr, schenke mir deine Liebe und deine heilige Gnade und ich werde reich genug sein und ich werde keine Wünsche mehr haben müssen."[1]

Wenn die Gnade und die Liebe fehlen, kann nichts sie ersetzen. Würde dagegen der Rest fehlen, wenn die Gnade, wenn die Liebe da ist, dann reicht das, um allem abzuhelfen.

Es ist nicht wahr, Herr, ⌈es kann nicht sein, dass eine solche Offenbarung, ein so großes Wunder der Liebe, nur der Beglückung deines kleinen Elends dient. Sie ist die Unwürdigkeit, sie ist das letzte aller deiner Geschöpfe. Und wenn du dich also über so viel Niedrigkeit beugst, wenn du von so hoch oben kommst, um so weit unten zu suchen, dann weil du sie besiegelst, weil du sie für etwas bestimmt hast.⌋[2] Deine Wahl lässt mich erzittern, aber deine Güte, deine große Barmherzigkeit beruhigt mich.

Mein Gott, ich bin die arme kleine Dienerin deiner Magd. Sie ist meine Mutter, sie ist meine Königin ... sie ist meine Gebieterin ... sie ist mein Vorbild ... sie ist mein Stern ... sie ist meine Stütze ... sie ist meine Kraft und meine Zuflucht; und in ihrem Gefolge und wie sie wiederhole ich: „Mir geschehe nach deinem Wort." *Fiat voluntas tua!* ... Ich gehe zu dem, der mich einlädt.

Herr, mein Gott und mein Alles, durch deine wunderbare Liebe und deine heilige Gnade sei mein Herz, vereint mit deinem Herzen, jeden Tag demütiger und sanftmütiger, mein Denken tiefer, mein Wille sei dem deinen gehorsamer, mein Gebet glühender, meine Liebe übernatürlicher, göttlicher.

Mein Leben sei jeden Tag besser, reiner, vollkommener, erbaulicher. Und ich möchte strenger sein mit mir, selbstvergessener und gerechter, mildtätiger, liebevoller zu meinem Nächsten.

---

1 Vgl. das Hingabegebet des heiligen Ignatius von Loyola.
2 Freie und glossierte Übernahme aus KLEIN, *Madeleine Sémer*, S. 253 und S. 180. Siehe Einf., S. 13 Nr. 7 und 8.

Oh Jesus, lege viel vom mystischen Ideal in mich. Mache, dass ich in deiner Fülle lebe, in göttlicher Harmonie mit dir ... Mache, dass jeder Tag ein Schritt in deiner Liebe sei ... und dass ich mich alle Tage übertreffe.

In allem, was ich liebe, mache, dass ich liebe und jedes Gefühl, jede Freundschaft an deine einzige und einzigartige Liebe binde, oh Jesus, mein Alles!

↑ 22. Januar 1930¹ (Mittwoch)

Der Friede, dieses so kostbare Gut, dieser göttliche Schatz, ohne den es in uns nur Ängste und bittere Leiden gibt, ist in mir reichlich, ist in mir überreichlich vorhanden ... und mein ganzes Wesen ist voll von Gott!

Oh Jesus, mein Licht, meine Liebe und mein Leben, mache, dass ich nur dich kenne, dass ich nur dich liebe, dass ich nur aus dir lebe, mit dir, in dir ... und für dich allein.

Oh mein Jesus der Liebe, ich vereine mich mit deinem immerwährenden, allumfassenden, niemals aufhörenden Opfer. Ich bringe mich dir dar, allerhöchste Wahrheit, für mein ganzes Leben, für alle Tage meines Lebens und für jeden Augenblick des Tages, so wie du es wünschst und ganz nach deinem anbetungswürdigen Willen.

Oh mein Jesus, oh mein angebeteter Meister! Aus freiem Entschluss und wieder und wieder gebe ich mich, lasse ich mich fallen in deine Barmherzigkeit, in deine Liebe, in die glückliche, schmerzhafte und glorreiche Vertrautheit mit dir ... in die eucharistische Vertrautheit mit dir.

Ich bin das kleine Opfer deiner Liebe. Nimm alle deine Rechte über mich wahr, verfüge über mich, wie es dir gefällt. Ich rechne damit, dass dein Licht mich erleuchtet, dass dein Arm mich stützt.

⌜Auf dass ich aus Liebe lebe, in der Liebe, um vor Liebe zu sterben⌝², und dass der letzte Seufzer meines Herzens, das letzte Lied meiner Seele, ein Akt reinster Liebe sei.

Oh mein zärtlich geliebter Jesus, mache, dass ich, nachdem ich dir gehorsam nachgefolgt bin, dass ich, nachdem ich mich wie gewöhnlich in deine Arme geschmiegt, in deinem demütigen und sanftmütigen Herzen

---

1 Das Datum vom 22. Januar 1930 findet sich auch auf S. 60.
2 Vgl. THÉRÈSE DE L'ENFANT-JÉSUS, *Vivre d'amour*, PN 17, in: THÉRÈSE DE LISIEUX, *Oeuvres complètes*, Paris, Ed. du Cerf 1992, S. 667–670. Siehe Einf., S. 11 Nr. 1 („markanter Ausdruck").

verborgen habe, das unvergleichliche Glück habe, auf deinen Flügeln in die ewige Heimat der Liebe hinweggetragen zu werden.

Oh guter Jesus, ich liebe dich! Ergänze, ich beschwöre dich, alles, was an meiner Liebe fehlt, damit der Vater sie mit Wohlwollen annehme.

Oh Jesus, ich zähle auf dich ... ich liefere mich dir aus ... ich ruhe mich in dir aus durch Maria ... ich bin dein, oh meine Liebe und mein Alles.

Oh du tief fromme Jungfrau Maria, gewähre mir deine immerwährende Hilfe und die Gnade, heilig zu leben, in der Liebe Gottes fromm zu sterben, um die ewige Glückseligkeit des Himmels zu erwerben.

↑ 26. Januar < 1930> (Sonntag)

Warum liebt uns Gott? Welch tiefes Geheimnis! Welch ein Abgrund!

Da es mir nicht erlaubt ist, den lieben Gott zu verteidigen, mit Worten dafür zu sorgen, dass er geliebt werde, so möge es mir wenigstens vergönnt sein, dass ich von ganzem Herzen, mit ganzer Seele, mit ganzem Willen, mit all meinen Kräften sühne, wiedergutmache ... dass ich ihn tröste für so viel Vernachlässigung, für so viele Beleidigungen, für so viele Lästerungen, für so viel Verachtung von Seiten seiner armseligen Geschöpfe, die von ihm nur Liebe erhalten und dabei nur Hass geben!

Möge ich seine kleine Freude sein! ...

Den Anderen die glänzenden Aktionen, die vom Erfolg gekrönten Werke. Mir die Andacht, das Schweigen, das innere Gebet der Liebe.

Den Anderen ein Leben, dem applaudiert wird, ein leichteres, ein friedlicheres Leben ... Mir ein Leben der Verzichte und der Kämpfe.

Möge es mir gelingen, durch meine Leiden, durch meine einfache und tiefe Frömmigkeit, durch meine Liebespassion zu den Seelen, durch meine liebevolle Zärtlichkeit, mein großes Mitleid mit den Sündern, mit den Armen, den Kleinen, den Kranken, den Unverstandenen, den Benachteiligten voll und ganz meinen glühenden und frommen Wunsch zu verwirklichen, den Wunsch, das Gute zu tun, es allen zu tun, sie alle zu retten, mit Gott und aus Liebe zu Gott.

Leben des Gebetes, Leben der Liebe! Wie einfach und süß es ist zu beten, wenn man liebt! Leiden, nicht schlafen, nicht ruhen können, ist nichts. Mit Jesus wachen, ganz nah bei Gott, die Seele im Licht und in der Liebe, das ist ein unendliches Glück! ... Auch das ist Beten.

29. Januar 1930

Da wir beten sollen, da es nötig ist zu beten, beten wir! ... Beten wir, bevor wir sprechen, bevor wir arbeiten. Beten wir, wenn wir etwas tun, beten wir, wenn wir ruhen, beten wir inmitten der Menschenmengen, beten wir in der Einsamkeit, beten wir überall, beten wir ohne Unterlass. Das Gebet ist eine Apostolatsmacht, die uns zur Verfügung steht. Wenn es für uns etwas Besseres gäbe als das Gebet, hätte unser Herr uns das beigebracht, aber was er uns gelehrt hat und was er uns besonders empfiehlt, ist zu wachen und zu beten ... Buße zu tun.

Unser Leben sei also ein Leben im Gebet! „Ob ihr also esst oder trinkt oder geht, ob ihr arbeitet oder ruht, sagte der heilige Paulus, tut alles zur Verherrlichung Gottes"[1], was gewiss heißen soll, indem ihr betet.

Kontemplatives Leben ... Apostolisches Leben! Ersteres sichert den Erfolg des anderen! Das ist ein bisschen paradox, aber das ist es nur scheinbar, die Wirklichkeit bestätigt es.

Niemand, so hat jemand gesagt, missioniert mehr als ein Heiliger, bliebe er auch in seinen kleinen vier Wänden verborgen.

Es ist die ganze Fülle, mit der sie sich opfert, es ist die Großzügigkeit ihres Opfers, die es einer Seele – manchmal sogar einer sehr armen kleinen Seele – möglich macht, in höchstem Maße die Ausbreitung des göttlichen Lebens in der Seele ihrer Brüder auf Erden zu fördern. Ihr Leben macht sie zur Nützlichsten, wenn nicht sogar zur einzig Nützlichen für die Apostel.

Von ihrem heiligen Kloster und besonders von ihrer kleinen Zelle aus hat die engelgleiche kleine Thérèse vom Kinde Jesu die Gnaden des Heils, die ihr heroisches Opfer ihr einbrachte, unablässig ausgestreut, überallhin und bis an die Grenzen des Universums. Und deshalb zögert die Kirche, ihre „gute Mutter", nicht, sie heute „Patronin der Missionen" und die „größte Heilige der Moderne" zu nennen.

Die Heiligen verstehen zu beten, weil sie voll sind von Gott; wir verstehen nicht zu beten, weil wir voll sind von uns.

Den Wirkungen des Gebets sind keine Grenzen gesetzt! Beten wir: Herzensgebet, ununterbrochen, Lippengebet, von Zeit zu Zeit. Jesus selbst hat uns die Formel gelehrt: das Vaterunser, so kurz und so vollständig.

Sagen wir unser Gebet nicht herunter, beten wir es. Die Seele muss unsere Bewegungen führen. Die Seele muss uns in die Knie gehen lassen,

---

1 Vgl. 1 Kor 10,31.

unseren Körper beugen. Die Seele muss unsere Hände zusammenführen, unsere Lider senken oder unsere Blicke in den Himmel eintauchen. Die Seele, wenn sie sich zu Gott erhebt, zieht unser ganzes Wesen nach. Die Seele betet an, verherrlicht, bittet ihren Gott um Vergebung für die Sünden aller, für ihre eigenen Sünden.

Beten ist die wichtigste, die dringendste der Pflichten! Beten wir also und alle unsere Gebete, unsere Lieder sollen aus unserem Herzen hervorbrechen wie aus Liebe entflammte Pfeile. Opfern wir unsere Leiden und unsere Opfer, unsere Arbeit auf, züchtigen wir uns, tun wir Buße für einen Missionar, für die Priester, unsere Hirten, helfen wir ihnen in ihrem Apostelleben! Lieben wir für diejenigen, die kämpfen. Die Gemeinschaft der Heiligen, das ist gegenseitiger, brüderlicher Beistand. Vollkommenste, mächtigste und überaus gute Mutter, in meinem aufrichtigen Wunsch, voll und ganz und in Treue dem Plan Gottes zu entsprechen, flehe ich dich an, mir zu helfen, damit ich aus meinem Leben das Meisterwerk der Liebe mache, das er erwartet und wünscht.

Oh guter und zärtlicher Jesus, ich gehöre dir, ich bleibe in dir, um so, wie dein Herz es wünscht, deinen wunderbaren und göttlichen Willen zu erfüllen! Ich liebe dich, oh mein Jesus, ich liebe dich!

Ein großer Wunsch belebt mich, treibt mich an: mich mit Jesus zu vereinen, mich in Jesus zu verlieren, in seinem Herzen unterzugehen und durch ihn zu meinem höchsten Ziel zu gelangen, das heißt, zur Vereinigung mit der Liebe.

Heute Morgen habe ich darum gebetet, ich habe es gewollt, ich habe inständig darum gefleht, ⌜und Gott hat mich damit gesegnet⌝[1] ... und mein Herz ist voller göttlicher Hoffnungen! Friede und Wonne sind in meiner Seele.

Oh meine Mutter, sprich für mich zum Vater ... Sei so gut und sage Jesus, dass ich ihn liebe. Ich fühle, dass mein Herz jetzt zur Tröstung Christi fähig ist.

Ich bete inständig und mit aller Kraft oder – was richtiger ist – mit aller Machtlosigkeit meines Herzens, dass meine Freude, mein Glück zu lieben allen zugutekomme.

↑ 29. Januar 1930 (Mittwoch)

---

[1] Vgl. KLEIN, *Madeleine Sémer*, S. 180. Siehe Einf., S. 12 Nr. 2 („geistliche Formulierung").

2. Februar 1930

Lob der Jungfrau Maria[1]

Bitte Maria, liebend und schweigend ahme sie nach,
Such ihre Nähe, auf ihr Herz bleib gestützt,
Wie eine Tochter vertrau ihrer gesegneten Hand,
Da ist mein Friede, meine Ehre, mein Glück ...
... Oh Heilige Jungfrau, oh Königin ganz rein,
In dir zerfließt meine Seele, die liebt.
Ich komm' in den Himmel, Mutter, bei dir will ich sein,
Ach! Ist nicht bald die Zeit, wo das für mich gilt!
Betracht' ich dein Antlitz, so strahlend und hell,
deine sanften Züge, deinen mütterlichen Blick,
Ach! Könnt' ich doch sagen, wie sehr's mir gefällt.
Du Lilie, unsterblich, du göttliches Licht,
Königin der Himmel, so gut und so rein,
Aus Liebe zu dir die Engel entbrennen.
Ich komm' in den Himmel, werde preisen den Namen dein,
Ach, heute noch möcht' ich von der Welt mich trennen!
Oh göttliche Maria, dein sanftes Berühren,
Lässt mich schon auf Erden den Himmel gewahren,
Es lässt mich, überwältigt, Verzückung verspüren.
Wann darf ich das in Ewigkeit erfahren?
Unter deiner Liebkosung mein Wesen entbrennt ...
Mystische Rose, erhabene Mutter, Spiegel so rein,
Ich komm' in den Himmel, wo nichts mehr uns trennt.
Ach! Könnt' ich doch heut' Abend schon bei dir sein![2]

↑ 2. Februar 1930 (Sonntag)

---

1 Es gibt eine andere Version dieses Textes, die sich geringfügig unterscheidet. Sie wurde von Père Faure aufgeschrieben.
2 **Louange à la Vierge Marie:** *Prier Marie, l'aimer, l'imiter en silence / Vivre auprès d'elle, appuyer sur son Cœur, / Mettre en ses mains bénies, ma filiale confiance / C'est là ma paix, ma joie et mon honneur ... / ... Ô Vierge Sainte, ô blanche Souveraine, / Mon âme aimante, en vous s'épanche à flots. / J'irai au ciel, vers vous, Mère que j'aime / Ah! Que ne puis-je y aller aussitôt! / Quand je contemple votre éclatant visage, / Vos traits si doux, vos regards maternels, / Ah! Je voudrais dépeindre mon extase. / Divine aurore, ô beau lys immortel, / Reine des cieux, si bonne et la plus pure, / Les séraphins, pour vous, brûlent d'amour. / J'irai au ciel vous chérir sans mesure / Ah, je voudrais y aller en ce jour! // Vos suaves tendresses, ô divine Marie, / Me font, dès cet exil, respirer l'air du ciel. / Ces sublimes instants comblent mon âme ravie, / Quand pourrai-je les vivre au séjour éternel? / Sous vos douces caresses, tout mon être palpite ... / Rose mystique, Mère admirable, ô pur miroir, / J'irai au ciel vous aimer sans limite. / Ah! que ne puis-je y aller dès ce soir!*

Dunkle und schmerzhafte Nacht, in meiner Seele ein sehr lebhafter Eindruck der Abwesenheit Gottes. Doch glaube ich trotz der Finsternis und des dichten Nebels gerne, dass er da ist und sogar ganz nah, ohne dass ich es ahne, ohne dass auch nur der kleinste Lichtblick mir die süße Gewissheit geben würde. Aber wie hart ist diese innerste Wüste, wie hart ist es, sich so weit entfernt von ihm zu fühlen!

Ich weiß aus einer schon langen Erfahrung, dass die Krankheit, das Leiden eine sehr sehr harte Prüfung ist, selbst wenn man sich mit Vertrauen und ganz im Glauben hingibt, selbst wenn man es akzeptiert, dass man mit Jesus und wie Jesus nicht eigennützig, sondern aus freiem Entschluss und aus Liebe in die Absichten Gottes eintritt, was in diesen Augenblicken so tiefer Dunkelheit nicht immer ganz einfach ist. Das aber vermehrt in uns die Nächstenliebe und das Mitgefühl mit denen, die so große Schmerzen leiden.

In der Tat lässt Gott nichts zu, was nicht aus Liebe und zum größtmöglichen übernatürlichen und göttlichen Wohl unserer Seele geschieht.

Ich versuche, mich wie ein sehr kleines Kind in die Arme Jesu fallen zu lassen, aus meinem Willen nur einen Willen mit dem seinen zu machen, wobei ich wohl denke, dass er, wie immer, Erbarmen haben wird mit seiner sehr armen kleinen Passion[1] und dass seine Liebe alles ausgleichen wird.

Jesus, der will, dass ich mich ihm ohne Vorbehalt überlasse, und der selbst in mir unbegrenzt handeln möchte, beschenkt mich deshalb außerordentlich. Ich verstehe den ganzen Ernst, die ganze Bedeutung dieses Aktes, aber auch die ganze Liebe, die ganze Freude: maßlos ... grenzenlos.

Ich habe das Vertrauen, dass alles einem höheren Gut dient. Da er mich mehr und stärker an sich ziehen will, handelt er nach seiner Gewohnheit und lässt mich aus noch größerer Nähe an seiner Todesangst, an seiner schmerzhaften Passion teilhaben.

Mein Herz ist voll der Liebe Jesu, deshalb ist meine Seele immer unglaublich glücklich. ⌈Wenn sie nicht auf diese Weise schon im Voraus vom wunderbaren Willen des Herrn erfüllt wäre, wenn sie stattdessen von Gefühlen der Freude und der Traurigkeit, die in diesem Tal der Tränen so

---

[1] Wir finden bei Marthe solche Selbstbezeichnungen in der Unterschrift auf einigen (wenigen) Briefen oder auf der Rückseite von Bildern (*La petite passion du Christ / Die kleine Passion Christi*).

schnell aufeinanderfolgen, erfüllt wäre, dann wäre das eine sehr bittere Flut von Schmerzen! Aber diese Wechsel, diese beißenden Skrupel streifen sie nur flüchtig. So bleibe ich sogar auf dem Höhepunkt der Prüfung immer in einem tiefen Frieden, den nichts zu stören vermag."[1]

Auch wenn der Gesang, der aus den Tiefen meines Herzens aufsteigt, mehr einem „Libera" ähnelt als einem „Halleluja"[2], ist er doch nicht weniger von Liebe durchdrungen, da es meine einzige und tiefe Sehnsucht ist, zum Gipfel der Vereinigung zu gelangen auf dem einzigen Weg (der Jesus selbst ist) und durch Maria, die Mittlerin aller Gnaden, und da ich, um dort anzukommen, dem lieben Gott nichts, nichts verwehren möchte. Also, je mühsamer die Straße ist, desto göttlicher, himmlischer ist auch die Freude, manchmal sogar überströmend, wenn man sieht, dass sie[3] zustande kommt. Oh! Diese Einheit des Herzens, diese liebende Vertrautheit und gar diese Gleichgestaltung der Seele mit der Seele des Christus Jesus!

Um dieses so schöne Ideal zu verwirklichen, bedeutet es nichts, wenn man zu viel leidet!

„Mögest du in mir leben, oh Jesus, und dass ich stürbe! ..."

Ich weiß und habe nicht mehr den geringsten Zweifel, dass das Licht und die unverhüllte Wahrheit mich am Ende des langen Weges erwarten, auf dem Gipfel des Golgota, und dass mir, um sie zu erreichen, die Liebe als wertvolle Begleiterin zur Seite gestellt werden wird. Warum also hätte ich unter diesen Bedingungen Angst vor dem Leiden, vor dem Opfer und sogar vor dem Durchgang durch die Finsternis? ... Gott wird mir helfen und ich werde siegen.

Also stimme ich allen Qualen des Körpers, des Herzens, des Geistes, die ich zu ertragen habe, zu ... ich nehme sie an ... ich segne sie. Nicht etwa, dass diese ganze Anhäufung von Schmerzen für meine Seele keine Tortur wäre, aber ich blicke höher, über den Schmerz hinaus: Ich sehe Gott ... die Freude, die in Gott ist.

Wahre Freude ist nur die Freude, die aus unserer Vereinigung mit Gott kommt, weil nur sie anhält; weil der, der sie schenkt, da ist, immer, selbst

---

[1] Glossierte Übernahme von Thérèse de l'Enfant-Jésus, HA S. 236 (= CJ 10.7.13 und 14.7.9). Siehe Einf., S. 13 Nr. 7.
[2] Zu *Libera* und *Halleluja*, siehe S. 54 Anm.2.
[3] Gemeint ist: *die Vereinigung*.

wenn er sich sehr tief verbirgt oder gar ein übler Missbrauch seiner Gnade ihn zwingt fortzugehen.

Es gibt keine Liebe ohne Prüfung, aber die Prüfung ist der Liebesbeweis desjenigen, der uns mehr als alles andere liebt.

Lieben wir Gott und wir werden von Gott geliebt werden und wir werden schon auf dieser Welt „etwas" von dieser übermenschlichen Freude kennen lernen, die das Glück der Auserwählten ausmacht. Davon haben diejenigen, die fern von Gott leben, ohne Gott, nicht die geringste Idee; aber seine engsten Freunde verstehen es.

Nur Mut, meine Seele! Es wird trotz allem immer wieder sehr sanfte Augenblicke geben. Der wirklich gute Gott, der immer da bleibt, selbst wenn er es zulässt, dass der Feind eindringt, verteidigt, beschützt, liebt dich.

Es kommt sogar vor, dass man im Zustand der Tröstung, wenn man ganz nahe ist, ganz in der wunderbaren Vertrautheit mit Gott, der Zeit nachtrauert, wo das Herz so sehr gelitten hat.

Ich gehe ins Leben ... Es beginnt damit, dass ich mir selbst absterbe.

↑ 3. Februar 1930[1] (Montag)

Oh du unendlich zärtliches Herz Jesu, mache, dass ich immer die bin, die mit dir wacht, die für dich wacht und die für dein Volk betet.

Meine Devise ist: „Alles für Jesus durch Maria, die Mittlerin aller Gnaden." Mein Leben ist ganz Vereinigung mit unserem Herrn durch die Vereinigung mit seiner heiligsten Mutter.

Ich liebe sie so, diese gute und zärtliche Mutter! Sie ist mein Stern und meine Wohnstätte. Ich lebe in ihrem Licht und ganz versteckt im uneinnehmbaren Zufluchtsort ihres unbefleckten Herzens.

Dort ... will ich lieben ... leiden ... ⌜aus Liebe leben und aus Liebe sterben⌝[2] wenn die Stunde gekommen ist!

Meine gute Mutter, handle in mir ... bete in mir ... spreche in mir ... leide in mir ... liebe, in mir und mit mir, Jesus, und möge ich auf diese Weise fähig sein, in jedem Augenblick in Einheit mit dir zu sagen: Ich bin die kleine Magd des Herrn ... mir geschehe so, wie es ihm wohl gefällt.

---

1 Der nachfolgende Text ist ebenfalls auf den 3. Februar 1930 datiert.
2 „Geistliche Formulierung", vgl. Thérèse de l'Enfant-Jésus, HA S. 382 (= PN 17). Siehe Einf., S. 12 Nr. 2.

3. Februar 1930

Allmächtige und wahrhaft gute Königin, oh unvergleichliche Mutter, nimm mich ganz und gar unter deinen so mütterlichen Schutz, bewahre mich ganz und gar und für allezeit in der Liebe Jesu, deines anbetungswürdigen Sohnes.

Oh zärtlichste Mutter, du weißt, aus eigener Kraft, vermag ich nicht, weiß ich nicht, wird es mir niemals gelingen, mich zu heiligen. Aber ich bin bereit, mich vorbehaltlos der Führung durch die Gnade zu unterstellen.

Oh Mutter, ich bringe dir die drei Kräfte meiner Seele: mein Gedächtnis ... meinen Verstand ... meinen Willen.

Handle in mir!

Sei in meinem Gedächtnis und entferne daraus jeden anderen Gedanken, der nicht von dir und von Jesus ist.

In meinem Verstand, um daraus die Vergangenheit zu verbannen und damit ich dir die Zukunft anvertraue und nur dich sehe, gute Mutter, die du liebevoll und barmherzig über mich wachst, um mich in allen Dingen mit Jesus, meinem König, zu vereinen.

In meinem Willen, um darin mit Sorgfalt alles auszureißen, was unserem Herrn nicht nur missfallen, sondern was ihm unangenehm sein könnte in den kleinsten Dingen... wie auch in den großen.

Bringen wir alle, wer wir auch sein mögen, unser Elend, unsere Bedürfnisse, unsere Wünsche, unsere Gebete, unsere Handlungen, unsere Hoffnungen zu der Allmächtigen, die beim Allmächtigen sitzt. Gehen wir zu Maria, sie ist diejenige, die wir ununterbrochen brauchen.

Um unsere Ängste zu verstehen, um mit unseren Schmerzen mitzufühlen, braucht es ein Herz, das gelitten hat. Um für uns Verzeihung zu erlangen, braucht es eine Seele, die unschuldig ist. Um sich um die Bedürfnisse aller kümmern zu können, muss man ohne jede Schuld sein, rein von jedem Makel. Um zu trösten, um die Tränen der kleinen Kinder zu trocknen, muss man Mutter sein. Um die Gnaden und die Wohltaten des Himmels zu verteilen, muss man Königin sein. Um allen zu geben, um allen zu helfen, muss man den Schlüssel zu den Schätzen Gottes in Händen halten. All das macht die Heiligste Jungfrau: Sie ist rein, unbefleckt und ohne Makel ... Sie ist Mutter ... Sie hat geliebt, sie hat mehr als alle gelitten ... Sie hat der göttlichen Gerechtigkeit gegenüber keine Schuld zu begleichen ... Sie ist Königin, sie schöpft, wie es ihr beliebt, aus dem göttlichen Schatz.

Alle geistlichen und sogar die zeitlichen Güter, die wir erhalten, gehen durch die freigebigen Hände der Heiligsten Jungfrau. Sie ist nicht deren Eignerin, sondern die Verwahrerin und Verteilerin; sie erlangt sie von „Dem, der ist" und dem alles gehört.

Je mehr Tugenden ein Heiliger gepflegt hat und je vollkommener er sie gepflegt hat, desto größer ist seine Macht im Himmel.

Nun aber hat die Jungfrau Maria alle Tugenden gepflegt. Sie hat sie mit einem Grad an Vollkommenheit gepflegt, den unsere Kleinheit nicht zu ermessen vermöchte, den unsere Gebrechlichkeit nicht zu erreichen vermöchte. Sie hat alle Schwierigkeiten des Lebens gekannt, alle Ängste hinsichtlich des nächsten Tages, alle Leiden ... Niemand, nach Jesus, hat soviel gelitten wie sie.

Sie hätte weniger gelitten, wenn sie mit ihrem Sohn gestorben wäre, aber sie muss seinen Todeskampf sehen, sie muss ihn sterben sehen und muss leben. Sie ist heilig und mehr als heilig. Sie ist eine Märtyrerin und mehr als eine Märtyrerin: Sie ist deren Königin ... Sie ist die Mutter des Allmächtigen, sie teilt mit ihm alle Herrlichkeit, sie nimmt Anteil an seiner göttlichen Regierung. Deshalb gehen alle Schreie, alle flehentlichen Bitten, alle Lobesworte, die von der Erde zu Gott aufsteigen, über Maria, von Maria zu Jesus und von Jesus zum Vater. Umgekehrt gehen alle erlangten Gnaden vom Vater zum Sohn, vom Sohn zu seiner heiligen Mutter und von ihr zu demjenigen, der sie bittet. Maria beschützt nicht etwa einige Seelen in besonderer Weise: Sie kommt allen Menschen zu Hilfe. Die Jungfrau Maria hat alle Macht über das Herz Gottes. Ihre ganze menschliche Familie also schützt, tröstet, heilt, ermutigt, erleuchtet, stützt sie, will sie retten. Als Mutter der Barmherzigkeit eifert sie dem Vater aller Barmherzigkeit nach und hilft uns, selbst wenn sie nicht darum gebeten wird.

Gehen wir also zu Maria, da sie doch unsere Mutter ist, die unsere für jeden. Gehen wir zu ihr, da sie ja die allumfassende Mittlerin zwischen Gott und uns < ist >. Ach! Wenn wir es doch verstünden, uns ganz klein zu machen! Wenn wir es verstünden, unsere Blicke und unsere Herzen derjenigen zuzuwenden, die uns so sehr liebt!

Welche schönen Tugenden, welche guten Ratschläge würde uns diese demütige Jungfrau, diese zärtliche Mutter, diese edle Königin beibringen in Bezug auf die Vorteile der Demut, die Erfordernisse der Nächstenliebe, die Weisheit des Gehorsams, die Süße der Hingabe an Gott, die Freuden des Vertrauens!

Verstünde es das junge Mädchen, sich an sie anzuschmiegen, um ihre Reinheit zu bewahren, der Schuldige, sich in ihre Arme zu werfen, um Zuflucht zu suchen und den Strafen zu entgehen; hielte der Kranke ihr seine Wunden hin zum Verbinden, das Kind seine Unschuld, um sie zu schützen, der Bedürftige sein Elend, das der Abhilfe bedarf, der Betrübte seine nach Trost heischenden Schmerzen, der Greis und der Waise ihre Herzen, die der Wärme bedürfen, ihre Tränen, die getrocknet werden wollen, das Leben wäre weniger traurig, weil in tieferer Weise christlich.

Versuchen wir also, uns klein zu machen, ganz klein in der Nähe Mariens, unserer Mutter. Wenn man leidet, wenn man weint, wenn man allein und sehr traurig ist, ist es wahrlich nicht schwierig, sich ganz klein zu machen, man braucht so sehr Hilfe, man hat so sehr das Bedürfnis, eine Mama in seiner Nähe zu spüren! Und wer aber leidet nicht? ... Wer aber weint nicht? ... Wer aber zittert nicht manchmal auf der Erde? ...

Wer aber hat nicht das Bedürfnis, getröstet zu werden, Vergebung zu empfangen, geliebt zu werden, geheilt zu werden?

Oh! Ja, lernen wir es, uns ganz klein zu machen und nichts zu tun ohne den Rat, ohne die Hilfe, ohne die Anregung und die Zustimmung unserer zärtlich geliebten Königin! Sie soll unser ganzes Vertrauen und unsere ganze Hoffnung in Gott sein.

Sie ist Mutter und als Mutter drängt es sie umso mehr, ihrem Kind zu Hilfe zu eilen, als dieses mit größerem Vertrauen und mit größerer Liebe nach ihrer Hilfe ruft.

Wenn wir zeitlicher Gnaden bedürfen, dann wird sie uns diese erlangen, unter der einzigen Bedingung allerdings, dass sie mit dem übernatürlichen Leben vereinbar sind, d.h. mit der Ehre Gottes und mit dem Heil der Seelen. Bitten wir nicht um Dinge, die weder Gott verherrlichen noch unserem Nächsten Heil bringen, noch uns in den Himmel führen können.

Es ist die schöne Mission Mariens, alle diejenigen, die zu ihr kommen, zu Jesus zu führen.

Machen wir uns ganz klein und ganz klein in den Armen unserer geliebten Mutter, rücken wir ganz nahe zu ihr: Sie wird uns unsere Pflicht lehren. Sie wird uns sagen, dass es unsere Pflicht, unsere ganze Pflicht als Christen ist, Jesus ähnlich zu werden, und dass es immer und zu jeder Zeit und an jedem Ort nur eine Art und Weise gibt, ihm ähnlich zu werden: sich selbst verleugnen, sein Kreuz auf sich nehmen und ihm nachfolgen.

Aber sie wird uns auch sagen, was sie aus Erfahrung weiß: dass wer sich mit Jesus selbst verleugnet, sein Kreuz auf sich nimmt und ihm nachfolgt, indem er es trägt, sich keine Klötze an die Füße bindet, sondern seinem Herzen Flügel verleiht, Freude, Glück, etwas vom Himmel in seinem Leben ... dass das heißt aufzusteigen, sich Gott Schritt für Schritt zu nähern. Sie wird uns sagen, dass das Kreuz Tag um Tag leichter wird, dass man es immer mehr liebt, wenn man es trägt und sich dabei heiligt.

Folgen wir Jesus nach und folgen wir ihm mit Maria, seiner unvergleichlichen Mutter. Heften wir unsere Blicke nicht einzig und allein auf seine Göttlichkeit, sondern auf seine heilige Menschheit, auf seine leidende Menschheit[1] ... Jesus, das vollkommene Vorbild, das vollständige Vorbild, das Vorbild aller.

Betrachten wir ihn, betrachten wir ihn oft, betrachten wir ihn lange, betrachten wir ihn immer, nicht um nachzumachen, was er getan hat – bloßes Nachahmen macht keinen Heiligen -, sondern um ihm ähnlich zu werden in dem, wie er ist: sanft und demütig von Herzen, voller Liebe, voller Nächstenliebe, Mitgefühl und Vergebung gegenüber allen, gehorsam ... und zwar gehorsam bis zum Tod am Kreuz; arm in seiner Geburt, in seinem Leben und in seinem Tod ... arm und ohnegleichen.

Lassen wir es zu, dass sein Stöhnen, seine Schreie nach Liebe, seine Notrufe, seine göttlichen Seufzer sich unserem Geist in unaussprechlicher Weise einprägen. Lassen wir es zu, ohne uns jemals zu beklagen, dass das feurige Schwert für immer in unser Herz, ja bis in unsere Seele eindringt. Lassen wir es zu, dass sich seine schmerzhafte Passion in uns von neuem ereignet ... Lassen wir es zu, dass wir mit Christus ans Kreuz geschlagen

---

[1] Der für moderne Leser ungewöhnliche Begriff der „Menschheit" Jesu wurde schon in frühester Zeit von den Kirchenvätern verwendet in der Auseinandersetzung mit Irrlehren, die auf dem Hintergrund einer dualistischen Abwertung des Materiellen in Jesus nur das Göttliche sehen wollten, den Logos, der einen (ätherischen) Scheinleib bzw. bloßes Fleisch ohne menschlichen Geist angenommen hatte. Im Zuge des Ringens um die Frage, wer oder was der Sohn Gottes eigentlich war, gelangte man zu der Formel „wahrhaft Gott und wahrhaft Mensch", die im Jahre 451 auf dem Konzil von Chalkedon dogmatisch festgelegt wurde. Die Vorstellung von der Menschheit Jesu besagt, dass Jesus „ungetrennt" von seiner göttlichen Natur aber auch „unvermischt" mit ihr eine vollständige menschliche Natur besaß mit allem, was sie ausmacht (außer der Sünde). Papst Johannes Paul II. weist in seiner Enzyklika *Redemptor hominis* (1979, Nr. 10) darauf hin, dass Christus das Menschsein in seiner ganzen Würde offenbare und dass es darauf ankomme, sich in seine Menschwerdung und Hingabe hineinzubegeben, um Anteil am Geheimnis der Erlösung zu erhalten. Genau das bringt Marthe im Folgenden zum Ausdruck. (Anm. d. Übers.).

werden! Lassen wir es zu, dass Jesus und Maria uns in sich und für sich allein umgestalten.

Die göttliche Mutterschaft hat der Jungfrau Maria eine Größe verliehen, der weder auf Erden noch im Himmel etwas gleichen kann. Sie verleiht ihr einen Platz, der höher ist als alles, was nicht Gott ist. Sie gibt ihr durch Teilhabe die Macht, die Gott von Natur aus hat, und man kann von ihr sagen, dass im Himmel und auf Erden nichts geschieht ohne ihr Eingreifen.

Die göttliche Mutterschaft hat der Jungfrau Maria in ihren Beziehungen zu uns die wohltuende Zärtlichkeit einer Mutter geschenkt, die unvergleichliche Autorität einer Königin. Maria, die Mutter Gottes, Maria, die Königin der Liebe, hat Anteil an der Mittlerschaft Christi und an all den Gnaden, die Christus uns erworben hat. Sie ist würdig, sie auszuteilen. Sie ist es, die alle Gaben, alle Tugenden, alle Gnaden verteilt, an wen sie will, wann sie will und auf die Art und in dem Maße, wie sie will.

Oh Maria, wie gut du bist!
Oh Maria, wie groß du bist!
Oh Maria, wie mächtig du bist!
Oh Maria, wie sehr ich dich liebe, die du meine Mutter bist!

Jesus und Maria ... Verstoßen wir sie nie aus unserem Herzen. Gehen wir von der Liebe zur Liebe ... von der Barmherzigkeit zur Barmherzigkeit ... vom Tod ins Leben![1]

↑ 3. Februar 1930 (Montag)

Morgen[2] also der große, geliebte Besuch, der sanfte Besuch von Jesus in der Hostie! Und kein Gefühl, kein wahrnehmbarer Eindruck, kein freudiges Erbeben, keine innere Zufriedenheit, als dieser Gedanke aufkommt ... Wie hart ist doch mein Herz!

Warum diese eigenartige Gefühllosigkeit, diese Abwesenheit von Wärme, dieser Mangel an Leben in meinem ganzen Wesen, gerade bei mir, wo ich doch für gewöhnlich vor Verlangen und Freude erzittere, wenn es darum geht, meinen Jesus, meinen König zu empfangen?

Ich weine nicht ... ich ersticke!

---

1 Im Original sind die Begriffe Liebe und Barmherzigkeit in diesem Satz bei der ersten Nennung jeweils durch Großschreibung hervorgehoben. (Anm. d. Übers.).
2 Dieser Text bezieht sich also auf Dienstag, den 4. Februar 1930.

Ich empfinde eine Art innerer Austrocknung. ⌜Handelt es sich etwa um das, was die Kirche als „Trockenheiten" bezeichnet? Das gleicht einer Wüste⌝¹ ohne Licht, ohne Grün und ohne Wasser ... einem furchterregenden schwarzen Loch. Das ist ein wirkliches Martyrium für meine Seele wie auch für meinen Leib und mein Herz ... Es strengt mich an, an Gott zu denken.

Oh Jesus, mein Gott, oh mein geliebter König, solltest du dein kleines Opfer ganz und gar seinem Nichts, seinem Elend überlassen haben? Dein Wille geschehe, oh mein angebeteter Meister, aber gib mir die Erlaubnis, dich zu lieben, mache, dass ich dich immer, dass ich dich trotzdem zu lieben vermag.

Vor ganz kurzer Zeit hatte Jesus mir nach einer höchst ergreifenden Kommunion ⌜durch Mitteilung zu verstehen gegeben⌝², dass er wolle, dass ich mich durch die Eucharistie bis zu ihm erhebe.

An diesem Vorabend, bevor ich ihn sakramental empfange in dem armen kleinen blumenlosen Garten meines Herzens, erneuere ich das inbrünstige Gebet von damals – und zwar mit noch größerer Demut – und flehe ihn mit all meiner Schwachheit, mit meiner ganzen Sehnsucht, ihn zu lieben und ihm zu gehören, an, dass er selbst auf meine unermessliche Kleinheit herabkomme, sich mir schenke, in mich komme, um mich, er allein, emporzuheben bis an sein Herz ...

Durch was für eine grauenhafte und schreckliche Nacht bin ich gegangen! Man würde sagen, dass Jesus mich ganz verlassen hat, um mich der Wut Satans auszuliefern. Ich habe so gelitten, dass es mir mehr als einmal schien, als würde unter diesen grauenhaften Schmerzen mein Herz zerspringen, als würden meine Adern zerplatzen.

Komm, Herr Jesus! Komm, oh mein Meister, oh mein zärtlich geliebter König! Komm und erfreue mein Herz! ... Komm und tröste meine Seele mit deiner anbetungswürdigen Gegenwart! ... Komm und schmücke sie mit all deinen Tugenden! ... Komm und bereichere sie mit deinen Gaben! ... Komm und stärke sie ... Komm und mach ihr Mut gegen den Feind des Guten, den Feind des Heils, und lege in sie den Keim des unvergänglichen

---

1 Aneignung einer Erfahrung aus KLEIN, *Madeleine Sémer*, S. 192. Siehe Einf., S. 12 Nr. 3.
2 „Geistliche Formulierung", vgl. DÉSIRÉ DES PLANCHES, *La Passion Renouvelée ou Sainte Véronique Giuliani*, Paris 1927, S. 265. Siehe Einf., S. 12 Nr. 2.

5. Februar 1930

Lebens. Komm, oh du Geliebter meines Herzens! Komm, oh Jesus, mein Leben und meine Seele ... Komm! ...

Oh, der du die Liebe bist, das Licht und das Heil! Sei in mir die Liebe, die bleibt, das Licht, das leuchtet, der Retter, der segnet.

Oh sanfte, oh schöne, oh mächtige Maria! Oh meine Königin, hilf mir in diesem so schweren Augenblick und in den so gefährlichen Kämpfen des Lebens; versetze mich – du bist ja meine Mutter – in die Verfassung, in der Jesus mich haben möchte. Komm in mich und hilf mir zu lieben.

Heilige Maria, Mutter Gottes, bitte für mich arme Sünderin, jetzt und in der Stunde meines Todes.

Ein kleines Erwachen in mir heute Morgen! Meine Seele verspürt, trotz der Dichte ihrer Finsternisse, in sich einen unendlichen Liebeswillen ...

Heilige Kommunion. Endlich habe ich ihn gefunden, Ihn, den meine Seele liebt![1] Er gehört mir ... ich verlasse ihn nicht mehr.

Oh Glück und Martyrium, Wonne und Schmerzen! Er hat sich gegeben ... er gehört mir ... endlich besitze ich ihn.

Aber es ist nicht mehr der liebenswürdige, der zärtliche und sanfte Jesus, der sich heute in meinem Herzen fühlbar macht, sondern der gerechte und schrecklich strenge Gott.

Mehrere Stunden lang war es mir, als sei ich in einen feurigen Abgrund getaucht, in ein Feuer, das mehr Schmerz ist als Liebe.

Ich fühlte mich bei lebendigem Leib verbrennen, verstoßen, weit von Gott verbannt und weit von Jesus, der so kurz zuvor in mein Herz gekommen war! Es war furchtbar, schrecklich, schrecklicher als am Vorabend ... als in der vergangenen Nacht. Die Akte der Liebe ... die Akte des Vertrauens und der Hingabe an die Liebe und an die Barmherzigkeit, die ich in diesen wenigen Stunden vollzogen habe, kann man nicht zählen!

Ich verstand die Liebe nicht mehr, ich sah keine Barmherzigkeit mehr. Was ich da empfunden habe, kann man nicht ausdrücken. Eine Erklärung für die Ursache dieser furchtbaren Schmerzen finde ich nur so ... Oder besser, ich erkläre mir nichts und strebe auch nicht danach, mir irgendetwas zu erklären.

Ich überlasse mich mit noch mehr Vertrauen, mit noch mehr Liebe dem Gutdünken desjenigen, der in mir lebt und wohnt und dem ich vor-

---
1 Vgl. Hld 3,4.

behaltlos gehöre. Ich glaube aber, dass man diese übermäßigen Leiden folgendem Sachverhalt zuschreiben muss: Ich habe sofort und von ganzem Herzen – allerdings nicht ohne den Hinweis, dass ich nur eine äußerst armselige Fürbitterin bin – der Bitte meines Beichtvaters zugestimmt, als er mich bat, meine Kommunion und meine innersten Leiden für eine Seele an der Schwelle zur Ewigkeit aufzuopfern (für eine Person, die trotz der inständigen Bitten und der Aufforderungen ihrer Umgebung sowie zahlloser Ermahnungen seitens des Priesters noch immer die Versöhnung mit ihrem Herrn und Gott vor sich herschob und damit die außergewöhnlichen Gnaden, die ihr in diesem höchsten Augenblick unausbleiblich gewährt würden, zurückwies).

Wie, um alles in der Welt, sollte Gott mich erhören? ... Ich bin so sehr von dem Eindruck gepackt, dass er mich nicht mehr hört, dass er mich aus seinem Herzen verstoßen hat, weit weg von sich!

Oh unglückliches Erstarren unserer Seelen! Oh Herzen, die ihr so unnahbar und hoffnungslos verschlossen seid! Welch furchtbarem Erwachen setzen wir uns aus? ...

Gerechter Gott, der du doch auch so gut und so unendlich mitfühlend bist angesichts unserer Schwächen, angesichts unserer Ahnungslosigkeit ... so unendlich barmherzig angesichts unserer Verirrungen, angesichts unserer Sünden, hab' Erbarmen mit dem Werk deiner Hände, sei gnädig und barmherzig mit dieser kleinen Seele, welche die Güter der Erde in so bedauerlicher Weise verhärtet haben!

Oh mein Gott, ich bitte dich darum im Namen Jesu, der lebendig herabgestiegen ist in mein Herz; ich bitte dich darum um seiner Leiden willen, um seiner unerschöpflichen, unendlichen Verdienste willen, um der Schmerzen, um der Tränen willen, die die Jungfrau Maria wegen uns am Kalvarienberg vergossen hat, um meiner armseligen kleinen Leiden willen, die ich mit den ihren, die so groß sind, vereine, und um aller Gebete, Opfergaben und Opfer willen, die viele großzügige Seelen dir darbringen zu ihren Gunsten. Vergib ihr, oh mildester, oh zärtlichster aller Väter. Herr Jesus, lass auf diese Seele, die nahe daran steht, vor dir zu erscheinen, einen Lichtstrahl von deinem anbetungswürdigen Antlitz herabkommen, dann wird sie gerettet sein.

Sprich mit dem lieben Gott über dieses Kind deiner Schmerzen, oh mildtätige Mutter. Selige Schar der Erwählten, tretet für sie ein!

Mein Jesus, Erbarmen und Barmherzigkeit!

↑ 5. Februar 1930 (Mittwoch)

Oh du so schöne und so reine Jungfrau, oh Unbefleckte Jungfrau Maria, bewahre uns, Jesus und mich, ganz liebevoll verbunden in deinem mütterlichen Herzen.

↑ 8. Februar 1930 (Samstag)

Herr! Oh König der Könige! Oh Jesus, mein Gott! Einmal noch, einmal mehr, hat deine uneingeschränkte Größe, deine anbetungswürdige Majestät, deine Sanftmut, deine unendliche Nächstenliebe meine Seele durchdrungen und dabei mein ganzes Wesen mit einem Glanz, einer ungewohnten Kraft erfüllt und das von einer (so will es mir wenigstens scheinen) noch nicht gekannten Dauer.

Aber wie soll ich damit umgehen, wie kann ich alle diese Dinge sagen, die unser Wesen so weit übersteigen?

Nichts kommt mir in den Sinn, das es mir erlauben würde, auch nur die geringste Ähnlichkeit herzustellen mit dem, was sich in mir ereignet.

Man versteht, man fühlt, man verkostet diese Dinge, aber man kann sie weder sagen noch sie erklären! Oh Herr Jesus ...

Welch sonderbare, ⌜welch ängstliche Erregung empfindet die armselige Natur, wenn sie nach einem stillen, zur Ruhe führenden Gebet sich plötzlich und heftig ergriffen fühlt, in Besitz genommen von einer inneren Flamme, auf die zuvor nichts auch nur im geringsten hingewiesen hatte und die sie – wobei sie das übrigens segnet – an unerklärlichen und ganz und gar wonnigen Qualen leiden lässt. Gott, der jedem Gedanken, jeder innersten Vorbereitung zuvorkommt, stürzt sich auf die Seele herab wie ein riesengroßer Vogel auf die Beute, die er begehrte, ergreift sie, hüllt sie ein, umschlingt sie, trägt sie, die ganz zittert, die vor Liebe ganz erbebt, fort, so scheint es ihr, sehr hoch hinauf, in eine Atmosphäre, in eine köstliche, blendende Klarheit, wo sie schaut, wo sie auf eine gewisse Art und Weise versteht, die menschlich absolut unaussprechlich ist.

Die Seele braucht und muss hier also ein großes Vertrauen zeigen und viel Mut, um sich hinzugeben, um sich ganz und gar auszuliefern, um jenen Ängsten, die einen glauben machen, dass das Leben, dass der Verstand in Gefahr seien, zu trotzen und sie zurückzuweisen. Was meine Aufwallungen, meinen Schwung bremst, ist eigentlich das: Ich habe Angst, mich in den Abgrund zu stürzen. Und diese Empfindung, die habe ich fast jedes Mal.

Aber ich muss, ich muss sogar das wollen, wenn ich mich Gott nicht verweigern will, und mich trotzdem in seine Arme werfen."[1]

Diese „Verzückungen des Geistes", diese rein „geistige" Vision war insofern von unermesslichem Nutzen, als mich das (ich weiß nicht für wie lange) aus den schmerzhaften Qualen, die mich auf Geheiß des göttlichen Willens schon seit vielen Tagen einschlossen, herausgerissen hat.

Ehre und Lob seien Gott dafür!

Ich war am Boden, lag da, erdrückt unter der Last des Kreuzes, zu schwach oder zu feige, um mich von alleine aufzurichten. Als guter Vater, als guter Bruder hat Jesus mit seinem kleinen Elend Erbarmen gehabt und ihr[2] inbrünstiges Gebet erhört. Er ist gekommen, hat sich ihr geschenkt, um sie bei sich zu haben, um sie mit sich zu vereinen ... um sie zu verschmelzen, sie in ihm zu verlieren ... und das in so unverhofftem Maß.

Mein ganzes Wesen hat soeben eine glückliche Verwandlung erfahren. Und meine Seele, die gestern noch in trostloseste Finsternis begraben war, öffnet sich neuen Horizonten. Ich fühle mich auch ganz erneuert für den Kampf und für das Leiden. In einem bestimmten Augenblick hatte ich Angst, keine Kraft, keinen Willen zu nichts mehr zu haben. Welche Angst! Aber Jesus hat mich in sich neu gemacht, und einzig für sich allein. Das ist wie ein neues Leben ... Ich bin begierig, ich habe wirklich Hunger und Durst danach, für die Liebe und die Ehre Gottes zu arbeiten, für das göttliche Königtum des Eucharistischen Herzens Jesu und Mariens, der Unbefleckten. Nicht dass ich damit rechnen könnte und das Recht hätte, auf viele äußere Werke zu bauen, wohl aber < auf > das Apostolat der Sühne, des Gebets und des Leidens, das Schweigen im Verzicht und in der Liebe in allem.

Unsere Liebe Frau von der Guten Hilfe, bitte für mich und gib vielen großherzigen Seelen ein, für mich zu beten, oh meine so liebe Mutter.

Alle meine Tage mögen Gott gehören und seien für Gott allein!

---

1 Aneignung einer Erfahrung, glossiert, aus mehreren Stellen bei KLEIN, *Madeleine Sémer*, S. 203, 204, 218, 219. Siehe Einf., S. 12 Nr. 3 und S. 13 Nr. 5.
2 Marthe bezeichnet sich selbst wiederholt als „kleines Elend". Deshalb gebraucht sie die weibliche Form des Pronomens. (Anm. d. Übers.).

Herr, lass meinen Glauben wachsen, gib mir mehr Leben, mehr Schwung, mehr Liebe. Mache, dass ich immer unter dem unmittelbaren Einfluss des Heiligen Geistes handle und gemäß den Überzeugungen, die mir am teuersten sind.

Oh Gott der Liebe! Enthülle mir, in dem Maße, wie es meine Schwachheit zulässt, die Herrlichkeiten des übernatürlichen Lebens, die vollendeten Schönheiten deiner Vollkommenheit, die unvergleichlichen Größen deiner Demut, die anbetungswürdigen Feinfühligkeiten deiner Sanftmut, die frohen Ansprüche deiner Nächstenliebe, die verborgenen Wunder und die wertvollen Vorteile des Kreuzes, die Entsprechungen der Gnade, die erhabenen Gipfel der Tugend ... die Wonnen der eucharistischen Vertrautheit.

Was aber wird sein in der Ewigkeit, was wird sein, wenn man Gott im Himmel schaut, da ja das, was ich sehe, was er mir von sich zu zeigen geruht, schon so wunderbar, so unendlich schön ist!

Möge ich der Trost, das Glück und die Freude meines Gottes sein!

Oh wir, die wir Jesus lieben wollen und die wir ihn mit reiner Liebe lieben wollen, rufen wir uns in Erinnerung, dass es nur einen Weg gibt, der zur Liebe führt: die Demut, die vertrauende Einfachheit, und das in höchster, heroischer Nächstenliebe. Und dieser Grad der Vollkommenheit der göttlichen Liebe ist ein Gebot, das sich an alle richtet.

↑ 10. Februar 1930 (Montag)

Ehre gebührt Gott, der mir Kraft und Mut gibt durch Jesus Christus, meinen Retter!

Wenn ich Jesus betrachte, als er leidet und für uns stirbt, dann geht eine Kraft von ihm aus[1] und erfüllt mich mit Vertrauen; und wie er liebe ich meinerseits und bin glücklich im Leiden.

---

1   Vgl. Lk 6,19.

Um deiner Liebe willen, oh Jesus[1]

Den bitteren Kelch hab' ich getrunken, bis mir schwanden die Sinne,
Keine süßere Zuflucht gesucht als dein göttliches Herz allein,
Denn du nur bist Kraft ... und ich Schwäche, die demütig zittert,
Verlass mich nicht, oh Herr, ich bin dein!
Ich bin deine Beute, Jesus, um des Kreuzes willen und in Freude,
In grausamer Prüfung, in lebendigen Schmerzen,
Wie süß ist es, sich dir zu opfern, indem man leidet,
Und sich zu wärmen am sanften Feuer deines Herzens!
An deinem Herzen, oh Jesus, da hab' ich entdeckt das Glück,
Bin unter deinen Küssen aus Liebe erbebt,
Deine leidenden Züge, ich hab' sie mit Tränen geschmückt,
Ich gehöre dir, Jesus, für immer, froh und beseelt.
Ich weiß, wo die Liebe wohnt, hab' gesehen ihrer Flamme Schein!
Blumen, oh Jesus, will ich in deinen Himmel senden.
Und blutet in bitteren Qualen die Seele mein,
Ich kann nicht anders, als voller Dank meines Herrn zu gedenken.[2]

↑ 12. Februar 1930[3] (Mittwoch)

Mein Herz blutet, gebrochen und durch und durch zerrissen. Ich glaubte, unter dem Schlag der traurigen Nachricht zu sterben! Ein Dolch hat mein Herz durchstoßen. Oh mein geliebter Jesus, du wolltest auch noch diese neue Prüfung, einen neuen Beweis meiner Liebe.

Mein lieber geistlicher Begleiter, so wurde mir gesagt, ist sehr krank und ich bin sicher, das ist meine Schuld, da er ja wohl für mich, für mich und besonders um meines Glücks willen diesen langen und schwierigen

---

1 Es gibt eine andere Version dieses Gedichts, die sich geringfügig unterscheidet, aufgeschrieben von Père Faure (mit Datum vom 14. Februar 1930, dem Tag vielleicht, an dem er es abgeschrieben hat? Wird später veröffentlicht).
2 **Pour ton amour, ô Jésus:** *J'ai bu l'amer calice, j'ai bu jusqu'à l'ivresse, / <Ne> cherchant [un] doux refuge que dans ton divin Coeur / Car toi seul es ma force... et moi l'humble faiblesse. / Ne m'abandonne pas, je suis tienne, ô Seigneur! // Je suis ta proie, Jésus, pour la croix, dans la joie; / Dans la cruelle épreuve et la vive douleur, / Qu'il est doux de souffrir lorsqu'on s'immole à toi, / Et qu'on a pour foyer le doux feu de ton Coeur! // Sur ton Coeur, ô Jésus, j'ai connu tous les charmes, / Dans tes brûlants baisers, j'ai palpité d'amour, / Mais tes traits douloureux, j'ai tant baignés de larmes; / Je suis à toi, Jésus, heureuse et pour toujours. // Je sais où vit l'Amour, j'ai vu briller la flamme! / Pour ton Ciel, ô Jésus, je veux cueillir des fleurs. / Des tourments bien amers ensanglantent mon âme, / Mais sans cesse, je dis: «Merci, merci Seigneur».*
3 Auch der folgende Text ist auf den 12. Februar 1930 datiert.

Weg von der Kirche bis hierher gehen musste, was fast mit Sicherheit seine Krankheit verursacht hat.

Mein Gott, wenn ich, auch ganz ungewollt, für sein Ungemach verantwortlich bin, wirst du dann nicht veranlassen, dass ich für ihn leide, wirst du mir nicht einen neuen Kelch schicken, ein schwereres Kreuz für seine Heilung? Er ist doch so notwendig, so nützlich für seine Pfarrgemeinde.

Ich habe gegen dich gesündigt, oh mein Gott, und jede Sünde bedarf der Sühne, um vergeben zu werden! Sanfter Herr, sieh nicht mit deinem ganzen Zorn auf mich, ich werfe mich in deine Arme, ich liefere mich dir aus ... ich will wiedergutmachen.

Oh! Aber warum noch länger bitten, flehen? War dieses Schwert, das durch meine Seele dringt, nicht schon die göttliche Antwort? Oh mein Jesus, *fiat* und danke.

Oh meine Liebe und mein Leben, du weißt, dass ich für ihn wie auch für meine Lieben alles geben würde; ich würde mein Leben geben für ihr Glück. Doch obwohl ich ihn immer mehr gern habe und mich ihm viel mehr als früher zu erkennen gebe und offenlege, sehe ich, dass ich dabei immer weniger verstanden und geliebt werde.

Oh mein einziger und liebster Freund, du hast die Vereinigung unserer Seelen in diesem unendlichen Abgrund, welcher dein göttliches Herz ist, ersehnt und gewollt. Habe ich mich denn getäuscht, sollte ich meiner Einbildungskraft aufgesessen sein? *Fiat*; nicht mein Wille, sondern der deine, Herr!

Göttlicher Schöpfer, Eintracht der Seelen und der Herzen, die dich lieben, wenn der Priester, von dem ich glaubte, dass er mir als Ratgeber, als geistlicher Begleiter gegeben wurde, aus eigenem Willen und aus Gründen, die ich nicht kenne, die heiligen Bande, die von deinen göttlichen Händen besiegelt wurden, zerreißen will, dann verzeih' ihm, oh mein Jesus. Verzeih' ihm wegen seines Engagements, seiner Großherzigkeit in deinem Dienst, seines bewundernswerten und unermüdlichen Eifers, dich zu lieben und dafür zu sorgen, dass du geliebt wirst, und wegen des geistlichen Wohls seiner armen Pfarrgemeinde. Du hast mir versprochen, eines Tages über sie zu triumphieren, über sie zu herrschen, trotz der Gleichgültigkeit und der Unwürdigkeit einiger Seelen, trotz des hartnäckigen Kampfes deiner Feinde, trotz der Wut und der Anstrengungen Satans, trotz des Anscheins und der gegenwärtigen Widerstände.

Herr Jesus, heile seinen Körper, lebe in ihm, handle in ihm und immer mit ihm; gib ihm, gib uns die Freude, ganz erheblich beizutragen zu deiner Herrschaft über diesen kleinen Winkel Frankreichs, über die ganze Fläche der Erde bis hin zu den abgeschiedensten Punkten des Globus, und dadurch, dass wir dich mehr als die anderen lieben, dafür zu sorgen, dass du wirklich geliebt wirst. Göttlicher Arzt der Körper und der Seelen, gib, so bitte ich dich, meinem geistlichen Begleiter die Gesundheit wieder. Nimm dich, ich flehe dich an, oh mein Jesus, seiner ganzen Person, besonders aber seiner Seele gut an. Oh gütigste Mutter, beuge dich bitte über diesen Sohn deiner Zärtlichkeit, leg deine heilende Hand auf seine schweißbedeckte Stirn. Dann wird dein armes kleines Kind sogleich getröstet sein.[1]

Trotz allem bekenne ich ganz demütig, dass ein unvorhergesehener Schlag für mich kein außergewöhnliches Ereignis mehr ist. Der Schmerz erweist sich als jeden Tag quälender, als immer größeres Kreuzesleiden für meine Seele, mein Herz und meinen Körper. Glückselige Leiden, Quelle himmlischer Lieblichkeit, Kraft und Freude des Geistes, Wonne der Seele, die es versteht, Gott die reine Liebe, die wahre Liebe, die vollständige Liebe, die ewige Liebe zu schenken und die in sich das Bedürfnis verspürt, immer mehr zu lieben, zu lieben bis zum höchsten Opfer, bis zum Martyrium!

Man muss leiden, um ganz gewiss zu sein, dass man sich ohne Vorbehalt hingegeben hat. Das geteilte Herz will sich in seinen Neigungen erfreuen, das ganz hingegebene Herz will nur leiden und beklagt sich niemals, dass es zu viel leidet, dass es sich zu sehr ergibt.

Man sagt „es reicht" zur Freude, zu den göttlichen Zärtlichkeiten. Man sagt niemals „es reicht" zur Aufopferung, die kostet, zu den Schmerzen, die quälen. Das Leiden nährt, beflügelt, entzündet und heilt die Liebe ... und die Liebe bewahrt ihre ganze Reinheit und ihre ganze Frische erst inmitten von Drangsalen.

Die am meisten behütete Seele ist diejenige, die von den Mühsalen behütet wird.

Wie viele Gründe gibt es, mich zu freuen, die ich doch scheinbar nur geboren und von Gott erwählt bin, um zu leiden, und die ich ihn oftmals habe sagen hören, dass er mich im Schweigen, im Verzicht, in Demüti-

---

[1] Aus der frz. Konstruktion geht eindeutig hervor, dass Marthe die Aussage dieses Satzes auf sich selbst bezieht. (Anm. d. Übers.).

gungen, in einem täglichen Mehr an Qualen leben lassen wolle, immer im Blick auf ⌜und zur Verherrlichung seines Namens, zur Ehre seiner Passion, zur Bestärkung des Glaubens⌝¹ und für den Triumph der Herrschaft der Liebe über die ganze Erde und in allen Seelen.

In meinem ganzen Wesen empfinde ich eine so große Loslösung, einen so tiefen Frieden, so viel Liebe angesichts der Tatsache, dass ich immer leide.

↑ 12. Februar 1930 (Mittwoch)

Die Gott gewidmeten Stunden sind Augenblicke des Lichts und der frohen Gesellschaft inmitten der trostlosen Einsamkeit dieses Lebens.

Jesus wahrhaft lieben, ihn mit seiner ganzen Seele, mit seinem ganzen Wesen, mit all seinen Kräften lieben ... Ihn über alles lieben, das heißt, sich anzubieten und die Schmerzen seiner Agonie und seiner heiligen Passion zu teilen.

Jede Seele, die großzügig und voll und ganz den Wunsch nach Vollkommenheit umarmt, muss damit rechnen, außergewöhnliche Mühsale durchzumachen, um dadurch gereinigt und befähigt zu werden, sich an Gott zu erfreuen. Aber welche großherzige Seele ist es jemals müde geworden, wegen seiner Zärtlichkeit zu leiden? Welches Herz, ich habe es schon gesagt, hat sich jemals darüber beklagt, dass es sich immer ergibt?

„Ist groß auch der Schmerz, den die Liebe erdulde, Lass sie wachsen, die heilige Wunde!"²

Oh ja! Jesus machen lassen ... Es ihm erlauben, dass er jeden Tag die heilige Wunde der Liebe vergrößert. Sei es, dass er es in einer direkten Weise tue, sei es, dass er sich der manchmal so grausamen Hand des Nächsten oder sogar – was noch schrecklicher ist – der fürchterlichen Klauen des Dämons bediene.

Welches Glück, so viel zu leiden und immer zu leiden! Nichts vermag mich zu erfreuen außer dem Kreuz meines göttlichen Meisters und Herrn Jesus.

---

1 Vgl. DES PLANCHES, *La Passion Renouvelée ou Sainte Véronique Giuliani*, S. 147. „Geistliche Formulierung" mit Wechsel der Person. Siehe Einf., S. 12 Nr. 2 und S. 13 Nr. 9.
2 „*Quelle que soit la douleur que ta tendresse endure, / Laisse-la s'élargir, cette sainte blessure!*" Vgl. A. de Musset, *La nuit de mai*, V.96 (Pelikanallegorie), Marthe sicher durch ein frommes Buch bekannt. Wir kennen ihre Freude an der Dichtung.

Mögen andere ihr Glück darin sehen, auf den Tabor zu steigen, sich der göttlichen Tröstungen zu erfreuen! Ich für mich will nur das Leiden, nichts als das Leiden und immer nur das Leiden! Oh! Welch ein Glück, im Stillen leiden zu können und täglich am Kreuz zu hängen mitten unter allen Drangsalen des Leibes und des Geistes!

Welchen Wert haben die Freuden, die Ehren, die Reichtümer, die Befriedigungen der Erde – und seien sie gehäuft – für die Seele, die den Himmel betrachtet?

Ich empfinde eine viel größere Freude, wenn ich das Gefühl habe, unter den Füßen aller zu liegen und um der Liebe Gottes willen aller Dinge zu entbehren, als auch nur über einem Einzigen zu stehen.

Welchen Wert hat das ganze leere Gerede der Menschen? ... Was ist denn die Welt? ... Was sind alle Wunder der Erde neben einem einzigen Wort des Herrn und im Vergleich zur Schönheit einer Seele, die der Liebe geweiht ist? ...

Für die Seelen, die Gott anhängen und ganz und gar entschlossen sind, es gut zu machen, gibt es Leiden, die grausamer sind als der Tod. Es ist vor allem die beständige Furcht zu sündigen, die heftige Versuchung zum Bösen und die schreckliche Angst, sich von Gott entfernt zu fühlen. Doch hat Gott in seiner Zärtlichkeit beschlossen, all diese extremen Übel über seine kleine Magd hereinbrechen zu lassen.

Mein Kreuz, das ist das Leben! Ich strebe nur nach dem Himmel ... Ich warte nur auf den Himmel, um ⌜zu lieben, geliebt zu werden und dafür zu sorgen, dass die Liebe geliebt wird.⌝[1]

Oh meine zärtlichste Mutter, bete, ich flehe dich an, damit ich sehr schnell, aber auch sehr demütig, in den Fußstapfen Jesu gehe und niemals mehr stehen bleibe.

↑ 14. Februar 1930 (Freitag)

Eine Seele kann den anderen nur aus der Überfülle ihrer selbst geben, nur den Überschuss, der ihr gegeben ist.

Man kann nur in dem Maße bewirken, dass die Liebe geliebt wird, in dem man sie selbst besitzt, wie man auch nur strahlen kann, wenn man in sich die Wahrheit trägt, die das Licht ist.

---

[1] „Geistliche Formulierung". Siehe Einf., S. 12 Nr. 2.

Man hilft, man ermutigt, man führt, man unterstützt die Seelen auf dem schönen Weg Gottes, und man bewahrt sie nur durch das Beispiel und die Übung eines beständigen Aufstiegs in der vollkommenen Loslösung allen Dingen gegenüber und indem man fortwährend in sich bis ins Unendliche jene göttliche Gabe Gottes unter uns entwickelt: das Leben ... das wahre Leben, das Gott ist ... Gott: die Liebe und unser Ziel.

Oh! Leben Gottes in mir! Welche Wohltat! Welch unermessliche Zartheit! Welche Trunkenheit! ...

Um unermüdlich zu geben, ist es nötig, ohne Unterlass aus dem einzigartigen Schatz der Liebe zu schöpfen, den man in Gott verborgen findet, ohne dass man jemals müde wird zu kommen und den unermesslichen Kelch seines < Herzens >[1] am Strom aller Gnaden zu füllen.

Oh Gott, Quelle aller Güter! Mache, dass ich deinen Eingebungen entsprechend, im Lichte des Heiligen Geistes und mit dem segensreichen Beistand der Heiligsten Jungfrau diese feurigen Ströme, diese so lieblichen Wasser, die Tag und Nacht aus deinem Herzen hervorquellen und in solchem Überfluss in meines fließen, ausschütte über alle und ohne Maß.

Oh mein am Kalvarienberg ganz Entblößter, ich bitte dich um diese Gnade der Liebe für alle diejenigen, die hier auf Erden kämpfen, leiden, arbeiten, sich mühen und beten; für die teuren Seelen im Fegefeuer: Setze ihren Leiden ein Ende und ziehe sie alle in den Himmel hinauf.

Oh mein Gott, Dreifaltigkeit, die ich anbete, lebe in mir, damit ich vollkommen in dir lebe, damit ich dich offenbare ... damit ich dich zeige ... damit ich dich weitergebe ... und dich allen weitergebe!

Wieder ist es die sanfte Stimme Jesu, deren Klänge mich bis auf den Grund der Seele erzittern lassen, die mich einlädt, ihn um etwas zu bitten: „Meine Tochter, bitte mich, um was du willst, und ich werde es dir geben." Aber, sanfter Herr, was kann ich wollen, das du nicht selbst willst? Alle deine Wünsche sind die meinen und ich bin deine ganz demütige Magd.

Die Stimme wird noch nachdrücklicher: „⌜Meine Tochter, was willst du?" – Was ich will: dein Herz, deine Liebe, oh Christus Jesus ... „Aber warum mein Herz, und warum meine Liebe?" – Um dich mit deinem Herzen

---

1 *Herz*: vgl. 17. Oktober 1931 (*im Kelch ... seines Herzens*, S. 360) oder *Seele* (vgl. *den Kelch meiner Seele*, 23. November 1931, S. 379)?

zu lieben ... um dich aus deiner Liebe heraus zu lieben¸¹, um dich so zu lieben, wie du dich selbst liebst.

Ich bin auch dein kleines Opfer: Herr, kreuzige mich, und zwar noch unsichtbarer, noch liebevoller, noch vollständiger als jemals zuvor. Was ich ersehne, ist zu leben wie du ... mit dir ... in dir und für dich allezeit. Alles aus Liebe tun ... um aus Liebe zu sterben!

Oh meine gütige Mutter, sei so gut und sage Jesus, dass ich das Leiden, den Kampf, das Ringen akzeptiere und dass ich ihm durch dich alles überlasse, ohne Wunsch nach Belohnung, ohne etwas dafür zu bekommen.

Ich bitte nur um Seelen! Oh mein Gott, gib mir Seelen, Seelen, die es aus der Sünde herauszuholen, die es der Hölle zu entreißen gilt, um sie in deine Arme zu legen.

Dieselbe Stimme antwortet im Innersten meiner Seele: „Kaufe sie frei in der Stille und im Geheimnis des Leidens ..."

Herr, ich kaufe sie frei ... Ich bin ganz dein; verfüge über mich ... Und da man ja die Seelen nur durch die Liebe und durch das Leiden freikaufen kann, setze in mir deine erlösende Passion fort.

Ich bin deine kleine Passion, dein kleines Liebesopfer! Ich gebe dir mein Herz, mein Leben, mein Blut, meine Seele ... mein ganzes Wesen. Gib mir die Schmerzen deines heiligen Leibes, die schrecklichen Ängste deines Herzens, die grausamen Martern deiner Seele ... alle deine Liebesqualen. Ich möchte ganz und gar Jesus werden, und zwar der gekreuzigte Jesus, um Jesus, der Erlöser, zu werden ... Jesus, das Opfer des Vaters ... Jesus, das Opfer für alle!

Das Leiden wird immer quälender und heftiger und das Fieber bleibt seit einiger Zeit sehr hoch.

Ich fühle mich erschöpft, verbraucht, am Ende; aber ich weiß sehr wohl, dass ich trotzdem noch lange Monate in diesem dahinschmachtenden Zustand durchhalten kann, wenn Jesus das so will.

Das Fieber, das körperliche und seelische Leiden, wirken sich, so glaube ich, sehr effektiv und sehr günstig auf meine geistliche Tätigkeit aus; und seit dieser neuen Umwandlung denke ich stärker an die Seelen und vereine mich viel besser mit ihnen in Gott, wobei ich mehr als zuvor für

---

1 Aneignung einer Erfahrung aus DES PLANCHES, *La Passion Renouvelée ou Sainte Véronique Giuliani*, S. 49. Siehe Einf., S. 12 Nr. 3.

alle bete und ganz besonders für die priesterlichen Seelen, für die Priester, Missionare, Ordensleute, meine besondere Berufung, meine schöne Mission der Liebe. Jesus tut nichts ohne Nutzen und alles aus Liebe. Und wenn er mir alle Tage neue Schmerzen schickt, noch größere Prüfungen, dann weil er ein Gut im Blick hat, um das ich nicht weiß.

Reinste und so schöne Jungfrau, ich flehe dich an, hilf, mitten aus deiner himmlischen Herrlichkeit heraus, deiner demütigen kleinen Dienerin, liebevoll am Herzen ihres Jesus zu ruhen, selbst wenn es Nacht ist, selbst wenn er sie nicht hört und sogar wenn er mich zu verlassen haben scheint ... Ich weiß, dass er da ist, und selbst wenn er mir nichts sagt, wird er immer verhindern, dass das Übel mich zu sehr quält oder dass die Angst sich so ausbreitet, dass sie mich überwältigt und dass die Versuchung mich soweit treibt, dass ich falle ... Ich rufe ihn an und habe Vertrauen, dass er zur rechten Zeit kommen wird, und ich setze, manchmal unter Tränen und Stöhnen, meine Aufgabe fort, mein Leben des Gebets, mein Leben aus Leiden und liebender Aufopferung.

↑ 16. Februar 1930 (Sonntag)

Mein Gott, beinahe hat es mir leidgetan, dass ich gut war! Verzeih' mir in deiner Güte diese unselige Beleidigung deiner Liebe und gestatte, dass alles, was in Zukunft passieren wird, zum Wohl meiner Seele geschehe und nicht ihr Wachstum in der Liebe behindere.

Man darf niemals eine Seele zurückstoßen, die Gott der unseren nahebringt, denn er tut es niemals ohne einen wichtigen Grund.

Möge ich durch meine Leiden und meine Tränen meinen Fehler wiedergutmachen, und wenn du wohl noch einmal Erbarmen haben willst mit deiner elenden Kreatur, oh mein Gott, dann wirst du ihr verzeihen, dass sie dir Schmerz bereitet hat. Sie ist heute deswegen so gestraft.

Heiligste Jungfrau Maria, die du immer so gütig bist, unendlich gütig mit mir, bitte, dass ich in ganz liebevoller Weise gegen jeden Willen Gottes gehorsam bin, dass es nichts mehr in mir gibt, das nicht ganz und gar der Liebe geweiht, hingegeben, geopfert und von der Liebe gewollt ist.

Oh zärtlichste und süßeste aller Mütter, du allein kannst Jesus von der ungeheuren Zuneigung, von der ganzen Zärtlichkeit seines kleinen Opfers berichten ... Ich will nur dich, um ihn davon in Kenntnis zu setzen; nur dich, um mich zu beraten, mich aufzuklären, mich in der Liebe zu beraten, anzuleiten, zu stärken.

Oh meine Mutter, sei so gut und bitte Jesus, dass er in mir wohne, bei mir, mit mir, immer, mit dem Vater und dem Heiligen Geist! Mache aus mir eine eucharistische Seele.

↑ 18. Februar 1930 (Dienstag)

Ich habe es verstanden: Wenn die Geduld durch die Liebe zum Frieden und zur Heiligkeit führt, dann ist die Demütigung der direkte Weg, der zur Demut, der Quelle aller wahrhaft großen Dinge, führt. Sie ist auch ein kraftvolles Mittel, um uns von den Geschöpfen loszulösen und uns an Gott zu binden.

Vorsatz: die Demütigung in meiner Seele ihr Werk der Reinigung und der Vervollkommnung verrichten lassen.

↑ 20. Februar 1930 (Donnerstag)

Ich wage es nicht mehr, etwas verstehen zu wollen! Eigentlich sollte ich inmitten so vieler Schmerzen und Kummer traurig, matt, niedergeschlagen sein; aber nein, im Gegenteil, meine Seele fließt über vor Freude, Liebe, Glaube!

Wie bewundernswert ist Gott doch in denen, die ihn lieben und die er durch die Zärtlichkeit seiner Liebe von den Befriedigungen und den Freuden des Fleisches abwendet, die er daran hindert, mit ihren Gedanken an irgendeinem irdischen Gegenstand stehen zu bleiben, und der sie in ihm ihre Freude und ihren Trost finden lässt.

Ich finde keine passenden Worte, um die Süße, die Kraft dieser Freude der Liebe, dieses Friedens, dieses Glaubens an Gott auszusprechen.

Oh! Ja, ich gehöre Gott und ihm ganz! Mein ganzes Wesen ist dadurch wie gereinigt, verwandelt vor Glück.

Oh! Wie mit dem heiligen Paulus gefalle ich mir in meinen Schwächen[1], in meinen Schmerzen und in meinen Leiden, da es ja Gott ist, der sie mir schickt.

Ich ströme über vor Freude in meinen Drangsalen[2] ... aber mein Glück ist nur in Gott. Noch heute Morgen, als ich mich während der heiligen Messe mit Jesus Gott für das Heil aller darbrachte und ihm sagte: „Oh Vater, Jesus will mich, ich gehöre ihm", habe ich einen Eindruck von Liebe

---
1 Vgl. 2 Kor 12,10.
2 Vgl. 2 Kor 7,4.

gehabt, der nicht von der Erde ist. Was wird also geschehen? Beten ... mich noch armseliger, noch kleiner machen ... im Frieden und in Ruhe auf den Willen Gottes warten.

Mehr und mehr zähle ich auf unsere gütige Mutter. Ich bin in ihren Händen. Sie wird also ohne Zweifel das tun, was das Beste für ihr Kind sein wird.

Oh meine Mutter, sei so gut und sage Jesus, dass ich alles gebe ... dass ich alles aufgebe ... dass ich alles opfere, um ihn besser zu lieben!

⌜Durch das Beten zum Vater habe ich Jesus empfangen, habe ich seine Liebe kennen gelernt. Jesus soll mir jetzt den Vater mehr offenbaren.

Meine ganze Freude ist es, Gott zu lieben und die Dinge Gottes und, indem ich sie liebe, mich darum zu bemühen, dass ich mich mit ihm vereine und mich in ihn verwandle zu seiner Ehre.

Meine Liebe, mein Glaube nehmen zu und werden Tag für Tag stärker, in feinster, respektvollster Zärtlichkeit, mit meinem großen Wunsch, besser zu erkennen, besser zu verstehen, um noch besser zu lieben.⌟[1]

⌜Warum wird die Wahrheit der Welt, die Liebe Gottes, die Nächstenliebe Christi nicht besser erkannt? ...⌟[2] Warum bleibt sie eine verborgene Schönheit, um die niemand weiß? Warum muss es sein, dass so viele Christen nicht einmal ihre Existenz erahnen oder dass sie, wenn sie vor diesen Abgründen der Liebe stehen, sich damit zufrieden geben, nur flüchtig und von weitem einen Blick auf sie zu werfen und sozusagen an der Schwelle dieser prächtigen Wohnung stehen zu bleiben, ohne sich die Mühe zu machen einzutreten?

Was also fehlt ihnen? Was fehlt den Menschen, dass sie das Glück wiederfinden? Ach, wahrscheinlich jene Adleraugen und jenes Adlerherz, von dem die Heilige Schrift spricht, welches das Licht anzieht und das seine Ruhe nur in der Betrachtung der göttlichen Dinge findet, nur in der Vertrautheit der göttlichen Familie.

Ihnen fehlen der Wunsch und der Wille, sich in der Wissenschaft der göttlichen Liebe zu bilden. Es mangelt ihnen vielleicht auch daran, dass sie nicht demütig genug sind, um sich Gott zu nähern, um sich von Gott lehren zu lassen. Sie gehören nicht zum Schlage derer, die der göttliche

---

1 Glossierte und personalisierte Übernahme aus KLEIN, *Madeleine Sémer*, S. 186. Siehe Einf., S. 13 Nr. 7 und 8.
2 Glossierte Übernahme aus KLEIN, *Madeleine Sémer*, S. 184. Siehe Einf., S. 13 Nr. 7.

Meister in die Geheimnisse seiner Liebe einweiht und über die er sagte: „Ich preise dich, Vater, weil du all das den Weisen und Klugen verborgen, den Unmündigen aber offenbart hast ..."[1]

Ihnen fehlt das, was allein wesentlich und notwendig ist ... Ihnen fehlt Gott! Es ginge also darum, Gott der Welt wiederzugeben, ihr zu helfen, dass sie zu Gott zurückkehrt, damit sie das Glück wiederfindet. Es ginge, um den schrecklichen Übeln, durch die wir gehen, abzuhelfen, vor allem darum, der in der Gottlosigkeit, der Unmoral und im Laster verlorenen Welt die Abgründe der Liebe des Heiligsten Herzens Jesu zu zeigen, das so sehr liebt und so wenig geliebt wird.

Alle unsere Wünsche, alle unsere Gebete, alle unsere Opfer, unsere Leiden und unsere Absichten sollten Tag und Nacht nur darauf gerichtet sein zu erreichen, dass das Feuer der Liebe in allen Herzen zu brennen beginne und dass die Süße der Gnade sie im Glück wie im Unglück stärke und tröste.

Jesus dürstet danach, seine Liebe zu schenken. Er dürstet danach, sie allen zu schenken. Sein anbetungswürdiges Herz öffnet sich vor uns mit mehr Mitleid, mit mehr barmherziger Zärtlichkeit als je zuvor. Ich habe diese Gewissheit, nachdem ich vor wenigen Tagen im inneren Gebet diese göttlichen Worte vernommen habe: „Meine Tochter, geh, sag den Menschen, wie gut ich bin zu denen, die mich lieben, und wie verschwenderisch in meinen Wohltaten. Sag ihnen allen, ganz besonders den Sündern, dass ich sie liebe und dass ich in meiner Liebe für sie wahrhaft nur Zärtlichkeit habe ... Sie haben mich so viel gekostet. Sag ihnen auch, dass ich gewillt bin, all jenen zu verzeihen, die in der entsprechenden Verfassung zu mir kommen, das heißt mit Respekt und Demut[2], wie ungeheuer auch immer ihre Fehler sein mögen, wie groß die Zahl ihrer Sünden und wie lange die Zeit, in der sie in Sünde gelebt haben; vorausgesetzt, sie sind gut vorbereitet, um die Vergebung zu empfangen, und innerlich bereit für die Lossprechung." Am selben Tag habe ich noch diese Worte gehört: „Meine Hände sind voller Segen und ich habe nur den Wunsch, ihn auszugießen. Bitte mich um ihn für dich, für die Deinen, für all diejenigen, die du liebst ... für alle.

---

[1] Vgl. Mt 11,25 (und Synoptiker).
[2] *Mit Respekt und Demut*: Diese Passage wurde von derselben Hand in einer Anmerkung am unteren Rand der Seite hinzugefügt.

22. Februar 1930

Bitte mich um Gnaden des Heils für die Sünder und ich werde sie dir gewähren. Oh! Bitte mich, bitte mich besonders um die Gnaden der Heiligung für meine geliebten Priester. Ich habe den Priester zum sichtbaren Werkzeug meines Wirkens gemacht, an den Gläubigen, um sie zu heiligen, und an den Ungläubigen, um sie erleuchten. Wenn auch ihr Seelenzustand in keinster Weise die Gültigkeit der priesterlichen Handlungen beeinflusst, so ist es doch nicht weniger wahr, dass ein Priester einen umso tieferen Einfluss auf die Seelen hat, als er heilig ist."

Die mehr oder weniger große Heiligkeit des Klerus ist also von großer Bedeutung in der Kirche. Und dank jener Priester, die brennen vor Begeisterung und vor Eifer für die Ehre Christi und seiner Heiligen Mutter, wird ihr zweifaches Königtum der Liebe sich immer mehr im ganzen Universum etablieren.

⌜Oh! Ich möchte ein Mensch voller Gelehrsamkeit und Tugenden sein, um ein Werk zu schreiben, das hinsichtlich der Liebe Gottes und der Wunder dieser Liebe ebenso spekulativ wie praktisch ist.⌟ ⌜Ich möchte die Seelen erhellen wie die Propheten und die Gelehrten; ich möchte die Erde nach allen Richtungen hin durchstreifen, den heiligen Namen Gottes predigen und auf ihrem Boden das glorreiche Kreuz unseres Herrn Jesus Christus errichten! Aber eine einzige Mission würde mir nicht reichen können. Ich möchte das Evangelium gleichzeitig in allen Teilen der Welt verkünden und bis hin zu den entferntesten Inseln. Ich möchte dorthin gehen, wo noch nie jemand hingegangen ist.⌟¹

Ich möchte überall zugleich sein, um der Welt wieder und wieder zu sagen, wie gut der liebe Gott ist, wie sehr er die Menschen liebt und sich allen gegenüber zärtlich und mitfühlend zeigt. In welchem Maße er Vater ist und ein Vater voller Güte und Barmherzigkeit und dass nichts einfacher ist, als ihn zu erfreuen und ihn zufrieden zu stellen ... dass nichts süßer ist, als ihn zu lieben und dass auch nichts leichter ist, da ja sogar unsere geringsten Handlungen genügen, um sein Herz zu bezaubern, wenn sie aus Liebe verrichtet werden.

Ich möchte all jenen sagen können, die ein aufrichtiges Herz haben und überall nach einem Glück suchen, das sich nicht finden lässt, dass das Geheimnis, um immer glücklich zu sein, ja, trotz aller Leiden und Wider-

---

1 Glossierte Übernahme von Thérèse de l'Enfant-Jésus, HA S. 214 (= Ms B 3r S. 214). Siehe Einf., S. 13 Nr. 7.

wärtigkeiten, sich im Evangelium verborgen findet, dass es genügt, es zu suchen und dass ihnen dort das große Gebot der Liebe offenbart werden wird und zugleich die Art und Weise, wie es umzusetzen ist, denn durch die Meditation des heiligen Textes werden sie denjenigen kennen und lieben lernen, dessen Bekanntschaft und Liebe ausreichen – und weit mehr noch –, um die brillantesten Geister zufrieden zu stellen und den Hunger der Herzen, die sich am meisten nach Glück sehnen, zu stillen.

Tatsächlich kann uns nichts glücklich machen ohne Gott. Und das ist es, was viele nicht begreifen wollen, was manchen schwierig erscheint, was sie sogar für unmöglich oder wenigstens für übertrieben halten.

Indessen ist nichts wahrer; und was Gott den Menschen wohl am deutlichsten einschärfen will, ist der Gedanke, dass er ein Vater voll unaussprechlicher Sanftmut ist und dass sie ihn als solchen betrachten und sich in all ihren Beziehungen mit ihm entsprechend verhalten sollen.

Aber es ist nicht meine Aufgabe, diese Dinge darzustellen. Dieses Werk ist mir untersagt. Gott hat mir ein Apostolat der Liebe im Leiden gegeben, in allen Leiden, wenn er es will! ... zu lieben für die, die kämpfen.

Dem Heiligen Geist, dem großen Erleuchter der Seelen, kommt es zu, uns die Augen auf die großen Wahrheiten des Glaubens hin zu öffnen. Unsere schlimmste Schwäche in dieser Welt, das ist die Unkenntnis Gottes.

Wir sitzen in der Finsternis des Todes und verstehen es nicht, weder höher noch weiter zu blicken als auf die Erde. Gott entgeht uns, weil unsere Seele nicht rein genug ist, nicht klar genug, nicht losgelöst genug von den irdischen Bindungen, in die wir durch alle unsere Sinne geraten. Und deshalb muss man Gott anflehen, dass er unsere Augen und unsere Herzen reinige, damit wir ihn kennen und lieben können.

Möge das Licht aufgehen in unseren verfinsterten Geistern, um uns den Weg des Friedens zu zeigen.

Heute Nacht habe ich intensiv an die Liebe des Vaters zu seinem geliebten Sohn gedacht, an das glorreiche Leben der Heiligen Dreifaltigkeit, und mehrmals wurde ich, während ich schlief, von einer eigentümlichen inneren Sammlung erfasst, von dem unermesslichen Wunsch zu beten, mich durch Maria, der „Königin der Jungfrauen, Königin der Märtyrer", der Heiligsten Dreifaltigkeit zu überlassen, mehr als ich es zuvor getan habe ... Ich fühle mich so sehr und immer mehr angezogen.

22. Februar 1930

⌜Und mehrmals habe ich voller Respekt, voller Liebe, voller Vertrauen gesagt: Möge die glückselige und erhabenste Dreifaltigkeit mich besitzen und ganz und gar in ihre Liebe versenken.⌝[1]

Oh Vater ... oh Jesus ... oh Heiliger Geist ... oh Liebe! Oh heilige und göttliche Dreifaltigkeit! Oh! Wie ich in Maria gedankt und meine frommen Wünsche für alle erneuert habe! Oh wunderbare Einheit der Seelen in Jesus, Einheit Jesu in seinem Vater; und folglich: wunderbare Einheit der Seelen im Vater, durch Jesus, seinen Sohn.

Oh unerhörte Größe des christlichen Lebens. Es überwältigt uns und versenkt uns in Gott, es macht aus uns Kinder Gottes, die eng mit ihrem Vater vereint sind, so wie Jesus, der Sohn Gottes, mit seinem Vater vereint ist.

In was für einer bezaubernden Schönheit, in welchem Ozean der Liebe wir doch leben![2] Ist es möglich, dass Gott uns dermaßen liebt? Man möchte sagen, dass unser Glück ein Teil seines eigenen Glücks ist. Er freut sich an unserer Rückkehr, an der Vergebung, die er uns gewährt, so als bräuchte er uns. Er will, dass der ganze himmlische Hof, alle Engel, alle seine Freunde seine Freude teilen. Gott ist der, der beleidigt wurde, und er ist es, der sich am meisten freut, wenn er vergeben kann. Und wegen eines einzigen Sünders, der Buße tut, feiert der ganze Himmel.

Wenn wir diese Liebe Gottes zu uns einmal verstehen, werden wir finden, dass die Ewigkeit nicht lang genug sein wird, um ihm zu danken.

Gott leidenschaftlich lieben, ihn wahnsinnig lieben, ihn über alles lieben, ihn jeden Tag großherziger lieben, reicht meiner Seele nicht ... Ich will darüber hinaus bewirken, dass er geliebt wird! ... Dieser zärtliche Vater, dieser einzig gute Gott weiß, wie sehr und über alles seine kleine Dienerin wünscht, dass alle ihn kennen und ihn wie einen Vater lieben, dass alle nur durch ihn leben und handeln und sich wie ich in seiner Nähe als armseligste kleine Kinder fühlen, die sehr wohl sein Licht, seine Ermutigung, seinen Rat brauchen, um standhaft zu bleiben.

Wenn man an Gott glaubt und seine Liebe kennt, kann man leicht auf alles andere verzichten, wohingegen alle Vorteile, alle Vergnügungen, Reichtümer, Ehren der Erde nicht die Kraft, den Frieden, die Freude eines lebendigen Glaubens, einer wirklichen Zärtlichkeit ersetzen können.

---
1 Glossierte Übernahme aus Klein, *Madeleine Sémer*, S. 188. Siehe Einf., S. 13 Nr. 7.
2 Vgl. zu diesem und dem folgenden Abschnitt die *Carnets du Père Faure*, S. 59–60. Siehe a. Einf., S. 4 Anm. 4.

⌜Nicht dass ich hart wäre und nicht in sehr tiefer Weise die Süße des Liebens fühlen würde und nicht ergriffen wäre beim Anblick der Schönheiten der Natur oder wenn ich von einer Wohltat oder vom Leid eines Nächsten höre, aber weil ich vermehrt spüre, dass die Liebe Gottes so hoch über allem steht und sehr wohl wichtiger ist als alle menschlichen Zärtlichkeiten, könnte mich keine über ihren Verlust hinwegtrösten, könnte mich nichts glücklich machen ohne ihn. Er ist der Einzige, der notwendig ist für mein Glück, für meine Seele, für mein Herz ... für mein ganzes Wesen. Ohne ihn ist mir nichts mehr angenehm, mit ihm dient mir alles, um zu lieben. Was die Geschöpfe anbelangt, muss ich sie nur glücklich in Gott wissen, um meinerseits mit ihnen glücklich zu sein.⌟[1]

Herr, ich übergebe dir meinen Willen ganz und gar, um nur noch durch dich zu denken und nur noch in dir allein in Einheit mit meinem Jesus zu handeln, unter dem göttlichen Schutz meiner Mutter, aus Liebe zur Dreifaltigkeit.

Oh meine Mutter, oh unbefleckte Jungfrau Maria, du, deren Leben ein einziges Martyrium und ein langsames Dahinsterben in einem kontinuierlichen Aufstieg der Liebe war, hilf mir, ohne Unterbrechung auf dem Weg der göttlichen Vollkommenheit aufzusteigen, nicht auf einen Schlag, nicht in einer ekstatischen Anschauung, aber Tag um Tag; nicht nach meinen Wünschen, aber nach den Plänen der Vorsehung. Und dass ich, von dir so von Klarheit zu Klarheit bis zum vollen Licht geführt, die göttliche Nächstenliebe in ihrer ganzen ergreifenden Schönheit sehen kann, so, wie die ganz Kleinen sie kennen müssen, um darin, wenn meine Sehnsucht gestillt ist, das Geheimnis eines von der Liebe verzehrten Lebens und Sterbens zu finden.

Oh Jungfrau Maria, die du meine Seele so sehr erobert und für dich gewonnen hast, bewahre mich jetzt ganz und gar und für immer in der Liebe deines göttlichen Sohnes.

↑ 22. Februar 1930 (Samstag)

Alle Vollkommenheit ist in der Liebe ... Alle Heiligkeit ist in der Demut! Mein Leben, oder besser meine Seele, ist voller Geheimnisse, voller entzückender Wunder der göttlichen Liebe! Alles spricht zu mir vom Unendlichen.

---

1   Glossierte Übernahme aus KLEIN, *Madeleine Sémer*, S. 259. Siehe Einf., S. 13 Nr. 7.

24. Februar 1930

Mein Leben ist ein Gebet, ein zarter Rosenkranz der Liebe. Und wenn auch die schmerzhaften Geheimnisse die Geheimnisse aller Tage sind, ist es in nicht weniger göttlicher Weise vom Wohlgeruch der freudenreichen und glorreichen Geheimnisse durchdrungen.

Wie Jesus, in Jesus, durch Jesus zu leiden, mich aus Liebe um seiner Ehre willen zu verzehren, ist mein ganzes Glück und meine Lebensfreude ... Es ist auch meine größte Ehre! Ich habe gesagt „Ehre", denn meine ganze Ehre ist im Kreuz Jesu.

Manchmal staune ich, dass inmitten von so viel Leiden ⌈mein Leben in so eigenartiger Weise, in so schwermütiger Weise schön ist⌉[1], von einer Schwermut, die weit davon entfernt ist, Traurigkeit zu sein, denn gerade sie erhält meine Freude aufrecht, gibt mir Jesus, liefert mich ganz und gar seiner Liebe aus und legt dabei die in meinem Zustand notwendige Entfaltung in mein Herz und auf meine Lippen. Deshalb wird mir die Zeit niemals zu lang und es kommt mir niemals in den Sinn, um eine Erleichterung und eine Unterbrechung in meinen Schmerzen zu bitten.

Aber es gibt in mir etwas unendlich viel Besseres als ich ... Es gibt Jesus, die höchste und grenzenlose Liebe, der in mir lebt und mich in allen meinen Todeskämpfen stützt.

Ach! Wenn man wüsste, wie viel an Heiterkeit und Friede die Liebe zum Leiden und was der Geist in eine Seele legt, die sich Gott überlässt, und was er alles an unnützem Leiden wegnimmt, man würde vor Glück, vor Bewunderung, vor Dankbarkeit auf die Knie fallen.

Denken wir über das Leben nach! ... Preisen wir die Prüfung! ... Halten wir sie für eine unvergleichliche Gnade und von unendlichem Wert. Denn sie < ist > oftmals – um nicht zu sagen immer – die für Gott günstige Zeit ... Und die für Gott günstige Zeit ist die Zeit des Wunders und der fruchtbaren Handlungsweise.

Oh ja, preisen wir das Leiden! ... Lieben wir es mit Jesus, freuen wir uns darüber mit ihm und in ihm und unser Leben wird von unvergänglichen Klarheiten, von göttlichem Erbeben erleuchtet werden.

Oh treue Jungfrau, hilf deinem armen kleinen Kind, hilf uns allen, unser Leben so zu verwirklichen, wie Gott es sich in seinem göttlichen Plan

---

[1] Markanter Ausdruck aus KLEIN, *Madeleine Sémer*, S. 185, glossiert. Siehe Einf., S. 11 Nr. 1 und S. 13 Nr. 7.

gedacht hat, wie er es für jeden von uns in seinem ewigen Gedanken vorbereitet hat.

↑ 24. Februar 1930 (Montag)

Es ist Friede, der wahrhaft göttliche Friede in meiner Seele! Die Gnade ist reichlich, ist im Übermaß in mir vorhanden! ...

Jetzt also bin ich angeworben, zugelassen, aufgenommen in die große Familie des dritten Ordens der Buße des Heiligen Franz von Assisi[1], des feurigen Seraphen; aber als armes, ganz armes kleines Mitglied ... Es ist die Zeit des Noviziats, es ist also die Zeit der wertvollen Saaten!

Was werde ich dem Herrn zurückgeben in Anerkennung all dessen, womit er mich überschüttet hat? Was werde ich ihm geben? Was vermag ich armes kleines Geschöpf, um ihm meine Dankbarkeit und meine Liebe zu bezeugen?

⌜Mein Gott, du überschüttest mich mit Freude in allem, was du tust!⌝[2] Du gewährst mir das Privileg deiner heiligsten Gnaden, du überflutest mich mit unaussprechlichen Wohltaten. Oh! So viel von deiner liebenswürdigen Zärtlichkeit zu empfangen, Gegenstand von derart vertraulichen Gunsterweisen zu sein und nichts zu haben, was man als Gegenleistung geben könnte! ... Was für eine beängstigende Perspektive! Aber Gott füllt das Herz, wenn man mit leeren Händen dasteht. Was zählt, um ein Heiliger zu werden, ist nicht, das oder jenes zu sein, so oder anders zu handeln, an diesem oder jenem Ort zu bleiben, sondern so zu sein, zu leben und zu handeln, wie der liebe Gott es will.

„Ich habe euch erwählt, dass ihr Frucht bringt und dass ihr sie im Übermaß bringt und dass eure Frucht bleibt."[3]

Ans Werk also, meine Seele, für Gott, für seine Kirche, für den Himmel!

Um das Leben der Gnade zu erlangen, es in uns zu erhalten und zu entwickeln, müssen wir bereit sein zu allen Opfern, zu allen Verzichten, zu allen Heldentaten.

---

1 Marthe wurde am Vorabend, am 24. Februar 1930, in den „Dritten Orden der Buße des Heiligen Franz von Assisi" aufgenommen.
2 Markanter Ausdruck von THÉRÈSE DE L'ENFANT-JÉSUS, HA S. 160 (= Ms C 7r). Siehe Einf., S. 11 Nr. 1.
3 Vgl. Joh 15,16. Marthe verwendet im Tagebuch den Plural in der femininen Form, was typisch ist für die Aneignung durch einen Autor.

Mein Jesus, mein Gott, mache, dass die Gnade in mir nicht fruchtlos bleibt. Mein Jesus, ich liebe dich! Aber wenn ich meine Liebe an deiner Liebe zu mir messe, dann liebe ich dich noch sehr wenig ... und ich möchte dich sehr lieben. Wann also, Herr, werde ich mein Äußerstes geben? Wann also werde ich dir Liebe um Liebe zurückgeben, ich, die ich immer davon geträumt habe, dich innigst zu lieben? Oh! Möge ich doch niemals mehr lau in der Liebe sein, sondern inbrünstig und niemals mehr böse gegen Jesus noch gegen jemand anderes.

Schmerz, Liebe, randvoll, das ist es, was ich ersehne. Oh meine gute, meine zärtlichste Mutter, bitte Jesus, dass er mich ganz mit dir vereint an seinem innigst geliebten Herzen hält. Mache, dass ich bei ihm sei, nicht nur voller Liebe, sondern verrückt, leidenschaftlich vor Liebe.

Oh! Ich werde erhört, Jesus hat mein Flehen gehört! Und das Feuer, das mit einer schon sehr heftigen Glut in mir brannte, scheint noch intensiver zu werden, mein Herz schlägt mit neuer Kraft ... Ich fühle mich ganz von Liebe entflammt ... Was für eine Süße! Bin ich dessen wirklich würdig? Göttlicher Jesus, ich verzichte, ich lasse los, ich opfere alles, um dich besser zu lieben. Mach, dass ich dich immer und immer stärker liebe.

Herr, deine Liebe soll mich drängen! ...

Oh demütigste!, oh zärtlichste Jungfrau Maria! Mache, dass ich ein anderer Jesus sei und dass ich ihn in allem nachahme... Mache, dass ich dir gleiche. Und dass nicht eine meiner Handlungen, nicht eines meiner Leiden nicht ein Akt der Liebe sei.

Auf dass mein Leben ein einziges Lied der Liebe und der Dankbarkeit sei und ich so lebe, wie ich mir zu sterben erträume: ganz einfach aus Liebe.

↑ 25. Februar 1930 (Dienstag)

«Ein „Gelobt sei Gott" im Unglück ist mehr wert als tausend „Ich danke dir" im Wohlergehen.»[1]

---

[1] Gedanke von Johannes von Avila, der in Frömmigkeitsbüchern weite Verbreitung fand. (Juan de Ávila, 1499/1500–1569, span. Prediger und Volksmissionar, Gelehrter, Erbauer von Schulen und Einrichtungen zur Priesterausbildung, Verfasser von Schriften und Briefen, u.a. zur Kirchenreform, sowie eines Standardwerkes zur christlichen Vollkommenheit, bewirkte zahlreiche Bekehrungen. 1970 von Papst Paul VI. heiliggesprochen, 2012 von Papst Benedikt XVI. zum Kirchenlehrer ernannt. Anm. d. Übers.).

Oh mein Gott, tränke meine Seele und mein Herz mit deiner grenzenlosen Abscheu vor dem Bösen und mit deiner unendlichen Liebe zum Guten. Und mache, oh angebeteter Meister, dass ich „durch" dich, „mit" dir, „in" dir nicht nur erbaut werde, sondern aufbauend sei ... Nicht nur gerettet, sondern Retter. Ich werde überflutet von Leiden aller Art ... aber auch von Liebe. Ich werde alles meinem Beichtvater und Begleiter erzählen, sogar und ganz besonders die furchtbaren Kämpfe, die satanischen Versuchungen und Zwangsvorstellungen dieser Nacht, dann werde ich den Anweisungen, die ich von ihm erhalten werde, gehorchen.

Die teuflischen Versuchungen in der Nacht haben eine ganze Zeit gedauert.[1] Jedoch habe ich, als ich, ohne wegen der Länge der Versuchung übermäßig in Verwirrung zu geraten und ohne auf den Versucher zu hören, am Ende aber nicht einmal mehr die Kraft hatte, ihn zurückzuweisen, mich an den Rat des heiligen Franz von Sales erinnert: „Die Versuchung", sagt er, „wie lange und hart sie auch sei, wird dich niemals unangenehm machen vor Gott, solange sie dir nicht gefällt und du nicht zustimmst. Solange sie dir missfällt, hast du nichts zu fürchten. Warum aber sollte sie dir missfallen, es sei denn, du willst sie nicht?"[2]

Und ich habe in meinem Inneren wiederholt: Auf Gott allein vertraue ich. Jesus ist hier Zeuge für den Kampf, der stattgefunden hat, um mich in Treue zu seinem Gesetz zu bewahren. Er ist hier für mich und er ist es, der mich durch seine unsichtbare Gegenwart ermutigt, er, der mich stärkt durch seine Gnade und die Stärke der Versuchung meiner Schwachheit entsprechend bemisst. Ich liebe ihn! ... Ich weiß, dass er mich nicht verlassen wird! ... Ich glaube an seine Liebe zu mir.

Ach! Das arme kleine Boot meiner Seele war mehr als einmal kurz davor, von den Wellen überflutet zu werden, und vielleicht sogar wurde es mehr als einmal beinahe von der Gewalt der Strömung mitgerissen. Leider. Sturmangriffe gegen den Glauben, gegen die Hoffnung, gegen die Demut, gegen die Keuschheit und gegen noch andere Tugenden ... Und was noch beängstigender und verwirrender ist als alles andere, ist, dass in solch schwierigen Momenten Jesus oft zu schlafen scheint, wie die kleine

---

[1] Wörtlich: *haben fast einen Teil der Nacht gedauert.*
[2] Vgl. FRANZ VON SALES, *Philothea. Anleitung zum frommen Leben*, übers. u. erl. v. Franz Reisinger, Eichstätt/Wien, Franz-Sales-Verlag 1959, IV,3. (Anm. d. Übers.).

Thérèse zu sagen pflegte.¹ Es scheint, als achte er nicht auf uns, als denke er nicht an unsere Seele und ihre Bedürfnisse, als sei er gleichgültig gegenüber dem, was in uns und um uns herum passiert. Er scheint die Gewalt der Angriffe, denen wir ausgesetzt sind, nicht zu erahnen, nicht einmal auf den Gedanken zu kommen, dass die Kraft der Strömung uns fortreißen kann. Ich weiß wohl, dass das nur scheinbar so ist, aber das ist oft sehr schmerzhaft und ein Kreuz.

Wer hat nicht das eine oder andere Mal diese Erfahrung gemacht? Wer von uns musste nicht schon diese Sturmangriffe aushalten, die manchmal so heftig und so ungestüm waren, dass sie alles in uns umzuwerfen und zu zerstören drohten? Selbst die besten Freunde Gottes werden nicht vor diesen Stürmen und Angriffen verschont; im Gegenteil, sie sind oft den heftigsten Angriffen und den schrecklichsten Stürmen ausgesetzt.

Als ich mich an einem Kommuniontag vorsichtig bei Jesus beklagte und ihn fragte, wo er denn in der vorigen Nacht gewesen war, als ich so heftig gequält wurde, habe ich von diesem gütigen Meister die folgende Antwort erhalten: „Meine Tochter, ich war nahe bei dir, ich war in dir, ich war da. Und als ich sah, wie mutig und großherzig du inmitten dieser Prüfung geblieben bist, die ich nur zugelassen hatte, um dich in deiner Liebe zu prüfen, habe ich an die schöne Belohnung gedacht, die ich dir dafür bereitet habe, und ich fand meine Wonne darin, dich trunken von der Liebe zu sehen, die die Erweise meiner Güte in deinem ganzen Wesen hervorbringen werden ..."

Es ist also nötig, immer und trotz allem die tiefe Überzeugung zu wahren, dass Gott unsere Leiden nicht gleichgültig sind, dass er mit uns ist, wenn wir in der Not sind, und zwar noch mehr, als wenn wir uns im Glück und im Wohlergehen befinden; dass er alle Schweißtropfen, die von unserer Stirn fallen, zählt, alle Tränen, die wir aus Liebe zu ihm vergießen.

Machen wir es in unseren Prüfungen, unseren Leiden, unseren Versuchungen, unseren Schwächen wie die Apostel: Wecken wir unseren sanften Herrn, der so tut, als schlafe er, und bitten wir ihn mit Vertrauen und beharrlich um seine Hilfe und um seinen Beistand. Vergessen wir aber nicht, dass die Grundlage unseres Vertrauens die Überzeugung unserer Schwachheit sein muss: Ohne Gott vermögen wir nichts, wir sind die

---

1   Freie Übernahme von Thérèse de l'Enfant-Jésus, HA S. 85 (= Ms A 51r). Siehe Einf., S. 13 Nr. 8.

Schwachheit selbst im Angesicht unserer Feinde und ihrer Sturmangriffe. Mit der Hilfe Gottes sind wir zu allen Heldentaten fähig und zu allen Siegen. Oh! Liebe gottgeweihte Seelen, meine Schwestern[1], liebe Seelen, die ihr Gott gehört und die Gott der Prüfung unterwirft, um euch dazu zu verpflichten, dass ihr ihm eure Liebe eifriger und großherziger bezeugt, bleibt ganz demütig, ganz klein und misstrauisch gegen euch selbst, ganz vertrauensvoll und großherzig gegen Gott, dann werdet ihr siegreich sein!

Heilige Kommunion. Süße und sanfte Zärtlichkeiten Jesu wurden meiner Seele mitgeteilt. Die Vereinigung wird vertraulicher, die spürbare Gegenwart dauert in letzter Zeit nach der Kommunion jedes Mal länger. Warum? ... Aus welchem Grund? ... Ich weiß es nicht ... Aber ich empfinde keinerlei Anhänglichkeit an die außerordentlichen Gunsterweise. Ich habe nur eine große, immense Sehnsucht: den lieben Gott zu lieben und zu bewirken, dass er geliebt wird ... ihm für alles zu danken, immer.

Oh tiefe und plötzliche Verzückung und Ergriffenheit der Seele, welcher der Herr sich in seiner ganzen königlichen und majestätischen Schönheit zeigt! Das ist die Ruhe nach dem Sturm, die Hilfe nach dem Kampf. Ein entzückendes Licht ist aufgeleuchtet auf dem Höhepunkt des Sturms, oder besser auf dem Grund meiner Seele, und hat mir, während ich in wunderbarer Weise geblendet wurde, den Urheber, den Rückhalt meiner Liebe gezeigt.

Wenn er handeln will, weiß Gott genau, wie er es anstellen muss, um sich seinen armen kleinen Geschöpfen mitzuteilen und zu zeigen! Und wie groß auch die Erregung, die Furcht und sogar die flehentlichen Bitten und der Widerstand sein mögen, die derart vorzüglichen und so außerordentlichen Gunsterweisen entgegengebracht werden, dieser so heilige und so vollkommen gute Gott drängt sich der Seele auf und bemächtigt sich des ganzen Wesens als allmächtiger Herr. Aber wie schwierig – um nicht zu sagen vollkommen unmöglich – es doch ist, diese Verzückungen des Geistes, diese inneren Offenbarungen, in unserer menschlichen Sprache zu erklären und besonders, sie verständlich zu machen.

Man muss an sich selbst diese großen Wunder erfahren, um ohne den Schatten eines Zweifels zu glauben, dass Gott es sich angelegen sein lässt, in gleicher Weise an denen zu handeln, die ihn lieben. Möge es ihm doch

---

1 Diese Formulierung mit einer Apostrophe im femininen Plural erinnert an den Text „*Aux âmes chrétiennes pour la gloire de Dieu*" („Den christlichen Seelen zur Ehre Gottes"). Vgl. S. 182 Anm. 2 sowie S. 166 (*geweiht*) und S. 177 (*vereint*).

27. Februar 1930

gefallen, sich zu zeigen, sich ihrer Seele sichtbar und wahrnehmbar zu machen, sogar in diesem Leben.

Was sind denn alle Reden der Menschen? ... Was ist denn die rein menschliche Freundschaft in einer Seele, die die souveräne Größe betrachtet hat und die sich fast ständig seiner Vertrautheit erfreut, in einer Seele, die die Qualen und die Wonnen der göttlichen Umarmungen kennen gelernt hat, die das unaussprechliche Brennen der Küsse seiner Liebe gespürt hat?

Die so in die Betrachtung der göttlichen Geheimnisse und der grenzenlosen Herrschaft Gottes getauchte Seele liefert sich in einem vollkommenen Akt der Demut, Ehrfurcht, Anbetung und Liebe ganz aus, um in Einheit mit ihrem Jesus den anbetungswürdigen Willen des Vaters zu verwirklichen.

Herr, mein Gott! Wie? Du, Jesus, du, der Schöpfer und der Retter der Welt ... du, der König und der Herrscher der Seelen ... du, durch den alles geschaffen wurde und durch den alles existiert ... du, mein Geliebter, bittest mich um mein Herz, um dich von allen deinen Strapazen auszuruhen, um – wie du sagst – alle deine Schmerzen zu vergessen und dich über die Gleichgültigkeit, das Verlassensein, den Verrat und die Verachtung seitens der Menschen hinwegzutrösten? Ist es wirklich an dir, mein Jesus, diese Bitte an mich zu richten? ... Muss nicht vielmehr ich das von deinem Herzen erbitten? ... Richtest du sie wirklich an mich? ... Hast du denn meine früheren Lauheiten und Nachlässigkeiten vergessen? ... Willst du nicht mehr wissen, dass ich das unwürdigste und geringste von allen deinen Geschöpfen bin? ... Aber wie könntest du das nicht wissen? ... Und wie weißt du auch nicht[1], dass meine ganze Person und mein Leben dir gehören und nur dir allein und dass ich dich über alles liebe?

Aber Jesus, werde ich dich glücklich genug machen? Es ist so armselig bei mir! Werde ich dich innigst genug lieben können, um dich zu trösten und für alles zu entschädigen? Du hättest andernorts weit Besseres gefunden, oh mein angebeteter Meister! Die ganz eindeutige Antwort lässt keine Widerrede zu: „Es ist wohl armselig", hat Jesus zu mir gesagt, „aber da bin ich zu Hause! Da bin ich jetzt, um für immer zu bleiben. Ich komme, um dich besser zu machen, dich mit meinen wertvollsten Schätzen zu bereichern; um deine Fehler zu tilgen, deine Schulden zu bezahlen, deine

---

1 Gemeint ist: *Und wie solltest du auch nicht wissen* ... (Anm. d. Übers.).

Mängel zu korrigieren, deine Seele zu reinigen, deine Leiden zu heiligen, deine Tugenden zu entwickeln, deinen Geist zu erleuchten, dein Herz zu erheben, in dein ganzes Wesen den Abdruck der Ähnlichkeit mit mir zu prägen ... dich ganz zu verwandeln, indem ich jedes Mal an dir die Spuren meines Vorübergehens hinterlasse.

Ich will meinen Namen, meinen Willen, meine Autorität, meine Weisheit in dich eingravieren ... Meine Augen und mein Herz werden alle Tage auf dich gerichtet sein. Ich weiß, warum ich das will."

Herr, ich hoffe auf die Vielzahl deiner Barmherzigkeiten! Das, was du mir ankündigst, ist wirklich so wunderbar. So viele Male habe ich den Wunsch verspürt, verwandelt zu werden, aber ich fühle mich so machtlos. Mit dir werde ich alle Mittel haben, um meine Wünsche nach Vervollkommnung zu verwirklichen, um daran zu arbeiten, eine Heilige zu werden, um meine Tage gut zu nutzen, damit ich Schätze im Himmel erwerbe und die Seelen rette!

Glücklich die Reinen, wenn sie Gott nicht sehen, hören sie ihn!

Selig die Reinen, Gott zeigt sich ihnen ... er spricht zu ihnen!

Was für Dinge, was für schöne Dinge, die wir nicht ahnen und die sich oft ganz nahe bei uns ereignen, manchmal sogar vor unseren Augen.

Was tun, was versprechen, damit man an die Liebe glaubt ... damit man die Liebe liebt?

Oh „Mutter der Schönen Liebe", lehre die Menschen zu glauben, ohne zu sehen, zu lieben, ohne zu verstehen, anzubeten, ohne es zu kennen, das anbetungswürdigste aller Geheimnisse. Göttliche Maria, erbitte von der anbetungswürdigen Dreifaltigkeit, dass es ihr gefalle, die Regungen des Schmerzes und der Liebe, die mir Jesus heute gewährt hat, als Wiedergutmachung für so viele Beleidigungen, die ihr zugefügt werden, anzunehmen.

↑ 27. Februar 1930 (Donnerstag)

Ich lebe meine schöne Berufung weiter, ohne danach zu fragen, wie mein Leben morgen sein wird, am Abend und am Morgen. Ich bemühe mich, jeden Tag des Leidens und des Aufopferns so heilig wie möglich zu verbringen.

Von der Welt weiß ich nichts, noch will ich etwas davon wissen. Von ihrer Seite rechne ich mit allem, mit allen Verfolgungen, mit allem Verrat, mit allen Schändlichkeiten. Aber die Welt kann mich noch so sehr verachten und vergessen, sie wird es niemals in dem Maße tun, wie ich es selbst tue ... Alles für Gott allein! ...

Gestützt auf meinen Glauben an die Allmacht und stark durch die Liebe dessen, der alles vermag und der das Privileg seiner göttlichen Hilfe gewährt, wenn er zu einem Auftrag bestimmt, setze ich meine Ehre daran, trotz all meines Unvermögens, meiner Unfähigkeiten und meiner Schwachheiten seine Absichten mit mir in ganzem Umfang zu erfüllen, und dies mit Gewissheit bei dem Gedanken, dass er unendlich viel mehr tun kann, als ich erklären, wollen und verstehen kann.

Zögern wir nicht länger, wenn wir das Gelübde der Hingabe an die Liebe abgelegt haben, dieses göttliche Ideal umzusetzen, bis es in vollkommenster Weise erfüllt ist.

Meine Freude ist es, ganz verborgen in Gott zu leben, mit Christus[1], mich in ihm zu verlieren und mich durchdringen zu lassen. So hat die Jungfrau Maria gelebt, sie, die mir bis zum Ende ein lebendiges und unvergleichliches Vorbild bleiben wird ... „meine Mama". Wenn ich zu ihr bete, wenn ich sie leise rufe, glaube ich zu sehen, wie sie sich zärtlich über das Kind beugt, das bis zu seinem letzten Tag auf Erden ihren Spuren folgen muss, als kleines Opfer, das in der großen Opfergestalt des Kalvarienbergs verborgen ist, und als kleine Hostie der großen und göttlichen Hostie für die Seelen.

Mein ganzes Glück und mein Himmel auf dieser Welt ist es, mit Jesus den Willen Gottes zu tun. Und aufgrund meiner Großherzigkeit, durch die ich mich gehorsam dem göttlichen Willen anpasse, und meines eifrigen Bemühens, ihn jeden Tag vollkommen besser zu erfüllen, habe ich das überaus große und überaus liebliche Glück, mich nahezu dauerhaft und bewusst der Gegenwart Jesu zu erfreuen.

Was ich möchte und wovon ich besonders träume, ist dem lieben Gott in allen Dingen zu gefallen, ohne mich selbst, ohne irgendetwas anderes zu suchen. Was ich mehr als alles andere ersehne, ist ihn zu lieben: ihn mit ganzem Herzen zu lieben, ihn über alles zu lieben, ihn zärtlich zu lieben, ihn ohne nachzulassen zu lieben, ihn über alle Maßen zu lieben.

---

1 Vgl. Kol 3,3.

Oh mein Jesus, ich liebe dich! Ich spüre, dass du mich liebst und dass du mich zur Liebe einlädst.

Möge Gott mir die große Gnade gewähren, dass ich das heilige und so großartige Werk des Leidens verstehe und immer respektiere, in mir und in allen anderen.

Meine Entscheidung wird sein, immer mit Gott vereint zu leben und diese Einheit jeden Tag vertrauter und enger werden zu lassen, damit sie fruchtbarer wird. Ist das nicht „das Eine, das notwendig ist", wovon Christus zu Martha sprach?

Alle Teile meines Wesens werde ich dazu verwenden, um dem lieben Gott die Ehre zu erweisen, ihn zu lieben und zu verherrlichen. Meinen ganzen Eifer werde ich einsetzen für die Ausbreitung seiner Herrschaft, für die Umkehr der Sünder und für meine persönliche Heiligung ... um viel Gutes zu tun, ohne es zu wissen.

↑ 28. Februar 1930 (Freitag)

Nacht ohne jegliche Ruhe noch Schlaf! Die Nacht ist die Zeit, die günstig ist für die Kontemplation, für die heilige Vereinigung mit Gott und endlich für das geistliche Leben! Oh diese Zweisamkeit, diese Vereinigung unserer Einsamkeit mit derjenigen unseres Herrn in seinem schmerzhaften Todeskampf, mit dem angeklagten Jesus, mit dem verunglimpften und zerschlagenen Jesus, mit dem dornengekrönten Jesus, mit dem seiner Kleider beraubten und ans Kreuz geschlagenen Jesus, mit dem auferstandenen und glorreichen Jesus, mit Jesus, der allein im Tabernakel ist, mit Jesus, der in uns lebt!

Welche Beruhigung und was für ein Trost! Was für ein wertvolles, unendlich großes Gut für unsere Seele!

Die Hölle legt die Waffen nicht beiseite. Ich glaube sogar, dass das abscheuliche Heer sich verdoppelt. Was für ein Toben und was für eine Nacht! Aber je schwieriger und brutaler die Angriffe und die Zwänge sind (denen ich mit der Gnade Gottes bis zum heutigen Tag widerstanden habe und gegen die ich bis zum Ende zu kämpfen hoffe), umso mehr schenkt mir auch die Liebe Gottes Freude, nachdem sie vorbei sind. Mein Herz ist dann ganz erfüllt, ganz versunken im Gedanken an Gott.

Herr, ich liebe dich und ich gehöre dir ganz ... Oh meine Mutter, komm mir zu Hilfe!

Mein Gott, du weißt, ich bin nichts, ich tauge nichts, ich vermag nichts; aber ich weiß, in dir und durch dich, Herr Jesus, verwandelt sich alles in reines Gold, alles wird Frucht und Leben, zu einem unendlich großen Schatz.

Oh mein Jesus, der du so weit gegangen bist, mir zu sagen, dass du mir so viele Gnaden schenkst, weil du mich ganz für dich allein willst, ganz für dich, und dass du dich ganz für mich willst ... Was aber wirst du < den > anderen geben, Herr?

Du, der du zu mir überdies gesagt hast: „Ich werde dein Herz sein und ich werde dein Leben sein. Ich will nicht mehr, dass du anders als in mir und durch mich lebst." Ja, Jesus, lass mich leben, denn aus mir selbst weiß ich nur zu sterben. Mache auch, dass niemand all das, was ich erleide, sehe und darum wisse.

Schenke mir, dass ich zu allen, die mir nahe sind, zuvorkommend, freundlich, liebenswürdig und sehr gütig bin ... zu allen. Bewahre mit mir alle, die ich liebe, unter deinem sanften, so sanften Blick.

Oh mein geliebter Meister, ich bete dich an und ich liebe dich. Ich danke dir, dass du mir weder Erleichterung noch Ruhe verschaffst in meinen Leiden.

Schenke mir die vollkommene Liebe zum Guten und einen grenzenlosen Hass auf das Böse. Lass mich nur das Gute lieben, mache, dass ich es unendlich liebe, dass ich es leidenschaftlich liebe, um es immer ganz nach deinen Wünschen zu verrichten.

↑ 1. März 1930 (Samstag)

Heute Morgen stelle ich fest: eine noch innigere, eine sehr innige Vereinigung mit Jesus.

Ich habe gefühlt, wie in mir der Wunsch zu leiden wieder auflebt und ich habe um die Gnade des Leidens um seiner Liebe willen gefleht ... zu seiner Verherrlichung ... für die Seelen.

Warum ist der Gedanke des Leidens immer und immer mehr, sehr, sehr stark in mir, zusammen mit dem Gedanken, dass ich vielleicht nicht mehr sehr lange auf der Erde bin? Also, ich glaube, der liebe Gott schickt mir all dieses Herzensleid, um die unermesslichen Gnaden, die er mir gewährt, auszugleichen. Der Himmel hat auf diese Weise voll und ganz auf meine innigsten Wünsche, auf das sehnsüchtigste Verlangen meiner Seele geantwortet, da ich ja in der Tat durch das Leiden, durch den Kampf und die täglichen Anstrengungen zum Frieden ... zu Gott aufsteigen muss!

↑ 2. März 1930 (Sonntag)

Wenn man nur Gott allein als Tröster und Freund haben will, dann gewinnt man das Herz dieses Vaters voller Barmherzigkeit und zieht seine zärtlichsten Liebkosungen auf sich. Überdies ist der Trost der Menschen mehr als machtlos, wenn es darum geht, dem Herzen Erleichterung zu verschaffen. Im Gegenteil, er höhlt es aus und schafft bedauerliche Leerräume, er beschmutzt seine heiligsten Neigungen, er öffnet zahlreichen Untugenden die Tür. Der himmlische Trost zieht dagegen die Demut, die Nächstenliebe, den Gehorsam, die Abtötung, die Geduld, die Selbstvergessenheit, den Frieden nach sich. Der Gedanke an Gott tröstet immer, denn wer auch immer durch die Gnade mit Gott vereint ist, kann auf vieles verzichten.[1]

Mein Leben ist schön, liebevoll und geliebt! Mein ganzes Wesen ist voll von Gott, verzückt, verloren in Gott, ohne einen anderen Gedanken als die Liebe.

Oh! Ich liebe ihn, es ist Leidenschaft ... Und das wird jeden Tag stärker werden, da es ja er, Jesus, ist, der meine Liebe gedeihen lässt und stärkt.

Gerade eben habe ich nachgedacht und in meinem Herzen auf die Frage einer Freundin geantwortet, die mich nach meinen liebsten Gedanken gefragt hat ... Es wäre wirklich schwierig für mich, mich dabei festzulegen, da ich doch aufgrund meiner Lektüren, die weit unter dem Durchschnitt lagen und weil ich niemals gelehrte Bücher gelesen habe, wenig Gelegenheit hatte, die schönen Gedanken der Meister zu würdigen.

Ich weiß, es gibt sehr schöne, aber ich wage zu behaupten, nicht nur aufgrund meiner Lektüren, sondern ganz allgemein, dass diejenigen, die ich allen anderen, selbst den schönsten, vorziehe, die Gedanken des Evangeliums, die Heilige Schrift, die heilige Liturgie und die schönen Gebete der Kirche sind! Sie sind eine gehaltvolle Nahrung für meine Seele, ein süßes Getränk, ohne menschliche Beimischung, da es sich ja um Worte

---

[1] Der Abschnitt ist unmittelbar nach dem Datum angefügt und endet mit einem Strich. Er gehört wahrscheinlich zu eben dieser Datierung. Siehe Beschreibung der Hefte, S. 25.

handelt, die einzig vom Heiligen Geist eingegeben sind. Es kann also keine schöneren geben.

↑ 3. März 1930 (Montag)

Jesus will es: Ich muss ein anderer Er werden ... ein anderer Jesus! Also Hingabe, Hingabe! Hingabe an die Liebe! ... Hingabe voller Liebe. Ganz und gar an Jesus ... ganz und gar in Jesus, um Jesus zu werden ... und zwar der gekreuzigte Jesus.

Ich besteige den Kalvarienberg, aber ich singe dabei ... Und das ist so gut, so gut, so gut, dass ich manchmal Angst habe zu träumen.

Alles mit Jesus! Alles für Jesus allein! ... Alles, was von ihm zu mir kommt, alles, was von ihm kommt, ich liebe es; und ich liebe alles, da es ja nichts gibt, das nicht von Gott kommt oder von seiner Liebe zugelassen wurde.

Ich möchte so sehr, dass mein Herz an nichts hängt, dass es für meine Liebe keinen Vorbehalt gibt.

Alles, was Gott geweiht ist, gehört nur Gott und darf folglich weder geteilt, noch entweiht, noch zurückgenommen werden. Jesus hat so etwas niemals erlaubt.

Unendlich liebender und unendlich barmherziger Herr, du siehst, ich bin wirklich dein, ganz dein; aber ich bin es noch zu wenig und ich möchte es sehr sein ... Ich möchte es in allem und so großherzig sein. Verfüge über mich und über alles, was du in solchem Überfluss in mich legst, wie es deinen Absichten ... deinen Interessen ... deinen Wünschen und deinem vollkommenen Gutdünken entspricht. Schließe für immer meine Augen gegenüber dem, was dir missfallen könnte, um sie noch mehr für die Wahrheit ... für die Liebe zu öffnen.

Möge ich alles, was nicht in deinem Willen ist, sehen, ohne es zu sehen, hören, ohne es zu verstehen. Lass mich jedem allzu natürlichen Leben absterben, um nur noch aus dem Leben der Gnade und aus reiner Liebe zu leben.

Ich möchte mit der Hilfe und der Unterstützung der Jungfrau Maria dahin gelangen, mein natürliches Leben in ein ganz übernatürliches und göttliches Leben zu verwandeln.

Aber was vermag ich nicht alles, wenn ich es verstehe, mir von ihr helfen zu lassen, und wenn ich sie mit jenem kindlichen Vertrauen bitte, dem sie sich niemals entzieht!

Oh göttliche Mittlerin aller Seelen, um deiner Vermittlung für mich eine doppelte Fülle zu geben, überlasse ich mich dir wie deinem göttlichen Sohn, um dir ebenso zu gehören wie ihm.

Oh meine Mutter, herrsche über meine Seele ... Lass Jesus in mir herrschen! ...

Ich lege alles, was ich in meinem Leben tue, in deine gesegneten Hände, damit es vor meinen König und Herrn Jesus gebracht werde. Besonders gebe ich dir meine armseligen kleinen Verdienste und bitte dich inständig, sie dem Priestertum zugutekommen zu lassen, damit durch dasselbe in den Seelen das zweifache Königtum der Gerechtigkeit und der Liebe, das deines Sohnes und das deine, errichtet werde.

Was tun, was geben aus Dankbarkeit für die große Gnade, die mir zuteilwurde: zu verstehen, was eine Seele gewinnen kann und soll, wenn sie leidet und alles aus Liebe akzeptiert?

Ach! Wie süß, wie beneidenswert ist doch das Los eines kleinen Opfers, das, ganz Jesus und Maria geweiht, sich Tag für Tag schweigend von der Liebe verzehren lässt. Ich glaube, dass ich mich nicht von der Wahrheit entferne, wenn ich sage, dass ich mit ganzem Willen niemals das Angenehmste, sondern das Schwierigste suche, nicht das Leichteste, sondern das Demütigendste, nicht das, was tröstet, sondern das, was schmerzt, nicht das, was gefällt, sondern das, was abtötet, nicht das, was gesehen < wird >, sondern das, was nicht gewusst wird, nicht das Lob, sondern die Gleichgültigkeit, nicht das Ausruhen, sondern die dauernde Anstrengung, nicht das Glück, sondern immer das Leiden! Das ist nicht das Kreuz im Traum, sondern in Wirklichkeit.

Gewiss gibt es noch hin und wieder einige kleine Widerwärtigkeiten, die mir ungelegen sind, aber ich glaube eigentlich nicht, dass sie eine Verzögerung darstellen. Jesus hat mir zu verstehen gegeben, dass er sie zulässt, damit ich demütig bleibe. Übrigens, gäbe es nicht Besseres, wäre ich nicht die ganze Zeit durch Unannehmlichkeiten schikaniert. Sind die nämlich nicht im Gegenteil sogar das glückliche Vorzeichen für fruchtbarere Tage? Jesus und Maria seien für alles gepriesen! ...

Ich will viele, viele Seelen zu Jesus führen, allein durch meine Liebe und die vollständige Aufopferung meines kranken Lebens, ohne etwas anderes zu wollen als das, was mein Gott will, oder vielmehr durch die völlige Vereinigung meines Willens mit dem meines Gottes.

4. März 1930

Ich zähle besonders auf die Jungfrau Maria, dass sie mich darin bewahre, ganz klein zu bleiben, immer kleiner und unendlich liebend, und jeden Tag noch liebevoller dem Belieben Gottes anheimgegeben. Muss ich nicht ganz Gott gehören und ganz den Dingen Gottes? „Christus war nie selbstgefällig."[1]

Mein Gott, hier bin ich, nicht um meinen Willen zu tun, sondern den deinen. Und der Wille Gottes ist, dass ich nichts von dem, was er mir gegeben hat, verliere und immer das zu tun, was ihm am angenehmsten ist.

Gibt es einen glorreicheren Lobpreis, als wenn die Seele sich in unendlicher Liebe Jesus opfert und Jesus dem ewigen Vater!

Unser Leben muss in der Tat ein Ausdehnen des Lebens Christi sein. An ihm als unserem Meister wurde doch zum Ausdruck gebracht, was der Himmel von uns will.

Was können wir Vollkommeneres wünschen als diesen für unsere Seele überaus nützlichen Willen? Wir brauchen das unterschiedliche Handeln Gottes in Bezug auf uns nicht zu vergleichen, alles hat seine Mitte in der Liebe, die er uns entgegenbringt. Seine Weisheit und seine Macht stehen im Dienst seiner Güte, die uns die Teilhabe an seiner Heiligkeit sichern will.

Jeder aus Liebe erfüllte Wille Gottes ist für eine Seele im Stande der Gnade ein Akt der Gemeinschaft mit der Heiligkeit Gottes.

Nun aber ist mir alles hier unten Bote des Willens Gottes!

Oh Liebe! Unaussprechliche Liebe! Diejenigen, die Gott im Licht des Heiligen Geistes sehen, können nicht anders, als ihn zu lieben und allen seinen Wünschen zuvorzukommen.

Nein, nichts ist der Liebe unmöglich! Die Liebe macht alles möglich, leicht und einfach. Die Liebe ist ein göttliches Feuer, das reinigt, um zu heiligen, das uns beraubt, um uns zu bereichern. Gott baut uns auf, indem er uns niederreißt. Wer in der Liebe lebt, lebt aus Gott und hat Gott in sich!

Nicht nur für die meisten Sterblichen, sondern für alle gilt, dass es wirkliches Glück nur in Gott gibt, weil alle[2], und nicht nur einige, aufgerufen sind, ein Gut zu verwirklichen, das größer ist als wir.

---

[1] Vgl. Röm 15,3.
[2] Darunter zu verstehen ist: < wir > (alle).

⌐Es gibt eine allgemeine Heiligkeit, die alle Christen aufgrund ihrer Berufung erstreben und ergreifen müssen, in dem Maße, wie ihnen die Gnade gewährt ist, weil alle dazu gerufen sind. Sie zu ersehen, ist kein Stolz, denn Gott selbst fordert das von uns. Nach ihr zu streben, ist keine Anmaßung, da wir ja, um diese Höhen des Geistes zu erreichen, einzig auf die Hilfe des Himmels zählen und nicht auf uns selbst. Dennoch müssen wir sie, und das um jeden Preis, suchen, ohne schwach zu werden, nach ihr streben, ohne schlaff, ohne lau, ohne träge zu werden, denn die Vollkommenheit bleibt in sich eine heroische Tugend ... Sie stellt einen Gipfel dar.⌐¹

Dieses schöne moralische Leben, dieser schöne Aufstieg der Liebe geschieht also nicht von alleine. Man muss es hegen, nähren, es unaufhörlich ausweiten, indem man die religiösen Praktiken treu befolgt, das heißt, nicht auf eine oberflächliche Weise, sondern aus Liebe, mit ganzem Bewusstsein und vollem Willen.

⌐Die Heiligkeit auf das Maß unserer Mittelmäßigkeiten zu reduzieren, würde sie nicht attraktiv und leicht machen. Gott ist eine maximale Größe an Leben, Intelligenz, Heiligkeit, Weisheit, Liebe und wir dürfen und können nur in die Wohnung des Vaters eintreten, wenn wir dem Sohn ähnlich sind, denn wir sind alle dazu bestimmt, seinem Bild zu entsprechen – nicht nur ein wenig und nicht einmal nur sehr⌐² zu werden wie er, sanft und demütig von Herzen, gehorsam bis zum Tod ... und bis zum Tod am Kreuz, falls es nötig ist.

⌐Wenn es so viele Christen gibt, die glauben, dass die Heiligkeit ein Zustand ist, der besonders den großen Seelen vorbehalten ist und auch bloß einigen, dann weil sie sie nicht in ihrer ganzen Schlichtheit und ihrer schönen Wahrheit sehen. Sie sehen sie nur umgeben von außergewöhnlichen Werken, die der Allgemeinheit der Sterblichen unmöglich sind. Oft verwechseln sie sie auch mit Gnaden, die umsonst geschenkt werden, mit den Visionen oder der Gabe der Wunder. Sie stellen sich die Heiligen nur in Ekstase vor oder am Kreuz oder „über die Toten gebeugt, um sie zum Leben zu erwecken". Dass man mit Gott in einer Vereinigung der reinen Liebe leben kann, kommt ihnen nicht in den Sinn. Doch liegt die wahre

---
1 Glossierte und personalisierte Übernahme von zwei Abschnitten eines Artikels aus *La Vie spirituelle* Nr. 56 (Mai 1924), S. 205 und 206, über Thérèse vom Kinde Jesu. Siehe Einf., S. 13 Nr. 7.
2 Wie Anm. 1.

4. März 1930

Heiligkeit vor allem in der vollkommenen Nächstenliebe und diese Vollkommenheit kann jeder erlangen ohne außergewöhnliche Gnaden, ohne auserwählte Gunsterweise und sogar und besonders ohne auffallende Werke, wohl aber, wenn er, mit Thérèse vom Kinde Jesu, eine „kleine Seele" bleibt, die vertraut und sich ganz der Liebe überlässt... eine Seele des Gebets und des inneren Gebets.⌐¹

Die Kirche zeigt uns übrigens in der liebenswerten kleinen Thérèse ein leuchtendes Beispiel großer, sehr großer Heiligkeit in einem Leben, wie es einfacher nicht sein kann.

⌐Kommen wir also ins Reich Gottes durch Mittelmäßigkeit und die armseligsten Tugenden, werden einige sagen? Nein! Die Heiligkeit ist eine großartige Vollkommenheit, die sehr einfach sein kann, aber ganz in Reinheit, in Fülle, in Harmonie und nicht in Eitelkeit, Gemeinheit, in Mittelmäßigkeit. Das offensichtlich gewöhnlichste Leben muss uns zu den höchsten Gipfeln der Einheit und der Liebe emporheben.

Da ich begriffen habe, dass die Vollkommenheit hauptsächlich in der vollkommenen Nächstenliebe und im Speziellen im höchsten Akt der Liebe besteht, ist es mein Ideal, den Fortschritt im geistlichen Leben direkt durch den Fortschritt in der Liebe weiterzuführen.⌐² Dabei ist der Akt der Liebe schlechthin die Seele meines ganzen Lebens.

„Gott ist Liebe und wer in der Liebe bleibt, bleibt in Gott und hat Gott in sich."³ Es reicht also, alle meine Anstrengungen aufzubieten, alle meine Wünsche auf dieses höchste Ziel hin auszurichten: die Liebe zu Gott, um sie über alle Maßen zu erobern.

Jede gottgeweihte Seele, die sich heiligen will, kann nur dann in der Verbindung mit Gott bleiben, wenn sie von der Liebe zum Gebet und der heiligen Kommunion getragen ist.

Den unsichtbaren Gott zu lieben, ihn mit einer übernatürlichen, großherzigen und ganz und gar aufgeopferten Liebe zu lieben, ist etwas Leichtes und Einfaches, es genügt sich zu demütigen, sein menschliches Elend einzusehen und es nur noch auf Gott zu stützen, ⌐aus der eigenen Klein-

---

1 Glossierte und personalisierte Übernahme von drei Abschnitten eines Artikels aus *La Vie spirituelle* Nr. 56 (Mai 1924), S. 206, 211 und 220, über Thérèse vom Kinde Jesu. Siehe Einf., S. 13 Nr. 7.
2 Wie Anm. 1.
3 Vgl. 1 Joh 4,16.

heit das Prinzip der eigenen Größe zu machen.⌋¹ Gott erhöht uns, indem er uns auslöscht! Das liebliche Jesuskind wollte nur deshalb auf der Erde erscheinen, auf dem Boden seiner armseligen Krippe, damit wir uns tief nach unten ziehen lassen, weit nach unten, bis auf die Ebene seiner Nichtigkeit!

Dass eine solche Liebe, dass eine so tiefgreifende Vernichtung von Seiten Gottes so wenig verstanden wird, ist unglaublich! Es stimmt, dass man, um ein so großes Geheimnis zu begreifen, um sich der göttlichen Zärtlichkeiten eines Gottes zu erfreuen, der aus Liebe zu uns auf die Welt kam und starb, ⌈es fertigbringen muss, sich zu erniedrigen, mit offenen Augen sein Elend zu sehen ... und das ist das, was viele nicht wollen oder nicht vermögen.⌋²

⌈Wenn jeder, sage ich, bereit wäre, sich das bisschen christliche Ferment aufzupfropfen, das sein Leben und sein Herz verändern würde⌋³, und wenn alle Seelen im Stand der Gnade bereit wären, Gott zu lieben, wie man ihn lieben sollte, und in vertrauter Einheit mit ihm zu leben, oh!, wie schön und harmonisch wäre das Leben für alle, wie süß wäre es, im Plane Gottes zu leben, der Wirklichkeit wird!

Wenn die aus dem Gleichgewicht geratene Welt abdriftet, dann großenteils, weil es zu viel Bewegung gibt und nicht genug Gebete, zu viel Aktion und nicht genug Anbetung, zu viele Werke und nicht genug inneres Leben ... nicht genug übernatürlichen Geist.

Um die Welt zu erneuern, haben Jesus und Maria nichts Besseres gefunden, wenn ich es so sagen darf, als zu leiden und zu lieben in der Darbringung ihres Willens an den Willen des Vaters. Sie haben sich geheiligt, indem sie uns geheiligt haben, und sowohl die Apostel wie auch die ersten Christen sind ihren Spuren gefolgt.

Was vermögen übrigens alle äußeren Werke, alle noch so gut verstandenen, alle noch so perfektionierten und verbreiteten Aktivitäten, wenn sie ihre Kraft nicht wirklich aus Gott beziehen? Sie sind nur in dem Maße Mittel, die etwas bewirken können, als sie von Gott belebt werden. Jesus hat

---

1 Markanter Ausdruck aus einem Artikel in *La Vie spirituelle* Nr. 56 (Mai 1924), S. 224, über Thérèse vom Kinde Jesu.
2 Glossierte Übernahme aus THÉRÈSE DE L'ENFANT-JÉSUS, HA S. 372 (= LT 261.34). Siehe Einf., S. 13 Nr. 7.
3 Glossierte Übernahme mit Wechsel der Person aus KLEIN, *Madeleine Sémer*, S. 249–50. Siehe Einf., S. 13 Nr. 7 und 9.

die Kirche mit zwölf Aposteln gegründet, die ungebildet waren und denen es menschlich gesehen an allem fehlte, um Erfolg haben zu können, die aber seine Gnade reich machte im Glauben, um aus der Liebe zu handeln. Die Heiligen haben es genauso gemacht. Mehr noch als an Arbeitern fehlt es an Heiligkeit und der göttliche Meister ruft uns seine Worte in Erinnerung: „Euch aber muss es zuerst um sein Reich und um seine Gerechtigkeit gehen; dann wird euch alles andere dazugegeben."[1] Wenn ihr heilig seid, wollte er sagen, wird Gott in allem, was ihr tut, mit euch sein, um eure Bemühungen zu beleben und fruchtbar zu machen.

Das ist der Appell, den er an diejenigen seiner Kinder richtet, die am reinsten, am großherzigsten sind, um eines inneren Geschehens willen, das das äußere Handeln belebt. Und die Liebe, die Christus und seine Mutter der Kirche vermitteln, wird in ihr wieder reichlich aufblühen und das wird wie eine neue Periode der Fruchtbarkeit sein, die ausgegangen ist von den lebendigen Gliedern Christi und die sie erneuern wird.

Ach! Könnten wir doch, könnte ich für meinen Teil, der so schwach ist, diesen dreifach glücklichen Augenblick beschleunigen, wo alle von Gott geschaffenen und von Jesus und Maria losgekauften Nationen ihnen zujubeln werden, auf der Erde zuerst, dann am jüngsten Tag in der Ewigkeit, als ihrem König und ihrer Königin der Gerechtigkeit und Liebe und zur größeren Ehre der Heiligsten Dreifaltigkeit.

Möge die unendliche Liebe uns am Abend unserer Kämpfe in unzähligen Heerscharen empfangen. Das ist der Wunsch, den ich formuliere, das ist es, worum ich ihn bitte und ich werde nicht aufhören, ihn zu bitten. „Das Licht leuchtet in der Finsternis, und die Finsternis hat es nicht erfasst."[2] Es ist an mir zu sühnen, wiedergutzumachen, so viel Gleichgültigkeit, so viel Undankbarkeit und Missachtung auszugleichen. Möge es, wenn ich so anbetend, so großherzig, so liebend, so rein und im Leiden und Opfer in so vertrauter Vereinigung mit Gott lebe, nach meinem unbedeutenden Aufenthalt auf der Erde mehr Bereitschaft[3], sich zu fügen, mehr Güte, mehr Nächstenliebe und mehr Liebe zu Gott geben.

Wir sind fruchtbar in dem Maße, wie wir heilig sind. Eine Seele gibt nur aus der Überfülle ihrer selbst.

---

1 Mt 6,33 (und Synoptiker).
2 Joh 1,5.
3 Marthe gebraucht das Wort *résignation*: Ergebenheit, Verzicht, Gelassenheit. (Anm. d. Übers.).

Sühnen, wiedergutmachen, trösten, lieben! Mich geben ... mich ungeteilt und mit meinem ganzen Wesen für Gott verausgaben, für jeden ... für die Seelen. Alle meine Handlungen in übernatürliche und göttliche Handlungen verwandeln, ist die schönste Wahrheit, ist das größte und das letzte Wort der Liebe.

Liebe bringen, wo Hass ist[1] ... Schönheit, wo Hässlichkeit ist ... Gebet[2], wo Missachtung ist ... das Gute, wo das Böse ist ... Treue in der Vereinigung, wo Gleichgültigkeit und Gottvergessenheit herrschen ... Eifer, wo Lauheit ist: das heißt, den Frieden, die Freude, den Himmel in die eigene Seele und in die Seele seines Nächsten zu bringen.

Wenn ich mich verkaufen könnte, um die Seelen zu retten und sie Gott zu geben, ich glaube, ich würde mich verkaufen. Denn es ist vollkommen unmöglich, das Leben anders zu verstehen, es zu etwas anderem zu benutzen, als dass man so viele arme, so schwache, so unglückliche, so traurige und manchmal so verzweifelte Menschenwesen, die doch so rein, so leuchtend, so schön und so groß in der Liebe werden können, den Finsternissen des Todes entreißt, um sie zum Licht, zum Leben, zur Liebe, zu Gott zu führen.

Mein sanfter Jesus, möge es dir gefallen durch die Aufopferung meiner Leiden, die ich immer in Liebe annehme, deine Verfluchungen in Segen zu verwandeln, deine Abwesenheit in eine Gegenwart in allen Seelen guten Willens, deinen Zorn in Sanftmut, deine Gereiztheit in Zärtlichkeit und zarte Umarmungen. Möge sie[3] für die Sünder wie eine neue Taufe sein, die sie dank und kraft des göttlichen Blutes Jesu wäscht, reinigt, ihnen ihre verlorene Schönheit zurückgibt und sie wieder in ihren ursprünglichen Zustand versetzt. Möge sie schließlich die Gnade, die in mir wirkt, weiterleiten und – durch mich – in den Seelen so etwas wie eine Auferstehung, eine Verjüngung, ein Aufblühen, ein neues Leben bewirken und sie alle an die Schwelle einer glückseligen Ewigkeit führen.

Leiden, niemals sterben, um immer zu leiden! Allen alles werden, um alle zu retten.

Möge der Gott des Friedens und der Liebe ganz in allen und mit allen sein ... und mögen alle in ihm, mit ihm leben, immer!

---

1 Vgl. das dem heiligen Franz von Assisi zugeschriebene Gebet.
2 Das Wort, auf einer radierten Stelle geschrieben, ist schwer zu lesen.
3 Gemeint ist *die Aufopferung meiner Leiden*.

Wie groß ist die Zahl der Ordensfrauen, ja sogar der jungen Mädchen und Frauen in der Welt, denen nur der göttliche Abdruck des Kreuzes Jesu Christi gefehlt hat, um < heilig? > zu sein! Die Seele ist wie die Erde: Sie muss aufgebrochen werden, um fruchtbar zu sein.

↑ 4. März 1930 (Montag)

Nicht um gesehen zu werden, um wertgeschätzt zu werden oder sogar um auf dem Grund seiner Seele zufrieden zu sein und Frieden zu haben, muss man besser werden, sondern um Gott zu gefallen, um Gott zu gehorchen, um den lieben Gott zu lieben und dafür zu sorgen, dass er geliebt und verherrlicht werde.[1]

Wie gut es tut, sich dem Willen Gottes zu überlassen und sich in den Tabernakel zu flüchten; zu sprechen, zu hören, zu spüren, wie der göttliche Blick Jesu sich auf der Seele niederlässt und auf ihr ruht. Um von der Außenseite des Tabernakels zum Anblick Gottes zu gelangen, muss nur ein Schleier fallen, und der hängt an einem einzigen liebevollen Seufzer. Oh Jesus, formuliere in mir das Gebet, das die Wolken durchbricht, das Gebet, das alle Schleier fallen lässt. Gib mir den brennenden Wunsch, dich zu besitzen, der bis zu deinem höchsten Thron aufsteigt, der, oh mein Geliebter, einen sanften Zufluchtsort in deinem Herzen öffnet. Mein Gebet bittet, es klopft an die Tür des Tabernakels, des Himmels und der Erde. Aber mache, oh mein König, dass meine Gebete aus einem reinen, demütigen und geheiligten Herzen kommen.

↑ 5. März 1930 (Mittwoch)

Die Nächstenliebe ist wie die Demut und wie die Liebe: Weder Schmerz noch Prüfung kann sie zerstören, weder Distanz sie verringern, noch die Zeit sie auslöschen.

Die Nächstenliebe ist, wie die Demut, eine Tochter der Liebe. Sie triumphiert über alles, sie hält allem stand, sie beugt sich vor allem. Sie schreitet ständig voran und erreicht so die erhabensten Gipfel.

„Habt alles, sagt der heilige Paulus, seid alles, wenn ihr die Nächstenliebe nicht habt, habt ihr nichts, aber wenn ihr die Nächstenliebe habt und

---

[1] Dieser Abschnitt wurde unmittelbar nach dem Datum angefügt und gehört wahrscheinlich zum selben Datum. Er wird mit einem Strich beschlossen.

dabei in allen anderen Dingen nichts seid, seid ihr trotzdem ganz in der Heilsordnung."[1]

Herr Jesus, möge ich durch die Nächstenliebe, mit der Nächstenliebe und in der Nächstenliebe bis zu dir hinaufsteigen. Ich kann es mit dir, in dir!

Mein Herz fließt über vor Liebe, vor Frieden in Gott! Das ist Freude im vollkommensten Opfer.

⌐Gott lieben, Jesus lieben, das heißt, ihm alles zurückgeben und sich selbst geben.⌐[2] Lieben, das heißt, seine Liebe zeigen, das heißt, seine Liebe bezeugen, das heißt, in allem den Willen des Geliebten tun. Oder mehr noch, seinen Willen im Willen des Geliebten verlieren ... ewig in ihm leben.

Lieben, das heißt Verdienste erwerben, das heißt aufsteigen, das heißt wachsen, das heißt, sein übernatürliches Leben vergrößern, das heißt, es zum höchsten Punkt führen.

„Lieben! Sich opfern, immer, ohne Wenn und Aber,
Verrat ertragen und niemals sich rächen,
Ist mehr als sich geben, ist Handeln aus Adel,
Ist ganz sich verschenken, ohne je sich zu ändern.
Lieben! Denken und Wesen werden veredelt,
Das Herz erwärmt, zum Leben erquickt,
Ein Duft so rein, der durchdringt und beseelt,
Worte können's nicht fassen, so groß ist das Glück.
Lieben ... erfüllt ein Verlangen der Natur,
Weist uns den Weg zum verborg'nen Ziel.
Gott gehorchen, lieben seine Kreatur,
Ist von allen das herrlichste Gefühl."[3]

Liebe Gott, o meine Seele, und geh deinen Weg! Die Liebe schafft Nähe ... Die Liebe vereint sowohl Gott mit dir als auch Gott in dir! Das bedeutet

---

[1] Marthe fasst hier 1 Kor 13 zusammen.
[2] Glossierte Übernahme von THÉRÈSE DE L'ENFANT-JÉSUS, PN 54.22.3. Siehe Einf., S. 13 Nr. 7.
[3] „Aimer! c'est sans retour se dévouer sans cesse, / C'est se laisser trahir sans jamais se venger, / C'est plus que se donner, c'est faire avec noblesse / L'abandon de soi-même et ne jamais changer. // Aimer! c'est anoblir sa pensée et son être / C'est réchauffer son coeur et c'est le ranimer, / C'est un parfum si pur qu'il charme, qu'il pénètre, / C'est un ravissement qu'on ne peut exprimer. // Aimer! c'est accomplir un voeu de la nature, / Qui nous trace la route au but mystérieux. / C'est obéir à Dieu qu'à aimer sa créature, / De tous les sentiments, c'est le plus glorieux."

wahrscheinlich immer Kampf, Leiden auf Erden, manchmal sogar einen schmerzhaften Todeskampf, aber es ist immer Glück, es ist immer Sieg.

Geh und lass dich nicht durch Erschöpfung und Schmerz aufhalten ... schüttle deine Mattheit ab. Eine Unterbrechung von einigen Stunden wäre verderblich für dich und wer weiß, welch schlechten Samen der Feind in dich säen würde während dieser vielleicht mehr trügerischen als wiederherstellenden Ruhe. Geh, ohne dich von den Dornen, die deinen Weg durchziehen, aufhalten zu lassen. Er ist schwer, der Aufstieg, aber das Ankommen wird dann so lieblich sein.

Geh, geh weiter, oh meine Seele, bis zum Ende ..., ja, trotz allem, trotz der Widrigkeiten und der Prüfungen, die auftauchen können.

↑ 6. März 1930 (Donnerstag)

Heilige Kommunion. Die Liebe hat mich gepackt ... die Liebe hat mich ergriffen ... die Liebe hat mich entzückt in Gott.

Oh Jesus, Seele und Leben meiner Seele! Warum muss ich dich gehen lassen? ... Warum muss ich von dir zurückkehren, von dir, oh mein angebeteter Meister, wieder hinabsteigen? ... Es ging uns doch so gut. Ich war so sehr dein, so völlig in dir und so glücklich, es zu sein... Und du warst so sehr in mir und so sehr mein.

Du in mir, Jesus, und ich mit dir, in dir, ohne noch irgendetwas anderes zu sehen, zu hören. Was für eine geheimnisvolle Einsamkeit! Was für eine köstliche Zweisamkeit!

Warum scheinst du mich jetzt nicht mehr zu wollen? ... Sogar in der Vereinigung, in der sanftesten Vertrautheit, ist das Leiden. Das Glück kann auf Erden weder dauerhaft noch vollkommen sein ... Es wird erst im Himmel vollständig sein; aber der Frieden, die Freude sind es. Ich habe sie verkostet, ich habe deren Süße genossen ... ich verkoste sie noch immer.

Jesus hat überallhin Licht, Leben gebracht, sogar bis in mein armseliges kleines Zimmer ... und er hat meine Seele mit dem Himmel erfüllt!

Oh! Was für große und erhabene Geheimnisse zeigen sich unseren Blicken, ohne uns festzuhalten!

⌜Es scheint mir, dass, wenn alle Geschöpfe dieselben Gunsterweise, dieselben Einsichten erhalten würden wie ich, dann wäre Gott für niemanden ein Unbekannter, sondern von allen bis ins Übermaß geliebt, voller Vertrauen und ohne Zittern. Niemals wiese eine Seele auch nur den kleinsten

Fehler auf, niemals würde sie ihm aus Absicht auch nur den geringsten Schmerz zufügen ...⌋¹ Er würde von allen nur Liebe empfangen.

Oh! Diese Liebesvereinigung mit unserem Herrn, diese tiefblickende Vertrautheit und diese großartigen Worte, die von den göttlichen Lippen herabfallen, süßer, lieblicher als Honig, durchdringender als ein zweischneidiges Schwert. „Meine Tochter, du willst, sagst du, dich verkaufen können, um die Seelen der Sünde, der Hölle zu entreißen, um sie mir zu geben? Verkaufe dich an mich, ich werde dich kaufen. Verkaufe mir alles. Ich werde dich in mich verwandeln ... Ich werde dich eins machen mit mir ... Ich werde aus dir ein Ebenbild machen², wie du es ersehnst.

Sieh heute die schöne Vereinigung, die ich zwischen dir und mir wirke, zwischen meinem Herzen und dem deinen. Bist du nicht glückselig?"

In der Tat sah ich im göttlichen Licht wie in einem unermesslich reinen Spiegel, wie Jesus sich uns schenkt, sich uns hingibt, sich uns ausliefert und sich von uns besitzen lässt, so, wie es ihm gefällt, aber ganz besonders im Sakrament der Eucharistie. Ich sah auch auf ähnliche Weise, wie er uns vereint, uns in sich verschmilzt und uns verwandelt, in dem Maße, wie wir ihm die Freiheit dazu lassen und auch entsprechend der Reinheit und Glut unserer Liebe und unserer Sehnsucht, ihm zu gehören.

Oh Wahrheit, die du Gott bist, lass mich dich wieder vernehmen! ... Mache, dass ich eins bin mit dir in ewiger Liebe! ... Mögen alle Gelehrten schweigen, mögen alle Geschöpfe still werden vor dir; sprich zu mir, du allein, oh mein Gott!

⌈Oh ewiges Wort, Wort meines Gottes, ich will mein Leben damit verbringen, dir zuzuhören ... dich schweigend zu lieben!

Oh Wort des Lichts, oh mein Jesus, ich will mich ganz belehren lassen⌋³ um alles von dir zu lernen!

Gott gehört mir und ich gehöre ihm ... ich gehöre ganz ihm! Obwohl er mehrmals zu meiner Seele gesagt hat: „Ich bin dein."

---

1 Glossierte Übernahme aus Thérèse de l'Enfant-Jésus, HA S. 146–47 (= Ms A 83v). Siehe Einf., S. 13 Nr. 7.
2 Wörtlich: *Ich werde aus dir ein anderes Ich machen.*
3 Glossierte Übernahme des Gebets der Elisabeth von der Dreifaltigkeit. Siehe dazu S. 45 Anm. 2.

Dann ⌜habe ich in freudentrunkenem Überschwang ausgerufen:⌝¹ „Du, Herr Jesus, der Meine? Du gehörst mir? Solltest du denn meine Mattheit, mein Lauheit, meine Beleidigungen und mein so großes Elend vergessen haben? Solltest du auch all die Seelen vergessen haben, die zu dir rufen und die dich vielleicht intensiver und viel besser lieben als ich? Was wird für sie übrig bleiben? ... Was wirst du ihnen geben, wenn du dich ganz mir schenkst? Wenn du sie beraubst, um mich reich zu machen?"

Meine Erregung ist sogleich geheilt: „Ich gebe mich ihnen so ganz wie dir, ich gebe ihnen eben so viel und mit gleicher Güte und liebevoller Zärtlichkeit. Ich überschütte sie genauso mit allen meinen Gnaden und mit meinen wertvollsten Gaben entsprechend der Unermesslichkeit ihrer Sehnsucht und ihrer Großherzigkeit ... und je nachdem, wie es mir gefällt.

Ich bin der unerschöpfliche Reichtum und wenn ich mich nicht allen auf die gleiche Weise schenke, wenn ich ihnen nicht so viel gebe, dann, weil sie mich nicht bitten, weil sie mich nicht anrufen oder das in schlechter Weise tun. Ach! Wären doch alle bereit, sich aufzuopfern, sich für mich zu verausgaben und sich mir zu schenken, wie du dich schenkst! Bitte mich für sie, erlange für sie. Erlange für mich ... bettle auch für mich, liebe mich für die, die mich nicht lieben. Sei großherzig anstelle derer, die es nicht sind."

Oh guter und barmherziger Gott, ich bin nur eine sehr, sehr armselige kleine Seele und gar nicht würdig, die zahllosen Segnungen und Gunsterweise zu empfangen, mit denen ich dank deiner unendlichen Güte so großzügig überschüttet werde. Aber da ich sie nun einmal erhalten habe und sie ununterbrochen erhalte, bitte ich dich, oh heilige und göttliche Dreifaltigkeit, gewähre mir, dass ich es wirklich verdiene, sie um deiner Liebe willen, zu deiner Ehre und höchsten Verherrlichung zu bewahren.

Ohne Gott, in der Gottesferne, nicht in ihm, armseliges Leben, blasse Existenz, unglückliche Freude, arme Sterbliche!

Wenn das liebliche Sakrament der Kommunion nicht in allen dieselben Früchte, dieselben heilsamen Wirkungen hervorbringt, dann vielleicht deshalb, weil wir es nicht mit der ganzen Verfassung empfangen, die notwendig ist. Wir kommen zu Jesus mit einem Herzen, das voll ist mit Dingen, die ungünstig sind für die Gnade und seinem souveränen Handeln in

---

1 Markanter Ausdruck von Thérèse de l'Enfant-Jésus, HA S. 216 (= Ms B fol 3v). Siehe Einf., S. II Nr. 1.

uns ganz und gar entgegenstehen, da Jesus nicht lange in einem geteilten Herzen leben kann.

Oh mein Jesus, wie sehr doch deine Geschöpfe dich betrüben ... Wie sie dich behandeln, dich, die Güte, die Zärtlichkeit selbst, dich, die ewige Liebe! Oh wunderbarer Meister, Vergebung und Barmherzigkeit für alle, Vergebung und Erbarmen auch für mich, für meine Lauheit, meine Nachlässigkeiten, meine Schwächen, für alle Arten allzu natürlicher Anhänglichkeit.

Es gibt auch zu viele Personen, die sich einbilden, dass sie nicht gut kommuniziert haben, wenn sie nichts empfunden haben, keine spürbare Wahrnehmung, wenn sie keine Tränen vergossen haben noch die reale Gegenwart unseres Herrn in sich gefühlt haben, wenn sie von den Annehmlichkeiten, den Tröstungen, die von Gott nicht zu trennen sind, nichts vernommen, nichts erfahren, nichts verkostet haben.

Sie sollen getrost sein! Ich gebe zu, die Annehmlichkeiten, die göttlichen Tröstungen sind Verwöhnungen, die manchmal unseren Eifer anregen, unserer Frömmigkeit helfen, uns auf dem rechten Weg Mut machen, wir sind so zerbrechliche Gefäße! Aber Jesus, der uns mehr liebt, als wir es wissen, als wir es uns vorstellen können, versteht es, uns Annehmlichkeiten zuzuteilen, wenn sie notwendig sind.

Die Kommunion ist keine Belohnung, sie ist ein Mittel der Vereinigung und der Liebe und der Heiligung. Sie ist die lebendige Quelle all unseres Tuns und die Grundlage eines jeden moralischen und göttlichen Gutes.

Die heilige Kommunion, das heißt, die gemeinsame Verbundenheit zwischen der Seele und Jesus, ist ganz sicher das Größte, das Heiligste, das Barmherzigste, das Liebevollste nach der Vereinigung der Gottheit mit der Menschheit durch die Inkarnation und nach der Erlösung. Der menschliche Verstand kann sich nichts Größeres vorstellen für den Menschen auf Erden; die göttliche Macht kann nichts Liebevolleres tun.

Die heilige Kommunion zieht alles an, was rein ist und rein bleiben will, alles, was ergeben ist und immer noch ergebener sein will, alles, was Sehnsucht nach dem Guten, dem Schönen, dem Göttlichen hat. Und deshalb müssen wir uns zur heiligen Kommunion in besonderer Weise hingezogen fühlen.

Es ist also nicht notwendig, Tröstungen, erlesene Gnaden, außergewöhnliche übernatürliche Gunsterweise zu erhalten, damit sie gut oder sehr gut ist, wohl aber <geht es um> die Sorgfalt, mit der wir uns auf einen so großartigen Akt vorbereiten und die Früchte, die uns aus der Danksagung erwachsen; nicht jedoch um die Emotionen, die man hat und die oftmals eher von einer übertriebenen natürlichen Empfindlichkeit herrühren als von den tiefen Gefühlen, die man in dieser göttlichen Minute empfindet. In einem Wort: Opfern wir nicht die Frucht dem Effekt. Und wenn es stimmt, dass die häufige Kommunion die Grundlage der vertrauten und fruchtbaren Vereinigung mit Jesus ist, dass sie der Erfolg unserer Vollkommenheit und die Unterstützung ist, die uns helfen wird, aus Gott, in der Gesellschaft mit Gott, zu leben, dann ist es doch absolut unerlässlich, dass wir nicht so einfach auf ein so großes Gut verzichten ... auf das einzig wahrhaft große Gut, insofern uns daran gelegen ist, in unserer Seele treu das Leben Jesu, des göttlichen Vorbildes, zu nähren, das wir in uns nachzeichnen müssen. Ohne eine solche Ähnlichkeit können wir nicht vorherbestimmt sein.

Glücklich die Seelen, die die Freude in sich haben und die es verdienen, jeden Tag zu kommunizieren! Glücklich diejenigen, die auf dem Totenbett sehen, wie jeder einzelne der vielen Tage ihres Lebens, die sie, ganz von der heiligen Kommunion erfüllt, geheiligt, geweiht, in der Einsamkeit verbracht haben, ihnen in den Himmel vorausgeht.

Seien wir also bestrebt, oft, sehr oft zu kommunizieren, mit zerknirschtem und gedemütigtem Herzen, mit einer ganz reinen und sorgfältig vorbereiteten Seele.

Eine so vollzogene Kommunion kann nicht weniger sein als angenehm vor Gott und heilsam für unser ganzes Leben.

Weit davon entfernt, neidisch auf die außergewöhnlichen Gnaden und die wunderbaren Gunsterweise zu blicken, die den Heiligen und einigen wenigen privilegierten Seelen (und das nicht immer) gewährt werden, wollen wir den Himmel preisen, dass er uns diese wundervollen Stützen, diese wertvollen Führer, diese vollkommenen Vorbilder gibt, und bitten wir sie besonders um einen kleinen Funken jener Gottesliebe, die in ihnen brennt, und ihrer heroischen Liebe zum Nächsten. Und wenn wir sie so hoch, so groß in ihrer Demut einschätzen, ausgestattet mit so schönen Tugenden, dann wollen wir mutig den Weg gehen, den Gott uns von Ewigkeit her vorgezeichnet hat, mit beherzter Seele, mit schnellerem Schritt, mit einer glühenderen und stärkeren Liebe, mit einem tieferen Gefühl für Jesus, das Kind, Jesus, das Opfer, Jesus in der Hostie. Und loben, preisen wir den Herrn, dass er so reich an Wohltaten ist und sich uns gegenüber so verschwenderisch zeigt.

Oh! Wir, die wir so armselige und kümmerliche Geschöpfe sind, niemals demütig genug, niemals losgelöst genug von uns selbst, danken wir dem Herrn, der gerne bereit ist, aus unserem armseligen kleinen Herzen seinen Tempel zu machen ... und, so würde ich sogar sagen, seinen Himmel; und der zu uns in süßer Verschleierung und liebevoller Nichtigkeit kommt, um die zarteste Annäherung, die es gibt, zu ermöglichen und um unsere Schwachheit zu schonen, die den wundervollen Glanz seiner Herrlichkeit und seiner hoheitlichen Schönheit nicht ertragen könnte.

Wenn Gott uns in der Kommunion Sanftheit und Tröstungen gewährt, wenn da ein ganz göttliches Gefühl ist, das uns in Tränen ausbrechen lässt, dann zeigen wir doch unser Glück, indem wir unsere Dankbarkeit zum Ausdruck bringen. Gott weiß, warum er handelt. Aber wenn nichts dergleichen für uns geschieht, beunruhigen wir uns nicht, denken wir ein bisschen mehr an ihn, ein bisschen weniger an uns, ein bisschen mehr ans Geben und ein bisschen weniger ans Nehmen.

Nichts berührt das Herz Jesu mehr als freudiges Vertrauen und eine Hingabe voller Liebe an seine göttlichen Absichten.

Wiederholen wir oft aus der Tiefe unseres Herzens: Oh Jesus, du kannst mir keinen Blick, keine Zärtlichkeit, keine kleine Freude verweigern. Aber wenn du es tust, dann geschieht es immer aus Liebe zu mir.

Diese lieblichen Augenblicke, in denen man mit dem Herrn allein ist, diese vertrauten Augenblicke von Herz zu Herz mit ihm, derer sich einige wenige Seelen erfreuen, sie könnten auch uns gehören, wenn wir es wie sie, genauso gut wie sie[1], verstünden, mit Jesus zu leben, für Jesus zu leben, in der Liebe Jesu! „Wo euer Schatz ist, ist auch euer Herz."[2] Und wenn unser Schatz in Gott ist, wenn unser Schatz Gott ist, wird unser Herz auch in ihm sein und Gott selbst wird in unserem Herzen sein. Vergessen wir das nicht.

Alles, was aus dem Herzen aufsteigt, ist groß und machtvoll, alles, was durch eine Seele geht, die von der Gottesliebe erfüllt ist, ist groß und göttlich. Wenn man liebt, dann macht man alles aus nichts.

---

1 Das *sie* bezieht sich auf die Heiligen, von denen auf der vorangehenden Seite die Rede ist, und setzt den Gedanken fort.
2 Vgl. Mt 6,21.

7. März 1930

Nur die Liebe zählt und bringt hervor! Und Gott lieben heißt, zu tun, was er will. Die heilige Jungfrau Maria hat nichts anderes getan, ihr Leben ist ein einziges *fiat* voller Demut und Liebe. Niemals hat sie eine einzige ihrer Pflichten vernachlässigt. In jede einzelne der unzähligen Angelegenheiten, die ihre Tage ausfüllten, legte sie mehr Liebe als die Engel in ihr Loben und Anbeten, als die Märtyrer in ihre Leiden, die Heiligen in ihr Fasten und ihre Buße, überhaupt mehr als alle Geschöpfe der Erde!

Alles misst sich an der Liebe und man hat keinerlei Zweifel, wenn man liebt.

Wie viele Seelen würden am Firmament der Vollkommenheit erstrahlen, wenn sie nur einfach bereit wären, sich hinzugeben, sich der Liebe zu opfern.

Die Christen können in jeder Minute ihres Lebens etwas sehr Großes, etwas sehr Schönes, Göttliches tun, wenn sie es wirklich wollen.

Wenn ich daran denke, dass die Strahlen der Sonne sogar den Schlamm glänzen lassen! Was also kann die Gnade in einer Seele bewirken? Was ist die Sonne im Vergleich zur Gnade? ... Was ist das Leben im Vergleich zum Tod? ...

Aber wie groß ist die Zahl der Seelen, die aus dem göttlichen Fluss der Liebe trinken wollen, und wie viele von ihnen weisen den Kelch zurück! Leider! Viele sind begierig nach den Annehmlichkeiten und nach den Freuden des Himmels, aber fast alle fliehen vor dem Leiden, sobald das Kreuz sich zeigt. Viele würden gerne mit Jesus auf dem Tabor Platz nehmen, aber wenige wollen in seiner Nachfolge die Gipfel des Kalvarienbergs erklimmen, weil nur wenige jene göttliche Flamme im Herzen haben, die erhebt, reinigt, aufbaut, heiligt und die das Tun fruchtbarer werden lässt.

Oh Maria, oh meine ganz sanfte Mama, erlange mir an diesem schönen himmlischen Tag[1], die vollständige Hingabe, die vollkommene Hingabe, eine Hingabe voller Liebe an die Liebe. Möge ich durch dich, mit dir, in dir, reinste Jungfrau, mit immer größerer Liebe lieben, anbeten, beten, sühnen, flehen und leiden. Möge mein Leben nur noch ein „Ja" der Liebe sein ... Möge ich nur eine ganz der Liebe ... ganz Jesus geweihte Seele sein.

↑ 7. März 1930 (Freitag)

---

1 *An diesem schönen himmlischen Tag:* gemeint ist die heilige Kommunion.

Gebet[1]

Oh du, der du mich so sehr liebst, Jesus, hier wahrhaft gegenwärtig, verborgener Gott, höre mich, ich flehe zu dir.

Möge dein Wille mein Gefallen, meine Leidenschaft, meine Liebe, meine Freude sein! Gib mir, dass ich ihn unablässig suche, dass ich ihn finde, dass ich ihn ganz und gar erfülle. Zeige mir deine Wege, weise mir deine Pfade. Du hast deine Pläne für mich, lass sie mich wissen, sage sie mir und schenke mir, dass ich ihnen folge bis zum endgültigen Heil meiner Seele. Möge ich, gleichgültig gegenüber allem, was geschieht, und allein nach dir Ausschau haltend, alles lieben, was dir gehört, vor allem aber dich, besonders dich, oh mein Gott!

Lass mir jede Freude bitter werden, die nicht du bist, unmöglich jeden Wunsch, der nicht von dir kommt, köstlich alle für dich verrichtete Arbeit, unangenehm jedes Ruhen, das nicht in dir geschieht.

Möge, oh mein Jesus, meine Seele zu jeder Zeit dir entgegenfliegen; möge mein Leben nur ein Akt der Liebe sein, ein Lied der Liebe und Dankbarkeit! Lass mich bei jeder Handlung, die nicht deiner Ehre und Verherrlichung dient, spüren, dass sie nichts wert ist vor dir.

Möge meine Frömmigkeit nicht Gewohnheit sein, sondern eine tiefe Herzensregung, ein inniger und verborgener Gesang.

Oh Jesus, meine Wonne und mein Leben, schenke mir, dass ich ungekünstelt bin in meiner Demut, ohne Überschwang in meinen Freuden, ohne Niedergeschlagenheit in meinen Traurigkeiten, ohne Entmutigung in meinen Schmerzen, ohne Übertreibung in meinen Abtötungen. Schenke mir, dass ich ohne Umschweife rede, dass ich handle ohne Schwäche, dass ich hoffe ohne Anmaßung, dass ich mich immer demütig, rein und unbefleckt bewahre, dass ich antworte ohne Zorn, dass ich liebe ohne Verstellung, dass ich aufrichte, ohne zu erröten, dass ich gehorche ohne Widerspruch, dass ich leide ohne Murren.

Allerhöchste Güte, oh Jesus, ich bitte dich um ein brennendes, in dich verliebtes Herz, das kein Hindernis, kein Leiden erschrecken noch aufhalten kann, das kein Geräusch ablenken kann; um ein treues, großzügiges, liebendes Herz, das nicht wankt, das niemals nachlässig wird; um ein

---

[1] Dieses Gebet ist eine glossierte und personalisierte Übernahme des Gebets des heiligen Thomas von Aquin vor dem Allerheiligsten Sakrament. Siehe Einf., S. 13 Nr. 7.

starkes Herz, das nach jedem Sturm immer wieder bereit ist zu kämpfen; um ein keusches Herz, das sich niemals verführen, niemals versklaven, niemals teilen lässt; um ein aufrichtiges Herz, das man niemals auf den Wegen der Sünde antrifft.

Und mein Geist, Herr: Möge er unfähig sein, dich zu verleugnen, sehnsüchtig dich suchend, treu in deinem Dienst, dich immerzu zu finden wissen, dich, die allerhöchste Weisheit, dich, die unendliche Güte und Liebe! Mögen meine Worte deinem Herzen nicht zu sehr missfallen. Möge ich voller Vertrauen, sanftmütig, ruhig, liebevoll auf deine göttlichen Antworten warten und mich auf dein Wort hin in Frieden ausruhen.

Mögen die Liebe und das Leiden mich die Dornen deiner Krone spüren lassen, die Nägel in deinen Händen und in deinen Füßen, die Wunde und den Todeskampf deines Herzens ... alle Wunden deines heiligen Leibes! Möge die Gnade über mich auf dem Weg ins Exil deine Gaben ausgießen! Und möge die Herrlichkeit mich in der himmlischen Heimat trunken machen mit deinen Freuden.

Amen.

↑ 8. März 1930 (Samstag)

Frömmigkeit, das ist der Wille, der sich ununterbrochen Gott zuwendet, der Liebe zu Gott, der sich dem immer liebevollen und so anbetungswürdigen Willen Gottes unterwirft, der Gott dient.[1]

Will man gut beten und aus der Übung des Gebets all die Früchte ernten, die es hervorbringt, müssen jene Gedanken, wenn nicht immer direkt, so doch wenigstens für gewöhnlich unser Herz erfüllen.

Das gelingt einem sehr schnell, wenn man es sich zur Gewohnheit macht, für jeden Tag der Woche oder des Monats ein besonderes Anliegen zu haben, das man entweder am Morgen während des inneren Gebets oder sogar jedes Mal zu Beginn der Stunde festlegt. Diese fromme Gewohnheit ist leicht anzunehmen. Sie ist zugleich von einer beispiellosen Vortrefflichkeit.

Ich habe in meiner Seele eine Vorahnung der großen Schmerzen, die kommen werden! ... Muss ich sie also für immer sein lassen, meine gelieb-

---

[1] Diese drei Abschnitte, die mit einem Strich beschlossen werden, gehören wahrscheinlich zum 8. März 1930. Siehe Beschreibung der Hefte, S. 25.

te Näharbeit? Ich hatte sie doch so gern. Sie gab mir noch ein wenig die Illusion des Tätigseins. Sie war noch ein Grund, um zu leben, und sie hat mich die ganz göttliche Kunst der inneren Sammlung gelehrt, diesen unschätzbaren Schatz der Krankheit, und die nicht weniger göttliche Kunst, immer fröhlich zu sein.

Meine armselige kleine Natur, die in der Trübsal immer so aktiv und so mutig geblieben ist, wagt es fast nicht, sich eine unabänderliche Arbeitsunfähigkeit vorzustellen. Aber *fiat*, oh mein Gott! Mein Jesus, mit deiner Gnade werde ich stark sein, ich werde triumphieren, nicht, wenn du sie willst, über diese Prüfung, aber durch diese Prüfung. Ich gehöre Gott! Ich bin seine Magd, seine Tochter, seine Ehefrau, seine Sklavin, sein Opfer, seine ganz kleine Hostie! ... Ich gehöre ihm in allem ... Ich bin zu allem bereit ... Ich überlasse mich allem! Hier bin ich, Herr, wie du siehst. Ich will tun, was du willst, weil ich dich liebe und weil ich dich verherrlichen will; weil ich mich heiligen will, weil ich mich retten und, indem ich mich rette, viele, viele Seelen retten will.

Mein Gott, schenke mir, dass ich dir gehorche. Du kannst es, du bist der Allmächtige... Du willst es, du bist so gut ... Ich werde es können, ich liebe dich so sehr!

Mögen die kommenden Schmerzen mir die Zuversicht und den Frieden nicht nehmen. Gott ist der Meister und wird dafür sorgen, dass alles auf seine Ehre zielt. Ich vertraue alles der gütigen Mutter an. Ich weiß, dass sie da ist. Ich erwarte in aller Ruhe ihren Beistand.

↑ 10. März 1930 (Montag)

Man muss Jesus mit einer kindlichen Liebe trösten, wie die Kleinsten sein, die nur eines können: lieben.

Das Kleinsein zieht wie die Einfachheit Gott an: Wenn man ganz klein ist, macht Gott alles.

Wenn man wie ein kleines Kind wird, gelangt man zur Vollkommenheit der Liebe.

In allem klein sein, groß nur durch die Liebe.

Klein sein, ganz klein, und dann Gott lieben, ihn lieben bis zur Verrücktheit, ihn lieben, bis man daran stirbt!

Das Kleinsein ist dem Herzen Jesu sehr angenehm. Es arbeitet im Stillen, auf einfachste und bescheidenste Weise, durch ein ganz übernatürliches und ganz traditionelles Mittel, am universellen Triumph der katholischen Kirche und am Heil der Seelen: Liebe ... Gebet.

Man muss so einfach sein wie Bernadette. Wenn Gott eine noch kleinere, noch schwächere Seele gefunden hätte, hätte er sie wahrscheinlich gewählt ...

Schauen wir die Jungfrau Maria an: Es ist mehr wegen ihrer Demut als wegen ihrer makellosen Reinheit, dass sie Mutter Gottes wurde.

Was ich bin: eine sehr armselige kleine Seele, die den Stempel der Einfachheit trägt. Was ich will: ⌜Lieben und bewirken, dass der liebe Gott geliebt wird⌝¹, und zwar von all jenen, die nicht wie ich das Glück haben, ihn zu lieben.²

Das Kreuz ist immer vor mir aufgerichtet, es ist immer da und wartet auf mich!

Immer der bittere Kelch ... immer das Kreuz! ... oh Christus Jesus!

⌜Der Engel hat mir gesagt, als er mir den Kelch reichte, dass dieser alle Leiden der Schöpfung enthalte und dass er bis zur Neige in mein ganzes Wesen ausgegossen werde.

Kurz danach habe ich eine Erscheinung Jesu gehabt. Ich sah, wie er beladen mit seinem Kreuz durch die Welt lief und nach Seelen suchte, die es mit ihm tragen würden. Aber alle sind geflüchtet, als er sich näherte ... Da habe ich mich von neuem angeboten.

Im gleichen Augenblick hat Jesus mir zu verstehen gegeben, dass diejenigen, die das Kreuz lieben und die es mit Liebe empfangen, keine andere Wohnstatt haben als sein göttliches Herz.

Oh mein Gott, mein Jesus, ich werde deine Geliebte sein ... die Geliebte des Kreuzes!

Oh unendliche Liebe, verwunde mich mit deinen Zügen! Oh mein Jesus, ich biete mich als ununterbrochenes Brandopfer an und als Opfer der Liebe. Ich vereine dieses Opfer mit dem deinen, mit dem Opfer am Kreuz. Ich verpflichte mich dazu, für immer mit dir am Kreuz zu bleiben, immer nur deinen heiligen Willen zu wollen ... Ich bitte dich, oh sanfter Retter,

---

1 „Geistliche Formulierung". Siehe Einf., S. 12 Nr. 2.
2 Nach diesem Abschnitt bleibt im Heft ein Drittel der Seite weiß. Vielleicht gehört der Abschnitt zum vorausgehenden Datum, dem 10. März 1930?

um die Bekehrung der Sünder ... Hier bin ich, zu allem bereit im Hinblick auf ihr Heil und damit ihr Glaube gestärkt werde.

Oh mein Gott, ich bringe dieses Gebet vor dich im Namen deiner Liebe, im Namen deines Herzens, im Namen deiner Passion und deiner geliebten Mutter. Und ihr, vom Blut Jesu losgekaufte Seelen, oh ihr Sünder, kommt zu diesem Herzen, kommt zur Quelle, zum Ozean der Liebe.‹[1]

Oh! Welch schöne Bestimmung hat der Mensch! Gott sehen ... ihn lieben ... ihn loben ... ihn preisen, ihn in Ewigkeit betrachten! ... Mein Herz schmilzt, wenn ich daran denke ...

Ich gehöre Jesus und es ist immer er, der mich opfert, welche Hand er auch immer benutzt. Und wenn dieser sanfte Herr mir neue Leiden schicken will, wenn er neue Kreuze für mich vorbereitet, dann macht er mich schon im Voraus dafür empfänglich durch reichliche Wonnen, durch zahlreiche Gunsterweise. Oft kommt es sogar vor, dass er inmitten langer, eher scheinbarer als wirklicher Verlassenheit sich meiner Seele mit einer solchen Inbrunst, mit einer solchen Macht, mit einer solchen heftigen Aufwallung bemächtigt, dass es mir manchmal scheint, ich würde in Ohnmacht fallen.

Zum Glück dauert das nur einige Augenblicke, aber das kann in jedem Moment passieren. Wenn ich alleine bin, dann bringt mich das nicht so sehr in Verlegenheit, aber wenn jemand bei mir ist, dann zittere ich vor Angst, dass man das bemerkt.

Damit sich das ereignet, reicht es manchmal, einen Blick auf Jesus zu werfen, seinen so süßen Namen auszusprechen oder zu hören, wie jemand ihn ausspricht ... Sogar der bloße Gedanke, das wirkliche Bewusstsein seiner göttlichen Gegenwart in meiner Seele führt sofort dazu, dass ich außer mich gerate.

Nichts, was vom Herrn kommt, versetzt mich noch in Erstaunen oder scheint mir außergewöhnlich, da er ja der Allmächtige ist und ich ihm ganz und gar gehöre und er alles in mir tut. Alles ist also das Werk seiner Liebe und seiner reinen Zärtlichkeit und geschieht nur nach seinem Wunsch und nach seinem Belieben ... und immer unerwartet! Ich habe die Gnaden und die außergewöhnlichen Gunsterweise niemals gesucht noch

---

1 Übernahme von verschiedenen Abschnitten aus DES PLANCHES, *La Passion Renouvelée ou Sainte Véronique Giuliani*, S. 54, 155–156, 76, und Aneignung der Erfahrung. Siehe Einf., S. 12–13 Nr. 5, 3 und 9.

12. März 1930

ersehnt und betrachte sie weder als erworbene Güter noch als Belohnungen (nichts steht uns zu und mir noch weniger als einer anderen), sondern als Folgen seiner göttlichen Nächstenliebe und seiner großen Barmherzigkeit.

So oft habe ich Widerstand geleistet, Widerstand bis zur Qual. Ich fühlte mich der göttlichen Gunsterweise so unwürdig und konnte mir nicht vorstellen, dass das sein könne. Ich wusste überhaupt nicht, dass man anders hören kann als mit den leiblichen Ohren, dass man anders sehen kann als mit den leiblichen Augen, aber jetzt kann ich bestätigen, dass es das geben kann und dass es das gibt. Und das ist so wahr, dass ich es im Blick auf und gegen alle Einwände, die man unter Umständen gegen mich vorbringen könnte, bekräftigen werde, mit einer Überzeugung, die über alles hinausgeht, was man auf menschliche Art sehen und hören kann. Ich könnte wohl noch zweifeln an dem, was ich mit meinen fleischlichen Augen sehe, an dem, was ich mit meinen beiden Ohren höre, aber um nichts in der Welt würde ich an dem zweifeln, was ich zutiefst im Innersten meiner Seele gesehen und vernommen habe. Diese Erfahrung hat mir viele Schrecken, viele Leiden eingebracht. Ich hatte so sehr Angst, einigen geschickten Manövern seitens des Dämons aufzusitzen ... besonders hinterher, denn solange es geschah, konnte nicht der leiseste Zweifel aufkommen, dass das, was sich in meiner Seele ereignete, nicht vom lieben Gott war. Doch ⌈hatte ich so sehr den Eindruck, ein Unmensch zu sein vor ihm ... Mein Widerwille wurde fast unüberwindlich, als es darum ging, die himmlischen Gunsterweise zu enthüllen. Oh! Welchen Schmerz und welche Scham fühle ich dann. Mehrmals sogar habe ich gesagt: Herr Jesus, ich flehe dich an, hör mit allem auf, gewähre mir keine Gnaden mehr. Und jedes Mal glaubte ich dieselbe Antwort zu hören: „Im Gegenteil, ich werde dir mehr als je zuvor gewähren, ich will, dass du ganz mein bist."⌋[1]

Ach! Wie nutzlos sind doch alle unsere Widerstände, unsere Tricks, wenn Gott handeln will! Verzeih mir, oh mein Jesus, dass ich mich so willentlich gegen dich und meine Seele gestellt habe, aber du weißt, dass ich es nur aus Furcht getan habe, aus Achtung vor deiner souveränen Größe, und nicht weil ich an deiner Liebe und an deiner unendlichen Güte gezweifelt hätte.

---

1 Erfahrung einer Aneignung aus DES PLANCHES, *La Passion Renouvelée ou Sainte Véronique Giuliani*, S. 254, glossiert, mit Wechsel der Person. Siehe Einf., S. 12–13, Nr. 3, 7 und 9.

⌐Als ich wieder zu mir gekommen war, fühlte ich eine große Entschlossenheit, allem, was Gott von mir wollte, gerecht zu werden. Kaum hatte ich diesen Entschluss gefasst, fand ich mich in einem Meer von Versuchungen wieder. Fürchterliches Brüllen war zu vernehmen und mir wurden Schläge versetzt. „Schluss jetzt, sagten die Dämonen, oder du wirst dafür bezahlen." – „Im Gegenteil, sagte ich, unter der Anleitung der Heiligsten Jungfrau, meiner Mutter, werde ich mir Mühe geben, alles noch viel besser zu machen." Während ich diese Antwort formulierte, hörten die Schläge auf und der ganze Lärm verstummte.⌐ [1] Wenn wir ausdrücken wollen, was die Anschauung Gottes ist, wenn wir die himmlischen Gnaden und Gunsterweise beschreiben wollen, dann ist das fast unmöglich, dermaßen ist die menschliche Sprache ungeeignet, auch nur etwas von dem, was ganz und gar göttlich ist, wiederzugeben, wenigstes gilt das für mich. Jesus allein kennt die äußerste Gewalt, die ich mir antun musste, um einige Zeilen darüber zu schreiben, und wohl tue ich es noch in so unzureichender Weise. Ich habe den Eindruck, dass ich die Wahrheit entstelle, dass ich sie entweihe. Und doch ist dieses Martyrium nicht zu Ende, da er mir soeben wieder von neuem gesagt hat, dass ich während der ganzen Zeit meines Exils inniger mit ihm vereint sein könne, frei von jeder irdischen Beschäftigung. Als ich diese erneuten Vertraulichkeiten aus dem Herzen Jesu, die mich so demütigen, empfing, habe ich den Entschluss gefasst, mich ganz und gar zu vergessen. Dabei ist mir völlig bewusst, dass ich sein Werkzeug bin, ihm zu eigen und ohne irgendeinen Wert, damit er in mir und aus mir alles machen kann, was ihm gefällt. Mich verlangt nur nach seiner göttlichen Liebe und danach, dass alles seiner größeren Ehre diene.

Oh! Ja, ich bin glücklich, glückselig und von heiligem Stolz erfüllt, dass ich das Kreuz Jesu trage und an allen Leiden der Passion teilhabe.

Es ist eine unendliche Freude, ihm beweisen zu können, wie sehr ich ihn liebe und seinen heiligen Willen wertschätze.

Oh Liebe ... Liebe, wie mächtig du bist, welch große und schöne Dinge du tust und vollbringen lässt! ... Oh mein Gott, wie sehr ich dich liebe!

Oh! Wenn man doch um das Glück, den Frieden, die Ruhe wüsste, welche eine Seele empfindet, die frei geworden ist von allen Bindungen des Fleisches und des Blutes und wenn sie mit Gott allein ist.

---

1   Erfahrung einer Aneignung aus der *Passion Renouvelée*, S. 254–255, glossiert. Siehe Einf., S. 12–13, Nr. 3, 5 und 7.

12. und 13. März 1930

Wenn man wüsste, um wie viel süßer es ist, sich um der Liebe Gottes willen allen untergeordnet zu fühlen, als um des weltlichen Denkens willen auch nur über einem einzigen zu stehen.

Oh Gott der Liebe, wann endlich wirst du nicht mehr der unerkannte Gott sein ... der Gott, den man beleidigt ... der Gott ... der Gott, den man vergisst, sondern der Gott, den alle lieben und dem alle dienen?

Oh Betrübnisse ... oh Schmerzen ... oh Früchte unsterblicher Hoffnungen, brecht über mich herein! Oh göttlicher König des Himmels und der Erde, oh sanfter Herr Jesus, ich überlasse mich deinem heiligen Willen. Mögest du meine Entscheidungen, meine Wünsche, meine Versprechen, meine Gebete, meine Leiden segnen, heiligen. Oh Jesus, verlass mich nicht mehr ... Ich will nur dich ... Ich will alles, was von dir zu mir kommt.

Oh angebeteter Meister, führe und bewahre alle Christen auf dem guten Weg, besonders aber und vor allem die Mitglieder des Klerus, meinen lieben Père[1] und meine geistlichen Brüder[2], alle Ordens- und Diözesanpriester, die Ordensfrauen und die Ordenshäuser, die ich dir in meinem Herzen nenne. Hab Erbarmen mit den armen Sündern, mit den Betrübten, mit den Sterbenden, befrei die Seelen aus dem Fegefeuer.

Schütze, oh mein Gott, die Heilige katholische Kirche, unseren Heiligen Vater, den Papst, unseren Bischof; schütze Frankreich, das dich liebt, bewahre die Diözese und die Pfarrgemeinde vor dem Ansturm der Gottlosigkeit, gib ihr den Glauben zurück, den man ihr wegnimmt ... Gib auch unserem Frankreich den Glauben zurück, schütze seine Grenzen vor den bösen Eindringlingen, schenke ihm den Frieden, bewirke auch Frieden unter allen Nationen.

Amen.

Möge Gott herrschen ... Möge er von allen erkannt und geliebt werden!

↑ 12. März 1930 (Mittwoch)

Durchs Leben gehen wie Jesus und das Gute tun ... und Glück schenken!

↑ 13. März 1930[3] (Donnerstag)

---

1 Gemeint ist ihr geistlicher Begleiter. (Anm. d. Übers.).
2 *Geistliche Brüder*: Es handelt sich um P. Jean und P. Marie-Bernard, die zwei Kapuzinerpatres, die die Mission von 1928 gehalten hatten. Marthe hatte auf die inständige Bitte von P. Marie-Bernard zugestimmt, ihre „geistliche Schwester" zu werden.
3 Der 13. März ist der Geburtstag Marthes.

Ich preise, ich preise Gott für die immer größeren und immer häufigeren Prüfungen. Oh glückselige Segnungen! Die Schmerzen strömen herab wie ein kräftiger Regen. Wie süß wäre es zu sterben! ... aber leiden ist noch viel besser. Leiden bedeutet, Verdienste erwerben, bedeutet geben, bedeutet wachsen! Ich leide viel, das stimmt, aber ich bin so glücklich! Ich fühle in meiner Seele so grausame Schmerzen, aber ich bin so sehr im Frieden.

Göttlicher Jesus, lass mich dich loben ... Lass mich dich durch alle meine Leiden lieben! ... Lass mich, ich flehe dich an, dir danksagen und dich preisen für so unzählige Wohltaten.

Oh meine einzige Liebe, lass nicht zu, dass all das, womit du mich heimsuchst, bekannt wird. Du kannst das, du bist so mächtig, und weil doch meine Leiden das Werk deiner Zärtlichkeit sind.

Mein Geliebter, lass nicht zu, dass ich diesen unendlichen Schatz des Leidens dadurch verliere, dass ich ihn preisgebe. Lass niemals an mir etwas Außergewöhnliches sichtbar werden; nur meine Schmach, mein Elend, meine Niedrigkeit soll allen sichtbar und bekannt sein!

Man soll mich immer als das ansehen, was ich bin, nämlich nichts und noch viel weniger als nichts.

Wie lange das dauert! ... Wie lange mein Exil dauert! Oh glückselige Wohnstatt des himmlischen Jerusalem! Oh guter und geliebter Jesus, wann werde ich endlich auf ewig mit dir in Gott sein?

Aber *fiat*, oh mein Gott, *fiat* und danke. Mit dir will ich bis zum Ende gehen ... bis an meine Grenzen.

Oh Jesus, Jesus, ich liebe dich! Ich bin glücklich in allen meinen Leiden. Alle meine Prüfungen, meine Betrübnisse, meine Mühsale, meinen Kummer, ich opfere das Gott auf und flehe ihn in meiner Liebe an, es nach seinem Belieben zu verwenden zugunsten seiner Priester, damit alles der Fruchtbarkeit ihres Apostolats diene und dazu beitrage, über die Seelen die unendlichen Schätze der Wahrheit, der Gnade und der Barmherzigkeit auszugießen, die im Schoß Gottes verborgen sind.

Möge meine unaufhörliche und vollständige Aufopferung ihnen zu Hilfe kommen, möge es ihnen dienen ... Das ist mein ganzes Gebet und mein größter Wunsch.

Das schwere Kreuz, das mir mein Vater im Himmel geschickt hat, das er in seiner göttlichen Güte gewollt hat, das ich aus seinen geliebten Händen empfangen, mit größter, mit vollkommenster Unterwerfung[1] und aufrichtigster Liebe angenommen habe, soll mir nicht zum Schrecken sein, sondern ein wertvolles Mittel der Heiligung und des Heils. Mögen alle Betrübnisse, die mich zerschlagen und niederdrücken mein Vertrauen in die Allmacht und in die grenzenlose Liebe Gottes, des Vaters, des Sohnes und des Heiligen Geistes durch die Vereinigung mit Maria noch verstärken.

Oh Erlöser Jesus, der du mit mir, in mir lebst! Der du mich durch einen Vertrag der Liebe mit dir vereint, an dich gebunden hast, verlass mich nicht ... entferne dich nicht von mir, denn ich bin so schwach, so klein, und mein Elend ist so groß. Wie schwer es für mich ist, hier unten zu leben, weit weg von dem, den meine Seele liebt ... Aber *fiat*! Der Himmel wird, nachdem er länger ersehnt wurde, nur umso schöner sein. Wie süß die Vorstellung ist, dass wir eines Tages alle dort sein werden, verloren im Herzen Gottes, auf ewig! ... Mein Herz zerfließt, wenn ich daran denke.

Wann also wirst du, oh Jesus, dein armes kleines Opfer der Erde entreißen, damit sie auch dort bei dir sei, wo du bist?

Nicht wegen des Glücks, das man dort genießt, und auch nicht, um glücklicher zu sein, sehne ich mich so sehr danach, in den Himmel zu kommen, sondern um den lieben Gott zu lieben und dazu beizutragen, dass man ihn liebt, um ihn zu lieben und dazu beizutragen, dass man ihn ohne Maß liebt.

Mein Herr und mein Gott! Ich will ... ich akzeptiere ... ich werde den Kelch, den dein heiliger Engel an meine Lippen hält, bis zur Neige austrinken.

Oh Jesus, ich will alles ... ich nehme alles an ... ich unterwerfe mich allem ... ich überlasse mich allen Opfern. Zermalme mich, mach mich zu Asche, verzehre mich in dir ... Ich gehöre dir und nur dir allein.

Oh mein Leben! ... meine Liebe! ... mein Alles! Ich bitte dich inständig, dich meiner zu bedienen wie eines wertlosen Gegenstandes, der nichts kostet! Lass mich deiner Liebe und deiner größeren Ehre nützlich sein.

Mein Gott, mein Gott, ich biete dir den Schatz einer ungeteilten Liebe an!

↑ 15. März 1930 (Samstag)

---

[1] Das Wort ist über einer Radierung geschrieben und schwer zu lesen. Es scheint sich aber um diesen Begriff zu handeln.

Je dunkler, je kälter und eisiger die Nacht ist, je düsterer und höher die Mauer, die mich von Gott trennt, desto reicher die Gnaden, die er in den Seelen ausgießen wird ... desto zahlreicher die Schafe, die reumütig in den Schafstall zurückkehren. Oh Kreuz, süßes Himmelsgeschenk! Du bist meine Freude, mein Schatz, mein Leben! Oh Schmerzen, Brunnen der Gnaden und der Glückseligkeit, wertvolle Gaben meines Jesus, ich liebe euch!

Was ist schlimmer: Niemals die Süßigkeit, die die Gegenwart eines Gutes mit sich bringt, verkostet zu haben oder dass sie einem entzogen wird, nachdem man sie verspürt hat? ... Es ist unmöglich anders zu antworten, als dass die Entbehrung umso schmerzlicher ist, je lebhafter man die Freude zuvor empfunden hat.

Es gibt einen großen Unterschied zwischen den sinnlichen Freuden und den übernatürlichen Freuden.[1] Die ersten, die von jenen, die nie in den Genuss gekommen sind, heftig begehrt werden, ziehen nur äußersten Ekel nach sich. Die zweiten erwecken gar nicht das Verlangen jener, die nicht gewillt sind, sich ihrer würdig zu erweisen. Wenn man sie aber einmal verkostet hat, dann hinterlassen sie einen unstillbaren und überaus süßen Durst.

Von da her komme ich zu dem Schluss, dass der Entzug der göttlichen Tröstungen, das Ausbleiben der spürbaren Gnaden, die Erfahrungen innerer Verlassenheit, die geistlichen Trockenheiten in der privilegierten Seele eine Qual hervorrufen, die sehr viel schwerer zu ertragen ist als alles, was man im gegenwärtigen Leben erleiden kann, sei es dem Wesen, den Auswirkungen, der Ursache nach, sei es im Hinblick auf die Tiefe, die Dauer, das Subjekt und besonders das Objekt.

Steht das Empfinden der Entbehrung im Verhältnis zur Vorzüglichkeit des Objekts, von dem man getrennt ist, welche Leiden müssen dann nicht jene Seelen betrüben, denen diese unsagbaren Tröstungen genommen sind! Getroffen vom göttlichen Willen in einer geheimnisvollen Absicht oder Gerechtigkeit, die ihren höheren Interessen dient, von ihm einer har-

---

1 Die folgenden Abschnitte über das Fehlen der göttlichen Tröstungen scheinen sich an Louis Chardon (1595–1651) anzulehnen. Vgl. LOUIS CHARDON, *La Croix de Jésus. Nouvelle édition, introduction par le R.P.F. Florand*, Paris, Ed. du Cerf 1937, S. 257–260. Möglicherweise hat Marthe diese Seiten durch eine Zeitschrift oder ein frommes Buch gekannt. Siehe auch weiter unten S. 145 Anm. 2.

ten Prüfung ausgeliefert, können sie ausrufen: Wenn mir die Dinge wieder so bald genommen werden sollten, warum wurden sie mir dann gegeben?

Doch ist es so, dass Gott für gewöhnlich durch die Wegnahme der fühlbaren Tröstungen, durch die Nacht des Geistes, die Treue seiner Freunde auf die Probe stellt. Ist es in der Tat nicht notwendig, dass er die Seele, die sich so eifrig seinem Dienst geweiht hat, daran gewöhnt, ihn zu lieben, ihn, und nicht nur die Tröstungen und die Freuden, die er schenkt? ... Ist es nicht notwendig, dass diese Seele, die um die unendliche Vollkommenheit Gottes weiß und die seine gütige Zuwendung in so lebendiger Weise erfahren hat, ihm mehr aus Dankbarkeit als aus Eigeninteresse dient? ... Wohl erwartet er nicht, dass die Seele die herrliche Belohnung, die er denen versprochen hat, die ihm dienen, aus ihrem Denken verbannt, aber er will, dass man ihm um seiner selbst willen dient und nicht wegen der Belohnung. Gott verdient es, dass man ihm dient und ihn liebt, selbst dann, wenn er nichts versprechen würde.

„Ich habe die Myrrhe meiner Passion gepflückt, sagt der Geliebte zu seiner heiligen Braut, mit dem Duft meiner Freude." Um also die Schmerzen seiner Passion noch mehr zu fühlen, wollte Jesus im Triumphzug in die Stadt Jerusalem einziehen, von wo er bald in Schanden wieder wegziehen sollte, um auf dem Kalvarienberg zu sterben.

Nach dem feierlichen Zug, der ihn einige Tage zuvor begleitet hatte, musste seine Passion ihm umso grausamer vorkommen. Und die Schreie des wahnsinnig gewordenen Pöbels: „Weg mit ihm! Kreuzigt ihn!" mussten ihn umso mehr betrüben, als in seinen Ohren noch die Jubelrufe des von Begeisterung ergriffenen Volkes nachklangen: „Hochgelobt sei der da kommt im Namen des Herrn!" Um wie viel schrecklicher musste das Kreuz, um wie viel grausamer mussten die Dornen, um wie viel schändlicher musste die Nacktheit ihm erscheinen, nachdem die Menge in ihrem Rausch Zweige und Blumen vor ihm ausgestreut, ja sich sogar ihrer Kleider entledigt hatte, um sie auf seinen Weg zu werfen.

Die göttliche Liebe ist der sanfte Tyrann jener Seelen, die Gott auf die Nächstenliebe in höchster Vollkommenheit vorbereitet. Diese Liebe dringt für gewöhnlich in sie ein, indem sie sie mit Zärtlichkeiten und mit lieblichen Tröstungen[1] überschüttet. Wenn sie dann endgültig von ihnen Besitz

---

1 *mit lieblichen Tröstungen*: Die Stelle ist ein zweites Mal geschrieben und schwer zu lesen. Es scheint sich aber um diese Formulierung zu handeln.

ergriffen hat, zeigt sie ihnen gegenüber ein anderes Gesicht und eine andere Vorgehensweise, wenn ich mich so ausdrücken darf. Sie unternimmt es, sie in diesem Leben dem gekreuzigten Jesus ähnlich machen, um sie dann im Himmel seinem Leben in Herrlichkeit gleich zu machen. Zuerst bereitet er sie vor, er tröstet sie, dann formt[1] er sie. Er zieht sie an sich, um sie anschließend in den Kampf zu führen und ihnen so die Gelegenheit zu geben, Verdienste zu erwerben und zu triumphieren. Er erlangt ihre Zuneigung durch die Lieblichkeit der Gefühle, mit denen er sie durchdringt, um dann in den schwierigsten, in den schwersten Augenblicken den Beweis ihrer Treue zu ernten.

Ich bilde mir nicht ein, in dieser Unterredung alle Mittel darlegen zu können, die Gott benutzt, um den frommen Seelen, denen er an seinem Kreuz Anteil verleihen will, die geistlichen Tröstungen zu entziehen! Das wäre zu viel verlangt. So wie es dem menschlichen Verstand an Erleuchtung fehlt, um die verschiedenen Vorgehensweisen zu verstehen, deren Gott sich bedient, um seine Gnaden mitzuteilen, so kann er auch nicht all die Mittel begreifen, die er nutzt, um sie wieder zurückzunehmen und sie einzustellen. Zwar können wir uns der Gegenwart der erfahrbaren Gnade wohl bewusst werden, doch können wir nicht wissen, wie sie kommt. Wir spüren, dass wir sie nicht mehr haben, ohne jedoch die Stunde und den Augenblick zu kennen, wo sie uns verlässt. Da wir also die Gegenwart und die Abwesenheit Gottes nur an den Wirkungen erkennen, die die eine wie die andere in der Seele hervorbringen, können die Kreuze, die Gott seinen engsten Freunden schickt, und ihre innere Verlassenheit nur an den Wirkungen der Tröstungen bemessen werden.

Was tun in diesem so traurigen und so trostlosen Zustand? ... Sein normales, frommes und hingegebenes Leben fortsetzen, sich, falls es nötig ist, die Arbeit, das Gebet, das innere Gebet, die Kommunion auferlegen, aber nichts aus eigenem Willen oder aus Überdruss unterlassen. Seine Lippen zwingen, vor Gott die Akte des Glaubens, der Hoffnung, des Bedauerns, der Liebe, des Vertrauens auszusprechen, die zu fühlen das Herz sich scheinbar weigert. Gott wieder und wieder mit der ganzen Kraft seines Willens die so ergreifenden Worte des heiligen Franz von Sales sagen: „Ich will dich wenigstens in diesem Leben lieben, wenn ich schon so unglück-

---

[1] Im Sinne von *auf die Probe stellen*. Vgl. unten S. 141.

lich dran bin, dass ich dich im anderen nicht lieben darf."[1] Außerdem ist das der richtige Zeitpunkt, um sich ganz der göttlichen Barmherzigkeit anzuvertrauen, in der man, wenn schon nicht Tröstung, so doch wenigstens große Erleichterung findet. Und dann und vor allem dem Priester, dem Gott die Sorge um unsere Seele anvertraut hat, blind gehorchen. Damit aber der Schmerz die Seele frei macht, reinigt, zu den höchsten Gipfeln der Liebe erhebt, muss man ihm ein fröhliches Gesicht zeigen, sonst lässt sein harter und bitterer Kuss erstarren anstatt zu beglücken. Und das Geheimnis, die Kraft zum Leiden, findet man nur in den Armen des Kreuzes.

Erst wenn man durch das Eisen und das Feuer der Drangsal gegangen ist, betritt man den Ort der Erfrischung, des Lichts und des Friedens.[2]

Das Himmelreich leidet Gewalt und erst nachdem man durch alle Arten von Drangsalen geformt[3] wurde, gelangt man zur Glückseligkeit, zur Ruhe.

Der Mensch wird geboren, um zu lieben und auch um zu leiden, und von der Wiege bis zum Grab ist das Leben für alle ein mehr oder weniger langer, ein mehr oder weniger grausamer Todeskampf, eine Arena, in der man unermüdlich kämpfen muss, wo man ohne Pause und Ruhe mit dem Schmerz zu kämpfen hat. Lange leben, hat der heilige Augustinus gesagt, bedeutet, eine längere Qual zu ertragen. Und der Heilige Geist fasst in zwei Worten das Leben des Menschen auf Erden zusammen: *Labor et Dolor*[4]... mühsame Arbeit und Schmerz; und er nennt den Grund dafür: Strafe und Sühne. Der Schmerz hat immer die Gerechtigkeit Gottes als Verursacher und die Sünde als Ursache. Vergessen wir trotzdem nicht, dass jede Strafe (außer die letzte) ebenso sehr von der Liebe wie von der Gerechtigkeit des Meisters auferlegt wird. Gott ist immer Vater, besonders dann, wenn er bestraft, und er entscheidet sich nur dann, den Sünder auf ewig verloren gehen zu lassen, wenn er diesen unbeugsam in der Sünde verharren sieht.

Selbst wenn er uns nichts schuldet, hat der Herr immer die äußerste Güte, uns in all unseren Unglücken, in allen unseren Schmerzen Zärtlichkeiten und Tröstungen zu schicken. Wenn man Gott nicht mehr in sich

---

1 Dieses Zitat stammt aus einer Episode im Leben des heiligen Franz von Sales und nicht aus seinen Werken. Vgl. BERNARD SESÉ, *Petite vie de François de Sales*, Paris, Desclée de Brouwer 2005, S. 24.
2 Vgl. das *Memento* für die Verstorbenen im Römischen Kanon.
3 Im Sinne von *auf die Probe stellen*. Vgl. oben S. 140.
4 Vgl. Ps 89,10 (Vulgata).

anbeten und betrachten kann, betrachtet und betet man ihn in der Seele des Nächsten an, man betet ihn an, man liebt ihn in ihm.

Mein einziger Ausweg in meinen Ängsten und in meinen Trostlosigkeiten ist es, mich ohne Vorbehalt in die Hände des lieben Gottes fallen zu lassen, da finde ich immer Frieden und Erleichterung. Ich hoffe, dass, wenn Jesus mich hört, seine Güte mich nicht auf ewig von seinem Angesicht verstoßen wird.

Oh! Herr, bestrafe mich, bestrafe mich auf dieser Erde, aber verstoße mich nicht.

Mein Jesus, lass mich lieber sterben als dich beleidigen!

Oh meine Mutter, komm mir zu Hilfe!

↑ 18. März 1930 (Dienstag)

Heilige Kommunion. Ich war erschöpft, traurig, mutlos, tausendfachen Schicksalsschlägen ausgeliefert. Jesus ist zu mir gekommen, er ist in mich gekommen in einer Liebe, die alles sagt, die auszudrücken ich aber weder weiß noch vermag.

Man muss diese Lieblichkeit, diese Freude der Liebe, verkostet haben, um die damit verbundenen Wonnen zu kennen, und man muss sie vor allem mitten im Schmerz verkostet haben.

Mein Herz war zerrissen, zerbrochen, am Ende. Und nun ist es wiederhergestellt! Jesus hat ihm neuen Eifer vermittelt, neues Leben, eine neue Liebe, einen neuen Mut im Leiden.

Oh heilige Eucharistie! Oh liebliches und göttliches Geheimnis! ... Oh heilige Eucharistie, wahre Liebesglut, du bist meine Wonne und mein Leben!

Ach! Wie sehr möchte ich, wie sehr wollte ich alle Seelen von diesem Feuer entflammt sehen, das mich in so lieblicher Weise verzehrt! Warum sind es so wenige, die kommen, um sich hier zu verzehren, um hier ihren Durst zu stillen?

Mein sanfter Jesus, entziehe deinem kleinen Opfer alle Tröstungen, alle Lieblichkeiten und alle Freuden.

⌐Herr, wandle mir alle Tröstungen der Erde in Bitternis!⌐¹ Aber mache, ich bitte und flehe dich an, dass alle Seelen, die heute mit Liebe zum heiligen Tisch getreten sind und in Zukunft hinzutreten werden, jedes Mal erneuert und verwandelt zurückkommen, demütiger, frömmer, vertrauensvoller, hingebungsvoller gegenüber dem anbetungswürdigen Willen Gottes, und dass sie nach nichts anderem streben, als danach, in der Liebe und in der Vereinigung mit Gott zu wachsen.

Herr, vermehre die Gnade in der Seele der Gerechten und geruhe, den Sündern Vergebung zu gewähren.

Ich bitte dich, gnädig Gnaden des Friedens, der Einheit und der Heiligung in Fülle über alle Oberen unserer Kirche und über die Christgläubigen auszuschütten. Herr, gieße über dein Volk die unendlichen Reichtümer deiner Gnade aus, damit sie von dir die vollkommene Freiheit erhalten und immer mehr auf dem Weg zur ewigen Glückseligkeit voranschreiten.

Heiliger Herr, allmächtiger Vater, ewiger Gott, dir immer und überall Dank zu sagen² durch Jesus Christus, unseren Mittler, unseren Erlöser und unseren Meister: Nichts ist deiner hochherrlichen Majestät würdiger, nichts entspricht mehr der Dankbarkeit, die wir dir schulden, nichts ist unseren geistlichen und sogar unseren zeitlichen Interessen förderlicher.

Oh lieblicher Jesus, strecke uns eine hilfreiche Hand entgegen inmitten so vieler Gefahren, denen wir ausgesetzt sind. Und mache, dass die Kommunion, die ich empfangen habe, mich ganz und gar in eine heiligende Atmosphäre einhülle, meine Seele zuinnerst durchdringe mit dem himmlischen Wohlgeruch deiner göttlichen Tugenden und deiner heiligen Lehre, meine Bewunderung und meine Liebe zu dir entfalte und dazu beitrage, dass ich in der Vertrautheit mit deinem Herzen, oh mein allerliebster Jesus, wachse.

Oh göttliche Maria, erlange bei der anbetungswürdigen Dreifaltigkeit, dass sie gnädig als Wiedergutmachung für so viele Beleidigungen, die ihr zugefügt werden, die Empfindungen der Schmerzen und der Liebe, die mir der Heilige Geist bei all meinen Kommunionen zuteilwerden lässt, akzeptieren wolle.

---

1 Vgl. THOMAS VON KEMPEN, *Die Nachfolge Christi*, 3.26.3; zitiert auch in THÉRÈSE DE L'ENFANT-JÉSUS, HA S. 62 (= Ms A fol. 36v). Siehe Einf., S. 12 Nr. 4 (erbauliche Stütze).
2 Vgl. den Anfang der Präfationen in der Messe.

Ich bitte darum, dass mein Gebet durch dich, gute Mutter, zusammen mit meiner Opfergabe auf den himmlischen Altar vor dem Thron der ewigen Barmherzigkeit gelegt werde.

Oh Jesus, oh meine einzige Liebe[1], wahrer Schatz meiner Seele! Oh Jesus, meine Hoffnung und mein Leben, der du in mir lebst und herrschst, mögest du doch bitte meine wohl armen, aber ganz feurigen Gebete erhören. Dir, Herr, wird dafür alle Ehre gebühren. Amen.

↑ 19. März 1930 (Mittwoch)

Je weniger man redet, desto mehr denkt man ... und umso besser betet man. Je mehr man betet, desto besser liebt man. Je mehr man liebt, umso besser steigt man auf![2]

Überall, in allem und immer preise ich dich, oh mein Gott! ...

Heilige Dreifaltigkeit, nimm diese Opfergabe entgegen, die ich dir jeden Tag unzählige Male erneuere. Ich bringe sie dir dar im Gedenken an die Passion, an die Auferstehung und an die Himmelfahrt unseres Herrn, dann auch zu Ehren der seligen, allzeit jungfräulichen Maria, der seligen Märtyrer und aller anderen Heiligen.[3] Möge diese Opfergabe der Ehre und der Verherrlichung seines heiligen Namens dienen, sowie auch dem, was mir und der heiligen Kirche notwendig ist.[4]

Ich bin immer mehr mit der Passion Christi vereint, mein ganzes Wesen ist im Schmerz versiegelt; doch gießt Jesus seinen Segen in Strömen über mich aus.

Die Liebe Gottes verzehrt mich! Es kommt mir vor, als wäre ich immer mehr angekettet an Gott durch die Liebe. Mein Leben ist ein Kreuz, aber ein Kreuz der Liebe ... ein Kreuz der Wonne, da ja leiden mit Jesus schon nicht mehr leiden ist.

Ich habe all diese Tage so sehr gelitten, dass ich wirklich glaubte, Gott werde mich endlich zu sich rufen und die so ersehnte Stunde sei sehr bald gekommen. Doch bleibe ich noch hier und lebe aus meinem Gott und

---

[1] An dieser Stelle befindet sich ein kleines Kreuz: Zeichen der Verehrung? Oder ein Verweis, aber worauf?
[2] Diese beiden Zeilen, die unmittelbar unter dem Datum stehen, setzen wahrscheinlich den vorangehenden Text bis zum Strich fort.
[3] Vgl. das *Suscipe* in der Messe des Heiligen Pius V.
[4] Vgl. das *Orate fratres* in der Messe des Heiligen Pius V.

verzehre mich für ihn! Ich fühle mich fremd in dieser Welt und so weit weg von Jesus, so weit weg vom Himmel aufgrund des Lebens, das mir belassen ist und das mir die Tür dahin verschließt.

Ich bin zwischen dem Himmel und der Erde gekreuzigt, aber zu meinem Wohl. Immer so viel leiden ... lange noch leiden ist nichts, wenn ich auf diese Weise Seelen, und sei es nur eine einzige, der Hölle entreißen kann.

Alles ist angenehm für mich und wird es sein, wenn nur Gott herrscht und geliebt wird.

Oh guter Jesus, lass nicht zu, dass man sehe, dass bekannt werde, was ich leide, und ganz besonders meine liebe Mutter[1].

Oh mein zärtlicher Freund, lass mich still sein und in dir allein aufgehen im Schweigen und in der Liebe. Sei meine Kraft und mein Vertrauen, oh Jesus, ich gehöre dir! ...

↑ 20. März 1930 (Donnerstag)

Oh! Was für eine Trockenheit seit drei Tagen! Meine Seele ist in ein enges Gefängnis eingesperrt und Jesus lässt mich dort ganz allein ohne irgendeinen Trost, aber mit vielem, das mich furchtbar bekümmert. In einigen seltenen Augenblicken glaube ich zu fühlen, dass er da ist; es kommt mir vor, als stiegen die inneren Gebete, die Gebete, die Leiden, die Mühsale, die ich Gott unablässig darbringe, auf und gelangten bis zu ihm. Aber meistens und beinahe ununterbrochen ist meine Seele in einer solchen Empfindungslosigkeit, in einer so großen Trostlosigkeit, dass ich den Eindruck habe, dass alles, was ich tue und Gott gebe, ohne Früchte auf die Erde zurückfällt, so wie ein Kieselstein zurückfallen würde, den man in die Luft geworfen hätte.

Das ist mühselig und schrecklich und dieser Vergleich ist nichts im Vergleich zur Wirklichkeit ... Denn der Entzug der göttlichen Tröstungen[2], das Ausbleiben der spürbaren Gnaden, die Erfahrungen innerer Verlassenheit, die Trostlosigkeiten im Geist, die geistlichen Trockenheiten rufen in der Seele, die ganz Gott geweiht ist, eine Qual hervor, die sehr viel härter zu ertragen ist als alles, was man in diesem Leben erleiden kann, sei

---

1   Marthe denkt an ihre leibliche Mutter, die sich um sie kümmerte. (Anm. d. Übers.).
2   Dieser Abschnitt über den Entzug der göttlichen Tröstungen ist nahezu identisch mit dem 18. März 1930, S. 138. Es handelt sich offenbar für Marthe um einen wichtigen Bezugstext, den sie P. Louis Chardon entnommen hat. Siehe S. 138 Anm. 1.

es dem Wesen, den Auswirkungen, der Ursache nach, sei es im Hinblick auf die Tiefe, die Dauer, aber besonders auf das Subjekt und das Objekt. Steht das Empfinden der Entbehrung im Verhältnis zur Vorzüglichkeit des Objekts, von dem man getrennt ist, welche Leiden müssen dann nicht jene Seelen betrüben, denen diese unsagbaren Tröstungen genommen sind! Und wenn die göttlichen Tröstungen alle sinnlichen in unvergleichlicher Weise übersteigen, dann muss man sagen, dass ihr Entzug gerade umso härter ist, je üppiger das Ausgießen dieser göttlichen Süßigkeiten war, je erhabener ihre Mitteilung und je tiefer, inniger und mächtiger die Sehnsüchte, die sie hervorgerufen haben.

Oh! Nacht ... dunkle Nacht, wirst du für immer andauern?

Mein Gott, mein Gott, solltest du mich ganz und gar verlassen haben? ... Sollte ich im Hinblick auf das vollkommene Opfer meiner selbst etwas zurückbehalten haben? ... Lieblicher Herr Jesus, ich bitte und flehe dich an, mir die göttliche Freude, dich auf dieser Welt zu lieben, zu belassen; und lasse mir das Glück, es dir zu beweisen und es dir zu sagen. Lass meine armselige Schwachheit sich auf deine Allmacht stützen, sich in deiner mitfühlenden Barmherzigkeit verlieren.

Nichts in meinem Leben hat etwas von einem strahlenden Tag. Was für ein seltsamer und schmerzhafter Wechsel! Mir scheint, dass ich nicht mehr klar sehe; mein Geist, der sich so gerne mit Gott beschäftigte, findet nirgendwo mehr Halt; mein Herz, das für gewöhnlich vor Liebe brannte, fühlt nichts mehr, Überdruss ist an die Stelle der Inbrunst getreten, mit der es nach dem Guten verlangte, Angst an die Stelle der Heiterkeit, jener göttlichen Heiterkeit, die einen ergreift und alles leicht werden lässt. Was auch immer ich sage, was auch immer ich tue, was auch immer ich gebe, scheint mir verloren.

Niemand kann, wenn er nicht durch diese Prüfung gegangen ist, die Angst eines Herzens verstehen, das in die Finsternis und in geistliche Zweifel gestürzt ist und sich nicht daraus lösen kann oder aber, wenn es das vermag, vom geistlichen Begleiter nicht verstanden wird, sei es, weil dieser nicht genügend Erfahrung hat, sei es, weil Gott ihm nicht die notwendige Erleuchtung schenkt, um den traurigen Zustand jener Seele zu erfassen, sei es auch, dass Er sie in der völligen Verlassenheit belassen will. Die Liebe erreicht alles, die Geduld ebenfalls ... und ich habe alles, da ich ja Gott besitze ... da ich ja Gott gehöre!

22. März 1930

Gott wird immer mit mir sein, welche Dunkelheit mich auch immer umgeben mag, und mit Gott werde ich immer sowohl die Kraft haben, um nicht nachzugeben, als auch die Gnade, damit mir diese raue Prüfung Nutzen bringt.

Allerdings, das gebe ich zu, denke ich weder daran, mich zu beklagen, noch den Mut sinken zu lassen, denn man ist meist unglücklich, weil man vergleicht. Ich rechne in allem mit der Hilfe Gottes und ich erwarte im Frieden die Zeit seiner Barmherzigkeit, denn mir scheint, dass er mich nicht mit einer so schrecklichen Prüfung betrüben würde, wenn diese nichts nützen würde, wenn sie nicht zu irgendetwas gut sein sollte.

Mein einziger Trost inmitten so vieler Mühsale ist, dass Gott mir die Gnade gewährt, ihn nicht weniger zu lieben als sonst, und der Gedanke, dass ich, weit davon entfernt, ihn um Befreiung von einer so großen Qual zu bitten, bereit bin, bis ans Ende meines Lebens so viel zu leiden, wenn das sein Belieben ist. Ich bin seine sehr demütige Dienerin, ich überlasse mich ihm also von ganzem Herzen und bitte ihn nur, mir beizustehen, damit ich ihn nicht beleidige.

Oh göttliches Opfer meines Heiles, oh lieblicher Jesus! Wie sollte ich das Wenige nicht ertragen können, wenn ich doch dich, Herr, als Vorbild habe, wenn ich doch dich als Helfer, als Begleiter und als Stütze habe? Oh Herr, der du mir die Arme entgegenstreckst ... und, damit noch nicht zufrieden, mir dein göttliches Herz öffnest, damit ich mich in es hinein schmiege, damit ich mich darin ausruhe, damit ich mich darin verberge und für immer darin lebe.

Mein Gott, handle in mir, wie du es willst; doch werde ich immer, immer meine Hoffnung auf dich setzen.

Ich möchte jenen Seelen, die betrübt sind, wenn sie keinen Trost mehr im inneren Gebet, im Gebet erfahren, sagen können, dass der Wille zum Gebet und die Unterwerfung unter den Willen Gottes ein Akt des Glaubens und ein Liebesbeweis sind, die seinem Herzen sehr zusagen. Das ist der Beginn des Herzensgebets und führt sicher zu den himmlischen Tröstungen, mit denen die göttliche Zärtlichkeit früher oder später jene belohnt, die voller Vertrauen in der Tugend ausharren.

Was für eine allmächtige Waffe ist doch die wahre Liebe des Geschöpfes zu seinem Schöpfer! Oh Jesus, meine Liebe und mein Alles! Erfülle in mir und durch mich dein höchstes Belieben. Ich werde deinem heiligen Willen keinerlei Widerstand entgegensetzen. Oh mein angebeteter

Meister, du hast alles von mir verlangt ... ich gebe dir alles und ohne Vorbehalt.[1]

Von der Wiege bis zum Grab war Maria mit ihrem göttlichen Sohn in dieser Darbringung des Willens an den Willen des Vaters vereint; in einer Darbringung, die konsequenterweise diejenige des Körpers nach sich zieht. Die Ganzhingabe der Seele und des Leibes ist also das höchste Zeugnis der Liebe.

In der Tat, je mehr Unterwerfung und Liebe wir aufbringen, um die Willensbezeugungen des Himmels zu akzeptieren, desto mehr haben wir Anteil an der Vollkommenheit des dreimal heiligen Gottes. Und je mehr unser Opfer mit Ihnen vereint und in Ihnen gewollt wurde, desto mehr versetzt es uns in die Gegenwart der Heiligen Dreifaltigkeit und zieht auf uns die göttlichen Gaben herab. So erhalten wir eine Liebesmacht, die im Verhältnis zu unserer Heiligkeit und zu unserer Großherzigkeit steht.

Die Seele ist also in dieser Darbringung Christus ähnlich und in Vereinigung mit ihm, mystischer Priester und Hostie der Liebe. Sofern sie sich für immer diesem erhabenen Leben weiht, kann sie unablässig der unendlichen Liebe geistliche Opfer darbringen: Hostien des Lobes und der Danksagung, der Opferung und der Anbetung, in einem Wort: das Gold, den Weihrauch und die Myrrhe, die der Gottheit in Einheit mit dem vollkommen Anbeter und Maria, der Mittlerin, dargebracht werden sollen durch diejenigen, die im Geist und in der Wahrheit anbeten und die sich der Vater in ihrer Liebe in besonderer Weise erwählt hat. Durch Jesus und Maria, das heißt, in sich und um sich herum „den Willen des Vaters" zu verwirklichen „wie im Himmel so auf Erden" und die Seelen in diesen kindlichen Gottesdienst hineinzuziehen, der die wahren Kinder Gottes auszeichnet.

Also, ich verpflichte mich voll und ganz und freiwillig, ein solches Leben der Hingabe zu führen und den Willen Gottes zu erfüllen. Mein Gelübde verleiht jenem Akt Dauerhaftigkeit, durch den ich Christus jegliche Freiheit über mich einräume und durch den ich mich verpflichte, alle seine Willensbekundungen zu erfüllen.

Oh mein Gott, welchen Frieden lässt du nicht auf diese vollkommene und vertrauende Hingabe an deine Vatergüte folgen!

---

[1] Vgl. ihren *Akt der Hingabe* von 1925: *Du hast von deinem kleinen Opfer alles verlangt; nimm also und empfange alles.*

Oh mein Jesus, bewahre mich ganz bei dir und für dich ganz allein!

Befreie mich von dieser seltsamen Angst, indem du mich aus dieser dunklen Nacht zurückholst! Lass einen kleinen Lichtstrahl durch die Mauer dringen, die mich umgibt. Du weißt, wie schwach deine kleine Dienerin ist, wenn du sie nicht mehr an dein göttliches Herz hältst, oh mein geliebter Jesus, und wie sehr sie friert, wie sehr sie Angst hat, wenn sie deinen sanften Blick nicht mehr auf sich fühlt.

Doch, oh Jesus, will ich alles, akzeptiere ich alles, opfere ich dir alles zum Ruhme deines heiligen Namens, zur Ehre deiner Passion und für die Bekehrung der Sünder.

Indem er auf den Felsen schlug, ließ Mose das wohltuende und erfrischende Wasser hervorquellen. So lässt auch Gott, indem er uns schlägt, indem er manchmal die Härte unseres Herzens bricht, in uns die köstlichen und wohltuenden Wasser der Gnade hervorquellen.

↑ 22. März 1930 (Samstag)

Einzig und allein dafür leben, um in Jesus zu leben!!! ...

Göttlicher Jesus, ich tue mehr, als dir meine Zeit, mein Herz, meine Seele und meine Gebete zu weihen ... ich gebe dir auch meine Mühsale, meine Leiden.

↑ 23. März 1930 (Sonntag)

Gott ist wirklich sehr gütig, dass er mich mit so viel Liebe heimsucht!

Oh lieblicher Herr Jesus, ich will alles, was du willst, ich will es, wie du es willst, ich will es solange wie du es willst. Ich danke dir für alle Schmerzen, mit denen du mich zu bereichern geruhst. Gib mir noch hundertmal mehr davon, wenn das dein göttliches Belieben ist. Ich werde sie voller Freude annehmen, weil es die süßeste und größte aller meiner Tröstungen ist, deinen heiligen und anbetungswürdigen Willen zu erfüllen.

Die innere Verfassung, zu der mich unser Herr beständig hinzuführen scheint und die allein er von mir zu verlangen scheint, ist es, glücklich zu sein und mich durch ihn glücklich zu fühlen und mich in ihm über alles, was mir geschieht, zu freuen. Oh mein Gott! Oh mein allzu guter Retter, gib mir, bewahre mir allezeit diese Zufriedenheit, diese Hingabe voller Freude und Liebe, damit ich durch sie für immer in dir bleibe.

↑ 24. März 1930 (Montag)

Wie schwer ist es für mich zu wissen, dass die Meinen sich bei der Arbeit abmühen und ich nichts dazu beitragen kann, um ihnen zu helfen.

Ich opfere wenigstens meine Opfer und meine Leiden auf; mögen sie ihnen weniger als natürliche Güter, jedoch als geistliche und göttliche Güter von Nutzen sein.

Oh mein Gott, mögest du durch meine Opfer und meine Leiden alle diejenigen, die ich liebe, segnen! ... Ich möchte es so sehr!

↑ 25. März 1930 (Dienstag)

Gott ist äußerst gut, unendlich weise. Was er will, ist also immer eine Auswirkung seiner Barmherzigkeit und seiner Liebe.

Deshalb ist die volle, umfassende, liebende Annahme aller Prüfungen, aller Unglücke, aller Ereignisse des Lebens der vollkommenste, der heiligste Akt, den das verständige Geschöpf setzen kann. Und Gott hat in seiner großartigen Güte daraus den verdienstvollsten Akt gemacht.

Ich weiß nicht mehr, wer der große Heilige[1] ist, der gesagt hat, dass der Bewohner der heiligen Stadt auf dem Grunde seines Herzens ein beständiges *fiat* und Amen trägt. Er will alle seine Mühsale und verlangt nach keiner der Tröstungen, die ihm die Vorsehung entzogen hat ... Er will nichts anderes als das, was er hat. Seine Speise ist es, mit Jesus, vereint mit Jesus, den Willen des Vaters zu tun, wie auch immer der sei. Gerne rufe ich mir oftmals diesen Gedanken in Erinnerung, ich finde ihn so schön und dem so angemessen, was jeder braucht: Ich bin jetzt, in diesem Augenblick, an dem Platz, an dem der liebe Gott mich haben will, in dem Zustand, in der Lage, in dem Grad der Liebe und Demut, wo er mich von Ewigkeit her haben wollte. Und der Herr gewährt mir Gnaden, die geeignet sind, alle meine Mühsale in Verdienste zu wenden.

Oh! Ja, Gott denkt an mich; er denkt von aller Ewigkeit her an mich. Ich weiß, dass er da ist. Er schaut mich an, er hüllt mich ein in seine Liebe! Seine göttliche Hand legt sich schwer auf mich, das stimmt, aber er gibt mir die Kraft und besonders den Mut, mich nicht nur mit dem Schmerz abzufinden und ihn friedlich anzunehmen, sondern mit Freuden. Es ist möglich, dass ich morgen mehr leide als heute, aber die Gnaden werden meinen neuen Leiden angemessen sein.

---

1 Es handelt sich um Fénelon (Brief 161). Dieser Abschnitt war ihr wahrscheinlich über ein Frömmigkeitsbuch oder eine geistliche Zeitschrift bekannt. Vgl. Einf., S. 3.

Ja, mein Gott, ja, ich bin glücklich, selbst wenn meinen Lippen ein Stöhnen entschlüpft! ... Ich seufze, mein Herz seufzt, aber das sind unaussprechliche Seufzer.

Ich möchte die Leiden, die es Gott in mir zu sehen gefällt, nicht im Geringsten abmildern, nicht einmal um eine Minute abkürzen.

Gott ist mein Meister, ein gütiger Meister, ein weiser und weitblickender Meister, ein mächtiger Meister und voller Liebe! Ihm also überlasse ich mich ganz und gar. Er allein ist mein gegenwärtiges und mein zukünftiges Glück ... Er allein ist alles für mich.

Wenn ich große Schmerzen habe, ist Jesus der Arzt, der mich heilt; wenn ich vom Fieber ausgetrocknet bin, ist er der Brunnen lebendigen Wassers, das mich erfrischt; wenn ich traurig, erschöpft bin, wenn ich zittere, ist er die Kraft, die mich verteidigt; wenn ich fühle, dass ich schwach werde, ist er das Leben, das mich wieder aufrichtet, die Nahrung, die meinen Hunger stillt. Er ist das höchste Gut ... Er ist der Weg, die Wahrheit und das Leben ... Er ist die ewige Liebe.

Lieblicher Herr Jesus, ich erwarte alles von deiner Zärtlichkeit, ich erhoffe alles von deiner Güte!

Diese lange Prüfung, die mich im Zustand der Ohnmacht hält und die mich stöhnen lässt, wird vielleicht die wohltuende Arznei für unbekannte Übel sein, von denen ich selbst nichts weiß. Deshalb bitte ich dich, oh lieblicher Jesus, um einen immer lebendigeren Glauben, eine immer stärkere Überzeugung, eine immer reinere Liebe, einen immer eifrigeren Willen, eine immer vollkommenere Unterwerfung. Möge dein heiliger und anbetungswürdiger Wille mein höchstes Gut sein in Zeit und Ewigkeit. Oh! Ich will ihn ... ich liebe ihn ... ich liebe ihn innig ... ich umarme ihn, diesen heiligen Willen. Armselig, schwach und leidend komme ich zu dir, oh mein Geliebter, ich bleibe bei dir, nahe bei dir, in Gott glücklich, friedvoll und vertrauend ... Und immer fröhlich.

↑ 27. März 1930 (Donnerstag)

Demütig und still vorüberziehen wie die Jungfrau Maria und dabei das Gute tun ... Glück bringen.

Ich kenne jetzt die reinste, die lieblichste Freude, die man kennen kann: diejenige, die man hat, wenn man für die anderen und für deren Glück lebt.

Wie gut ist es, hart gegen sich selbst zu sein, sich kein Selbstmitleid zu erlauben, das enttäuscht, nichts, das schwächt und dem Ergebnis der Prüfung abträglich ist, das darauf abzielt zu stärken, zu erheben, wachsen zu lassen, zu bessern und heiliger werden zu lassen. Deshalb widerstehe ich bis in die kleinsten Dinge hinein wie Durst zu haben, nachts das Licht anzumachen. Man muss es verstehen, sowohl in der Nacht als auch am Tag allein und stark zu bleiben. Ich, die ich die klaren Nächte, die sternenklaren Nächte so sehr liebte ... Aber all das liegt schon so lange zurück.

Dadurch, dass ich die Leiden Jesu Christi bedacht und betrachtet habe, die mit den meinigen nicht verglichen werden können und die er freiwillig aus Liebe zu uns ertragen hat, und seine strahlende, erhabene Liebe am Kreuz, bin ich dahin gelangt, mich mit ihm in einer innigen und beständigen Kommunion zu vereinen.

Ach! Wie habe ich Jesus, nachdem ich ihm meinen immensen Schmerz angeboten und das Opfer allen menschlichen Glücks gebracht hatte, mit Inbrunst gebeten, mich mein Kreuz annehmen zu lassen und dass es für mich zum Unterpfand werde, zur Voraussetzung eines Lebens voller Liebe zu Gott und meinem Nächsten! ... Und Gott hat mich erhört ...

In meinem stillen Gebet heute Morgen habe ich Gott lange gebeten, dass alles, was mir noch an Leben verbleibe, in nützlicher Weise verwendet werden könne. Zunächst einmal kann die Stimmung sich in der ganzen Umgebung im Guten oder im Schlechten widerspiegeln; sodann kann man sein Herz, seine Seele, seine Sympathie verschenken. Eines bleibt immer, das liegt in der Reichweite eines jeden: die Freude der anderen ... Ein bisschen Ruhe, Mut, Hoffnung vermitteln, ein Lächeln hervorrufen, all das ist eine süße Arbeit und man muss nicht auf sein, noch bei Kräften sein, um sie zu tun. Im Gegenteil, nichts ist verständiger als ein großer Schmerz. Dann bleibt noch das Gebet. Die Liste der Segnungen, der Gnaden, die es für alle, die man liebt, zu erbitten gilt, ist so lang! Es gibt so viele arme Herzen, die durch die Schwierigkeiten, die Sorgen und besonders durch die Bitterkeiten des Lebens gebrochen sind, so viele Kranke wie mich, die die gleichen körperlichen und seelischen Qualen durchmachen, so viele Unglückliche, die den lieben Gott nicht kennen und lieben.

Der einzige große Schmerz in mir, den ich nicht besiegen konnte, war, dass ich nichts für all die leidenden Seelen tun konnte, für alle diejenigen, die weit von Gott entfernt leben und nach denen sich mein Herz jeden Tag sehnt. Was kann ich tun für alle, sagte ich mir? ... Und da ist es am

Horizont plötzlich hell geworden: Eine Zunahme an Freude und Frieden ist über mich gekommen, als ich daran dachte, dass ich viel für sie vermag durch das Gebet, indem ich meine Leiden vereint mit den Leiden Christi aufopfere, durch die Ausstrahlung meines Lebens, das ganz Liebe ist, durch die Zufriedenheit, die Freude. Vor mir liegt genug, um die ganze Zeit, die ich nach dem Belieben Gottes in diesem Zustand verbleiben soll, sinnvoll zu nutzen ... Allerdings spüre ich wohl, dass meine Nächstenliebe damit noch nicht zufrieden ist. Wahrscheinlich wird sie es auf Erden niemals ganz sein ... Dieses Bedürfnis, mich aufzuopfern, mich um der anderen willen zu vergessen, ist in mir so groß.

Vor zwei Jahren wünschte ich lebhaft zu sterben, um Gott zu sehen, denn ich hatte die feste Hoffnung auf eine glückselige Ewigkeit.[1]

Jetzt, wo ich fühle, dass ich einen Auftrag zu erfüllen habe, kämpfe ich wild entschlossen mit der Krankheit und opfere dabei im Voraus die Leiden auf, die durch meine Energie und meine Ergebung verlängert werden.

Wie glücklich bin ich bei dem Gedanken, dass mein Leben ein einziges großes Gefüge an Entbehrungen ist und dass ich auf diese Weise meinem geliebten Jesus näher bin! Wie süß ist es mir, Herr, diese privilegierten Tage weiterhin zu verlängern, an denen ich mit all deinen Geschöpfen, besonders mit den Benachteiligten, das Auf und Ab des irdischen Exils teile.

↑ 28. März 1930 (Freitag)

Was tun, um der riesigen < Schuld > an Anerkennung, die ich Gott und der Gesellschaft gegenüber habe, nachzukommen? ... Die Antwort, die mir kommt, ist immer dieselbe: Akzeptiere ergeben, glücklich, alles, was dir an Mühsalen begegnet, und gib als Freude alles, was du von Gott bekommst, an die anderen weiter.

Privilegien reizen mich nicht, ich glaube, dass ich mich wirklich an nichts mehr erfreuen könnte, nachdem ich die reinen Freuden, die mir vertraut sind, kennen gelernt habe und nachdem ich so lange ein Opferleben geführt habe.

Dank Jesus und besonders dank unserer gütigen Mutter, verstehe ich mich immer besser darauf, das, was damit zu tun hat, dass ich krank bin, alles, was mich daran erinnern mag, zu verbergen und die Schmerzen, an

---

[1] Es scheint nicht, dass Marthe hier auf ein bestimmtes Ereignis des Jahres 1928 anspielt. Sie bringt wohl eher ihre damalige geistige Befindlichkeit zum Ausdruck.

denen ich unablässig leide und über die ich nur ganz wenig spreche, zu verschweigen.

Ich will, dass alles um mich herum und in mir Harmonie, heilige Zufriedenheit, Freude und unendliche Herzensgüte ausstrahle.

Zu lernen, in der Krankheit froh gestimmt zu sein, ist nicht weniger notwendig, als zu lernen sich abzufinden.

Immer heiter sein, immer fröhlich, selbst in der Trübsal ... Das ist so gut! Von da her habe ich den Wert eines einladenden Lächelns verstanden, die Wohltat einer Haltung der heiteren Gelassenheit, die Melancholie und Traurigkeit in heilige Zufriedenheit verwandelt.

Liebenswürdigkeit, das ist Nächstenliebe, die sich verschenkt, das ist Langmut, die erträgt, das sind Kraft und Friede, die von einem einzigen Herzen auf das Herz aller überspringen ... Freude, das ist die herrliche Gestimmtheit einer Seele, die auf ihren Gott hin ausgerichtet ist.

↑ 29. März 1930 (Samstag)

Eine Nacht des Wartens, des Rufens zu Jesus! Da ich ihn weder bei mir gefunden habe noch im Gebet, habe ich ihn in den Armen der Heiligsten Jungfrau gesucht und gefunden. Sie hat ihn mir gebracht, nachdem ich ein Gesätz des Rosenkranzes und ein „Gedenke"[1] mit Liebe und frommer Verehrung gesprochen habe.

Ich habe ihn gefunden, heute Morgen, nach einem Akt des Gehorsams, der sein so liebendes Herz erfreut haben muss; dann in der heiligen Messe[2], aber vor allem beim Beten des Kreuzweges ... Und Ruhe, Friede und Freude ist wieder in meiner Seele eingekehrt.

Ich finde ihn übrigens gut, dauernd und überall, den ganzen Tag und die ganze Nacht über: Ich sehe ihn friedlich schlafend, unschuldig und rein, bald in den Armen seiner Heiligen Mutter, bald im Boot des Petrus, bald in seiner Krippe in Bethlehem. Ich sehe ihn auch, wie er mit Maria und dem heiligen Joseph betet oder wie er in der Werkstatt in Nazareth arbeitet ... Meist jedoch und vor allem allein und traurig in Getsemani, auf dem Kalvarienberg und im Allerheiligsten Sakrament seiner Liebe. In den

---

1 Es handelt sich um das „*Gedenke*" des heiligen Bernhard. Dieses Gebet beginnt mit den Worten: *Gedenke, oh gütigste Jungfrau Maria, es ist noch nie gehört worden, dass jemand, der zu dir seine Zuflucht nahm, deinen Beistand anrief und um deine Fürbitte flehte, von dir verlassen worden ist.* ... (Anm. d. Übers.).
2 Zu ihrer Teilnahme an der Messe, siehe S. 312 Anm. 1.

Armen, in den Kranken, in den kleinen Kindern, die ich so sehr liebe; in den armen Sündern, in den Unglücklichen, den Gefangenen, in allen, die arbeiten ... in allen, die um mich herum sind.

In einigen Tagen werde ich ihn in der heiligen Kommunion finden und ich werde ihn bitten, mich nicht mehr zu verlassen, zu machen, dass nichts und niemand mich von ihm ablenken könne und dass alle meine Seufzer Seufzer der Liebe seien. Mein erster Gedanke, mein erster Blick, mein erstes Wort möge ein „Jesus, ich liebe dich!" sein.

Wie lieblich meine Tage und meine Nächte sind, wenn ich auf diese Weise mit Jesus, der höchsten und unendlichen Liebe, vereint bin!

↑ 31. März 1930 (Montag)

Jesus hat mir auf eine ganz geistige Weise zu verstehen gegeben, dass geistliche Trockenheiten, spürbare Gnaden, innere Trostlosigkeiten nicht immer eine Prüfung darstellen, die er so direkt gewollt hat, dass sie auch von einzelnen Bindungen kommen können, von einzelnen geheimen Freundschaften, die sein göttliches Herz verwunden und die ihn daran hindern, mit der Seele eine völlige Vertrautheit einzugehen.

Oh ihr, die ihr leidet und darüber klagt, dass ihr in einer Nacht ohne Sterne lebt, schaut auf den Grund eures Herzens, ob da nicht etwas ist, eine Erinnerung oder eine Zuneigung, die den Platz belegt, den Jesus dort einnehmen soll. Seid großzügig, verjagt all das und lasst Jesus eintreten ... und zwar Jesus ganz allein. Verliert nicht den Mut; eine Seele muss immer durch Prüfungen gehen. Solange euch Jesus nicht fehlt, wird euch nichts fehlen, denn wer Gott hat, hat alles.

Er will sehen, wie weit euer Vertrauen gehen kann, und hält vielleicht große Hilfen für euch bereit. Man muss auch zu ihm sagen: „Ich weiß wohl, dass ich die Schwäche, das Elend in Person bin, deshalb zähle ich auf dich, oh Jesus!"

Immer, wenn der liebe Gott große Opfer von uns verlangt, uns tiefe Betrübnisse schickt, dann weil er gerade dabei ist, für uns im Geheimen große Tröstungen vorzubereiten und ein unermessliches Glück.

Mögen Jesus und Maria für alles gelobt werden! Im Himmel werden wir gekrönt sein mit unseren Betrübnissen hier auf Erden.

Eine Seele voller Licht und Energie sein ... ein Herz voller Demut, Sanftheit und Nächstenliebe ... eine kleine Märtyrerin ... eine Hostie der Liebe ... ein Ruhmeslob!

Im Leiden lieben ... singend aussäen, für die ewige Ernte!
Ein immer bescheidenes Veilchen sein,
.... ein immer reiner Gedanke,
.... ein immer einfaches Gänseblümchen
.... ein Maiglöckchen, Glückszeichen,
.... eine immer ganz weiße Lilie ... Nichts weiter als eine ganz kleine Blume zur Freude Jesu, aber eine kleine Blume, die immer blutet und die sich Tag und Nacht zur Ehre Gottes hingibt und opfert.

Die Blumen an den Altären, die zur Ehre und Verherrlichung Gottes neben dem Tabernakel ihr Leben erschöpfen und ihre Blätter fallen lassen, sind das lebendige Abbild für die geweihte und durch die Hand des Herrn geopferte Seele, die sich um seiner Liebe, um seiner größeren Ehre willen und zum Heil der Seelen erschöpft und verzehrt. Abwechselnd mit ihm auf den leuchtenden Gipfeln des Tabor oder auf dem blutigen Weg zum Kalvarienberg.

Genauso, oh mein Gott, ergeht es mir in jedem Augenblick des Tages und sogar der Nacht, da ich Blumen pflücke, um sie dir zu schenken.

Ich habe ihre Schönheit nicht gesehen, ich habe ihren Duft nicht eingeatmet, ich kenne ihre Zahl nicht. Ich weiß nicht um den Wert der Leiden, der Müdigkeit, der Opfer und der Tränen, welche in meinen Händen zusammenkommen, die sie dir darbringen, die sie dir hinhalten ... Nein, ich weiß es nicht! Aber ich liebe meine Unwissenheit... ich liebe alles, was du willst!

↑ 1. April 1930 (Dienstag)

Ach! Welch geheimnisvollen Trost verbreiten jene göttlichen Worte „*Fiat voluntas tua*", wenn sie, gesprochen von frommen und großherzigen Lippen, aus dem Vaterunser herauskommen, welch paradiesischen Duft, der die am stärksten blutenden Wunden des Herzens lindert und heilt, die gemarterte und geschundene Seele stärkt, sie mit Frieden und Glück durchflutet ... Und sogar inmitten der Schmerzen und Tränen, eine Hoffnung aufkeimen lässt, einen Lichtschein der Ewigkeit.

Gott, unser Vater, der du im Himmel bist wie auch im Herzen aller deiner Kinder, oh unser aller Vater, segne das ärmste, das geringste von allen deinen Kindern! Segne all jene, die es liebt[1] ... segne jedes Geschöpf.

---

1 Wörtlich: *all jene, die sie liebt*. Marthe spricht von sich selber und benutzt deshalb, wie im Französischen möglich, die feminine Form. (Anm. d. Übers.).

3. April 1930

Segne mein Handeln ... Segne meine Mühen ... Segne meine Entscheidungen ... Segne alle meine Absichten ... Segne meine Schmerzen und meine Leiden ... Segne die ihren[1], oh lieblicher Jesus, mein Gott.

Oh zärtlicher und guter Vater, dir habe ich alles überlassen, führe jetzt in mir aus und vollende, was du in so wunderbarer, in so liebevoller Weise begonnen hast.

Ich weiß, dass die Dauer meiner Tage genau und, was besonders wichtig ist, von der Vorsehung gemäß der Länge der Aufgabe, die du mir zugewiesen hast, bemessen ist. Hilf mir, ich flehe dich an, ihr nachzukommen, sie mit immer größerer Liebe, mit immer größerem Eifer, weiter auszuführen, um sie schön zu beenden ... Hilf jedem von uns, sie auf die gleiche Weise zu Ende zu bringen.

Um zu einem guten Ende zu kommen, muss man, das weiß ich, immer alles gut machen! Will man die Hoffnung auf ein heiliges Sterben haben, muss man ein schönes Leben leben wollen! ...

Dazu, Herr, gib uns immer im Überfluss deine Gnade, dein Licht, damit wir erkennen, was du von uns willst.

Gib uns vor allem mehr Eifer, mehr Liebe, mehr Glaube ... auch mehr Verständnis, damit wir in vollkommener Weise tun, was du wünschst, einen größeren Willen, damit wir immer das wollen, was dir am besten gefällt, und mehr Vertrauen, mehr Eifer, um uns zu schützen in allen unseren Schwächen ... und nichts sonst, außer dem Durchhaltevermögen, damit wir unsere Pflichten bis zum höchsten Gipfel der Vollkommenheit erfüllen.

Das ganze volle Maß von mir selbst geben: meine Pflichten, meine Freuden, meine Leiden, meine Mühen, meine Tröstungen, meine Ermutigungen, meine Erkenntnisse ... all meine Nächstenliebe, meine ganze Liebe, meine ganze Seele, die sich zärtlich über jedes Geschöpf neigt, ungeachtet seines Zustands, seines Lebens, seiner Sünden und seiner Tugenden.

Ja, geben wir, geben wir uns ohne Unterlass; und geben wir unser ganzes Herz, unsere ganze Seele, all unsere Kräfte, all unser Blut, unser ganzes Leben, ohne wissen zu wollen, ohne uns Gedanken zu machen, was man über uns denkt und sagt. Unsere Pflicht ganz erfüllen: alles, was gerecht, tugendhaft und rein ist ... alles was liebenswert, lobenswert und

---

1 Bezieht sich auf *all jene, die sie liebt* (voriger Abschnitt).

vollkommen ist, vereint mit Jesus und Maria, unserer so gütigen Mutter, in der einzigen Absicht, dem lieben Gott zu gefallen, der uns liebt, der uns sieht, uns stärkt, uns ermutigt, uns zulächelt für jede kleine Anstrengung, für jeden kleinen Sieg, den wir erringen, und der uns im Himmel dafür mit der Freude eines ewigen Angesichtigwerdens[1] belohnen wird, ganz wie er uns für alle unsere Schmerzen trösten wird, die wir für ihn ertragen haben.

Oh sanfter Herr Jesus, der du dein Herz allen öffnest, ganz besonders aber den Betrübten, damit sie ihre Not dort verbergen können, hab Erbarmen mit uns ...

Oh Jesus, ich gebe dir mein Herz, mach, dass es immer ganz dein ist!

Ach! Was für ein süßes und tröstliches Gebet, das zu Gott aufsteigt! Gebet der Liebe, der Nächstenliebe, des Vertrauens; Gebet, das gehört, verstanden, gesegnet, erhört wird, weil es ihn erfreut, weil es ihn ehrt und verherrlicht.

Beten, sagt der heilige Ambrosius, bedeutet, den lieben Gott zu atmen! Bedeutet, sein ganzes Herz, seine ganze Seele, seinen ganzen Willen, seinen ganzen Geist, alle seine Gedanken, alle seine Bestrebungen, alle seine Neigungen, alle seine Wünsche in die Hände Gottes zu legen.

Beten wir also und ganz fest ... Bitten wir viel die Jungfrau Maria und sie wird Erbarmen mit uns haben.

Beten wir für uns, für unsere Angehörigen, für alle, die wir lieben; beten wir für die Beständigkeit der Gläubigen, für die Heiligung der Gerechten, für die Betrübten, für die Kranken, für alle armen Sünder. Beten wir auch für die teuren Seelen im Fegefeuer, falten wir die Hände, um für sie zu flehen, und Gott wird die seinen ausstrecken, um ihnen zu geben, und jene teuren Seelen werden die ihren öffnen, um zu empfangen.

Beten wir, beten wir für Frankreich, für die streitende Kirche und für die leidende Kirche, die unaufhörlich mit der triumphierenden Kirche vereint ist.

Das Gebet ist eine geheimnisvolle Leuchte, die kraft ihrer hellen und reinen Flamme uns allen den Weg zur Pflicht zeigt und uns den göttlichen Mut gibt, um sie zu erfüllen.

---

[1] Wörtlich: *eines ewigen von Angesicht zu Angesicht*. Vgl. 1 Kor 13,12.

Wer wird sagen können, was das Gebet an Wahrheit, Frieden, Kraft, Trost, Hoffnung in eine Seele bringen und dort ausbreiten kann? Es ist nicht nur Licht, es ist auch Wärme, es ist Leben.

Es ist Duft, der bezaubert, Frische, die fasziniert, Geliebter, der anzieht, Gnade, die berauscht, Süße, die entzückt.

Ist die Seele traurig, dann richtet es sie auf; schläft sie, weckt es sie auf; ist sie fröhlich, hält es sie im Zaum; befindet sie sich in der Finsternis, ist es der göttliche Strahl, der sanft auf sie herabfällt und sie in Gott entzückt.

Beten wir immer vereint mit Jesus und durch Jesus, wenn wir seelisch oder in anderer Weise leiden ... beten wir, wie Jesus betete. Vereinen wir unsere schwachen Stimmen mit der seinen allmächtigen und göttlichen, bitten wir ihn, dass er dem Vater, unserem Vater, unterbreite, was er hören, uns geben, uns gewähren möge.

Mein Gott, dein heiliger und anbetungswürdiger Wille geschehe wie im Himmel so auf Erden, er verwirkliche sich besonders in meiner Seele! ...

Wenn Jesus unser Mittler ist ... wenn wir beten, wenn wir mit ihm und durch ihn flehen ... Wenn wir eins sind nur mit ihm, dann können wir wie ein Kind zu Gott sagen: „Oh Vater ... oh unser himmlischer Vater, nicht mehr ich bete, sondern Jesus Christus, dein göttlicher Sohn, betet in mir."

Oh! Wie doch Jesus viel besser als wir alle das tut, was wir zu tun haben![1] Wir müssen uns nur demütig und nichtig vor ihm halten und im Voraus allem zustimmen, was er wollen wird.

Wenn es darum geht zu lieben, wird Jesus in uns und für uns lieben ... Wenn es darum geht zu beten, anzubeten, zu verherrlichen, wird Jesus beten, anbeten, Gott, seinen Vater, verherrlichen, und das viel besser als wir es könnten.

Oh Jesus, da du ja meine Seele, mein Leben und mein Alles bist, mache doch alles in mir und für mich.

⌈Oh ewiges Wort, Wort meines Gottes, ich will jeden meiner Tage damit verbringen, dich zu lieben, dir zu gehorchen.⌉[2] Und da für dich allein

---

1 Aufgrund nicht eindeutiger Schreibung im Heft ist auch die folgende Lesart möglich: *Wie doch Jesus alles, was wir zu tun haben, viel besser macht.*
2 Der Ausdruck erinnert an das Gebet Elisabeths von der Dreifaltigkeit. Siehe dazu S. 45 Anm. 2.

der Gehorsam zählt, ist also derjenige der Größte unter allen, der am besten macht, was er tun soll, und der es mit mehr Liebe tut.

Groß ist nicht diese oder jene Tat, sondern alles, was Gott will. Alle Wünsche Gottes sind groß, außerhalb davon ist alles nichts.

Ich vollbringe immer etwas Großes, wenn ich etwas ausführe, das Gott gewollt hat und weil Gott es will.

Unser Leben ist also in Wirklichkeit nicht das, was es zu sein scheint, sondern vielmehr das, zu dem wir es machen.

Was wie eine glorreiche Existenz aussieht, ist oftmals nur Schall und Rauch und manchmal sogar noch schlimmer. Jene andere ohne Glanz, ohne Auffälliges aus der Sicht der Menschen ist in den Augen Gottes eine strahlende Schönheit.

Was mich in dieser Praxis der gehorchenden Liebe sehr bestätigt hat, ist ein Einblick, den Gott mir geschenkt hat, in das Wohlgefallen und die unendliche Freude, die er, der ewige Vater, hat, wenn er sieht, dass seine ganze äußere und innere Herrlichkeit in seinem Sohn vereinigt ist, denn er sieht in ihm seine ganze göttliche Größe. Ebenso sieht er in ihm seine ganze äußere Herrlichkeit und nichts gefällt ihm besser als die Person seines Sohnes; oder wenn etwas anderes ihm gefällt, dann ist es nur durch ihn.

In seiner Ewigkeit sieht er alle Geheimnisse seines irdischen Lebens, die ihm Wonne bereiten, weil er in ihnen die Fülle seiner göttlichen Vollkommenheiten findet.

Seine Gerechtigkeit ist in ihnen voll und ganz zufrieden gestellt ... Seine Barmherzigkeit erstrahlt in ihnen in bewundernswerter Weise ... Seine Liebe scheint in ihnen wunderbar auf, ebenso wie seine Weisheit, seine Güte, seine Macht und schließlich seine ganze hoheitliche Größe. Und da Jesus seinem Wesen und seinem göttlichen Leben nach das vollkommene Abbild seines Vaters ist und sich selbst im Vater sieht, liebt er sich und freut sich über seine unendliche Schönheit. Er ist auch ein makelloses Bild, in dem alle Vollkommenheiten der Göttlichkeit aufstrahlen gemäß den Geheimissen seines sterblichen Lebens. Der ewige Vater, der sie in ihm sieht, findet Gefallen daran und freut sich darüber unendlich, so dass, da ihn in seinem Inneren nichts zufrieden stellt als der Anblick seines einzigen Sohnes, ihn auch im Äußeren nichts zufrieden stellt als der Anblick eben dieses Sohnes. Wenn also Gott etwas, das wir tun, gefällt, dann nicht, weil die Handlung von uns kommt, sondern weil wir mit den verschiedenen Handlungen Jesu im Hinblick auf seinen Gott, seinen Vater, verbunden sind, so dass wir, versunken in ihm und vereint mit seinem hoheitlichen Handeln gegenüber der Gottheit, gewissermaßen ein Ebenbild[1] sind. Wir tun, was er tut, auf eine unaussprechliche Weise, die wir auch nicht verstehen können, denn die Erhabenheit seiner Größe ist unbegreiflich. Eher muss man sie anbeten als betrachten und geduldig auf den großen Tag der Ewigkeit warten, um sie zu verstehen. Doch müssen wir alle uns intensiv um die Nachahmung der Tugenden und Anlagen Jesu Christi bemühen, damit er in uns lebe.

Deshalb kommt dieser liebenswerte und sanfte Retter durch die Gnade und durch die heilige Kommunion in uns hinein, damit wir aus seinem Leben leben und ihn ungehindert in uns all das bewirken lassen, was er will.

Oh lieblicher Jesus, warum kommst du so oft mit deinem Leben in mich, wenn nicht, um dort ganz allein zu leben? Wann also werde ich das unsagbare Glück haben, dass ich mich in einem Zustand befinde, der dem deinen gleicht, damit ich kein anderes Leben mehr in mir habe als das deine, oh mein Jesus, mein Gott.

Es ist mein ganzes Ideal, mich in Gott zu verlieren und zu verbergen, mich im göttlichen Denken auszuruhen, damit der Vater und der Sohn kraft des Geistes in meiner Seele ganz frei seien.

So hat es mich die Jungfrau Maria gelehrt, sie, die immer mehr zu meiner Mutter und meiner allmächtigen Mittlerin wird.

Mein Gott, da bin ich, ich überlasse mich dir, deinem göttlichen und himmlischen Belieben, um, vereint mit Jesus, deinem göttlichen Sohn, und Maria, der Unbefleckten, meiner innig geliebten Mutter, in allem all das zu vollbringen, was deinem Herzen gefallen mag, weil ich dich liebe. Und weil ich dich mehr als alles liebe und um dir die Aufrichtigkeit meiner Liebe zu beweisen, unterstelle ich mein ganzes Wesen deinem Willen, wie er auch sein mag. Ich bitte dich, oh Gott, mögest du gütig wollen, dass dieses Opfer in allen Punkten gesegnet, zugelassen und angenommen sei[2], möge es, durch meine Vereinigung mit Christus ins Übernatürliche erhoben, dir angenehm sein, indem es zu meinem Nutzen und zum

---

1 Wörtlich: *ein anderer Er-selbst*.
2 Vgl. den römischen Messkanon.

Nutzen deines ganzen Volkes in den Leib und das Blut deines geliebten Sohnes umgewandelt wird.[1]

Oh gütigste und barmherzigste Jungfrau Maria, mögest du doch bitte die Gebete derer, die sich an dich wenden, erhören und mögest du doch bitte denen, die ein demütiges Bekenntnis ablegen, die Vergebung und den Nachlass der Sünden erwirken, damit sie, wenn sie durch dich die Vergebung ihrer Fehler empfangen, die Annehmlichkeiten des wahren Friedens Christi verkosten.

↑ 3. April 1930 (Donnerstag)

Wenn man mich fragen würde: „Was ist besser, das innere Gebet oder die heilige Kommunion?" ... Beides ist lebhaft zu empfehlen. Aber wenn ein Vorzug gegeben werden soll, dann würde ich, so glaube ich, antworten: das innere Gebet, denn das innere Gebet ist eine Vorkehrung und eine unmittelbare Vorbereitung auf die heilige Kommunion.

„Der Mensch soll sich selbst prüfen, bevor er von diesem Brot isst und diesen Kelch trinkt." Wie nun aber sich selbst beobachten, sich kennenlernen, sich der Treue seiner Liebe versichern, wenn nicht durch das innere Gebet?

Das innere Gebet bereitet die Seele auf die heilige Kommunion vor; es ist die Frucht einer guten Kommunion.

Eine Kommunion ohne Vorbereitung und ohne Danksagung, beides geschieht in der Sammlung des inneren Gebets, ist von recht geringem Nutzen für die Seele ... „Denkt oft an euer Ende, sagt der Heilige Geist, und ihr werdet niemals in die Sünde fallen."[2] Und ein weiteres Gebot: „Bei allem, was du tust, denk an dein Ende."[3]

Die häufige Kommunion ist ein Rat, das innere Gebet ist ein göttliches Gebot: „Betet, betet ohne Unterlass." Nun aber ist es schwierig, gut zu beten und ohne Unterlass zu beten, wenn das Herz sich nicht mit guten und heiligen Gedanken füllt, den Früchten der Meditation.

Es fällt schwerer, das innere Gebet zu pflegen, als zur Kommunion zu gehen. Die Kommunion ist ein äußerlicher Akt, der in sich selbst eine Annehmlichkeit ist, eine Tröstung, eine Freude für die Seele ... Das innere

---

1 Vgl. das *Orate fratres* im römischen Kanon.
2 Vgl. Sirach 7,36.
3 Vgl. ebd.

Gebet dagegen, das ein geheimes Gespräch zwischen Gott und der Seele ist, ist, besonders in den Anfängen, eine Unterwerfung und eine Mühe ... Es erfordert sehr viel mehr Anstrengung ...

Es kann übrigens vorkommen, dass die sakramentale Kommunion über einen sehr langen Zeitraum nicht möglich ist wegen verschiedener Gebrechen, die Gott seinem Geschöpf schickt, um es zu prüfen. Und diese Entbehrung behindert, wenn sie nicht von uns abhängt, die Heiligkeit nicht. Und das innere Gebet, währenddessen die geistige Kommunion stattfinden kann und muss, ist immer möglich und sei es nur einige Minuten.

Die Kommunion setzt nicht immer die Tugend voraus: Man kann kommunizieren und am Leib und am Blut unseres Herrn schuldig werden. Das tägliche innere Gebet will nicht besagen, dass man tugendhaft ist, doch ist es ein Beweis dafür, dass man ernsthaft daran arbeitet, es zu werden.

Jemand hat gesagt: „Man findet Christen, die jeden Tag kommunizieren und sich im Zustand der Todsünde befinden, Christen, die großzügige Almosen geben und sich im Zustand der Todsünde befinden, Christen, die sich in vieler Weise abtöten und sich im Zustand der Todsünde befinden; niemals aber findet man eine Seele, die täglich das innere Gebet pflegt und die in der Sünde verbleibt."

Möge mein geistlicher Begleiter, wenn er diese Zeilen liest, meine Absichten nicht missverstehen und darin nicht ein Nachlassen in dem eifrigen Bemühen und dem Verlangen meiner Seele nach der heiligen Kommunion erblicken. Ich wollte nur sagen, in welchem Irrtum sich manche Seelen befinden, die sehr besorgt sind wegen einer Kommunion, die sie nicht empfangen konnten, und die sich keine Gedanken machen wegen eines inneren Gebets, das sie hätten beten können und das sie absichtlich abgekürzt oder versäumt haben, und die drängend und aufdringlich danach verlangen, eine Kommunion nachzuholen, und die sich keine Mühe geben, ein inneres Gebet nachzuholen, obwohl sie es leicht könnten.

Oh! Wir, die wir um die Gabe Gottes wissen und seine Absichten für uns kennen, machen wir es uns zur Pflicht, niemals absichtlich das innere Gebet zu unterlassen, es nachzuholen, wenn wir es entweder abkürzen oder lassen mussten. Behalten wir dabei im Gedächtnis, dass, ganz wie im Falle der Kommunion, das Vernachlässigen des inneren Gebets eine Lücke hinterlässt im Tag einer Seele, die ganz Gott geweiht ist.[1]

---

1 An dieser Stelle wurde das Datum vom 4. April ausradiert und der Text fortgesetzt.

Ein sehr großer Heiliger hat sehr weise darauf aufmerksam gemacht, dass es wichtig ist, immer die Überlegung[1] dem Handeln vorausgehen zu lassen. Mit anderen Worten: Die Handlungen des kontemplativen Lebens müssen denen des aktiven Lebens vorausgehen und sogar weise in sie eingestreut werden und zwar deshalb, weil, wenn es auch möglich ist, ohne vollkommene Kontemplation in den Himmel zu kommen, man doch kaum mit Freude auf dem Weg des Heils wandeln noch mutig das Joch des Herrn tragen kann ohne eine Art der Kontemplation.

Die Kirchenväter haben das gut verstanden und deshalb wollen sie, dass das innere Gebet am Beginn des Tages stattfinde, bevor jeder Einzelne den Beschäftigungen, die mit seinen Aufgaben verbunden sind, nachgeht.

Eine weise, eine sehr weise Maßnahme!

Nicht weniger weise, diejenige, die den ganzen Tag über die frommen Übungen aussät! Das ist Maria, die Marta zu Hilfe kommt.

Nein, wer die ewigen Wahrheiten nicht betrachtet, kann, ohne ein Wunder, nicht als vollkommener Christ leben. Es ist in der Tat sehr schwierig, der Versuchung zu widerstehen ohne die Meditation, die ein Feingefühl für das Heilige vermittelt, und so etwas wie ein Gespür für das Übernatürliche.

Die ganze Erde ist trostlos, weil niemand nachdenkt!!! ...

↑ 4. April 1930 (Freitag)

[Undatierter Text über die Meditation]

⌜Die Meditation oder das innere Gebet ist ein vertrauter freundschaftlicher Umgang, in dem die Seele sich von Angesicht zu Angesicht mit Gott unterhält⌝,[2] um vor ihm ihre Pflicht der Liebe, der Anbetung, des Lobpreises zu erfüllen, um ihm ihre Bedürfnisse zu sagen, um zu seiner Ehre besser, heiliger zu werden.

Ich habe soeben gesagt, dass die Meditation ein vertrauter freundschaftlicher Umgang mit Gott ist. Diese Worte enthüllen uns die Größe, die Vorzüglichkeit des inneren Gebets.

Das innere Gebet ist himmlisches Leben! Im Himmel leben die Engel und die Heiligen in einem vertrauten freundschaftlichen Umgang mit Gott. Sie sehen Gott, sie lieben ihn, sie werden nicht müde, ihn zu sehen,

---

[1] Das Wort (*réflexion*) ist auf einer radierten Stelle geschrieben und schwer zu lesen.
[2] „Geistliche Formulierung". Siehe Einf., S. 12 Nr. 2.

ihn zu lieben und ihm ihre Liebe auszudrücken ... Sie befinden sich in einem andauernden inneren Gebet.

Auf Erden nimmt die Seele an diesem Leben des Himmels teil, wenn sie das innere Gebet pflegt. In gewisser Weise gibt es nur Gott und sie auf der Welt. Für einige Augenblicke wenigstens vergisst die Seele alle geschaffenen Wesen und Gott genügt ihr völlig ... Das ist ihr Erlernen des ewigen Lebens.

In seiner barmherzigen Herablassung ist Gott immer bereit, uns anzunehmen. Es reicht, ihm zu sagen: „Mein Gott", und er ist da, er hört uns zu.

Oh! Ist es nicht wahr, dass Gott sehr gut ist und dass er uns wirklich liebt? ... Wie könnte man in seiner Gegenwart nicht glücklich sein? Wie könnte man nicht überwältigt sein, dass man so leicht Zugang hat zu ihm, und wie würde man sich nicht beeilen, sich ihm zu schenken durch einen Akt glühendster, aufrichtigster, großherzigster Liebe?

Verstehen wir gut den Sinn und die Tragweite dieser Worte: Das innere Gebet ist ein vertrauter Umgang mit Gott; es ist ein Kind, das mit seinem Vater spricht, eine Gattin mit ihrem Gatten, eine Freundin mit ihrem Freund, eine geliebte, aus Liebe geschaffene Kreatur mit ihrem einzig und aufs äußerste geliebten Schöpfer.

Die Meditation zielt darauf ab, vor Gott unsere Pflicht zu tun. Und die erste Pflicht, die wir Gott schulden, ist die Anbetung. Ist es nicht richtig, dass wir, wenn wir uns Gott nähern, ihn mit den Titeln grüßen, die er uns gerne bekannt machen wollte? Er ist unser Licht, unser Trost, unsere Kraft, unser Halt, unser Beschützer, unsere Nahrung, unser Leben.

Würden wir nur jeden dieser Titel langsam und respektvoll wiederholen und dabei jedes Mal hinzufügen: „Hab Erbarmen mit uns", dann wäre das etwas sehr Frommes, sehr Liebliches, sehr Nützliches für uns.

Die zweite Pflicht, die wir Gott schulden, ist das Lob. Ist es nicht auch richtig, dass wir Gott loben, wenn wir uns ihm nähern? ...

Er ist höchste Schönheit, höchste Weisheit, höchste Heiligkeit! Er ist Barmherzigkeit, die sich niemals erschöpft ... Güte, die nicht nachlässt ... Er ist unermesslich, er ist überall, er sieht alles, er hört alles, er kennt alles! ... Er ist der ewig Unendliche ... Er ist die ewige Liebe!

Und würden wir ihm nur sagen: „Oh Gott, wir loben dich! ... Oh Gott, wir lieben dich ... wir preisen dich ... wir sagen dir Dank!", wäre darin nicht etwas sehr Tugendhaftes, sehr Großherziges, sehr Liebendes?

Die dritte Pflicht vor Gott ist die Dankbarkeit! Ist es nicht auch richtig, dass wir Gott danken, wenn wir uns ihm nähern?

Was für Gnaden in unserem Leben: die Gnade der heiligen Taufe, die Gnade der christlichen Erziehung, der Erstkommunion, der Umkehr, der Berufung, der Ausdauer. Die Gnaden des Verstandes, des Herzens, der Seele, des Geistes, des Körpers ... Gnaden für diejenigen, die uns teuer sind, für unsere Angehörigen, für alle.

Würden wir nach der Aufzählung all dieser Gnaden – und jeder hat seine ganz speziellen – nur wiederholen: „Danke, mein Gott!", dann läge darin etwas sehr Schönes, sehr Großes, sehr Heiliges!

Die vierte Pflicht vor Gott ist die Hingabe unserer selbst! Es ist ganz richtig, dass wir, wenn wir uns Gott nähern, uns daran erinnern, dass wir uns ihm durch Gelübde in ganz spezieller Weise geschenkt und geweiht haben, als wir gekommen sind, um uns ihm zur Verfügung zu stellen, damit er alles mit uns tue, was ihm gefällt.

Er ist mein Meister, also hat er das Recht, mich zu dem zu benutzen, was er will, in der Art und Weise, wie er will und solange er will.

Er führt mich, also hat er das Recht, mich hinzuführen, wohin es ihm gefällt.

Er ist mein Leiter, also hat er das Recht, alles von mir zu fordern.

Er ist mein Vater, mein Freund, mein Bruder ... Er ist mein Gott, also kann er mir nach Belieben alles geben und alles verweigern.

Wir sind seine Dienerinnen[1] und auch sein Opfer; ich gehöre ihm also in allem.

Die Meditation zielt darauf ab, Gott unsere Bedürfnisse darzulegen! Sie zielt darauf ab, uns zu helfen, dass wir zu seiner Ehre besser, heiliger werden. Und das ist genau das, was sich jeder Christ vornehmen muss!

Wirkungen der Meditation

Gerade in der Arbeit und in der Ruhe der Meditation entstehen und ereignen sich die großen Dinge, die von der Perfektion der Seele und der Herrlichkeit Gottes abhängen.

---

1   Zum femininen Plural, vgl. S. 182 Anm. 2.

Wirkungen der Meditation 167

Gerade im inneren Gebet, in jenen vertrauten und täglichen Gesprächen mit dem, den sie erwählt hat, um ihn als Einzigen zu lieben, empfängt die Seele jene himmlischen Erleuchtungen, die ihr so vieles enthüllen, was die Welt nicht weiß. Da lernt sie, was Gott ist, was ihm zusteht, wie man ihm dienen und ihn lieben soll und was, im Hinblick auf die Ewigkeit, die Freuden, die Ehren, die Vergnügungen der Erde wert sind.

Da ereignen sich die großen und kleinen Opfer; da findet man den Mut, der sie vollbringt und den Glauben, der sie beseelt. Da vergießt man heilige Tränen, da sühnt man seine Fehler dadurch, dass man viel liebt.

Da bewegt man auch das Herz Gottes, man berührt es und entreißt ihm Worte der Vergebung und der Barmherzigkeit.

Da wird der Geist der Nächstenliebe mit seinen großartigen Unternehmungen, seinem Eifer, seinem Ausmaß, seinen Wundern befruchtet und genährt. Jedes Werk, das man nicht im inneren Gebet hat reifen lassen, ist ein unfruchtbares Werk oder ein Werk, das keine Fortsetzung findet.

Da findet man für alle guten Werke und für das Heil der Seelen Geheimnisse und eine Kraft, die durch alle Wissenschaft der Welt und alle Geistesmacht niemals ersetzt werden könnten.

Da schließlich und besonders da lernt die Seele sich kennen und sich verachten, da bemerkt sie, verborgen auf dem Grund ihres Wesens, eine Menge kaum wahrnehmbarer und doch so gefährlicher Fehler und eine große Zahl unvollkommener Absichten; da erkennt sie die Tricks und Niedrigkeiten ihrer Leidenschaften, die sich unter dem Anschein von Tugenden versteckten; da holt sie sich die Kraft, um zu kämpfen, die Mäßigung, die heilige Entsagung von sich selbst, die Geduld und die Freude in den Prüfungen und die Mittel, um in den Versuchungen zu siegen! ...

⌜Denn ich habe die Gewissheit, dass der Herr eine Seele, sobald sie dem inneren Gebet treu bleibt, letztendlich in den Hafen des ewigen Heils führen wird, in welche Sünden auch immer der Dämon sie stürzen lassen mag."⌝[1]

Sorgen wir uns indessen nicht über die Maßen über die Dauer und die Vielzahl der Akte, die wir hervorbringen.

Wenn ein einziger in der Verbindung mit Gott hält, ist es nicht nötig, andere hervorzubringen. Besser ist es, wieder anzufangen, falls nötig, und

---

[1] „Geistliche Formulierung". Siehe Einf., S. 12 Nr. 2.

sich besonders vor den für kontemplative Seelen immer so fatalen Illusionen in Acht zu nehmen.

Die Illusion hinsichtlich des inneren Gebets ist eine der verhängnisvollsten, die es gibt. Sie verleitet zum Stolz, zur Missachtung der Disziplin, zum Eigensinn, zum Ungehorsam, zum Irrtum.

Lassen wir also nicht aus eigenem Antrieb ab von der einfachsten, von der am weitesten verbreiteten Methode; ziehen wir immer diejenige, die uns heiligt, derjenigen vor, die uns erhebt. Bemühen wir uns, im inneren Gebet Akte der Liebe zu Gott und der Demut hervorzubringen, zu lernen, wie man ihm dient und uns seinem Willen zu unterstellen ... und warten wir.

Wenn Gott will, dass eine Seele über den gewöhnlichen Weg hinaus höher steigt, dann ist er es, der sie ruft. Er zieht sie an und er lässt sie aufsteigen, oftmals sogar ohne ihr Wissen.

Im Übrigen kann das innere Gebet, das die Seele zu den höchsten Graden der Kontemplation erhebt, leicht eine jener unfruchtbaren Gnaden sein, die, obwohl sie von Gott kommen, die Seele weder heiliger noch gottgefälliger machen; eine jener Gaben, die manchmal die Folgen der Heiligkeit sind, die Belohnungen der Heiligkeit, die Zeichen der Heiligkeit, aber niemals weder deren Ursache noch die Heiligkeit selbst, während das gewöhnliche innere Gebet durch die Übung der verdienstvollsten Tugenden, die zu tun es die Seele anregt, der fruchtbare Ursprung aller Gnaden ist, die unsere Heiligung ausmachen.

Wie auch der Glaube uns lehrt, dass der geringste Grad an Demut, an Geduld, an Nächstenliebe vor Gott lobenswerter ist als die Gabe, Wunder zu tun und Tote aufzuerwecken; denn die Gabe der Wunder ist eine unfruchtbare Gabe, die einige Heilige hatten, die aber nicht heilig gemacht hat und ohne die man auch heilig und sogar heiliger sein kann. Nach demselben Prinzip müssen wir also schließen, dass die geringste Stufe des gewöhnlichen inneren Gebets, in dem die Seele danach strebt, sich zu reinigen, sich loszulösen und sich zu vervollkommnen, viel wichtiger ist und von größerem Verdienst als alle Ekstasen und anderen Gaben, die voraussetzen, dass die Seele in der Ruhe der Kontemplation gefestigt ist.

Gott unterscheidet die Erwählten nicht nach der Erhabenheit ihrer Akte, sondern nach der Treue und Großherzigkeit ihres Lebens.

Vorsatz: Ich will dem täglichen inneren Gebet treu sein, sehr treu, trotz der Trockenheiten, der Lustlosigkeit, der Widerstände, die ich möglicherweise habe ... trotz der unangenehmen, entmutigenden, bedrohlichen Worte, die der Dämon mir vielleicht wieder und wieder eingibt, wie er es bei so vielen anderen getan hat.

Treu, ja immer. Das innere Gebet ist mir eine Pflicht; es ist mehr als eine Pflicht, es zieht mich unwiderstehlich an, es ist meine Berufung und meine beinahe ständige Beschäftigung, es ist das Wesentliche, das Bedürfnis, die Freude meines Lebens. In den Tagen der Unruhe und der großen Qualen, werde ich mir sagen: Gott will es ... meine Berufung will es, das reicht mir! Ich werde das innere Gebet praktizieren, ich werde die ganze mir vorgegebene Zeit im inneren Gebet bleiben, ich werde mein inneres Gebet verrichten, so gut ich es kann, und wenn die Zeit gekommen ist zu gehen, werde ich es wagen, zu Gott zu sagen: Mein Gott, ich habe kaum gebetet, kaum gearbeitet, kaum etwas getan, aber ich habe dir gehorcht. Ich habe sehr gelitten, aber ich habe dir gezeigt, dass ich dich liebe und dass ich dich lieben wollte.

Schlussfolgerung: Gott danken, dass er uns so lange in seiner heiligen Gegenwart geduldet hat und dass er uns alle die Gnaden geschenkt hat, die wir erhalten haben.

Um Verzeihung bitten für das geringe Maß an Respekt, Aufmerksamkeit, Liebe, das wir ihm möglicherweise bezeugt haben.

Ihn bitten, dass er uns segne und uns in der lieblichen Begleitung unseres Schutzengels zurückziehen.

In jedem Augenblick des Tages und der Nacht gibt es in der Welt unwissende Menschen, bösartige und perverse Menschen, die den heiligen Namen Gottes entehren.[1]

Es gibt auch, dank des Gebets, der Meditation, des inneren Gebets, des Gottesdienstes und der Andacht zur Heiligsten Jungfrau in jedem Augenblick des Tages und der Nacht gottgeweihte Seelen, die seine Macht, seine Güte, seine Größe, seine unendliche Barmherzigkeit, seine göttliche Liebe anbeten, loben, preisen und verherrlichen.

---

[1] Sind der vorliegende und die folgenden, durch Striche getrennten Abschnitte dem 5. April 1930 oder dem vorausgehenden Datum (4. April 1930) zuzuordnen? Siehe Beschreibung der Hefte, S. 25.

Der Herr sendet Engel über die ganze Erde, um alle Gebete, die wir im Namen der Kirche verrichten, zu sammeln und um sie Gott als Ehrerbietung, als Sühne, als Dank darzubringen.

Zu wem, wenn nicht zu Jesus, sollten wir gehen in unseren Mühen, in unseren Leiden, in unseren Versuchungen, in unseren Aufregungen, in unseren Sorgen, in unseren Beschäftigungen, in unseren Schmerzen, in unseren Ängsten, die uns in unserem Leben bedrängen? ... Nur er hat Worte ewigen Lebens.

Wer also kann uns besser trösten als er, uns raten, uns erleuchten, uns anleiten, uns stärken, uns verteidigen wie er? Jesus ist für alle Menschen, zweifellos für alle Gläubigen, aber ganz besonders für die ihm geweihte Seele die Quelle alles Guten, allen Trostes, aller Hoffnung, aller Liebe.

Wenn Jesus mit einem lebt, bei einem, in einem, was könnte man noch fürchten? ... Die Tugend, die schwierigsten, die mühsamsten Akte, die herzzerreißendsten Opfer, die grausamsten Leiden sind es nicht mehr, wenn man Jesus bei sich und für sich hat! Jesus ist dem Herzen der Freund, der alles teilt ... der Seele der Bräutigam, der sich um alles kümmert ... der Vater, der über alles wacht und der für uns alles tut.

Die Apostel hatten nicht mehr als wir. Die Jungfrau Maria hatte nicht mehr.

Ach! Zweifellos sah und besaß sie ihn in einer unsagbaren Weise, aber dieser Jesus, der ihre Freude und ihre Liebe war, ist auch der unsrige!

Oh meine Mutter, mache aus mir, wie du es mit so vielen begünstigten Seelen getan hast, eine eucharistische Seele ... eine kleine Hostie für Jesus.

Oh Jesus, du bist mir alles in allem, besonders aber in deiner Agonie im Garten Getsemani, in deiner Verlassenheit auf dem Kalvarienberg, in deiner Erniedrigung in der Eucharistie!

Die Kreuze am Weg sind vortrefflich, aber noch großartiger sind die Kreuze im Haus!

Die allergrößten inneren Prüfungen, bei denen der Herr jedes Gefühl, jedes Licht, jeden Trost, jede Hoffnung entzieht und nur die reine Zustimmung des Willens verlangt, erheben die Seele zu den hohen Gedanken, den großen Reinigungen, den noblen Absichten, den heiligen Eingebungen, den intimen Aufstiegen ... bis zu den göttlichen Vollkommenheiten.

Jesus zeigt allen den Weg zum Himmel, es ist der Weg des Kreuzes, und ruft den großen wie den kleinen Seelen den schmerzlichen Anblick des Kalvarienberges in Erinnerung.

Das Kreuz herrscht über die Zeiten und scheint allen in dieser Welt Wandelnden immer wieder zu sagen: Ihr, die ihr hier unten wie ein Schatten vorübergeht, kommt zu Gott, denn er bleibt.

Ihr, die ihr leidet, kommt zu ihm, denn er heilt die gebrochenen Herzen.

Ihr, die ihr nach Glück dürstet, kommt zu ihm ... kommt zum gekreuzigten Jesus, kommt an sein Herz, aus dem die Quelle lebendigen Wassers sprudelt.

Ihr, die ihr den Tod fürchtet, kommt zu ihm, denn er ist das Leben.

Ihr, die ihr der Zeit überdrüssig seid, kommt zu ihm, er ist die Ewigkeit.

Ihr, deren Herz sich nach den Wonnen der ewigen Vereinigung sehnt, kommt zu ihm, er ist das höchste Gut, er ist die Wahrheit, er ist die ewige Liebe.

⌜Jesus hat mich heute Morgen durch Mitteilung verstehen lassen⌝[1], dass das Kreuz fortan das große Buch sein werde, in dem ich jeden Tag lesen und in das ich mich hineinversenken soll, und dass er keine anderen für mich wolle.

Oh! Ich will das höchste Gut lieben! ... Ich werde mich sehr bemühen, den heiligen Willen Gottes zu tun! ... Ich werde einzig in dem großen Buch Jesu lesen, in dem großen Buch des Kreuzes, das auch das Buch seines Herzens ist.

Ich will ihn lieben, lieben, wie er noch nie geliebt wurde!

Ich möchte, dass mein Herz nur für Jesus schlägt, nur nach ihm seufzt, strebt, sich sehnt, nur für ihn lebt ... dass meine Zunge nur von Jesus zu sprechen weiß ... dass meine Augen nur für Jesus Blicke haben ... dass meine Feder nur den Namen Jesus zu schreiben weiß ... dass mein Denken nur zu Jesus hinfliegt.

↑ 5. April 1930 (Samstag)

---

1 „Geistliche Formulierung", vgl. DES PLANCHES, *La Passion Renouvelée ou Sainte Véronique Giuliani*, S. 265. Siehe Einf., S. 12 Nr. 2.

Der Engel ist heute Nacht gekommen und hat mir das Leiden angekündigt. Ich habe ihn gut empfangen, besser noch als die anderen Male, und habe mich wohlentschlossen gefühlt, ganz und gar allem zu entsprechen, was Gott von mir verlangt. Ich habe gesagt: Möge in allem der Wille Gottes geschehen.

Im gleichen Augenblick sind meine Schmerzen wieder aufgelodert und zugleich wurde meine Sehnsucht, immer mehr zu leiden, wieder entfacht.

Mehrere Stunden lang habe ich das empfunden, was ich als Agonie des Todes bezeichnen würde; und ich habe gesehen, wie sich auf die Zukunft hin wie ein Berg von Schmerzen erhob. Jesus und Maria seien für alles gelobt.

Nacht unaufhörlicher Qualen, aber Nacht der Freude und der Liebe.

⌜Noch heute Morgen, während der heiligen Messe⌝[1], hatte ich eine Sammlung, eine Ekstase, und mir schien, dass ich erneut in einer geistigen Schau Jesus am Kreuz sah.

Ich glaubte, ihn auf dem Grund meines Herzens zu sehen, wobei er mich bat, mich ganz in ihm zu erneuern, und mir sagte, dass ich die Tugend der Demut nur erlangen würde im Loslassen meiner selbst.

Ich habe ihn gefragt, wie ich es anstellen sollte, mich ganz in ihm zu erneuern, und habe ihn angefleht, mir zu helfen, mich von jeglichem Eigenwillen zu lösen.

Plötzlich wurde ich erleuchtet und da war eine Welt von Licht und Inspiration.

Dann habe ich mich ganz und gar in die Hände meines Gottes gegeben und ihm gesagt: „Mein höchstes und einziges Gut, oh meine Liebe und mein Alles, ich überlasse mich dir ganz und mit dir, in dir will ich leben und handeln ... und mit dir will ich dich lieben. Das beschließe ich mit einem Pakt.

Nein, Herr, ich werde mich nicht von dir trennen, du aber, bitte, trenne dich nicht von mir, bleibe immer und immer in meinem Herzen."

Als ich noch redete, habe ich gespürt, wie die sanften Bande unserer Vereinigung enger wurden, aber alle Worte reichen nicht aus, um dieses Geheimnis zu erklären.

---

[1] Hinsichtlich ihrer Teilnahme an der Messe, siehe S. 312 Anm. 1.

Meine Seele ist im Licht und die Gegenwart Gottes ist vertrauter als jemals zuvor.

Daraufhin habe ich in sehr klarer Weise meine Nichtigkeit erkannt und bei dieser Erkenntnis bin ich wieder zu mir gekommen.

Ich habe wohl noch andere Erleuchtungen gehabt, die ich meinem Beichtvater sagen werde, aber ich glaube nicht, dass ich sie hier berichten soll.⌋[1]

↑ 6. April 1930 (Sonntag)

Oh meine Freuden ... meine Liebe ... mein Alles! Ich denke kraftvoll, wie man nicht alle Tage denken kann, sondern nur an privilegierten Tagen, an Tagen „der Gnade".

Mein Gott, wie gut du zu deinen armen kleinen Geschöpfen bist!

Wie unbeweglich ich bleibe, viel zu sehr von innerer Freude ergriffen, viel zu sehr von Gott ergriffen, um mich zu bewegen ... Ich bin auf einem jener Höhepunkte, wo eine geliebte Gegenwart ausreicht, um jeden anderen vorherrschenden Gedanken auszuschalten. Und so in die Weite und den herrlichen Glanz des inneren Gebets versunken, sinne ich nach über die Schönheit, über das Apostolat der christlichen Freude: fröhlicher Gesang in düsterer Nacht, andächtiges Lied inmitten des Gewitters, göttliche Hoffnung, die durch die Dunkelheiten und die Angst der Tage immer aufsteigt und mit sich alle zerrissenen, gebrochenen, bangen Herzen über die Wolken der Erde und bis zu den mit Sternen übersäten Himmeln erhebt.

Die Liebe in der Mühe, die Hoffnung in der Not, die Freude im Leiden ... Der Prüfung, dem Leid mit einem Lächeln begegnen und in Tränen singen, mutig, immer fromm!

Man soll nicht mit Widerwillen und wie schlecht bezahlte Dienerinnen leiden, pflegte die kleine Schwester Thérèse zu sagen.

Nur das gelingt gut, was man mit Freude tut!

Freude ist ein bisschen Himmel, der auf die Erde herabkommt. Die Freude, mich von Jesus zu jeder Stunde des Tages und der Nacht geliebt und gebraucht zu wissen.

---

1 Aneignung einer Erfahrung aus DES PLANCHES, *La Passion Renouvelée ou Sainte Véronique Giuliani*, S. 252–53, mit Abänderung: Aus der Schau des Jesuskindes bei Veronica Giuliani wird bei Marthe eine Schau Jesu am Kreuz. Siehe Einf., S. 14 Nr. 12.

Um allen anderen Betrübten, allen Unglücklichen, allen armen Sündern zu helfen, dass sie den Weg zum Glück finden, säe ich mein Leiden und meine Freude aus. Deshalb bin ich immer fröhlich und zufrieden.

Oh! Welche Freude ich empfinde zu leiden und mich für Jesus zu verzehren! Aber nicht ich leide, Jesus leidet in mir ... Jesus verzehrt mich in sich! ...

Friede und Freude gehen Hand in Hand! Seien wir also Säerinnen der Freude, Säerinnen der Wahrheit, Säerinnen der Ewigkeit! Und singen wir im Regen und im Gewitter, am Abend wie am Morgen, denn, so wurde gesagt[1], in der Nacht ist es schön, an das Licht zu glauben.

↑ 7. April 1930 (Montag)

Ruhe, Freiheit, Sanftheit, Licht: All das ist in meiner Seele! Und Gott macht sich in ihr bemerkbar ... Er offenbart sich ... Er zeigt sich ... Er liebt mich ... Er ist da! ...

Wie könnte man in seiner geliebten Gegenwart nicht glücklich und glückselig sein? Wie könnte man nicht gerührt und verlegen sein, dass man so leicht Zugang hat zu seiner göttlichen Vertrautheit, und sich nicht beeilen, ihm seine Liebe auszudrücken, wenn man sich so geliebt weiß?

Oh meine arme kleine Seele, die du da bist vor deinem so reichen und so mächtigen Gott, vor deinem so barmherzigen und so gütigen Vater, vor deinem so weisen und so umsichtigen Ratgeber, vor deinem so zärtlichen und so mitfühlenden Tröster ... bitte, bitte doch für dich, für alle, die du liebst, für alle, die dir absichtlich oder unabsichtlich Schmerz verursacht haben, für alle, die dir Gutes getan haben (und die sind so zahlreich), für alle ...

Bitte deinen Gott, deinen Jesus, dass er die Einheit und den Frieden unter den Völkern wiederherstelle, dass er all jene, die ihr, du und die anderen mit dir, durch euren Mangel an Sanftheit, Tugenden und Demut von seinem göttlichen Herzen entfernt habt, wieder in seine Nähe hole. Bitte ihn besonders, dass er seinen teuren und geliebten Priestern in ihrem sehr schweren und so erhabenen Dienst zu Hilfe komme. Bitte ihn, dass er ihnen die Energie, den Mut, die Frömmigkeit, die Tugend, die Gesundheit gebe, die sie brauchen. Bitte ihn, für sie und für dich, um die Liebe, das Licht, den Frieden, die Leidenschaft, den Eifer, um das Gute zu tun mit

---

1 Edmond Rostand, *Chantecler* (2. Akt, 2. Szene), wahrscheinlich über ein frommes Buch oder eine Spruchsammlung.

dem Vorsatz, besser, inbrünstiger, aufopferungsvoller, gehorsamer, ergebener, dem göttlichen Belieben liebevoller hingegeben und auch herzlicher zu werden; es immer besser zu machen, das heißt, besser zu beten, besser zu arbeiten, besser zu leiden ... immer mehr zu lieben.

Erhöre, oh Gott, in deiner Barmherzigkeit und in deiner souveränen Güte die Gebete, die ich an dich richte für die Bekehrung der Sünder, für die Freiheit und die Verherrlichung der heiligen Kirche, unserer Mutter, für die Heiligung der Priester und der Gläubigen, durch Jesus Christus, unseren Herrn!

Oh! Zarte Beziehung des Kindes mit seinem Vater, der Braut mit ihrem göttlichen Bräutigam, des armen kleinen dankbaren Wesens voller Liebe mit dem unendlich reichen und mächtigen Freund, der es mit seinen größten Gnaden überschüttet, der nie müde wird, ihm zu geben und das nie müde wird zu danken.

Diese Vereinigung ist die innigste, die stärkste, diejenige, die die meisten Wonnen bringt! So vergisst man die Welt, so vergisst man sich selbst, so vergisst man den Schmerz, so vergisst man alles, was menschlich ist ... Das ist Hinweggerissenwerden von jeglichem irdischen Leben ... Das ist Schau Gottes, Spüren Gottes, Genuss Gottes ... Friede und Vergessen in Gott.

Das ist himmlisches Leben, das schon auf Erden beginnt, das ist Teilhabe an diesem himmlischen Leben; das ist Erlernen des ewigen Lebens, des Glücks, das man dort verkostet, und der Freude, die man dort empfängt.

Ich werde es nicht weiter betonen: Dieses Glück zeigt sich, es lässt sich nicht in Worte fassen, es wird spürbar in der Seele, die zu diesem Leben mit Gott gerufen ist ... zu diesem Leben ganz in Gott mit Jesus.

Ich sage nur, dass die Seele in diesen glücklichen Augenblicken der göttlichen Audienz in ihren vertrauten und täglichen Gesprächen mit dem, den sie erwählt hat, um ihn einzig zu lieben, jene himmlischen Erleuchtungen empfängt, die ihr so vieles enthüllen, was die Welt nicht weiß. Da lernt sie, was Gott ist, was ihm zusteht, wie man ihm dienen und ihn lieben soll und was im Hinblick auf die Ewigkeit die Freuden, die Ehren, die Güter der Erde wert sind; da vollziehen sich, wie ich schon gesagt habe, die großen und die kleinen Opfer, da findet man den Mut, der sie vollbringt und den Glauben, der sie beseelt; da bittet man um Vergebung und findet zu süßen und heiligen Tränen. Da vor allem bekehrt sich die Seele, äußert ihre Bedürfnisse, bittet um Vergebung für ihre Nachlässigkeiten, für ihre Feigheiten, für ihre Schwächen, für alle ihre Widerstände gegen die Gnade; da bittet sie die Liebe Gottes, dass sie in sie komme, die Weisheit Gottes, dass sie in ihr wohne, die Barmherzigkeit Gottes, dass sie in ihr bleibe, die Allmacht Gottes, dass sie in ihr wirke. Das ist das Wesen der Vereinigung! Und das sind die Vorteile der Vereinigung!

Gott wird niemals etwas Großes aus einer Seele machen, die sich nicht darum bemüht, jeden Tag in inniger Vertrautheit mit ihm zu leben.

↑ 8. April 1930 (Dienstag)

Die wahre Liebe weiß zu schweigen, sich im gegenseitigen Vertrauen, in der Einfachheit, im Frieden auszuruhen!

Die Gottesliebe, die Liebe in Gott hat mich alles irdische Lieben als etwas sehr Zerbrechliches ansehen lassen, als etwas, das sehr wenig zu tun hat mit dem Bedürfnis, das ich in mir verspürte, nämlich immer mehr zu lieben, im Leiden zu lieben, durch das Leiden zu lieben, bis zum Opfer zu lieben. Sie hat mich zu Gott geführt, der die reine Liebe ist, die vollständige Liebe, die vollkommene Liebe, die ewige Liebe.

In mir sind die Liebe und das Opfer in einem einzigen und gleichen Gedanken verschmolzen, denn die wahre Liebe ist nichts anderes als das vollkommene Vergessen seiner selbst, damit man sich einzig dem geliebten Wesen widmen kann und damit man sich bereit fühlt, diesem alles, was es verlangt, zu opfern.

Liebe, das ist für mich Selbstverleugnung, Verzicht, Aufopferung, Schmerz, Kreuz. Ich habe mich Gott nur hingegeben, um ihn zu lieben, mich zu opfern, mich zu vergessen, zu gehorchen. So sehr, dass ich mir nicht vorstellen könnte, ihn zu lieben oder wenigstens zu wissen, wie ich ihm meine Liebe bezeugen soll, wenn ich ihn nicht im Leiden liebe, da ja lieben bedeutet, dass man sich ganz und gar Gott und Gott allein hingibt.

Und entsprechend dem Auftrag Gottes und in der Art und Weise und in dem Maße, wie Gott es will, heißt das, sich dem Nächsten hinzugeben.

Lieben heißt also, unablässig danach zu streben, den eigenen Willen mit dem Willen Gottes zu vereinen, um auf Erden seine treue und hingebungsvolle Dienerin zu sein und zwar so, dass man ohne das geringste Zögern alles will, was Gott will; dass man im Frieden und sogar mit Freude alles, was er zulässt, akzeptiert; dass man mit Glück und Eilfertigkeit alles tut, was er selbst befiehlt oder durch diejenigen, die er als unsere Oberen eingesetzt hat, mit dem Ziel, seine Allmacht, seine vollendete Weisheit, seine vollendete Güte, seine vollendete Barmherzigkeit anzuerkennen und ihm auf diese Weise alle Ehre zu geben, die ein Geschöpf auf Erden ihm bereiten kann.

Und diese Liebe, die uns aus freien Stücken und von Herzen in die Abhängigkeit von Gott versetzt, fällt den Engeln im Himmel und den Heiligen, die sich jetzt der Herrlichkeit erfreuen nicht schwer. Für uns aber, die wir auf der Erde sind, ist sie manchmal ein bisschen schwierig oder wenigstens ziemlich anstrengend, weil sie zahlreiche, mächtige, miteinander verbündete Feinde hat, die unerbittlich sind: Satan, die Welt, das Fleisch. Die Sünde unter all ihren Namen, mit ihrer schrecklichen Gewalt in all ihren Erscheinungsformen und mit welchem Schein sie auch immer sich umgibt, ist aktiver Widerspruch gegen die Liebe. Der Dämon, das ist der, der nicht liebt, der unablässig versucht, die Neigung, die die Seele zu Gott erhebt, zu stoppen, zu lähmen, abzulenken, zu schwächen! Oh! Wir, die wir so viele Gnaden erhalten haben, wir vor allem, die wir so oft mit unserem Fleisch das reine Fleisch unseres Herrn Jesus Christus, der ganz Liebe ist, vereint haben und die wir uns ja so leidenschaftlich danach sehnen, mit ihm im Himmel vereint[1] zu sein, fliehen wir die Sünde, fliehen wir vor dem Dämon, der um uns herum immer mehr Hindernisse errichtet.

Hindernisse, die er aus der Tiefe unserer durch die Erbsünde verdorbenen und folglich immer zum Bösen geneigten Natur hervorgehen lässt.

Hindernisse von Seiten der Geschöpfe, sogar der heiligsten, für die er in uns Sympathien zu wecken versucht, die unser Herz verwirren können oder gegen die er Abneigungen in uns hervorruft, damit wir uns von unserem Nächsten und folglich vom lieben Gott entfernen.

Um zu lieben, das heißt, um sich Gott und dem Nächsten im Blick auf Gott und aus Liebe zu Gott hinzugeben, muss man also kämpfen, unermüdlich kämpfen.

Das Ziel des Lebens ist die Liebe zu Gott! Da nun aber das Leben eine dauernde Bewegung auf das Ziel hin ist und da der einzige Weg, der zu diesem Ziel führt, Tag für Tag durch manchmal sogar sehr viele Hindernisse versperrt ist, muss alle Aktivität unseres Wesens darauf verwendet werden, diese in einem ebenso unablässigen wie ernsthaften Kampf zu überwinden.

---

1 Marthe verwendet im Frz. die feminine Form. Vgl. S. 182 Anm. 2.

Um heilig zu werden, braucht es vor allem viel Liebe und viel guten Willen und Mut.

Kämpfen ist also die zweite Pflicht der Kreatur, eine Notwendigkeit für alle. „Das Leben des Menschen auf Erden ist ein unablässiger Kampf." Wer nicht kämpft, verdient nicht die so liebliche Bezeichnung eines Kindes Gottes und er wird früher oder später zu einem Sklaven der Sünde und das heißt des tyrannischsten, des niederträchtigsten Beherrschers, den es gibt.

Die Tugend der Demut erwirbt man niemals so gut wie auf dem Weg der Leiden und der Versuchungen. Wenn eine Seele von langen und starken Prüfungen heimgesucht wird und wenn sie an den Punkt kommt, wo sie unmittelbar vor dem Zusammenbruch steht, dann rührt sie an ihre eigene Schwachheit und bleibt dadurch tief gedemütigt. Weil sie erkennt, dass sie ununterbrochen der Hilfe Gottes bedarf, wendet sie sich ihm nun mit mehr Fürsorge, mit mehr Vertrauen und mit mehr Liebe zu und achtet mit größerer Vorsicht darauf, dass sie sich nicht der Gefahr des Fallens aussetzt.

Seien wir also glücklich, wenn wir die Schmerzen und Demütigungen ertragen, die Gott uns schickt. Für uns, gottgeweihte Seelen, sind sie, was die Stürme für das Meer sind. Sie halten uns rein und in der Liebe. Sie bewirken eine größere Behutsamkeit in uns, einen größeren Argwohn, mehr Schamgefühl, mehr Selbstverachtung, mehr Demut und auch mehr Liebe. Folglich halten sie uns vielleicht mehr als je zuvor von allen Fehlern fern und näher am Herzen Jesu, der die Demütigen liebt, die Kleinen, diejenigen, die nicht mehr auf sich selbst setzen und nur noch auf ihn hoffen! ... Sie vermitteln uns die so zarte Freude zu spüren, dass wir Gott lieben.

Denn ebenso, hat jemand gesagt, wie ein vom Sturm aufgewühltes Meer allen Unrat, den es hat ansammeln können, weitab an Land wirft, wird die durch Versuchung geprüfte Seele alle Unreinheiten los, die sie sich in der Zeit der Ruhe aufgeladen hat.

Das sanftmütige, ergebene, dem heiligen Willen Gottes vertrauende Sichabfinden, das ist das Geheimnis, um glücklich zu sein ... das ist das Glück!

Sanftmütig, denn der liebe Gott ist die Sanftheit in Person und die Unterwerfung muss mit liebender Sanftheit geschehen. Ergeben, denn der liebe Gott ist allmächtig. Vertrauend. Oh! Ja, voller Vertrauen in die Güte und die Barmherzigkeit Gottes, denn das Vertrauen ist der direkteste, der am einfachsten zu gehende Weg in den Himmel und jede Seele, die Gott liebt, sollte mit dem Vertrauen und der Freude eines Kindes zu ihm kommen. Wenn alles auf uns einstürzt, wenn das Unglück über uns hereinbricht wie ein Hagelsturm, wie lieblich ist es dann, zur Güte Gottes Zuflucht zu nehmen und sich auf die Verdienste Jesu Christi zu stützen.

In welcher Schule könnte man die Loslösung gegenüber den Geschöpfen und die Falschheit[1] der Dinge dieser Welt besser lernen als in der des Leidens und des Unglücks? Schicksalsschläge und Verluste, Katastrophen und Krankheiten, Betrübnisse und Verhängnisse zeigen uns die Anfälligkeit und die Nichtigkeit der Geschöpfe. Sie zerstören oder vermindern die trügerischen Hoffnungen, die wir in jene setzten, und zerreißen allmählich die unseligen Fesseln, die unsere Herzen an diese elende Erde banden.

Die Armut, das Leiden sind die beiden Türen, die notwendig sind, um in das Reich Gottes einzutreten.

Sind wir reich, dann weisen wir das Leiden nicht zurück, es wird uns zur ewigen Freude führen.

Sind wir arm, dann lieben wir unsere Armut, sie ist das sicherste Unterpfand für unsere göttliche Vorherbestimmung. Dann werden wir, überzeugt von der Eitelkeit der Welt und der Schwäche der Geschöpfe, einen anderen Halt, eine andere Hilfe suchen, wenn wir einmal sehen, dass alles um uns herum vergeht, dass uns alles entrinnt.

Und diese Stütze, diesen Schatz, finden wir nur in Gott, der uns immer bleibt; und in Gott ist alles gut!

Jeder Ort, an den er uns stellt, jede Lage, in die er uns versetzt, führt in den Himmel, besonders aber das Unglück.

Unglückliche Ereignisse, die alle Keime des Leidens in sich tragen, sind ein kraftvoller Aufzug, um in den Himmel zu kommen. Man muss sich also glücklich schätzen, wenn sie nicht von uns weichen.

Aus dem Gott aufgeopferten Leiden geht eine übernatürliche Freude hervor, die den natürlichen Schmerz ertragen, um nicht zu sagen vergessen lässt.

Das ist ein göttliches Gesetz und das ist unabänderlich!

---

1 Im Frz. steht das Wort *vénalité* (Käuflichkeit). In der Fußnote wird – mit Verweis auf S. 360 – gefragt: „Sollte es nicht eher *vanité* (Eitelkeit) heißen?" (Anm. d. Übers.).

Akzeptieren wir es also! Alles dient, um besser zu lieben! Alles ist gut, um in den Himmel zu kommen!

Wenn das Leben unseres Herrn Jesus Christus nur Leiden und Martyrium gewesen ist, sollten wir dann, wir, Ruhe und Freude suchen? ...

Oh meine Seele, schau doch über jenen materiellen Horizont hinaus, dessen deine Augen überdrüssig sind ... schau auf den Meister, der glücklich und gerührt ist wegen deines mutigen Vorgehens, wegen der Liebe, die du daransetzt, um seinen heiligen Willen zu erfüllen.

Der Mensch ist geschaffen worden, um Gott zu besitzen, alles ist gemacht worden, damit es den Menschen helfe, um zu diesem Ziel zu gelangen, zu dieser unaussprechlichen Fülle.

Wir müssen also uns dessen entweder bedienen oder davon[1] lassen, je nachdem, ob es uns ihm näherbringt oder von ihm abbringt.

Wie leben inmitten der düsteren Tage des Exils, in den Bitterkeiten, in den Enttäuschungen, in den Tränen? ... Wie atmen? Wie die Kraft finden, um seinen Weg fortzusetzen ohne eine Hoffnung im Herzen?

Es gibt so viele Stunden im Leben, wo die Stimmen der Erde nicht zu trösten vermögen, wo man den Eindruck hat, der Kelch des Glücks sei für immer zur Neige gegangen, wo alle Freude erstorben ist, wo sich alles zu entziehen und in den Abgrund mitzureißen scheint ...

Dann stürzt die allerschrecklichste Verzweiflung auf die arme hilflose Seele ein und liefert ihr äußerst heftige Angriffe.

Wohin sich wenden? ... Wohin seine Blicke richten? ... Wo Hilfe suchen, wenn nicht in Gott, der kein Tyrann, sondern ein Vater ist! Gott, die Stärke des Gerechten, die Vergebung der Sünder, die Hilfe der Bedrängten, das Licht aller ...

Gott, die Barmherzigkeit, die Liebe, die Freude, die unendliche Zärtlichkeit!

---

[1] Gemeint ist sicher all das, was gemäß der vorhergehenden Zeilen von Gott geschickt ist (*Unglück, Leiden, ...*).

2. Heft des Tagebuchs

Den christlichen Seelen zur Ehre Gottes[1]

„Mache aus deinem Leben einen Aufstieg." Es hat wohl nie eine Zeit gegeben, in der der göttliche Erlöser der Welt, der Herr der Engel, uns von seinem Kreuz herab seine Arme weiter, liebevoller entgegengestreckt hätte, noch mit größerer Zärtlichkeit (aber auch verzweifelter), noch mit mehr Bereitschaft zur Vergebung. Wohl musste er nie mit noch bebenderer, noch liebevollerer (noch leidenderer und noch betrübterer) Stimme jenen höchsten und so überwältigenden Ruf aussprechen: „Kommt alle zu mir."

Wann werden ihm, diesem Gott, den wir durch unsere Sünden und unsere Undankbarkeit gekreuzigt haben, diesem zärtlichen Befreier, den wir noch immer jeden Tag kreuzigen, Liebe mit Liebe vergelten? Der heilige Pfarrer von Ars pflegte zu sagen: „Wenn ihr zur Kommunion geht, befreit ihr unseren Herrn von seinen Nägeln." Oh! ruchlose Nägel, die ihr die unschuldigen Glieder Jesu mit Blut befleckt, kommt und durchbohrt unsere Herzen mit Schmerz und Liebe!

Meine geliebten Schwestern, Gott ruft uns. Das Leben hier unten ist ein Heute, das für uns vielleicht kein Morgen haben wird, und außerdem wissen wir, was wir heute tun können, und morgen wird es vielleicht nicht mehr so sein. Auch in der *Nachfolge* heißt es: „Zwar wisst ihr, was ihr tun könnt, während ihr gesund seid. Wenn ihr aber krank seid, wisst ihr nicht,

---

[1] In diesem 2. Heft handelt es sich bis zur 27. Seite um die Schrift von Père Faure. Oberhalb des Titels präzisiert Père Faure mit Bleistift und den für ihn typischen Abkürzungen: *Die christliche Frau, ihre Pfl<ichten> geg<en> Gott, geg<en> den Nächst<en>, die Fam<ilie> und die Ges<ellschaft>*. Es gibt eine weitere Version des Textes, die sich geringfügig unterscheidet und ebenfalls vom P. Faure aufgeschrieben wurde (spätere Ausgabe). Dieser Text trägt das Datum des 23. Januar 1930. Er gehört nicht unmittelbar zum *Tagebuch* von Marthe, das in diesem Heft am 6. April fortgesetzt wird (hier S. 199). Bis zum heutigen Tag haben wir die Quellen, die Marthe für diesen Text benutzte, noch nicht ausfindig gemacht.

was euch noch möglich sein wird."¹ Es ist also von größter Wichtigkeit, die Gegenwart zu nutzen, denn im ewigen und geheimnisvollen Morgen könnte es vielleicht keine Zeit mehr dazu geben! Seien wir nicht länger schlaffe und laue Seelen, deren Verhalten und Pflichterfüllung ebenso sehr schändliche Ohrfeigen ins anbetungswürdige Antlitz des Herrn sind, wie grausame Pfeile, die der Heiligkeit seines Blicks Wunden schlagen. Bleiben wir nicht in der Lauheit, selbst wenn wir nicht in der Lage wären, große Fehler zu begehen. Wie eine unglückselige Trägheit ist die Lauheit die Treppe, die hinabführt in die Verblendung der Sünde. Bemühen wir uns jeden Tag darum, unsere Seele schön zu machen, und arbeiten wir an unserem geistlichen und seelischen Wohl, aber nicht, indem wir auf der ebenen Straße der mittelmäßigen Seelen gehen. Lassen wir uns von dem Wunsch entflammen, voranzuschreiten und dabei immer nach oben zu steigen, so als stünden wir kurz davor, die Belohnung für unsere Mühen zu erhalten.

Erinnern wir uns, dass Gott die geteilten Herzen mit schmerzlicher Abscheu zurückweist, der wohl disponierten Seele aber zur Seite steht, sie an der Hand nimmt und hält, damit sie die Abgründe überwinden kann.

Heißt es nicht auch von den nachlässigen Seelen, „dass das Paradies sie zurückweist und dass die Hölle sie verachtet"? In diesen unruhigen und schlechten Zeiten braucht der Glaube wachsame Seelen und feste Willen, um die dauernden Hindernisse zu überwinden, die sich in jedem Augenblick unseren Schritten und unseren Entscheidungen entgegenstellen, um uns straucheln und zurückweichen zu lassen. Indem wir unsere heiligen Entschlüsse, Gott zu dienen und ihn, ohne jemals den Mut zu verlieren, immer mehr zu lieben, oft erneuern, gelingt es uns, sie besser zu halten. Lassen wir uns also nicht verwirren, wenn wir nur Schritt um Schritt vorankommen; der Herr will es so. Wenn er unseren aufrichtigen und beständigen Willen sieht, wird er selbst uns alles geben, was uns fehlt. Was am Nützlichsten ist, ist „sein Ich" zu vergessen. Jesus hat gesagt: „Der Friede gehört den Seelen, die guten Willens sind."

Möge unser Verhalten so sein, dass es die Bösen dazu zwingt, den Herrn zu preisen. Dazu müssen wir Seelen sein, die aufsteigen, wahre Christinnen² nicht nur vor Gott, sondern vor allen Menschen. Vergessen

---
[1] Vgl. THOMAS VON KEMPEN, *Die Nachfolge Christi*, 1.23.4 *(Betrachtung des Todes)*.
[2] Marthe wendet sich auf den Seiten 181 bis 199 ausdrücklich an christliche Frauen und benutzt deshalb feminine Formen. (Anm. d. Übers.).

wir nicht, dass es im Dienste Gottes kein kleines Leben gibt, sondern dass allein die Art und Weise, wie wir es ausfüllen, zählt. Denken wir nicht, dass wir unsere ganze Pflicht getan haben, wenn wir am Sonntag in der Messe waren. Das würde heißen, von der Religion nur das Äußere zu sehen.

Nach seinen Vorstellungen vertraut der Herr jeder Einzelnen von uns eine geringe Parzelle seiner Güter an. Er verlangt nicht immer von uns, wie er auch nicht von allen das Gleiche verlangt, große Opfer, sondern dass wir die Aufgabe, die er von jeder von uns verlangt, sehr gut ausführen und zwar, um ihm zu gefallen, um ihn zu lieben. Ein in sich kleiner Akt der Tugend kann von sehr großem Wert sein, wenn er in die allmächtigen Hände Jesu gelegt wird.

Lassen wir es zu, dass Gott uns benutzt wie die Instrumente seines Wortes und seines Willens. Nein! Nichts ist zu klein für die größere Ehre Gottes. In allem für ihn arbeiten, heißt demütig einer großen Sache dienen. Also, nichts soll ertraglos bleiben in unseren Händen. Wenn wir vor dem Angesicht des Richters erscheinen müssen, werden wir Rechenschaft über die kleinste empfangene Gabe ablegen müssen. Keine Entschuldigung wird erlaubt sein; kein Aufschub wird mehr gewährt werden. Setzen wir unsere ganze Hoffnung in Gott und wir werden den Frieden besitzen. Unser göttlicher Meister wird von uns Rechenschaft verlangen über alle Gnaden, die er uns gewährt haben wird, und er wird viel von dem wollen, dem er viel gegeben hat. Lieben wir, dienen wir, um auf so zahlreiche Gunsterweise zu antworten! Man macht viel, wenn man viel liebt, und man liebt viel, wenn man den Willen Gottes tut und nicht den seinen."

Hören wir nie auf zu lieben. Begeben wir uns demütig und aus Liebe auf den steilen, aber glorreichen Pfad der christlichen Vollkommenheit. Großherzig und mit aller Kraft sollen wir Gott lieben und verherrlichen. Lieben, das ist besser als Reden, das ist Beweisen. Die Heiligen sind Wesen, die vielleicht sehr viel weniger als viele andere getan haben, aber sie haben das Wenige, das von ihnen verlangt wurde, in vollkommener Weise ausgeführt und indem sie Gott mit aller Kraft liebten. Wenn der Herr uns in seiner souveränen Weisheit fünf Talente verliehen hat ... dann hüten wir uns davor, sie zu verschwenden, sie im Wind des Irrtums auszustreuen, im Qualm schmeichelnder Versprechen und ungesunder Freuden; ahmen wir besonders auch nicht den schlechten Knecht aus dem Gleichnis nach, vergraben wir nicht die göttlichen Schätze im Schmutz der Nachlässigkeiten, der trügerischen Schmeicheleien. Das würde heißen, uns selbst zu täuschen. Man kann den Herrn nicht täuschen. Er weiß um die geheimste Tat wie auch um die geringste Kreatur; sie erscheint mit größerer Klarheit vor ihm, als wir selbst einen Spiegel in der Mittagssonne gleißen sehen können. Und wenn man bedenkt, dass man gerade vor Gott zu tun wagt, was man vor keinem Geschöpf tun würde ... Wenn es reicht, die empfangenen Gaben nicht fruchtbar werden zu lassen, um ein schlechter Diener zu sein, wie groß werden dann die Strafen für eine Seele sein, die darüber verfügt, als gehörten sie ihr, oder, mehr noch, sie gegen den Urheber der Gnade einsetzt? Eine schlechte Geisteshaltung verwandelt die stärksten Heilsmittel in Hindernisse. Seien wir wachsam, damit wir die Wohltaten Gottes nicht missbrauchen, und bedienen wir uns bloß nicht seiner Gaben, um ihn zu beleidigen.

Diejenigen, die allzu sehr in der Welt leben und sich ihr zu sehr ausliefern, verlieren viel von dem Licht und den Gnaden, die Gott den Seelen schenkt, die ausschließlich das Gute und die Wahrheit suchen. Wer ein unnötiges Wort nicht vorübergehen lässt, wird auch nicht gleichgültig auf ein eitles Vergnügen schauen. Ziehen wir es vor, uns in das Haus der Tränen zu begeben, in das Haus, in dem man leidet, als in das Haus der Feste und der materiellen Freuden. Ach! Wüsste man doch zu verkosten, wie lieblich der Herr ist ... Ist nicht unser Herz in unserem Inneren ganz brennend, wenn wir seine zuinnerst vertraute Stimme hören? Je mehr der göttliche Meister unsere schwachen Hände füllt, umso mehr erwartet er, dass wir Früchte bringen, gute Früchte. Es reicht nicht, schönen Predigten beizuwohnen, zu hören, wie die Evangelien des Herrn gepredigt werden. Was es besonders braucht, ist, ihm aufmerksam zuzuhören, ihm zu folgen und ihm willig zu gehorchen. Man gehört Gott, wenn man seine Gebote hält. Profitieren wir von den göttlichen Unterweisungen, die uns unsere Priester vermitteln, denn es ist wieder unser Herr Jesus Christus, der durch sie zu uns spricht. Wir sollten ununterbrochen Gebete zu Gott aufsteigen lassen für die, die uns die Wahrheit lehren und die unsere Seelen zum Licht erheben, die uns die Geheimnisse der Schrift erschließen. Was würden wir machen, was wären wir ohne diese beherzten Seelen inmitten der Stürme, der Angriffe, unter denen die heilige Kirche leidet? Wenn es, leider, einige gibt, die der Heiligkeit ihres Auftrages unwürdig werden, so ist die Treue, die Tugend der anderen dafür umso großartiger. Vergessen wir nicht, dass der christliche Glaube immer derselbe bleibt und dass es uns nicht erlaubt ist, die unglücklich Verirrten, die vom rechten Weg abgekommen sind, zu verurteilen, sondern sie zur Reue, zur Rückkehr zu befähigen, zu bitten, zu mahnen. Schlecht über einen Priester zu reden, ist schlimmer, als wenn man seinen Vater und seine Mutter verflucht. Diejenigen, denen es gegeben ist, die Wahrheit zu lehren, den Seelen das wahre Leben zu geben, werden am ewigen Firmament mit wunderbarer Herrlichkeit leuchten. Demjenigen, der bis zum Ende standgehalten hat, verspricht Gott, dass er ihn mit einer Belohnung überschütten wird, die alles übersteigt, was man sich vorstellen kann. Er wird ihnen einen leuchtenden Heiligenschein auf die Stirn setzen. Im Evangelium macht Jesus den Priester hier auf Erden zum Schiedsrichter über unsere Gewissen, zum Verwahrer seiner Barmherzigkeit und der Vergebung und zu seinem einzigen Repräsentanten: „Wem ihr die Sünden vergebt, dem sind sie vergeben ..."[1] Beugen wir das Haupt unter ihre Hand, die die Absolution erteilt. Es ist immer Jesus, der in ihnen spricht und vergibt. Der Apostel sagt auch: „Wenn ihr unseren Worten nicht glaubt, glaubt unseren Werken."

Ich flehe dich an und beschwöre dich, oh Gott der Liebe, alle deine Diener, unsere wertvollen Ratgeber in der Schwachheit, mit deiner allmächtigen Hand zu stützen.

Eines Tages wird Gott jeden zur Rechenschaft ziehen für jedes gute Wort, für jede christliche Unterweisung, die unnütz geblieben ist im Hinblick auf die Vervollkommnung unserer Seele. Handeln wir also in allem so, dass wir diesen letzten Augenblick überhaupt nicht zu fürchten brauchen. Leben wir so, wie wir vorgefunden werden möchten, wenn der Tod uns überrascht. Der Apostel sagt auch: „Unser Umgang ist im Himmel."[2] Auch unser Verhalten ist im Himmel.

Unter den wachsamen und so väterlichen Blicken unseres Vaters im Himmel ... und ausgestattet mit der allmächtigen und barmherzigsten Hilfe der Gnade, liegt es nur an uns, ob wir Gefäße der Ehre, Trägerinnen des Lichts, Säerinnen des guten Beispiels sein wollen. Da Gott selbst Licht und Wahrheit ist, müssen auch wir Kinder des Lichts und der Wahrheit sein. Er ist immer bereit, denen zu helfen, die auf seine Gnade hoffen. Bitten wir ihn immer mit Vertrauen: „Hilf mir, Herr, bei meinen heiligen Entscheidungen, um dir zu dienen."

„Selig, die hungern und dürsten nach der Gerechtigkeit, denn ihnen gehört das Himmelreich."[3] Ich bin aber, so wendet man von allen Seiten

---

1 Joh 20,23.
2 Vgl. Phil 3,20 (Vulgata: *conversatio*).
3 Vgl. Mt 5,6 und 5,10.

ein, nur ein kleines, unbedeutendes Gefäß. – Warum jedoch wird immer vergessen, dass man im Hause Gottes Gefäße jeglichen Wertes und jeglicher Größe braucht? Staunen wir stattdessen über die Güte der Vorsehung, die jedem die Mittel und Aufgaben so, wie es nottut und nach seinen Kräften zumisst. Gott weiß viel besser als wir, dass unsere Schwäche abgrundtief ist. Und ist er nicht immer bereit, uns, sobald er unsere guten Neigungen sieht, mit seiner Kraft zu umgürten? Wie zahlreich sind doch jene, die, ohne zu überlegen, sagen: Ich bin vielleicht keine berufene Seele ... Alle Seelen sind gerufen und wenn wir nicht auserwählt sind, ist das oftmals unsere Schuld!

Keineswegs bedarf es eines besonderen Engagements, noch dass man einen Habit trägt. Es ist auch nicht nötig, in ein Kloster einzutreten oder in ein besonderes Haus, um mit unserem Herrn Jesus Christus vereint zu sein. Heutzutage wagen viele es nicht, in das christliche Leben, in den vollkommenen Glauben einzutauchen, weil sie fürchten, dass man, sobald man ihre Frömmigkeit sieht, sie nicht mehr in der Welt leben lassen will. Was für ein schuldhafter und beklagenswerter Irrtum! ... Wann, oh mein Gott, wird er endlich aufhören? Nein, nichts von all dem ist obligatorisch. Was es um jeden Preis auszuschließen gilt, ist die triste und laue Gleichgültigkeit.

Wer der Lehre des Retters folgt und seine Werke tut, gehört ihm. Und seine Werke tut man in allen Handlungen, wo es einem um Gott geht und darum, ihm zu gefallen."

Alles spricht, wenn man liebt. Es gilt, den Willen Gottes in den kleinen wie in den großen Dingen zu akzeptieren. Wer liebt uns denn mehr als Gott? Und wen müssen mir mehr lieben als ihn?

Das Opfer ist das Glück! Geben wir dem göttlichen Meister alle unsere Dankbarkeit, alle unsere Liebe. Eine wahre, einfache und starke Frömmigkeit offenbart eine große Seele und indem wir uns kleine Opfer auferlegen, können wir dem Bösen widerstehen und die Tugend üben.

Viele sagen auch: Ich finde in mir kein Talent und ich merke ohne Weiteres, dass ich viel weniger Fähigkeiten habe, das heißt, ich habe viel weniger bekommen als irgendeine andere, die mir vor Augen gestellt ist, das erkenne ich wohl an ... und auch dass man nur das geben kann, was man hat ...

Hinsichtlich der Gaben, der Gnaden Gottes, ist es uns nicht gestattet, Vergleiche anzustellen, da Vergleiche niemals richtig sind und noch viel weniger, wenn es um göttliche Dinge geht. Gott ist der Herr seiner Gaben. Er verteilt sie folglich, wann und wie es ihm gefällt und an wen es ihm gefällt. Und ich füge hinzu: an diejenige Person, die sich am ehesten anschickt, sie zu empfangen, um ihn zu lieben. Jede Seele erhält ihren großen Anteil ... jede Seele wird mit Gnaden überschüttet.

Was also auch immer der Herr uns schickt, wir haben weder das Recht, uns zu rühmen noch uns zu beklagen. Doch haben wir immer die Pflicht zu danken, uns zu demütigen, zu preisen. Wenn wir wenig besitzen, pflegen wir das Wenige; wenn wir aber, im Gegenteil, viel erhalten haben (und da wir alles erhalten), pflegen wir das Viele. Der rechte Gebrauch aller Dinge ist eine Quelle des Reichtums, wogegen der Missbrauch dessen, was uns unbedeutend erscheint, eine offene Tür ist, die in die Mittellosigkeit, ins Elend führt. Möge also jede von uns sich so verhalten, wie es dem entspricht, was sie erhalten hat, wie es dem entspricht, was sie in jedem Augenblick vom himmlischen Spender erhält, und wie es dem entspricht, was er von ihr verlangt. Möge sie sich darum bemühen, sich an dem Ort und Platz und in dem Stand, in dem er sie haben will, zu heiligen.

Es gibt so viele Werte, bei denen man einen Rückzieher macht, wenn es um Vollkommenheit geht, und so viele andere, die man absichtlich missachtet.[1] Legen wir nach dem Vorbild der Witwe im Tempel unsere ganze Bedürftigkeit in die allmächtigen Hände Jesu. Übergeben wir ihm unsere ganze Bedürftigkeit und durch ihn wird sie zu einem großen Schatz werden. Das kleine Weizenkorn, das unseren Augen unscheinbar und glanzlos erscheint, umschließt doch in sich allein, in seiner ganzen Kleinheit, ein größeres Wunder als der Gipfel des Höchsten der Berge.

Jede Seele, die nach oben steigt, zieht andere mit sich! Die Welt findet weder massenhaft noch plötzlich zur Spiritualität, sondern in kleinen Schritten und individuell.

Ganz gewiss kann keine von uns so blind und so stolz sein zu glauben, dass es ihr selbst, aus eigener Kraft, gelingt, die Gesellschaft zu verändern ... aber die Individuen bilden die Gesellschaft. Wenn also jede Person, eine nach der anderen, die Wahrheit empfinge und danach lebte, würde dann nicht die Stunde kommen, wo der Fortschritt zum Guten, zum Göttlichen endlich geboren und sich entfalten würde? Man tut das Gute nicht, ohne dass es etwas kostet. Denken wir in unseren Kämpfen an Den, der sein

---

[1] Wörtlich: *Es gibt so viele Werte, die vor der Vollkommenheit zurückweichen, es gibt so viele andere, die absichtlich in der Unwissenheit verbleiben.*

Leben lang die Unendlichkeit der Widersprüche ertragen hat. Lernen wir von ihm die Beharrlichkeit im Kampf, ohne jemals den Mut zu verlieren. Wir können traurig werden, aber uns niemals abschrecken lassen. Wenn alle Christen ihre Kinder gemäß den Lehren der Kirche erziehen würden, hieße das nicht, den Sieg des Glaubens und der Moral vorzubereiten? Ist es hinsichtlich dessen, was uns selbst zukommt, nicht unsere Pflicht, ist es nicht gut und tröstlich (ohne den Anspruch erheben zu wollen, die Masse zu verändern), das Bewusstsein zu haben, dass wir, wenigstens wir, diese heilige Aufgabe ausführen wollen? Dies aber, indem wir uns darum bemühen, dass Gott geliebt werde, dass wir das Gute tun, und das möge immer in sehr diskreter Weise geschehen, ohne dass man versucht, etwas aufzuzwingen ... besonders in der Welt. Unsere Ratschläge seien Gebete, Zuneigung und nicht Befehle.

Erst im Himmel werden wir die Belohnung erhalten, die Frucht unserer Bemühungen! Hier auf Erden aber hat Gott in seiner Weisheit jeden von uns mit der Sorge um seinen Nächsten beauftragt und die Übung der Nächstenliebe ist die erste Pflicht. Wir müssen alle Seelen in ihren unterschiedlichen Situationen lieben, in ihren Ängsten, ihren Prüfungen, ihren Schwächen, ihren Klagen, ihren Anstrengungen und wir müssen sie aufrichten, indem wir sie auf den Weg bringen, der zu Gott führt. Gott verlangt von uns, dass die einen die Last der anderen tragen. Versprechen wir also dem höchsten König aus ganzem Herzen, die Nächstenliebe zu tun, wie er es will, selbst wenn wir nicht oft Gelegenheit dazu hätten. Übrigens fehlt es nicht an Gelegenheiten, wenn man nicht eine vorbeigehen lässt. Es geht nicht darum, noch besteht die Notwendigkeit, außergewöhnliche Taten zu vollbringen, sondern nur in Treue all das zu erfüllen, was Gott auf unseren Weg stellt, alles, was er in unsere Reichweite bringt. Dazu ist es unbedingt notwendig, dass wir in jedem Augenblick unseres Daseins und während unseres ganzen Daseins das, was wir glauben, in die Praxis umsetzen ... durch unser Handeln. Wir sind selbst die Schmiede unseres Glücks. Wer sich also weigert voranzugehen oder gar nicht versucht, es zu tun, schlägt bereits hier unten das Glück aus. Doch soll man deshalb nicht glauben, dass unser Leben nur aus Bitterkeit und Schmerz bestehen wird und dass wir gezwungen sind, in der Arbeit nur Schmerz und Traurigkeit zu erleben, ohne etwas zu erhalten, ohne Belohnung in der Gegenwart. Wir erhalten von Seiten Gottes, und zwar in jedem Augenblick, unendlich viel mehr, als wir geben können, da doch Gott sich in der Großzügigkeit niemals übertreffen lässt. Jeden Tag ernten wir die Früchte unserer Mühen, jeden Tag erhalten wir den Preis für unsere Arbeit. Öffnen wir die Augen zum Licht hin und dann werden wir sehen, ob Gott uns nicht hundertfach schon in diesem Leben vergilt, denn jede Arbeit erhält ihren Lohn, jede Mühe ihre Belohnung und das ist nur ein Zehntel von dem, was wir dort oben erhalten werden, wenn wir tapfer auf dem wahren Weg durchgehalten haben, wenn wir den guten Kampf gekämpft haben. Es liegt also an uns, aus dem Leben, das Gott uns gibt, ein Leben der Liebe, eine Pilgerschaft der Güte zu machen. Wir können es, wir müssen es. Man muss es wollen. Mögen alle unsere Handlungen im Blick auf die Ewigkeit geschehen, sei es im Opfer, sei es in der Buße, sei es im Kreuz ... Lehre uns, Herr, deinen Willen zu tun. Das Leiden ist, wenn man es nur in Gott sieht, der mächtige Antrieb für alles, was reinigt, heiligt; alles, was opfert[1], bessert, macht also glücklich. Die Prüfungen sind Gnaden, da Gott sie ja zu unserem Wohl schickt, deshalb müssen wir ihn in der Traurigkeit wie in der Freude preisen. Gott ist gut in allem, was er tut. Gewiss, die Unterwerfung unter seinen Willen bewahrt uns nicht vor der Traurigkeit, aber sie mindert sie, verändert sie, indem sie uns ihm näherbringt.

Ist nicht das einzige und wahre Glück zu spüren, dass die eigene Seele gut, rein, ganz in Gott ist und ihm gehört? Lebt man nicht glücklich und voller Hoffnung, wenn man so lebt, dass man sich nichts vorzuwerfen hat? Und um auf dieser Erde ein unbescholtenes Leben zu führen, muss man einen Preis bezahlen. Die Seele kann nur dann zum Gipfel der Liebe gelangen, wenn Opfer und Verzicht ihre Basis sind ... Und wenn Opfer und Verzicht in der Opferung am Kreuz bestehen, dann kennt und erfreut sie sich der reinen und göttlichen Freude der Seelen, die Gott besitzen. Die Tröstungen entsprechen unseren Leiden. Das wahre Glück, der wirkliche Friede herrscht nur auf dem Weg zum Kalvarienberg, aber das ist weder das Glück noch der Friede, wie die Welt sie wünscht, oder, besser gesagt, die sie sucht und doch nirgends findet. Die Schrift sagt ganz richtig, wenn sie sagt: „Die Ruchlosen finden keinen Frieden."[2] Wie gut es tut, und das immer mehr, wenn man aufsteigt, besonders, wenn das mitten in einer Prüfung geschieht! Indem man das Kreuz trägt, lernt man das wahre christliche Leben kennen, ich könnte sagen das Wesen, das Eigentliche des christlichen Lebens und die Weisheit des Heils. Je mehr eine Seele sich

---

1 Im frz. Text steht das Wort *sacrifier* (opfern). In einer Anmerkung wird darauf hingewiesen, dass man eigentlich eine Wiederaufnahme des Wortes *sanctifier* (heiligen) erwarten würde. (Anm. d. Übers.).
2 Jes 57,21 (wahrscheinlich vermittelt durch THOMAS VON KEMPEN, *Die Nachfolge Christi*, 2.6.1).

Gott nähert, desto mehr spiegelt sie das Licht wider. Erhebet die Herzen! Erhebet die Gedanken! Erhebet die Wünsche! Der heilige Hieronymus riet denen, die sich von ihm leiten ließen, „mit den Augen auf ihre Arbeit zu schauen und mit dem Herzen auf den Himmel". Ein anderer Heiliger sagte: „Wenn Gott zu dienen bedeutet, dass man regiert, dann ist für ihn zu leiden Freude."[1] Wir werden erst Anteil an der Seligkeit bekommen, nachdem wir Anteil an den Drangsalen hatten, die Jesus denjenigen zuteilt, die er liebt. Hier unten sind die Liebkosungen Jesu Prüfungen, Kreuze, aber aus den Prüfungen, Kreuzen werden süße Liebkosungen, wenn sie aus den geliebten Händen Jesu kommen. Eine leidende Seele ist weniger eine Seele, die der Herr geschlagen hat, als eine Seele, die er erwählt hat und die er liebt. Es ist die reine Wahrheit, dass die Seelen, die nach göttlichem Willen leiden, Freude haben werden in dem Maße, wie sie verstehen, welch wunderbaren Anteil er ihnen gegeben hat. Der Herr beschränkt weder seine Dankbarkeit noch seine Belohnung, niemals lässt er sich an Großzügigkeit übertreffen. Wie das Eisen im Feuer geprüft wird, so müssen auch wir durch alle Arten von Leiden geprüft werden, aber wenn wir Gott allein im Blick haben, wird das Leiden uns nicht beunruhigen ..."

Ich komme auf mein Thema zurück. Ich sagte doch, dass wir wie Gläubige glauben und handeln müssen. Was nützt der Glaube ohne Praxis? Was nützt die Praxis ohne die Werke? Ich will damit nicht sagen, dass alle Werke aller Christen in sich gut und lobenswert seien. Nein, nein!, denn nicht alle sind heilig und rein, nicht alle finden die Anerkennung Gottes, nicht alle basieren auf den göttlichen Geboten. Leider! Auch will ich keinesfalls sagen, dass alle Werke von Ungläubigen schlecht seien. Noch einmal nein, dreimal nein! Große Beweise bezeugen uns das Gegenteil. Ich möchte also noch einmal für uns anfügen: Achten wir auf uns, weil die Welt und ihr Modernismus uns gegen unseren Willen täuschen und faszinieren. Die Masse richtet ihre Augen dauernd auf uns ... Wir sind also verpflichtet, ein Beispiel zu geben dadurch, dass wir uns zum Guten, zu den Gipfeln hin ausrichten, erheben. Die Wirksamkeit des Beispiels ist

---

1 Sentenz des heiligen Franz von Borgia. Marthe hat den heiligen Franz von Borgia sicher nicht im Original gelesen, konnte ihm aber in einer geistlichen Zeitschrift begegnen. Vgl. Einf. S. 3. (Francisco de Borja, 1510–1572, span. Adliger, Vertrauter Kaiser Karls V., fiel schon im weltlichen Leben durch seine Tugendhaftigkeit auf. Nach dem Tod seiner Frau schloss er sich den Jesuiten an. Verzichtete auf Besitz und kirchliche Privilegien. Aufgrund seiner tiefen Frömmigkeit und Strenge gegen sich selbst allseits geschätzt, wurde er 1565 zum dritten General des Ordens gewählt. Trug bei zur Ausbreitung der Gesellschaft Jesu, war Berater der heiligen Teresia von Avila. 1671 von Papst Clemens X. heiliggesprochen. Anm. d. Übers.).

von großer Tragweite und fromme und heilige Handlungen können nicht immer unbemerkt bleiben. Das heißt nicht, dass man sie mit großem Aufwand bekannt machen soll, weit gefehlt. Das Sprichwort sagt: Das Gute ist nicht laut und der Lärm bringt nichts Gutes hervor.

Manchmal ist es von Nutzen, dass die edlen Handlungen, dass die großen Opfer, dass die frommen und heroischen Existenzen aus dem Schatten heraustreten und bekannt werden, damit man sie nachahmen kann.

Ich habe weiter oben gesagt, dass wir vor Gott und den Menschen echte Christinnen sein müssen. Man zündet kein Licht an, um es unter den Scheffel zu stellen. Dieses Licht, das ist die Klarheit des guten Beispiels. „Möge euer Licht unter den Menschen leuchten, damit sie, wenn sie eure guten Werke sehen, euren Vater, der im Himmel ist, preisen."[1] Die Demut darf uns nicht vergessen lassen, dass wir die anderen durch unsere guten Beispiele erbauen müssen. Achten wir nicht auf den Spott. Was auch immer wir tun, es wird immer etwas geben, das kritisiert werden wird. Vergessen wir vor allem nicht, dass wir kein Ziel verfolgen. Der liebe Gott braucht uns nicht und auch niemand anderen. Er braucht unseren Lobpreis nicht, aber in seiner unendlichen Güte will er sich unserer gerne bedienen. Er lässt es sich angelegen sein, unsere Gebete zu hören, sie zu erhören und unseren Lobpreis entgegenzunehmen.

Zur gegenwärtigen Stunde, wo überall vom Bösen die Rede ist, wo es überall in aller Öffentlichkeit ausgebreitet, ich würde sogar sagen, ermutigt, bezahlt, durch Abstimmung genehmigt wird! Wie viele verschiedene Anhänger hat das Böse auf allen Ebenen der Gesellschaft! Haben wir keine Angst, es zu sagen: Die Verderbtheit und das Böse haben dreiste Apostel und Anstifter auf ihrer Seite, die nie aufgeben und vor keinem Hindernis, vor keiner Schwierigkeit, vor keiner Mühe und auch vor keiner Person zurückweichen ... außer vor der Wahrheit. Egoismus und Stolz entfalten sich in beklagenswertem Umfang. Wir, wir sind die Arbeiter des lieben Gottes. Unsere Aufgabe ist es also, diesen Zustand zu beenden. Wie? ... Durch ein aufbauendes Verhalten und Handeln; durch Liebe, Gebet und Nächstenliebe. Ja! Liebe und Nächstenliebe mögen in jeder von uns im Übermaß vorhanden sein. Lieben wir! Verwirklichen wir jene tiefe Definition des Wortes: Lieben ... Das geistliche Leben steht auf der Grundlage der Liebe. Sie führt uns zur Nächstenliebe, zur Hingabe, zur Selbstverges-

---

[1] Mt 5,16.

senheit. Schrecken wir vor dem Bösen zurück, aber haben wir Mitleid und seien wir barmherzig mit denen, die es begehen. Jesus hat gesagt: „Selig die Barmherzigen; denn sie werden Erbarmen finden."[1] Wie können wir wissen, dass wir uns in unseren Urteilen nicht täuschen, wenn wir doch so leicht und so oft in vielen Punkten vom rechten Weg abweichen? Verurteilen wir niemals unseren Nächsten, das steht uns nicht zu. Die Personen, über die wir abfällig reden, können so viele Entschuldigungen haben, die nur Gott kennt. Ahmen wir den guten Meister nach und seien wir immer der Barmherzigkeit zugetan. Wenden wir uns vom Bösen ab. Denken wir aber daran, wenn es uns unter die Augen kommt, dass wir es vielleicht noch schlimmer treiben würden, wenn Gott uns nicht an der Hand hielte.

Wir müssen nicht überlegen, was in zehn oder fünfzehn Jahren zu tun ist, wohl aber versuchen, das Vordringen des Bösen durch entgegengesetztes und sofortiges Handeln zu bremsen. Glückselig die tapferen Diener, die fähig sind, es mit allen Prüfungen aufzunehmen. Hat der Meister nicht gesagt: „Selig, die um der Gerechtigkeit willen verfolgt werden; denn ihnen gehört das Himmelreich"[2]? Die Selbstlosigkeit ist die Triebfeder, die über die Erde erhebt. Wenn man Kummer hat, wenn man vielem Schmerz ausgeliefert ist, dann betet man am besten, denn die Liebe ist das schönste Gebet. Preisen wir immerfort die unbegreifliche Hand des Herrn, die immer segnet, selbst wenn sie ihre Diener und ihre Auserwählten zermalmt.

Es gibt so viele missachtete Werte, so viele beeinträchtigte Werte. Beten wir, tun wir Buße und Gott wird sich anrühren lassen. Die Praxis der Tugend hat einen heilsamen Einfluss. Sie weckt sogar in den am meisten verhärteten, in den rebellischsten Herzen das Gefühl der Großzügigkeit, erhabene Begeisterung, aufrichtige Zuneigung.

Neben dem übertriebenen Luxus braucht es Seelen, die kämpfen und die sich selbst vergessen; neben denen, die nur an Vergnügungen und Befriedigung der Bedürfnisse durch Geld denken, braucht es diejenigen, die beten und wachen; neben den Unabhängigen und Stolzen braucht es solche, die sich im Schatten und in der Stille hingeben und opfern.

---

[1] Mt 5,7.
[2] Mt 5,10.

Mehr als je zuvor richtet das Ausland seine Augen auf uns und beobachtet uns auf eine beunruhigende und grausame Weise. Frankreich wird in allem verspottet und überwacht, weil man es für verlogen hält. Das verdienen wir zwar in gewisser Weise, weil wir eine geschmacklose und skandalöse Mentalität zur Schau tragen, die jeglichen Ideals entbehrt. Das Ausland stützt sich auf den Augenschein, auf unsere äußerlichen Sitten, in einem Wort: auf die Oberfläche. Und die Oberfläche riecht bei uns nach Unglaube und Unordnung. Aber was das Ausland sieht, was es kennt und verurteilt, das ist nicht Frankreich, das ist nicht das wahre! Das wahre Frankreich, das versteht es nicht, das kann es nicht verstehen! Denn es ist zu tief. Seinen geheimen und innersten Grund gibt es nicht preis ... Mit einem sehr französischen und geschmackvollen Takt lässt es ihn in der Verborgenheit. Die Diskretion, das ist eine Geisteshaltung! Frankreich ist unverstanden, weil es missverstanden ... oder besser: falsch verstanden wird. Was sich dem Blick entzieht, entgeht nicht dem Herzen! Aber man kennt das Herz Frankreichs nicht, man kennt die Seele Frankreichs nicht. Unsere französische Seele gehört uns, das ist unser Gut, unser Ruhm, unsere Ehre. Es ist unsere Pflicht, sie nicht auszuliefern. Sie gehört Gott ... Aber es ist auch unsere Pflicht, sie aufscheinen zu lassen, damit sie respektiert wird. Es ist gut, der Welt, die uns verachtet und sich uns als Herr aufdrängt, zu zeigen, dass unsere französischen Tugenden, dass unser christliches, tapferes und großherziges Geschlecht nicht tot sind, besonders jetzt, wo jenseits der Grenzen und beinahe auf unserem Boden das französische Denken kritisiert, die Idee Frankreichs mit Misstrauen geschmäht, seine Moral diskreditiert, sein Geschmack plump verdammt wird. Zeitungen aller Art von uns zirkulieren im Ausland und werden dort um die Wette gelesen, besonders unsere schlechten Romane, und wir werden durch sie sehr schlecht beurteilt. Alle diese Zeitungen, alle diese unmoralischen Bücher, von denen es in allen Ländern nur so wimmelt, werden in den meisten Fällen von Franzosen in Umlauf gebracht, die das nur noch dem Namen nach sind. Ich wage nicht zu behaupten, dass sie bewusst schuldig sind ... Sie sind gewiss nur verblendet, „sie wissen nicht, was sie tun"[1], aber die Tat bleibt deshalb nicht weniger bedauerlich und verwerflich.

Heroische Taten, bewundernswürdige Taten und große Heilige gibt es ziemlich viele in Frankreich und mehr als überall sonst, so dass man sich

---

[1] Vgl. Lk 23,34.

also nicht nur an unsere schlechten Bücher halten muss, um uns zu beschmutzen und zu erniedrigen. Es ist unsere Aufgabe, ihr französischen Christinnen, uns von ganzem Herzen und mit ganzer Seele für die moralische Wiederaufrichtung, für den guten Ruf unseres edlen Frankreichs einzusetzen. Es ist unsere Aufgabe, es in seinem Geist, seiner Religion, seinem Glauben zu verteidigen ... in allem, was seine Würde, seine Loyalität, sein Christentum ausmacht. Wie, wird man fragen? Durch unser Verhalten, durch unsere Frömmigkeit, durch unsere Gebete. Was vermag ich ganz allein, werdet ihr vielleicht sagen? Werdet ihr allein sein? Und außerdem, selbst wenn ihr allein wärt, um richtig zu handeln, solltet ihr deshalb etwa nicht weitermachen? Genügt nicht ein schwacher Funke, um einen riesengroßen Brand auszulösen? Reicht es nicht, dass ein einziges Herz von Liebe überströmt, damit tausend andere dadurch erfüllt werden? Und dann bewirkt ein einziger guter Wille, dass sich sofort Massen erheben.

Wurde das Herz der kleinen Kinder nicht dafür geschaffen, dass sie beten, dass sie lieben? Warum gibt es so wenige, die beten? Dabei ist das Gebet der Kinder allmächtig. Nichts Schöneres ist zu Gott aufgestiegen als das Gebet der Kinder. Mehrere im Gebet vereinte Kinder bewirken Wunderbares für den Himmel. Oh Mütter! Sorgt dafür, dass eure Kinder das Gebet lieben, und Gott wird in euch seine Herrlichkeit finden. Seid gewiss, dass die Engel inmitten der Kinder beten und mit ihnen bitten.

Säen wir, lassen wir die gute Saat in den Seelen keimen und Gott wird unsere bescheidenen Anstrengungen und unsere Gebete segnen. Er wird seinen göttlichen Tau ausgießen und die Ernte wachsen und reifen lassen. Zum Wohl und Heil der Seelen zu arbeiten, heißt, sein Glück in dieser Welt und im Himmel zu sichern, „doch vor allem gilt es, die eigene zu heiligen". Vergessen wir nicht, dass wir nur armselige Dienerinnen sind, dass Gott uns benützt, dass wir ohne ihn aber nichts vermögen.

Wir müssen gegen eine schlechte Strömung anschwimmen und es ist absolut notwendig, einen Zusammenschluss von Eliten zu schaffen. Ja, wir brauchen, wir bedürfen einer Elite in der Pfarrgemeinde, wie klein sie auch sein mag, einer jedoch von Aufrichtigkeit geprägten, in hohem Maße treuen und hingegebene Elite, die wirklich den Geist der Gemeinde hat (was keineswegs eine Kirchturmpolitik bedeutet), die tief christlich und großherzig ist. Alles Tun in der Gemeinde muss Nächstenliebe, brüderliche Nächstenliebe sein unter ihren Mitgliedern und gegenüber allen. Die Pfarrgemeinschaft muss in allem Güte, Geduld atmen, alles auf Gott beziehen und ihm alles geben. Überall müssen wir Quelle des Lebens sein, Fackeln der Reinheit inmitten einer unabhängigen Gesellschaft mit einer lockeren Moral. Durch gesunden Einfluss voller Takt und Feingefühl wird es uns langsam gelingen, einige Faktoren zu verändern. Die Seele in den Freundschaften, gerade das macht die Überlegenheit der Nächstenliebe aus, eine Seele, die sich mit den Seelen verbindet im Blick auf Gott. Wir müssen lernen, in unserem Nächsten das Beste zu sehen, und wir müssen es verstehen, von uns selbst das Beste zu geben. Die Schrift sagt: „Seid heilig, ihr, die ihr das Gefäß des Herrn berührt."¹ Seien wir heilig, wir, die wir das Verlangen haben, Gott zu lieben, ihn von anderen geliebt zu wissen und den Seelen Gutes zu tun. Um zu handeln, muss man in sich gehen; um nach außen hin zu arbeiten, muss man an seinem Inneren arbeiten und auf die Stunde Gottes warten. Um aktiv sein zu können, bedarf es einer ganzen Tiefenarbeit: „Seid innerlich, wenn ihr fruchtbar sein wollt." Wenn man in den Dienst eintritt, muss man Maria sein wollen, bevor man Marta ist, und immer und in allen Dingen die Rolle Marias mit der von Marta verbinden. Mit einem Wort, unser Leben möge innerlich sein, wenn wir wollen, dass es fruchtbar ist, und unsere Anstrengungen seien kontinuierlich am Ideal orientiert. Der heilige Bernhard hat gesagt: „Seid ein Reservoir, bevor ihr ein Kanal seid." Nur um uns zu vervollkommnen, uns selbst zu heiligen, haben wir die Pflicht, zum Wohl der Seelen zu arbeiten, und nicht, damit wir gesehen werden und uns aufwerten. Abtötung und Demut gewähren uns Schutz. Lassen wir uns von denjenigen nicht beeinflussen, die auf und gegen alles eifersüchtig sind. Was auch immer wir tun, die Eifersucht wird immer ihre unseligen Verheerungen anrichten. In der Freude heiligen Handelns wie auch in unumgänglichen Schwierigkeiten mögen aus unseren Herzen jeweils in reinster Absicht unsere Bitten und unser Dank zu Gott emporsteigen: Herr, schenke uns den wahren Glauben, um am wahren Leben Anteil zu haben, und schenke uns, dass wir es denen weitergeben, die wir lieben, damit auch sie am ewigen Leben teilhaben. Du, oh Jesus, hast uns gesagt: „Ich bin gekommen, damit sie das Leben haben und es in Fülle haben."²

Und wenn in unserer Nähe eine von Schwierigkeiten, Trauer, Krankheiten heimgesuchte Person den Himmel anklagt, indem sie zu uns sagt, es gebe gar keinen Gott oder dass er ungerecht sei ... oder sogar: „Wenn

---

1 Vgl. Jes 52,11 (Vulgata; gewiss vermittelt durch THÉRÈSE DE L'ENFANT-JÉSUS, Ms A fol. 79v).
2 Joh 10,10.

Gott gut wäre, hätte er mich dann so geschlagen? Denn letztendlich habe ich nichts getan, um das zu verdienen. Was habe ich ihm getan, dem lieben Gott? Wenn es diese oder jene Person wäre, würde ich es verstehen, aber ich ..." Oh! Dann sagen wir ihnen, diesen armen Seelen, dass sie Gott lästern, wenn sie so reden und dass in dem Augenblick, wo sie solche Äußerungen tun, Gott, den sie beleidigen, ihnen gegenüber einen ganz besonderen Erweis seiner reinen Gnade erbringt; dass er, wenn er wollte, sie gnadenlos und für immer zerstören könnte und dass er stattdessen abwartet, vergibt, mit seinen armen undankbaren Geschöpfen Erbarmen hat! Sagen wir auch, sofern wir es können, dass Gott uns gerade deshalb schlägt, weil er gut ist und dass er selbst nur einen geliebten Sohn hat und dass er ihn für uns geopfert hat. Und dass der göttliche Gottessohn selbst gesagt hat, niemand komme zum Vater außer durch ihn, womit er sagen wollte, dass wir nur in den Himmel gelangen können, wenn wir ihn in dem Maße, wie es unsere Schwachheit erlaubt, nachahmen. Er hat beteuert, dass er diejenigen, die er liebt, züchtigen und dass er seine Freunde prüfen werde. Ist es nicht unsere eigene Erfahrung, dass diejenigen, die wir am meisten lieben, uns oftmals am meisten Schmerz verursachen? Und denjenigen, die, wenn wir durch Unglück oder Leiden heimgesucht werden, zu uns sagen: Was bringt es euch, Gott zu lieben und zu beten, da er euch ja doch nur Prüfungen schickt?, antworten wir, dass nach der Aussage Gottes Prüfungen Gnaden sind und dass wir fest daran glauben und dass uns das viel bringt, weil es uns einen Schatz bereitet, der uns an der Pforte des Himmels erwartet. Oft und oft wiederholt man uns, dass die Gottlosen die Existenz Gottes leugnen und dass sie nicht unglücklicher sind als wir, die wir glauben und beten; dass ihre Geschäfte ebenso gut laufen wie die der guten Christen, ja oftmals sogar besser; dass sie das Böse tun und nicht mehr bestraft werden als jene, die das Gute tun; dass sie nicht mehr Prüfungen, mehr Krankheiten haben; dass ihr Tod nicht grausamer ist; dass, wenn Angst ihn begleitet, auch der von Christen nichts Angenehmeres hat; dass die Sünder ebenso glücklich sind wie die Tugendhaften, dass diejenigen, die das Leben genießen, sich eines ebenso großen Friedens erfreuen wie diejenigen, die sich abtöten. Oh! Versuchen wir nicht, die Geheimnisse Gottes zu ergründen, sie sind undurchschaubar. Antworten wir aber einfach, dass die Gebete und die Verdienste der Gerechten ein Gegengewicht zu so vielen Beleidigungen darstellen und den mächtigen Arm Gottes zurückhalten. Es sind die großen Opfer, die Gott sich aussucht, die Aufopferung jener Seelen, die er ruft: Priester,

Jungfrauen, Missionare, Ordensfrauen, etc. Was sind, überhaupt, ein paar Jahre Leiden für Gott? Hat er nicht alle Macht, um diejenigen, die er erwählt hat, wieder aufzurichten, um die Seelen, die er sich zum Opfer dargebracht hat, wieder aufzurichten? Und außerdem bestünde nicht mehr die Möglichkeit des Verdienstes, wenn Schmerz und Opfer hier unten immer belohnt und Verbrechen und Laster immer bestraft würden.

Der Himmel muss verdient und erkauft werden und gerade aus unseren Werken zieht Gott die Juwelen für unsere Krone. Haben wir keine Angst, wir, die wir den Glauben haben. Betrachten wir den tiefen Frieden und die tiefe Freude, die inmitten der Prüfungen in der gottgeweihten Seele aufstrahlen. Der Friede des Bösen ist nur ein scheinbarer und nur eine unglückliche Verblendung; denn ein unglücklicher Gottloser kann sich noch Verdienste erwerben, ein Gottloser aber, der glücklich ist, hat allen Grund zu zittern.

Sprechen wir wie Weise, lieben wir wie Kinder Gottes, leiden wir wie Heilige. Wir wissen, dass der Herr uns liebt und < dass > wir seine Trösterinnen sind und dass es ganz und gar reicht zu lieben, um zu ihm zu kommen, da er ja gesagt hat: „Meine Kinder, liebt einander, wie ich euch geliebt habe, vergebt euren Feinden, betet für die, die euch Kummer bereiten, tut Gutes denen, die euch nicht lieben, vergeltet Böses mit Gutem."[1]

Wie die kleinen Bienen, die den ganzen Honig, den sie von den Blüten sammeln, zum Bienenstock bringen, so müssen wir, eben auch wir, alles zu Gott bringen und ihm alles geben, indem wir uns mutig der Freiheit, der Lebendigkeit unseres Glaubens überlassen. Und ich habe die feste Hoffnung, dass keine aufrichtige Anstrengung, kein frommes Wort, kein Gebet vergeblich sein wird. So wie es ein anderes Martyrium gibt als das des Blutes, gibt es auch eine andere Fruchtbarkeit als die der Mutterschaft.

Frankreich ist die älteste Tochter der Kirche.
Frankreich ist das bevorzugte Vaterland der Jungfrau Maria.
Frankreich ist die Wiege der Heiligen.
Frankreich muss der Tempel des Lobes Gottes sein.

Lieben wir Gott, helfen wir, ihn bekannt zu machen und zu lieben. Er soll in unserer Umgebung nicht mehr der große Unbekannte sein. Was macht es, wenn wir unser Herz zerreißen und unser ganzes Leben einsetzen müssen! Wir werden glückselig sein, wenn wir dafür leiden müssen!

---
1 Vgl. Joh 13,33f; Lk 6,27f; Röm 12,14.17.21; 1 Petr 3,9.

Unser Herr ist selbst auf die Erde gekommen, um den Absichten seines Vaters zu dienen, um zu bewirken, dass er geliebt werde, um seinen Ruhm zu verkünden.

Gott lieben, dazu beizutragen, dass er geliebt werde, heißt, eine Krone für den Himmel gewinnen. Frankreich lieben, dazu beitragen, dass es geliebt werde, heißt, dieser Krone ein Schmuckstück hinzufügen.

Wie gut es ist! Und wie es immer besser wird, daran zu denken, dass Gott unser aller Vater ist, dass er in jedem Wesen gegenwärtig ist, dass alle Menschen Brüder sind, vor allem die Christen, da nicht nur eine Verwandtschaft der Herzen besteht, sondern auch der Seelen. Deshalb kann und darf uns das Heil keines Geschöpfes gleichgültig lassen.

Haben wir Achtung vor jedem Vaterland und denken wir daran, dass es im Himmel bei Gott nur ein einziges Vaterland für alle Seelen gibt. Geben wir diesen Respekt an die Kinder weiter. Bringen wir ihnen bei, sich zu überwinden, sich hinzugeben, sich zu vergessen, stark zu sein. Nur derjenige, der sich seiner selbst erfreuen will, ist unglücklich und ich erinnere mich nicht mehr, wer gesagt hat: „Der Mensch ist zum Sünder geworden, indem er sich selbst suchte, er ist unglücklich geworden, indem er sich fand."[1]

Zeigen wir uns in allem und in jedem Augenblick tapfer und so, wie Seelen sein sollen, die den Herrn, unseren Gott, lieben; in unseren Worten, unserem Glauben, durch Einheit im Gebet, Einheit der Herzen und der Seelen, durch Hoffnung, Vertrauen und Nächstenliebe.

Da Gott Nächstenliebe ist, kommt es uns zu, deren Arbeiterinnen zu sein und sie in unserer Umgebung zu bezeugen. Gleichen wir unser Leben dem Leben Jesu an, bleiben wir vereint in ihm durch eine treue Liebe. Dann wird er an uns dieses erhabene Wort verwirklichen: „Dem geringen Vertrauen geringe Güte, dem grenzenlosen Vertrauen Güte über alle Maßen."

Die Gnade Gottes möge für alle Zeit in euch bleiben durch Jesus Christus, unseren Herrn, und die Tugenden Mariens mögen in euch immer im Überfluss vorhanden sein. Amen.

---

[1] Vgl. Bossuet, *Traité de la concupiscence*, Kap. 11. Bekannt wahrscheinlich durch ein frommes Buch oder eine Spruchsammlung

Im gleichen Glauben vereint, von derselben Hoffnung belebt, von derselben Liebe verzehrt, vereinbare ich mit euch allen ein heiliges Wiedersehen im Himmel.

Ich überlasse euch Jesus.   M.R. 23. Januar 1930 (Donnerstag).

Der Dämon[1] kichert schaurig in meine Ohren und flüstert mir gnadenlos und ohne Ruhe schändliche Worte ein. Er sagt mir, dass ich nicht glauben soll, es werde für mich einen Platz im Paradies geben. Er sagt mir auch, ich solle mir nicht einbilden, Gott liebe mich. Er greift mich auch durch Durst an, indem er mich grausamen und übermäßig starken Durst verspüren lässt, was für mich eine sehr schmerzliche Qual ist. Und wenn man mir etwas zu trinken bringt, fühle ich einen solchen Widerwillen, dass ich mir große Gewalt antun muss. Abgesehen davon, habe ich viel Mühe und Schwierigkeit, ein wenig Flüssigkeit zu schlucken. Ich empfinde einen so lebhaften Schmerz, dass ich schreien muss, auch wenn ich es nicht will. Er versucht mich auch durch die Bewegungslosigkeit, zu der ich ohne Alternative durch meine Behinderungen verurteilt bin. Er tut es, so scheint mir, indem er mir den brennenden Wunsch eingibt, darum zu bitten, dass man mich aufrichte, dass man mich ein wenig aus meinem Bett ziehe, um es mir leichter zu machen. Ebenso, indem er versucht, mich dazu zu bringen, dass ich mir wünsche, mich verändern, mich selbst in eine andere Lage bringen zu können, um meine Schmerzen zu beenden. Und wenn meine liebe Mutter mich in eine andere Lage bringen, mich aus dem einen oder anderen Grund ein wenig aufrichten muss, würde ich mich am liebsten vor ihr verstecken, damit sie mich nicht anrührt! So schmerzhaft ist die kleinste Bewegung für mich. Und mein Entsetzen ist manchmal so groß, dass ich um Gnade und Erbarmen rufen möchte.

Aber du, oh zärtliche und so mitfühlende Jungfrau Maria, wachst über dein kleines Kind und ermöglichst durch deine gnadenvolle Hilfe, was seiner schmerzhaften Gebrechlichkeit unmöglich erscheint.

Wenn Mama sich in der Nacht im Schlaf umdreht[2], erschauert mein ganzes Wesen in einem schrecklichen Schmerz, der mich verkrampft und

---

1   Bei der Handschrift handelt es sich bis zur S. 67 um die von Frau Perrossier, einer Bewohnerin von Châteauneuf. Sie und ihr Ehemann, Michel Perrossier, waren treue Pfarrgemeindemitglieder und Helfer von Pfarrer Faure. Michel Perrossier wird für Pfarrer Faure das Schloss kaufen, das die Schule und dann das Foyer werden wird.
2   Zu dieser Zeit teilte Marthe ihr Zimmer mit ihrer Mutter, bis zu deren Tod im Jahre 1940.

bis zur Atemnot führt, so sehr muss ich mir selbst und der Versuchung trotzen, die so weit geht, dass ich mir sage: Schau, sie ist nur müde, nichts tut ihr weh und sie dreht sich einfach um. Und du liegst auf deinen Unebenheiten und auf Feuer, ganz hingeworfen und wund, wie gerädert durch Gebrechen und grausamste Leiden, du kannst dich nicht ein einziges Mal bewegen.

Oh Güte und grenzenlose Herablassung meines Gottes, dem ich unablässig danke, es stand bis zum heutigen Tag nicht in seiner Macht, mir eine Klage, ein Murren wegen all seiner jämmerlichen Angriffe zu entreißen.

Ganz demütig werfe ich mich in die Arme meines zärtlichen Jesus und meiner guten und göttlichen Mutter, nehme Zuflucht und stütze mich voller Vertrauen auf ihre allmächtigen Herzen. Gott ist seinen armen kleinen Geschöpfen, über die er wacht, so nahe.

Mein Gott, in allem möge dein Wille geschehen und nicht der meine, oh Gott der Liebe. Wohlan! *Fiat* und danke.

Man erkennt, dass man Gott wahrhaft liebt, wenn man bereit ist, für ihn alles zu leiden, alles zu ertragen! ... Jesus erkennt seine wahren Freunde am Kreuz.

Nichts lässt uns mehr reifen als großer Schmerz.[1]

Ich strebe nur danach, verborgen und gut zu leben. Mein anbetungswürdiger Jesus, oh göttliches Vorbild der Vollkommenheit, der du in mir lebst, der du mich leitest, der du mich unterweist, mache, dass alle, die zu mir kommen, getröstet wieder weggehen, wenn sie weinen, aufgebaut, wenn sie niedergedrückt sind, für Tage beglückt in der Erinnerung an ein Wort, an einen Blick, an ein Lächeln.

Geben, mich liebend hingeben.

Ich liebe alle, weil ich Gott darum gebeten habe, es zu können, es zu verstehen, und je besser ich sie kenne, desto mehr liebe ich sie. In jeder Person sehe ich so viele Qualitäten der Seele und des Herzens!

Mein geliebter Jesus, schütze mich in deiner unermesslichen Güte und stütze mich, wie es deiner Barmherzigkeit entspricht. Jesus, ich liebe dich. Lass das Feuer deiner Liebe in mir größer werden.

---

1 Vgl. A. de Musset, *La nuit de mai*, V. 96 (Pelikanallegorie) (vermittelt wahrscheinlich über ein frommes Buch oder eine Spruchsammlung). Siehe auch schon S. 53 Anm. 1 und S. 87 Anm. 2.

Oh Jungfrau Maria, sanfte Herrscherin, sage bitte deinem göttlichen Sohn Jesus, dass ich mich vor Liebe verzehre.

Amen.

↑ 6. April 1930 (Sonntag)

Meine Seele seufzt in der kalten und tristen Stille einer Nacht, in der absolute Finsternis herrscht.

Diese bodenlose innere Einsamkeit hält schon mehrere Wochen an.

Mein Gott, ich liebe dich! Diese bittere Einsamkeit steigert meine Liebe immer mehr ... Oh! Ich leide, ich leide sehr, aber ich bitte nicht darum, dass mir das abgenommen wird. Nie habe ich mich nach Tröstungen, nach Annehmlichkeiten gesehnt noch darum gebeten. Ich fühle mich viel zu unvollkommen und zu gering, als dass ich es wagen würde, Anspruch darauf zu erheben. Die Verborgenheit passt viel mehr zu meiner extremen Bedeutungslosigkeit! Nur die Heiligen, oh mein Gott, sind deiner Gunsterweise würdig. Ist es nicht schon zu viel der Güte, zu viel der Zärtlichkeit von Seiten deiner hochherrlichen Majestät, dass du so gutherzig warst, dich deinem kleinen Opfer so oft und unverhüllt zu zeigen, es mit Glanz und Herrlichkeit zu umgeben, es mit Wonnen zu berauschen, die die Natur nicht auszudrücken vermag?

Ich weiß, oh Gott der Liebe, dass du unendliche Großherzigkeit bist und dass eine Flut von Schmerzen die offene Tür zu einer Flut von Gnaden ist.

Auf dieser kalten Erde ersticke ich. In welche Richtung auch immer ich mich drehe, immer blutet mein Herz. Ich weiß aber auch, dass ich, da ich ja der Liebe ganz ausgeliefert bin, nicht mehr aus der Natur leben muss, sondern ganz und gar im Übernatürlichen.

Ich möchte, dass in meinem Herzen für nichts anderes mehr Raum sei als für die Vergebung und die Liebe, bin ich doch nur noch die kleine Seele des lieben Gottes.

Gott lässt die Flammen des Schmerzes in mir jeden Tag feuriger brennen, die Sturzflut wird immer größer. Von Tag zu Tag ist mein Körper zerschlagener, mein Herz trostloser, meine Seele mitgenommener. Ich hätte es so nötig, mein Haupt an die Schulter eines Freundes zu lehnen.

Mein süßester Jesus, vermehre meine Leiden nur, um meine Liebe zu steigern. Durch Leiden gelangt das Herz zu größerer Tiefe als durch Freude! ... Ach! Wie stark die Liebe doch ist in Verbindung mit Schmerz, mit Prüfung; aber Prüfungen und Leiden sind ohne Liebe kaum etwas wert. Das Werk des Leidens ist die Liebe; allein die Liebe vergöttlicht das Leiden und macht es fruchtbar. Jesus wacht eifersüchtig über die Schönheit einer Seele. Daher soll man nicht erstaunt sein, dass er, wenn er eine für sich allein erwählt hat, ihr alles wegnimmt, was sie an die Welt ketten und von ihm fernhalten könnte. Ja, Gott ist unglaublich eifersüchtig. Mittels Drohungen und Ermahnungen hat er seine göttliche Eifersucht auf dem Berg herausgeschrien! ... Auf dem Kalvarienberg hat er sie voller Liebe herausgeschrien durch seine Tränen und durch sein Blut. Oh göttlicher Liebhaber der Seelen, wie schön, wie gut und lieblich es ist, einzig dich zu lieben! ...

Anbetungswürdiger Jesus, wenn du mich im Griff des Schmerzes mit deinen starken Händen zermalmst, dann geschieht das, damit wir kein anderes Angesicht suchen als dein blutendes; keine anderen Augen, um sie zu lieben, als deine Augen, keine anderen Lippen zum Küssen als deine Lippen, keine andere Schulter, um unser leidendes Haupt anzulehnen, als deine von Peitschen zerfleischte Schulter, keine anderen Hände und Füße, um sie zu liebkosen, als deine von Nägeln durchbohrten Hände und Füße, keine anderen Wunden, um sie zu pflegen und zu heilen, als deine immer noch blutenden göttlichen Wunden, keine anderen Herzen zum Liebhaben als dein anbetungswürdiges Herz.

Ach! Wie doch die Liebe die Liebe ruft. Mein Geliebter, du und einzig und allein du!!! ... Werde ich jemals deine Hand, die mich schlägt, genug lieben können und werde ich jemals deine Hände, die mich so sehr leiden lassen, genug mit Tränen der Liebe überfluten können?

Das teuflische Wesen quält mich schrecklich, auf alle Art und Weise. Voller Zorn hat es mich mehrmals „Du Verfluchte!" genannt und aus ganzer Seele konnte ich ihm antworten: „Hau ab, du unerträglicher Tyrann, du bist nicht mein Herr und ich bin nicht deine Sklavin."

Eine einzige Seele, die in demütiger, heiliger, erhabener Weise leidet, wäscht ganz allein Fluten von Schandtaten weg.

↑ 9. April 1930 (Mittwoch)

12. April 1930

Heilige Kommunion. „Wie der Hirsch lechzt nach frischem Wasser, so lechzt meine Seele und dürstet nach dir, oh mein Gott."¹ Meine Seele dürstet nach dem Gott der Liebe! Gestern gab ich, am Ende meiner Kraft, eingetaucht in bitterste Bitterkeit und erdrückt von der Last wahrhaft fühlbarer Schmerzen, unter dem Leiden, unter dem Kreuz nach! Als ich des eucharistischen Brotes, des göttlichen Brotes der Engel, des geheimnisvollen Brotes, das stark macht, nicht länger entbehren musste, ist Jesus mit einer so sanft berührenden Liebe in mich gekommen! Jesus hat meine Seele mit einer so großen Zärtlichkeit und einer Liebe, die alles sagt, erfüllt. Jesus kommt und lebt in mir und meine Seele und mein Herz werden ruhig, getröstet, glücklich. Jesus! ... Da verschwindet dann jede Qual, jede Not, jede Enttäuschung. Jesus hat gesagt: „Es ist meine Wonne, in einem Herzen zu wohnen, das mich ruft!"² Oh Wahrheit, die du Gott bist, mache, dass ich eins bin mit dir in einer ewigen Liebe. Jesus, du hast ein wenig von deinem lieblichen Licht in meiner Seele aufleuchten lassen, einen raschen Blitz in meiner traurigen Nacht, und ich bin ganz getröstet.

Ich leide und bete an und ich bete an und liebe. Oh mein Geliebter, dein kleines Opfer wird unter deiner göttlichen Umarmung fast ohnmächtig vor Glück!

Jesus, Jesus, dein Kuss verbrennt mich. Oh mein Gott! Die Erde ist zu eng für meine Liebe. Was sind die leeren Tröstungen menschlicher Weisheit neben den reinen Gedanken des Himmels? Niemand kann mich trösten, doch mein zärtlicher Meister will, dass nur er es tut.

Die heilige Eucharistie lehrt mich das Geheimnis meiner Leiden, meiner Tränen. Jesus hat gesagt: „Wer mein Fleisch isst und mein Blut trinkt, wird das Leben in sich haben."³ Oh Jesus, du bist das Brot, das das wahre Leben schenkt, der Wein, der Jungfräulichkeit hervorbringt.⁴

Mit der heiligen Kommunion kann man alles ertragen, alles aushalten. Ach! Ich würde gerne die Nacht schildern können, in der man das Kommen Jesu erwartet; Worte sind nicht imstande, das auszudrücken!!! Ich ziehe es vor zu schweigen!

---

1 Vgl. Ps 42,2f.
2 Sehr freie Wiedergabe von Spr 8,31. Genaues Zitat auf S. 247.
3 Vgl. Joh 6,54.
4 Vgl. Sach 9,17 (Vulgata).

Diesmal ist das teuflische Wesen sehr grausam gewesen, auch wegen eines Gesprächs, das ich mit meinem lieben geistlichen Begleiter hatte. Es hat mich ziemlich leiden lassen. Je mehr es uns zur Ehre Gottes vereint sieht, umso mehr tobt es und versucht mir einzureden, dass ich nicht glauben soll, dass mein geistlicher Begleiter mich liebe, sondern dass er mich hasse. Dann flüchtet es, so als habe es Angst.

Oh Jesus, du bist es! Als du in mein Zimmerchen eintrittst, werde ich von himmlischen Freuden ganz durchflutet! ... Oh Jesus, ich bin nicht würdig, dass du zu mir kommst.

Nach den ergreifenden Worten meines geistlichen Begleiters sage ich noch einmal: Jesus, ich bin nicht würdig, dass du dich mir ganz schenkst, aber sprich nur ein Wort und meine Seele wird gesund. Jesus muss es ausgesprochen haben, dieses Wort, denn ich spüre es. Und wenn mein Begleiter die göttliche Hostie nimmt und sie vor meinen Augen erhebt und dabei die heiligen Worte spricht, dann schmilzt mein Herz und meine Augen betrachten in einer Entzückung, die durch eine Macht kommt, die außerhalb meiner selbst ist. Ich spüre, dass meine Seele meine Hülle verlassen möchte! Aber Jesus hat Erbarmen mit seinem kleinen Opfer. Er erhört seine Gebete und so kommt es, dass er nicht erlaubt, dass etwas Außergewöhnliches geschieht.

Oh glücklicher Tag, oh heilige und liebliche Trunkenheit, oh mein Jesus, verlass mich nicht mehr.[1]

Gott überschüttet und überhäuft uns mit Gnaden, seine göttlichen Hände sind immer voller Vorräte, um uns in dem Maße, wie wir es brauchen und nötig haben, zu überschütten.

Ich bin wohl ans Kreuz genagelt, aber mit dir, oh göttlicher Gekreuzigter. Die Liebe ist der mächtige Hebel, der über die Erde erhebt! ...[2]

Ich leide und bete an.

Die Strafe dafür, dass man ferne von Gott lebt, ohne Gott, ist, dass man ohne Trost leidet, wenn man im Schmerz ist.

↑ 12. April 1930 (Samstag)

---

[1] Manchmal passiert es Marthe, dass sie in der Leidenschaftlichkeit ihrer Liebe ins Duzen übergeht. Siehe dazu auch S. 206 Anm. 1; S. 225 Anm. 1; S. 255 Anm. 2; S. 263 Anm. 1.
[2] Die Metapher des Hebels erinnert an THÉRÈSE DE L'ENFANT-JÉSUS, vgl. HA S. 203 (= Ms C fol 36v).

15. April 1930

Mein Gott, mein Gott, warum hast du mich verlassen?

Schreckliche Pein der Abwesenheit meines Gottes! ... In meiner armen kleinen Seele herrscht tiefe Nacht, nicht ein Stern schimmert.

Jesus stellt sich meinen verzweifelten Rufen gegenüber taub. Mein Wille bleibt ununterbrochen auf meinen Geliebten gerichtet, selbst wenn dieser mich ganz verlassen zu haben scheint, und in dieser kalten Finsternis, in der meine Seele daliegt und schmachtet, hört das schaurige Hohngelächter des Dämons nicht auf, mich Tag für Tag in die Hoffnungslosigkeit zu treiben. Nichts kann weder im Körperlichen noch im Seelischen mit der Prüfung einer Seele verglichen werden, die ihr Feind angreift, wenn ihr Verteidiger sie in der Nacht ganz allein lässt.

Trotzdem mache ich mich ganz klein in den Armen meines Jesus und überlasse mich, manchmal so vielen Qualen preisgegeben, seiner Macht, aber ich kann nicht immer. Ich tröste mich mit den sanften Worten, die Gott einmal meiner Seele zu sagen geruhte: „Nein, du bist nichts, aber ich bin Alles. Ich werde dir nie meine Hilfe entziehen, solange du nicht aufhörst, deine Schwachheit in meine Stärke zu versenken."

Ich weiß, dass die Güte Gottes unsere Herzen nicht betrügen kann! Oh liebender Jesus, ich bete an und ergebe mich. Nähre mich, Herr, mit dem Brot der Tränen, tränke mich am Kelch der Tränen. Mein ganzes Wesen erzittert, aber ich liebe, ich glaube, ich hoffe, ich vertraue! ... Ich bin gebrochen, schwer angeschlagen, aber ich vertraue mich dem göttlichen Herzen Jesu an.

Mein Gott, ich wäge mein Kreuz ab! Der Schmerz belebt und vergöttlicht die Seele mehr, als die Tugend aus sich heraus das vermöchte.

Niemals singt die Seele angemessener als im Abgrund des Schmerzes. Oh Jesus, ich preise deine unbegreifliche Hand. Ich weiß, dass sie immer segnet und dass sie unendlich mehr liebt, wenn sie ihre Diener und ihre Auserwählten zermalmt!

Murren wir nicht, wenn wir leiden, wenn wir geprüft werden, denn die Engel beneiden uns um das Glück, dass wir Jesus ähnlich werden können, indem wir mit ihm leiden. Die Engel singen zur Ehre Gottes ... das können wir auch. Die Engel loben ihn, lieben ihn, beten ihn an. Wir können es und wir können für ihn leiden, wiedergutmachen, sühnen ... was sie selbst nicht können.

Die Engel können nicht an den Leiden des Gottessohnes teilhaben ... und wir, seine schwachen Geschöpfe, können an dieser unermesslich großen Gnade teilhaben.

Oh leidender und am Kreuze sterbender Jesus, rette mich! Oh Maria, oh du, die du meine Mutter bist, steh mir bei.

↑ 15. April < 1930 > (Kardienstag)

Karfreitag

Mein Gott, mein Gott! Oh Gott der Liebe.

Oh Jesus, du[1] warst Gott und deine Liebe hat dich dazu getrieben, Mensch zu werden! Mensch und Gott, alles zusammen. Oh schönstes der Menschenkinder! Oh göttlich schöner und vollkommen guter, unendlich liebender Gott! Die Marter hat deine königliche Schönheit noch vermehrt! Oh mein Geliebter, je näher ich dich dem Tode sehe, desto größer wird deine Liebe unter dem Feuer des Leidens, desto erhabener scheint die Vergebung in deinen Augen, desto mehr zieht uns dein Friedenskuss, der sanfte Kuss, der vergibt, an deine glühenden Lippen; desto mehr rufen uns deine Arme in die lieblichste, zärtlichste Umarmung! Oh Jesus, wie schön, wie göttlich du bist im Lichte des Leidens! Oh Retter Jesus, lass uns in den Prüfungen des Lebens besser werden, lass uns heilig werden! Oh Jesus, du hast gesagt: „Niemand entreißt mir das Leben, ich gebe es aus freiem Willen hin."[2] Ich flehe dich an, befähige uns, wie du zu leiden und zu sterben, nicht weil wir gezwungen wären, noch wie Sklaven, sondern freiwillig, heilig, aus Liebe!

Du[3] hast auch gesagt: „Man kann keinen größeren Liebesbeweis erbringen, als wenn man für die, die man liebt, stirbt."[4] Oh Jesus, befähige uns, dich in unseren Prüfungen, unseren Krankheiten, in unserem Tod nachzuahmen. Das möge ein Akt der Großherzigkeit zu deiner größeren Ehre sein, um deiner erhabenen Liebe willen ... und besser noch: Das möge ein Akt der Hingabe und der Liebe sein!

Oh mein Gott, möge mein Leben voller Leiden meinen Eltern, meinen Freunden, meinen Wohltätern, allen Christen, den armen Sündern, den Ungläubigen, den Stolzen, den Verfolgern, meinen beiden geliebten

---

1 Zur Du-Form bei Marthe siehe S. 204 Anm. 1.
2 Vgl. Joh 10,18.
3 Vgl. Fußnote 1.
4 Vgl. Joh 15,13.

Pfarrgemeinden¹, meinem edlen Vaterlande, der gesamten Menschheit, das heißt: Gott nützen. Oh! Nein, nicht aus Schwäche sterben, noch aus Kummer, auch nicht wegen der Krankheit, sondern wie Jesus und mit Jesus aus Liebe sterben.

Meine Krankheit sei Liebe! ...

Die tödliche Wunde, durch die mein Leben vergeht, sei eine Liebeswunde! ...

Oh Jesus, du sagst uns auch noch: „Ich sterbe, um für eure Sünden zu sühnen, ich sterbe für das Heil aller Menschen." Bieten auch wir Gott unser ganzes Leben an, schenken wir ihm unsere ganze Liebe. Lernen wir heute am Fuß des Kreuzes, an dem der göttliche Erlöser soeben sein Leben ausgehaucht hat, dass alles eitel und töricht ist, dass es nur einen einzigen Ruhm gibt: den, zu lieben und als von der Liebe dargebrachtes Opfer zu sterben, indem man hingeopfert leidet wie er, indem man stirbt, nachdem man an seinem göttlichen Werk teilgenommen hat, das heißt, nachdem man an der Erlösung aller Seelen mitgearbeitet hat.

Das ist das Geheimnis des großartigen Mysteriums der Liebe: Jesus ist über das Kreuz zum Himmel aufgestiegen. Auch wir werden, wenn wir es verstehen, leidend zu lieben und liebend zu leiden, über das Kreuz zum Himmel erhoben werden.

Du hast gesagt, oh Jesus: „Musste nicht der Messias all das erleiden, um so in seine Herrlichkeit zu gelangen?"² Oh Jesus, der Schmerz ist es, der uns zu dir erhebt und durch dich zu Gott!

Du hast die Marter ertragen, um von den Menschen geliebt zu werden. Da es nötig ist, werde ich das Martyrium erleiden, damit die Seelen dich lieben und ich in der Liebe wachse, um von dir geliebt zu werden und damit du von allen geliebt und erkannt werdest. Bei jedem Schlag des Meißels und des Hammers werde ich zu dir sagen: Danke! Ich möchte triefen vom Schweiß der Liebe, kröne mich mit Dornen, mach meine Hände blutig, mach mein Herz blutig, lass mich am Kreuz.

Das Opfer ist der Weg und die Voraussetzung des Glücks. In den Himmel, das ist gewiss, kommt man nur über den Kalvarienberg. Wir werden

---

1 *meinen beiden geliebten Pfarrgemeinden*: Saint-Bonnet und Châteauneuf-de-Galaure. Der Weiler Les Moïlles gehörte zunächst zur Pfarrgemeinde Saint-Bonnet, dann, in den 20er Jahren, zur Pfarrgemeinde von Châteauneuf-de-Galaure.
2 Lk 24,26.

nur leben, wenn wir zu sterben wissen, wir werden nur herrschen, wenn wir gelitten haben, wir werden nur dann an der Herrlichkeit teilhaben, wenn wir Anteil an den Drangsalen Jesu haben! Es reicht nicht, sich mit dem Schmerz abzufinden, es reicht nicht, ihn zu lieben; nach dem Vorbild Jesu muss man sich danach sehnen, man muss ihn wollen, ihn umarmen, ihn zärtlich tragen. Mit dem heiligen Andreas gilt es zu sagen: „Komm, oh Kreuz, schon so lange sehne ich mich nach dir."[1]

Oh Jesus, mich hungert und dürstet nach dem Schmerz! ... Oh Jesus, unter den Ruten des Leidens erbebe ich vor Schmerz und vor Freude. Retter Jesus! Oh Gott des Trostes, alle Leiden werden unter deinen Küssen hell und lassen nach!

Tränen sind nicht mehr bitter, wenn die Hände Jesu sie abwischen, das Leiden ist nicht grauenvoll, wenn man an Gott glaubt, wenn es vom göttlichen Blut Jesu getränkt wird! ...

Oh leerer Trost der Erde, schweige, lass die mit Dornen Gekrönten, die übel Zugerichteten, die, die in ihren Gliedern und mehr noch in ihrem Herzen zermalmt sind, inmitten ihrer Prüfungen vor Liebe überströmen, lass sie aus freiem Willen, aus Liebe aufsteigen! Gott spielt in ihnen seine göttliche Rolle, er hält sie, reinigt sie, bessert sie, verklärt sie in der Liebe.

Wenn Jesus eine Seele von der Welt und von ihren Freunden trennt, dann nähert er sich ihr mit seinen Engeln.

Jesus verlangt nicht, dass wir das Leiden suchen, aber wenn es kommt, dann stoßen wir es nicht zurück, es ist eine Freundin, die man verstehen muss ... Die Seele kann so schön daraus hervorgehen.

Du, oh Jesus, hast gesagt: „Wenn ich nicht fortgehe, wird der Heilige Geist nicht kommen können."[2] Das Leben hier auf Erden ist nur eine Reise, die uns zur Unsterblichkeit führt. Gott hatte nur einen Sohn, nur einen geliebten Sohn, in den er all sein Wohlgefallen gelegt hatte, und er hat ihn kreuzigen lassen, hat ihn sterben lassen, verlassen von ihm, verlassen von allen, inmitten des mörderischen Pöbels. Zwar hatte Jesus einige Freunde in seiner Nähe, die aber vermochten es nicht, ihn zu trösten, ja, sie vergrößerten sogar seine Liebesqualen, da sie ihn nicht verstehen konnten.

Und dieser geliebte Sohn! Er hatte nur eine geliebte Mutter, eine einzig und zärtlich geliebte Mutter, eine unter allen Jungfrauen unbefleckte

---

1 Vgl. die Antiphon zum Magnifikat in der Vesper vom heiligen Andreas.
2 Vgl. Joh 16,7.

18. April 1930

Mutter, und er hat sie an all seinen Opfern, all seinen Qualen, all seinen Todeskämpfen teilhaben lassen, indem er aus ihr einen Ozean der Leiden gemacht hat, die Mutter der Schmerzen! ... und ihr, bevor er verschied, die gesamte Menschheit vermacht hat, unsere kriminelle, undankbare und sündige Menschheit.

Oh Jesus! Oh Retter! Oh Gott! Was können wir im Angesicht dieser erhabenen Opfer, im Angesicht dieser göttlichen Vorstellung antworten? Unsere Herzen verstehen und beugen sich, könnten wir da gegen den Schmerz murren? Der Schmerz ist die Quelle der erhabensten Größe, der Weg zum grenzenlosen und niemals endenden Glück! Der Schmerz kreuzigt uns und verwandelt uns dabei.

Erlöser und Retter der Welt! Komm und herrsche über das ganze Menschengeschlecht! Dein Wille geschehe! Dein Reich komme. Oh mein Jesus, meine Liebe, ich, muss ich also noch bleiben? Gut, *fiat* und umso besser!

Aber, oh meine Seele, bleiben wir wenigstens auf den hohen, einsamen Gipfeln, wo unser Geliebter soeben gestorben ist. Die Erde bedeutet uns nichts mehr, doch bleibt sie noch unser Grab! Singe trotzdem, oh meine kleine Seele. Über uns strahlt der Himmel, das Leben wird für uns noch schöner sein nach dem Tod, da es ja galt, länger zu leiden.

Noch mehr Leiden, noch mehr Liebe? Oh Jesus, du hast zu deinen Aposteln gesagt: „Wohin ich gehe, könnt ihr jetzt nicht kommen, aber ihr werdet später kommen; euer Herz lasse sich nicht verwirren."[1] Er hat auch gesagt: „Ich werde euch eine Wohnstatt bereiten, damit ihr dort, wo ich bin, bei mir seid."[2] Und die Apostel zogen aus, um zu predigen, zu leiden und waren glücklich, das für Jesus zu tun.

Ich habe kein Glück mehr außer im Kreuz, oh Gott der Liebe, dein Wille, dein ganzer Wille, geschehe und sei gepriesen in mir.

Oh Jesus, durch viel Schmerz und Liebe werde ich noch im Exil leben können! Ich schenke dir erneut mein Herz mit allen seinen Leiden, mein demütiges, ergebenes, vor Liebe brennendes Herz!

Herr, ich weiß, dass das um eines größeren Gutes willen und aufgrund einer größeren Liebe zu mir geschieht.

---

1 Vgl. Joh 13,33 und 36; Joh 14,1.
2 Vgl. Joh 14,2–3.

Die Liebe ist stärker als das Leiden, oh mein Jesus, sie gibt mir Halt, ich will mich Tag für Tag mehr in deiner Liebe verzehren. Die Liebe bewirkt nicht nur, dass man das Leiden liebt, sondern dass man es anbetet. Unsichtbar ist sie, aber wie erhaben, die Flamme des Leidens, und wie göttlich schön ist es, das Feuer des Opfers, des Verzichts, der Loslösung, des Schweigens. Wenn ich, neben den unzähligen Prüfungen, mein Leidensleben vorüberziehen lasse, dann sehe ich da überall unendliche Gnaden, die Gott mir aus reiner Liebe gewährt hat! ... und er hat mir viele gewährt. In dem Maße wie die Erde und die Dinge der Erde ins Dunkel eintauchen, geht das große Licht Gottes auf. Jede einzelne meiner Freuden hat mir wieder den lieblichen Namen Jesu gesagt, jedes meiner Leiden hat seine Größe, seine Güte, seine Zärtlichkeit bewiesen, jede meiner Prüfungen hat mir seine Liebe bewiesen, seine göttliche Gegenwart. Herr Jesus, verzeih denen, die deinen heiligen Namen lästern; sie wissen nicht, was sie sagen, denn sie wussten in der Verzweiflung deinen lieblichen Namen nicht auszusprechen.

Herr Jesus! Verzeih denen, die in dieser Welt glücklich sind und nicht mehr daran denken, dass sie dich brauchen!

Oh Jesus, verzeih dem Stolz[1], der dich kränkt, bewirke, dass ihre Tränen sie früher oder später demütig machen.

Oh Jesus, verzeih denen, die dich in ihrem Vergnügen vergessen und die glauben, dich nur zu brauchen, wenn das Unglück sie beugt. Verzeih denen, die sich rühmen, gottlos zu sein, du, der du das Kreuz mit so viel Nächstenliebe und Liebe getragen hast.

Oh Jesus, verzeih den eingebildeten Verrückten, die versuchen, dich zu leugnen! Verzeih, oh Retter, denen, die dich beleidigen, dich beschimpfen und dich verfolgen. Verzeih denen, die dich leugnen, dich verlachen, denn sie wissen nicht, was sie tun. Oh Jesus, verzeih denen, die schlecht über dich reden, und sei barmherzig mit ihnen, oh Erlöser, hab Erbarmen mit den untreuen Christen, mit den Lauen, mit denen, die es nicht verstehen, dich zu lieben, und geruhe, oh Gott der Liebe, sie eifrig und treu zu machen. Oh Retter Jesus, vor deinem Tod hast du uns durch ein Wunder der Liebe dein Fleisch zu essen und dein Blut zu trinken gegeben, damit wir durch dich das Leben in uns haben. Sei gnädig und verzeih denen, die zu dir kommen und dich ohne Liebe empfangen, gleichgültig, ohne zu wissen, was sie tun. Mache ihr Herz und ihren Verstand weit, damit sie

---

[1] *Stolz*: im kollektiven Sinn (gemeint ist *der Stolz derer, die dich beleidigen*).

verstehen und dich lieben. Oh Jesus, lass das Licht des Heiligen Geistes auf all diejenigen herabkommen, die dich noch nicht kennen; auf diejenigen, die dich nicht mehr kennen, auf alle Verirrten, auf die, die sich auflehnen, auf all jene, die Anstoß nehmen. O göttlicher Mittler, möge in allen Seelen für immer die schreckliche Lepra der Todsünde verschwinden.

Oh göttlicher Arzt, gib allen in der Seele Kranken den heiligen Mut, all ihr Leid einzugestehen. Mehr noch aber gib ihnen ein, oh unschuldiges Opfer, dass du das wahre Gut bist. Schenke ihnen die große Gnade, dich zu lieben, mit ganzem Vertrauen zu dir zu kommen. Zeige ihnen, oh du so sanfter Retter, dass ihnen die Gnade hier auf Erden eines Tages das selige Leben einbringen wird. Oh göttliche Gerechtigkeit, vergib so viele Ungerechtigkeiten; oh höchste Wahrheit, Vergebung für alle Sünden; oh Reinheit ohne Makel, durchbohre alle Herzen mit Reue; oh verkannte Liebe, Vergebung für alle Undankbarkeit; oh unendliche Liebe, Vergebung für alle Unzüchtigen und Ehebrecher; oh verlassene Liebe, Vergebung für alle Genussmenschen und Mondänen. Oh Jesus, Gott des Erbarmens, geruhe, an die Tür aller Herzen zu klopfen. Um des Heils der Seelen willen hast du geweint, hast du dich erschöpft, hast du dich sehr oft, gebrochen, an den Rand des Weges gesetzt.

Gerechter Richter, Gott des Friedens, hab Erbarmen mit uns in der Stunde des Todes, verschone die flehenden Seelen, höre nur auf deine Güte, bringe alle verirrten Schafe unter deinen Hirtenstab zurück. Oh zärtlicher Freund der Seelen, hab Erbarmen mit all denjenigen, die von Eigenliebe und menschlicher Rücksichtnahme auf dem Weg der Pflicht und der heiligen Praktiken gebremst werden. Inmitten der Schmerzen, die mich quälen, inmitten der Leiden und Tränen, mit bitterlich gebrochenem Herzen wegen all der Kränkungen, die dir ins Gesicht schlagen, schleppe ich mich demütig zu deinen Füßen hin und empfehle dir alle Seelen.

Verzeih uns, oh Jesus, und mit einem guten Tod gewähre uns die ewige Ruhe.

Selig der Christ, der allzeit bereit ist!

Oh göttlicher Sieger des Kreuzes, Sieger über den Tod, oh Erlöser der Welt, oh König des Himmels und der Erde, befreie uns aus der Knechtschaft der Sünde, rette uns vor dem ewigen Tod! Göttlicher Beschützer, schütze die heilige Kirche, ihren Obersten Hirten[1], alle Geistlichen, alle

---
1 Wörtlich: *Pontifex maximus*.

Christen, die ganze Menschheit. Begnadige[1] durch deine unendlichen Verdienste die Seelen der Verstorbenen, die im Fegefeuer sind.

Lamm Gottes, das hinwegnimmt die Sünden der Welt, erbarme dich unser. Gieße über uns die unermesslichen Wirkungen deines anbetungswürdigen Blutes aus. Mach, dass alle Sünder kommen, um die Taufe deiner göttlichen Tränen zu empfangen und wieder in dein leuchtend rotes Blut eintauchen.

Amen.

Oh mächtige Jungfrau Maria, oh Mutter der Schmerzen, bitte für uns.

Oh Mutter, deren Herz durch herzzerreißendste Qualen gebrochen wurde, komm uns zu Hilfe.

Oh Mutter, die du der schmerzlichen Kreuzigung deines göttlichen Sohnes inmitten von Schmach, Hass und Schande beigewohnt hast, tritt für uns ein.

Oh Mutter, die du deinen geliebten Sohn sterben sahst inmitten einer abscheulich schreienden Menge und grausamsten Qualen ausgeliefert, ohne dass er seinen brennenden Durst hätte stillen können, steh uns bei in der Stunde des Todes.

Oh Mutter, die du nicht einmal die herzzerreißende Wonne hattest, den letzten Atemzug deines angebeteten Sohnes aufzufangen, erhöre unser inniges Flehen.

Oh Mutter, die du Zeugin der letzten Schmähung warst, die man deinem liebenden Sohn zufügte, als man ihm das Herz durchbohrte, bewahre uns davor, gegen dieses anbetungswürdige Herz zu sündigen und es zu beleidigen.

Oh Mutter, deren Herz von einem Schwert durchbohrt wurde, durchbohre unsere Herzen mit Schmerz und mit Liebe.

Ozean der Bitterkeit[2], bitte für uns.

Oh Mutter, die du so erhaben geblieben bist am Fuße des Kreuzes, lehre uns, den Willen Gottes großherzig anzunehmen.

---

1   Im Frz. steht der Imperativ *accorde (gewähren, bewilligen, stimmen)*. Das sinnvollerweise zu erwartende *nous (uns)* ist im Heft gestrichen. Die Herausgeber fragen, ob möglicherweise die musikalische Bedeutung des Verbs *(stimmen)* intendiert ist. Da *accorder* auch *begnadigen* bedeuten kann, haben wir uns für diese Übersetzung entschieden. (Anm. d. Übers.).
2   *Ozean der Bitterkeit*: vgl. die Litaneien zum heiligen Namen Mariens.

Oh Mutter, die du aufrecht geblieben bist unter dem Kreuz, lehre uns, in unseren Leiden und in unseren Prüfungen standhaft zu bleiben.

Oh vollkommenes Vorbild der Ergebenheit, stütze uns.

Bewundernswerte Mutter, hilf uns.

Unvergleichliche Mutter, beschütze uns.

Oh Mutter, die du deinen zärtlichen Sohn mit mütterlichen Liebkosungen und zarten Küssen bedeckt hast, als sein lebloser Körper in deine Arme gelegt wurde, bedecke auch uns, oh Maria, mit deiner mütterlichen Hilfe und mit deinem Beistand, jetzt und in der Stunde unseres Todes.

Mutter des geopferten Gottes, verzeih uns.

Mutter, die unter allen Müttern am meisten geliebt hat, liebe uns.

Mutter voller Güte, führe uns.

Mächtige Beschützerin der Verlassenen, halte uns in deiner Nähe.

Du so gütige Jungfrau, tröste uns.

Jungfrau, die man niemals umsonst anruft, komm uns entgegen.

Allmächtige Jungfrau, bekehre uns.

Oh Jungfrau Maria, die ich mit reinster und glühendster Liebe liebe, gib mir, dass ich bewirke, dass du ebenso geliebt wirst, wie ich dich liebe! ... In Tränen, durchwachten Nächten, Leiden, in Prüfung und Kreuz, säe ich in deinem Namen, oh Jesus! Möge dein Reich ankommen und deine Liebe schon jetzt eine unermessliche Ruhmesernte sein.

Oh mitfühlende Jungfrau Maria, ich brauche deinen mütterlichen Schutz, um mein Kreuzesleben mutig zu vollenden, um die schmerzhaften Leiden, die mich noch erwarten, zu ertragen, um aus Liebe und im Vertrauen auf die Barmherzigkeit Gottes zu sterben. Oh Maria, du weißt alles, du kennst alles, du vermagst alles!! ... Ich liebe dich, oh geliebte Mutter, und du liebst dein kleines Kind.

↑ Freitag, 18. April 1930 (Karfreitag)

Alles schwankt, meine Seele ist ganz ratlos! Herr Jesus, ich liebe dich, ich kann es nicht einmal mehr fühlen, so sehr leide ich ... aber ich weiß es. Lässt du dein kleines Opfer im Sturm untergehen? Schick mir einen kleinen Strahl deines Lichts, lass einen schwachen Funken über meine kleine Seele gleiten, um meinen Mut neu zu beleben. Verlass mich nicht, oh Jesus, denn es ist dunkel in mir. Mein Gott, wie süß wäre es zu sterben, um bei dir zu sein. Nichts hält mich mehr in diesem Leben zurück, ich bin allen irdischen Freuden abgestorben, alle meine Leiden sind in Gott, dem Meister und Herrscher über alles.

Ich sehne mich nicht danach zu sterben[1], um vom Kampfe, vom Leiden befreit zu sein, nein, nein, aber die Ewigkeit zieht mich an, Jesus streckt mir die Arme entgegen, nach der geschauten Heimat sehne ich mich und nach der unendlichen Glückseligkeit, deren entzückende Wonnen ich verkoste. Alles macht mich blutig, aber ich akzeptiere mit Eifer, meine Pilgerschaft fortzusetzen. Ich fühle mich verschlungen von dem Wunsch, den Durst des Herrn nach Seelen zu stillen durch meine Liebe und meine kindliche Hingabe an alles, was er von mir will.

Oh meine Seele, arbeiten wir, leiden wir, nicht nur ohne traurig zu sein, sondern mit Freude und Danksagung bis zum Tag des ewigen und berauschenden Stelldicheins.

Das Leiden verbreitet seine Fruchtbarkeit über die Seelen, die nach dem Belieben Gottes daran teilhaben, wie die Rose ihren Duft um sich verbreitet. Da unsere Natur nur Schwäche und Gebrechlichkeit ist, gilt es, unsere Seele und unser Herz in die Ewigkeit einzutauchen, um das Leiden zu lieben und es innig zu lieben, und die göttlichen Worte des Retters sind da, um das zu beweisen: „Ohne mich könnt ihr nichts tun."[2]

Oh mein Engel, behüte mich gut in dieser trostlosen Nacht! Ich kann nicht über mein Leid sprechen, nur Gott kennt meine Tränen und nur er kann sie abwischen. Es gibt keine Worte, die dieses Leiden der Seele ausdrücken könnten! Oh meine Seele, bleibe ganz im Vertrauen bei deinem Retter.

Ich kann nicht beten, aber ich liebe. Ich weiß, dass diese kalte Nacht, diese bitteren Leiden, alle diese Bitterkeiten, die andauern, ein geheimnisvoller Plan Gottes sind, den ich bewundern und im Frieden annehmen muss. Ich sage dir Dank, oh gerechter Gott, dass du mich mit Jesus in seinen blutigen Todeskämpfen vereinst!

Nichts kann mein Herz mehr trösten, ich dürste danach zu sterben! Ach! Könnte ich doch sterben an dem Schmerz, nicht sterben zu können!

---

1 Vom Wort *sterben* an handelt es sich um die Handschrift von Fräulein Plantevin, einer Nichte der Haushälterin von Herrn Pfarrer Faure, die in den Ferien zu ihrer Tante kam (sie wohnte in Maison la Romaine). Ihre Schrift geht bis zur S. 99 des Heftes.
2 Vgl. Joh 15,5.

Du willst es nicht, du, oh sanftester Jesus. Es gilt, noch zu kämpfen, zu arbeiten, zu leiden, weiterhin im Exil zu leben und zu seufzen.

Ich halte das Leben nur im Leiden aus. Oh! Ich möchte mein Martyrium nicht gegen alle Freuden der Welt und alle Reichtümer der Erde eintauschen.

Ich habe nur einen Wunsch: die Seelen retten, indem ich Gott immer mehr liebe.

↑ Samstag 19. April 1930 (Karsamstag)

Heilige Kommunion. Köstlicher Friede. Friede und Heiterkeit sind in meiner ganzen Seele! Ich kann heute das Halleluja der Freude singen. Nachdem die Liebe Jesu mich dazu gebracht hat, das Leiden und die harte Prüfung zu akzeptieren und zu preisen, verwandelt sie es in eine entzückende Gabe.

Gepriesen sei der Tag, an dem ich die Liebe in der Trübsal vollkommen erkannt und gänzlich verstanden habe. Die Belohnung der Seele, die Jesus während ihres Lebens auf alles hat verzichten lassen, wird sein, dass sie auf nichts mehr verzichten muss in der Stunde des Todes. Ich habe die Meinen aus ganzer Seele und in Gott geliebt. Wenn ich sie werde verlassen müssen, dann nur, um zu ihm zu gehen und sie seiner göttlichen Vorsehung anzuvertrauen, deren Barmherzigkeit, Güte und ganze Macht ich kenne ... Im Schoss der Glückseligkeit werde ich noch, ohne Pause, an ihrem wahren Glück arbeiten.

Der Tod wird für mich das Ende des Kampfes und die Befreiung von meinen Leiden sein. Ich bin sicher, dass der Dämon die Waffen nicht strecken wird, solange noch ein Atemzug des Lebens in mir ist. Selbst wenn die Natur gedemütigt ist und dem Willen Gottes gehorcht, hat sie manchmal ein schreckliches Zusammenzucken, das Angst macht und erzittern lässt.

Wenn auch mein Krankenleben schon ganz Jesus gehört hat, so spüre ich jetzt doch gut, dass wirklich das Leben Jesu in mir ist! Jesus ist für meine Seele das Leben, das ich atme, mein tägliches Brot, das Licht, mit dem ich mich durchflute ... mein Einziges schließlich und mein Alles. Alles geht vorüber, das glückselige Leben wird eines Tages kommen und dieses hier ersetzen, dann wird die Vereinigung mit Jesus, die hier auf Erden begonnen hat, ewig sein.

Herr, ich liebe dich. Meine Augen sind, voller Sehnsucht nach dem Unendlichen, immer auf dich gerichtet, der du mein Gut bist. Ich sehne mich mit brennendem Herzen nach dem Himmel, dem Königreich der Liebe, wo man dich unverhüllt und ohne Ende liebt.

Oh Jesus! Oh mein so sanfter Freund! Leite mein Leben nach deinem Willen, lass mich in deinem flammenden Herzen und wecke mich erst in der geliebten Wohnung! Oh Jesus, mein Geist gehört dir, wie meine ganze Seele!

Jesus hat den Himmel verlassen, um das Kreuz zu tragen; er wird mich vom Kreuz abnehmen, um mich in den Himmel mitzunehmen.

... Jetzt weiß ich, warum ich unverstanden sein musste, warum ich allein und verlassen sein musste. Ich weiß, warum es sein musste, dass ich lange Jahre an mein Schmerzensbett gefesselt war.

Das Heiligste Herz Jesu am Kreuz ist die unverwundbare Wohnung, die ich auf Erden gewählt habe. Dorthin strecke ich mich aus, um mich nach diesem Exil auszuruhen.

Ein einziger Tropfen dieses wonnevollen Wassers, das im Heiligsten Herzen Jesu eingeschlossen ist, reicht, wenn es in eine Seele fällt, um diese von den Gütern dieser Welt loszulösen. Was kann wohl eine Seele empfinden, die Jesus ganz eingetaucht hat und die er in langen Zügen an diesem Strom der Liebe trinken ließ?

Herr Jesus, gib mir, dass ich dich mit allen meinen Kräften liebe, dass ich dich über alle Maßen liebe. Nichts soll mich auch nur einen Augenblick von dir abbringen, nichts soll das Feuer deiner Liebe in meinem Herzen noch das Gebet auf meinen Lippen zum Verlöschen bringen.

Amen!

↑ 21. April 1930 (Ostermontag)

Die Liebe ist alles für mich! Die Liebe hält mich in allem! Die Liebe beherrscht mich in allem! Ich weiß, dass ich leider! weit davon entfernt bin, das zu sein, was ich sein sollte und wie ich sein möchte.

Ich muss wohl so schlecht auf die Zärtlichkeiten, auf die göttlichen Liebkosungen und auf die unendlichen Gnaden Jesu antworten. Doch, o Gott der Liebe, in meiner kleinen Seele sagt mir etwas, dass jedes Mal, wenn du von mir verlangt hast, für eine Seele zu leiden, jedes Mal, wenn du von mir ein Opfer verlangt hast, eine neue Prüfung, ein neues Kreuz, einen Verzicht, und mir sagtest: „Ich will es", ich mich ganz deinem Willen in deinen allmächtigen Armen überlassen habe, um aus mir und in mir alles zu machen, was dir beliebt.

Nach der unermesslichen Zärtlichkeit und Barmherzigkeit meines Gottes, ist es dieses Gefühl, diese innere Hingabe, die mir trotz meines Kleinseins, trotz meines extremen Elends, den Frieden einbringt.

Gott hat die Seelen für nichts anderes geschaffen als für ihr ewiges Glück! Oh meine Liebe, wenn deine geliebte Hand uns schmerzhaft berührt, müssen wir dann nicht auf den Knien bekennen, dass du das nur aus Güte und zu unserem Wohle tust, um eines geheimnisvollen Planes willen, den wir erst im Himmel völlig verstehen werden?

Der Herr verbreitet überall seine Liebe: Die Liebe keimt in der Frömmigkeit und im Gebet, sie treibt Wurzeln im freiwilligen Verzicht, sie geht auf und wächst, wenn man den Willen Gottes akzeptiert und ausführt, sie blüht in der Hingabe eines jeden Wesens, das sich aufopfert, sie entfaltet sich und strahlt im ewigen Garten.

O du so guter Gott, du hast gewollt, dass ich noch auf dieser traurigen Erde bleibe! Dein Wille geschehe und dein heiliger Name sei gepriesen.

Ja, mein Gott, ich sage dir *fiat* und danke. Ich akzeptiere mit Liebe, noch unter der brennenden Sonne der Leiden zu bleiben, damit ich durch die Opfergabe meiner Leiden das Glück erhalte, das denen verheißen ist, die leiden und dabei ihre Tränen und ihre Schmerzen heiligen, besonders aber, damit viele Seelen, die du durch deine Zärtlichkeit zu Empfängern machen wirst, ebenfalls Erwählte für den Himmel seien.

Wie kann man das Leiden nicht lieben, es nicht lieben und innig lieben, wenn ein Gott aus Liebe gelitten hat?

Noch ein bisschen Leiden, noch Prüfung, dann wird alles gegen die ewigen Freuden ausgetauscht werden.

↑ 25. April 1930 (Freitag)

Ich kann immer noch nicht schlafen. Dieses Feuer in meinem Herzen, dessen Schmerz mir so süß ist, verursacht mir solches Glühen, dass es mir scheint, dass ich ganz verbrennen werde. Und ich fühle mich so von meinem Gott erfüllt, in ihm verloren, dass ich nicht weiß, wie man das ausdrücken kann.

Alles ist ruhig und sanft in dieser großen Einsamkeit, wo ich in einem tiefen Frieden die göttliche und liebliche Gegenwart Jesu in meiner kleinen Seele verkoste! Ich fühle mich ganz eingehüllt von seiner Majestät und von seiner Liebe ... und meine liebende Seele taucht in ihn ein. Ich leide ... aber die Liebe, vereint mit der Hoffnung, besiegt alle Prüfungen. Ich habe nichts, um meine Schmerzen erträglicher zu machen und zu lindern, ich lege sie alle in das Herz Jesu, dann habe ich nur Freude und ich flehe Jesus, meinen allmächtigen König, an, mir noch mehr Liebe zu geben ... immer noch mehr! Es ist so süß, in Jesus zu leben, alles um mich herum und in mir ist so ruhig. Ich weiß, dass mein Gott mich stützt und mich immer anschaut ... dieser Gedanke, der eine Gewissheit ist, macht mich glücklich und ruhig.

Jeder meiner Tage sei ein Schritt voran, dem Licht entgegen. Ah! Wie sehr der Gedanke an den Tod mir geholfen hat, mich Gott zu nähern, mich dauernd in seiner Nähe zu halten; mich an nichts aus dieser Welt zu binden; im Gegenteil, mich von allem zu lösen und keine anderen Vorlieben, Wünsche, Neigungen zu haben als die der Frömmigkeit, der Liebe und < der > Zurückgezogenheit.

In dem Wissen, dass ich nicht für die Erde gemacht bin und auch nicht, um die Dinge der Erde zu genießen, hat meine Seele sich in den Leiden und Gebrechen, die immer mehr geworden sind, am Himmel festgehalten, indem sie nur an den Himmel gedacht, nur für den Himmel gelebt hat.

Ich liebe diesen Gedanken und ich habe ihn immer als eine Wohltat und eine Gnade erkannt.

Ehre, Lob und Ruhm sei Gott, der sich gerne seiner kleinen Geschöpfe bedienen will.

↑ 29. April 1930 (Dienstag)

Jesus verbirgt sich, Jesus schweigt und belässt sein kleines Opfer unter dem Eindruck der Einsamkeit, sogar bei der Kommunion! Dieses Gefühl der Leere ist sehr schmerzlich für meine kleine Seele, die ganz bedrückt bleibt unter den Schlägen des Kummers und der Leiden.

Aber *fiat*, oh mein Gott! Für alles preise ich dich. Alles, was dir gefällt, oh Gott der Liebe, und wie es dir gefällt, ist mir süß. Mein liebendes Herz wiederholt es unaufhörlich, ohne Maß.

5. Mai 1930

Mein Entschluss ist, ebenso viel, noch mehr, für den verborgenen Jesus zu tun, als für den gegenwärtigen Jesus.

Er weiß wohl, dass ich ihn weder liebe noch etwas tue um seiner Gaben willen oder im Blick auf besondere Gnaden ... sondern allein um seinetwillen.

Ich bin ganz außer mir vor Liebe, mein Leben wird mehr und mehr zur Anbetung! In allem und auf alles hin akzeptiere ich das Opfer im Opfer. In meinem Herzen trage ich die Liebe und die Gnade Gottes. Alles würde ich geben um des größten Wohles der Seelen willen. Ich opfere und lege alles in das göttliche Herz Jesu, durch Maria.

Ich gehöre ganz Jesus, also behalte ich nichts für mich. Ich erhebe alle meine Schmerzen, alle meine Anstrengungen, ins Übernatürliche ... alles verwandle ich durch die Liebe, in der Liebe und durch die brennende Nächstenliebe, die mein tägliches Martyrium ist. Ich weiß wohl, dass mein göttlicher König mit seinem kleinen Opfer zufrieden ist. Oh! Ich weiß, dass der allerhöchste Meister der Engel und der Seelen sich meiner für große Dinge bedient!

Oh mein Gott, bitte gib mir ein, was ich tun muss, um in allem deinem so liebenswerten Willen zu entsprechen.

Gebet und Opfer sind der Balsam aller meiner Tage! Wer kann um die wunderbaren Zärtlichkeiten des lieben Gottes am Schmerzensbett seiner Kinder wissen?

Mein Gott, hilf mir, dir in allem zu gefallen.

In meinem Herzen und in meiner Seele habe ich meinen geistlichen Begleiter für alles, was er für mich getan hat, gesegnet. Möge Gott ihn schützen und ihn alle Tage mehr in seiner Nähe bewahren!

Da mein göttlicher Geliebter mich in den letzten Wochen für den Eucharistischen Kongress[1] beten ließ, habe ich Jesus die Früchte meiner heutigen Kommunion zu diesem Zweck aufgeopfert und ich glaube, dass die kommenden Tage sehr fruchtbar in Schmerzen aller Art sein werden! Oh meine kleine Seele, akzeptiere mit Liebe den ganzen Willen deines himmlischen Freundes. Ich habe meine sanfte Mutter im Himmel fest gebeten, alle ihre Kinder auf dem Kongress zu schützen. Je mehr Schmerzen ich empfinde, je schmerzhafter das Exil mir wird, desto mehr schmiege ich mich auch mit Liebe an das Herz Gottes, desto mehr vertraue ich mich

---

1 Es handelt sich um den *Eucharistischen Kongress*, der vom 7. bis 11. Mai 1930 in Karthago stattfand.

ihm an. Wie wenig und wie schlecht man das Herz Gottes kennt! Doch ist Gott nicht nur Vater, er ist zugleich auch Mutter.

Eine Seele guten Willens fragte mich kürzlich, wie man den lieben Gott und die Jungfrau Maria gut lieben und ihnen gut dienen könne ... um in den Himmel zu kommen. Um in den Himmel zu kommen, ist es nötig, reicht es, eine liebende Seele zu haben; aber um eine himmlische Seele zu haben, ein freies und von göttlicher Liebe geprägtes Herz, einen geduldigen und allem gehorsamen Leib, um das Bestreben zu haben, auf dem Gipfel der Vollkommenheit anzukommen ... muss man lieben!

Gott ist Liebe, Gott tut alles aus Liebe! Was verlangt er von uns, wenn nicht zu lieben? Oh mein Gott, gib mir, gib uns jeden Tag, dass wir einen Schritt in deiner Liebe tun.

↑ 5. Mai 1930 (Montag)

Mein Gott, mein Alles! Ich will nichts anderes, als mein Herz in dein so reines Herz auszuschütten, mich mit aufrichtiger Strenge zu prüfen, demütig deinen Beistand zu erflehen. Oh göttliche Sonne, sei immer mein einziger Trost und meine barmherzige Stütze. Bei dir werden alle meine Schmerzen leichter, sind alle meine Tränen gezählt und aufgefangen. Wenn du bei mir bist, Herr, was wird man mir antun können? Je lebhafter meine Empfindungen sind, umso tiefer halte ich sie in mir gesammelt und verborgen. Ich sage meinem Gott Dank und preise ihn dafür, dass das Leben mir gegenüber so geizig mit den Freuden ist; aber alles, was scheinbar unmöglich ist, wird möglich, wenn man Jesus gehört. Es ist so süß, in den Armen und durch den Willen Jesu zermalmt zu werden. Nur Jesus kennt mein Martyrium und meine Tränen. Nur er kann mich trösten und sie abwischen.

Ich werde, bis zum letzten Scherflein, meine Leiden der Liebe geben.

Oh, wie weh es mir tut! ... Oh mein Jesus, wie hat man deinem kleinen Opfer wehgetan; aber *fiat*, ich bete an und ich beuge mich.

Im Namen deiner Liebe und deiner Leiden, barmherziger Jesus, vergib ihnen! Oh meine kleine Seele, beten wir, bitten wir den göttlichen Meister, die lebendigen Lichter des Glaubens in die Geister und in die Herzen einzugießen.

Wenn man seine Seele in Übernatürliches einhüllt, kann man die Stimme Gottes, die bis zu uns kommt, vernehmen und verstehen.

↑ 12. Mai 1930 (Montag)

16. Mai 1930

Oh mein Gott! Wie schwer das gegenwärtige Leben auf meiner Seele lastet! Wie grausam das Leben ist! Wie bitter und blutig das Opfer manchmal ist.

Wann denn werde ich dahin gehen, wo mein Gott herrscht, wo die glückseligen Seelen wohnen ... im ewigen Licht, vereint mit der ewigen Liebe?

Alles ist Schmerz, meine Lippen kommen nicht an den Kelch der Freuden. Mit Vertrauen und Liebe akzeptiere ich die Gegenwart und lebe aus der Hoffnung und stille meinen Durst durch die Liebe zum Opfer. Meine Blicke versenke ich in die Ewigkeit, um geduldig, friedlich, das Leiden zu akzeptieren und meinem Gott für diese unschätzbare Gabe zu danken.

Ich habe kein anderes Ziel, als den Seelen Gutes zu tun und Gott und meiner göttlichen Mutter und allerhöchsten Fürsprecherin zu gefallen.

Oh Jungfrau Maria, hilf deinem armen kleinen Kind, Jesus in allem zu gefallen!

Oh meine Seele, erhebe dich, weine, aber hoffe und schau auf den Himmel. Jesus hat den Himmel verlassen, um auf Erden zu leiden und sein Kreuz zu tragen ... tragen auch wir das Kreuz, folgen wir Jesus und schauen wir auf zum Himmel.

Das ist jetzt wohl der Augenblick, < es > meinem Gott, Jesus, zu zeigen, indem ich den großen Schmerz, den er mir schickt, in großherzigster Liebe akzeptiere! Ich warte auf meine Stunde, ohne darum zu bitten, und bemühe mich nur, immer bereit zu sein, indem ich mich für die Liebe desjenigen, dem ich ganz gehöre, heilige. Die Güte Gottes kann unsere Herzen nicht täuschen und ist nicht er es, der uns beten gelehrt hat und durch den wir mit dem Himmel in Verbindung treten, als ob wir schon dazugehörten?

Bis an die Grenzen des Möglichen und bis zum letzten Atemzug meines Lebens werde ich fortfahren, meine Seele mit den strahlenden Schönheiten des Verzichts und der schmerzhaften Aufopferung zu nähren und zu berauschen.

Das Leben hier auf Erden ist nur eine schmerzliche Reise, deren Anhaltspunkte wir im Glauben, in der Liebe finden müssen. Es gibt nichts, was ich nicht zu ertragen und auszuführen entschlossen wäre, um Gott zufriedenzustellen und zu seiner größeren Ehre zu wirken! Gott erträgt es und wartet, wenn wir seine Werke verkennen ... Wie sollte ich, sein ärmliches Opfer, es wagen, mich zu beklagen? Der Gedanke, mich zu beklagen, beschäftigt mich nie, ich überlasse mich nicht mir selbst, nein, ich berge die Einsamkeit meiner langen Nachtstunden, die immer die schmerzlichsten sind, unter den väterlichen Blicken meines Gottes, unter den mütterlichen Blicken meiner sanften und göttlichen Mutter. Im Gegenteil, ich möchte immer, dass die Nacht länger dauere, ich finde sie nicht zu lang, niemals wird es mir langweilig. Vielmehr hat mein göttlicher Geliebter mir, anstatt an mich zu denken[1], die Gnade geschenkt, nur an ihn und an die Seelen zu denken.

Immer an Gott denken, niemals an mich selbst! Mein Herz soll nur wissen, wie man vergibt, liebt, segnet. Nicht Worte verlangt Gott von uns, was er vor allem und um jeden Preis will, ist unser Herz mit all seinen Schlägen, unser Leben mit all seinen Handlungen, unserer Seele und unsere ganze Liebe. Wenn uns alles fehlt, wenn alles uns prüft, wenn alles uns leiden lässt, müssen wir Gott trotzdem danken und ihn noch mehr lieben, damit er uns mit seiner Gnade stützt; denn nach einem Schmerzensleben, das christlich, friedvoll ertragen wurde, einem Leben der Prüfung, das zu durchqueren er hilft, gibt dieser Gott, der ganz Güte ist, allen Seelen, die ihm treu sind oder es werden, den Himmel als Erbe und die unermessliche Wonne, ihn selbst zu kosten.

Ein langer Akt der Geduld, die dauerhafte Übung der demütigsten Tugend, ist schwieriger aber verdienstvoller als eine plötzliche Herzensregung.

Oh Jesus, verkannt, geschmäht, gelästert, weil deine Liebe unendlich und dein Erbarmen für uns grenzenlos war, im Geiste werfe ich mich zu deinen Füßen nieder und anerkenne dich als meinen Gott und meinen einzigen Erlöser und als den Erlöser aller Seelen.

↑ 16. Mai 1930 (Freitag)

Heilige Kommunion. Meine Seele ist vor Freude in Gott, meinem Retter, erbebt! Jesus lebt wirklich bei mir, Jesus lebt in mir, Jesus lebt durch mich. Meine Freude ist so groß, dass ich ganz unfähig bin, sie zurückzuhalten, aber wie unaussprechlich süß ist es für mich, mein kleines Herz in das meines göttlichen Jesus überfließen zu lassen, in dieses glühen-

---

1 Die Umstellung ist charakteristisch für gesprochene Sprache.

de Heiligtum, aus dem die Barmherzigkeit sprudelt und wo die liebliche Hoffnung blüht.

Ich lade alle Engel und Heiligen ein, zu kommen und mit mir Lob- und Liebeslieder zu singen.

Der geliebte Gast gießt in meinem Herzen einen Ozean der Wonnen aus... diese göttliche Vereinigung und Verschmelzung in Liebe ist die Kraft und das Leben meiner Seele. Jesus ist der Freund, der mich für alles tröstet. Er ist es, der mein Herz nimmt und so zärtlich drückt, mit so viel Liebe und einer solchen Kraft, dass ich nur noch durch ihn, für ihn, leben und atmen kann.

Oh! Mögen alle Schläge meines Herzens nur noch Herzensschläge der Liebe sein! Das göttliche Licht hat in überfließendem Maße meine Seele durchdrungen. Gott ist es, der mich lehrt, mich führt, mir geheimnisvoll rät, der mein ganzes Leben verwandelt und mich durch unaussprechliche Worte tröstet, die nicht nur mein Herz durchdringen, sondern direkt in die Seele gehen, sie durchdringen und in einer Vereinigung, die alles absorbiert, auflösen. Der höhere Seelenteil erhebt sich sozusagen aus der Mitte des Herzens durch eine wirkliche Scheidung, die die Natur[1] nicht kennt und die in Gott verzückt ... Das ist nicht nur etwas Unverständliches, worin die Seele den Hauch, die Schönheit, den Glanz des Unendlichen fühlt und erkennt ... Jesus zeigt sich der Seele durch ich weiß nicht welches machtvolle und wunderbare Geheimnis. Das geschieht fast immer so plötzlich, dass sie sich in die Wolken der göttlichen Größe gestellt, eingehüllt sieht, ohne dass es ihr bewusst ist, wie sie da hinein eingetaucht wurde! Aber auf diese Art und Weise zu wissen und zu fühlen, ist etwas Sichereres und Stärkeres als jedes Gefühl, als jede Erkenntnis, welche die Seele auf menschliche Weise haben kann. Die Worte, die göttlichen Offenbarungen besitzen und tragen in sich die unaussprechliche und unfassbare Wahrheit, an welcher die Seele die Stimme des Geliebten erkennt. Die göttlichen Offenbarungen drängen sich auf, dringen mit großer Kraft und durch eine geheimnisvolle Macht in die Seele ein.

Menschliche Worte treffen auf die Ohren des Körpers und werden durch sie wahrgenommen, während die göttlichen Worte keineswegs mit den Ohren gehört werden, sondern einzig an die Wahrnehmung der Seele rühren. „Man könnte, wenn man wollte, eine Person, die spricht, nicht hö-

---

[1] Gemeint ist die menschliche Natur. (Anm. d. Übers.).

ren, zum Beispiel, wenn man sich etwas in die Ohren stopft; oder sie nur auf eine sehr undeutliche Weise hören, zum Beispiel, wenn man sich mit etwas anderem beschäftigt oder an etwas anderes denkt … die göttlichen Worte aber ist man gezwungen zu hören, völlig unmöglich, dass es anders wäre, da sie in die Seele selbst kommuniziert, eingegeben werden, und das ist so wahr, dass die Worte Gottes immer das bewirken, was sie sagen, was bei menschlichen Worten nicht immer der Fall ist. Das habe ich jedes Mal beobachten können, denn Gott kann eine Seele plötzlich verändern, wo die gleichen menschlichen Worte bis dahin nichts ausgerichtet hätten."[1]

Es ist völlig unmöglich, diese Worte und inneren Offenbarungen auch nur im Geringsten mit Worten zu vergleichen oder in Verbindung zu bringen, welche die Einbildungskraft selbst hervorbringen könnte … da die Einbildungskraft nicht den Tonfall Gottes haben kann. Immer legen die inneren Lehren ihre unmittelbare Wirkung in die Seele und rufen sie dort hervor: Sei es, dass sie offenbaren, unterweisen, erleuchten oder trösten.

Seit dem Augenblick, wo ich das himmlische und unaussprechliche Glück hatte, einige Strahlen der wunderbaren und souveränen Schönheit meines Retters zu sehen, erscheint mir alles, was von hier auf Erden stammt, glanzlos und kalt. Wenn man die Schönheit, die ich gesehen habe, verkostet und genossen hat, wenn man in der Liebe und Vereinigung mit Gott verzückt wurde, kann nichts mehr das Denken auf der Erde zurückhalten. Man möchte sogleich sterben, um nicht länger von einem so großen Gut getrennt zu sein. Die Seele weiß, dass nur der Tod ihr erlauben wird, für immer dieses unermessliche Glück, das in Gott ist, zu genießen. Aber da sie auch weiß, dass sie ihrem Geliebten mehr gefällt, wenn sie um seiner Liebe, um der Seelen willen leidet, akzeptiert sie nun mit Freuden dieses schmerzliche Warten bis zu dem Augenblick, wo es demjenigen, der sie ganz besitzt, gefallen wird, sie zu befreien, um sie auf immer in sich zu versenken, von wo aus es ihr nicht mehr möglich sein wird, ihn zu beleidigen noch ihm zu missfallen … wohl aber ihn zu lieben, ihn zu loben, ohne Ende, ohne Maß! Ich bin der Liebe ganz ausgeliefert und ich habe keine anderen Wünsche, als ihr zu folgen, ihr zu gehorchen in Einfachheit und Offenherzigkeit.

Wenn ich kurz davorstehe, unter dem Übermaß an Schmerzen zusammenzubrechen, erhebe ich die Augen zum Kreuz, erhebe ich mein kleines

---

[1] Dieses Zitat, bei dem man die Lehre der Teresa von Avila erkennt, kann aus einem Frömmigkeitsbuch oder aus einer geistlichen Zeitschrift übernommen worden sein. Vgl. Einf., S. 3.

Herz zum Himmel, dann bin ich glücklich und gestärkt ... Jesus versteht seine kleine Blume immer, wenn sie blutet. Je mehr ich leide, desto mehr weitet sich mein Herz.

Oh heiligste Dreifaltigkeit! Oh Jesus, meine Liebe! Ich gebe mich hin und ich zerfließe zu Füßen deiner anbetungswürdigen Majestät! Oh meine Seele, loben wir und beten wir den Herrn an, weil er gut ist und seine Barmherzigkeit unendlich ist.

Meine kleine Seele zerfließt ganz und gar im göttlichen Herzen Jesu und ich weiß nicht mehr, was ich ihm jeden Tag anbieten kann, außer dem bescheidenen Feldblumenstrauß meiner Dankbarkeit und meiner Liebe.

Ganz Jesus gehören.

↑ 23. Juni 1930 (Montag)

Die Liebe meines Gottes ist es, die mir diese Prüfungen schickt ... Wie diese nicht lieben, wie könnte ich sie nicht über alle Schätze, über alle Güter innig lieben? Ich gehöre ganz meinem göttlichen König Jesus, bin ganz für ihn da; ich muss also alles mit Freude und aus Liebe annehmen ... alles in heiliger Weise tun. Ich leide, aber ich bin glücklich; wenn man Gott und die Seelen liebt, fällt nichts zu schwer! Gott ist ein unendlich zärtlicher, unendlich mitfühlender Vater, der immer den Mut und die Geduld schenkt, die notwendig sind, um die Prüfungen, die er schickt, zu ertragen.

Tröste dich, meine Seele! Singe mit den Engeln und den Heiligen, weil dein göttlicher und allmächtiger Freund dir hilft und dich stützt.

Oh göttliche Sonne meiner Seele und meines Lebens! Hier bin ich in meinem ganzen Kleinsein, bereit, weiter auszuhalten, alles zu erleiden, was deine unermessliche Liebe für mich bereithält.[1] Ich akzeptiere, ich umarme von vornherein alles, was deine allerhöchste Güte mir schicken wird ... alle Ängste vor der Krankheit, alle Prüfungen, die auf meine Seele und mein ganzes Wesen einstürzen können; doch flehe ich dich im Gegenzug an, die verirrten Seelen zu dir zurückzuführen. Mögen all die Meinen deinem unfassbaren Willen gehorchen, oh allmächtiger Gott! Oh du so sanfter Herr, möge es dir gefallen, alle unsere Seelen zu verbinden, um sie eines Tages alle in deiner Glorie zu vereinen.

---

1 Zu diesem Duzen siehe S. 204 Anm. 1.

Es scheint, dass mein Geliebter jeden Tag meine Leiden steigert und vermehrt ... aber er verdoppelt auch jeden Tag seine Liebe, so dass alle Schläge meines Herzens Schläge der Ergebung und der Liebe seien.

Die ausgelöschte, verlorene, in Gott versunkene Seele wird unaufhörlich von einem glühenden Eifer verzehrt, ihm zu gefallen, ihn bekannt zu machen, zu bewirken, dass er von allen Seelen geliebt werde. Gott sei gepriesen!

↑ 28. Juni 1930 (Samstag)

Erheben wir die Augen zu den Gefilden der unendlichen Liebe ... dort lernt man das rätselhafte Geheimnis der Tränen zu verstehen und die unbegreifliche Hand des unfassbar guten Gottes zu preisen, die immer segnet, selbst wenn sie schlägt und ihre Diener und ihre Erwählten zerbricht.

Oh! Wie wenig kennen wir doch das so liebende Herz des lieben Gottes, das so zärtliche Herz unseres himmlischen Vaters! Wie verschieden und wie vielfältig sind auch die Wege, auf denen Gott die Seelen zu sich führt; wer kann die Erweise seiner Barmherzigkeit und seines göttlichen Mitleidens am Sterbebett seiner Diener und aller seiner Kinder nennen? Ach, wie teuer wir Gott sind! Wie teuer wir dem Herzen Jesu sind.

Im Dunkel der letzten Stunde, wenn das Auge nichts mehr unterscheidet, wenn die Stimme erloschen ist, wenn man die Hand auf das Herz des Patienten legen muss, um zu bemerken, ob da noch ein bisschen Leben ist, wer kann da wissen, was sich zwischen der Seele und ihrem Gott ereignet, wer kann sagen, mit welcher Zärtlichkeit er sie ruft!

Jesus sagt und sagt uns wieder und wieder, dass uns jede Gnade gewährt werden wird, wenn wir einen festen Glauben haben!

Wann also werde ich meinerseits meinen Durst an den unerschöpflichen Quellen des Lichts und der Liebe stillen können? Wann du es willst, oh mein Gott.

Wenn ein Mensch auf der Erde stirbt, dann scheint das nicht viel zu sein angesichts der Masse ... doch ist dieser Mensch, der fehlt, eine Seele, die vor ihrem Schöpfer und ihrem Gott erscheint ... ein Auserwählter oder ein Verdammter ... Soll eine einzige Seele uns gleichgültig lassen oder ohne Erbarmen? Der göttliche Erlöser ist für alle gestorben. Helfen auch wir, die wir das Glück haben, uns seine Kinder zu nennen, bei diesem Werk für die Seelen, da er uns darum bittet, und verstehen wir, wenn es nötig ist, für die einen wie für die anderen zu sterben.

Sind wir nicht alle Kinder desselben Vaters? Bringen wir jedes Mal, wenn das Leben ein neues Opfer[1] fordert, unsere Opfer, unsere Leiden, unsere Tränen und unsere inbrünstigen Gebete dem Herrn aller Güte und allen Mitleidens dar. Oh barmherziger Gott! Oh göttlicher Retter der Seelen. Ich flehe dich an, öffne der so teuren Seele, die du an diesem Tage unserer liebenden Nähe entrissen hast, deine heiligen Tabernakel.

Mein Herr und mein Gott, schenke ihr umgehend ein Leben des Glücks und ewiger Ruhe ... dir, mein Gott, wird alle Ehre dafür zukommen.

Oh mitfühlende Jungfrau Maria! Oh meine Mutter, ich beschwöre dich, erweise deine unermessliche Macht über das Herz deines göttlichen Sohnes! Zeige, dass du mich liebst, indem du derjenigen, die hier auf Erden auch ein wenig meine Mutter war[2], das unfassliche Glück des Himmels erlangst, das sie in ihrem bewundernswürdigen Leben so sehr verdient hat.

Oh allmächtige und ganz liebende Jungfrau Maria! Oh meine Fürsprecherin und meine Mutter, wie göttlich glücklich ich an diesem Tag bin, an deine glühende Liebe zu appellieren! ... sie anzurufen, sie zu preisen.

Jungfrau Maria, erlange für diese Seele, die immer in der Frömmigkeit, in der Selbstvergessenheit, in der schweren Arbeit, im Opfer, in der Übung der Nächstenliebe, in der Glaubenspraxis und im Gebet lebte.[3]

Erinnere dich auch der langen und grausamen Leiden, die sie über lange Monate so geduldig akzeptiert hat, und geruhe, für sie einzutreten, um ihr recht schnell die ewige Ruhe zu verschaffen.

Amen.

↑ 2. Juli 1930 (Mittwoch)

Heilige Kommunion. Güte und Zärtlichkeit Jesu haben sich meiner kleinen Seele gezeigt. Wieder einmal haben die allmächtige Liebe, die so süße und sanfte Zärtlichkeit, mit der Jesus mich in seiner übermäßigen Güte verbrennt und mich durch seine göttliche Gegenwart in meiner Seele, in meinem Herzen, durchflutet, die nicht in Worte zu fassende Trennung meiner Seele und meines armseligen sterblichen Leibes bewirkt.

---

1 Gemeint ist das Opfer eines Menschenlebens. (Anm. d. Übers.).
2 *diejenige, die hier auf Erden auch ein wenig meine Mutter war*: Es handelt sich um Rose Mignot, die Witwe von Ferdinand Robin (ein Cousin des Vaters von Marthe, der früher im Nachbarhaus wohnte). Sie starb an eben jenem 2. Juli 1930.
3 Der Satz ist unvollständig: Der Gegenstand der Bitte ist hinter den Eigenschaften des Empfängers „verblasst" ...

Ich glaube, wohl zu begreifen, oder wenigstens scheint es mir so, dass der Grad der Verzückung nicht immer gleich ist. Er kann mehr oder weniger intensiv, mehr oder weniger hoch, von mehr oder weniger langer Dauer sein, je nachdem, wie es der Wille Gottes will. Es steht weder in der Macht der Seele, ihn zu verlängern noch seine Dauer zu verkürzen, so wie sie auch dessen Glanz und Herrlichkeit nicht steigern oder verringern könnte.

Nichts bringt die Seele hervor, nichts kommt aus ihr, nur eines hilft ihr: sich zunichtezumachen und sich der Kraft und der allmächtigen und so köstlichen Majestät zu überlassen, die sie umhüllt und in die innigste Vereinigung versenkt.

Die Vereinigung der Seele mit ihrem Gott, die Teilhabe am Ruhm des Geliebten, erreicht nicht immer den gleich erhabenen Grad liebender Vereinigung: Ihr göttlicher König bringt sie nicht jedes Mal so in seine Nähe; er zeigt ihr nicht immer dieselbe Glorie. Er ist derjenige, der alles vermag und dem alles gehorcht. Ihm, diesem allerhöchsten Meister, steht es also zu, sich ihr auf verschiedene Weisen zu zeigen und mitzuteilen und ihr alle göttlichen Geheimnisse seines Ruhms zu enthüllen, sofern es ihm gefällt.

Manchmal gefällt sich dieser Gott der Liebe darin, die Seele in einer gewissen Distanz zu ihm zu halten und auch, ihr die Glorie, die er sie entdecken lassen will, mehr aus der Ferne oder ganz nah zu zeigen. Ich glaube nicht, dass ich mich täusche, wenn ich das sage, da ich es so verstanden habe. Meistens aber wird die Seele unvermittelt mitten in die Glückseligkeit getaucht und Jesus nimmt sie ganz an sich und in sich hinein und umhüllt sie. Das wenigstens ist mir am häufigsten passiert. Ich konnte auch beobachten, dass die Trennung der Seele vom Körper sich in verschiedenen Stufen ereignet; ganz oder nicht ganz. Ich weiß auch, da es mir geschehen ist, dass es manchmal vorkommt, dass keine Trennung stattfindet, sondern das ganze Wesen, Seele und Körper, an der Verzückung teilhaben.

In dieser Kommunion war die Trennung sehr intensiv, aber sehr kurz, glaube ich. Meine Seele wurde plötzlich mit einer Liebe, die nur Gott gehört und die nur in ihm verstanden werden kann, fortgerissen ... aber ich habe keine Vision gehabt. In berauschenden Liebesbezeugungen hat mein göttlicher Jesus mir recht schmerzliche Offenbarungen gemacht, die, leider, noch am selben Tag eingetreten sind. Dabei gab er mir den Mut, sie zu empfangen, zu akzeptieren und sie ihm aufzuopfern. In seiner göttlichen Güte hat Jesus mich nicht wissen lassen, wie ich geprüft werden würde noch wann, sondern < mir gesagt >, ich solle das neue Kreuz, das er für mich vorbereitet hatte, annehmen, wie er es wolle ... und dass eine sehr empfindliche Prüfung und unangenehme Qualen mich erwarteten, ich ihm aber ganz hingegeben bleiben solle, dass er mich stütze. Er sagte mir dabei, dass ich sein Opfer sei und dass ich nur ihm gehöre, dass er mich also jeden Tag mehr prüfen könne und wie er wolle.

Ich fühle unaufhörlich, dass ich ganz Jesus gehöre ... ich biete mich ihm noch einmal ganz an für alles, was er von mir verlangt. Oh Jesus, meine einzige Liebe, ich gehöre dir ganz, bin ganz für dich da!

Ja, mein zärtlicher Jesus, ich gehöre dir und habe nur den Wunsch, deinen anbetungswürdigen Willen zu tun! Mein Gott, ich liebe dich und überlasse mich deinem ganz und gar brennenden Herzen! Ich bete deine Anordnungen an, ich preise sie, ich weiß, sie sind immer voller Liebe und Güte für dein kleines Opfer.

Warum, oh mein Herr, warum, oh Jesus, sollte ich meine äußerste Niedrigkeit in die Nähe deiner äußersten Größe bringen wollen? In meinem Kleinsein und meinem grenzenlosen Elend sehe ich mich außerstande, dir, wie ich es muss und wie ich es möchte, für deine so großen Wohltaten zu danken.

Oh göttlicher Gast meiner Seele, ich bringe dir alle Ehrerbietung, den Lobpreis und die Danksagungen der Seelen dar, die im Himmel und auf der Erde sind, und lade sie ein, flehe sie an, dich mit mir zu loben und zu preisen ... Besonders beauftrage ich meine zärtliche Mutter und mächtige Mittlerin und flehe sie an, dir an meiner Stelle zu danken.

Ich sehe immer klarer, dass man die Seelen für Gott nur durch Güte, durch Liebe gewinnt. Die Liebe ist die ganze Freude meiner Seele. Durch die Liebe verzehre ich mich in der Einheit und der Wahrheit, die Gott ist, und bleibe eingetaucht in diesen Ozean des Lichts, wo ich das göttliche Glück verkoste, die sanfte Gegenwart meines Gottes in meiner kleinen Seele zu fühlen. Ach! Wie gut ist es zu leiden, wenn man in die Liebe eingetaucht lebt. Und wie doch Unglück und Leiden bewirken, dass man Gott liebt.

Der obere Seelenteil ruht weiter innerlich in Gott, selbst wenn der Schmerz mein ganzes Wesen peinigt, selbst wenn ich gezwungen bin, mich äußerlich zu beschäftigen! Oh Leben Jesu in mir, wie nötig ich dich habe, du allein[1] bist meine Zuflucht, meine Geduld, mein Mut, mein Friede und mein Trost.

Ohne dich, oh mein Schatz und mein Alles, würde meine kleine Seele vertrocknen wie eine Blume ohne Wasser; aber mit dir und durch dich fühle ich mich immer mehr außer mir vor Liebe und Hingabe.

Was verlangt der Herr aller Güte und aller Barmherzigkeit, um seine Wohnung in einem Herzen zu errichten? Dass dieses Herz sich ihm unaufhörlich ganz schenke, dass es nur für ihn schlage, damit er ohne Widerstand den Überfluss seiner Gnaden und seiner Wohltaten ausgießen kann.

Wie auch immer ihr Leben und ihre Lage sei, die Seele, die sich Jesus schenkt, erfreut sich eines köstlichen Friedens, der jedes Gefühl übersteigt.

Wenn man zu verstehen verstünde, wie glücklich eine Seele ist, die Gott im Glauben, in der Liebe zu sehen weiß und die ihn aus ganzem Herzen liebt.

Indem ich meinen Blick innerlich immer auf die göttliche Güte Jesu gerichtet halte, bekomme ich den Mut und die Geduld, die ich so sehr brauche. Ich will eine Seele haben, die singt, selbst wenn ich größten Schmerzen ausgesetzt bin.

Warum erschauern, bin ich doch das kleine Opfer, das Jesus sein Herz ganz gegeben hat?

< Datum ? >

Oh Herr! Oh mein Vater und mein Gott! Oh mein göttlicher Jesus, ich weiß, dass du dich nicht weigern wirst, mich deinen anbetungswürdigen und erhabenen Willen erkennen zu lassen!, da ich dich doch unaufhörlich bitte, ihn in mir und um mich herum zu erfüllen! Oh geliebter Retter, du bist die Seele meiner Seele und das Leben meines Lebens. Du, oh zärtlicher Freund, verfügst über dein kleines Opfer! Erleuchte meinen Geist mit deinem göttlichen Licht, lass mein liebendes Herz spüren, was ich tun und sagen soll ... sei du alles in mir.

Mögen die Qualen, die Schrecken, die Ungewissheiten meiner so schmerzerfüllten kleinen Seele mich dein Belieben verstehen lassen ... ich überlasse mich allem. Mache, oh Jesus, dass sie vergehen, sobald ich auf eine Forderung antworten muss, und dass ich mich im Vertrauen und willig dir überlasse und dich inständig bitte, durch mich zu sprechen.

---
1 *du allein*: gemeint ist Jesus.

23. Juli 1930

Ich fühle stechende Schmerzen, große Prüfungen kommen; aber ich bin bereit, alles zu akzeptieren, alles aus deiner Hand, die ich liebe und anbete, mit inniger Zuneigung entgegenzunehmen. Die zahlreichen Liebeserweise, mit denen du mich begünstigt hast, sind ziemlich verblüffend und berühren meine kleine Seele so tief, dass ich gleichwohl alles Vertrauen in dich allein habe!

Oh göttliche Güte, unfassliche Güte, bin ich nicht das kleine Opfer, das sein Herz dir ganz gegeben hat, die demütige kleine Blume, die du in deine Hände gepflückt hast? Mitten in allem Unglück scheinen mir deine göttlichen Arme immer geöffnet, also vertraue ich mich dir an und schütte dir mein Herz aus. Der Horizont ist voller Alarmsignale, vielleicht erwartet mich alles ... Ich gehöre dir, oh mein Gott, ich habe Vertrauen in den Frieden und in den Glauben, welcher allein Hoffnung und Mut macht.

Alles möge dem Heil der Seelen dienen. Stütze mich, oh meine göttliche Sonne, wärme deine kleine Blume mit deinen brennenden Strahlen, besonders in den Augenblicken, wo mein armseliger Mut nicht auf der Höhe deiner höchsten Güte und der Aufgabe ist, die du mir anvertraut hast. Dann werde ich die Schläge, unter denen ich zermalmt werden muss – wie heftig sie auch sein mögen – annehmen und mit Liebe akzeptieren können ... denn ich hoffe. Ich liebe meinen Gott und werde von ihm geliebt! Die Liebe sei dafür gepriesen, dass sie mein Martyrium jeden Tag steigert, weil dabei jeden Tag meine Seele und mein Herz sich vereinen in der Aufopferung meiner Schmerzen.

Unergründbare Tiefe des göttlichen Willens, ich bete dich aus ganzem Herzen an. Ich weiß wohl, dass du die Barmherzigkeit und die Zärtlichkeit selbst bist, bis hinein in deine Strenge.

Mein Opfer ist süß, vollbringe ich es doch um der größten Liebe willen, um der größten Herrschaft Gottes willen. Der Sturm wohnt nicht in dem Herzen, in dem Jesus lebt. Die Liebe verwandelt alle meine Schmerzen in Hoffnung. Möge die Frucht meiner Leiden sich auf meine liebe Pfarrgemeinde und mein liebes Frankreich ausbreiten durch das Apostolat meines Père[1] und meiner geistlichen Brüder[2].

Das ist das Opfer im Opfer, mehr aber noch die Liebe in der Liebe.

---
1 Vgl. S. 135 Anm. 1.
2 *meine geistlichen Brüder*: Es handelt sich um zwei Kapuzinerpatres, die die Volksmission von 1928 durchgeführt hatten, P. Marie-Bernard und P. Jean. Marthe war mit P. Marie-Bernard weiter in Kontakt geblieben. Siehe dazu auch S. 135 Anm. 2.

Die Jungfrau Maria, die so mitfühlend ist, gibt immer einige Tropfen göttlichen Balsams dazu, um die Bitterkeit des Kelches abzumildern ...

Jesus, meine Liebe! Mein Herz seufzt, aber meine Seele versteht und preist; ich will eine Seele haben, die sogar in den größten Schmerzen singt. Der Glaube stützt mich, die Liebe erfüllt und erhebt mich, verzückt, und ich sage meinem Gott Dank, dass er mir so viele schmerzhafte Schläge versetzt. Er will mein Glück erst im Himmel, deshalb will er mir nicht gestatten, das zu vergessen (indem er mir keine Atempause gewährt). Ich behalte nichts für mich, ich gebe alles meinem Gott, damit er alles über die Seelen ausgieße ... Das Exil ist lange für mich, aber ich liebe es, da es nur Leiden ist bis zu dem Augenblick, wo meine Seele sich für immer mit ihrem Retter vereinen wird ... Das Opfer verdoppelt die Länge des Wartens, aber wenn die letzte Stunde schlägt, werde ich allen Schmerz schnell vergessen.

Für die Seelen und auf die Seelen erbitte ich Segen und Licht von oben; meine Hingabe wird sich nie ändern. Die Nächstenliebe, die mich antreibt, wird nicht abflauen, da Jesus selbst ihr das Siegel aufgedrückt hat ...

Wie gut es tut, in der Liebe zu bleiben durch alle Leiden, durch alle Qualen hindurch, die das Äußere der Seele aufwühlen, während ihr höherer Teil im inneren Gebet und sogar außerhalb des inneren Gebets zart mit Gott vereint und fest verbunden bleibt. Dauernd in der Liebe aufgehen, welch unschätzbare Wonne!

Oh meine Seele! Loben wir, lieben wir den so guten Herrn, der sich unserer bedienen möchte, damit er von anderen Seelen geliebt werde ... Wenn eine Seele in der inneren Sammlung lebt, während so viele andere sich zerstreuen, scheint es ihr, dass die göttlichen Strahlen der Liebe und Wahrheit, die von so vielen Seelen abgewiesen und vernachlässigt werden, sich vereinen, um zu ihr zu kommen ...

Oh mein göttlicher Jesus, einziger Halt meiner Seele! Dich, dich allein, immer nur dich rufe ich, den ich bei mir fühle, der du mir in deiner unsagbaren Zärtlichkeit antwortest! Du, der du mich liebst ... und den ich liebe. Oh Gott der Liebe, oh angebeteter Meister, wie zärtlich und glühend ist dein so sanftes Herz für mich, gerade für mich, die ich dir nur schwaches Lob zurückzugeben weiß, die ich dir nur armselige Leiden und die Liebe, mit der du mein Herz in einem Gnadenstrom überflutest, anzubieten weiß.

Mein Herz schlägt und bebt vor Dankbarkeit in dem dauernden Bewusstsein, dass dieser so große Gott nicht nur gut, wahr, freundlich, barmherzig, mitleidend ist, sondern dass er uns liebt. Er hat für uns mehr als Güte. Er hat Liebe und seine Liebe ist unendlich wie er. Die Liebe Gottes ist die starke und beschützende Liebe eines Vaters, die überwältigende Liebe einer Mutter. Sie hat zwei große besondere Flammen: die göttliche Leidenschaft und die göttliche Eifersucht. Außerhalb dieser Liebe ist alle irdische Liebe nur recht fahler Schatten. Wie könnte es anders sein? Gott wird niemals müde zu lieben und er hat niemals genug davon, geliebt zu werden: „Ihr sollt, sagt er uns, den Herrn, euren Gott, mit ganzem Herzen lieben, usw. ..."[1] Das ist es, was er von uns verlangt und was er von uns haben will. Er verlangt es, weil er es als Erster gibt.

Unser Gott ist ein eifersüchtiger Gott.

Oh Jesus, meine Wonne und mein Leben! Ich liebe dich und ich bewundere alle deine Pläne für mich.

↑ 23. Juli 1930 (Mittwoch)

Ich dürste nach dir, oh Jesus! Ich lechze nach dir, oh Brunnen der Liebe! Morgen wird mir das Brot der Engel gereicht werden. Meine Seele ist so glücklich, dass kein Wort, kein Satz dieses übernatürliche Glück zum Ausdruck bringen kann. Wie leide ich in meinem Körper, in meinem Herzen, in meiner ganzen Seele, die vom teuflischen Geist auf alle Art und Weise gequält wird! Oh mein Jesus, wird das das letzte Mal sein, dass du in deinem Sakrament der Liebe zu mir kommst? Hat sie geschlagen, die Stunde der ewigen Vereinigung, nach der meine Seele mit so viel Inbrunst lechzt? ... Wird morgen der letzte Tag sein, wo wir hier auf Erden miteinander vereint sein werden? ... Es stimmt, dass die Vereinigung für die Seele, die deinen Willen tut, dauerhaft ist.

Oh, wie ich leide! Welch schmerzliche Verwicklung von Dingen, die ich nicht zu beheben vermag, läuft meinem Gefühl nach ab. Ich wende mich an dich, oh mein Gott; hilf du allem ab, ich werfe mich in deine Arme.

Wie schön das Leiden ist, das geliebt wird, nicht nur um seinetwillen, sondern besonders wegen der Früchte, die es in uns hervorbringt. Von welch lieblicher Sanftheit ist es, im Leben an den Leiden Gottes, des Erlösers, teilzuhaben!

---

1 Vgl. Dtn 6,5.

Tröste dich, meine Seele! Singe mit den Engeln und mit den Heiligen, weil dein göttlicher Freund kommt, um dich zu trösten.

Ganz besonders dich, oh unvergleichliche Mutter, bitte ich, in mir alles zu zerstören, was nicht für Jesus ist und ihm nicht gehört. Geh mit dem Prüfeisen durch mein Wesen und mit dem Feuer, das reinigt, damit nichts in meinem Herzen sei, das dem, den meine Seele innig liebt, missfallen könnte. Oh mächtige Königin, mach aus mir einen reinen Liebeskelch; schmücke, verziere mein kleines Herz, das bald die Wiege deines göttlichen Sohnes werden wird.

Oh meine gekreuzigte Liebe! Lass mich immer mit dir gekreuzigt sein. Oh liebliche Jungfrau Maria, deinem kleinen Kind geht es recht schlecht! Du allein weißt, wie glücklich es ist, so zu leiden, wie es leidet. Möge durch dein Herz, oh zärtliche Mutter, mein Herz niemals das Herz Jesu verlassen.

↑ 24. Juli 1930 (Donnerstag)

Ich darf nur wollen, was der liebe Gott will, weil er es will. Ich bin ihm ganz ausgeliefert. Ich bin sein Eigentum. Er hat also ein absolutes Recht über mich.

Nichts sein, nichts mehr sein, außer wirklich die Sache Gottes, das kleine Opfer Jesu. Ich werfe mich, ich gebe mich und lasse mich mit Inbrunst in die Unermesslichkeit des göttlichen Beliebens fallen, losgelöst, befreit von allem, von der Gegenwart und von der Zukunft. Mein Leben besteht ganz aus Liebe und will nur der Liebe gehören, im Guten und für das Gute leben und es um mich herum verbreiten, glücklich wie die Apostel und Märtyrer, für Jesus zu leiden.

Heute Nacht habe ich die Hingabe, das Ja, die Opfergabe an den liebenswürdigen Willen Gottes erneuert und seither fühle ich mich ganz eingehüllt in einen neuen Frieden. Es ist der Friede im Schmerz, der Friede in der Prüfung, der Friede im übernatürlichen Leben. Alles in mir ist Liebe und göttlicher Friede, meine Seele und mein Herz fließen über davon. Das Heiligste Herz Jesu ist das Fegefeuer, dessen glühende Flammen diejenigen, die ihn lieben, reinigen.

Nur einen Wunsch haben, einen einzigen: Tag und Nacht mein Kreuz mit den Rosen der Liebe, mit allen Blumen der Hingabe, der Freuden und der verborgenen Schmerzen zu bedecken. Welch tiefes Glück, wirklich ganz für Jesus zu leben und um ihm zu gefallen. Erhabener Wille meines Gottes, sei meine Nahrung! Barmherziger Wille meines Gottes, sei mein

Trank! Oh Vater! Dein Wille geschehe und nicht der meinige! Meine Seele ist ganz in Jesus aufgegangen; ich fühle mich mehr und mehr außer mir vor Dankbarkeit. Die Liebe durchdringt mich und verzehrt mich. Wenn die Liebe, die in mir ist, der Grund für die immer größere Zunahme meiner Leiden ist, dann sage ich meinem Gott Dank dafür, dass er sie vermehrt, da in jedem von ihnen meine Liebe wächst ...

Ach! Wüsste man doch die erhabene Schönheit dieser Wahrheit zu begreifen: leiden, indem man liebt, und lieben, indem man leidet!

Ich werde die Seele sein, die sich allem opfert, die alles loslässt, die nur noch einen Gedanken hat: unablässig den göttlichen Willen und das Wohl der Seelen, aller Seelen, erfüllen.

Nichts kann den Durst meines Herzens hier auf Erden stillen, weil es ganz Jesus gehört und ganz für ihn da ist. Meine Seele ist gierig nach einem einzigen Schatz: Lieben.

Jesus ist mein Meister, ich bin sein Gut; er kann mit mir machen, was ihm gefällt.

Oh Güte und Liebe Jesu in mir, seid für immer gepriesen.

Amen.

↑ 25. Juli 1930 (Freitag)

Oh sanftes Glück! Jetzt ist er also gekommen, dieser schöne Tag der heiligen Kommunion, den ich mit so lebhafter Erregung erwarte. Heilige Kommunion! Dieser Name bewegt mich immer sehr, sei es, wenn ich ihn aussprechen höre, sei es, dass ich ihn selbst ausspreche oder ihn schreiben lasse. Morgen ist jener Freudentag, wo Jesus zu mir und in mich kommt; kein Wort wäre geeignet, die ganz innere Freude, die ich verspüre, zu beschreiben. Oh danke! Danke, liebenswürdiger und so sanfter Jesus. Ja, ich weiß und erkenne, dass Gott mir an diesem Tag erlesene Gnaden bereitet. Mein geistlicher Begleiter hat ganz Recht, mir das zu sagen. Aber allen Ernstes gestehe ich, dass ich nicht wegen der besonderen Gnaden, die ich da erhalte, mich so nach der heiligen Kommunion sehne. Nein, nein, ich weiß wohl, dass ich keinerlei Recht darauf habe. Deshalb messe ich ihnen nur eine geringe Bedeutung bei. Ich schätze sie sehr hoch ein und sage Dank dafür und preise meinen Gott. Ich weiß allzu gut, wie undankbar < es > von meiner Seite wäre, anders zu handeln. Jesus geruht, sie mir gewähren zu wollen, aber wenn es ihm gefällt, sie mir zu entziehen ... gut! Sein heiliger Wille geschehe.

Lehre mich, mein Gott, dich immer besser zu lieben, dir in allem, was du von mir erwartest und verlangst, immer mehr gefallen zu können.

Ich werde unmittelbar vor der Kommunion beichten. Du weißt, oh Gott der Liebe und aller Güte, wie sehr dein Kind mit gutem Willen gewappnet ist und in Bedauern zerfließt, wenn es dir sagt und vom Grund seines Herzens her wiederholt, dass es alle Sünden, die es im Laufe seines ganzen Lebens begehen konnte, bitterlich bereut und dass es dir verspricht, sich in allem, was dir in ihm missfallen mag, zu bessern. Du weißt auch, wie schwach ich bin und dass ich nichts ohne dich vermag.

Komm, oh mein so sanfter Jesus, komm in mein kleines Herz, das danach hungert und dürstet, dich zu empfangen. Mache mich gut, liebend, vertrauend, gehorsam, wie du mich willst.

Ach! Was für eine köstliche Freude! Was für ein unaussprechliches Glück, wenn ich alle meine Gebete, alle meine Bitten sagen kann im Gespräch mit dir, oh göttlicher Gast und Geliebter meiner Seele! Am Tag, wo du ganz in mir bist und ich ganz in dir bin, fühle ich mich so umgeben, eingehüllt in die Arme meines Gottes, dass ich mich nur noch mit ihm beschäftigen kann, nur noch an ihn denken kann, nur noch aus ihm und für ihn leben kann. Es ist für mich eine schreckliche Qual, wenn ich gezwungen bin, mich einer Unterhaltung außerhalb Gottes zu widmen.

Ich fühle wohl, was Jesus mir alles gibt, wenn er sich mir gibt. Ich erbebe und bin ganz ergriffen vor Ehrfurcht und Liebe, zittere wie ein zartes Blatt, wenn der Sturm bläst, frage mich, was ich arme kleine Bedürftige diesem Gott, der mich mit Gnaden, Güte und Barmherzigkeit überschüttet, bringen und geben werde, diesem Gott voller Liebe, der, indem er sich mir schenkt, meinem Herzen das Siegel der Erwählten aufdrückt. Meine Befürchtung ist nur flüchtig. Ich weiß, dass Jesus der Freund der Demütigen, der Armen, der Kleinen ist, und mein ganzes Wesen sehnt sich nach der Stunde, wo dieser göttliche Erlöser sich mir ganz schenken wird. Ich flüchte mich ganz in die mütterlichen Arme Mariens und bitte sie inständig, dass sie selbst mein Herz, das das Heiligtum ihres göttlichen Sohnes sein wird, reinige und schmücke. Dann warte ich friedlich und versichere meiner Seele, dass sie nichts zu fürchten braucht … dass derjenige, der zu ihr kommt, selbst der unendliche Reichtum ist und dass er mit Händen voller Gnaden kommt. Oh meine Seele, viel besser als du kennt dieser gerechte und gute Gott dein Elend und den bodenlosen Abgrund deiner Armseligkeit und um diese rein und schön zu machen, kommt er zu dir.

Je leerer ein Gefäß ist, desto mehr Flüssigkeit füllt man hinein; je leerer die Seele ist, um Jesus zu empfangen, desto mehr schenkt er ihr seine Gunst und bereichert sie mit seinen Gaben. Jesus hat nur den einen Wunsch, unser ganzes Elend mit den wunderbaren und unvergänglichen Schätzen seiner Barmherzigkeit zu überschütten.

Hoffe, meine Seele, Jesus wird dir alles vergeben, was ihm an dir vielleicht missfallen hat; er wird dich lossprechen und alle deine Versäumnisse, alle deine Fehler vergessen. Er ist es, der gesagt hat: „Die Kranken brauchen den Arzt, nicht die Gesunden."[1] Er hat auch gesagt: „Lasst die Kinder zu mir kommen."[2]

Zittere nicht, meine Seele, Jesus ruft dich; geh ihm entgegen mit größtem Vertrauen, mit tiefster Demut, mit tiefster Reue, weil du ihn, der dir gegenüber nur Güte und Liebe ist, betrübt hast.

Oh Jesus! Du kennst alle meine innersten Regungen; deine Blicke durchdringen mein Herz; du weißt, dass ich dich liebe.

Ach! Wie furchtbar doch die Hölle ist! Was für ein abscheuliches Wesen doch der Dämon ist! Dieser Gedanke lässt mich Gott in tiefster Demut und mit der ganzen Inbrunst meiner Seele bitten, dass er mir die Gnade gewähre, ihn, der nur Zärtlichkeit und vollkommenste Schönheit ist, jeden Tag mehr zu lieben, damit ich niemals in dieses schreckliche Gefängnis falle, wo meine Verzweiflung darin gipfelte, ihn niemals zu sehen und für immer von ihm getrennt zu sein.

Heilige Kommunion. Er ist in mir, dieser süße Schatz, den ich so liebe. Oh! Welche Süße! Ich habe Angst, an dem Übermaß dieses Glücks zu sterben, aber mein Geliebter ist in mir, was habe ich zu fürchten? Wenn er will, dass ich jetzt in seinen Armen sterbe, dann werde ich nur zu glücklich sein ... welch unermessliche Gnade! Jesus zu besitzen, das ist doch der Himmel in meinem Herzen. Kann man sich einer größeren Wohltat, eines unaussprechlicheren Gutes erfreuen, als mit ihm wie mit einem lieben Freund zu sprechen, zu spüren, dass er da ist, ihm zu danken, ihn anzuflehen, ihm zuzuhören, ihn zu vernehmen, ihm all meine Nöte anzuvertrauen, ihm all meine Anempfehlungen zu bringen, ihm all meine Wünsche zu überlassen, ich, die ich doch so klein bin, ihm, dem göttlichen König, der die unendliche Größe und Erhabenheit ist. Oh! Ich bin glück-

---

1 Vgl. Mt 9,12 (und Synoptiker. Man beachte die Umstellung *Kranke / Gesunde* bei Marthe).
2 Mt 19,14 (und Synoptiker).

lich! Mein Gott, hab Erbarmen mit deinem kleinen Opfer, bewahre es ganz für dich und immer in dir. Erbarme dich aller, die heute zur heiligen Kommunion gegangen sind, halte sie künftig in deiner Nähe. Oh göttlicher und geliebter Jesus! Segne alle Seelen und überschütte sie mit deinen göttlichen Gnaden. Bewirke, dass die armen Sünder dich lieben. Dir, oh allmächtiger König, sei dafür alle Ehre.

Amen.

↑ 8. August 1930 (Freitag)

Aufnahme Mariens in den Himmel. Tag des Glücks und der Freude, auch wenn ich an diesem Tag sehr gelitten habe. Ich habe meine Hingabe erneuert und meinen Entschluss, jederzeit und ohne Vorbehalt in Wahrheit Kind Mariens zu sein, ihrem Vorbild in größtmöglichem Gehorsam zu entsprechen, sie mit Respekt, Zärtlichkeit und Liebe zu umgeben und zu bewirken, dass auch andere das tun, wie Jesus das von mir will. Bis zum Äußersten will ich als ihr Kind voller Vertrauen und Hingabe unter ihren schützenden Blicken in ihrer Nähe leben.

Ich liebe sie so sehr, die Jungfrau Maria, und um ihr meine Liebe zu beweisen, muss ich doch danach streben, ihr in allem zu gefallen und alles, was ich brauche und benötige im Herzen mit ihr zu besprechen. Welch köstliches und ergreifendes Vorbild ist doch Maria! Durch Maria und mit Maria und in Maria werde ich zu Jesus gehen und ihm ganz gehören. Wenn man wüsste, welch köstliche und innige Einheit jene Seelen verkosten und freudig erfahren, die in der Gesellschaft der göttlichen Mutter Jesu, unserer Mutter, leben!

Aufnahme Mariens in den Himmel! Wie lieblich klingt das in meiner kleinen Seele! Was für ein herrlicher und wunderbarer Tag ist doch die Aufnahme Mariens in den Himmel! Entzückt, voller Inbrunst und Feuer beten die Engel an in göttlichem Schweigen, erbebend vor Jubel, Liebe und Staunen.

Als ich mich vorbehaltlos in die immerwährende Obhut des Unbefleckten Herzens Mariens begeben habe, habe ich dort mit mir zusammen all jene hineingelegt, die ich liebe, alle meine Angehörigen, Freunde, Wohltäter, alle ihre Schützlinge: die beiden Pfarrgemeinden[1], alle Seelen

---

1   Diejenige von Saint-Bonnet-de-Galaure, zu welcher der Weiler Les Moïlles gehört hatte, und diejenige von Châteauneuf-de-Galaure, an die er in den Zwanzigerjahren angegliedert wurde. Siehe auch S. 207 Anm. 1.

... Frankreich und alle Seelen, die dort wohnen, alle Seelen im Fegefeuer. Ich habe das sanfte Vertrauen, dass die göttliche und mächtige Maria sie alle mit ihrem strahlenden Beistand und ihrer barmherzigen Liebe umgeben wird. Auf Erden und im Himmel sage man der Jungfrau Maria Lob und Preis.

< 15. August 1930 (Freitag) >

Heilige Kommunion. Mein Herz fließt über und pocht vor Dankbarkeit und Liebe! Was für eine göttliche Umarmung! Was für eine Liebesumarmung zwischen meiner Seele und Jesus. Ich besitze in mir meinen Retter und Herrn Jesus. Er ist wirklich gegenwärtig in meinem Herzen, er selbst sagt es mir im Liebesrausch ... ich habe reichlich geweint, aber aus Freude und aus Liebe.

Kein Wort, nicht einmal Gebete, doch innerlich sage ich Jesus in der Hostie vieles.

Tue in mir alles, was dir gefällt, oh himmlischer Bräutigam meiner Seele! Lebe und herrsche in mir für immer. Oh mein einziger Freund, ich preise dich und ich danke dir für alle deine göttlichen Gnaden.

Oh geliebte Mutter, hilf deinem demütigen und kleinen Kind, dass es Jesus danke für die süßen Wonnen, die er im Verborgenen meiner Seele ausgegossen hat.

Oh mein Jesus! Oh mein innig geliebter König! Lass dein kleines Opfer an deinem so sanften Herzen ruhen ... Nach einigen Stunden köstlicher Vereinigung wollte Jesus, der mein Meister ist, von meiner Seele das so innige Gefühl seiner Gegenwart wieder wegnehmen. Da wurde ich von einem Eindruck der Leere schmerzhaft und so plötzlich gepackt, dass meine arme kleine Seele nur noch eine kleine blutbefleckte Blume am Kreuz war. Den ganzen Tag über hat mich mein Retter von Prüfung zu Prüfung, von Schmerzen zu Schmerzen geführt ... oh! Danke. Ich preise dich für alles, oh göttliche Sonne meiner Seele ... du hast gewollt und es hat dir gefallen, dass das Leiden und die innere Not meinem so großen Glück die Waage halten; gut! *fiat* und umso besser.

Mein Gott und mein Alles, ich beschwöre dich, bewirke, dass mein Leben ein unaufhörlicher Akt der Liebe sei und dass ich nur Gutes tue, solange ich auf Erden bin. Ich weiß, dass ein Tag, an dem man nicht eine Tugend geübt hat, für den Himmel ein verlorener Tag ist, selbst wenn man keinen Fehler begangen hätte. Ich weiß aber auch, dass die Rosen des Opfers und der Schmerzen täglich und im Überfluss auf mich herabregnen. Möge ich wenigstens, oh mein Gott, keine fallen lassen. Das Gute tun um der Liebe Gottes willen und es in allem tun aus Liebe zu Gott! Mein Gott, der du immer auf das Gebet der Kinder hörst, verwirf meine flehentlichen Bitten nicht, denn ich bete zu dir vom Grund meines Herzens! Oh mein Gott, du weißt, dass ich dir ganz gehöre; gestalte mein Leben so, wie du es willst ... aber lass mich dich lieben, dich mehr als jemals zuvor innig lieben. Möge ich immer sanft, gütig, demütig, ruhig bleiben, selbst in den Augenblicken, wo ich am furchtbarsten leide. Man möge sich wenig um mich, die ich nichts bin, kümmern.

Jungfrau Maria, meine gütige Mutter, lehre mich, dem anbetungswürdigen Willen Gottes recht zu gehorchen und dass ich mich niemals über etwas beklage. Ich bitte dich, hilf mir, steh mir bei, dass ich die Versprechen, die ich Jesus gegeben habe, halte.

↑ 16. August 1930 (Samstag)

Alles in meinem Herzen ist Friede, Freude, Vertrauen, Hoffnung, Liebe. Oh mein Jesus! Halte mich immer in deinen geliebten Armen, du, den ich so liebe! Wie glücklich ich mich im Innern fühle! Das kommt daher, dass ich die unaussprechliche Freude hatte, Jesus gestern in meinem Herzen zu empfangen. Die heilige Kommunion ist mein ganzer Trost und mein Halt. Sie ist der Himmel meiner Seele und das einzige und wahre Glück in meinem Märtyrerleben. Ja, mein Gut hier auf Erden, das ist die Liebe meines Gottes, das ist die Vereinigung mit ihm! Wie unaussprechlich ist dieser Austausch schon vor der Vereinigung im Himmel! Alle meine Opfergaben, alle meine Leiden, alle meine Opfer verwandeln sich in fromme und liebliche Tröstungen. Nur aus Freigebigkeit und Opferbereitschaft, Selbstvergessenheit, Gebet und Nächstenliebe leben.

Ich preise das Leiden, das mir den süßen Vorteil verschafft, Jesus zu beweisen, dass ich ihn lieb habe und seinen göttlichen Willen innig liebe, der meiner Seele eine Freudenquelle ist, die niemals versiegt. Ich danke dir in Demut, oh Gott der Liebe, für deine ganze Güte und Zärtlichkeit für mich, für alle Prüfungen, die meine Krone sind. Ich flehe dich an, segne alle meine Wünsche, alle meine Opfergaben an die Gnade. Amen.

Ich preise meinen Gott in allem, was er von mir wollen wird. Nichts kann mir schwerfallen, da Jesus die weiße Blume der unvergänglichen Hoffnung in mein Herz gelegt hat.

Mögen alle Geister, alle Herzen und jeder Mund sich vereinen, um die Größe und die unendliche Freundlichkeit des lieben Gottes zu rühmen.

↑ 17. August 1930 (Sonntag)

Oh heilige und göttliche Eucharistie! Oh mein Jesus, du bist so nahe bei mir ... mein Herz ist zärtlich berührt. In der göttlichen Gegenwart von Jesus in der Hostie also wird die demütige kleine Hostie seiner Liebe ihre Beichte ablegen und die umfassende Vergebung für all ihre Fehler empfangen. Ich spüre mein Herz so stark schlagen, dass ich kaum atmen kann. Ein ganz göttliches und ganz innerliches Feuer verbrennt mich und nur die sanfte Gegenwart Jesu in mir vermag seine allzu heftige Glut zu mildern.

Wenn ich meine Sünden ausgesprochen habe und aufmerksam den wunderbaren Lehren, aufbauenden Worten und den religiösen Ermutigungen lausche, die Jesus mir durch seinen treuen Diener vermittelt, und besonders wenn er mit einer Stimme, die ich als sehr bewegt wahrnehme, sagt: In einem Augenblick wird Jesus sich Ihnen schenken, Jesus wird ganz Ihnen gehören und Sie selbst werden ganz ihm gehören, er ist der große Freund, der Sie trösten, sie mit seinen Gnaden überschütten, Ihnen seine Liebe und seine unendliche Zärtlichkeit zeigen wird; sammeln Sie sich, mein Kind, und zeigen Sie aus tiefstem Herzen Reue, während ich Ihnen die Lossprechung erteile ... dann erbebt mein ganzes Wesen vor Rührung, die ich kaum zurückhalten kann. Ich möchte ausgiebig weinen, aber Jesus gewährt mir in diesem Augenblick nicht immer die Wohltat der Tränen. In seiner Liebe, glaube ich, zieht er es vor, dass ich alleine bei ihm weine. Ich sage auch ganz leise zu meinem Gott: Verzeih mir, mein Gott, oh mein Vater voller Barmherzigkeit für dein Kind; verzeih mir, oh Jesus, ich bereue aus ganzer Seele, dass ich dich betrübt habe, dich, der du die Güte selbst bist, dich, der du nur Zärtlichkeit für mich kleines Sandkorn bist. Ach! Ich verspreche dir, oh allerhöchste Güte, dass ich nicht mehr zurückfallen werde, dass ich dich nicht mehr beleidigen werde... doch bitte ich dich in Demut, meiner Schwäche zu Hilfe zu kommen.

Nachdem die kraftvollen Worte der Lossprechung ausgesprochen sind, spüre ich, wie die göttliche Vergebung meines Gottes auf mir ruht. Oh! Welche Freude, was für ein unvergleichlicher Augenblick! Jener, wo Jesus neben meinem Schmerzensbett wartet, bis mein Herz gereinigt sei, um sich mir in seinem Sakrament der Liebe zu schenken, dem erhabenen

Unterpfand des ewigen Lebens. Es scheint mir, dass mein ganzes armes kleines Wesen verschwunden ist, dass das nicht mehr ich bin, so sehr erfüllen tiefe Ruhe und göttlicher Friede mein Herz. Nichts quält mich mehr, ich habe Vertrauen und bin beruhigt. Mir kommt es dann so vor, als ob meine liebenswürdige und göttliche Mutter, die Engel und die Heiligen in meinem kleinen Zimmer gegenwärtig sind und Jesus sein demütiges kleines Opfer liebevoll und zärtlich anschaut. Innerlich falle ich zu Füßen der Jungfrau Maria auf die Knie und bitte sie, alles wegzunehmen, was in meinem Herzen Jesus noch missfallen könnte; dass[1] ich durch das Sakrament der Buße gereinigt wurde, sie mich aber bis hin zur kleinsten Unvollkommenheit, die die Wohnstatt meines Gottes beflecken könnte, reinigen solle und dass sie mir ein neues Herz, eine Seele so durchsichtig wie reiner Kristall geben solle, damit Jesus darin von allen Seiten sein anbetungswürdiges Antlitz sehe. Ich flehe sie an, gut über ihr Kind, über alle meine guten Entschlüsse, meine Versprechen zu wachen und dass sie immer meine geliebte Mittlerin bei den drei Personen der Heiligsten Dreifaltigkeit sein wolle.

Oh Maria! Bringe du selbst mich Jesus dar! Oh! Wie sehr doch die heilige Kommunion das größte Glück überhaupt ist.

Jesus, der liebenswürdige und sanfte Jesus wird sich mir schenken! Komm, oh mein geliebter Jesus! Komm, oh Gott meines Herzens, meine Freude, meine Liebe, mein Leben, mein Alles; deine kleine Braut hungert und dürstet danach, dich zu empfangen, dich zu lieben und sich dir allein ganz zu schenken.

Ich bitte meine innig geliebte Mutter, an der Tür meines Herzens zu stehen, um dort ihren Jesus selbst in Empfang zu nehmen. Ich flehe meinen Schutzengel und alle Heiligen an (unseren kleinen Engel, den ich hier ganz nahe fühle[2]), für mich und mit mir zu beten. Ich sage darüber hinaus zu Jesus: Meine kleine Seele wartet und sehnt sich nach dir. Wie gütig du bist, oh König meines Herzens, dass du kommen willst, um in mir zu wohnen!

In diesem Augenblick tritt mein geistlicher Begleiter, der mir Jesus geben wird, ganz nah an mein Bett und lässt mich die anbetungswürdige Hostie betrachten. Wenn er das göttliche Brot der Engel auf meinen Mund

---

1 < und sage ihr >, *dass ich durch das Sakrament der Buße gereinigt wurde ...*
2 Es könnte sich um Clémence, die kleine Schwester Marthes handeln, die am 12. November 1930 im Alter von fünf Jahren verstorben ist. (Anm. d. Übers.).

legt, weiß ich nicht mehr, was in mir geschieht. Mir kommt es vor, als ob Jesus mich liebevoll in seine Arme nimmt, dass ich mich auflöse und an seinem feurigen Herzen schmelze in äußerster Verzückung und höchstem Glück.

Ich kann das, was dann geschieht, weder erklären noch wiedergeben. Mein Körper ist nicht mehr da, die Seele wird ganz von der Macht ihres Gottes aufgesogen. Sie gehört ihm. Er spricht zu ihr, sie antwortet, dankt ihm für seine Zärtlichkeiten und seine Güte, dass[1] sie so viel Liebe nicht verdient ... Aber sie sagt ihm zugleich, dass er immer in ihr bleiben und sie immer ganz für sich behalten solle in jener Umarmung, die voll ist von göttlicher Trunkenheit. Sie sagt ihm, dass sie nur noch mit ihm und in ihm leben kann und will, da sie ja ihm gehört und er sie ungeteilt will. Die so mit Jesus vereinte Seele bittet ihn um seine Gnaden, vertraut ihm alle ihre Bedürfnisse an, empfiehlt ihm ihre Anliegen, all die Ihren, all diejenigen, die sie liebt. Für alle Seelen erbittet sie jene Liebe, die sie selbst verzehrt. Sie fleht ihren Geliebten an, die Sünder zu bekehren, die lauen Seelen wachzurütteln, und um tausend ähnliche Dinge. Die Seele ist mit ihrem Gott so glücklich, dass sie alles vergisst, nichts von dem, was um sie herum geschieht, wahrnimmt. Nicht ohne Schrecken, aber in köstlicher Verzückung drückt sie sich an den, der ihr Schatz ist, ihr Gut, das sie zu verlieren fürchtet. Sie fühlt sich kühn genug, um Jesus die glühende Liebe, die sie für ihn empfindet, wahrhaftig zu gestehen, oder, besser gesagt, ist es Jesus, der ihr selbst diese heilige Kühnheit verleiht, damit sie ihm jene Liebe beweise, die er von den Seelen verlangt und nach der sein Herz heftig dürstet ... sie ist wirklich im Himmel.

Dieses ganz übernatürliche Glück kann nicht in Worte gefasst werden; nur indem man es verkostet, kann man verstehen, was es ist. Ich kann nicht sagen, wie viel Zeit während dieser himmlischen Unterhaltung vergeht. Die Seele findet sie immer zu kurz, wenn es darum geht, sich von diesem so süßen und so sanften Glück, von den Zärtlichkeiten Jesu zu lösen, und in diesem Einssein, in dem sie sich so wohlfühlt, hätte sie noch so vieles zu erbitten, zu versprechen, vorzubringen. Sie findet sich indessen ab, wohl wissend, dass sie niemand vergessen hat, und in dem Gedanken, dass zur Erde zurückzukehren, wenn man sie dazu nötigt, auch Gehorsam gegenüber Jesus ist, dem sie versprochen hat, nichts zu verweigern. Aber sie fleht ihren göttlichen Meister an, bei ihr zu bleiben. Übrigens trachtet

---

1 *sie antwortet ... dankt ihm < und sagt ihm >, dass sie ...*

sie danach, allein zu sein und sich wieder ganz ihrem zärtlichen Retter zuzuwenden ...

Sehr oft wiederholt sich die innige Vereinigung in regelmäßigen Abständen und in unterschiedlicher Intensität; weniger umfassend vielleicht, wenn auch Gott ihr wohl zu zeigen versteht, dass er der Allmächtige ist und dass er sie zu sich, für sich, nehmen kann, wann es ihm gefällt und auch sooft er es will. Und wie es ihm beliebt, lässt er sie zurückkehren.

Ganz erneuert gehe ich aus meinen Kommunionen hervor. Meine Schwäche ist ganz verwandelt und ich fühle mich in der Lage, alles, was der göttliche König von meinem Herzen verlangt, innig zu lieben, Zeugnis für seine Göttlichkeit abzulegen, zu beweisen, dass er zu recht der Schöpfer, der Erlöser und der souveräne Meister aller Dinge ist und dass es nur eine einzige und wahre Lehre gibt, die nämlich, die er selbst gelehrt hat ....[1]

Ich unterwerfe mich großherzig, freiwillig den Opfern, den Schmerzen, die mein Gott in der Liebe, die er mir bezeugt, mir noch auferlegen will. Niemals will ich ihm in einer Sache nein sagen. Ich gehöre nicht mir, sondern ihm. Was ihm gefällt, das wünsche ich auszuführen durch Vermittlung der Heiligsten Jungfrau Maria.

Aber, oh Jesus, lehre mich, dich immer noch mehr zu lieben.

Während meiner Kommunion habe ich Jesus innigst gebeten, meinen Vater, meine geliebte Mutter zu segnen, zu schützen, ihnen Mut und Gesundheit zu schenken und zu bewirken, dass ich ihnen die Güte und die Fürsorge, die sie mir erwiesen haben, vergelten kann. Ich weiß, dass nur er sie belohnen kann. Mit Inbrunst und Vertrauen erbitte ich auch Segnungen und göttliche Gnaden für meine Schwestern und Bruder[2], besonders aber den wahren Geist der Frömmigkeit; und dass meine Nichten und Neffen recht brav, fromm und gut bleiben werden, damit sie der Trost ihrer Eltern seien. Um was ich besonders bitte, ist die Rückkehr meiner guten Eltern zum Glauben, zur Glaubenspraxis. Das vor allem erbitte ich vom Herrn, von der Jungfrau Maria. Ich liebe sie mit so tiefer Innigkeit und ich

---

1   In seinen *Heften* zeigt Père Faure durch punktierte Linien die Worte Marthes an, die er nicht verstanden hat. Weist er hier vielleicht darauf hin, dass er es nicht mehr lesen kann oder dass er es nicht mehr versteht? Er will nicht etwas ins Reine schreiben, das er erfunden hätte.

2   *Bruder*: korrigiert. Im Originaltext steht das Wort im Plural. Es ist unklar, ob Marthe hier im Rahmen der Familie verbleibt (vgl. weiter unten: *Nichten und Neffen*), wo sie nur einen Bruder hat, oder ob sie in die geistliche Perspektive wechselt: „Brüder in Christus" (wie auf S. 231).

weiß, dass sie so glücklich wären, wenn sie die Hilfe und die Tröstungen hätten, welche der wahre und echte Trost schenkt [sic]. Dann empfehle ich Gott alle Priester, die ich kenne, die mir etwas Gutes getan haben, und bete für sie, für die Seele aller Priester und mehr noch für die französischen Priester, besonders für die in der Diözese. Dann nenne ich alle meine Freunde, Wohltäter, alle Kranken, die ich kenne oder für die zu beten man mich beauftragt hat, alle Seelen, die man meinem demütigen Gebet anvertraut hat, für die armen Sünder, die betrübten Herzen, die Sterbenden, die Seelen im Fegefeuer, für die Nöte der heiligen Kirche, für ihren Obersten Hirten, für die moralische Heilung Frankreichs. Oh Jesus, du gibst dich mir ganz, aber ich gehöre dir ganz. Ich erkenne immer tiefer die erhabene Schönheit des Leidensapostolats, des Liebesapostolats.

Herr Jesus, lass in mir das Feuer der echten Nächstenliebe brennen, jener Nächstenliebe, ohne die alles andere nichts ist. In der Liebe und in der Nächstenliebe wird alles verwandelt ... man verschenkt sich, man gibt sich hin, man opfert sich für Gott auf und schätzt dessen Belieben immer sehr viel höher ein als das meine. Das kann manchmal schwierig scheinen, aber wenn es immer leicht wäre, wo wäre der für Gott erbrachte Liebesbeweis? Denn für denjenigen, der mich geschaffen und losgekauft hat, der mich liebt und mich tröstet, ist kein Liebesbeweis zu viel verlangt. Ist die Prüfung nicht der mächtige Antrieb für unser spirituelles Wachstum? Gott lässt nur leiden, um zu segnen. Alles verklärt sich für die Liebe[1] [sic], die Glauben, Vertrauen und Liebe hat. Und breitet schließlich nicht die göttliche Vorsehung in jedem Augenblick ihren mächtigen Schutz über die Seelen aus, die hoffen?

Mögest du, oh göttlicher Jesus, doch jener, die du in deiner großen Güte in die Schar deiner Dienerinnen und als deine Geliebte aufgenommen hast, gestatten, dass sie dir an diesem Tag der Liebe aus der Tiefe ihres kleinen Herzens heraus großherzig Dank sage für die Empfindungen, die du selbst in ihrem Herzen hast aufsteigen lassen.

Oh Jesus, gestatte, dass die erhabenen Tugenden Marias herabkommen und in meinem Herzen Frucht bringen. Und jetzt, oh mein Gott, lass mich dich loben mit dem Glauben, der Liebe, der Hingabe und der Flamme eines Herzens, das ganz in Brand gesetzt wurde von deinem göttlichen Anreiz.

---

[1] *die Liebe*: im Sinne von *die Seele, die liebt?*

"Zeuge deiner Macht, deiner Güte gewiss,
erwart' ich den Tag, an dem kein Sterben mehr ist.
Mit düsteren Schatten umgibt umsonst mich der Tod,
im Geiste seh' ich dahinter des Morgens Rot.
Es ist der letzte Schritt, dann bin ich bei dir,
der Schleier fällt, nichts verhüllt mehr dein Antlitz vor mir."[1]
Lass ihn kommen für mich, Herr, jenen Augenblick, den ich erflehe.

↑ 18. August 1930 (Montag)

Mein Gott, wie gut du bist! Oh Herr, dein heiliger Name werde gepriesen. Ja, mein Gott, du bist unendlich gut zu mir, die ich nichts bin. Und doch, wie viel Gutes wird mir von allen Seiten bezeugt, wie viel Hilfe, < die > mir zuteilwird, wie viel Nächstenliebe, < für die > ich zu Dank verpflichtet bin. Ich bin manchmal zu Tränen gerührt und sehne mich nach dem Augenblick, wo ich wieder alleine bin und mich im Geiste meinem Herrn und meiner zärtlichen Mutter zu Füßen werfen und der Dankbarkeit, die aus meinem Herzen strömt, freien Lauf lassen kann und wo ich sie inständig bitten kann, dass sie all den guten Seelen, die mir Gutes tun, danken und sie belohnen, wie nur sie es können. Ebenso bitte ich den Herrn, den Seelen, die mir wehtun, durch Wohltaten und Segnungen zu vergelten[2], denn ich weiß, dass sie so handeln, ohne es zu wissen und ohne es zu wollen. Ich bitte inständig, dass er die Seelen, denen ich vielleicht, ohne es zu wollen, Schmerz zugefügt habe, doppelt segne und mit seiner göttlichen Güte überschütte. Oh ja, das geschah wohl, ohne es zu wollen und aus Unwissenheit, da ich doch für jedermann nur Gutes will und wünsche.

Und welche Selbstlosigkeit, als meine liebe Mama krank war! Was für schöne Seelen hast du, oh mein Gott, in deiner gesegneten Herde! Wie viel Fürsorge um uns herum und Hilfen für uns, um es meiner kleinen Mama leichter zu machen. Oh mein Gott! Du allein weißt, was dein kleines Opfer gelitten haben mag und wie schmerzlich ihrem Herzen die Prüfung war, dass sie diejenige, die so gut zu ihr ist und der sie, nach dir, alles verdankt, nicht pflegen und ihr Erleichterung verschaffen kann. Ich werde meine

---

[1] *„Témoin de ta puissance et sûr de ta bonté, / j'attends le jour sans fin de l'immortalité. / La mort m'entoure en vain de ses ombres funèbres, / ma raison voit le jour à travers ses ténèbres. / C'est le dernier degré qui m'approche de toi, / c'est le voile qui tombe entre ta face et moi."*
[2] Man versteht den Sinn, die Syntax aber lässt zu wünschen übrig (Syllepse).

28. August 1930

Dankbarkeit nicht zeigen noch auf Erden in Werken die vielen Wohltaten vergelten können, da ja die Liebe mein Leben in Ketten gelegt hat. Aber wenn mein Gott mir – wie ich leise vertraue – die Gnade gewährt, bald bei ihm im Himmel zu sein, dann werde ich für alle, wie ich es versprochen habe, beten und Fürbitte einlegen und mich daran erinnern, dass ich ihnen helfen muss, damit sie den Himmel erlangen. Ah! Wie wohl ich weiß, dass Jesus unverzüglich dem Unvermögen und der äußersten Bedürftigkeit seines demütigen kleinen Opfers abhilft. Dabei schaut er auf all das, was man in seinem Namen und dem Geringsten unter den Seinen tut, so als würde man es ihm tun. Hier auf Erden ist es mir verwehrt zu handeln, aber Jesus lässt es mich tun durch das Gebet, durch die Liebe im Leiden, durch unbekannte Opfer ... Das erscheint unfruchtbar in der Welt, ist aber umso fruchtbarer vor ihm. Mein Anteil ist recht schön, es ist der Anteil Jesu und Mariens, es ist der Anteil der Engel im Himmel, die anbeten und beten. Oh Engel des Himmels, glückselige Seraphim, nicht um euer Glück beneide ich euch, nein, um eure Liebe.

Mein Leben lässt sich, Tag und Nacht, in drei Worten zusammenfassen: lieben, leiden und beten.[1] Lehre mich, mein Gott, nur dich zu sehen, nur dich zu lieben, nur das zu lieben, was du, du allein liebst, nur das zu tun, was du willst. Du selbst, oh Gott der Liebe, hast gesagt: „Meine Wonne ist es, bei den Menschenkindern zu sein."[2] Auch meine Wonne ist es, oh Herr, bei dir zu sein. Erlaube mir, gewähre mir, es dir in jedem Augenblick zu beweisen.

An Gott denken, das ist Beten. Wenn die Seele im Frieden und das Herz ruhig ist, erhebt jeder gute Gedanke und orientiert auf das Gute hin, so wie die Rose immer etwas von ihrem Duft in der Hand dessen zurücklässt, der sie pflückt. Aber wie es Blumen gibt, die keinen Geruch haben, so gibt es auch Gedanken, die in dem Herzen, das sie hervorbringt, nichts zurücklassen. Damit ein Gedanke seinen Duft im Herzen zurücklasse, die Seele erhebe und fruchtbar sei, muss sie fromm und rein sein. Ein liebendes Herz hat keine Mühe, in der Erhebung und Einheit mit Jesus zu bleiben. Lieblichster Jesus, gib allen Seelen die Liebe zu heiligen Gedanken und zum Gebet. In der ganzen Welt gibt es eine Menge von großen und heiligen Seelen, die im Weinberg des Herrn arbeiten und sich, zur größeren Ehre Gottes, aufopfern für die Ernte der Liebe zum Nächsten und des

---
1 Im Originaltext steht: *leiden, lieben und beten*. Nummerierungen stellen die Ordnung um.
2 Vgl. Spr 8,31.

Apostolates. Ich, die ich nur eine ganz kleine Seele bin, gebe mich hin, opfere mich auf, um ihm zu gefallen. Ich wache bei ihm, mit ihm, um ihn in allem zu trösten.

Ich habe nur eine große Ambition, nur ein einziges Verlangen, nämlich die des bescheidenen kleinen Veilchens auf dem Felde, das, in demütiger Verborgenheit unter den Blättern, im Vorbeigehen nur aufgrund seines lieblichen Dufts erahnt werden kann und sich nur den wohltuenden Sonnenstrahlen zeigt und ihnen seine weiße Blütenkrone öffnet.[1] So will auch ich nur von der göttlichen Sonne der Seelen erahnt und gekannt werden, glücklich in ihren schützenden Händen, unter ihren göttlichen Blicken und um ihres geliebten Herzens willen. Oh ja! < Nur > mit Jesus aufblühen und für Jesus ... kleines weißes Veilchen, dessen Anblick und unaufdringlicher Duft ihm ein Glück, eine Freude, eine Entschädigung sein mögen. Übrigens, gehöre ich nicht ganz Gott als Sühne- und Bußopfer für die Sünder? Mehr als je zuvor muss ich in einer makellosen Reinheit des Herzens und des Geistes leben, um die Fülle der Barmherzigkeit und der Segnungen Gottes auf mich und auf alle Seelen herabzuziehen. Mögen durch die Verdienste meines Retters Jesus und die mächtige Fürbitte Mariens meine Leiden, meine Tränen, meine Gebete, meine unbekannten Opfer wirksam gemacht werden. Ich sage der Liebe Dank, dass sie so gütig war, meine Leiden als einen Balsam des Trostes für ihr betrübtes Herz auf- und anzunehmen, meine Verzichte wie einen angenehmen Duft und schließlich meine innere Vereinigung mit ihm als Zeichen meiner Liebe. Ich fühle wohl, dass ich auf dem Stiel meiner Schmerzenstage die weißen Rosen der göttlichen Liebe trage. In all meinen Leiden bleibe ich im Vertrauen ... ich warte, ich weiß, dass Jesus da ist, auch wenn er sich verbirgt. Ich fürchte mich nicht, bin ganz gewiss, dass er immer verhindern wird, dass der Schmerz mich erdrückt, dass die Versuchung mich so bedrängt, dass ich in Gefahr komme, ihr zu erliegen. Sicher, dass sie schon beim ersten Ruf ihrem Kinde zu Hilfe kommen wird, rufe ich meine göttliche und sanfte Mutter an. Und, da meine Leiden immer zahlreicher werden, vermehre ich, manchmal ganz unter Tränen und stöhnend, meine Akte des Aufopferns, meine Gebete, mein Leben aus der Liebe. In seinem Sterben hat Jesus dauernd gebetet. Oh Jesus! Meine Wonne und mein Leben, oh Gott meines Herzens! Wie das weiße Veilchen in der Frühlingssonne hatte

---

[1] In der Region Marthes findet man tatsächlich weiße Veilchen.

ich das Innere meiner Seele immer nur von den Strahlen der göttlichen Sonne der Liebe durchdringen lassen.

↑ 28. August 1930 (Donnerstag)

Inneres Gebet, Vorabend der Kommunion. Seit mehreren Tagen kenne ich mein Glück, ein Glück, das jedes, das ich hier auf Erden haben kann und könnte, unendlich übersteigt. Daher ist alles in meinem Herzen nur Streben nach Liebe, Gefühl der Reue und Demut, Akt der Hoffnung und der Dankbarkeit. Selbst wenn ich den Tag über nicht immer alleine bin, höre ich nicht auf, innerlich mit Gott vereint zu sein. Und während der Nachtstunden ist meine Vereinigung mit der Liebe total. Oh heiligmachende Nacht, wo all mein Seufzen, Stöhnen und meine Gedanken Liebe sind. Ich gehöre ganz Jesus, ich beschäftige mich nur mit ihm ... nicht mit mir. Dieser zärtliche Retter hat mir die Gnade geschenkt, dass ich nur an ihn und an die Seelen denke: daher kommen mir auch die Nächte niemals lang vor. Nur die, die einer Kommunion vorausgeht, scheint mir lange wegen des Glücks, auf das ich warte, aber zugleich auch kurz, weil meine Seele ganz von dem süßen Gefühl durchdrungen ist, dass sie ihren Schöpfer, ihren Erlöser, ihren Meister, ihren zärtlichen Bräutigam empfängt. Ich lade immer meine göttliche Mutter ein, mein kleines Herz vorzubereiten und es in rechter Weise geneigt zu machen, damit es ihren göttlichen Sohn empfangen kann. Je näher das Morgenrot kommt, desto süßer ist meine Freude, desto größer mein Vertrauen, desto tiefer auch meine Demut. Oh meine Seele! Derjenige, der das Prinzip, der Gegenstand, das Ziel von allem ist: deines Glaubens, deiner Hoffnung, deiner Liebe, will sich dir schenken. Du kannst nicht zu ihm kommen, also kommt er zu dir durch denjenigen, der hier auf Erden sein treuer Stellvertreter ist. Oh Wunder der Liebe und der Güte! Der König des Himmels steigt auf die Erde herab. Einige Worte reichen und sogleich verwandelt sich die Substanz in seinen göttlichen Leib, um zur Nahrung der Seelen zu werden. Mein Herz fließt über vor Liebe wie eine Vase, die zu voll ist. Noch eine kurze Zeit und ich werde alles ins Herz meines Geliebten fließen lassen können, werde ihm alle meine Freuden, meine inneren Leiden, alle meine Tränen anvertrauen können, werde ihm meine ganze Dankbarkeit, mein ganzes Glück bezeugen, ihn in meinem Innern anbeten, ihm alles anbieten und in allem so handeln können, um zu beweisen, dass Jesus wirklich in meinem Herzen ist. An all den Tagen, an denen ich nicht das süße Glück habe, die heilige Eucharistie zu empfangen, praktiziere ich, und das sogar mehrmals am Tag, die spirituelle Kommunion, die Kommunion des Geistes und des Herzens. Wie angenehm ist es mir in meinem Leben als Kranke gewesen, aus Verlangen zu kommunizieren. Indem ich so kommuniziere, störe ich meinen Père[1] nicht; ich nehme niemanden in Anspruch, ich hänge nur von meinem sanften Jesus ab. Hätte ich diese Art des Kommunizierens nicht gekannt, hätte ich nicht leben können. Mein hauptsächliches Gebet bei der Kommunion ist, den allmächtigen Gott und Spender aller Gnaden zu bitten, dass er mich auf dem ansteigenden Kreuzweg vorwärtsbringe, dass ich immer reiner sei, dass meine Liebe zunehme, denn ich will aus Liebe alles tun, was die Liebe mir befiehlt. Es gibt keine andere Weise, in der uns unser Retter einen strahlenderen Beweis seiner Liebe und seiner Zärtlichkeit gibt, als im Sakrament der Eucharistie, wo er sich selbst erniedrigt, um sich unseren Seelen als Nahrung zu geben.

Oh Jesus! Sei in meinem Herzen, sei in allen meinen Werken. Was bedeuten all die Schmerzen, die sie mich kosten. Sie werden eines Tages vergehen und die sanfte Gegenwart Jesu in mir macht alles unsagbar wohltuend.

Mein Retter hat aus Liebe zu uns alles akzeptiert. Ich will aus Liebe zu ihm alles tun, was er verlangen wird. Mein Herz könnte nicht glücklicher sein, als wenn es mit Liebe und Geduld das bittere Brot der Drangsal isst.

Wie unglücklich sind, oh du guter Gott, diejenigen, die leiden und die kämpfen! Dabei ist für die Seele, die bei dir, an deinem Herzen weint, das Leid so mild, der Mut so groß. Bewirke, oh Gott allen Mitleidens, dass diejenigen, die leiden, die weinen, die kämpfen, dass all jene, die nach deiner Gerechtigkeit hungern und dürsten, dich kennen lernen, an dich glauben, auf dich hoffen und dich lieben.

Wie viele Seelen, die in der Gottesferne leben, wären wahre Vorbilder der Tugend und der Verdienste, wenn sie ihre Handlungen auf die Liebe und das Kreuz ausrichteten.

↑ 7. September 1930 (Sonntag)

8. September, Tag der Kommunion. Heute kommt er, der mein Weg, mein Halt und mein Leben ist, zu mir. Maria, meine so gütige Mutter, wird mir heute ihren sanften Jesus schenken und mich ihm schenken. Wie sehr

---

[1] Vgl. S. 135 Anm. 1.

8. September 1930

ich doch ganz [ganz]¹ Jesu gehöre durch Maria und man Jesus sehr gefällt, wenn man seine zärtliche Mutter innig und treu liebt. Ich werde mich also jeden Tag eifrig bemühen, Blumen auf die unbefleckte Wiege Mariens² zu werfen. Meine Blumen werden weiße Rosen der Liebe und der Nächstenliebe sein, Lilien der Reinheit, der Gedanke, sie nachzuahmen, Veilchen der Demut, Gänseblümchen der Hoffnung, Nelken der Treue.

Oh innig geliebte Mutter, bewirke, dass mein Herz tief demütig werde, die Einfachheit liebe, von heiliger Liebe verzehrt, immer gesammelt sei. Oh reine, sanfte und heilige Jungfrau, mache, dass ich Jesus in meiner Seele mit der ganzen Liebe empfange, die er sich wünscht.

Oh Retter Jesus! Komm und steige in mein Herz hinab. Komm und zögere nicht, oh du so gütiger Gott, und gieße in meine Seele die mächtigen Reize, die sie in dir verzücken. Oh König der Könige, Heiliger der Heiligen, oh du, den die Nationen ersehnen, strahlende Sonne der Schönheit und Liebe! Oh Ruhm und Wonne! Oh göttliches Brot der Engel, Herr Jesus! komm. Mein ganzes Wesen sehnt sich nach dir, mein Herz erwartet dich mit Ehrfurcht, meine Seele verlangt zärtlich nach dir. Oh Jesus, mein Leben! Mein Herz ist ganz, ganz arm, um dich zu empfangen, das weiß ich … aber es hat dir gefallen, in dem bescheidenen Stall in Bethlehem geboren zu werden. Ich hoffe, du wirst es nicht verschmähen, in mich zu kommen. Oh du so reine Jungfrau, schmücke du selbst das kleine Bethlehem meines Herzens.

Oh gesegneter Tag! Oh Tag der Wonne und der Trunkenheit! Einmal mehr habe ich verkostet, wie sanft der Herr ist, wie unaussprechlich und köstlich die ganz himmlischen Freuden sind, die meine Seele durch die Gegenwart meines Gottes in meinem Herzen genossen hat. Diese Wonnen durchfluten und erfüllen meine Seele ganz und gar und lassen ihr keinerlei Macht mehr. Der göttliche Meister zieht alles an sich und saugt alles auf, es gibt nichts mehr, das nicht ihm allein gehört. Nur der Allmächtige kann meiner Seele dieses Glück schenken; er allein kann sie voll zufriedenstellen. In ihm findet sie die Unendlichkeit der Liebe, die sie verzehrt, ihren zärtlichen und geliebten Bräutigam, der sie ganz besitzt und den sie endlich völlig besitzt, den sie verkostet und dessen sie sich ungetrübt erfreut. Es ist ein himmlischer Tag, dieses Glück ist so tief, dass man nicht

---
1 Es kommt bei Père Faure vor, dass er das letzte Wort einer Seite oben auf der folgenden wiederholt. Oder handelt es sich hier wirklich um eine Doppelung um der Intensität willen?
2 Am 8. September begeht die Kirche das Fest Mariä Geburt. (Anm. d. Übers.).

mehr in der Ferne von diesem Gott voller Liebe zu leben haben möchte, in dem die Seele die Fülle von allem findet. Alles, was nicht Gott oder für ihn ist, ist ihr zuwider[1]. In jedem Augenblick möchte sie aus dem Gefängnis ihres Körpers herausspringen können ... doch findet sie sich damit ab und akzeptiert mit Inbrunst den Aufschub, den ihr derjenige auferlegt, den sie liebt, der sie ganz und gar entzückt. Es gibt nichts, das sie nicht mit Entschlossenheit tun würde, um ihn zufrieden zu stellen und ihm ganz zu gefallen.

Oh mein Geliebter, oh mein König voller Liebe, bleibe, lebe und herrsche überall in meinem Wesen durch deine Schönheit, deine Güte, deine Macht, deine göttlichen Reize, deinen unvergleichlichen Zauber, deine Liebe, deine unendliche Zärtlichkeit, die meine kleine Seele weit macht und sie vor Freude beben und mein Herz vor Frieden und Liebe erbeben lässt. Aber warum, oh Jesus, geruhst du[2], für einen Augenblick deine äußerste Größe mit meiner äußersten Niedrigkeit zu vereinen? Mein Gott, ich wünsche wohl zu sterben, um dich ohne Ende zu lieben, um mich deiner glorreichen Gegenwart zu erfreuen, doch weigere ich mich nicht zu leiden und bis zu dem von dir festgesetzten Zeitpunkt zu schmachten, um dir zu gehorchen. Meine Leiden kommen mir vor wie Rosen und meine Plagen wie große Annehmlichkeiten, wenn ich Jesus am Kreuz betrachte. Ja, ich liebe die Bedrängnis, aber in einem noch höheren Maße liebe ich die Qualen, die sie[3] begleiten. Jesus hat aus Liebe zu mir alles akzeptiert und dabei in allem dem Willen seines Vaters gehorcht; ich werde aus Liebe zu ihm alles akzeptieren und lieben. Oh göttliche Macht! Ich bitte und beschwöre dich, gewähre den Sündern die Reue, allen Christen die Beständigkeit, allen und allen untereinander den Geist der Einheit und den Seelen im Fegefeuer die ewige Ruhe.

Amen.

20. September. Ich bete dich an, ich preise dich, ich liebe dich, oh allerheiligste Dreifaltigkeit. Oh Jesus, meine Liebe! Was du willst, das will ich auch. Oh Leben Jesu in mir, wie schön, lieblich und meinem Herzen angenehm du bist! Durch dich werden die Leiden gemildert, der Kummer in

---

1 *zuwider*: Der Ausdruck findet sich zum Beispiel bei THOMAS VON KEMPEN, *Die Nachfolge Christi*, 3.4.5.
2 An dieser Stelle und im folgenden Satz wechselt Marthe von der im Frz. üblichen Anrede Gottes und Jesu mit „Sie" zum „Du". Siehe S. 204 Anm. 1.
3 Bezieht sich auf *Leiden* im vorigen Satz und auf *Bedrängnis*.

süßen Trost verwandelt. Mit dir verursachen die Tränen und die Schmerzen keine Beunruhigung und auch keinen Widerwillen.

Nein, ich gehöre mir nicht mehr; im Leben, im Tod gehöre ich meinem Retter Jesus und ihm ganz allein ... ich bin nichts mehr und ich habe nichts, Jesus ist alles in mir. Alles, was mir bleibt und worum ich ihn inständig bitte, dass er es mir gibt, ist, ihm ganz und immer mehr zu gehören und ihn zu lieben, wie er es von mir verlangt. Aus dem anbetungswürdigen Herzen meines Gottes schöpfe ich das Leben meiner Seele und finde ich den ganzen Himmel. Meine Tage sind von Schmerzen durchzogen und mit Kreuzen gesäumt, aber dank der Feinfühligkeit Jesu sind sie ganz vom Geruch von Rosen und Veilchen erfüllt. Oh liebenswürdigste Jungfrau Maria, rate deinem kleinen Kind, damit es gut versteht, die Opfer, die der göttlichen Majestät am angenehmsten sind, zu akzeptieren und darzubringen, und ihr in würdiger Weise danksagen kann für ihre große Barmherzigkeit, auf die ich hoffe und an die ich glaube. Ach! Würde die Welt doch die Annehmlichkeiten kennen, die eine kleine Seele bei ihrem Gott verkostet, und wüsste man auch, dass das Leiden, wie auch immer es geartet ist, der sicherste Weg der Liebe ist [ist][1], die große Straße zum Himmel, die Leiter der Verdienste! In der Bedrängnis legt man seinen wahren Kreuzweg zurück.

Heute sollte ich die heilige Kommunion empfangen. Unvorhergesehene Umstände haben mir nicht erlaubt, dieses höchste Glück zu verkosten. Leider! Noch zwei Tage Aufschub ... wie wird das Warten meiner Seele lang werden! ... Wie viele Stunden gilt es abzuwarten! ... Aber nichts ist zu viel, wenn es darum geht, Jesus zu empfangen. Diese Verzögerung, die er zugelassen hat, wird mir die Gelegenheit geben, mein Herz besser auf diesen großen Akt vorzubereiten. Das Opfer habe ich recht gespürt ... aber *fiat*! Oh Jesus! ... mit Freude habe ich es akzeptiert. Gott macht alles richtig, was er tut.

Mein Glück wurde gemindert, aber nicht zerstört. Ich habe die sakramentale Kommunion durch die geistige ersetzt, wie ich es gewöhnt bin zu tun. Ich weiß, dass Jesus es sehr gerne hat, so empfangen zu werden. Mit einer ganz besonderen, von Gott gewollten Liebesglut habe ich mich heute Morgen beim heiligen Opfer des Altares mit Jesus vereint und durch ihn dem Vater dargebracht, oder, besser gesagt, war es mein P<ère>[2], der mich

---

1 Siehe S. 251 Anm. 1.
2 Vgl. S. 135 Anm. 1.

mit Jesus dargebracht hat, dem Lamm ohne Makel, das sich vernichtet, um der göttlichen Gerechtigkeit zu genügen.

Ach! Wenn wir dem heiligen Amt beiwohnen, sollten wir, obwohl wir ja am Fuß des Altares knien, denken, dass wir im Himmel am höchsten Throne Gottes stehen, mit den Engeln und Heiligen.

Kürzlich habe ich dem Ehrw<würdigen> P<ère> M<arie> B<ernard>[1] meine Absicht kundgetan, X[2] nicht mehr zu schreiben ... dass ich den Eindruck hätte, sie stehe jetzt zu weit über mir, dass meine Hochachtung vor ihr mich daran hindere, es zu wagen, was sehr wahr ist ... Ich fühle mich so bar jeglicher Tugend, jeglichen Gutes ... Mein einziger Reichtum ist meine Liebe zu Gott ... die allerdings nehme ich als unermesslich groß und heftig brennend in mir wahr. Liebe, ja, das ist alles, was ich meinem Gott geben kann ... wenn ich es wenigstens ihm zu geben verstünde. Dieser Gott voller Zärtlichkeit hat es zugelassen, dass der Ehrw<ürdige> P<ère> den Sinn meiner Worte nicht ganz verstanden hat, als ich ihm sagte, dass ich es nicht mehr wagen werde, X zu schreiben ... was ihn veranlasste, mir zu antworten, dass ich sie um nichts zu beneiden hätte. Oh! Mein geliebter Jesus, du weißt wohl, dass ich weder sie beneide noch irgendjemand anderes. Wenn mein Weg auch weniger vollkommen ist, so entspricht er doch mehr meinem äußersten Kleinsein. Er ist einfacher, weniger erhaben, aber er ist auch sicherer ... Ich weiß, dass Gott ganz Güte ist, dass er von uns nur die Treue zu seinem anbetungswürdigen Willen verlangt. Ich wäre so gern selbst N<onne>[3] gewesen. Gott hat es nicht gewollt, ich war zu schwach, um seine Braut zu sein. Aber hat er mir nicht einen noch schöneren, weil vom Kreuz erfüllten, Anteil gegeben? Er hat mich um das Opfer im Opfer gebeten. Ich habe, mit der ganzen Inbrunst meiner kleinen Seele, versucht, ihm die Liebe in der Liebe zu geben.

Wäre ich Nonne geworden, hätte ich, auch wenn ich nur dem Impuls meiner Seele gefolgt wäre, in gewisser Weise ein wenig meinen Willen getan und dabei meine liebsten Wünsche verwirklicht ... und der gute Meister wollte nur, dass ich mich seinen Plänen, die ich nicht kannte, überlasse. Ich weiß wohl, dass das, was allein aus dem Willen Gottes auf uns

---

[1] Einer der beiden Kapuzinerpatres der Volksmission von 1928, mit dem Marthe in Kontakt geblieben war.
[2] Es handelt sich um Mme du Baÿ, eine Wohltäterin Marthes, die in Beaune wohnte. Marthe hatte sie 1923 in Saint-Péray anlässlich einer Kur mit Harzbädern getroffen.
[3] Vgl. den Anfang des folgenden Abschnitts. Bevor sie krank wurde, hatte Marthe in Betracht gezogen, Karmelitin zu werden.

20. September 1930

zukommt, ohne dass der unsere daran beteiligt ist, uns ihm angenehmer macht, wenn wir aus ganzem Herzen und mit Liebe Ja sagen. Je weniger von uns kommt, desto mehr kommt von Gott ... die sanfte und reine Unterwerfung unter den Willen des Herrn macht die Prüfung sehr verdienstvoll.

„Warum suchst du die Ruhe, da du doch für den Kampf gemacht bist? Warum suchst du das Glück, da du doch geboren bist, um zu leiden?"[1]

Ich will nicht sagen, dass ich im Ordensleben nur Ruhe und Zufriedenheit gehabt hätte! Oh nein! Die Kämpfe und Drangsale sind nirgendwo größer als innerhalb von vier Wänden ... das habe ich nur allzu lange und bitter erfahren: körperliches Leid, Herzeleid, seelisches Leid ... innigste Qualen, innere und äußere Qualen ... Leiden und Schmerzen. Ich mache nur eine Andeutung und möchte nichts ausführen ... mein wirkliches Leidensleben wird man erst im Himmel lesen. Alles wird Freude, alles verwandelt sich in der Liebe Gottes, er lässt die Finsternis zur Morgenröte werden. Oh Jesus, wie süß ist deine Liebe.[2] Das Krankenleben ist ein recht isoliertes Leben in der Welt und so weit von ihr entfernt – ein Nonnenleben durch ständige Vereinigung mit Gott – wenigstens hat es dessen ganze Strenge, doch nicht die Vorteile und die Tröstungen. Um mich herum gibt es nichts von dem, was das Glück einer Nonne ausmacht. Weder das Leben im Kloster noch das Tragen eines Ordenskleids ist wichtig, nicht einmal, dass man Gelübde abgelegt hat (obwohl all das vollkommen ist); notwendig sind nur die heiligen Wünsche, die innere Gesinnung, der Geist der Liebe. Ich bin viel zu armselig, um Verdienst zu haben und zu denken, dass ich Tugenden besitze. Lieber räume ich ein, dass Gott in mir große Dinge tut, und singe, mit der Jungfrau Maria, das *Magnifikat* zur Ehre Gottes.[3]

Im Himmel erfreut man sich Jesu in der Liebe, aber hier auf Erden kommt man zu Jesus durch das Kreuz. Hier auf Erden das Kreuz; im Himmel die Freude, überall die Liebe.

---

[1] Man erkennt den Satz, den Marthe um 1922 in einem Buch auf dem Speicher ihrer Schwester Gabrielle gefunden und der sie so geprägt hatte.
[2] Im frz. Original benutzt Marthe an dieser Stelle wieder die Du-Anrede. Siehe dazu S. 204 Anm. 1.
[3] Thérèse vom Kinde Jesu hat auch den gleichen Reflex, die großen Dinge zu betrachten, die viel mehr der Herr in ihr getan hat als sie selbst. Vgl. HA S. 156 (= Ms C fol. 4r S. 239).

Gott hat gewollt, dass hier auf Erden meine Krone Dornen habe. Ich vertraue darauf, dass er mir dafür im Himmel Seelen als Krone geben wird.

Nein, ich beneide niemanden noch darf ich auf etwas neidisch sein. Jesus wählt für die Brautschaft große und schöne Seelen aus und ich war zu klein und zu unvollkommen. Aber ich weiß auch, dass Gott oftmals große Dinge durch die kleinsten Seelen tut. Die wahren Missionare der Liebe sind am Kreuz.

Ich bleibe also die einfache Nonne im Kloster der unendlichen Liebe, in der Klausur des Beliebens Gottes. Oh meine Seele, preise den Herrn, oh ja, preise, preise den Herrn, der es nicht verschmäht hat, die Niedrigkeit seiner Magd mit sich zu vereinen! Die Glut meines Magnifikat der Liebe, der Dankbarkeit wird jeden Tag größer, da meine Seele jeden Tag im großen Buch des Allerhöchsten Abgründe an Wundern entdeckt! Ah! Wie süß es ist zu spüren, dass man unter dem Blick Gottes ist ... ganz egal, welchen Ort und welche Bedingungen er für jede einzelne Seele wählt. Alles steht in den Plänen der göttlichen Weisheit.

Indem man Gott liebt und um seinetwillen jeden Einzelnen, schmiedet und formt man von Tag zu Tag seine Seele für die Ewigkeit. Warum glaubt man so wenig an diesen großen Gott der Liebe, der versprochen hat, bis zum Ende der Zeiten über uns zu wachen?

Ich möchte allen Seelen sagen können: Schaut auf den Himmel, verliert ihn nicht wegen einiger unbeständiger Lebensjahre ... Schaut die Hölle an und stürzt euch nicht für die ganze Ewigkeit hinein wegen einiger Augenblicke der Lust.

↑ 20. September 1930 (Samstag)

Heilige Kommunion. Nach einer längeren Wartezeit bricht er nun endlich an, ein Tag, dessen Friede, Freude und Glück nichts wird beeinträchtigen können. Jesus, der allmächtige Meister, er, der Unvollkommenheiten bis zu den Engeln herausfindet, kommt und nimmt in meinem kleinen Herzen Platz.

Komm, oh Gott meines Herzens, mein Glück und meine Freude! Komm, schenke mir deine Liebe. Auf dich allein kann ich mich mit vollem Vertrauen stützen.

Oh Jesus! Sei meine Zuflucht, du, der du meine Freude bist; komm in das Herz, das dich liebt, das dir gehört und gehören wird. Komm, nimm es, verschmelze es mit dem deinen. Ach! Könnte ich doch bewirken, dass

22. September 1930

du von allen Seelen so geliebt werdest, wie ich dich liebe. Oh Mutter meines Gottes! Oh meine süße Hoffnung und mein immerwährender Halt, hilf mir, dass ich ihn liebe und dazu beitrage, dass man ihn liebe, diesen so gütigen Gott, der in mich herabkommen wird und den du so sehnsüchtig von uns geliebt wissen möchtest. Komm, oh Jesus! Geliebter, alles in mir ruft nach dir und dürstet danach, dir zu gehören.

Oh Güte, erhabene Schönheit, alles in mir ist von dir. Nicht die Krümel meiner Zärtlichkeit und den Rest meines Herzens will ich dir geben; ich habe dich geliebt, ich liebe dich und will dich lieben mit einer feurigen, mit einer wahnsinnigen Liebe. Oh Jesus, mein Leben! Oh Geliebter meines Herzens, dein kleines Opfer strebt und eifert nach nichts anderem, als dich einzig und allein, großherzig, unendlich, ewig zu lieben. Ich brauche dich so sehr! Mein ganzes Wesen braucht dich. Oh Jesus, bleib in meinem Herzen, ich will dich behalten. Oh glorreicher König, du bist mein Gefangener; ich besitze dich, du gehörst ganz mir. Mache, dass ich jeden Tag an Weisheit, Güte, Ergebung zunehme; dass ich völlig zurücktrete, dass nur noch die Liebe bleibt, die in mir lebt und herrscht. Du bist mein Vorbild und ich strebe so sehr danach, dich nachzuahmen. Oh Jesus, du warst von Herzen sanftmütig und demütig; das will ich auch sein. Du hast die ganze Welt geliebt, selbst deine grausamsten Feinde. Du hast für alle gebetet, schenke mir, dich nachzuahmen, das ist es, was ich will.

Oh Maria, du hast das Leben Jesu in vollkommener Weise nachgeahmt. Erlange mir die Gnade, alle meine Versprechen treu zu erfüllen. Jungfrau Maria voller Liebe, die du mir Jesus geschenkt hast und mich ihm gibst ... gib mich für immer. Gott in allem zu gehören ist alles für mich, unbeachtet zu bleiben in dem bescheidenen Bereich, wo seine Güte mich haben will; immer den geraden Weg zu erklimmen, der über das Leiden zum Licht führt, mit Tränen auch, wohlgemerkt ... aber bin ich nicht in den Armen des Allmächtigen?

Die Liebe verleiht Flügel ...

Gott ist der Freund, der mich tröstet und durch den ich sein möchte. Man liebt umso mehr, je mehr man erkennt. Die wahre Liebe besteht nicht in Ausrufen, in Ohs! und Ahs! Nein, es ist dieser innere Saft, der unaufhörlich in alle Richtungen fließt, und der die wahre Ernte des Evangeliums keimen und reifen lässt. Die wahre Frömmigkeit findet sich weder in Worten noch in Formen; die vollkommene Liebe ist nicht die Liebe, die sich gelehrt gibt.

Das Fehlen von äußerlichen Empfindungen schließt in keiner Weise aus, dass eine Feinfühligkeit des Herzens und eine große Sensibilität der Seele vorhanden ist. Im Gegenteil, je mehr man in das Licht eintaucht, desto empfänglicher, leidenschaftlicher, wird das ganze Wesen; nur tiefer, nur eingehüllter in den göttlichen Schleier, der alles in Opfer verwandelt, in Selbstverleugnung, woraus der große Friede der Seele resultiert, die Heiterkeit des Geistes. Die Gnade bewegt[1] alles im Äußerlichen; was von außen kommt, ist trübe und flüchtig.

Oh Jesus! Lass mich über meine Eltern, über diejenigen, die ich liebe, über die Seelen, die du willst, den Wohlgeruch deines Herzens verbreiten.

Heiliger Tag, mögest du nicht enden.

Mein Gott, wenn ich dich um Gnaden für mich, für die Seelen, für die ich bete, bitte, vergesse ich vor allem nicht die Priester, die Ausspender deiner Geheimnisse und deiner Gaben sind. Erlaube mir, Herr, dir besonders denjenigen anzuempfehlen, dem du die Führung meiner Seele anvertraut hast. In deiner Güte, so bitte ich dich, schmücke seine Seele mit den schönen Tugenden eines Heiligen; gewähre ihm den Geist des Loslassens, der Selbstverleugnung, des Glaubens, der Nächstenliebe, der Sanftheit und der Demut; leite all sein Handeln, damit er als treuer Diener von dir die Belohnung erhalte, die denen versprochen ist, die sich zum Heil der Seelen deinem Ruhm geweiht und hingegeben haben. Mein Gott! Du wolltest mir eine Stütze in meiner Schwachheit geben, einen Tröster in meinen Leiden, einen Freund in meinen Betrübnissen, einen Führer für meine Seele. Für ihn erflehe ich am heutigen Tag deinen überreichen Segen. Verleihe ihm dein himmlisches Licht, damit er mich bis zu den Gipfeln geleite. Entzünde sein Herz, damit er das meine entzünde. Gib ihm den Eifer, die Güte, die Geduld, die Vorsicht, die nötig sind. Mache, dass ich ihm ganz gehorsam bin, dass ich hier auf Erden seine Freude und im Himmel seine Krone sei. Um diese Gnaden, oh mein Gott, bitte ich dich für unseren Heiligen Vater, den Papst, für alle Bischöfe, vor allem für denjenigen, der für die Diözese verantwortlich ist, für alle Priester der heiligen Kirche, ganz besonders für denjenigen, dem die Leitung der Pfarrgemeinde anvertraut ist, und speziell für diejenigen, die am meisten Gebet brauchen und für die zu beten du mich aufgefordert hast ... Oh meine gütige und barmherzige Mutter, nimm mich und bewahre mich

---

1 *bewegt*: im Sinne von *einwirken auf* (das was äußerlich ist und vorübergeht)? Oder sollte man äußerlich besser durch *innerlich* ersetzen, was dem Ganzen des Abschnitts besser entspricht?

für Jesus, tauche mich ein, und zwar für immer, in das Herz Jesu, in diese Feuersglut, aus der ich das Leben schöpfe. Lass mir nur die Freiheit, Jesus entgegenzufliegen, wenn die Stunde, die er ausersehen hat, kommt.

↑ 22. September 1930 (Montag)

Ich gehöre dir, um deinen Willen zu tun, oh mein Gott, und mich deinem Belieben zu fügen. Nur ein Herz sein ... nur eine Seele ... nur Liebe sein. Es ist süß zu beten ... ich bete so viel, ich, die ich nur das vermag! Das Gebet ist ebenso sehr eine Macht wie ein Trost. In meiner jetzigen Untätigkeit ist es mein Halt, es ruft auf die Seelen die Segnungen Gottes herab. Wann die Stunde der Ernte kommt, ist egal, wenn nur das Gute zur Erfüllung gelangt, wenn nur der Glaube überall blüht und in allen Herzen die lebendige Flamme der Liebe entzündet wird. Wenn eine Seele Gott gegenüber großherzig ist, ist er es auch ihr gegenüber und das ist ein sicheres Mittel, um mehr überschüttet zu werden. Oh ja! Geben wir dem, der ohne Maß schenkt, reichlich und freimütig. Ach! Würden wir die Gabe Gottes kennen und all das Unendliche, das jede seiner Gaben enthält, wir würden von Vollkommenheit zu Vollkommenheit schreiten.

Am Tag; Nacht des inneren Gebets und des Lichts. Auch wenn ich nicht alleine bin, höre ich nicht auf, mit Gott im Geist vereint zu sein! Ah! Erst wenn die Geschöpfe schweigen, spricht Gott zur Seele und sein Wort ist so süß, so wunderbar, dass die Seele, überwältigt, verklärt, niemals mehr eine andere Stimme vernehmen möchte. Gott geht direkt ins Herz. Es ist so einfach und so lieblich, mit dem Herrn zu sprechen, den Herrn zu bitten! Niemals habe ich die Güte und die Zärtlichkeiten, die Gott mir bezeugt hat, als Güter betrachtet, die mir gehören oder für mich sind, sondern einzig als bloße Wirkungen seiner großen Liebe und seiner göttlichen Barmherzigkeit. Ich glaube auch, dieser so gütige Gott überschüttet mich mit so vielen Gnaden, weil ich die Unvollkommenste bin. Lob gebührt ihm für so viele Wohltaten. Mein Gott! Dein Wille geschehe.

↑ 29. September 1930 (Montag)

Mein Gott! Ich glaube, dass alles, was geschieht, für diejenigen, die an deine Liebe glauben und sie verstehen können, richtig und gut ist. Oh! Heute Nachmittag! Wie hat er mir wehgetan! Mein Gott! Ich liebe dich! Hab Erbarmen mit mir! Wie sehr meine Seele, mein Herz, mein Leib schmerzen, mein armer Kopf fühlt sich zerschlagen an. Ich weiß nichts mehr ... außer zu leiden. Leiden, sich gegen den Schmerz stemmen ... Tag des Opfers, des Verzichts, des Kampfes ... aber ich weiß, wenn man siegen will, muss man verstehen zu leiden ... Ich fühle eine solche Erschöpfung in mir ... der Schmerz ist so laut ... und niemand da, um mir zu helfen. Mir scheint, dass ich auf der untersten Stufe meiner Kräfte angekommen bin. Oh meine gekreuzigte Liebe! Bist du es nicht, der mich Tag für Tag lehrt, mich zu vergessen? Wann werde ich meinen Gott im Lande der Lebenden sehen? Gib mir Halt, oh Jesus. Hier auf Erden hört der Schmerz niemals auf; wenn er den Leib und das Herz zerschunden hat, verletzt er tief die Seele; wenn er das Herz zerschunden hat, verletzt er von Neuem tief die Seele und den Leib. Er ist die Sprungfeder, die über die Erde erhebt, er macht die Seele himmlisch. Gott neigt sich ihr zu, um sie zu stützen, und der Engel der heiligen Hoffnung steigt herab, um sie zu stärken und sie zu trösten.

Wenn man Jesus auf dem Schmerzensweg nachfolgt, auf dem Weg der Leiden und der Tränen, dann lernt man recht schnell, dass der Gott, der leiden lässt, auch der Gott ist, der über alles hinwegtröstet. Und das, was am strengsten erscheint, nämlich der Verzicht und das Opfer, erschreckt nicht mehr das Herz, das Gott liebt und nur ihm gehört. Es ist keine Last mehr und auch kein Joch, sondern eher ein Altar. Nichts ist schön vor Gott außer der Darbringung seiner selbst, wenn man leidet.

Das Leiden belohnt, erwirbt[1] und sühnt für so viele Angelegenheiten! Aus der Tiefe meiner schmerzerfüllten Seele heraus, aus der Tiefe meines zerschlagenen Herzens, meines von Leiden gequälten Leibes heraus, mit Augen blind vor Tränen, küsse ich liebevoll deine Hand, oh mein Gott.

↑ 1. Oktober 1930 (Mittwoch)

Heilige Kommunion. Gleich wird er sich mir schenken, Er, der heilt, tröstet, aufrichtet, segnet. Er, der Friede ist, wird ihn meinem allzu zerrissenen und von schrecklichen Qualen durchdrungenen Herzen schenken.

Herr, hilf mir, tröste mich, belebe mich, nimm mich mit dir in deine anbetungswürdigen Wunden. Die heilige Kommunion ist das Leben, das mein Herz wieder aufleben lässt. Göttliche Eucharistie! Oh göttliches Geheimnis! Oh Wunder des Lebens! Jesus in mir! Das Herz meines Gottes schlägt in meinem. Ich ruhe mich aus in seinem Herzen, er ruht in meinem. Ein Gott stimmt dem zu. Oh unerforschliches Geheimnis, Abgrund

---

1 Gemeint ist: erwirbt Verdienste. (Anm. d. Übers.).

der Wonne und der Liebe. „Endlich habe ich ihn gefunden, den meine Seele liebt. Ich habe ihn gefunden, ich lasse ihn nicht mehr los."[1]

Es wäre süß, in diesen unaussprechlichen Augenblicken zu sterben. Wieder von Gott herabzusteigen, wieder auf diese Erde zu kommen, ist schrecklicher für die Seele als tausendmal sterben. Jedes menschliche Herz, bestehe es auch aus Zuneigung, kommt der Seele, die diese Herz-zu-Herz-Beziehung mit Gott verkostet hat, vor wie aus Eis und Bronze. Wie ist alles außerhalb Gottes und fern von Gott fad und trübe. Wann endlich wird mein Exil zu Ende gehen? ... Ich leide so sehr ... vielleicht wird es bald soweit sein. Oh meine Seele! Hoffe, bereite dich vor auf jenen Tag ohne Untergang, wo du zum Leben geboren werden wirst, wo ich mich nicht mehr von dir, oh mein Gott und mein Alles, trennen werde. Befreie mich, Herr. Befreie mich, oh Jesus, denn ich vergehe vor Liebe. Doch, oh mein Gott, überall will ich dir auf deinen göttlichen Wegen folgen. Ich akzeptiere deine Pläne, ich verehre und liebe sie, ich unterwerfe mich all deinen Anordnungen, aber bleibe und lebe in mir. Oh Jesus! Ich will nichts für mich sein, nichts für alle ... alles für dich. Bin ich nicht die kleine Blume deines liebenden Herzens, eine kleine Hostie der Liebe, verloren in der Unendlichkeit deines Lichts und in der glühenden Umarmung deiner göttlichen Liebe?

Amen.

↑ 3. Oktober 1930 (Freitag)

Alles wird immer mehr zum Geheimnis für mich ... aber habe ich es nötig zu wissen? Weder mir noch jemand anderem kommt es zu, die Geheimnisse Gottes zu erkunden. Ich muss nur anbeten, akzeptieren, preisen und mich völlig der Vorsehung überlassen.

Wenn Gott mich noch hier will, dann weil ich noch weiterer Heiligung bedarf, um gerettet zu werden. Ich werde weiter das Brot des Leidens essen. Die Gründe Gottes sind Geheimnisse, in die ich nicht eindringen darf. Anbeten unter dem Schleier.

Oh Jungfrau Maria, mache, dass ich jeden Tag gehorsamer, geduldiger, einfacher bin. Man möge mich übersehen und vergessen. Ich bitte nicht darum, dass Gott in mir sichtbare Dinge wirke, sondern nur, dass ich ein demütiges kleines Kind sei mit einem sanften und demütigen Herzen.

---

[1] Vgl. Hld 3,4.

Mein Herr und mein Gott! Dir überlasse ich mich. Willst du mich hier? Ich bleibe da und werde nichts tun, um wegzugehen. Wenn du mich an einem anderen Ort willst, will ich es. Ich weiß, oh Jesus, dass du mich immer und überall für dich bewahren wirst.

Mein Leben ist gewoben aus Verzichten, aus Schmerzen, aber, oh göttlicher Wille, die Verzichte, die Schmerzen sind für meine Seele die zärtlichsten Küsse Jesu. „Wenn jemand mir nachfolgen will, verleugne er sich selbst."[1] Oh Jesus, mein zärtlicher Meister, sei du in mir die Gnade, auf alles zu verzichten. An allem, in allem zu leiden mit dir, ist zugleich meine Freude und meine Wonne. All meine Liebesglut richtet sich auf dich. Ich muss oft durch Dornen gehen und mein Herz schmerzlich zerschlagen. Dornen, Wunden und Schmerzen stacheln aber nur meinen Mut an und geben meiner Seele neue Kraft! Diejenigen, die am unglücklichsten sind, sind die, die vom lieben Gott am meisten geliebt werden.

Krank sein bedeutet, Demütigungen, Entbehrungen, Nöten ausgesetzt zu sein ... doch wandeln sich Demütigungen, Entbehrungen und Nöte in ebenso viele feurige Lichter für die Seele, die Gott lieben will.

Nein, der Weg in den Himmel hat nichts Erschreckendes. Wie groß die Dunkelheit auch sein mag, es gibt keinen Grund, jemals den Mut zu verlieren. Oh! Wie gerne hätte ich die Worte, um sagen, um bezeugen zu können, dass sich die Leiden für die kleinen Seelen, die sich dem Herrn überlassen, in Licht verwandeln. „Wer klein ist, komme zu mir und ich werde selbst seine Stärke und sein Trost sein."[2] Berührende Wahrheit, denn es stimmt völlig, dass die Seele, die der Gnade gehorcht, sich freudig dem anvertraut, der uns nicht in die Irre führen kann.

Kann man, wenn man von einem so mitfühlenden Freund, von einem so zärtlichen Vater, von einem so liebenden Bräutigam wie ihm umgeben ist, leiden, kann man weinen, kann man schmachten? Nein! Niemand kann besser als er verstehen und beruhigen. Der menschliche Trost ist im Vergleich zum Trost Gottes recht kalt. Jeder menschliche Halt ist ein zu schwaches Schilfrohr, um diejenigen, die leiden, ausreichend zu stützen. Allein Gott, der die Unendlichkeit aller Schmerzen getragen hat, vermag sie alle zu lindern.

Die Liebe meißelt die Herzen, die Liebe reinigt, der Schmerz bringt den Frieden.

---

1 Vgl. Mt 16,24 (und Synoptiker).
2 Vgl. Spr 9,4 (Vulgata).

Oh mein Jesus! Wie sie leidet, dein kleines Opfer[1], aber sie liebt dich auch so viel, wie du ihr Liebe geschenkt hast. Entfernt von dir, könnte sie weder leben noch leiden. Oh Jesus! Behalte mich für immer, ich gehöre dir. Gib mir in allem Geduld und Seelenruhe.

Schauen wir nicht zu sehr nach vorne noch zu sehr nach hinten ... aber immer nach oben.

Ich bin der Kelch meines Gottes. Meine Mission ist, indem ich vor Liebe überfließe, zu bewirken, dass er geliebt werde. Also muss ich alle Gelegenheiten ergreifen, um Licht und Wahrheit zu verbreiten. Mein Gott! Gib mir, dass ich deine zahlreichen Gaben verwende; dir, Herr, kommt die Ehre zu, sie in den Seelen zu verteilen. Segne mein Begehren, meine Anstrengungen, meine Kommunionen, meine Liebe. Ich habe keine andere Sichtweisen als die deinen. Derjenige, der hier auf Erden das Leiden zuteilt, tröstet uns dafür im Himmel.

Ich preise dich, mein Gott, und sage dir Dank, dass du mir die unschätzbare Gabe der übernatürlichen Ergebung gewährt hast, daher erklingt in meiner Seele das Lied der Dankbarkeit jeden Tag lauter.

↑ 8. Oktober 1930 (Mittwoch)

Sonntag.[2] Dieser Tag ist in einer heiligen und sehr frommen Freude vergangen, die nur Gott eingeben kann. Oh Jesus, strahlende Morgenröte der Seelen, die dich lieben, erleuchte meinen Weg.

Morgen werde ich die größte Gnade empfangen, die hier auf Erden gewährt werden kann ... da mein Retter und mein Gott zu mir kommen wird. Um was soll ich Jesus bitten, wenn nicht darum, dass er sich meines kleinen Herzens, das ihm ganz und gar gehört, so bemächtigt, dass es nur noch in ihm atmet und schlägt. Je mehr man Jesus gibt, desto mehr liebt man es, ihm zu geben, und je mehr man es liebt, ihm zu geben, umso mehr liebt er es, mit Gnade zu überschütten.

Entschluss: Die innige Hinneigung zu Jesus in der Eucharistie und die Liebe zur Jungfrau Maria verdoppeln.

< ↑ 12. Oktober 1930 (Sonntag) >

---

1   Im frz. Original benutzt Marthe an dieser Stelle wieder die Du-Anrede. Siehe dazu S. 204 Anm. 1.
2   Es muss sich um Sonntag, den 12. Oktober 1930, handeln (das Datum ist im Heft nicht angegeben).

Heilige Kommunion. Oh Wunder und Güte! Wie bewundernswert ist der Herr in allem, was er tut, besonders in der Eucharistie. Mit ihr empfangen wir die ganze Größe und die Majestät Gottes, die ganze Fülle seiner Gottheit, alle Tugenden, alle Vollkommenheit seiner heiligsten Menschheit, seine ganze Güte und seine Freigebigkeit, seine ganze Barmherzigkeit und seine ganze Liebe, schließlich alle seine Verdienste, die unbegreiflich sind. Sooft wir ihn demütig empfangen, wird unser Herz zum lebendigen Tempel seiner Gottheit.

Wie eifersüchtig schaut dieser sanfte Retter darauf, dass nur er allein das Herz besitzt, in dem er körperlich Wohnung genommen hat; und es ist seine Wonne, wenn das Herz ihm treu bleibt und er findet seine Wonne in ihm.

Wie glücklich eine Seele ist in dieser intimen Zweisamkeit mit ihrem Retter im Heiligtum dieses geistlichen Tempels, der ihr Herz ist.

Dass ich nicht weniger eifersüchtig darauf achte, dass ich mein Herz ganz für Gott bewahre, als er selbst es ist, dass er es ungeteilt besitzt.

Nein, der Herr konnte in seiner ganzen Güte und seiner Zärtlichkeit uns nicht mehr geben, als sich uns zu schenken. Wir selbst können ihm nichts Besseres geben als unser Herz und alle Schätze unseres Herzens.

Jesus in meiner Seele! Jesus, das Brot von dem ich lebe, das lebendige Wasser, das meinen brennenden Durst stillt!

Jungfrau Maria! Meine süße Hoffnung, komm mir heute zu Hilfe, bereite meine Seele, schmücke sie mit deinen göttlichen Tugenden in dem Maße, wie ein armseliges Geschöpf damit geschmückt werden kann; damit ich in allem den heiligen Willen Gottes vollkommen erfülle und damit ich in ganzer Erhabenheit die Nächstenliebe durch die Liebe übe. Lehre mich das gut, oh Jungfrau!

Heiliger Geist, gewähre meiner bedürftigen Seele deine wertvollen Gaben, damit Jesus in dem Augenblick, wo er herabkommen wird, dort so viel Liebe finde, wie er wünscht.

Mein König, mein Herr, mein Gott! Ich bin nur ein kleines Opfer, eine kleine Hostie, die ihr Opfer mit dem deinen auf dem Altar vereinen will; mache, dass ich es gut vereine. Schenke mir Einfachheit, Treue, Beständigkeit und immer mehr Liebe, dauerhaftere Einheit beim inneren Gebet und bei der heiligen Kommunion, tiefere Demut, vollkommenere Nächstenliebe und sanfteste Geduld. Möge ich ganz in dir verankert leben.

13. Oktober 1930

Oh König der Herzen, ich bin schwach, ziemlich schwach; gib meiner Schwäche Halt, belebe meinen Mut. Du bist meine Kraft, ich überlasse mich dir ... Göttlicher Bräutigam meiner Seele, was du willst, das gebe ich dir. Herr! Ist es bereit genug, dieses kleine Herz, das dein Thron werden wird?

Maria, voller Güte, lange schon hast du Vollmacht über dein Kind. Mache die letzten Vorbereitungen, während ich auf Jesus warte, den meine Lippen rufen und preisen, den sie bitten, in meinem Herzen das gleiche Wunder zu tun, das er in der heiligen Hostie wirkt.

Jetzt, Herr, komme herab in das Herz deines Kindes; es verlangt danach, dir zu danken, dir seine Geheimnisse zu sagen! Oh Jesus! Mein Leben und mein Mut, komm, ich brauche dich so sehr, um den Angriffen des Dämons zu widerstehen und allen gegenüber tapfer und liebenswürdig zu bleiben. Sei mein Vorbild ... du bist es ... aber mache, dass ich dich nachahme! Ich erhoffe alles von deiner Güte!

Ich habe gesehen, ich besitze ... ich gehöre meinem Retter Jesus. Oh Jesus mein Retter! Entzünde in meinem Herzen das Feuer deiner Liebe. Herr! Meine Seele und mein Herz werden weit vor Frieden und Freude, wenn sie dein Lob singen.

Ein Zauber, oh wie sanft, in meinem Herzen lebt,
Liebe durchflutet die Seele, aufrichtig und rein.
Mach' sie, oh Jesus, ein wenig deiner nur wert,
tauche sie, für immer, in deinen göttlichen Schein.[1]

Oh meine Seele! Lobe deinen anbetungswürdigen Meister und alle Herzen sollen ihn am heutigen Tag mit dir lieben und loben.

Oh Jesus! Mein Retter! Der Liebe sanftes Opfer,
mit Freude, mit Jubel erfüllst du mein Herz,
auf dich am Tage in allem ich hoffe,
du wandelst in Wonne den größten Schmerz.[2]

Quelle aller Segnungen, Feuerherd des Lichts, ich bete dich an. Der du unser Heil mit so großer Liebesglut ersehnst, mögest du doch diejenigen, die fern von dir leben, an ihre Verirrungen erinnern. Vermehre die Liebe

---

1 *Oh! La vie de mon coeur, ô charme si doux, / mon âme est embaumée d'un amour pur, sincère. / Rendez-la, ô Jésus, un peu digne de vous, / communiquez-lui toujours vos divines lumières.*
2 *Ô Jésus! mon Sauveur! Douce victime d'amour, / vous remplissez mon coeur de joie, d'allégresse, / vous êtes mon espoir à chaque instant du jour / et changez en délices mes plus grandes tristesses.*

derer, die dich lieben, die Treue derer, die dir dienen, die Hingabe derer, die dir gehören.

Oh himmlischer Gatte, so freundlich, so zärtlich,
deine Liebe verwundet, lebhaft und stark;
sei mir gewogen, mein Gott, sei barmherzig,
meiner Seele zeig' dich, voll Mitleid und sanft.[1]

Göttlicher Retter, der du für deine Feinde nur Güte hattest, rufe in unseren Herzen die Schönheit des Vergebens, das Vergessen von Beleidigungen, die Ergebung im Unrecht, die Einmütigkeit in der Nächstenliebe hervor.

Deine Liebe, Jesus, allen Heiligen ist sie Speise,
mit göttlichen Schätzen erfüll' meine Tage,
dass ich, an deinem Feuer entflammt, nur Liebe noch atme.
Mach', dass dein Name alle Herzen erweiche.[2]

Der du so gefällig, so entgegenkommend in deiner Liebe bist, sei das Leben unserer Herzen hier auf Erden, um dann unser Glück in der Ewigkeit zu sein. Vereine uns mit deinem leidenden Leben, damit wir an der Freude deines glorreichen Lebens teilhaben können und es verdienen.

Jesus, mit doppelter Kette verbind' uns're Herzen,
mit deiner Hand, oh Maria, die Knoten versiegle,
damit meine Hingabe entspreche den Schmerzen
und beider Feuer wachse durch das Mehr meiner Liebe.[3]

Leiden, um zu lieben in den Armen Jesu. Göttlicher Freund, ich lasse mein Herz in deinem Herzen, bewahre es für dich allein.

Seelen, die ihr diese Zeilen lesen werdet, liebt und folgt Jesus immer.

↑ 13. Oktober 1930 (Montag)

Sonntag. Heute Abend bin ich am Ende, zusammengebrochen unter der Last eines zu schweren Tages. Oh! Was für ein Tag! Oder besser, was

---

1 *Ô mon céleste époux, si tendre et si aimable, / votre amour m'a blessée d'un trait vif et puissant; / Charité de mon Dieu, soyez-moi favorable, / montrez-vous pour mon âme doux et compatissant.*

2 *De votre amour, Jésus, tous les saints se nourrissent, / de vos trésors divins embaumez tous mes jours, / et qu'embrasée de vos feux, je ne respire qu'amour. / Faites qu'à votre Nom tous les coeurs s'attendrissent.*

3 *Jésus, liez nos coeurs dans une double chaîne, / de vos mains, ô Marie, scellez-en les doux noeuds / pour que mon abandon soit égal à ma peine, / et que mon plus d'amour en augmente les feux.*

19. Oktober 1930

für ein Nachmittag. Der Vormittag war so schön, so tröstlich gewesen am Altar. Das Herz Jesu ist so reich an Gnaden und an Zärtlichkeit.

Ich bin erschöpft ... ich leide ... mein Körper ist zerbrochen, mein Kopf brennt wie Feuer, mein Herz zerfließt in Tränen ... ich vermag nichts ... als leiden. Warum kommen so viele zu mir und was tut man bei mir, die ich nur eine armselige kleine Kranke bin, wie es viele gibt, die besser zu leiden wissen als ich ... geduldiger, ruhiger und mit weniger Gnaden, wo ich doch viel zu klein bin und unfähig, ohne Gott zu handeln. Und warum geht man so wenig zu dem, der alles ist, der alles gibt, der in allem tröstet und rät? Dabei kniet man niemals in der Gegenwart des Allerheiligsten Sakraments nieder, ohne Erleuchtung und Trost zu erfahren. Ach! Wüsste man um meine Armseligkeit, meine Unwissenheit, würde man mich völlig alleine lassen, ohne sich um mich zu kümmern.

Wie schnell würde man mich vergessen! Die Fähigen und Ausgebildeten soll man fragen und nicht die Kleinen, die nicht genug für sich selbst haben und die bei denen schöpfen, die lehren.

Man will Schätze und man entfernt sich vom Reichtum; man will in Fülle empfangen und man geht nicht zu dem, der gibt.

Mir tut es überall weh, ich leide an allem, aber ich liebe dich, oh mein Gott! ... Wirke Liebe mit meinen Schmerzen, mit meinen Tränen, rette uns alle ... Jesus! ... ich liebe dich ... rette eine Seele. Retter Jesus, mache mich mit dir zum Retter. Gott und Herr meiner Seele, der du nicht willst, dass man so viel zu mir kommt, mache, dass diese Dinge aufhören; dass die anderen mich ignorieren und ich mich auch; bewahre mich in der Einfachheit und Demut für dich allein. Du hast es gesagt, oh Jesus: Ich bin die kleine Blume deines Herzens; bewahre deinem kleinen Veilchen seinen ganzen Duft ... es gehört nicht sich noch irgendjemand sonst, es gehört dir ... Oh göttlicher Gefangener der Liebe, verberge mich in dir wie eine kleine Hostie, die im Abgrund deines Herzens aus Feuer und Licht verloren ist. Man bedauert mich, weil ich nicht lesen kann, daran leide ich jetzt so wenig. Bücher kommen einem so kalt vor, wenn man Jesus hat, der leitet und über die wahre Wissenschaft der Liebe und der Wahrheit belehrt. Ist er nicht das ganze Buch, das immer offen ist ... und immer offen für alle? Jesus ist das lebendige Buch des Christen. Was kann man nicht alles von Jesus auf dem Kalvarienberg lernen, von Jesus am Kreuz, von Jesus, dem Gefangenen der Liebe! Er ist mein einziges Buch; er hat mich die göttliche Kunst zu leiden gelehrt. Wen könnte ich suchen, außer dem, der der Weg, die Wahrheit und das Leben ist? Er lehrt, führt, weist zurecht, korrigiert.

Warum bedauert man mich? Das ist kein Mitgefühl, das ist Klage. Wenn man wüsste, dass die Liebe alles verändern kann, sogar die größten Bitterkeiten ... Nein, nein, man kann die unermessliche Liebe Jesu zu einem Herzen, das er in seinen Händen hält, weder verstehen noch kennen.

Wenn Gott einen erwählt hat, hat man oft einen dunklen und langen Kalvarienberg zu erklimmen, das sind aber diejenigen, denen die Herrlichkeit des Tabor offenbart wird. Oft taucht das Opfer die Seele in das Licht von oben, wo sie dann die Eitelkeit, die Enge der irdischen Dinge, die Größe der ewigen Güter und die einzigartige Schönheit der göttlichen Liebe klar sieht.

Mein Gott! Dir vertraue ich mich an; gib meiner Schwachheit Halt, erhebe meine Liebe, immer.

↑ 19. Oktober 1930 (Sonntag)

Jeder Tag besteht aus Leiden, aber seit einiger Zeit ist das noch viel spürbarer. Meine Seele ist in Bitterkeit getaucht, ein Kreuz für die Seele, das dreimal größer ist als alle Kreuze, die den Körper und das Herz heimsuchen. Es ist so, dass sie immer wahrer werden, die Worte des Herrn, dass sich alles für mich in Leiden und Demütigung wandeln soll. Warum das? Doch nur, weil du es willst, mein Gott.

Dieser Besuch ... aber vor allem die beiden Briefe, die folgten[1], die haben mich mitten ins Herz getroffen ... Wie sehr mir das wehgetan hat, oh mein Gott; niemand wird erfahren, mit welch freudiger Erhebung ich dir diese mit meinem Blut gefärbten Rosen gegeben habe. Die Blumen der Liebe und des Schmerzes verbreiten ihren vollen Duft ohne lärmende Worte, ohne Zurschaustellung.

Man glaubt, dass ich an Dinge gebunden bin, an die ich nicht gebunden bin; man glaubt, dass ich mich für Dinge interessiere, für die ich mich überhaupt nicht interessiere. Ach! Könnte man wohl erahnen, wie sehr mir alles gleichgültig ist, ich würde sogar sagen fad? Gott ist mein Zeuge, dass ich Madame[2] ... weder wegen dem, was sie für mich getan hat, geliebt habe noch wegen dem, was sie mir gibt oder bringt; nur ihre Seele ist mir

---

1 Anspielung auf zwei Postsendungen von Mme du Baÿ an Marthe. Siehe S. 254 Anm. 2.
2 Es handelt sich um Mme du Baÿ, ihre Wohltäterin.

teuer. Sie kann mit leeren Händen kommen, ich würde sie genauso lieben und noch mehr. Ich liebe sie um ihrer selbst willen und besonders wegen Gott und nicht wegen ihrer Gaben.

Ich könnte einen ihrer Sätze bei ihrem letzten Besuch zitieren, um zu zeigen, dass man sich täuscht, wenn man dabei weltliche Ansichten sieht. Ich ziehe es aber vor, zu schweigen wie Jesus, mein göttliches Vorbild, vor seinen Richtern. Ich habe diese weiße Blume so gepflegt! Und dann, ich gestehe, dass ich diese Schärfe, deren Opfer ich bin, nicht verstehe. Ein Leid tut immer weh, ist es aber eine Prüfung und nicht eine verdiente Strafe, verwandelt sich seine Bitterkeit in Süße, wenn man es großherzig annimmt und Gott aufopfert. Oh Jesus, der du die Seelen zur Tugend erziehst, hab Erbarmen mit mir. Es schmerzt mich zu sehen, wie die übernatürlichen Geister jämmerlich im Materiellen versinken!!! ...

Man wird heilig, indem man sich vergisst. Heilig werden ist meine Pflicht; Gott ruft mich dazu. Er wartet darauf, er will es von mir. Oh! Ich wünsche und will es für mich. Die Heiligkeit kommt von Gott und geht auf Gott zurück. Er ist es, der handelt und stützt, und er verlangt von der Seele nur, dass sie vertraut, sich bemüht und in der Liebe gehorcht. Jesus wählt eine demütige, schwache, kleine Seele. Er nimmt sie in seine Arme ... drückt sie an sein Herz. Wenn sie versteht, wenn sie sich ihm überlässt, gestaltet er sie nach seinem Bild. Das Vertrauen und die Liebe heiligen. Was zählt ist, dass man voller Vertrauen liebt. Wie schön und rührend sie ist, die Mission der kleinen Seelen, der kleinen Tautropfen vom Himmel. Der Herr weiht sie ein in das göttliche Geheimnis, mit ihm ohne Lob, ohne Lärm, ohne Verlangen nach menschlichen Belohnungen große Dinge zu tun aus Liebe zu ihm, für den Himmel. Hostie der Erlösung.

....[1]

Ich greife einen Punkt aus der oben zitierten Unterhaltung heraus, wo es darum ging, durch Maria in Einheit mit Jesus zu leben, Jesus zu lieben, indem man zu Maria geht, Jesus in uns durch Maria herrschen zu lassen. Was gibt es Wesentlicheres? Gott hat uns Jesus durch Maria gegeben, also muss man zu Maria gehen, um zu Jesus zu gelangen. „Niemand kommt zu meinem Vater, ohne dass ich es erlaube, niemand kann bis zu mir gelangen, wenn er nicht durch meine Mutter kommt ..." Maria ist nicht die Urheberin der Gnade, aber sie ist die Königin in der Welt der Gnade.

---

[1] Zu den punktierten Linien siehe S. 244 Anm. 1.

Weit über den Engeln stehend, bleibt ihr nichts verborgen. Sie ergründet die Geheimnisse der Dreifaltigkeit, der Gottheit. Die Liebe des Herrn zu seiner heiligen Mutter ist unvergleichlich. Die Jungfrau vermag alles am Herzen Gottes, sie ist dessen geliebte Schatzmeisterin, die Mittlerin, die immer Zutritt hat, die Verteilerin mit bleibender Anerkennung, die wachsame und souveräne Verteilerin. Die Seele, die Maria als Fürsprecherin wählt, ist sicher, dass ihre Gebete, ihre Bitten Erhörung finden werden. Jesus schlägt Maria nichts ab. Sie muss nicht bitten: Sie schöpft. Sie hat alle Rechte. Der Herr hat all sein Gefallen in sie gelegt. Maria ist die mächtige Jungfrau, die Jungfrau voller Güte, die Pforte des Himmels ... Unsere Liebe Frau der Liebe. Sie hört das Gebet, das aus einem reinen, demütigen, einfachen und vertrauenden Herzen hervorquillt. Man kann nicht erreichen, dass Jesus in den Herzen, in den Familien, in den Pfarrgemeinden und im Vaterland regiert, wenn man nicht die in göttlicher Weise wohltuende Herrschaft Mariens errichtet und verbreitet. Maria lieben heißt, Gott unermessliche Ehre zu erweisen und das göttliche Herz Jesu mit Ehre und Ruhm zu erfüllen. Wer Maria wirklich liebt, kann sich selig schätzen, denn er hat die Gewissheit, dass er vom Retter geliebt wird. Ach! Könnte man all die Wunder fassen, die durch Maria in den Seelen gewirkt werden! ... Es ist sehr schön und wahr zu sagen, dass Maria Königin des Himmels und der Erde ist; noch großartiger ist es zu sagen, dass sie Mutter aller Herzen ist, Mittlerin aller Belange, die bis in den Himmel gelangen.

Der Punkt der Unterhaltung war folgender: Es fällt leicht, sich Jesus zuzuwenden, weil er König ist, weil er Gott ist. Um aber die Marienverehrung zu begreifen, muss man vor allem von der Demut angezogen sein, gibt es doch nichts Besonderes in ihrem Leben außer ihrer erhabenen Gegenwart auf dem Kalvarienberg.

Maria, das stimmt, hat aus sich heraus kein Wunder gewirkt. Alles bleibt einfach, unbekannt, verborgen, jedem Geschöpf zugänglich.

Dieses Fehlen des Außergewöhnlichen im Leben der Königin des Himmels ist das reinste Wunder. Und schließlich, was wissen wir? Da Gott uns die Jungfrau Maria als Vorbild, als Beispiel geben wollte, wollte er, dass ihr Leben auf Erden eher nachahmenswert als bewundernswert war ... Er wollte, dass alle Seelen durch Jesus und Maria gerettet werden können.

Wenn hinsichtlich des Lebens der Jungfrau Maria nur von glänzenden und erhabenen Ereignissen, von wunderbaren Handlungen die Rede wäre, wie wenige Seelen hätten dann den Mut, sie als Vorbild zu nehmen.

Übrigens müssen wir unser Leben auf ihr inneres Leben gründen, das ganz aus der vollkommenen Vereinigung mit Gott bestand. Es wäre uns nicht möglich, diese Gunst zu verdienen, aber wir können sie von unserer barmherzigen Mutter durch das vertrauensvolle Gebet und die Liebe erhalten. Die mit Maria vereinte Seele schreitet jeden Tag voran auf dem Weg zu den Gipfeln der Vollkommenheit. Welch beispielhaftes inneres Leben gibt es aus dem Seelenleben Marias zu schöpfen! In ihr findet man die Fülle der Hoffnung, des Lebens und der Tugend.

Unser Herr hat gesagt: „Das Himmelreich gehört nicht den Stolzen."[1] „Keiner, der nicht mit Reinheit und Unschuld bekleidet ist, wird die heilige Heimat betreten." Nichts beweist besser, dass Maria unser auserlesenes Vorbild ist. Heiligkeit gebührt den Seelen, die Maria wahrhaft lieben.

Ich möchte noch lange schreiben können.[2] So viel und so schöne Dinge gäbe es über Maria zu sagen, aber ich lasse es dabei bewenden. Ich fühle mich zu ungeschickt, zu unfähig. Ich ziehe es vor zu praktizieren, als etwas zu erläutern, tugendhaft zu sein als beredt, und lasse den begabten Geistern die Ehre, Ausführungen zu verfassen. Im Übrigen ist mein Herz wirklich in Fetzen, weil es zu viel geblutet hat – dieses Herz, das die Schmerzen und das Leben so gequält haben. Gott weiß, wie oft man das Messer in die Wunde gesteckt und herumgedreht hat.

Viele glauben, dass körperliche Leiden das Herz nicht erreichen und sagen das auch. Denkt man, dass seelische Leiden nicht auf die körperlichen Leiden folgen? Oh! Doch, und wie sehr erst! Alles wird vom Wesen, das dem Schmerz schon ausgeliefert ist, sogar noch stechender empfunden.

Ja, mein Gott! Du allein weißt, was du von der Seele, die du für dich haben willst, verlangst. Oh mein himmlischer Freund! Du allein weißt, in welches Bad du dein kleines Geschöpf getaucht, in welches Gefängnis du es eingesperrt, durch welches Feuer du es gereinigt, mit welchem Wasser du es gewaschen, mit welchem Werkzeug du es ausgemeißelt hast.

Es sagt dir Dank und preist dich dafür, dass du deine Hand auf sein Herz gelegt hast, dafür, dass du seine Lippen daran gehindert hast, sich auch nur ein wenig zu öffnen, um zu sprechen. Wie wenig es auch gesagt hätte, es hätte dir missfallen können. Könnte es sich etwas Trostloseres vorstellen?

---

1 Das sehr freie Zitat geht inhaltlich stark auf Jak 4,6 und 1 Petr 5,5 zurück.
2 Ob sie schreibt oder schreiben lässt (vgl. *schreiben lasse*, S. 235), Marthe möchte, dass dieses Schreiben, dessen Werkzeug Père Faure ist, noch lange weitergeht.

Alles in Gott versenken! Wie gut das ist! Du weißt es! das genügt. Nichts in meinem Wesen wird ohne Qual geblieben sein. Oh! Es ist wohl Wirklichkeit geworden, dieses Gebet meines Herzens: „Oh Jesus, unaussprechliche Sanftheit[1], verwandle mir allen Trost der Erde in Bitterkeit." Ich habe gefroren, ich habe Angst gehabt, ich habe gelitten, ich war unverstanden, verlassen ... Wie viel unterdrücktes Schluchzen hinter einer ruhigen Stirn, hinter einem Lächeln, wie viel abgetöteter Schmerz, wie viel Stöhnen, das man um der Liebe Gottes willen zurückgehalten hat und weil man nicht verletzen will. Ich werde da erfahren haben, was es heißt, im Leiden über sich selbst zu siegen, indem man betet. Die Liebe hat mich alles gelehrt. Wenn schon die menschliche Liebe fähig ist, Großes zu vollbringen für das Wesen, das Gegenstand dieser Liebe ist, um wie viel heftiger ist dann die Liebe, die sich auf Gott bezieht. Die göttliche Liebe und der Glaube an diese Liebe ermöglichen es, alles im Frieden zu akzeptieren. Jesus spricht mit der leidenden Seele, die ihn liebt.

Mein Gott und meine Zuflucht, danke, dass du mir ein so glühendes Wesen, ein so leidenschaftliches Herz, eine so friedvolle Seele geschenkt hast. Danke, dass du mich gelehrt hast, das Schweigen zu wahren. Das verdanke ich ganz dir, mein Gott! Kleine Blume des Schweigens, bleibe immer auf dem Grund meines Herzens.

Die Liebe schont nicht, aber sie belohnt. Nichts bleibt dem Vertrauen erspart, aber nichts erschüttert es. Eine kleine Seele liebt es, alles von ihrem Geliebten zu empfangen.

> Jesus, dein ist, die das Leben erdrückt,
> Ganz nah bei dir findet sie Erbarmen.
> Anbetend verharrt sie im Frieden, auf dein Herz gestützt.
> Du nimmst von ihr die Hälfte der Qualen.
> Du schenkst Trost, wenn sie in Tränen zerfließt,
> Ihre Freude, ihr Glück in allem bist du.
> Zeigst ihr, welcher Liebreiz das Leiden umgibt.
> Oh Jesus! Du leidest mit jedem von uns.[2]

---

[1] *unaussprechliche Sanftheit... Erde:* Dieser Satz wurde von Père Faure unterstrichen. Das Zitat stammt aus THOMAS VON KEMPEN, *Die Nachfolge Christi*, 3.26.3, übernommen auch von THÉRÈSE DE L'ENFANT-JÉSUS, HA S. 62 (= Ms A fol 36v).

[2] *Jésus, elle t'appartient, celle que la vie accable, / Tout près de toi elle trouve la pitié. / Elle s'appuie, paisible, sur ton coeur adorable. / De ses tourments, tu en prends la moitié. / Toi, tu la caresses quand elle verse des larmes, / Tu es sa joie et son bonheur en tout. / De la souffrance, tu lui apprends les charmes / Toi, ô Jésus! Qui souffres avec nous tous.*

Oh Gott, auf dem Altar des Schmerzes wie auch auf dem Altar der Wonnen werde ich ein Loblied auf deinen Namen singen; auf der Harfe der bitteren Tränen wie auch auf der Zither der Freude werde ich für immer deine Barmherzigkeit, deine Zärtlichkeit, deine unvergleichliche Güte besingen ... Gott erhellt nicht nur unser Leben, er ist seine Lichtquelle.

Morgen, Besuch des Herrn. Morgen werde ich das Glück an der Quelle verkosten.

Mein sanfter Jesus, meine Liebe, meine Freude,
Mach aus meinem Herzen deine selige Bleibe.

↑ 26. Oktober 1930 (Sonntag)

Heilige Kommunion. Ich fühle mich nicht nur von Jesus zu den Freuden der heiligen Kommunion gerufen, sondern auch, dass er mich dazu anspornt, dass er mir befiehlt, ihn zu empfangen. Zu wem sollte ich gehen, um glühender zu lieben, wenn nicht zu ihm, dem vollkommenen Freund, dem großzügigen Freund, dem immer treuen Freund?

Oh Jesus, der du in der Eucharistie gegenwärtig bist, sei das Glück, das Wohlergehen derer, die ich liebe und ihr ewiger Lohn. Angebeteter Gast, ich bitte dich für mich, dass du mein kleines Herz immer tiefer in das deine hineinnimmst.

Oh! Die Wonnen dieses Tages! Oh! Die Freude meines von Jubel in Gott erfüllten Herzens! Ich habe ihn empfangen. Er ist in mir. Im Morgengrauen flüstert voller Zittern mein ängstliches, ungeduldiges Herz: „Möge Gott kommen und seine Feinde sogleich zerstreut werden."[1] Mein König kommt, um seinen Thron, der mein Herz ist, in Besitz zu nehmen, und ich bin so glücklich, dass ich, anstatt nur demütig, zärtlich, zitterig zu sein, wie ich es eigentlich bleiben möchte, in mir nur noch ein Empfinden von Freude, Liebe, Dankbarkeit fühle. Dass mein Verteidiger, mein Halt, meine Stärke in dieser Welt und mein ewiges Heil zu mir kommt! Meine Seele ist ganz hingerissen, mein Herz fließt über von so großer Inbrunst! ... Könnte es anders sein? Ich besitze einen unvergleichlichen Schatz. Mir wird eine größere Ehre gewährt als dem prophetischen König ... Was man mit diesen Wundern machen muss, ist Früchte hervorbringen ... Ähren sammeln ... Trauben pflücken. Ich nehme mit Freude wahr, dass alle Kräfte meiner kleinen Seele innigst verbunden sind und fest umschlungen mit

---
1 Vgl. Ps 68,2.

dem, der mit so viel Barmherzigkeit in mich gekommen ist. Als erhabener Meister hat er seine kleine Dienerin an sein Herz gedrückt und ihr kleines Königreich in Besitz genommen. Süß ist die Gegenwart Jesu, tröstlich für die niedergeschlagene und leidende Seele; sie bringt ihr einen plötzlichen Frieden, ein reines und himmlisches Glück. Wonnen, die kein Wort auszudrücken vermag. In diesen, wie die Seele meint, immer zu kurzen Stunden, erweckt der göttliche Meister, dem man alles aufgeopfert, alles überlassen hat, immer neue Kräfte, um ihr zu helfen, jede neue Prüfung durchzustehen. All dieser Mut, all dieser erhabene Eifer wird direkt aus der Quelle geschöpft. Kein persönlicher Verdienst lässt sich daran ablesen; alles ist Gabe Gottes und gehört ihm. Recht unglücklich wäre die Seele, wenn es ihr in den Sinn käme zu denken, dass sie etwas dafür kann.

Mein Gott! Mache, dass ich im Gehorsam gegenüber deinen Ratschlägen und Eingebungen lebe, dass ich es in allem verstehe, auf die Stunde deiner Vorsehung zu warten.

Herr Jesus! Ich gehöre dir und du bist mein Gott. Mein Herz ist dein, bewahre es ebenso eifersüchtig für dich, wie es sich eifersüchtig an dich hält.

Stütze alle seine heiligen Entschlüsse, der du mein Meister bist.

Oh Gott! Empfange mein Lob, meine Anbetung, meine ganze Liebe. Doch leider, was kann ich dir geben, die ich so armselig, so klein bin! Aber ich fühle meinen ungeheuren Wunsch zu sehen, dass alle Seelen dir ihr Herz, ihre Werke, ihre Taten weihen. Ich gehe um die Welt und suche und sammle, um dir alle guten Taten, große und kleine, Werke, Arbeiten, Mühen, Schmerzen, Tränen, Prüfungen jeder Art, Enttäuschungen, Leiden darzubringen, die Seufzer der Seelen, die nicht daran denken, die vergessen oder nicht verstehen, es dir darzubringen; um dir die Freuden, die Hoffnungen, den Trost, den Erfolg, das Glück, den Überfluss der Güter, alle Gnaden und Wohltaten zu weihen, die alle deiner Vaterschaft und Güte uns gegenüber entspringen und die sie nicht zu erkennen und dir zuzuschreiben vermögen, da sie niemals nach oben schauen; alle in zu großer Eile, ohne Aufmerksamkeit verrichteten Gebete und die nur halbherzig gesprochenen, < welche > deshalb nicht bis zu dir durchdringen, die Kommunionen, an denen man ohne wirkliche Liebe, mit zu wenig Ehrfurcht oder nachlässig teilnimmt: Ich bringe dir alles und opfere dir alles auf, oh unendlich gütiger und barmherziger Gott, mögest du sie akzeptieren und annehmen, du, dem alles gehört, von dem alles ausgeht, zu dem alles zurückkehren muss. Sei gelobt, gepriesen von allen Geschöpfen, die waren, die sind und die sein werden bis zum Ende der Zeiten. Wie zart und entgegenkommend Gott ist! Wie einfühlsam und behutsam er zu seinem kleinen Opfer ist. Er, der Herr aller Dinge, scheut sich nicht, diejenige, die doch ihm gehört, über die er ganz verfügen kann, über die Prüfungen, die er im Verborgenen für sie vorbereitet, in Kenntnis zu setzen. Was Gott von den Seelen nicht durch das Gebet und die Buße erlangen kann, erlangt er durch Prüfung und Leiden derjenigen[1], die ihm gehören.

Alles, was von Gott kommt, ist Wahrheit; da er meine Schwäche und meine geringe Kraft kennt, würde er mir nicht diese große Prüfung schicken, wenn meiner Seele daraus nicht ein heilsamer Fortschritt erwachsen sollte. Mein ganzes Glück ist es, mich dem erhabenen Willen des Herrn auszuliefern, wie ein Kind sich in die Arme seiner Mutter fallen lässt, wie eine Weizenähre sich von den sengenden Strahlen der Sonne vergolden lässt. Voller Vertrauen und Liebe gebe ich mein Herz dem Gott, den ich liebe, und bitte ihn inständig, dass er das heilige Feuer der Hingabe immer heftiger in mir entzünde.

Für das geschorene Lamm mäßigt Gott den Wind.[2] Das folgsame Kind streichelt man. Ich überlasse mich seinen Plänen für mich, dieser Prüfung, solange sie dauert, selbst wenn sie auf den Rest meiner Tage ausgedehnt werden muss. Ich vertraue dem, der in die Wahrheit führt.

Von meinem Unvermögen und dem Wenigen, das ich bin, durchdrungen, erflehe ich demütig deinen göttlichen Schutz. Oh göttlicher Gast meiner Seele, sei mein Halt, neige dein Herz mir zu, strecke deinen mächtigen Arm aus und schütze mich gegen den höllischen Feind, der immer danach trachtet zu verführen und zu verderben.

Maria, voll der Gnade, göttliche Schatzmeisterin, gib mir ein wahrhaftes Vertrauen zu Gott und ein demütiges Misstrauen gegen mich selbst. Oh geliebte Mutter, ich vertraue mich dir an. Durchdringe mein Herz mit tiefster Demut, mit glühendster Nächstenliebe, mit übernatürlichster Freude. Meine von Herzen sanfte und demütige Mutter Maria, mache mich dir ähnlich. Ich bin eine unnütze Magd, überzeuge mich von meiner Nichtigkeit, von meiner Nutzlosigkeit.

---

1 Marthe benutzt im Frz. die feminine Form. Vgl. S. 182 Anm. 2.
2 *A brebis tondue, Dieu mesure le vent.* Frz. Sprichwort, das besagen will, dass Gott mit den Prüfungen, die er schickt, nicht überfordert. (Anm. d. Übers.).

Oh Jesus, Quelle des Lebens, gewähre mir die Vergebung all meiner Sünden, dann gib mir ein Leben der Liebe, ein Leben der Gnade, ein übernatürliches Leben. Oh unergründliches Herz, Geheimnis des Schmerzes und der Liebe, ist es genug, dass ich dich kenne und in der Betrachtung deiner Geheimnisse lebe? Nein! Mein Gott, zeige dich der Welt und jedem Einzelnen; alle Seelen, die dich kennen, sollen dich bekannt und begreiflich machen. Offenbare den Seelen die Schönheit deiner Geheimnisse. Deine Priester sollen entflammt, sollen begierig danach sein, ihnen das zu zeigen, was dich dem Verstand, dem Herz offenbart, enthüllt.

Oh! Erbarmen, mein Gott! Zeige dich allen.

↑ 7. November 1930 (Freitag)

Liebe ... Friede ... und Glaube ... Oh! Wie gut es tut zu beten ... zu hören ... im Geist im Himmel, der Heimstätte der Schönheit und Liebe, zu leben. Intensives inneres Leben, andauerndes Empfinden der göttlichen Gegenwart meines Gottes in mir. Jesus ist mein Schatz, mein Glück, meine Freude, mein Leben, mein Alles! Es ist meine Wonne, an Jesus zu denken, ihn zu lieben, ihn anzubeten, ganz in Jesus zu leben, um nicht in mir zu leben; nichts kann meinen Geist mehr beschäftigen und mein Herz zufrieden stellen als Jesus. Seine Liebe erfüllt alles.

Oh meine Seele, vergiss nicht einen Augenblick den, der dich nie vergisst. Es ist so lieblich, Jesus treu Gesellschaft zu leisten und ihn in meiner Seele anzubeten. Oh mein geliebter König, oh Meister und Retter, sei für immer alles [alles][1] für meine kleine Seele und ich werde ganz froh sein.

In Jesus, der ihr Halt ist, erbebt meine Seele vor Liebe. Ich will nur eine kleine Seele sein, die Botschafterin der Liebe, der Güte, des Lichtes ist. Ich sehe, wie zahlreich die Mittel sind, um die Seelen hinzuführen zum Dienst Gottes. Die Liebe eröffnet jedes Mal ein neues Leiden, eine neue Prüfung in meinem Herzen, aber Jesus gibt meiner Seele Tag für Tag neuen Schwung.

Alles dient, wenn man liebt, und ich erkenne, dass mein liebenswürdiger Herr in seiner unendlichen Zärtlichkeit so vorgeht, dass ich aus allem Gewinn ziehen kann. Das wundert mich nicht, das ist das Werk Gottes und nicht das meinige.

---

1 Es kommt vor, dass Père Faure ein Wort zwischen dem Ende und dem Anfang einer Seite wiederholt. Oder handelt es sich hier um eine Doppelung um der Intensität willen? Vgl. auch S. 251 Anm. 1.

Obwohl mein Leben, leider, in körperliche Inaktivität getaucht ist, bleibt es doch sehr intensiv; sehr viel mehr sogar, weil ich aus dem Leben meiner Seele lebe. Ich bin nur das kleine Opfer mit einem Jesus ganz hingegebenen Herzen; es gilt also, nur das zu wollen, was ihm gefällt ... Jesus ist meine Seele und mein Leben.

Der Herr teilt mir sehr viele Prüfungen aller Art zu und durch große Erschöpfung, viele Mühen und Widerwillen hindurch wird meine innere Vereinigung größer ...

In mir, da ist eine Mischung von Freude und Schmerz. Mit dem heiligen Paulus, mit einer viel geringeren Vollkommenheit als er kann ich sagen: „Mitten in der Not ströme ich über von Freude."[1]

Das Leiden ist das vollkommene Werkzeug, das die Seelen verwandelt.

↑ 10. November 1930 (Montag)

Mein Gott, mache in mir und mit mir alles, was du willst, wenn du nur meine Liebe wachsen lässt. Sei ganz ich.[2]

Meine Tage und meine Nächte vergehen im Licht und in der Liebe: Was für ein Licht bringt die Dunkelheit hervor! Die Liebe, die mich überströmt, schreitet immer weiter voran ... Gott sei dafür gepriesen!

In Gott ist alles ohne Maß; die Seele, die sich ausgeliefert hat, weiß nicht, bis wohin die Liebe sie mitnehmen wird. Die Liebe ist ein verzehrendes Feuer, das seine Wirkung in den Seelen entfaltet.

Ich spüre, dass ich einen Schatz besitze, den Gott durch mich verteilen möchte. Deshalb möge ich ... immer vollkommenere Selbstvergessenheit ... völlig und ohne Erwachen im Willen Gottes verschwinden und nur er allein sichtbar werden.

„Meine Gedanken sind nicht eure Gedanken und eure Wege sind nicht meine Wege."[3]

Herr, mein Gott! Ich beschwöre dich, mache, dass ich ausstrahle auf diejenigen, die mich umgeben; gib ihnen das Licht, erleuchte sie durch mich, teile dich ihnen mit durch mich, schenke dich ihnen durch mich ...

---

1 Vgl. 2 Kor 7,4.
2 *Soyez moi tout*, d.h., *werde ganz und gar ich*. Oder, da Père Faure manchmal die Bindestriche weglässt: *soyez-moi tout*, d.h., *sei alles für mich*.
3 Jes 55,8.

Ich fließe über vor Gnaden! Da ich Gott alles gegeben und überlassen habe, ohne mir irgendetwas zurückzubehalten, nichts für mich, bin ich glücklich bei dem Gedanken, dass derjenige, dem es nun gehört, alles sammelt, um es, nach seinem Belieben und seiner Wahl, in die Seelen auszugießen.

Ich möchte, dass die Seelen der ganzen Welt Gott so lieben können, wie ich ihn liebe, dass alle mit mir die Hymne der Dankbarkeit und der Liebe singen.

Um ihn zu lieben, muss man ihn vor allem kennen ... „Mein Gott, dein Reich komme!" Ich möchte, dass Gott alle Seelen so wie mich, unterrichtet und unterweist in dem ganz göttlichen Geheimnis, ihre Leiden – welcher Art, Intensität, Tiefe diese auch sein mögen – großherzig zu nutzen, freiwillig, ohne jeden Zwang ... ganz aus Liebe, ohne nach dem Warum des Schmerzes zu fragen, dabei aber den Blick auf den zu erheben, der es schickt; nicht nur die Wunde zu sehen, sondern die Hand, die sie verursacht hat ... sie verbindet, sie heilt.

Die göttliche Unterweisung wird nicht äußerlich mitgeteilt; man sieht sie nicht, noch hört man sie. Unsichtbar und ohne Lärm ermutigt Gott auf eine ganz innerliche Weise. Er macht sich dem Herzen, das sich ergibt und akzeptiert, spürbar, erkennbar, aber nicht sichtbar. Er macht sich der Seele, die vertraut und sich überlässt, verständlich, nicht hörbar, und wenn nicht mit Freuden, so doch wenigstens friedlich, in völligem Vertrauen.

Ah! Wüsste man, wie weit die Liebe Gottes zu den Seelen geht! Und wie süß und sanft es ist, sich dem zu unterwerfen, der alles von uns wollen kann ... wenn er so entschieden hat, kann nichts die Pläne, die Gott für eine Seele hat, in eine andere Richtung lenken. Man ist unglücklich nur hinsichtlich dessen, was man Gott abschlägt.

Am Kreuz in der Freude, durch die Liebe ... Am Kreuz, das heißt, auf demselben Lager geopfert zu werden, wo der Retter der Menschen sein Leben aushauchte ... Warum in Betrübnis verfallen und murren, wenn es darum ginge, sich zu beugen und diesem Gott zu danken, der uns gerne mit denselben Dienstgewändern bekleiden möchte, wie seinen geliebten Sohn, und ihm aus der Tiefe seines Herzens zu sagen: *fiat*!

Am Kreuz hat unser Herr seine größten Wunder gewirkt, durch das Kreuz, durch das Vergießen seines kostbaren Blutes, rettet er die Sünder, durch das Kreuz öffnet er jenen die Tür, die, da schon gestorben, nicht in den Himmel kommen konnten. Am Kreuz vergibt er allen, am Kreuz kauft er den größten Schurken los, am Kreuz gibt er seine Heilige Mutter allen Sterblichen. Wenn er durch die Heilung und Bekehrung von Kranken, durch die Auferweckung von Toten, durch die Befreiung von Besessenen großartige Beweise seiner Güte, seiner göttlichen Nächstenliebe, seiner Barmherzigkeit, seiner Liebe gegeben hat, so gibt er doch erst am Kreuz den Vorrat an Liebe, den sein Herz enthält, ganz preis und das bis zum Ende der Zeiten, wo er allen, wenn wir zu ihm kommen wollen, freien Eintritt gewährt, freien Zugang, um endlos zu schöpfen, jede Berechtigung, um daraus unsere Wohnstatt zu machen. Es gibt sehr wohl das große Geheimnis der Eucharistie, das schönste der Wunder, aber es hat seine volle Bestätigung erst durch den Tod am Kreuz erhalten. Was für große Dinge liegen in diesen wenigen, für immer fruchtbaren Stunden beschlossen.

Dadurch, dass Gott seinen göttlichen Sohn der Grausamkeit der Menschen ausgeliefert hat, zeigt er uns, wie viel Liebe es ihn gekostet hat, ihn zu opfern.

Es betrübt Gott, wenn er uns wehtut. Er, der unendlich viel zärtlicher ist als alle Geschöpfe zusammen, lässt erkennen, wie sehr er uns liebt, da ja seine Liebe nicht zögert, uns um unseres (ewigen) Glückes willen zu betrüben. Gott verhält sich mehr als Vater, wenn er uns Kreuze schickt, als wenn er uns Freuden schenkt; niemals ist seine Liebe größer, als wenn er opfert.

Fürchten wir es, in diesem Leben zu lange glücklich zu sein. Was macht es aus, wenn wir, indem wir ergeben und mit Liebe leiden, uns den Himmel verdienen. Um das Leiden zu akzeptieren und zu lieben, bedarf es des Glaubens, der alles erleuchtet, eines ganz kindlichen Vertrauens, das keine Einwände macht ... das liebt ... weil es in Gott einen gerechten und heiligen ... aber so gütigen Vater sieht.

Damit die Liebe die Furcht überwindet, muss man die Gewohnheit annehmen, in der Gegenwart Gottes zu leben. Alles wäre so schön im Leben, wenn Gott die Mitte ... der Höhepunkt wäre.

Für die Bekehrung eines Sünders beten, damit heute mehr Freude im Himmel sei.

Immer mehr wohltuender Strahl sein ... der, überfließend vor Liebe, auf die Seelen ausstrahlt.

Gott will, dass ich ihm helfe – nicht dass ich ihm nützlich wäre – aber um meinen Anteil an Glück im Himmel zu vergrößern. Alles für Gott, nichts für mich. Gott anheimgegeben, überlasse ich alles ihm ... damit sein Reich komme ... damit sein Wille geschehe ... damit er die Sünder rette ... damit er die verhärtetsten Herzen, die Seelen, die sich seiner Gnade am meisten widersetzen, berühre, damit er seine Liebe überall hervorbrechen lasse, damit er in den Herzen die innere Freude entzünde, die jene verspüren, die ihn lieben, um das Glück der Seelen im Fegefeuer zu beschleunigen, jener teuren Seelen, die von uns die Freude erwarten, dass sie Gott sehen. Ich bringe mich ihm dar für die großen Anliegen unserer Mutter, der heiligen Kirche, und ihres Obersten Hirten.

Alles im Schweigen, durch das Leiden, die Liebe; meine Leiden auch für die armen Kranken verwenden, die sich nicht ergeben, für die Sterbenden ... an die Familienmütter denken, die ich so liebe.

Mein Herr und mein Gott! Ich liebe dich in allen meinen Leiden. Ich liebe dich in allem, was du in mir und aus mir machst.

Oh! Wie gut es tut, Gott machen zu lassen und sich für immer dieser Wirklichkeit auszuliefern: Hingabe.

Alles für Gott, nichts für mich ... Alles von ihm, nichts von mir. Nein, ich will nichts mehr wissen, nichts wollen ... ich weiß nur noch zu lieben. Von der Liebe geht die Gnade aus und die Entwicklung aller Tugend.

Manchmal findet die Größe Gottes an der ärmsten Niedrigkeit Gefallen. Göttliches Geheimnis, das erst im Himmel voll verstanden wird.

Mein Gott! Mache, dass ich nützlich bin ... nützlich meinem Nächsten ... nützlich für alle ... dass ich am Glück aller arbeite.

Überfließen vor Gebeten, Loslösung, Opfern und Liebe.

Erhelle durch meine dem Licht erloschenen Augen die Geister und die Herzen.

Ich pflücke Blumen entlang meines Weges.

Herr Jesus! Dass ich mich erhebe, dass ich mehr und mehr zu dir hin aufsteige ... in deine Nähe ... bis zu dir.

Lass mich durch nichts, wegen nichts langsamer werden. Mein Aufstieg in der Liebe möge immer schneller sein.

Wer kann und was kann eine Seele aufhalten, die Gott bewahrt, hält, an sich zieht, um sie ganz zu sich zu erheben?

Mein Gott! Schenke mir, dass ich den Seelen die Größe des göttlichen Lebens, des übernatürlichen Lebens eingebe.

↑ 14. November 1930 (Freitag)

26. November 1930

Heilige Kommunion. Die Sonne hat sich versteckt, kein Stern schimmert mehr am Firmament meiner Seele, die ganz und gar in Schmerz getaucht ist. Ich sehe keinerlei Helligkeit mehr, keinen Horizont. Hoffentlich hilft mir Jesus und hoffentlich ist er zufrieden und wird verherrlicht in mir durch das Leid, das mich zermalmt ... Aus Liebe kreuzigt Gott uns ... diese Liebe zu meiner Seele muss wirklich groß sein. Ich finde mich so klein ... meiner Leidensberufung so unwürdig ... Wenn lieben leiden bedeutet ... selig bin ich, dass ich von Gott die Gnade empfangen habe, im Leiden zu lieben ... es könnte so anders sein ohne Jesus, ohne seine Liebe, ohne seine barmherzige Umarmung.

Ich bin der Erde überdrüssig ... die Tröstungen der Erde erreichen mich nur noch, um meine Schmerzen zu vermehren; die des Himmels sind mir entzogen. Doch ist, oh Wunder des Glaubens und der Liebe, meine Seele in einem tiefen Frieden. Jesus ist in mir ... er ist mein Leben ... er ist mein Retter, mein Licht; meine Seele ist ganz und gar eingetaucht in seinen anbetungswürdigen Willen. Ich erhoffe alles von seiner unendlichen Güte, von dieser besonderen Güte im Hinblick auf mein Elend. Ich weiß, dass er alles zu meinem Besten lenkt ... Selbst wenn ich mich alleine, von ihm verlassen und kraftlos am Kreuz fühle und er mich nicht mehr als die Seine erkennt, selbst wenn ich nichts mehr vermag, nichts mehr empfinde, glaube ich trotzdem, dass der herzzerreißende Zustand, in dem ich mich befinde, und alles, was mir geschieht, das wunderbare Werk der Liebe ist. Daher ziehe ich es immer den höchsten Graden der Tröstung vor. Ganz in seinen Armen, seinem heiligen Willen ausgeliefert, liebe ich all diese unaussprechlichen Schmerzen, die mich ihm, Jesus, unserem Gott voller Liebe und Zärtlichkeit, ein bisschen ähnlich machen.

Oh Jesus! Deinem Herzen vertraue ich alles an: meine Seele, meine Anliegen, meine tiefsten Leiden, alles, was mich innerlich beschäftigt. Ich vertraue dir alle großen Angelegenheiten der Gegenwart an, Frankreich, alle Seelen.

Oh Jesus! Ich zähle auf dich, denn ich vertraue mich dir an, ich überlasse mich dir. Oh Herz der Liebe, ich fürchte alles von meiner Schwachheit, aber ich erhoffe alles von deiner Macht. Ein Gott kann das schwache Werk seiner Hände nicht allein lassen; ein Vater kann sein Kind nicht vergessen, ein Retter kann den Preis seines Blutes nicht verloren gehen lassen. Jesus, mein Gott, sei in meiner Seele ein treuer Wächter ... ein mächtiger Verteidiger. Sei meiner Schwäche Halt in den Widrigkeiten; bewahre meine Seele vor allen schlechten Gedanken, die ihr in den Sinn kommen könnten, darum bitte ich dich inständig, Herr.

↑ 26. November 1930 (Mittwoch)

Heute leiden, mein Kreuz heute... es lieben ... es umarmen und dabei leise wiederholen: mein Gott! ... ich liebe es. Mit ihm erhebst du mich zu dir.

Alles ist leicht für die Seele, die sich von Augenblick zu Augenblick der göttlichen Umarmung ihres Jesus überlässt. Er ist es, der all unser Tun ... alle unsere Tränen ... alle unsere Leiden ... all unseren Kummer in göttliches Gold verwandelt ...

Es gibt kein Geheimnis, um Gott zu gehören, außer dem, dass man alles nutzt, was sich bietet ... was er schickt. Alles führt hin zu dieser vollen Vereinigung, alles macht vollkommener und heiligt (ausgenommen die Sünde und das, was keine Pflicht ist). Das Misstrauen, die Angst, die Furcht weit von sich weisen, aber mit Jesus und Maria den anbetungswürdigen Willen des so barmherzigen und so liebenswürdigen Gottes lieben.

Alles aus Liebe... und alles wird göttlich sein ... alles vergöttlichen, damit alles geheiligt < werde > ... lieben, um zu sühnen ... lieben, um Verdienste zu erwerben ... lieben, um zu ertragen ... lieben, um zu trösten ... lieben, um zu verstehen ...lieben, um zu geben ... lieben, um sich zu vergessen ... lieben, um zu verzeihen ... lieben, um zu lieben ... lieben, um zu heilen ... lieben, um wiedergeboren zu werden ....[1]
....

Ich habe weder Vorzüge noch Kraft noch Mut ... ich bin nur Unvollkommenheit, nur Schwäche. Ich habe Jesus als Halt ... als Weg, als Leben, als Trost und als Hoffnung.

Ich empfinde sehr heftige Schmerzen in allen Gliedern, hauptsächlich im Kopf, im Magen und im Rücken. Ohne Jesus wäre das unerträglich ... Mit ihm sage ich: *fiat* und danke ... dann ist mir alles süß und gut.

Jesus besitzt all meinen guten Willen, meine ganze Schwachheit, ich vertraue auf seine Hilfe. Ich leide, aber ich liebe und ich glaube ... ich muss mir oft ein Herz fassen, um nicht ganz erdrückt zu werden; Leiden folgen auf Leiden, auf die Liebe folgt die Liebe, die triumphiert und stärker ist ... immer.

---

[1] Zu den punktierten Linien, siehe S. 244 Anm. 1.

Jesus bittet mich, weder zu zittern noch mich zu fürchten. Deshalb, oh meine Seele, wird dich dieser so geliebte Gott niemals mit einem Kreuz, das zu schwer zum Tragen ist, erdrücken. Das absolute Vertrauen ist die Grundlage für alles.

Am Kreuz, Missionarin der Liebe... Kelch, um die Liebe aufzufangen, mit Rändern, die übervoll sind, um auf die Welt überzufließen.

Alles für Jesus ... damit alles von Jesus sei!

Oh Maria, meine gute Mutter, sag Jesus, dass er meiner Seele süß ist, dieser Kuss des Schmerzes. Reine Jungfrau, heilige Jungfrau, liebende Mutter ... lehr mich die reine Liebe zum Kreuz. Oh unbefleckte Liebe Mariens, erwärme ... entfache von Neuem ... reinige meine Liebe.

Die Morgenröte ist angebrochen, es ist bald sechs Uhr. Jesus kommt zu mir ... ich kann nicht zu ihm gehen, also kommt er zu mir ... er kommt für mich ... ja, er kommt ... ich erwarte ihn. Oh! Wie stark mein Herz bebt.

Der König des Himmels und der Erde, der Schöpfer der Engel und der Menschen, der souveräne Meister über alles, was ist und sein wird, will, wie bei Lazarus, gerne unter dem Dach meiner lieben und guten Eltern Platz nehmen. Der große König wird zum Gast in einer einfachen Strohhütte. Ich weiß, oh Gott der Liebe, dass wir nicht würdig sind ... aber ein einziges deiner Worte kann genügen ... Die allerhöchste Größe vereint sich durch die erhabenste ihrer Gaben mit der unendlichen Niedrigkeit ... Herr Jesus! Ich weiß und noch besser spüre ich es, dass ich armselig, krank und ohne Tugend bin. Wenn du willst, kannst du mich heil machen; ein einziges Wort von dir und ich werde es sein ... sprich es, dieses Wort, oh heiliger und einziger Freund meiner Seele; ich bitte dich darum mit Gefühlen tiefster Demut in diesem feierlichen Augenblick, wo meine Seele mit dir vereint sein will; wo dein göttliches Herz und mein kleines Herz nur noch eines sein werden. Ich kann es kaum erwarten und dürste danach, mich im Herrn auszubreiten. Mein Gott! Gib meiner Seele ihre Nahrung. Gib mir dein Brot des Lichts und der Liebe.

Heiliger Geist, Gott des Lichts[1], hülle meine Seele ein in deinen erhabenen Glanz ... sie soll in deiner Liebe ganz untergehen. Oh Meister, oh Retter, oh König, oh Freund, oh mein Gott, schenke dich mir, auf dass ich dich in mir bewahre. Schenke dich mir, damit ich dich anbete, damit ich

---

1 *Esprit Saint, Dieu de lumière* (*Heiliger Geist, Gott des Lichts*) ist auch der Anfang eines Heilig-Geist-Liedes von Labat, das zur Zeit Marthes in den Pfarrgemeinden gesungen wurde.

dich liebe um den Preis von allem, was ich habe, von allem, was ich bin. Ich weihe dir meine Seele und meine ganze Liebe. Ich opfere dir mein Herz, alle seine Gedanken und seine ganze Inbrunst. Ich versenke sie in dich, oh Jesus, bewahre sie für immer.

↑ 5. Dezember 1930 (Freitag)

Gleicher Tag, am Abend. Ein Tag inniger Vereinigung mit Gott ohne etwas Fühlbares und Sanftes. Jesus möge zufrieden sein und das ist alles. Ich bin vorbehaltlos in den Händen Gottes, der die Ereignisse und jedes Ereignis in unserem Leben leitet, und alles, was von ihm gewirkt ist, ist recht und gut, welche Form und äußere Härte es auch immer aufweisen mag. Wenn man nach vorne schaut, aber besonders nach oben, mit den Augen des Herzens, dann zittert man nicht. Man hat keine Angst, wenn man liebt, wenn man sich geschenkt hat und das für immer.

Was man hier auf Erden Leben nennt, ist nicht das Leben. Das ist nur der mehr oder weniger kurze, der mehr oder weniger mühsame Weg, der zur Ewigkeit führt.

Gott in allem gefallen ... auf mich achten, auf all mein Tun, allen mit Nächstenliebe begegnen und ihnen nützlich sein, nur auf seine göttlichen Befehle hin handeln ... unter seinen Augen arbeiten ... um seiner Liebe willen ... immer mehr und immer besser, ohne eine der göttlichen Eingebungen zu verlieren, die mir geschenkt werden. Sie sind so zahlreich wie die Schläge meines Herzens.

„Von der Missachtung deiner göttlichen Eingebungen befreie uns, Herr."[1] Nicht nur von der Missachtung, sondern einfach von jeglicher Blindheit meines Geistes gegenüber deinen göttlichen Eingebungen befreie mich. Verschone mich, Herr, in all den Pflichten, die ich zu erfüllen habe, zuerst gegen mich, dann gegen meinen Nächsten, in allen Opfern und in jedem Opfer, das ich bringen muss, in den Leiden, die ich aushalten muss, um das Kreuz in allen seinen Formen zu umarmen und indem ich es dabei mit einer immer größer werdenden Liebe liebe, dankbar für all die Gnaden, die ich aufzunehmen habe, um sie fruchtbar werden zu lassen, denn jede Gleichgültigkeit, wie leicht sie auch sein mag, ist eine Wolke, die die Freude daran hindert, im Herzen zu strahlen.

---

1 Marthe teilte eines Tages im Vertrauen mit, dass diese Anrufung der Heiligenlitanei sie besonders getroffen hatte, als sie Kind war. Ohne sie ganz zu verstehen, fand sie sie sehr schön und wiederholte sie gerne.

Oh Maria! Meine zärtliche Mutter! Möge dein Herz über mich wachen, möge das meine beten, damit der Wille Gottes geschehe, damit sein Reich komme und damit sein heiliger Name gepriesen werde. Amen.

↑ 5. Dezember 1930 (Freitag)

Fest der Unbefleckten Empfängnis. Ein schöner Tag heute; es ist das bevorzugte Fest Mariens, das Fest, das sie unter all ihren Festen besonders lieben muss. Deshalb müssen wir es mit größter Innigkeit, mit zärtlichster Liebe begehen; so viele Gnaden hängen an diesem gesegneten Fest! Ruhm sei dir, oh mein Gott, der du uns Maria zur Mutter gegeben hast ... Ehre und Ruhm auch dir, oh Maria. Oh du, Geliebte des Herrn, erlaube, dass ich die schwachen Erweise meiner Bewunderung, des Respekts und der Ehrerbietung mit den himmlischen Geistern vereine, mit allen heiligen Seelen auf der Erde, die deine Unbefleckte Empfängnis feiern.

Ich preise dich. Oh Maria! Mögen die ganze Erde und die Himmel deine makellose Reinheit bewundern, oh Jungfrau, Mutter des Heilands! Mache, dass auf der ganzen Erde alle schuldbeladenen Seelen bei dir Hilfe suchen, oh göttliche Zuflucht der Sünder, dass alle christlichen Seelen sich vereinen, um deine ganz göttliche Empfängnis zu feiern und laut zu verkünden.

Oh unbefleckte Jungfrau Maria! Mutter unseres Retters, deine Milde und deine Macht erstrecken sich über alle Sterblichen wie eine wohltuende Morgenröte. Oh Mutter der Barmherzigkeit, ich flehe dich an, oh Maria, sei die Hilfe, sei der Halt aller armen Betrübten, der Trost derer, die weinen, die Arznei der Kranken.

Du, die du die geliebte Tochter Gottes, des Vaters bist, die unbefleckte Mutter Gottes, des Sohnes, die Braut des Heiligen Geistes, die, die der Erzengel als Gnadenvolle gegrüßt hat, sei unsere Fürsprecherin, bitte um Barmherzigkeit für die Sünder.

Oh Maria, sei der Stern, der mich führt, mein Licht in der Dunkelheit, mein Mut in der Prüfung, meine Zuflucht im Schmerz. Oh Maria voller Milde, oh meine Mutter, verlass mich nie. Erlange mir, dass ich bald dein Glück in der Seligkeit der Engel und Heiligen teile.

Durch deine ganz reinen Hände verteilt Gott den Überfluss seiner Gnaden und seiner Gunst: Maria, meine Hoffnung, bitte für mich und ich werde gerettet. Erlangst du nicht durch deine Gebete alles, was du willst? Ich weiß, ich bin dessen nicht würdig, aber ich weiß auch, dass du die nie verlässt, die dich lieben.

Oh Jungfrau! Du bist reiner als der Himmel, beschütze mich, beschütze meine geliebte Familie, beschütze alle deine Kinder, überschütte uns mit deiner Gnade, schmücke uns mit deinen Tugenden. Du bist unsere Fürsprecherin, bitte um Barmherzigkeit für deine armen Sünder.

Mögen alle Herzen und alle Seelen sich vereinen, um mit Liebe deine Unbefleckte Empfängnis zu feiern, oh Maria!

Die Leiden nehmen zu, die Nacht wird dichter, oh meine gute Mutter, sage Jesus bitte, dass ich, selbst wenn er verborgen bleibt, bis zum letzten Seufzer alles will und akzeptiere, wenn das sein Geheimnis ist. Aus meinem Vertrauen zu ihm sprühen die Funken hervor, die den Weg erhellen, auf dem ich voranschreiten muss. Mein Bestreben, das weißt du, heiligste Mutter, ist es, immer demütiger zu sein und dabei immer mehr zu lieben. Was macht der Liebe die Prüfung aus, die Gott von ihr verlangt! Wenn man liebt, findet man alles gut, nichts hemmt den Lauf, nichts stößt ab, nichts kostet einen etwas. Was diejenigen, die nicht lieben, erschöpft, macht die anderen stark.

Die Wolken der Seele ziehen vorüber wie die Wolken am Himmel. Tief mit Gott verbunden, liebe ich meinen Nächsten besser, besonders die Armen, die im Herzen Armen, diejenigen, die niemand liebt, in die niemand Einblick haben möchte, die niemand verstehen möchte.

Oh Jungfrau voller Güte, sanfte Begleiterin der Weinenden, möge ich mit dir ein wenig Trösterin der Betrübten sein.

Ein Wort der Güte ist eine Liebkosung für die Seele. Ich bin recht armselig, aber der Schatz meiner Mutter ist ein unvergleichlicher Schatz. Ich strecke ihr die Hand entgegen wie eine kleine Bettlerin dem Reichen, der Mitleid hat, und bitte sie inständig im Namen Jesu, mir etwas zu geben.

Ich gebe allen, sagt mir Maria, und verlange dafür nur ein liebendes und recht treues Herz. Es reicht nicht, dass wir uns Maria einmal weihen und uns ihr einmal ganz und ohne Vorbehalt schenken. Wir sind so schwach, so zerbrechlich, dass wir immer dazu neigen, aus ihren Armen wieder wegzulaufen. Jeden Tag also müssen wir uns schenken und uns neu unter ihren mütterlichen Mantel, unter ihr helles Licht stellen.

So können wir sagen: Maria ist meine Mutter in Ewigkeit.

↑ 8. Dezember 1930 (Montag)

Heilige Kommunion. Welche Schwere in meiner Seele! Mir scheint, dass ich zu keiner großherzigen Tat fähig bin. In meinem tiefsten Inneren fühlt es sich an wie Glieder, die vor Kälte steif geworden sind. Ich vermag nichts mehr, ich weiß nichts mehr! Ein unüberwindlicher Schmerz überwältigt meine Seele. So wie vor Kälte steif gewordene Glieder die sanfte und durchdringende Wärme des Feuers brauchen, braucht meine leidende, schmachtende und ganz verängstigte Seele dich, oh mein sanfter Jesus. Komm in mich, oh du einziger Halt meiner Seele. Stütze meine Schwachheit, oh mein Retter Jesus. Ich vereine meine Dunkelheit (eine Dunkelheit, die meine kleine Seele umso mehr spürt, als das Licht hell leuchtete) mit der deinen, als du, hingestreckt, mit dem Gesicht zum Boden, im Ölgarten als einzigen Trost nur einen Kelch zum Trinken und ein Kreuz zum Tragen erhalten hast. Schicke mir in diesem feierlichen Augenblick deinen Engel. Mein Retter Jesus, bewahre meine Seele und rette mich, denn auf dich habe ich mein ganzes Vertrauen gesetzt. Ich hoffe auf dich, Herr!

Prüfungen sind verschleierte Segnungen, sie sind die Bestätigung für einen Erweis an Zärtlichkeit. Ich weiß, dass man durch Verzicht und Leiden sehr viel mehr erhalten kann als durch die Verwirklichung unserer größten Wünsche. Die große Frage unseres Lebens ist nicht, dass wir tun, was wir möchten, sondern vielmehr, dass wir wissen und tun, was Gott verlangt und aus uns machen will. Gott wirklich zu lieben, bedeutet, ihn in sich, durch sich gebieten zu lassen ... sein göttliches Gebot ist immer ein Gebot der Liebe.

Bleibe bei mir, Herr, lass mich nicht mehr allein ...
Bleibe bei mir, Herr, weil ich dich liebe!

↑ 13. Dezember 1930 (Samstag)

Oh Gott! Was für eine Trostlosigkeit! Was für eine schreckliche Prüfung für die Seele, die dich liebt, dass sie nicht weiß, ob die Liebe, für die sie streitet, leidet und kämpft, nicht ganz erloschen ist in ihr. Aber das, das ist die Bedingung der Liebe, der göttlichen Liebe, dass sie die Seele, die Gott wirklich liebt, durch die verborgene Liebe leiden und kämpfen lässt, ohne sie die Sanftheit dieser Liebe, für die sie streitet und der sie sich überlassen hat, spüren zu lassen.

Durch das innere Gebet und das Vertrauen in Gott hält die Seele in allen Prüfungen geduldig stand und lebt dabei durch ihn immer in demütiger und vollkommener Vereinigung. Trotz des Schmerzes, trotz des

Leids will ich immer Sonne in meinem Herzen bewahren. Ich bitte den Herrn, die Sonne der Wahrheit und des Lebens, alle meine Gedanken zu segnen, meine Handlungen, meine Leiden, mein ganzes Leben, alles, was mein Leben ausmacht, damit die Früchte meiner Seele immer mehr ewige Früchte seien. Indem man auf Fels baut und in fruchtbare Erde sät, bringt man die Ernte des Friedens und der Freuden ein, die allen treuen Herzen versprochen sind.

Der Schmerz ist eine Gabe des Himmels, der uns von allem löst, indem er unser Herz mit dem Herzen Jesu vereint. Die Nacht ist so schwarz, dass der Schatten eines Funkens der Liebe Gottes für meine Seele ein richtiger Sonnenstrahl wäre. *Fiat voluntas tua!* Ich liebe dich und das reicht mir. Ach! Wie wenig doch alle unsere armseligen Anstrengungen sind, wenn es den Anschein hat, dass Gott jenes Feuer nicht mehr schürt: die Liebe. Alles, was wir noch hineinlegen können, sind Strohhalme, die, kaum entzündet, sogleich erloschen sind. Gott allein ist der Meister dieses Feuers, er allein kann seine Flammen beleben.

Statt des so süßen und so sanften Feuers der Liebe trage ich das reinigende Feuer des Schmerzes immer sehr heftig in mir. Ja, der Schmerz ist ein Feuer, dessen Flammen sich über die Erde ausbreiten.

↑ 13. Dezember 1930 (Samstag)

Weihnachten! Weihnachten ... das ist Jesus, der Erlöser! Können wir etwas Schöneres betrachten? Können wir etwas Erhabeneres bewundern? Können wir etwas Wunderbareres als die Geburt Jesu, des Sohnes Gottes, anbeten, der gekommen ist, um das Feuer (sein Feuer) auf die Erde zu bringen und es zu entzünden? Wenn ein Funke dieser Liebe in einem Herzen aufgeleuchtet ist, setzt er die Seele mit dem Wunsch in Brand, diesen Gott immer mehr zu kennen und zu lieben ... ihn mit ungeteiltem Herzen zu lieben, wie er geliebt werden will. Das ist Gott, der sich bis zum Geschöpf herabneigt, damit es bis zu ihm kommen kann. Aus seinem Ruhmeshimmel steigt er in die Krippe hinab, aus der Krippe zum Opfer am Kreuz, vom Kreuz zur Erniedrigung auf dem Altar, vom Altar ins Herz seines Geschöpfes. Das ist der Höhepunkt, das ist die Möglichkeit der vollkommenen Vereinigung. Mehr konnte er nicht geben, weniger wollte er nicht geben. Die Liebe hat die Worte übertroffen. Es ist nun an uns zu geben, indem wir uns mit ungeteiltem Herzen geben.

Gott Vater, der du deinen geliebten Sohn zu unserer Erlösung auf die Erde gesandt hast, damit er von der Krippe bis zum Kreuz, von der Wiege bis zum Grab der leuchtende Weg sei, an den sich unsere Seele halten soll ...

Gott Sohn, unser göttlicher Erlöser, Prinzip des unsterblichen Lebens, führe uns bis zu dir.

Lieben wir den Erlöser und seine Erlösung.

Gott Heiliger Geist, der du an diesem Wunder der Liebe mitwirkst, offenbare uns durch dein mächtiges Wirken die Wunder der jenseitigen Welt.

Sei immer die Fackel meines Lebens.

Ach! Würde man doch das Wirken der Gaben des Heiligen Geistes in den Seelen begreifen, dieses Wunder der Liebe, diese höchste Klarheit, die die folgsamen Seelen dahin lenkt, dass sie sich führen lassen.

Oh Maria, zeige uns die Krippe, zeige uns das Kreuz, zeige uns den Altar, zeige uns Jesus.

Die Wahrheit lieben, dem Licht gehorchen, darin liegt alles: Das ist die wahre Lehre. Es reicht nicht, Eingebungen zu haben, faszinierende Lichter, man muss auf den Ruf Gottes antworten.

Herr, mein Gott! Lass die geheimnisvollen Quellen, die in meiner Seele sprudeln, lebendiger werden. Möge ich dich überall entdecken und dich immer mehr betrachten. Außer dir ist mir alles so zweitrangig! Mit dir besitze ich alles.

Durchflute meine Seele mit Licht, mein Herz mit Liebe, mein Leben mit Hingabe, was bedeutet: glauben, lieben, leiden, mein Leben übernatürlich und unsterblich machen. Darin liegt alles.

↑ Weihnachten 1930

Heilige Kommunion. *Gloria in excelsis Deo*[1]. Komm, oh Jesus! Wenn auch mein Herz so arm ist wie die Krippe, wird es aber nicht so kalt sein. Komm, liebenswürdiger Jesus, ich werde dich lieben; komm, oh Jesus, öffne mir deine Arme.

Nur du, oh Gott der Liebe, verstehst es, Worte zu sagen, die unermessliche Schmerzen lindern und verwandeln.

---

1 *Ehre sei Gott in der Höhe.*

Wie gut es tut, aus der sichtbaren in die unsichtbare Welt einzutreten! Kann man seine Blicke an diesen Gott der Liebe heften, der vor Licht ganz überfließt, kann man ihn, der vor Ruhm und Schönheit strahlt, betrachten, ohne den Himmel inbrünstig zu ersehnen? Und ohne in der Erwartung dieses glückseligen Aufenthaltsortes tief zu seufzen? Kann man danach streben, dieses Glück zu erreichen, ohne dass man es akzeptiert, alles in diesem kurzen Leben zu erleiden, um es zu verdienen? Die Leiden sind der Weg, der direkt in den Himmel führt. Was nichts kostet, bringt nichts hervor. Nichts kommt dem Leiden gleich, wenn es darum geht, das Herz, das es zerbrochen hat, weit zu machen.

Gut ist das Leiden, wenn es uns sehen lässt, wie wenig das Leben wert ist und wie kurz die Zeit! Gut ist das Leiden, da es ja von Jesus gewählt wurde und er in seinen blutigen Armen sterben wollte. Wer mit Jesus im Schmerz gelebt hat, wird von ihm auch zur Ehre geleitet werden.

Was und wer kann eine Seele aufhalten, die Gott bewahrt, hält und an sich zieht, um sie bis zu sich hinauf zu erheben? *„Sursum corda"*[1]; jeder meiner Seufzer möge ein Seufzer der Liebe sein und zu Gott aufsteigen wie der Duft des Weihrauchs. Die Liebe, das ist Ruhen im Licht und in der Tugend. Die Liebe triumphiert über gar alles, durch sie erwirbt man die Unsterblichkeit. Wie die Zugvögel, wenn der Winter kommt, in wärmere Regionen aufbrechen, sehnt sich meine Seele, durstig nach Unendlichem, nach einer wärmeren Sonne. Man muss warten und warten ... das bedeutet leiden. Aber das ewige Glück zu erwarten, ist das nicht schon Genuss? Das ist zugleich Schmerz und Süße für die Seele.

Inneres Gebet am Abend.

Mein ureigenstes Leben ist Lieben. Mein ganzes Wesen ist eingetaucht in die Liebe. Du, nichts als du, oh Jesus ... dein Herz ... deine Liebe ... deine Herrschaft in den Seelen. Dich lieben, für dich, mit dir, durch dich arbeiten ... mein Leben soll dein Leben sein! Dich lieben, bewirken, dass du geliebt wirst.

Den liebenden Jesus zeigen, damit er der geliebte Jesus werde! Oh! Ich liebe ihn! Ich liebe Jesus und die Seelen so sehr! Er bewirkt alles in mir, er schenkt mir Liebe ... ich will Liebe schenken. Er schenkt mir Güte ... ich will Güte schenken. Er schenkt mir seine Barmherzigkeit ... ich will

---

1 *„Erhebet die Herzen"*.

barmherzig sein. Er schenkt mir Nächstenliebe ... Nächstenliebe muss ich schenken. Er verbreitet Ströme der Liebe in mir, ich will geben, Liebe geben ohne Maß.

Meinen Gott eifersüchtig lieben ... leidenschaftlich ... bis zum Wahnsinn ... meine Religion mit Begeisterung ... Frankreich mit all meinen Kräften.

Lieben wir Jesus inbrünstig, aus ganzem Herzen: er ist der vollkommene Freund, der großzügige Freund, der Freund, der immer gegenwärtig ist. Vereinen wir unsere Seelen, umschlingen wir unsere Herzen, reichen wir uns die Hände, umringen wir Jesus und Maria.

↑ 29. Dezember 1930 (Montag)

Da ist das Ende des Jahres 1930, das ausklingt in der innigen Vereinigung meiner Seele mit Gott. Mein ganzes Wesen hat eine ebenso geheimnisvolle wie tiefe Umgestaltung erfahren. Jahr der Prüfungen, Jahr der Schmerzen ... Jahr der Gnaden und der Liebe. Mein gegenwärtiges Glück auf meinem Krankenlager ist tief, dauerhaft, da göttlich. Ja, das Jahr ist schmerzhaft gewesen aufgrund des ständigen Leidens, aber auch fruchtbar, so hoffe ich. Erwacht die Seele nicht auf den Ruinen der Gesundheit zu neuem Leben? Ich denke an den Weg, den ich gegangen bin seit Beginn meiner Krankheit. Bei diesem Gedanken entspringt nur Liebe, Dankbarkeit Gott gegenüber, der so barmherzig und so gut ist. Was für eine Arbeit! Was für einen Aufstieg hat Gott in mir gewirkt, aber was für Erschütterungen des Herzens, was für Todeskämpfe des Willens es braucht, um sich selbst abzusterben!

Verändert! Ich bin es, zu meiner allergrößten Verwunderung, aber auch zur allergrößten Ehre Gottes. Wenn es etwas Gutes in mir gibt, dann ist es einzig die Gnade Gottes, die es bewirkt. Ja, ich bin verändert und den Dingen der Erde ganz abgestorben, aber bin ich mir selbst ganz abgestorben und nur mit Jesus bekleidet? Bleibt nicht ein bisschen Leben zurück, das mir gehört? Erfülle ich alle meine Pflichten gut, mache ich alles, was Gott von mir verlangt, recht? Bin ich gegenüber seinen kleinsten Willensäußerungen in mir vollkommen treu?

Ein Blick auf Jesus am Kreuz ... und ich habe verstanden.

Liebe! Oh Feuer, das ebenso sehr belebt, wie es verbrennt! Das ebenso sehr Leben gibt, wie es vernichtet ... vollende dein Werk.

Die Liebe leitet und führt mich. Meine Süße ist es, mich auf diesem lichtvollen Weg leiten zu lassen, dem man so wenig folgt, weil man ihn so wenig kennt. Wenn die Dornen zahlreich sind, rückt Jesu Hilfe näher und lässt einen vorwärtskommen trotz der Verletzungen. Vertrauen und Mut! Jesus erweist sich so zärtlich und so gütig gegenüber einer kleinen, blutbefleckten Seele, dabei nimmt er die ganze Mühsal der Prüfung auf sich und lässt nur den Verdienst, dass sie ihm ohne Widerstand folgt.

Die Seele, die Gott liebt, genießt; ja, die Liebe zu Gott erfreut. Die Krankheit beschneidet unsere Handlungsmöglichkeiten, aber sie schafft andere, die großherziger sind, schwieriger auch ... wenig verstanden und so wenig erforscht.

Es gibt Seelen, die äußerlich der Untätigkeit geweiht sind (in den Klöstern einzig aufgrund des Willens Gottes). Es gibt auch solche, und das in großer Zahl, die aufgrund von Krankheit, Gebrechlichkeit der Untätigkeit geweiht sind. Die einen wie die anderen wirken still auf einem weiten und unbekannten Feld. Das ist Gebet, Verzicht, Leiden in Verbindung mit Handeln. Alles ergänzt sich. Gott ist der Meister aller Seelen und für jede ist er der Meister aller Tage.

Aufstieg! Aufstieg, immer mehr! Immer besser.

Sursum corda![1]

Jesus, mein Leben! Warum wirst du so wenig geliebt? Oh! Dass doch meine Tage nur noch ein großer Schrei der Liebe und des Schmerzes seien um derer willen, die dich nicht lieben und Angst haben vor dem Leiden. Ich beende das Jahr mit einem Lied der Dankbarkeit. Ein *Te Deum*, ein *Magnificat*, ein *Gloria in excelsis* ... Sei gepriesen, mein Gott, für die Erweise deiner Güte für mich. Sei gepriesen, Jesus, dass du mich so zärtlich den ganzen Weg getragen hast. Heiliger Geist, sei gepriesen dafür, dass du meinen Weg so wunderbar erleuchtet hast.

Deo gratias![2]

↑ 31. Dezember 1930 (Mittwoch)

---

1   *Erhebet die Herzen!*
2   *Gott sei Dank!*

1. Januar 1931

Parce Domine, parce populo tuo¹ ... Miserere mei Deus² S. c.d³ ... Ich preise und grüße dich, Morgenröte des neuen Jahres; ich weiß, dass du eine Gabe Gottes bist!

Was hält dieses neue Jahr für mich bereit? Ich weiß es nicht und will es auch nicht wissen. Ich überlasse mich der Hilfe, die mir niemals gefehlt hat.

Mein erster Gedanke ist ein Schrei des Herzens: „Mein Gott, sei gepriesen in allem, was du von mir verlangst; ich nehme es an, ich liebe alles." Der, der die Kraft ist, wird helfen, wird meine Schwachheit umhüllen.

Was zählt, ist, nichts zu wollen und alles zu akzeptieren, nichts zu verlangen, alles zu lieben. Das ist ein täglich erneuertes *fiat* ... Das ist ein schmerzhafter, aber in christlicher Weise freudiger Aufstieg ohne Halt und Umkehr ... Das ist eine Liebe, die immer mehr wird, unter der Sonne des göttlichen Beliebens.

Ja, ich will gerne alles erleiden, was mein Gott noch wollen wird, bis zu dem Abend, wo seine barmherzige Liebe im Innern meiner Seele flüstern wird: Es ist genug, komm, die Stunde ist da! Er möge mir aber jedes Vermögen, ihn zu beleidigen und ihm zu missfallen, wegnehmen. Alles ist mir in gleicher Weise recht; ich will alles, weil ich nichts will. Ich will nichts, weil ich alles will ... ich vermag nichts, weil ich alles vermag ... ich kann alles, weil ich nichts vermag. Ja, ich kann alles, was Jesus von mir will. Mit meiner Hand in seiner geliebten Hand, mit den Augen unter seinem Blick, der sich nicht von mir abwendet, werde ich meinen Weg weitergehen, sei er lang oder kurz. *Fiat.*

Ich lasse mich in aller Einfachheit und Liebe in Jesus, den Barmherzigen, fallen. Er weiß besser als ich um alle meine Bedürfnisse und um alles, was Er braucht. Das soll mir genügen.

Nichts bereuen von dem, was war oder nicht war; nichts ist ohne Nutzen, alles dient zu irgendetwas. Ich preise meinen Gott und werde ihn preisen für alles, was ich bin, für alles, was ich getan habe oder besser für alles, was er durch mich getan hat ... für mich. Ich will, dass alle meine Handlungen strahlend, göttlich seien. Alle sind gereift im Angesicht Got-

---

1 *Vergib, Herr, vergib deinem Volk* ... An Joel 2,17 angelehnte Antiphon eines gregorianischen Hymnus in der Fastenzeit. (Anm. d. Übers.).
2 *Erbarme dich meiner, Gott* ... Ps 50,3 (Vulgata), vgl. Ps 51,3. (Anm. d. Übers.)
3 s.c.d: Anspielung auf die Fortsetzung von Ps 50,3: *secundum magnam misericordiam tuam / nach deinem reichen Erbarmen*. (Anm. d. Übers.).

tes. Möge allein seine Liebe sie leiten. Heiliger Geist, erhelle meinen Weg, damit ich nicht in der Finsternis wandle. Ich wünsche mir, die Seele fest nach oben gerichtet, immer höher zu gelangen, nicht damit der Aufstieg weniger schmerzhaft sei für mich, nicht um die Qualen weniger zu fühlen; auch nicht damit er weniger mühsam, sondern damit er himmlischer sei. Es ist so schön, den Himmel zu betrachten und Gott zu lieben! Oh! Nein, ich sehne mich nach nichts ... außer nach Gott. Ich arbeite nur für Gott. Mein Gott hat mich durch seine Liebe besiegt. Er hat mich durch seine Schönheit und besonders durch seine Güte und auch durch seinen Glanz verzückt.

Er ruft mich zu sich! Über den irdischen Neigungen bleiben und leben; immer oben! Wie gut das ist. Ich gehöre mir nicht mehr ... ich gehöre Jesus, Maria. Ja, ich gehöre Gott ganz, vor allem anderen, und dann muss ich ganz bei meinen Pflichten sein, beim Gehorsam, bei der Nächstenliebe.

Am Abend. Meine Rolle soll im Verborgenen bleiben, einfach, unerkannt, doch möge ich nicht eine Minute dieses Lebens, das Gott verlängert, vergeuden. Es soll heilig und fruchtbar sein, so wie mein Jesus es will. Die Zeit ist eine wertvolle Währung, die vom lieben Gott in unsere Hände gegeben wurde. Jeder gut genutzte Augenblick zählt für die Ewigkeit. Das, was wir Gott nicht geben, stehlen wir ihm. Er möge handeln als Meister, als König ... wann es ihm gefällt ... in dem Maße, wie es ihm gefällt.

Wie lieblich es ist, sich ganz auf Gott zu stützen, sich ganz ihm anzuvertrauen. Mit Geduld und Liebe die großen und weniger großen Leiden ertragen, ohne etwas anderes zu ersehnen, als das liebevolle Annehmen des göttlichen Willens im Augenblick und in den kommenden Tagen. Alles ist mir liebenswert und beruhigend, doch was für Erschütterungen des Herzens, was für Todeskämpfe des Willens, um abzusterben.

Eine neue Prüfung keimt! Mein Gott! Mache, dass ich sie in demütiger Liebe akzeptiere und all das Gute daraus ziehe, das deine Güte darin beschlossen hat.

↑ 1. Januar 1931 (Donnerstag)

*Jesu, spes paenitentibus, quam pius es petentibus, quam bonus te quaerentibus sed quid invenientibus?*¹ Oh Jesus, Hoffnung der büßenden Herzen, wie barmherzig bist du zu denen, die dich anrufen, wie gut zu denen, die dich suchen, und zu denen, die dich lieben, was bist du nicht für sie, oh Jesus!²

Ich bin traurig ... so vieles liegt schwer auf meinem Herzen, Jesus, Jesus, mein Alles ... Es hagelt auf mein Herz ... es hagelt Kummer und durch den Kummer hagelt es auch Licht. Es soll nur noch nachsichtige Güte in meinem Herzen sein; das sterbliche Leben Jesu lässt sich in zwei Worten zusammenfassen: „Liebe, Barmherzigkeit". Das meine soll immer eine lebendige Nachbildung davon sein. Alles ist möglich und sogar leicht für die Seele, die liebt und die festen Willens ist. Meine Anrufung wird immer vollkommener: „Mein Gott, wandle mir alle Tröstungen der Erde in Bitterkeit."³ Durch das Leid, die Verleumdungen, die falschen Beziehungen werde ich die ganze Süße, die ganze überragende Schönheit der Vergebung kennen gelernt haben.

Ich fühle wohl, oh Jesus, dass ich vergebe, wie du vergeben hast, und dass ich vergesse. Niemand ist böse ... Gott hat all das gewollt. Das Leiden lehrt lieben, es lässt lieben; darüber hinaus wischt es unsere Fehler weg, es heiligt unsere Seele.

Das Leiden macht das Herz, das es zerbrochen hat, größer. Mein Jesus, komm, hilf mir.

Vergessen wir nicht, dass wir hier auf Erden daran arbeiten müssen, dass wir zwei Dinge erwerben: die Tugend für uns und das Glück der anderen; gut und heilig sein und um uns herum glücklich machen.

Das Kreuz empfangen, heißt, Jesus, unseren Herrn, empfangen, der niemals sein Kreuz gibt, ohne auch seine Liebe zu geben. Das Kreuz zurückweisen, heißt, den Himmel zurückweisen. Der Schmerz war das tägliche Brot im sterblichen Leben von Jesus und Maria. Von dir, oh meine Mutter, wie auch von deinem göttlichen Sohn habe ich die göttliche Kunst des Leidens gelernt. Mache, Jesus, dass alles in mir den göttlichen Duft

---

1 *Jesus, Hoffnung der Büßenden, wie milde bist zu den Bittenden, wie gut zu denen, die dich suchen, aber was bist du für die, die finden?*
2 Zitat aus der Hymne *Jesu dulcis memoria (Jesu, süßes Gedenken)*, die am Fest „Jesu Namen" gesungen wurde. Marthe interpretiert frei. Die genaue Übersetzung lautet: *und was bist du nicht für die, die dich gefunden haben?*
3 Zu dem Zitat siehe S. 143 Anm. 1.

der Frömmigkeit, der Güte, der in deiner Liebe gründenden Liebe zum Nächsten verströme.

Ach! Würden die Unglücklichen es besser verstehen zu leiden! Würden die Glücklichen es besser verstehen zu lieben, dann würde eine Morgenröte der Güte und der Gemeinschaft in der Welt herrschen und der Friede, der den Seelen guten Willens verheißen ist, würde in allen Seelen strahlen.

Oh Vater! Unser Vater, der du der liebe Gott bist, wie weit sind wir von dieser Wahrheit entfernt!

In jeder Lage, in jedem Stand, für alle, ist jeden Tag ein Kreuz zu tragen, wenigstens eines; doch wäre ein Tag ohne Kreuz ein Tag ohne Verdienst, ein Tag ohne Kreuz wäre ein Tag, der nicht für den Himmel wäre.

Küssen wir jeden Morgen unser Kruzifix mit Liebe und versprechen wir Jesus, am heutigen Tag das Kreuz dieses Tages geduldig und großherzig zu tragen.

Herr, hab Erbarmen mit uns, auch mit mir, der armen Sünderin, hab Erbarmen, mein Gott!

Jesus, Jesus allein! Nichts zieht mich mehr an als der große blaue Himmel und der heilige Altar.

↑ 3. Januar 1931 (Samstag)

Inneres Leben ganz verborgen unter dem sanften Blick Marias in Nazareth.

Meine gute Mutter! Ich übergebe dir meinen Verstand, damit er deine Größe erforsche, mein Gedächtnis, damit es deine Wohltaten nicht vergesse, alle meine Gedanken, damit sie ganz dir gehören, mein Herz, um dich immer zu lieben. Jesus! Sei meine Stärke, sei meine Freude, sei mein Glück. Ich stehe immer mehr unter dem Bann, bin angetan, begierig nach Gott allein. Wie bin ich glücklich, wenn ich nur bei Gott bin, wenn nichts meine Zweisamkeit mit ihm unterbricht, wo ich nur von Liebe und durch die Liebe lebe. Allein in meinem kleinen Zimmer, ganz allein mit Gott allein, während ich meine Seele im Herrn ausbreite. Süß ist meinem Herzen die Poesie der Einsamkeit, die große sprechende Stille in der höchsten Liebe, im Schmerz, im Opfer und in den göttlichen Küssen Jesu, Vorboten der Begegnungen in der Ewigkeit.

Woher kommt mir dieser immer brennendere Durst nach Licht und nach Wahrheit? Dieses Bedürfnis, mich der Schönheit Gottes immer mehr zu nähern? Keine andere Stille, keine Ruhe, keine Freude kann mehr in mich eindringen als die von Gott allein. Alles ist nichts für mich, alles außerhalb Gottes ist für mich sinnlos. Alles langweilt mich.

Du allein, oh Gott, kannst meine Seele zufrieden stellen! Jesus lieben, wie Maria ihn liebte. Maria lieben, wie Jesus sie liebte!

↑ 6. Januar 1931 (Dienstag)

Heilige Kommunion! Göttliches Jesuskind, meine einzige Liebe, ich bringe dir die Gabe der Hirten: mein Herz, meine Liebe und meine stumme Anbetung. Meine Seele ist ganz schwach, so übermäßig ist mein Verlangen, mit Jesus vereint zu sein.

Durch Jesus, mit Jesus, in Jesus ... alles wird im Glanz, im Strahlen seines göttlichen Lichts erhoben. Tiefe, völlige, vertrauende, absolute Freude, die nicht von etwas herrührt, noch von einer Person, sondern von Gott allein, der in mir lebt ... wirkt ... und befiehlt!

Meine Seele ist derart hingerissen von Jesus, eingehüllt in Jesus, eingetaucht in Jesus, dass sie sich aus dem Blick verliert, um nur noch ihren Geliebten zu sehen.

Mit dem Himmel lebe ich die meiste Zeit ... verkehre ich auf vertrauteste Art und Weise in der Einsamkeit meiner Tage und meiner Nächte. In der Erhebung des Geistes verkostet und erkennt man die Wahrheit, doch sind die Vereinigung mit Gott, das innere Leben ... die Loslösung auf allen Wegen möglich ... allen Seelen zugänglich ... Möge heute alles um deiner Liebe willen sein, oh göttlicher Jesus, ich bringe dir alles dar durch das Unbefleckte Herz Mariens.

↑ 9. Januar < 1931 > (Freitag)

Ich verspüre mehr und mehr den Drang, Gott „im Geist und in der Wahrheit" zu lieben. Das innere Gebet ist für den Geist das, was die Seele für den Körper ist. Wenn die Seele sich (beim Tod) aus dem Körper zurückzieht, dann schwindet alles körperliche Leben, und wenn man das innere Gebet nicht mehr praktiziert, dann ist kein inneres Leben mehr möglich. Mit dem Leben der Seele ist es wie mit dem körperlichen Leben. Ein Kind wächst und entwickelt sich nur in dem Maße, wie man es ernährt; die Seele entwickelt sich und lebt < nur > in dem Maße, wie man sie nährt. Das Gebet ist für die Seele das, was regelmäßiger Regen für einen Garten ist, den die glühenden Strahlen der Sonne austrocknen; es gibt und erhält ihr die Frische des Himmels, derer sie beständig bedarf.

Wenn ich alleine bete, sind meine Gebete weder artikuliert noch gestammelt und doch ist mein Geist dauernd in Gott eingetaucht, verliert sich in ihm, wenn ich mich so ausdrücken darf. Ich erfreue mich der fühlbaren Gegenwart Gottes in mir.

Gott gefällt sich darin, ganz leise mit seinen Vertrauten zu sprechen. Er liebt die Seele, die ihm zuhört und ohne laut zu sein mit ihm spricht. Was gibt es Schöneres als das, was man nicht sieht und nicht hört! In der Liebe hat das, was man ganz leise sagt, unendlich viel mehr Wert als das, was ganz laut ausgesprochen wird und viel besser verständlich ist. Im Innern seiner Seele leben ... da ist alles göttliche Licht! Innen beten.

Die tiefsten und fruchtbarsten Gebete entspringen und erheben sich aus den Tiefen des Schmerzes. Indem er uns bis auf den Grund unserer Seele führt, lässt der Schmerz uns Höhen ersteigen ... bis ins Unendliche ... bis zu Gott hin!

Wie gut die Stille ist, fruchtbar mit Gott; das ist das Verschmelzen mit der unendlichen Liebe ... die Liebe der brennenden Seele, die nichts gefangen nimmt, nichts aufhält, nichts zurückhält noch begrenzt. Man darf nie an der Schwelle seiner Seele stehen bleiben, man muss ins Innere eintreten, in es hinabsteigen, dort nachdenken, meditieren, arbeiten und sich bearbeiten lassen ... im Angesicht Gottes! Wie viele arme Menschen gibt es, die nie mit ihrer Seele leben und ihr ganzes Leben an der Schwelle bleiben. Was für heilige Gedanken streifen unseren Geist, ohne in ihn einzudringen; sie gleichen dem Treibgut, das auf dem Ozean schwimmt und das der Wind mitnimmt. Damit wir in den Besitz einer Wahrheit gelangen, darf man nicht schnell darüber hinweggehen, sondern man muss bei ihr verweilen, darüber nachdenken, sich daran festmachen.

Gott lange betrachten ... ihn die ganze Zeit betrachten ... Die Seele wird schön, wenn sie sich von der Schönheit ernährt ... sie wird gut, wenn sie ihren Durst an der Güte stillt ... sie beginnt zu lieben, wenn sie in die Liebe eintaucht. Im Schmerz nur Liebe sein.

Die Schönheit ... das ist Gott! Die Güte ... das ist Gott! Die Liebe ... das ist Gott!

Eine einzige Seele voll Schönheit genügt, um sehr viele Schmutzflecke abzuwaschen! ... Eine einzige Seele voll Güte genügt, um sehr viel Hässliches wiedergutzumachen! Eine einzige Seele voll Liebe genügt, um sehr viel Hass untergehen zu lassen.

15. Januar 1931

....[1]

Gott suchen, das ist Glaube ... ihn finden, das ist Hoffnung ... ihn kennen, das ist Liebe ... ihn spüren, das ist Friede; ihn verkosten, das ist Freude ... ihn besitzen ... das ist Trunkenheit.

Der Glaube ist eine Gabe Gottes: Man gibt sich den Glauben nicht selbst, man erbittet ihn ... Das heißt, an alles glauben, was das heilige Evangelium, wie es von unserem Herrn selbst offenbart wurde, enthält, an alle Wahrheiten, die von der heiligen Kirche gelehrt werden ... und sie in die Praxis umsetzen. Der Glaube ist die Fackel des Lebens, die unsere Hoffnungen erhellt und uns zur Gottesliebe führt.

Glaube, das heißt, ohne zu sehen glauben, aber weil Gott gesprochen hat und [dem] vertrauen; das heißt, in der Finsternis zu sehen durch das Licht, das Gott ist. An Gott nur theoretisch glauben, das ist nicht der Glaube ... Glaube heißt, dass man in der Praxis glaubt und lebt, was man glaubt. Nur dieser Glaube erhebt die Seelen. Wie viele Christen sind zu wenig christlich und verwirklichen dadurch ihren Glauben nicht. Verwirklichen heißt, das, was man besitzt, zu praktizieren. Was würde es uns nützen, einen Schatz zu haben, von dessen Existenz wir nichts wüssten?

Hoffnung, das ist, wenn man die Gnaden erkennt, die Gott uns gewährt in Erwartung der Güter, die er uns verspricht. Das ist das volle Vertrauen, dass wir, wenn wir hier auf Erden fromm und tugendhaft leben, Anteil erhalten werden an den Belohnungen, am Glück der Erwählten.

Liebe, das ist Treue, Übereinstimmung, dauerndes Denken an den Gott, den man liebt. Die Liebe lässt uns Gott in den einfachsten Dingen erkennen ... das heißt, in der Nähe Gottes zu leben und die Sünde, den Feind Gottes, zu fürchten. Die Liebe kann alles ersetzen. Außerhalb der Liebe ist alles andere nichts und führt zu nichts. Die reine und wahre Liebe hat kein Maß; nichts hindert sie daran zu wachsen, Widrigkeiten und Schmerzen sind ein Feuer, das sie antreibt. Die wahre Liebe schmeichelt nicht ... wohl aber bewirkt sie Demut, Loslösung und führt zur inneren Sammlung, zur Pflicht.

Friede, das ist ein süßes und tiefes Empfinden in der Seele, das nur von Gott kommt und das nur der Seele geschenkt wird, die in Einheit mit ihm lebt. Dauerhafter und tiefer Friede ist die Frucht des Gebetes und öfters noch des Leidens; er gleicht einem Bach, der klar, ruhig und friedlich zwi-

---

[1] Zur Bedeutung der punktierten Linien, siehe S. 244 Anm. 1.

schen zwei in Blüte stehenden Ufern dahinfließt. Friede ist gut, tausendmal besser als Erfolg: Ich gebe dir meinen Frieden, ich überlasse dir meinen Frieden ... bewahre ihn gut ... störe nicht den Frieden deiner Brüder.

Freude, das ist schon die Morgenröte der Ernte, die alle Herzen, die Gott treu sind, einbringen werden. Sie ist oftmals die Frucht einer langen Geduld, der göttliche Strahl, den Gott auf eine Seele wirft, die ihm gehört, die ihm nichts vorenthält und es versteht, seine Freundin zu sein. Die Freude kann man sich nicht selbst geben, aber man kann sich immer im Frieden halten.

Trunkenheit, das ist der unmittelbare Genuss Gottes, der bewirkt, dass der ganze Himmel in der Seele ist und die Seele Anteil hat an diesem Leben. Das bedeutet, schon in diesem Leben die berauschenden Wonnen der ewigen Heimat verkosten in der liebenden Vereinigung, in der innigen Vertrautheit mit Jesus. Es tut gut, bei dir zu sein, Meister ... bleiben wir.

Aufstieg! Jesus führt mich auf den übernatürlichen Pfaden, die zu den unsichtbaren Gipfeln führen. Es ist Jesus, den ich in allem sehe, den ich in allem finde. Mich immer mehr in ihm verlieren, um nur noch ihn durchscheinen zu lassen.

Heiliger Geist, Gott des Lichts[1], hülle meine Seele ein in deine strahlende Klarheit ... damit sie ganz eintauche ins Feuer der Liebe. Oh Jesus! Du allein in meinem Leben.

↑ 15. Januar 1931 (Donnerstag)

Heilige Kommunion. Was für ein süßes Empfinden, was für eine unaussprechliche Freude hat die göttliche und sanfte Gegenwart Jesu in der Hostie in meine Seele gebracht! Ich habe diesem Geliebten alle anvertraut, die mir teuer sind; ich habe ihm alles anvertraut, alles übergeben, alles überlassen. Und mich dabei ihm wieder ganz ausgeliefert für alles Weitere und im Hinblick auf das Ende, das er von mir will ... für mich will. Ich habe lange mit diesem göttlichen Gast geredet und er hat meine Seele, indem er ganz von ihr Besitz ergriff, in die himmlische Gegenwart seiner Größe, seiner Majestät, seines grenzenlosen Ruhmes versetzt und ihr dabei so viel Herrlichkeit gezeigt, so viel Licht enthüllt, so viele Wunder seiner Liebe offenbart, dass sie noch immer in köstlicher Weise überwältigt, hingerissen, geistig glücklich und in allem erleichtert ist. Warum gehen

---

1 *Heiliger Geist, Gott des Lichts:* Siehe S. 283 Anm. 1.

solche Augenblicke zu Ende? ... warum geht ein so schöner Tag zur Neige? Warum lässt Gott mich in diesen himmlischen Stunden nicht sterben? Ich kann immer in der Intimität[1] leben ... Gott ist immer bei mir. Die Wüste, sagt man, ist ein gesegnetes Stück Land, um sich zu heiligen ... unser Herz ist ein göttliches Heiligtum, in dem wir uns innerlich sammeln können! Was für ein tiefes Theben[2] gibt es in uns, wo wir die Stimme Gottes vernehmen. Liebende Seelen wissen überall die Einsamkeit zu finden, um ein innerliches Leben zu führen.

Wie Gott uns doch liebt! Von überall her fließt seine Liebe über. Man muss nur die Augen öffnen ... sie auf ihn richten ... und sehen. Was für ein Abgrund der Liebe!

Wie sehr würde man Gott lieben, wenn man es verstünde, ihm jeden Morgen zu sagen: Ich weiß nicht, Herr, was dieses Heute sein wird ... so wie du es gemacht hast und für mich willst ... ich will, dass es dir gehört ... ich überlasse dir, mein Gott, alles Vertrauen in mir; gib du selbst mir die Folgsamkeit, die Hingabe, die ich brauche, um an diesem Tag voll und ganz deinen göttlichen Absichten zu entsprechen, die ich nicht kenne, die ich aber großherzig akzeptiere. Ich weiß, dass das, was du von mir verlangen wirst, im Verhältnis stehen wird zu dem, was du mir geben wirst, sowohl körperlich als auch übernatürlich. Möge dieser Tag, oh mein göttlicher Retter, ganz deiner Liebe gehören; ich bringe ihn dir dar und überlasse ihn dir durch das Unbefleckte Herz Mariens.

Alles, was man Gott anvertraut, ist gut aufgehoben, alles, was man ihm aufopfert, wird wohlwollend angenommen, alles, was man ihm gibt, kommt an den rechten Platz und in seinen Händen wird alles zu einem Schatz ... Der größte Irrtum im Leben ist, dass man den Preis und den Ernst dieses Lebens nicht genug erkennt, dass man seinen Wert nicht genug kennen lernt, dass man das Warum in allen seinen Umständen nicht genug versteht, dass man nicht tief genug aus den Schätzen schöpft, die in ihm liegen für die Ewigkeit. Aus dem Leben muss man etwas Gutes machen ... etwas sehr Gutes. Es ist unerlässlich, tätig zu sein, sei es durch Arbeit, sei es durch Leiden. Unablässig nach dem Besseren streben ... Ehrgeiz ist in diesem Punkt eine Tugend. Niemand zeigt sein Können durch einen anderen; man muss mit Gottes Hilfe von sich heraus geben. Gott

---

1 D.h. *in der Intimität mit Gott.*
2 *Theben* bezeichnet einen einsamen Ort in der Wüste, wo die ersten ägyptischen Mönche lebten.

will von uns Willen in der Schwachheit, Verzicht im Bedürfnis, Liebe in unseren Schmerzen, Geduld im Unglück.

Wie schön doch alles wäre, wenn jedes Einzelne unserer Gebete, unserer Leiden der Sache Gottes zugutekommen würde.

↑ 19. Januar 1931 (Montag)

Wenn es der Fall ist, dass man durch vieles Studium sehr gebildet wird, dann wird man auch sehr einfach, indem man sich in tiefer Weise demütigt. Seelen werden nur dann Einlass in den Himmel finden, wenn sie einfach nur mit Demut bekleidet sind. Demütigung ist der Weg zur Demut, so wie Geduld zum Frieden führt, Vertrauen zur Liebe, Hingabe und Selbstvergessenheit zum [zum][1] Licht und zum Glück. Demut ist Selbsterkenntnis in Gott, Wahrheit ist das Erkennen Gottes, wie er in sich selbst ist und in uns. Aus diesen beiden Tugenden geht die Hoffnung hervor.

Der Glaube verbindet den Menschen mit dem Unendlichen, mit Gott und mit seinem Nächsten, den zu lieben wie sich selbst seine Pflicht ist. Unser Glaube soll erhaben sein, tief, echt und wahrhaft. Um Gott so anzubeten, zu loben, zu preisen und zu lieben, wie er es verdient und verlangt und wie wir es sollen, genügt der bloße Glaube nicht. Es bedarf einer weiten und wirklich erhabenen Auffassung sowie eines reinen und heiligen Empfindens seiner unermesslichen Größe, seiner grenzenlosen Souveränität und seiner Liebe zu uns, seines Ruhmes, seiner Macht und seiner Vollkommenheit.

Die Wahrheit soll nicht unserem Maßstab angepasst werden, das heißt unserer Art und Weise zu sehen, zu urteilen, zu verstehen. Haben wir nicht so einen kleinlichen, engen, oberflächlichen Glauben, der unsere Kräfte, unsere Anlage für das Übernatürliche lähmt und den Glauben der anderen in Gefahr bringt. Unser Glaube muss einfach und klar sein, fromm und klug. Man muss studieren, nachdenken, um zu sicheren Überzeugungen und Ideen zu gelangen, man muss die Mühe auf sich nehmen und bis auf den Grund seiner selbst und dessen, was man glaubt, hinabsteigen. Wenn wir unsere Religion gut kennen, werden wir sie mehr lieben, weil wir dann ihre ganze Schönheit verstehen und in der Lage sein werden, sie zu verteidigen, wenn man sie in unserem Beisein angreift. Unser ganzes Leben muss die Erhabenheit unseres Glaubens beweisen.

---

[1] Siehe S. 251 Anm. 1.

Lassen wir es zu, uns von der Wahrheit besitzen und durchdringen zu lassen durch Jesus, die Wahrheit, die uns so weit übersteigt. Sie ist nicht von uns, aber sie ist für uns; gehen wir zu ihr. Richten wir unsere Seelen auf diesen Leitstern hin aus, auf dieses Zentrum von Licht und Liebe. Wir sind da für die Wahrheit und nicht die Wahrheit für uns.

Man soll sich nicht um seiner selbst willen suchen noch wegen einer Sache oder wegen irgendetwas; sondern immer nur Gott um seiner selbst willen suchen und ihn mit reinem Herzen und aufrichtigem Willen in allem erkennen. Wir müssten mehr sein als nur Seelen der Wahrheit. Man muss in der Wahrheit sein, sich von der Wahrheit nähren, die für uns ist. Man muss an die Wahrheit glauben, um daraus zu leben, an die wahrhaften Seelen glauben, um sie zu schätzen und zu lieben. Haben wir nicht einen vagen Glauben, der sich nach den jeweiligen Ereignissen der Tage richtet oder nach der Stimmung des Augenblicks. Was von uns kommt ist Torheit, was von Gott kommt ist Wahrheit.

Wüsste man um die ganz besondere Fürsorglichkeit und die Liebe Gottes gegenüber jedem Geschöpf und wie er sein Herz für uns öffnet immer dann, wenn wir nicht mehr können, wie sehr würde man an ihn glauben, wie sehr würde man ihn lieben und mit allem zu ihm kommen ... und das immer. Wundervoll ist der Glaube, ist es zu glauben, wenn man nicht sieht ... weil man weiß, dass Gott gesprochen hat. Zu wissen, ohne zu sehen, lässt ein ganzes Licht in der Seele hervorbrechen, das uns bei seinem Aufstrahlen eine ganze Welt offenbart, die wir in uns tragen und die wir nicht einmal erahnten. Das Beispiel des Glaubens bringt die gläubige Überzeugung hervor.

Wer kann sagen, was der Glaube in den Herzen vermag und vollbringt, in den Seelen, im Leid, in der Freude, in der Krankheit und besonders beim Tod? Ziehen wir den Glauben des Herzens immer einem verstandesmäßigen Glauben vor. Der verstandesmäßige Glaube beflügelt den Geist, der Glaube des Herzens durchdringt die Seele. Der Glaube des Herzens kann zu einem sehr intelligenten Glauben werden. Der Glaube wird durch fromme Empfindungen des Herzens vollkommener als durch intellektuelle Studien.

Großer Gott! Hab Erbarmen mit der Schwäche unseres Glaubens. Wenn der göttliche Strahl sich auf einer Seele niedergelassen hat, wird er, wenn sie es will, wenn sie folgsam ist und vertraut, nie mehr weichen.

Gott, der uns ein einziges Mal durch das Opfer seines Lebens gerettet hat, heiligt uns in dem Maße, wie wir seinen Gnaden entsprechen.

Krankheit ist voller Licht und Wahrheit; die Wahrheit ist Licht und das Licht ist Gott.

Ich fühle mich ganz versunken, ganz verloren im Licht. Mein Gott! Tauche mich immer mehr in die Tugend der Demut ein. Aus Liebe zu wollen, was Gott will, ist das ganze Geheimnis der Heiligkeit: Alles von Gott her kommen sehen, von allem aus zu ihm gehen, das ist Glaube, Hoffnung und Friede. Friede ist der Zustand, in dem sich meine Seele täglich befindet, in einem fortwährenden Akt der Liebe. Dass ich mehr oder weniger leide, ist kaum von Bedeutung. Was allein zählt, ist, von der Anordnung des göttlichen Willens nicht abzuweichen und mich ihm voll, tief und immer liebevoll anzupassen.

Je mehr ich in die Liebe eintauche, desto mehr lebe ich bei Gott, desto mehr habe ich Vertrauen und desto mehr sehe ich auch, dass die unendliche Liebe uns Überraschungen der Barmherzigkeit bereitet.

↑ 25. Januar 1931 (Sonntag)

Ich fühle fortwährend, wie der Blick meines Gottes auf meiner Seele ruht, unaussprechlicher, tiefer und dauerhafter Friede: der Friede, der von Gott kommt. Mit Gott allein sein unter dem Glanz seines göttlichen Blicks, seiner Liebe. Wie gut das ist! Das Leiden lässt mich Tag für Tag neue und göttliche Horizonte entdecken, die für mich ein Anfang des Himmels sind. Ich spüre das Kreuz überall und leide jeden Tag wahnsinnige Schmerzen. Ohne Jesus wäre das manchmal unerträglich. Mit seiner Hilfe und durch ihn sage ich aus ganzem Herzen: „Ich opfere es dir auf, weil ich dich liebe."

Ich denke nach, ich akzeptiere, ich leide, ich liebe ... ich denke an Gott, an die unzähligen Wunder, die er uns beigesellt und die wir nicht begreifen, weil wir es nicht verstehen, sie zu sehen. Ich lausche der göttlichen Stimme, die zu meiner Seele spricht. Ich leide, weil ich an die große Bedürftigkeit der Seelen denke. Ich leide, weil ich liebe ... ich liebe! Deshalb leide ich.

Am Morgen opfere ich meinen Tag auf, damit nicht eine Seele in eine Todsünde verfalle. Abends opfere ich meine Nacht in derselben Absicht auf.

Ich liebe ... ja, ich liebe den lieben Gott und die Seelen so sehr! Ich habe Angst wegen mir, Angst wegen meiner Schwäche, deshalb sage ich Gott jeden Tag von Neuem: Bewahre mich, lass mich in dir verloren sein. Es stimmt und ich weiß, dass der gute Meister immer bereit ist, äußerste Schwachheit mit seiner Kraft zu umgeben. Wenn ich nichts bin, dann ist Gott alles. Es ist nötig und es ist weise, an uns zu zweifeln, aber nicht daran zu zweifeln, dass Gott mit uns ist. Alles ist der Seele, die vertraut, möglich und erreichbar. Man ist so stark, wenn man liebt, und dann ist es auch so gut, klein zu sein. Wenn man liebt, hält man sich nicht mit Kleinigkeiten auf, man geht zu dem, der alles ist.

Mache, Herr, dass ich dir überallhin folge, auf den Tabor und auf den Kalvarienberg, ruhig und mit einem Lächeln, in anbetendem Staunen angesichts deiner überaus geheimnisvollen wie auch unvorhergesehenen Wege. Ich möchte gerne alles, ich vermag es mit deinem Beistand und kraft deiner Hilfe und indem ich die gesegnete Hand Marias nicht loslasse. Mein Seelenleben besteht ganz aus Vertrauen, innerem Gebet und Liebe.

Es gibt Tage der Zweisamkeit mit Gott. Es gibt auch Tage, wo wir uns von Angesicht zu Angesicht, von Seele zu Seele gegenüberstehen, wo der innere Gast seine Gegenwart auf eine so sanfte und gleichzeitig so unausweichliche Art und Weise bezeugt. Das ist wie ein Triumph.

↑ 26. Januar 1931 (Montag)

Heilige Kommunion. Soll ich heute ein bisschen schreiben, um den göttlichen Wohlgeruch, der meine Seele erfüllt, zu vermitteln? Eine sehr tröstliche Kommunion und voller Freude. Meine guten Eltern waren dabei, die beiden Wesen, die ich hier auf Erden am innigsten liebe. Für all diejenigen, die mir lieb und teuer sind, Bruder[1], Schwestern und viele andere. Ich möchte ihnen so gerne auf andere Art und Weise zur Seite stehen können. Mache, mein Gott, dass sie mich in allem brauchen.[2]

Gott dringt ganz in das Innere meiner Seele ein. Ich bin nichts mehr, er allein ist alles. Mein übermäßiges Elend taucht in seine Barmherzigkeit ein. Oh glückselige Vereinigung der Seele mit Gott! Mein Gott, schenke mir, dass ich deren ganze Süße verkoste, dass ich deren ganzen Verdienst

---

1 *Bruder*: Im Originaltext im Plural. Doch hat Marthe nur einen Bruder.
2 Marthe will sich ihrer Familie nicht aufdrängen. Sie möchte auf deren wirkliche Bedürfnisse antworten.

verstehe, deren ganze Schönheit erkenne, deren ganze Unendlichkeit einatme. Dein Wille, mein Gott, ich liebe ihn, er schenkt mich dir.

Möge nur noch Gott durch meine Seele scheinen; ich möchte verblassen ... nicht mehr sein. Übernatürliches, immer Übernatürliches und nur noch das in meinem Leben. Alles in Gott, nichts für mich; möge ich nicht mehr in mir sein ... möge ich nur noch in dir sein.

Ich bin zufrieden, mein Gott, weil du mich liebst und weil du gerne willst, dass ich dich liebe! Mut, Vertrauen, und dabei immer mehr lieben ... Mein Gott! Gib mir immer Geduld, wahre Geduld. Liebe und Geduld, das ist das Geheimnis jeden christlichen Lebens. Was mich am meisten kostet, ist der Kummer, den ich den Meinen auferlege, besonders meiner lieben Mama. Das sind jetzt genau zwei Jahre völligen Unvermögens. Was für ein harter Verzicht; ich glaube, ich habe verstanden, ich weiß, dass alles eine Wohltat Gottes ist. Vertrauen! Darin liegt alles. Ich leide, aber ich vertraue und unterwerfe mich allem! Am schmerzlichsten und am schwersten ist für mich die absolute Untätigkeit. Was für ein Leiden für mich, die ich im Schmerz so aktiv geblieben war! Unfähig zu sein, wenn es so gut wäre zu handeln, zu helfen, zur Hand zu gehen, es anderen leichter zu machen.

Mein Gott! Gib meiner Hingabe, meiner Untätigkeit, ein Überfließen, ein tiefes Wirken, das den anstrengendsten Aufgaben entspricht und sie übersteigt.

Ein kleines Herz sein, das im Herzen Gottes lebt! Meine Talente (Gaben Gottes) für die ewige Ernte aussäen, verschenken, fruchtbar werden lassen ... meine Mission verwirklichen. Aus uns selbst sind wir nichts. Gott kommt in seiner Güte unseren Wünschen zuvor, er kommt unseren Rufen entgegen. Durch das Wenige, das wir vermögen, festzustellen, wie wenig wir sind, ist eine ausgezeichnete Tugend, um viel besser und um sehr weit aufsteigen zu können ... oder um oft sehr tief hinabzusteigen ... bis ganz auf den Grund unseres Nichts.

Sich in allem und für alles selbst verleugnen, um sich mit Gott zu vereinen, der im äußersten Fall sogar vollständigste Selbstverleugnung verlangt ... sich mit allen verbinden, um sich in Gott zu verbinden.

Nicht nur für sich selbst Gott gehören ... nicht ausgrenzen. Wenn es auch Zeiten der Zweisamkeit mit Gott gibt, die nichts unterbrechen darf, so gibt es auch Momente des Alleinseins mit Gott, die wirkliche Versammlungen sind, weltumspannende Gemeinschaft. Haben wir nicht nur unsere Seele im Blick, sondern auch, was um sie herum und über ihr ist. Das

Werk Gottes in den Seelen ist immens ... jede Seele auf Erden kann ein Auserwählter werden!

Die Engel wiederholen: Es lebe Maria!

Möge dieses Echo des Himmels das Wort sein, das uns auf unserem Weg begleitet. Errichten wir in Maria unseren Frieden, unser Glück, unser Vertrauen, unsere Liebe und singen auch wir mit den Engeln: Es lebe Maria!

Preisen wir Maria in allem und immer. Immer tröstet sie ... immer unterstützt sie ... immer führt sie uns, immer legt sie ein gutes Wort ein.

Rufen wir Maria an in unseren Leiden, unseren Schwierigkeiten, in unseren Freuden und unseren Tröstungen. Ehren wir Maria! Ihre Liebe verlangt es. Sie liebt uns wie Jesus, grenzenlos. Dauerhaft, mütterlich.

Das „Es lebe Maria, ich liebe sie!" möge der Ausruf unseres Glaubens sein, der Ausruf unseres Vertrauens, der Ausruf unserer Liebe. Maria lieben ... das ist Friede und Freude. Es lebe Maria! Das ist der Lob- und Jubelgesang der liebenden Seelen. Singen wir ihn unablässig, das ist ein Lied des Himmels, das ist ein Liebeslied.

Das Herz Mariens ist ein Schatz, der alles gibt und, um seine Reichtümer auszuteilen, nur nach einer Seele verlangt, die liebt, großzügig und treu ist. Reichen wir ihr unsere Hände und bitten wir sie im Namen ihres göttlichen Sohnes, dass sie uns jeden Tag eine neue Tugend schenke.[1]

Alles hier auf Erden ist kurz, die Zeit trägt alles fort mit Ausnahme der Liebe Gottes zu uns. Die Ewigkeit ist aus den Tugenden unseres Lebens gemacht.

↑ 2. Februar 1931 (Montag)

Um nichts und für nichts möchte ich meinen Zustand als Opfer und als Hostie des gekreuzigten Jesus ändern, in dem mich der Wille dessen haben will, der Meister ist und souveräner Meister in jedem von uns.[2]

Meine Seele ist ganz eingetaucht in diesen Willen, der kreuzigt.

---

1 Wir kennen eine andere Version dieses Satzes, die auch von Père Faure geschrieben wurde, aber datiert auf den 23. Februar 1931 (spätere Ausgabe).
2 Wir haben noch eine andere Version dieses Textes vom 7. Februar 1931, die mit einigen Varianten ebenfalls von Père Faure geschrieben wurde (spätere Ausgabe). Siehe Einf., S. 4 Anm. 5.

Morgens und abends bitte ich den Herrn inständig, dass er sich in mir durch meine Leiden und meine Schmerzen verherrliche. Ich erkenne, dass Gott mich nicht nur mit einer grenzenlosen Liebe liebt, sondern mit einer auserlesenen Liebe, da es ihm ja gefällt, mich in seiner unwandelbaren Güte mit seinen göttlichen Schmerzen verbinden zu wollen, mich zu sich an sein Kreuz zu nehmen, mich aus seinem Kelch trinken zu lassen, mich in seine Arme zu drücken, mich an seinem von Liebe verzehrten Herzen zu halten.

Ach! Ich fühle mich weit unter meiner hohen Berufung ... und dass es nötig ist, dass Jesus Geduld mit mir übt!

Innig mit Jesus vereint zu sein, bedeutet, gekreuzigt zu werden. Die Seele, die mit Jesus in der Umarmung des Kreuzes vereint ist, verkostet Freuden, die viele nicht kennen; sie wird auch zermalmt in Leiden, um die sie niemals wissen.

Unser Herr hat so viele halbe Freunde, die wohl die Süße wollen, die man in seinem Dienst verkostet, die sich aber weigern, seine Leiden, seine Verlassenheit zu teilen. Deshalb weitet sich sein Herz, wenn er Seelen findet, die ihn gewähren lassen und er prägt sich so tief in sie ein, dass sie so weit gehen zu sagen: Nicht mehr ich lebe, sondern der gekreuzigte Jesus lebt in mir.[1]

Ja! Jesus ist mein Leben ... sein Kreuz ist mein Altar ... die Geduld in der Liebe zu seinem anbetungswürdigen Willen meine Beschäftigung ... das Leiden meine Berufung ... die Liebe mein Wirken. Ich fließe über vor innerem Leben; alles leidet in mir ... das ist der wahre Kuss Jesu in meiner Seele ... der, in den er die meiste Zärtlichkeit legt. Dankbar und begeistert spreche ich im Gefolge Jesu und mit ihm:

Fiat, oh mein Gott, und danke für alles!

Ich liebe mein Kreuz, ich liebe meine Leiden ... ich liebe meine Verzichte, ich liebe den heiligen und liebenswerten Willen Gottes. Das vom Schmerz verwöhnte Kind findet sogar im bittersten Kelch tiefes Glück für das Herz, unaussprechliche Freuden für die Seele.

Möge Jesus zufrieden sein, möge man ihn kennen, möge er herrschen und geliebt werden.

↑ 7. Februar 1931 (Samstag)

---

[1] Vgl. Gal 2,20.

Bringe mich soweit, oh Herr, dass sich meine Liebe, meine Aufopferung, mein innerer Verzicht verdoppeln. Das soll meine Vorgabe für die Fastenzeit sein. Möge ich dich während dieser heiligen vierzig Tage nach Kräften für die Schmähungen und die Gleichgültigkeiten der Menschen entschädigen.

Nimm weg von mir, wenn du willst, die Lieblichkeiten, die Tröstungen, die ich verkoste, damit ich nur aus dir, nur für dich lebe. Wenn es dir gefällt, lass es dunkel werden in meiner Seele. Ich werde dich, oh sanfter Herr, trotzdem immer sehen durch den Glauben, vor allem durch die Liebe, sogar in den größten Leiden. Entflamme das Herz deiner Gläubigen und töte es ab, oh mein Gott, damit sie dein Herz trösten.

Gerechter und guter Herr! Ich habe mich dir ungeteilt anvertraut, mich, ohne zu verhandeln, allem überlassen, was du von mir fordern magst. Ich bitte dich nur um eines: Habe Erbarmen mit meiner extremen Schwachheit. Halte mich, ohne deine Hilfe vermag ich nichts. Möge ich mich unablässig anstrengen, dass du von meiner Umgebung erkannt und dann geliebt werdest. Wenn es nötig ist, möge ich mein Verzichten, meine Liebe, mein Aufopfern, mein Gebet, meine Selbstvergessenheit verdoppeln, um Verdienste zu erwerben für alle.

Mut, meine Seele! Oh meine Seele! Was dir hier auf Erden verwehrt ist, wird dir im Himmel gegeben werden.

Fiat, oh mein Gott, und das auf der ganzen Linie.

↑ 19. Februar 1931 (Donnerstag)

Seit einigen Tagen eine größere Müdigkeit, auch im Innern ist es düsterer. So wie es lichterfüllte Tage gibt, so gibt es auch Tage der Finsternis und wie es außergewöhnliche Minuten gibt, so gibt es auch Stunden der Ohnmacht ... und in diesen Stunden kommt Jesus ganz nahe; das weiß ich, das glaube ich, darauf vertraue ich. Eine tiefe Seele triumphiert über den Leib, an den sie gebunden bleibt. Ich möchte diese Seele sein ... möge ich diese Seele sein. Mein Gott! Wird es bald sein, die ewige Begegnung? In welcher Stunde wird der Tod kommen, an welchem Abend? ... Ich weiß es nicht und will es auch nicht wissen. Ich liebe ... das reicht mir.

Gott beugt sich herab, neigt sich jenen zu, die zu ihm schreien: „Habe Erbarmen mit uns, Herr, wenn du willst, kannst du, habe Erbarmen." Liebe meines Gottes, ich vertraue auf dich.

Die Hilfe Gottes steht immer bereit. Warten wir nicht auf die Zeit, die nicht wartet. Nutzen wir die Stunde, indem wir sie vergöttlichen. Warten, das heißt, stehen bleiben. Oh! Tun wir es nicht.

Gehen wir ... steigen wir auf. Es macht nichts und ist umso besser, wenn wir außer Atem kommen ... im Himmel werden wir durchatmen ... *Sursum corda*[1] ... immer noch mehr Liebe! Aufstieg! Bis zum Ziel. Nach dem Kreuz verspricht Jesus den Himmel. Durch ihn werden Blumen auf unseren Dornen wachsen und durch diese Blumen wird Maria uns retten.

Welche Wohltaten, welche Früchte zieht die Seele aus der Einsamkeit! Möge es Gott gefallen, mir oft, oft Tage der vollkommenen inneren Sammlung zu verschaffen, wo ich nur Ruhe brauche ... allein mit Gott zwischen meinen guten Eltern und meinem Bruder.

Ohne Geduld gibt es keinen Frieden und ohne Frieden gibt es kein Glück. Man muss sich bemühen, dass man immer im Frieden ist, in den Freuden und in den Schmerzen.

Ich habe nur ein Bestreben ... immer demütiger zu sein. Ich habe nur eine Sehnsucht ... immer besser zu lieben.

Oh Maria, die du unter allen Müttern diejenige bist, die am meisten liebt, glaube an meine Liebe.

↑ Sonntag, 22. Februar 1931

Heilige Kommunion. Heute, oh Wunder, habe ich wieder die besondere Ehre gehabt, meinen Gott zu empfangen. Dieser Tag bringt mir die tiefen Freuden im Überfluss, jene, die andauern. Mein Gott, verwandle mich in dich! Ich möchte nur noch der Schatten deines Willens sein. Ich beuge mich den düstersten Ängsten wie dem hellsten Licht. Das braucht es! Ich will es. Das Unvermeidliche, das sich weder ändern will noch kann, akzeptieren und lieben und dabei gegen alle Hoffnung hoffen. Was im Leiden tröstet, ist, dass man weder die Verzagtheit noch die Illusion hegt ... sondern immer die Hoffnung. Liebe und Vertrauen: Darin liegt alles. Das ist das Geheimnis jeden christlichen Lebens, jedes Lebens, das Gott geweiht und mit ihm verbunden ist.

Was ich erahne, was ich gesehen habe, ist so schön, so groß, strahlend, unendlich! Was ich vernehme, was ich in meinem innersten Wesen spüre, ist so tief, so lieblich und so sanft, dass ich die Augen schließe, um besser

---

[1] *Erhebet die Herzen.*

zu hören und besser zu sehen. Ich will nichts verlieren oder vergraben, sondern ernten, um zu verschenken, sammeln, um zu verteilen.

Alles, was du tust, mein Gott, ist ganz richtig und weise! Alles ändert sich, wenn man Gott mit einbezieht! Wie schön alles ist, wenn Gott da ist! Wie göttlich alles ist, wenn man es in Gott sieht.

Der Wille Gottes ist gut, immer ... gut in seinem Ursprung, gut in seinem Ende, gut in allem, gut überall. Verstehen wir es zu sehen.

Jedes meiner Gebete, meiner Leiden komme der Sache Gottes zugute. So wie ein Wassertropfen, der in den Ozean gefallen ist, Teil wird von dessen Inhalt und Unermesslichkeit, so trägt auch der Wille einer kleinen Seele, der sich dem Willen Gottes angleicht, zu seiner Herrlichkeit und zur Ausbreitung seiner Herrschaft bei ... alles für Gott, nichts für mich.

Jedes Licht, das von Gott kommt, ist ein anvertrautes Gut zum Weitergeben, ein Schatz, den man zur Geltung bringen soll, ein Wunder, das es auszubreiten gilt.

Mein Herz ganz weit auf Gott hin öffnen, um zu empfangen, es auf die Kreatur hin öffnen, um zu geben.

↑ 24. Februar 1931 (Dienstag)

Nun bin ich Gott in seiner unermesslichen Größe ganz nahe. Alles, was meine Seele sieht, alles, was sie vernimmt, alles, was sie einhüllt, offenbart mir seine erhabene, grenzenlose Macht ... und vermittelt mir den Eindruck, nichts zu sein ... nichts ... in Gott verloren! Ah! Wie schön das ist!

Ich will für Jesus sein Lustgarten sein, jener auserwählte Ort, wo er sich ausruht, wenn er müde ist, seine bevorzugte Bleibe, sein Wirkungsfeld.

Ich werde nur die kleine Arbeitskraft sein, die unter den Augen des Meisters, auf sein Geheiß hin arbeitet ... und unvergängliche Früchte aufliest.

Was sichtbar ist, gehört zum Leben, was nicht sichtbar ist, ist für die Ewigkeit. Mein Gott, mache, dass ich immer mutiger werde, obwohl ich immer schwächer bin! ... dass ich mich nur auf dich stütze und allein in dir Trost suche ... Die Fruchtbarkeit zeigt den Wert der großen Opfer. Die Liebe erhebt das Leiden über alles andere. Die Großzügigkeit verleiht unserem Handeln Bedeutung. Der Gehorsam heiligt unsere Pflichten ... Nur Göttliches tun, nur Ewiges.

Jungfrau Maria, meine gute Mutter, reiche mir immer die Hand bis zum Gipfel meines Aufstiegs in der Liebe.

↑ 27. Februar 1931 (Freitag)

Heute Morgen hatte ich dank der unendlichen Feinfühligkeit und der unermesslichen Güte Gottes hinsichtlich meiner Seele die Freude, der heiligen Messe nicht nur beizuwohnen und sie zu hören[1], er hat es gerne zugelassen, dass ich in einer leidenschaftlichen und innigen geistlichen Kommunion daran teilnehme! Was für eine Danksagung!

Die Gunsterweise Gottes legen Verpflichtungen auf, Dankbarkeit. Wenn man empfängt, muss man zurückgeben ... Er gibt, man muss geben.

Die Kirche! Wie geeignet ist dieser Ort für das Gebet, für die tiefen Eingebungen ... und dann betet man dort, wie es heißt: alle im Chor und das inbrünstige Gebet wird zum Weg der Vollkommenheit ... der Weg zum Himmel. Wie sehr ich es liebe, allein mit Gott zu beten!

Mein Gott! Dir ist alles möglich, aus Liebe wirkst du so viele Wunder. Wirke sie in mir, diese Wunder der Liebe und der Barmherzigkeit, für mich und für alle Seelen, die mir lieb sind. Dir, mein Gott, wird es ganz zur Ehre und ganz zum Ruhm gereichen.

Ehre sei Gott allein und Friede den Seelen, die lieben. Meine Vorlieben aufopfern, sogar die, die am berechtigtsten sind, für das Glück der Meinen, meines Nächsten und für die noch größere Freude zu sehen, dass Gott erkannt und geliebt wird.

Jenen, die zu mir kommen, Freude machen. Meine Anstrengungen eine nach der anderen in das tägliche Brot des Schmerzes legen; die kleinsten wie die größten gelangen in das Herz Gottes. Wenn man leidet, ist das liebende Bemühen die Grundlage für unsere Verdienste. Gott gewährt seine Gaben nur um den Preis unseres tugendhaften Bemühens, oft jedoch entreißt uns Gott das, was wir ihm nicht geben. Sich anzustrengen ist eine Tugend und jede Tugend ist eine Erhebung unserer Seele zu Gott.

Aus allem einen Aufstieg machen. Je mehr die Seele sich erhebt, desto mehr strahlt sie die Schönheit aus, die sie im göttlichen Licht erworben

---

1 Zum Sinn dieser Ausdrucksweise: Erinnern wir uns, dass Marthe zur damaligen Zeit ans Bett gefesselt war und es auf der Plaine kein Radiogerät gab.

hat, desto mehr auch sagt sie Gott Dank, der seinen Ruhm in allen Geschöpfen sucht.

Gott stellt die Seelen, die nach seinen Anweisungen leben wollen, unter seinen ganz besonderen Schutz.

Gott gießt seine Wohltaten über diejenigen aus, die ihm treu dienen. Er zieht jene an sein Herz, die ihn lieben und die zu ihm kommen.

Am Abend. Heute Versammlung des Dritten Ordens.[1]

Oh Jesus! Dein Herz sei meine Zuflucht und der Ort, wo ich Weisung empfange. Nicht mehr in die Kirche gehen zu können, war schwer für meine Seele ... jetzt nicht mehr. Seit langem zieht mich der Sinn der äußeren Dinge wenig an, ich würde sagen, gar nicht. Was innerlich und tief ist, was erhebt, übt auf mich allein alle Anziehungskraft aus. Ich vereinige mich und bete so gut und besser an im Geist und in der Wahrheit. Das Äußere verblasst, was bleibt, ist die Gegenwart und die Vereinigung mit Gott. Akzeptieren wir, was Gott uns verweigert, selbst wenn es für ihn ist. Immer verlieren wir wenig, um alles zu gewinnen. Der Wille Gottes ist ein unerforschliches Geheimnis; bestaunen wir, was wir nicht verstehen können. Gott hält vor uns verborgen, was er vorgesehen hat und was er von uns will, so wie er seine unermessliche Größe vor uns verbirgt. Er lässt uns nur Schritt um Schritt erkennen und er verlangt von uns, dass wir Tag für Tag erfüllen, was er von uns will. Die Zukunft gehört ihm, wie auch die Wissenschaft[2] und das Licht.

Alles, was für die Natur unendlich schmerzhaft ist, nützt der Entsagung der Seele. Im Leiden wird der Glaube zum Licht, festigt sich die Hoffnung, wächst die Liebe.

Jeden Abend werde ich am Fuß des Altars meine Freuden, meine Tränen und meine Leiden bei der Danksagung niederlegen.

Es lebe Jesus! Es lebe Maria!

↑ 1. März 1931 (Sonntag)

---

1 Marthe war am 24. Februar 1930 in den Dritten Orden der Franziskaner aufgenommen worden.
2 Gemeint ist die Wissenschaft als eine der sieben Gaben des Heiligen Geistes. (Anm. d. Übers.).

Für Gott nur ein lebendes Ja sein ... ein Lamm Gottes sein, in einer Vereinigung mit ihm, die nicht zurückgenommen wird.

Wenn wir bei uns Unvermögen mit Armut addieren, kommt Null heraus. Wenn wir bei Gott Stärke mit Liebe addieren, kommt alles heraus. Oh ja! Ein Nichts sein, damit Gott alles ist.

Herr, ich gebe dir alles und alles mit Liebe! Wer wird sagen können, welche Freuden eine Seele verkostet, die ganz in Gott lebt, ganz für ihn? Sie braucht die Freuden von außen nicht, die Seele, die mit Gott vereint ist!

Meine Seele und mein Herz sind nicht gemacht für das, was endlich ist; sie dürsten immer mehr, sind immer weniger gesättigt.

Ich dürste nur nach Gott, ich habe Hunger allein nach ihm.

↑ 4. März 1931 (Mittwoch)

Morgen, heilige Kommunion.[1] Bereiten wir die Wege des Herrn ... und zwar weit, gerade. Macht leer, läutert, reinigt, opfert auf.

Jesus möge einen großen Brand entfachen, der für immer die Wurzeln und ihre Keime zerstört. Alles muss frei und ansprechend sein für den, der der Weg, die Wahrheit und das Leben ist.

Was für ein schöner Tag der Vorbereitung, um in dieser wahrhaften Zweisamkeit mit Gott zu kommunizieren. Bei dieser Kommunion gehe es ... um Vergebung, um Wiedergutmachung, um Heilung und nicht um Tröstung ... damit ich mich in allem korrigiere.

1. Freitag im März. *O Cor amoris victima*[2]. Oh Jesus, mache mich dir gleich: sanft, demütig, geduldig, mildtätig, liebend.

Oh Gott! Du, Herr, bist von allen Herzen dasjenige, das am meisten liebt. Glaube an meine Liebe.

Heilige Kommunion. Liebliches Festmahl für meine Seele. Jedes Mal neu bewirkt es in meiner Seele ein vollkommeneres Glück, eine größere Liebe zur heiligen Eucharistie.

Es ist ein so tiefer wie göttlicher Genuss zu sehen, wie diese Liebe in meinem Herzen zunimmt und alles in Besitz nimmt. Jesus hat den Brand entfacht, nicht nur den, der zerstört, sondern den, der verbreitet,

---

1 Wir haben also Donnerstag, den 5. März 1931.
2 „*Oh Herz, Opfer der Liebe*". Lateinische Hymne, die beim Segen mit dem Allerheiligsten gesungen wurde zu Ehren des Heiligsten Herzens Jesu.

vermehrt und hervorbringt. Er möge jetzt sehr schnell brennen und die Seele, deren Meister er ist, sehr hoch erheben. Mein Herz ist glühend heiß in meinem Inneren ... glühend heiß aus Liebe zu Gott, glühend heiß aus Liebe zu den Seelen. Ich fühle in mir ein Herz, das fähig ist, die ganze Welt zu lieben. Diese Liebe soll sich auf alle erstrecken ... sie soll universal sein. Ja, lieben bis zum Heroismus, das ist das Maß der Liebe. Mein Gott! Du hast mein Herz geschaffen und besitzt es ganz und gar und du weißt, wie weit es fähig ist zu lieben, und alles, was es liebt.

Mein Gott! Du hast mein Herz die Unermesslichkeit deiner Liebe zu mir spüren lassen und sie meiner Seele offenbart, du hast mich so oft ergriffen und wieder ergriffen! Ich verstehe ... ich habe verstanden. *Fiat* ... danke, mein Gott.

↑ 6. März 1931 (Freitag)

Nur einen Aufstieg machen ... geradewegs zum Licht aufsteigen ... nur tief sein. Was nicht aus dem Innern kommt, ist nichts wert. Alles, was an der Oberfläche bleibt, verflüchtigt sich.

Ich brauche Jesus andauernd! ... den ich sehe, den ich liebe, den ich will ... Ich hänge nur noch von seinem Handeln und von seinem Willen ab!

Mein Herr und mein Gott! Möge ich durch die Kraft deiner Liebe und den Beistand deiner Macht ein treueres Abbild deiner göttlichen Vollkommenheit werden. Das ist leicht für meine Schwäche, da du ja in allem und immer mein Licht bist, das vom Himmel herabgekommen ist und meinen Weg erhellt. Ja, möge ich doch immer etwas an mir zu tun finden ... möge ich mich beobachten, mich prüfen, mich korrigieren. Möge ich wegnehmen, möge ich hinzufügen, ausreißen und zerstören. Arme kleine Dienerin der Liebe! Ich weiß, dass ich ein ziemlich schlechter Bildhauer bin, ein ziemlich unvollkommener Maler.

Gott kommt es zu, mich zu behauen, mich auszumeißeln, mich [mich][1] zu formen. Ihm kommt es zu, alles, was seinem Herzen, seiner Liebe, seiner Heiligkeit missfallen mag, wegzunehmen und zu zerstören! Ich überlasse mich den Händen seiner Güte, seiner Barmherzigkeit und seiner Liebe.

Sprich, Herr, deine Dienerin hört.

---

1 Siehe S. 251 Anm. 1.

Oh! Suchen wir den Himmel ... alles andere vergeht ... er allein bleibt! Suchen wir den Himmel, wir, die wir die Gesundheit nicht wiedererlangen können, wir, die wir nicht das Glück haben zu handeln ... suchen wir den Himmel.

↑ 8. März 1931 (Sonntag)

A.M.D.G.[1]

---

1   *Ad majorem Dei Gloriam* (*Zur größeren Ehre Gottes*). Père Faure beendet mit diesen Worten die Niederschrift des zweiten Heftes des Tagebuchs.

3. Heft des Tagebuchs

Rosenkranzkönigin, erinnere dich

Refrain
Rosenkranzkönigin, erinnere dich,
Des leidenden Herzens, das betet und hofft,
Der Seele, die auf Erden allein ist und liebt
Erinnere dich, erinnere dich, innigst geliebter Hort.

1.
Lilie unbefleckt,
Oh Rose umweht
Vom Duft aus ewigen Gärten.
Zu dir, Mutter, der Güte Glanz,
Dringt lieblich Gebet, der Rosenkranz
Steigt flehend empor aus Schmerzen.

2.
Herz Mariens, so sanft, so süß,
Unsere Seele entzückt
Singt dir auf Knien ein Lob
Mit dem Engel vereint
Ein Lied demütig und klein,
In ganz lieblichem Ton.

3.
Glorreich regierst du
Über der Herzen Armut
Mit Barmherzigkeit.
Oh mystischer Stern
Weis uns den Weg
Zur heiligen Herrlichkeit.

4.
Zu dir unsere Gebete
In leichtem Flug sich erheben,
Im Himmel werden sie blühen.
Bring unsere Seelen zum Wallen
Mit deinen reinen Flammen,
Mutter, erhör unser Wünschen.

5.
Zur Hostie, zu Jesus
Oh Maria, gib uns
Mehr Liebe Tag um Tag.
Wir vernehmen seines Herzens Rufen,
Es will, dass wir getreulich besuchen
Täglich sein festliches Mal.

6.
All denen, die weinen,
Die sterben, die leiden,
Deine Arme öffne weit,
Du unsere Fürsprecherin,
Himmlische Beschützerin,
Hilf deinen Kindern im Streit.

7.
Hoffnung gib wieder,
Vertrauen und Liebe
Den Herzen der Franzosen.
Das ist der Seel' Verlangen
Die danach strebt voll Bangen
In Frieden und Einheit zu wohnen.

8.
Inständig erfleht dein Volk
Nur eine Gnade noch
Von deiner himmlischen Güte.
Deine Gunst gewähre,
Oh Mutter voller Ehre,
Allen, die gefangen in Sünde.

3. Oktober 1931

Refrain
Rosenkranzkönigin, bitte für uns,
Vom Himmel herab, komm uns entgegen,
Hör, wie es klingt, unser bescheidenes Beten,
Bitte für uns, Mutter, bitte für uns.[1]

Heilige Thérèse, mögest du doch bitte lächeln

Refrain
Zum Himmel stieg sie auf, von Engeln erhoben,
Bekleidet mit Unschuld, mit Gnade und Gunst.
Ihre Tugend wollen wir ehren, feiernd sie loben,
Blumen wird sie werfen, Blumen auf uns, auf uns.

1.
Der heilige Vater, überall wird's gesagt,
Vertraut ihrer mächtigen Hilfe bei all seinem Tun,
Seine Botin ist sie, dem Höchsten so nah,
In Liebe ergeben, findet sein Herz bei ihr Ruh.

2.
Ehre sei Jesus! In ihrem weißen Heiligtum
Finden die Seelen Hoffnung und Frieden.
Ihre Antwort ist das auf der Beter Tun,
Gott beschenkt uns durch sie, überhäuft uns mit Gütern.

---

[1] Mit diesem Gedicht beginnt das 3. Heft des Tagebuchs (siehe Beschreibung der Hefte, S. 24). Das Heft ist mit violetter Tinte geschrieben. Die S. 1 bis 4 stammen von einer anderen Handschrift.
Souvenez-vous, Reine du saint Rosaire: *(Refrain) Souvenez-vous, Reine du saint Rosaire, / Du coeur en peine qui espère qui prie, / De l'âme aimante isolée sur la terre / Souvenez-vous, souvenez-vous, Mère chérie. // (1) Lys immaculé, / Ô Rose embaumée / Des Jardins éternels. / Vers vous, bonne Mère, / Notre aimé Rosaire / Monte en pressants appels. // (2) Doux Coeur de Marie, / Notre âme ravie / Vous chante à genoux / Une humble louange / Unie à l'Archange / Sur un ton bien doux. // (3) Vous régnez glorieuse / Et miséricordieuse / Sur nos pauvres coeurs. / Guidez notre voile / Ô mystique Etoile / Dans les saintes splendeurs. // (4) Vers vous nos prières / S'envolent, légères, / Pour fleurir aussi Cieux. / Embrasez nos âmes / De vos pures flammes, / Mère, exaucez nos voeux. // (5) Pour Jésus Hostie / Donnez-nous, Marie, / Toujours plus d'amour. / Son Coeur nous appelle, / Il nous veut fidèles / A ses banquets chaque jour. // (6) A tous ceux qui pleurent, / Qui souffrent et qui meurent, / Ouvrez vos deux bras, / Montrez-vous propice, / Céleste Protectrice, / A vos enfants dans les combats. // (7) Rendez l'espérance, / L'amour, la confiance / Aux coeurs des Français. / C'est le voeu suprême / De l'âme qui aime / L'union et la paix. // (8) Votre peuple implore / Une grâce encore / De vos célestes faveurs. / Soyez favorable, / Ô Mère admirable, / A tous les pécheurs. // (Refrain) Priez pour nous, Vierge du saint Rosaire, / Du haut du Ciel, penchez-vous jusqu'à nous, / Ecoutez les accents de notre humble prière, / Priez pour nous, Mère, priez pour nous.*

4. [sic]

Oh Glückselige! Welch herrliche Pracht!
Welch heiliger Schein hat dein Antlitz geschmückt!
Dieser Tag in meinem Herzen die Hoffnung entfacht
Dauert's noch, Schwester, bis du meine Wünsche erfüllst?

5.
Beschütze uns in unsern dunklen Tälern,
Sieh unsre Ängste, nimm wahr unsre Schmerzen.
Deinen verwaisten Schwestern schenke ein Lächeln,
Komm wieder, Thérèse, komm, bring Freude den Herzen.

6.
Wirfst weiße Rosenblätter du auf uns,
Dann brennt dein heil'ger Wunsch noch stärker,
Dass nur in Gott die Seele finde ihre Ruh,
Dass seine Liebe geheimnisvoll sie erhebe.

3.
Die Augen fest auf dein heiliges Bild gerichtet
Bete ich, tief verneigt vor dir, voll Glück,
Bewahre in meinem Herzen ungetrübten Frieden
Dein sanftes Feuer hat mich ganz entzückt.[1]

↑ 3. Oktober 1931 (Samstag)

---

[1] *Sainte Thérèse, daigne sourire:* (Refrain) Au Ciel elle est montée, emportée par les anges, / Parée d'innocence, de grâces et de faveurs. / Honorons ses vertus, célébrons ses louanges, / Sur nous, sur nous, elle jettera des fleurs. // (1. Strophe) L'on dit partout que le Très Saint-Père / Confie ses oeuvres à son puissant secours, / Près du Très-Haut, elle est sa messagère, / Son coeur, sur elle, repose avec amour. // (2.) Gloire à Jésus! Dans son blanc sanctuaire / Les âmes y trouvent l'espérance et la paix. / C'est la réponse qu'elle fait à leur prière, / C'est Dieu, par elle, nous comblant de bienfaits. // (4. [sic]) Ô Bienheureuse! Quelle magnificence! / Quelle auréole pare ton front radieux! / Ce jour fait naître en mon coeur l'espérance / Bientôt, ma Soeur, combleras-tu mes voeux? // (5.) Protège-nous dans nos sombres vallées, / Vois nos angoisses, écoute nos douleurs. / Reviens sourire à tes soeurs exilées, / Reviens, Thérèse, viens, rends heureux nos coeurs. // (6.) En effeuillant sur nous la blanche rose, / Ton voeu suprême est plus immense encor / C'est qu'en Dieu seul chaque âme se repose / En son amour par un mystique essor. // (3.) Les yeux fixés sur ta très sainte image / Je prie heureuse, devant toi prosternée, / Garde en mon coeur une paix sans nuage / De tes doux feux je me sens tout embrasée.

Tag der Kommunion.[1] Oh Gott, der du nur Liebe bist, Gott meines Lebens! Ich bringe dir alle Gebete Jesu dar, alle Leiden und Aufopferungen seines Herzens, alle seine Schmerzen, das ganze Blut, das er für die Heiligung und das Heil meiner Seele vergossen hat ... für das Heil der Sünder, nach dem er so leidenschaftlich verlangt und das ich mit ihm ersehne.

Ich opfere sie dir auf für meine lieben und guten Eltern, damit sie wie ich Anteil erhalten an den Erweisen deiner Güte, deiner Barmherzigkeit, an deinem Segen und an der Erlösung durch deinen göttlichen Sohn.

Für meine Freunde, damit Jesus und allein Jesus der einzigartige Wohlgeruch unserer schönen Freundschaft sei. Möge sein Herz immer zwischen den unsrigen sein, oder besser noch, die unsrigen seien in dem seinen in all unseren innigen Beziehungen.

Für meine leiblichen und geistlichen Wohltäter, oh Vater, erstatte ihnen all das Gute, das sie mir erweisen.

Ich bitte dich inständig, oh geliebter Vater, dass du alle meine unbekannten Wohltäter und Freunde mit göttlichen Gaben belohnst. Lass deine Gnaden und deine Reichtümer in Fluten auf alle Seelen und jede einzelne herabströmen.

Was mein Herz in diesem Augenblick erfleht und glühend ersehnt, ist, dass du, Gott, der du freundlich bist und voller Zärtlichkeit für die Herzen, die dich lieben, all meine Fehler vergibst und nachlässt und mein ganzes Wesen mit dem Feuer deiner Liebe entzündest.

Ich verlange noch einmal nach deinem Segen vor der Kommunion, der meine Seele in sanften Umarmungen der Liebe reinigen, heiligen, beruhigen wird.

Mit welchem Eindruck der Trockenheit werde ich es heute wagen, mich dem eucharistischen Jesus zu nähern; aber er selbst, oh meine arme Seele, hat gesagt, dass er nicht aus seinem Himmel herabgestiegen ist, um die Großen und diejenigen, die im Überfluss leben, mit Schätzen zu überhäufen, sondern um die Kleinen zu trösten und die Hungrigen und die Durstigen zu sättigen. Erinnere dich, oh du keuscher Bräutigam der Seelen, du

---

1 Von S. 5 an und bis zum Ende des Heftes könnte es sich nach Ansicht der Graphologen wie beim ersten Heft des *Tagebuchs* um die Handschrift Marthes handeln. Es liegt dieselbe Orthographie vor. Siehe Beschreibung der Hefte, S. 23–25. Es gibt eine leicht verschiedene Version dieser Meditation vom 29. August 1931, die von Père Faure niedergeschrieben wurde (spätere Ausgabe).

unsagbar liebendes Herz, dass du versprochen hast, alle Wunden unserer Seelen durch die Verdienste deiner fünf Wunden zu heilen.

Wenn du, oh zärtlicher Meister, in mein Herz kommst, dann bringst du es in der Liebe so zum Schmelzen, dass ich nur noch das deine fühle. Mögest du, Herr, der du der Allmächtige bist, doch bitte in meinem ganzen Wesen verwirklichen, was du so gut und so häufig in mir tust. Verschmelze mich mit dir, lass mich aufgehen in dir; ich dürste danach, mich aufzulösen und mich ganz in dir aufzulösen.

Ich bitte dich nicht, dieses Wunder zu sehen, und auch nicht, es zu fühlen ... lass es einfach geschehen.

Durch die Liebe zu dir und das Leben in der Vereinigung mit dir möge ich nicht mehr sein und das in allem. Du allein, oh mein König, über allem Empfinden, aller Sanftheit, aller Liebe. Oh unbefleckte Jungfrau! Oh Mutter voller Gnaden, lass mich teilhaben an der reinen und süßen Freude, die du hattest, als du Jesus in deinem jungfräulichen Schoß trugst und auch als du ihn zärtlich an dein Herz drücktest; aber lass mich besonders an dem unaussprechlichen Glück teilhaben, das du empfunden hast, als er sich dir in der Eucharistie schenkte.

Was für eine tiefe Finsternis hüllt meine Seele ein! Aber ich bin im Frieden, in der Freude der Hingabe, und ich halte mich fest am reinen Glauben.

Mein Kreuz ist ein Kreuz der Liebe!

Und ich habe Freude im Überfluss, weil ich Leiden im Überfluss habe. Meine Seele klagt eher, weil es ihr daran mangelt, als dass es zu viel wäre. Weder die Schmerzen, noch die Prüfungen, noch die Betrübnisse, nicht einmal der Tod können das tiefe Feuer der wahren Liebe schwächen. Es nimmt umso mehr zu, als ihm die Möglichkeit, sich nach außen hin auszudehnen und auszudrücken, vorenthalten wird.

Die Fülle der Worte kann die Seele nicht befriedigen; die Frömmigkeit im Leben macht das Herz groß und die Reinheit der Seele festigt im Vertrauen zu Gott.

Möge meine Kommunion Jesus trösten und erfreuen, nur danach begehre und verlange ich ... seine Freude ist meine einzige Freude.

Gepriesen sei er, weil er zugelassen hat, dass ich bei den Geschöpfen nie eine wirkliche Tröstung empfinde, und weil ich Glück nur verkoste, wenn ich mich in ihm andächtig sammle. Immer nur Gott allein ... das ist so gut!

29. August und 1. September 1931

Oh mein auf immer gepriesener Herr, da bin ich, ein ganz kleines Ding in deinen Armen. Lass mich an deinem Herzen ruhen und ich werde getröstet sein.

Mein sanfter Jesus! Mache, dass die Liebe deines Herzens mein Herz für immer entflamme und dass ich, so allem abgestorben, nur in deiner Liebe lebe. Öffne mir dein Herz, oh mein König, damit ich eintrete und nur eins mit dir bin. Um deiner Freude willen, um deines Ruhmes willen, verlange ich nur das Kreuz, das nackte Kreuz, das reine Leiden.

Du hast es mir gegeben, oh mein Gott, und ich liebe es, da ich ja daran mit dir ein Erlösungsopfer vollbringen muss.

↑ 29. August 1931 (Samstag)

Herr, mein Gott[1], erhabener Tröster der Seele im Exil, bewahre mich vor aller Verblendung mir selbst gegenüber.

Vor dir bleibe ich stumm, aber meine Liebe spricht weit inniger zu deinem Herzen als Worte.

Mir scheint, dass meine Seele immer mehr in tiefe Nacht getaucht ist. Kein Weg mehr, keine Klarheit, ein erschreckender Abgrund. Marter aller Martern, sogar Gott selbst scheint sich zurückgezogen zu haben. Sollte ich ihn durch irgendeine Untreue betrübt haben? Ich habe vielleicht die unendliche Liebe verletzt? Was tun? Wer wird ihn mit mir suchen wollen, wer wird ihn mir zurückbringen?

Was für eine Wüste! Was für eine Leere! Oh Vater, oh Bräutigam meiner Seele! Oh Herz meines Herzens! Komm, komm zurück! Sieh mein Herz, vernimm das Stöhnen aus allen seinen Liebeswunden. Es ist ganz dein, komm und tröste es, heile es, denn es brennt und gleichzeitig verzehrt es sich in Liebe.

Gott ist Liebe! Gott ist Fülle! Nichts also, was bitter ist, wirkt er in unserer Seele ohne liebende Absicht.

Es gefällt mir zu denken, dass jedes innige Leiden – und wie innig sie sind! – eine Jesus geschenkte Freude ist, dass es sogar umso köstlicher ist, ihm den Eindruck der Leere und der Verlassenheit und das, was verloren scheint, darzubringen, da das die Früchte der Hingabe an alle Bekundun-

---

1 Es gibt eine andere Meditation mit Datum vom 1. September 1931, die von Père Faure niedergeschrieben wurde. Sie bezieht sich auf dieselbe Erfahrung, doch sind die Ausdrucksweise und die verwendeten Bilder manchmal verschieden (spätere Ausgabe).

gen seines göttlichen Willens sind. Oh! Wenn der innerste Garten meines Lebens (der kleine Himmel der von Jesus geschenkten Wonnen) mir wüst und traurig vorkommt, dann ist es mir sehr angenehm zu denken, dass sich dann der Geliebte dort mit freudiger Liebe bewegt und in sein Herz hinein all die Blumen pflückt, die ich nicht sehe, wonniglich all die Düfte atmet, die ich nicht wahrnehme, Lieblichkeiten genießt, die ich nicht kenne.

Oh! Hätte ich nicht eine Mama im Himmel, wäre alles noch quälender für mich. Aber wenn ich denke, dass Jesus von der Heiligen Jungfrau geboren werden wollte, nur um uns eine Mutter zu geben, und wenn ich zu ihr sage: „Mama!", dann scheint es mir, dass sie diesem Liebesschrei nicht widerstehen kann und dass sie sich mit ihrer ganzen mütterlichen Zärtlichkeit über ihr leidendes Kind beugt.

Mein Gott! Durch Jesus und Maria opfere ich dir alle meine Leiden auf, nur du weißt, wie tief der Schmerz ist.

Ein krankes kleines Kind bittet nicht darum, dass man es von seinen Leiden befreit ... es stöhnt leise in seiner Not. Es bittet nicht um Linderung, es weiß nicht, ob diese ihm gebracht werden kann und soll. Es erträgt gleichermaßen sowohl die Krankheit als auch das Heilmittel, das man ihm gibt, ohne zu wissen und zu verstehen. So muss ich es in all meinen Betrübnissen machen: Ich muss es verstehen zu lieben und abzuwarten, ganz wie das kranke kleine Kind, und sowohl die Prüfung als auch die Tröstung empfangen, egal ob sie morgen zu Ende gehen oder bis zum letzten Tag meines Lebens dauern.

Das ist der Friede, die vollkommene Glückseligkeit, in die sich nichts Menschliches mischt.

Die Vollendung unserer Hingabe in der Liebe ist das Maß unserer Heiligung.

↑ 1. September 1931 (Dienstag)

Heilige Kommunion.[1] Das Glück ist in meiner Seele aufgeblüht, wie die Gänseblümchen blühen auf den Wiesen im Mai. Oh! Wie glücklich ich bin, meine Seele trägt Jesus in ihrem Kelch!

Ich habe vor Ergriffenheit und Rührung geweint bis zu dem Augenblick, wo, nach einem sehr inbrünstigen Gebet, der Gast, den meine Seele

---

1   Wir besitzen noch zwei andere Versionen dieses Textes vom 7. September 1931, die von Père Faure niedergeschrieben wurden (spätere Ausgabe).

anbetet, mich ganz ergriffen und in sich aufgesogen hat, ohne dass mich irgendetwas im Voraus das hätte ahnen lassen.

Oh Licht und Leben! Ich liebe dich und sage dir Dank, der du meine durstigen Lippen zu jener Quelle gebracht hast, die den Durst stillt, die die Glückseligen im Himmel berauscht.

Ich habe Gott gekostet und Gott hat mir seine Süßigkeit geschenkt und Gott hat sich mir geschenkt. Mit welch glühender Sehnsucht habe ich nach ihm gerufen und in dem kleinen Tabernakel meines Herzens, dem Himmel seiner Wonnen, diesen lebendigen und ewigen Gott empfangen, der sich in der eucharistischen Gegenwart meiner Seele schenkt wie eine wertvolle Nahrung, ein erfrischender Tau, eine sanfte Tröstung!

Ich habe das Recht, um viel zu bitten und alles von meinem lieben und sanften Jesus zu erwarten, indem ich mich ganz eng bei ihm berge, der da ist, ganz in mir. Dieses innige Leben in Vereinigung und Liebe ist mein Leben.

Ich glaube sagen zu können, dass es schon sehr lange keinen Tag gegeben hat, wo ich weniger getröstet worden bin als bei meiner heutigen Kommunion. Ich habe die göttliche Gegenwart Jesu nur in innigem Schmerz gespürt ... Weder erstaunt mich das, noch beklage ich mich darüber. War es denn nicht der leidenschaftliche Wunsch meines Herzens, meinen überaus liebenden Herrn um seiner eigenen Wonne und Freude willen zu empfangen? Für den, der mein Leben, mein Glück und mein Alles ist, zu leiden, ist Glückseligkeit für mich. Das ist, glaube ich, ein feinsinniges Vorgehen von seiner Seite, um mich immer in der Danksagung zu halten.

Nach der Kommunion ist die innere Sammlung nicht weniger wichtig als in der Vorbereitung und soll nicht verlöschen.

Wenn unser liebenswürdiger Herr nur Liebe, Inbrunst und eine demütige Selbstwahrnehmung mit vollkommener Reue über unsere Fehler verlangt, damit wir ihn würdig empfangen, dann hatte ich das, wie mir scheint, durch seine Gnade und seine große Barmherzigkeit im Überfluss.

Es ist ein so köstliches Gefühl für die Seele, wenn sie sich darauf vorbereitet, den Geliebten zu empfangen; aber das wäre noch unzureichend, wenn die gütige Jungfrau Maria nicht auf unser Rufen hin kommen würde, um ihn mit uns zusammen zu erwarten.

Je weniger ich in meinen Kommunionen die Gunst der Süße und der Tröstung erfahre, desto mehr ernte ich Früchte, die überfließen vor Gnaden. Das ist jedes Mal eine neue Liebesglut in meinem ganzen Wesen. Warum hat mir Jesus so viele Gnaden gewährt? ... und warum will er, dass ich ihn so fest liebe, so fest, pflegte ich früher zum Vater meiner Seele[1] zu sagen?

Alles zum Lob und zum Ruhme Gottes! Das ist alles, was ich zu ersehnen weiß. Als unnützes kleines Nichts kann ich dennoch zum Teil dazu beitragen, indem ich unablässig in mir die wunderbaren Tugenden entfalte, durch die er aus Liebe mein Leben bereichert, und indem ich die wertvollen Gaben, die mir der Himmel zuteilt, nutzbringend einsetze.

Mein einziger Wert, meine einzige Schönheit ist, ganz klein zu bleiben an meinem Platz, den Gott gewollt hat, nur anbetend und still in der Nacht der Welt, so wie der Stern sein Licht in das Dunkel des Firmaments wirft.

Da ja die kleine Lampe vor dem Allerheiligsten Sakrament ausreicht, um genug Licht zu spenden, damit es im Kirchenraum nicht ganz finster wird, und da ihr Dasein genügt, damit unser Herr nicht ganz allein ist, muss auch eine kleine Seele, die Tugend und Liebe ausstrahlt, genug Licht und Wärme geben können, um Jesus in allem Verlassensein, Vergessen- oder Verachtetwerden durch seine Geschöpfe zu erfreuen und zu trösten und den Unglauben und die Unkenntnis daran hindern, die Welt zu überfluten.

Ich muss nicht Ehren einbringen und Erfolge ernten, sondern mich immer mehr in der Wahrheit heiligen, um in vollkommener Weise meine Berufung als Opfer und als Hostie zu verwirklichen.

Ich will durch meine Leiden genug erlangen, ⌜um nach meinem Tod eine schöne apostolische Karriere zu machen, bis zum Ende der Zeiten⌝ [2] Ja, bis zum Ende der Welt werde ich der Apostel der Liebe sein. Solange es auf der Erde Menschen gibt, die leiden, die kämpfen, die im Irrtum wandeln, werde ich für sie eintreten, werde ich kommen, um sie zu lieben, ihnen beizustehen, ihnen ihre wahre Heimat zu zeigen. Meine zärtliche Liebe zu den Seelen wird in unerschöpflicher Weise über alle Gnaden des lieben Gottes verfügen. Wenn ich einen Blick auf die vergangenen Jahre werfe, sage ich mir: Ich könnte heilig sein, ich sollte es sein ... doch die Erweise der göttlichen Barmherzigkeit dauern an. Ich lebe nur aus dem

---

[1] Gemeint ist wieder der geistliche Begleiter von Marthe. (Anm. d. Übers.).
[2] „Markanter Ausdruck" aus MARIE DE LA TRINITÉ, *Lettres de „Consummata"*, S. 236. Siehe Einf., S. II Nr. 1.

glühenden Verlangen, dem ganz zu entsprechen, alles aus Liebe zu tun, um aus Liebe zu sterben! Die körperlichen Leiden, die seelischen Qualen wirken so gut auf mein geistliches Tun ... Ich rechne besonders damit, dass meine geliebte Mutter mich mehr als je zuvor in der Demut, im Gehorsam, im Vertrauen und ganz klein bewahrt, damit der liebe Gott in meiner Seele ganz frei sei; denn die Demut, die Hingabe an den göttlichen Willen, das ist die Grundlage und die Mitte der innigen und fruchtbaren Vereinigung mit Jesus.

Verborgen und unbekannt, das wird mein Privileg im Himmel sein. Namenlos, ohne irdischen Ruhm, werde ich über die so lieben Meinen wachen, über alle, und werde als einzigen Schmuck die schöne Krone meiner großen Mission tragen, die noch leuchtender, noch umfangreicher weitergehen wird, die aber nur jenen bekannt sein wird, zu denen ich kommen werde, um sie zu besuchen, zu stärken, zu ermutigen, aufzurichten und dennoch werden sie nicht immer wissen, dass ich es bin ... so oft werde ich für sie unsichtbar bleiben.

Ich habe Gott alles gegeben, ohne etwas zurückzubehalten, habe alles im gegenwärtigen Augenblick in seinen väterlichen Schoss geworfen. Wenn ich zu ihm gehen werde, werde ich einen ganzen Schatz finden, der nicht nur hundertfach, sondern tausendfach vermehrt ist, um ihn in die Seelen auszugießen.

Mein Herr und mein Gott! Lass alle Tröstungen der Welt für mich noch mehr zur Bitterkeit werden.

Verwandle auch meine Leiden und meine Aufopferungen in Qualen.

Wende mir auch weiterhin Barmherzigkeit zu. Du hast es sehr oft und auf so wunderbare Weise getan.

Vereinige mein Herz mit der Demut und Liebe deines Herzens, oh mein geliebter Jesus. Nichts ist mir süß außer dir allein und ich verkoste Freude nur, indem ich dich liebe.

Das Glück ist leicht mit Gott und es ist einfach, sich zu heiligen ... es reicht, dass man liebt. Und alles in mir singt das Lied der Liebe! Jesus, oh! Wie ich ihn liebe ... Mein Gott, ich liebe dich!

Möge ich durch die Vereinigung meiner Seele mit der deinen und das Verschmelzen unserer Herzen in der Liebe nur noch eins sein mit dir. Oh göttliche Dreifaltigkeit, die ich anbete! Unermesslichkeit in der meine Seele versinkt und sich verliert! Sei das Feuer, das mich unablässig verschlingt

... die Liebe, die mich verzehrt ... die strahlende Sonne, die meinen Schritten leuchtet!

↑ 7. September 1931 (Montag)

Heilige Kommunion.[1] Oh! Wie unermesslich sie ist, die Fülle der Gnaden, die Gott über diejenigen ausgießt, die ihn lieben, über die seinen, wenn er kommt und sie durch die Sakramente besucht.

Oh! Wie tief und begeisternd das Geheimnis der Eucharistie ist. Dieser unendlich ewige Gott, den die Seligen von Angesicht zu Angesicht in seiner glorreichen Göttlichkeit betrachten und dessen Schönheit sie bezaubert, ist so lebendig in mein Herz herabgestiegen und hat dabei mein ganzes Wesen mit den Zärtlichkeiten seiner Barmherzigkeit, mit den Flammen seiner Liebe durchdrungen und mit einer solchen Glut, dass ich mich ganz gereinigt, ganz in ihn verwandelt fühle. Mein Leben ist das Leben Jesu, das einzige, das ich leben will und muss.

Wie göttlich müssen meine Gedanken sein, wie heilig meine Worte! Wie keusch muss mein Körper sein, wie rein und liebend mein Herz; wie unbefleckt meine Seele, die die geliebte Wohnstatt eines Gottes ist.

Nichts, was meine Seele fühlen könnte, ist geschehen, nichts Sichtbares hat sich ereignet ... ich bleibe in der Finsternis.

Mir scheint, dass diese so spürbare Prüfung ein großes Zeugnis der Liebe Gottes ist, der es als eine nützliche Notwendigkeit ansieht, uns nicht zu weit in das Licht der Kontemplation eintauchen zu lassen, da unsere schwache Natur das manchmal nicht lange aushalten kann; wenigstens wenn es sich um kleine Seelen wie mich handelt.

Gott will unsere Liebe prüfen, die hier auf Erden vor allem aus der Nacht des Glaubens bestehen muss.[2]

Oh! Ich bin glücklich in diesem unermesslichen Schmerz! Ich werde immer mehr verzehrt, außer mir vor Liebe.

Jesus ist sanft und demütig. Seine Liebe ist nicht schrecklich. Sie ist ein sehr sanftes Feuer, das immer brennt und nie erkaltet, ein Licht, das nicht erlöscht ... Sie ist das Leben, das das Wesen erfüllt. Aber sie liebt es, verborgen und geheimnisvoll zu handeln, ohne sich zu zeigen, ohne dass

---

1 Es gibt eine andere Version dieser Meditation vom 17. September 1931, die sich leicht unterscheidet, niedergeschrieben von Père Faure (spätere Ausgabe).
2 Gemeint ist ein völlig vertrauender Glaube. (Anm. d. Übers.).

man sie fühlt ... und, füge ich hinzu, sie handelt im Verhältnis zu unserer Treue und Folgsamkeit gegenüber dem Wirken der Gnade, entsprechend der Innigkeit unserer Vereinigung mit ihr.

Gott allein Liebe und Ehre, inmitten meines dunklen Lebens. Man ist nicht völlig in der Finsternis, wenn man den Fußspuren Jesu folgt und wenn man in sich mit ihm die Nacht von Golgota, den Tag auf dem Kalvarienberg durchlebt.

Unser so sanfter Herr scheint mehr und mehr die Absicht zu haben, mich durch das Leiden als sein Opfer zu bestätigen und mich inniger mit seinem schmerzhaften Leben zu verbinden und an ihm teilhaben zu lassen, indem er mir sehr stark ans Herz legt, ihn inständig zu bitten, dass er mir jene beiden Gnaden vor meinem Tod gewähre: die Gnade, in meinem innersten und empfindsamen Wesen alles zu erleiden, was er mir auferlegen will, mich auch noch die grausamen Leiden spüren zu lassen, die ihn in seiner furchtbaren Passion zerrissen, gequält, mit Blut befleckt haben, und die Schmerzen, die die Seele und das so liebende Herz seiner zärtlichen Mutter durchbohrten, und mich dann völlig mit dieser leidenschaftlichen Liebe zu den Seelen zu entzünden, die ihn am Kreuz sterben ließ.

Ich hatte sogleich die volle Gewissheit, dass ich erhört wurde. Jesus umarmt mich so fest, so fest, dass ich in jedem Augenblick den Eindruck habe, ohnmächtig zu werden ... ja, ich ersticke, aber aus Liebe.

Oh Licht und Leben meines Lebens, ich akzeptiere in aller Einfachheit und Demut des Herzens alles, was du von mir willst.

Mein Gott, dir opfere ich mich auf und dir überlasse ich mich in Liebe. Aber du kennst mein Elend und meine extreme Schwäche. Nur mit dir vermag ich alles. Bewahre mich so gut in dir allein, dass ich nur nach deinen Geboten und nach deinen Eingebungen handle. Nur noch dein Wort zählt.

↑ 17. September 1931 (Donnerstag)

Wie gut[1] und köstlich es ist, Tag und Nacht an die Gegenwart Gottes zu denken, die Freude zu haben, ihn zu lieben und den Trost, von ihm geliebt zu werden! Welch ungeahnte Glückseligkeit: lieben, von dem ge-

---

1 Dieser Text trägt das Datum vom 8. September 1931. Wir haben uns an die Abfolge im Heft gehalten.

liebt werden, der die Liebe ist. Oh göttliche Dreifaltigkeit! ⌜du bist mein Kloster⌝¹ und ⌜die Gefangene meiner Liebe!⌝²

Das ist keine Vereinigung in Visionen und Tröstungen ... sondern eine Vereinigung in der Wonne und im Frieden.

Wenn ich wie alle Seelen seine sanften und lieblichen Zärtlichkeiten liebe, dann mehr noch das blutige Kreuz, das reine Leiden. Er ist meine Freude und meine Liebe. Ich verspüre ein viel unermesslicheres Glück, ihn zu lieben, als mich seiner Gunst zu erfreuen.

Das ist die Nacht des Glaubens in der Nacht Gottes. Aber der göttliche Friede besteht weiter, tief, voller Strahlkraft aus dem Vertrauen und der Hingabe an Christus Jesus. Meine Seele ist ganz durchdrungen und wie eingehüllt in göttlichen Frieden, in göttliches Leben. Ich spüre, dass in mir, bei mir, die verborgene aber reale Gegenwart dessen wohnt, der die Seele, das Herz, die Mitte, die Feuerstätte meiner Liebe ist.

Sollte es möglich sein, dass eine kleine Seele, die in sich die innige Gegenwart Jesu bewahrt, sich von entmutigenden Gedanken anrühren lässt? Wäre es möglich, dass das Kind, das Maria innig liebt, an diesem schönen Tag, an dem die Kirche die glückliche Geburt der Himmelskönigin festlich begeht, nicht ganz der Freude gehört?

Maria ist die entzückende Morgenröte, die der Welt die sehr bald bevorstehende Ankunft der göttlichen Sonne ankündigt ... den so sehr erwarteten Messias. Sie ist das gesegnete Gestirn, das die Nacht des Exils mit Hoffnung erleuchtet. Sie ist der Abendstern, der uns auf dem Weg der Hingabe an den Willen Gottes vorausgeht. Sie ist die weiße Lilie, deren starke Wurzeln allen Hass, alle Niederträchtigkeiten, allen Groll ersticken und deren süßer Duft die Seelen auf mystische Weise zum Wohlgeruch ihrer strahlenden Tugenden hinzieht. Sie ist das goldene Haus[3], wo Jesus, das Lamm ohne Makel, einen sterblichen Leib angenommen hat. Sie ist die Arche des Bundes[4], die den Menschen im Exil mit seinem Schöpfer vereint. Sie ist die allmächtige und barmherzige Mittlerin, die mit einer zärtlichen Liebe über ihre innig geliebten Kinder und über die armen Sünder wacht: denn sie liebt es auch, das Kind ihrer Schmerzen.

---

1 Markanter Ausdruck von Sr. Saint-Anselme, zitiert bei KLEIN, *Madeleine Sémer*, S. 209. Siehe Einf., S. 11 Nr. 1.
2 „Geistliche Formulierung", vgl. THÉRÈSE DE L'ENFANT-JÉSUS, *Poésies*, S. 379 (= PN 17.2.78).
3 Vgl. die Lauretanische Litanei.
4 Vgl. die Lauretanische Litanei.

8. September 1931   331

Und schließlich ist sie die von der Heiligen Dreifaltigkeit am höchsten
Erwählte, die vollkommene Meisterin, das einzigartige, ganz einfache und
ganz beruhigende Mittel, um in der Demut, in der Liebe zu wachsen und
immer weiter, immer tiefer in die Vertrautheit mit Gott einzudringen. Jesus sagt uns: Ihr gehört mir, wenn ihr meiner Mutter gehört.

Diese innig geliebte Mutter war für mich mehr als ein Stern: Sie ist
meinen Schritten ein Leitstern. Voller Verlangen nach ihren Tugenden,
gehe ich darin auf, sie zu betrachten. ⌜Sie ist ein Vorbild, das so vollständig, so nachahmenswert⌝¹ und so bewundernswert ist!

Durch ihr ganz mütterliches Vermitteln, das heißt, in ihrer Schule, besonders aber durch ihre hell strahlenden Eingebungen, bin ich so weit
in die Tiefen der großen Geheimnisse des Glaubens, der Hoffnung und
der Liebe vorgedrungen, dass ich mich immer folgsamer dem göttlichen
Handeln überlasse.

Jetzt lebe ich ein Leben ganz in Gott mit Maria, durch Maria voller Gnaden und Heiligkeit.

Nur durch die jeden Tag enger werdende Mutterschaft und Kindschaft
ereignet sich die innige Vereinigung unseres Lebens, so dass das so reine
Herz der Jungfrau Maria das Herz ihres Kindes geworden ist! Oh! Köstliches Geheimnis.

Die Heiligste Jungfrau Maria ist diejenige, die unter allen Frauen gesegnet ist, die aus allen erwählte Jungfrau. Weil sie die Reinste war? Ja,
vielleicht. Vor allem aber, weil sie die Demütigste war. Königin des Himmels, Vorbild aller Heiligen ist sie erst geworden, nachdem sie in ihrem
innersten Wesen auf vollkommenste und schmerzlichste Weise gepeinigt
worden war. Geboren, um die erhabene Mutter Jesu zu sein, wurde aus ihr
eine ebenso große Heilige, als sie es verstand, eine Heilige Mutter zu sein.
Sie hatte die Gabe, die Heiligkeit ihres Lebens mit ihrer Würde als Mutter
Gottes in Übereinstimmung zu bringen.

Möge dieses bewundernswerte und anbetungswürdige Geschöpf, das
in seinen schwierigen und köstlichen Pflichten so treu, so schön war, uns
über alle Heiligen hinaus teuer sein; nicht nur, wenn ihr Fest am Firmament der Kirche aufstrahlt ... sondern jeden Tag, in jedem Augenblick.
Ich möchte, dass ihre so vollkommene und so einfache Spiritualität, ihr
Gehorsam einer vom Vater innig geliebten Tochter, ihre taktvolle Umsicht

---

1 „Geistliche Formulierung". Siehe Einf., S. 12 Nr. 2.

einer Jungfrau, ihre zärtliche Liebe einer Mutter, ihre reine Zuneigung einer Braut, ihre freundliche und süße Güte allen gegenüber überall hervorbrechen, damit die Welt weiß, dass das Übernatürliche die menschlichen Gefühle nicht schwächt, sondern im Gegenteil die wundervollen Eigenschaften des Herzens entwickelt, erweitert, heiligt und vergöttlicht.

Der Glaube will, dass das Herz so < >[1] und rein sei, und nicht leer und hart!

Es hieße Gott beleidigen, zu glauben oder nur zu denken, dass es in dieser Welt Bedingungen und Zustände gibt, die der Heiligkeit entgegenstehen. Christus Jesus hat sich für alle zum Bürgen gemacht! Das heißt aber, dass alles so eingerichtet wurde, dass die notwendigen Möglichkeiten, die persönlichen Voraussetzungen überall geschaffen und jedem gegeben wurden, damit er sich heilige und rette.

Oh mächtige und gütige Königin! Ich flehe zu dir, dass du deinen himmlischen Wohlgeruch über unser liebes Frankreich ausbreitest. Ich bitte dich, lass reine und schöne Lilien auf dem mit den Erweisen deiner Gunst gesegneten Boden erblühen.

Oh innig geliebte Mutter! Ich liefere mich dir ganz aus. Du weißt, sanfte Mutter, dass ich zu klein bin, um eine Lilie zu sein. Gib mir nur deren Weiß, ihr Zeichen und ihren Duft.

Ich bewundere die entzückende Pracht der Lilie, ziehe es aber vor, in meiner Seele die unauffälligen und erlesenen Tugenden des Veilchens zu kultivieren. Immer noch ein bisschen demütiger ... immer noch ein bisschen einfacher.

Oh Jungfrau, zusammen mit den meinen vertraue ich dir alle frommen Wünsche der treuen Seelen an; mögen alle, die das Gute tun, es allein aus Liebe zu Gott tun. Mögen sich alle durch die wunderbaren Wohltaten deiner Gnade bestärkt, durch deine Ermutigungen unterstützt, in Gefahren behütet, im inneren Gebet getröstet, in ihren Ängsten gehalten fühlen.

Lass uns ein so göttliches Leben leben, in so inniger Andacht, dass wir würdig sind, Gott zu lieben, ihn zu besitzen, uns an ihm zu freuen und ihm fröhlich Danksagungen zu singen.

Erbarmen, oh Königin! Erbarmen, oh Mutter! Erbarmen für all diejenigen, die um Barmherzigkeit und Hilfe bitten.

---

1 Im Heft fehlt ein Wort ohne Freiraum (wahrscheinlich beim Abschreiben vergessen).

Die Jungfrau Maria verströmt überall den köstlichen Wohlgeruch des Himmels. Schön durch die Schönheit Gottes, ist sie fruchtbar durch die Fruchtbarkeit Gottes. Ihr unvergleichlicher Glanz bezaubert das Herz und entzückt den Blick.

↑ 8. September 1931 (Dienstag)

„Mein Gott, ich danke dir, weil du das den Geringen offenbart hast!"

„Ihr werdet seufzen und Tränen vergießen; durch mich wird eure Traurigkeit in Freude verwandelt werden."

Gott schlägt nie ziellos, noch jemals umsonst ... immer als Vater. Er erweist sich als zärtlichster Vater denen gegenüber, die sich ihm geschenkt haben und sich vor allem seinem anbetungswürdigen Willen überlassen, was ein sicherer Weg zur Vereinigung und zur Heiligung ist.

Das Herz ist der lebendige und bebende Ausdruck, die Quelle aller unserer Gefühle.

Das Herz ist eine empfindliche Harfe, die Hand, die darüberstreicht, lässt es sofort erklingen ... öfters aber stöhnen und leiden.

Das Herz ist ein heiliges Gefäß, die göttliche Liebe lässt es oft leiden ... immer loben und preisen.

Neue seelische Kreuze und wie zermarternd sie sind! Sie nicht durchscheinen lassen, damit man sie nicht bemerkt ... um niemanden zu betrüben.

Weder um getröstet zu werden, noch um Aufmerksamkeit zu erregen, gehöre ich ganz Gott, und auch nicht, um mich durch Menschen ermutigen zu lassen ... Habe ich nicht bei meiner letzten Kommunion alles im Übermaß erhalten? Wie viele Gnaden und Gunsterweise wurden in meine Seele ausgeschüttet; ich bin wie überflutet von diesem zu großen, zu tiefen Glück und ich fühle mich tapferer als je zuvor, um in reinster Vereinigung mit Jesus dessen großes Werk der Liebe weiterzuführen.

Die Flut der Schmerzen allein in das Herz des gütigen Meisters überlaufen lassen, der sie kennt, der um das unsichtbare Martyrium weiß. Alles um der Liebe Gottes willen! Alles aus Liebe und in der Liebe, in Einheit mit Maria, der mitfühlenden Mittlerin.

Oh Jesus, der du die Kraft der Märtyrer bist, sei du der Mut und der Trost für alle, die deine kleinen Opfer sind.

Jesus bringt seinen leidenden Hostien vom Himmel das, was niemand ihnen zu geben wüsste ... er, der sie mit Freuden ohnegleichen durchflutet, der sie mit wunderbaren seelischen Kräften ausstattet, wenn < alles > eigentlich so ist, dass sie schwach werden müssten.

Das Leiden ist eine ganze Welt voller Geheimnis und voller Wunder ... ein ganzer Abgrund an Wunderwerken. Mehr als alles andere sühnt es, heiligt es, macht es wieder gut. Es hat vermittelnde und erlösende Wirkung, sofern wir richtig verstehen, es gut zu akzeptieren, es zu lieben, es Gott aufzuopfern für uns, für alle.

Mit bestimmten Schmerzen wie mit bestimmten Freuden ist es so: Sie zeigen sich nur Jesus, werden nur ihm offenbar ... ganz leise ... und nur dem gekreuzigten Jesus, der auf sie hört und sieht, was sie an Liebe zu ihm enthalten, an Gewinn für uns, an übernatürlicher Hilfe für all jene, die sich hingeben, die sich aufopfern, um in der Welt „den Frieden Christi im Herrschen Christi"[1] aufstrahlen zu lassen.

Es reicht nicht, bloß ans Kreuz genagelt zu sein ... Noch besser ist es, mit Jesus im Geheimnis seines Herzens, in innigster Verbundenheit mit seiner Seele, gekreuzigt zu werden. Leiden der Seele, Leiden des Herzens, Leiden des Körpers ... an keinem Tag fehlt etwas. Der Schatz ist vollständig. Was für himmlische Reichtümer!

Jemand, der Opfer der Liebe ist, muss unablässig in seinem Körper gepeinigt, mitten ins Herz getroffen, in der Seele durchbohrt werden.

Es ist so gut, eine Hostie der Liebe zu sein!

Gott die Freiheit lassen, in mir zu handeln ... sein Handeln an mir geschehen lassen, durch den Nächsten, durch die Ereignisse, und dabei demütig, vertrauend und gehorsam gegen Gott bleiben.

Gott alle Handlungsfreiheit lassen! Wie sehr das von der Unruhe befreit! Wie viel Freude und Hoffnung bringt das ein! Oh, wie notwendig, fruchtbar, leuchtend und heilig die Hingabe an die Liebe ist!

Oh! Wie hat mich Jesus doch heute geliebt! ... Die Umarmung war so stark, sogar ein bisschen blutig. Der Bräutigam schmückt sein kleines Opfer mit den Wunden seiner Liebe.

---

[1] Anspielung auf die Enzyklika *Ubi carano* von Pius XI (23. Dezember 1922).

⌜Oh ja, ja, oh Jesus! Deine Nägel, ich will sie in meinen Händen, ich will sie in meinen Füßen; deine Dornenkrone, ich will sie um meine Stirn; deine Galle, ich will sie in meinem Mund; deine Lanze, ich will sie in meinem Herzen! Du bist vom Kreuz herabgestiegen, damit ich dort deinen Platz einnehme!⌝¹ Ja, Herr, ich will es, dein Kreuz ... ⌜du hast es mir als Mitgift gegeben!⌝² Ich will es mit all seinen Schätzen!

Möge ich deine ganz von den Schmerzen und der Reinheit Mariens gezeichnete Braut sein. Was gäbe es, das wir nicht tun würden, wenn wir es verstünden, uns Jesus, seiner kreuzigenden Liebe, hinzugeben ... wenn wir uns von ihm durchdringen lassen und mit ihm eins sein wollten.

Was für eine Berufung liegt für uns bereit! Was für eine edle Aufgabe tut sich vor jeder Seele auf und sie hat die Pflicht, diese in einem tiefen Einssein mit Gott auszuführen!

Stellen wir uns vorbehaltlos dieser Aufgabe zur Verfügung, nicht nur im Hinblick darauf, dass wir uns eine glückselige Ewigkeit bereiten, sondern vor allem, damit der Gott, der uns so sehr geliebt hat, verherrlicht werde durch uns und durch viele, viele andere Seelen, die er mit unserer Hilfe gerettet haben wird.

Es ist so gut, so unermesslich gut, sich Gott hinzugeben und ihm alles zu geben für die Anliegen der heiligen Kirche, des Heiligen Vaters und zugunsten der Seelen ... für ihn eine Hostie des Lobes und der Liebe zu sein, wenn man sein Opfer ist.

Fiat, wenn Gott uns erwählt ... *Fiat*, wenn er uns peinigt ... *Fiat* auf dem Gipfel des Tabor ... *Fiat* auf dem Weg zum Kalvarienberg. *Fiat* in den Armen des Kreuzes ... *Fiat* und danke, jederzeit.

Oh Gott, der du in meinem Herzen lebst, du weißt, wie sehr ich dich liebe.

↑ 27. September 1931 (Sonntag)

---

1 Übernahme einer Erfahrung aus DES PLANCHES, *La Passion Renouvelée ou Sainte Véronique Giuliani*, S. 36. Siehe Einf., S. 12 Nr. 3.
2 Vgl. DES PLANCHES, *La Passion Renouvelée ou Sainte Véronique Giuliani*, S. 153. Siehe Einf., S. 12 Nr. 4 (geistliche Stütze).

Mein Herr und mein Gott! Wie schmerzlich die gesandte Prüfung, der verweigerte Trost auch sei, ich habe Vertrauen und liebe dich. Alles um deiner Liebe willen, oh mein Gott!

Geopfert durch die Hand der Liebe, küsst das kleine Opfer in Trunkenheit das Holz, an dem es geopfert wird. Es kann nicht für die Sünder die Erde küssen[1] ... aber es küsst das Kreuz seines geliebten Jesus.

Gewähre du mir, Herr, in dem meine Seele ihr ganzes Glück und ihre Freude findet, dass ich deinem Herzen immer angenehmer sei. Die Flut der Trostlosigkeit strömt weiter, doch gibt es auch heilige Freuden und Gnaden in Überfülle.

Geben wir der Barmherzigkeit immer den Vorrang vor dem Opfer ... der Güte vor der Buße.

Die Vorsehung sorgt dafür, dass die wertvollsten Werkzeuge zu unserer Buße in unserer Umgebung, bei uns, in uns sind. Als Kinder der unendlichen Liebe Gottes sollten wir uns niemals eine Rolle selbst auferlegen, sie uns aber demütig von ihm auferlegen lassen.

Der Erzengel Gabriel, der zu Maria geschickt wurde, hat nicht zu ihr gesagt: Willst du das tun oder es auf diese Weise tun? Sondern: Durch die Kraft des Allerhöchsten wirst du empfangen ... du wirst die Mutter des Sohnes Gottes sein. Der Auftrag kommt vom Himmel. Die Jungfrau akzeptiert, was auch immer danach kommen wird. Als unendlich guter Vater hat Gott von Ewigkeit her für jede Seele eine Aufgabe vorbereitet. Es liegt an uns, ob wir uns ergreifen lassen, ob wir uns hingeben, wenn er uns ruft, und nicht unseren eigenen Willen durchsetzen.

Die Prüfung ist ein Geschenk des Himmels, das uns offenbart, was wir sind, und uns lehrt, wie man vollkommen wird.

Jeder moralische Fortschritt hat seinen Ursprung im Denken und jede Tugend sitzt in unserem Herzen, auf der Spitze unseres Gewissens. Deshalb wissen wir noch gar nichts, wenn wir noch nicht gelitten haben.

Diese Schule des Leidens bringt uns Gott näher, fördert die Vertrautheit mit Christus Jesus, und nimmt uns so weit hinein „in die Tiefen der Weisheit und der Wissenschaft Gottes", dass sie die heilige Thérèse vom Kinde Jesu sagen ließ: Ich bin noch sehr jung und doch scheint mir, dass ich die Erfahrung eines Greises habe."

---

[1] Marthe denkt an Bernadette Soubirous in Lourdes. (Anm. d. Übers.).

29. September 1931

Oh! Meine Leiden immer unerkannt lassen: Sie mögen ein verborgener Feuerherd bleiben, der Gnaden und himmlische Freuden aussät.

Es genügt oft eine einzige Seele im Glauben, damit dieser überall erstrahle; eine einzige Seele im Licht, um viel Dunkelheit zu vertreiben; eine einzige Seele voller Nächstenliebe, damit man diese von allen Seiten überfließen sehe.

Glücklich die Seele, welche das Leiden und die Liebe mit dem gekreuzigten Jesus vereinen! Denn je mehr sie es zulässt, dass der eucharistische Christus ihr seine schmerzliche und stumme Ähnlichkeit einprägt, desto mehr wird sie mit seiner sühnenden, wiedergutmachenden und erlösenden Liebe vereint, nach der ihn so sehr dürstet, und desto erfüllter ist auf dem ganzen Weg ihr Herz von Freude.

Oh mein zärtlicher Freund! Lass mich dich lieben ... lass mich dich trösten ... lass mich dir geben.

Die Tröstungen des lieben Gottes, sagt man, muss man verdienen, ohne dass man ihn bittet, dass er uns tröste.

Du allein, oh mein Meister, bist mir eine Tröstung, die groß genug ist, so dass ich mich nach keiner anderen sehne. Trotz ihrer Finsternisse ist meine Seele in einem erstaunlichen Frieden und fühlt sehr genau die Gegenwart Gottes. Ich weiß, dass alle unsere Betrübnisse sein Herz berühren, aber es ist ganz richtig, dass wir nicht immer verstehen.

Zu was wäre das Leben gut, wenn Gott uns nicht den Glauben ließe, und was wäre es wert ohne das Kreuz?

Unsere Leiden sind die Boten der Geheimnisse Gottes, der für jede Seele Glückstage bereithält, aber er will sie uns ein bisschen verdienen lassen, damit wir, wenn sie gekommen sind, fähig sind, sagen zu können: Durch meine Hingabe ganz aus Vertrauen, Demut und Liebe habe ich dazu beigetragen, sie zu erlangen, sie zu genießen.

Oh Mutter der göttlichen Gnade, mächtige Jungfrau Maria! Ich will keine Angst haben, nein, wegen nichts. Wenn der Sturm bedrohlich tobt, wenn schäumende Wellen mir die Sicht nehmen und mich bremsen, wenn der Schmerz in Böen bläst, wenn dunkle Wolken den Horizont verdecken, dann habe ich Vertrauen ... ja, trotz allem und immer.

Bist du nicht, oh gütige Mutter, der goldene Stern, der in den Furcht erregendsten Gewittern scheint? Die Königin des Friedens, die mit wohlklingender Stimme alles beruhigt?

Unbeflecktes Herz Mariens, bewahre mich ganz demütig und ganz rein!

↑ 29. September 1931 (Dienstag)

Das letzte Lächeln der heiligen Thérèse

Rein wie die Engel, die ihre Bettstatt umgeben,
Wird die Heilige sterben ... wird sterben aus Liebe.
Unsagbares Lächeln ist auf den Lippen zu sehen,
Thérèse geht ein in glücksel'ge Gefilde.[1]

Sie leidet! Und wie! ... Doch heiliger Jubel
Lässt ihr Herz erzittern, das sich verzehrt.
Die Liebe drängt. Sie weiß, es naht die Stunde;
Sie wird ihn sehen! Jesus, den sie so begehrt!

Ihrer Schönheit gewahr, fordert der Himmel sie von uns.
Ein letzter Feuerstrahl wird sie mit Jesus vereinen.
Sie spürt es, die beglückende Flamme geht durch und durch
– Nun kommt es ans Ziel, ihr glühendes Sehnen.

Die himmlischen Scharen, auf höchsten Befehl
Eilen zu ihr, von Freude erfüllt.
Sie sieht gold'ne Flügel, Lobpreis erbebt,
Sie haucht nur, sie flüstert: Oh Jesus, mein Glück.

Wer könnt' uns sagen die hehren Worte
Der Engel, die verzückt, zum Himmel sie tragen?
Sie bleiben Geheimnis, unergründlich verborgen.
– Ihre Tugend strahlt auf an diesem Tage.

Sie wird nicht mehr, in Stille opfernd,
Den Garten des Klosters durchschreiten.
Oh Liebesversprechen! Oh freudige Wonne!
Bald kommt sie, wird Rosen verteilen.

---

[1] *Le dernier sourire de sainte Thérèse:* Pure comme les anges qui entourent sa couche, / La sainte va mourir ... et va mourir d'amour. / Un ineffable sourire a paru sur sa bouche, / Thérèse va être emportée au bienheureux séjour. //

Überall ruft man sie an, überall wird sie betrachtet,
Anmutig und reizend, wie zeigt sie sich gut!
Man schmückt sie im Hause wie an heiligem Platze.
Wohltat und Gnade, ihr Herz schenkt's im Überfluss.

Strahlend herrschest du beim göttlichen Lamm,
Oh Jesu geliebte Braut, über der sterblichen Tage,
Glorreich und stolz macht die Kirche dein Glanz,
Sie baut dir, kunstvoll, herrliche Altare.

Du süße Hoffnung, Erwählte des Himmels,
Glaube, Liebe und Vertrauen uns bewahr'
Hilf, dass wir Gott und auch Frankreich lieben
Darum bitten wir innig, Thérèse, am heutigen Tag![1]

↑ 30. September 1931[2] (Mittwoch)

Heilige Kommunion. Die Liebe umhüllt mich! Ich fühle mich ganz durchflutet, durchdrungen von Liebe. Meine Seele ist völlig eingehüllt, geht auf in dieser Unermesslichkeit von Flammen … Ich verliere mich in Gott.

Meinem immer unstillbaren Hunger hast du dich dargeboten wie eine geliebte Nahrung, oh göttliches Manna.

Dem brennenden Durst meines Herzens hast du dich dargeboten wie Wasser zum reinsten Genuss, oh heilige Quelle.

---

1 *Elle souffre! oh combien! … mais la sainte allégresse / Fait tressaillir son coeur par l'amour consumé. / Elle sait que l'heure approche, la charité la presse; / Elle va le voir enfin! Jésus, son bien-aimé! // Jaloux de sa beauté, le Ciel nous la réclame. / Un dernier trait de feu va l'unir à Jésus. / Elle sent passer en elle la ravissante flamme / – Le voici consommé, son désir éperdu. // Sur un ordre d'en-haut, les célestes phalanges / S'empressent autour d'elle dans une joie extrême. / Elle voit leurs ailes d'or, elle entend leurs louanges, / Dans un souffle, elle murmure: ô Jésus, je t'aime. // Qui saura nous redire le langage sublime / Des anges, ravis, l'emportant dans les Cieux? / L'insondable mystère reste un profond abîme. / – Ses vertus en ce jour se révèlent à nos yeux. // Elle ne parcourra plus, semant des sacrifices, / Les paisibles allées du monial jardin. / Ô promesses d'amour! Ô joyeuses délices! / Elle apparaît bientôt, des roses dans la main. // Partout on l'implore, partout on la contemple, / Elle se montre si bonne en ses gracieux attraits! / On la pare au logis, comme dans un beau temple. / Son coeur répand sur tous des grâces et des bienfaits. // Prés du divin Agneau tu régnes, radieuse, / Epouse aimée de Jésus, au séjour des mortels. / De ta splendeur, l'Eglise est fière et glorieuse, / Et t'élève avec art de magnifiques autels. // Heureuse élue du Ciel, notre douce espérance; / Garde en nos coeurs la foi, la confiance et l'amour. / Fais donc aimer à tous Dieu et puis la France / Nous t'en supplions, ô Thérèse, en ce ce jour!*
2 Jahrestag des Todes der heiligen Thérèse.

Deinem Hunger, deinem brennenden Durst, dir, der du so sehr nach Liebe dürstest, gebe ich mich zum Trank, mache ich mich zur Nahrung. Den Flammen deiner reiner Liebe ... all deinem Belieben ... dem möge ich ein süßes Opfer sein! Mein Gott, dir bringe ich mich als Brandopfer dar.

Oh Glück! Ich bin nur noch die kleine Hostie, nach der Jesus verlangt. Mein sanfter Geliebter! Lebe ganz in deiner kleinen Hostie, damit sie ganz in dir lebe. Vereinige sie mit der Glut deiner Liebe. Sie gehört dir, sie ist ganz für dich ... unablässig soll sie dich trösten und erfreuen.

Sie will, dass deine göttlichen Blicke, sooft sie sich verzweifelt auf diese arme Erde senken, immer auf ihr ruhen, damit du all deinen Schmerz vergisst und diese ihr die Schönheit deines Angesichts jedes Mal tiefer einprägen und in ihr die göttliche Ähnlichkeit mit dir lebendiger zurücklassen, oh du, mein so sehr Betrübter!

⌜Um nichts vermag ich noch mit Inbrunst zu bitten, außer dass der Wille Gottes für meine Seele vollständig erfüllt werde⌝¹, damit ich mich so verhalte, wie es seiner würdig ist und ihm in allem gefalle. Damit ich ihn von Tag zu Tag, von Aufstieg zu Aufstieg, immer stärker liebe, mich immer schneller und höher erhebe und immer tiefer in die wunderbare Innigkeit mit ihm eintauche. Ja, mein Gott, du hast mich ganz für dich in Besitz genommen, du musst mich leiten.

Ich kann nur noch die unendliche Güte Jesu mir gegenüber besingen; ich will nichts anderes mehr als seine Zärtlichkeiten preisen.

Mein ganzer Wunsch ist es, Jesus wahnsinnig zu lieben. Ja, ⌜nur die Liebe zieht mich an.⌝²

Inneres Gebet am Abend. Wann denn wirst du, oh du nur liebender Gott, mir die unermessliche Freude einer tiefen Seelengemeinschaft mit meinen Lieben schenken, besonders mit meinen geliebten Eltern? Eines gleichen Glaubens in einem Leben, das sowohl bei ihnen als auch bei mir ganz auf dich hin ausgerichtet ist?

Nimm, ich bitte dich inständig, meine Gebete, meine zahlreichen Opfer, in diesem Anliegen an: leiden, opfern, geben, um der göttlichen Barm-

---

1   Vgl. THÉRÈSE DE L'ENFANT-JÉSUS, HA S. 145 (= Ms A fol.83r). Siehe Einf., S. 12 Nr. 4 (geistliche Stütze).
2   Vgl. THÉRÈSE DE L'ENFANT-JÉSUS, HA S. 145 (= Ms A fol 83r). Siehe Einf., S. 12 Nr. 2 („geistliche Formulierung").

herzigkeit diese so ersehnte Gnade zu entreißen. Ich weiß, dass die glückliche Stunde weder früher noch später schlägt als festgesetzt.

Fiat! Die Tage des Wartens sind gnadenvolle Tage!

Meine Anstrengungen sind umsonst, mein Tun ist nichts; darüber mache ich mir keine Illusion. Daher sind sie nur blindes Hoffen auf den, der segnet, verwandelt und rettet.

Gebet und Leiden sind die höhere und fruchtbare Form des Handelns, die einzige Aktivität, die in meinem tiefen Elend verfügbar und möglich ist. Was für ein mächtiges Apostolat kann das Leiden ausüben, da ja nur Gott allein es kennt und sieht zugunsten der Seelen!

Ich überlasse Gott die Früchte meiner Gebete und Leiden ⌜zur Verherrlichung seines Namens, zur Ehre seiner Passion, zur Stärkung des Glaubens und für den Sieg der Liebe.⌝[1]

Wie kommt es, dass die Last meines Kreuzes, die mir den Aufstieg erschweren, die Freude unmöglich machen müsste, mich im Gegenteil mehr mitreißt, als dass ich es[2] trage? Aber das geschieht wohl ganz einfach, weil ich mein Kleinsein und meine Ohnmacht liebe und weil ich mein Vertrauen bis zum Äußersten treibe; dann wohnt die Kraft Christi in mir. Je schwächer ich bin, desto mehr fühle ich, dass ich stark bin! ⌜Meine Seele ist ganz mit dem Willen Jesu erfüllt ... Deshalb bin ich immer in tiefem Frieden.⌝[3]

Wirklich gut erhebt sich eine Seele nur durch das Kreuz, denn mit dem Kreuz hat man immer den lieben Gott bei sich! Welch ein Trost, unablässig mit dem gekreuzigten Jesus in Verbindung zu sein!

Herr, gewähre du doch bitte den lieben Menschen, für die ich inständig bitte, dass du sie zu tiefen Christen machst, die Gnade einer aufrichtigen Bekehrung.

Wenn der Herr das, was wirklich nichts ist, auserwählt, um das, was ist, an sich zu ziehen und zunichtezumachen, dann immer in dem Maße wie dieses Nichts an seiner Schmach, an den Gebrechen seines Fleisches, Gefallen findet, um ihm, ihm allein zu erlauben, dass er seine unendliche Macht frei entfaltet ... Ohne große Demut geschieht nichts Großes.

---

1 Vgl. DES PLANCHES, *La Passion Renouvelée ou Sainte Véronique Giuliani*, S. 147. Siehe Einf., S. 12 Nr. 2 und S. 13 Nr. 9 („geistliche Formulierung" mit Wechsel der Person).
2 Gemeint ist vermutlich *das Kreuz*.
3 Vgl. THÉRÈSE DE L'ENFANT-JÉSUS, HA S. 236 (= CJ 14.7.9). Siehe Einf., S. 12 Nr. 4 (geistliche Stütze).

"*Gloria in excelsis Deo!*"[1]

Lieben ... wiedergutmachen ... mich selbst vergessen ... mich heiligen, um in Frieden zu sterben.

Mit Jesus leiden, der in meiner Seele durch die Gnade immer gegenwärtig ist. Mit dem eucharistischen Jesus leiden ... das ist nicht wirklich ein Leiden. Oder mehr noch, ich bin zufrieden, dass ich leide und ich freue mich in meinen Leiden, weil das dem lieben Gott gefällt.

„Jetzt rühme ich mich in den Leiden, die ich ertrage, wohl wissend, dass ich in mir vollende, was an der Passion Christi noch fehlt für seinen Leib, die Kirche"[2] ... und für seine Glieder, die Seelen.

↑ 3. Oktober 1931[3] (Samstag)

Dieses feierliche Fest des heiligen Rosenkranzes wird meinem Herzen auf doppelte Weise eingeschrieben bleiben. Wird es das nicht in noch unvergesslicherer, in noch tieferer Weise im Herzen meiner geliebten Schwester Marie-Thérèse[4] bleiben? Dieser gesegnete Tag, der das Ziel ihrer unermesslichen Sehnsucht, ihrer reinen Inbrunst, des langen und drängenden Rufens ihrer liebenden und so ganz hingegebenen Seele ist und der aus ihr eine wahre Braut des Herrn Jesus gemacht hat!

Nicht wie auf Erden und auch nicht mit irdischen Gedanken wird sie ihn erlebt haben, sondern einzig mit dem Himmel und im Himmel.

„Weil ich dich mit beständiger Liebe geliebt habe, habe ich dich mir zur Braut erwählt und will ich dein sein."

Wie erfüllt von Trunkenheit musste der Augenblick der mystischen Vermählung sein, als der göttliche Bräutigam selbst sie mit seiner königlichen Hand segnete und zu ihr im Verborgenen sprach: „Komm, du Braut Christi, und empfange die Krone, die dein Herr von Ewigkeit her für dich vorbereitet hat." Dann der berauschende Kuss, den der Bräutigam freudestrahlend seiner Geliebten gibt, und dann auch der der Heiligen Jungfrau Maria, die ihrerseits ihr Kind segnet und mit ihren Gnaden überschüttet.

---

1 „*Ehre sei Gott in der Höhe!*"
2 Vgl. Kol 1,24.
3 Zu diesem Datum siehe auch das Lied an Thérèse von Lisieux am Beginn des Heftes, S. 327.
4 Es handelt sich um Jeanne Bonneton, eine Freundin aus der Kindheit und Nachbarin Marthes, die bei den Klarissen eintrat und den Namen Schwester Marie-Thérèse annahm.

Durch Maria, unsere so zärtliche Mutter, Jesus gegeben! Was für ein unaussprechliches und übermenschliches Glück für die Seele, der die Gunst dieses süßen Privilegs zuteilwird!

Sie haben für mich ihre volle Bestätigung erhalten, diese Worte der Heiligen Schrift: „Alles führt zum Guten bei denen, die Gott lieben."[1] Oh ja! Richtig liebt man sich nur, wenn man sich in Gott liebt; und man kann niemals besser vereint sein als in ihm! Was für ein erstaunliches und entzückendes Geheimnis ist doch die Begegnung, das Stelldichein der Seelen in Gott!

Wären wir mit meiner Schwester Marie-Thérèse mehr vereint gewesen, wenn ich ihrer Profess anders als durch den Geist und das Herz beigewohnt hätte? Oh nein, und ich bin sicher, dass sie selbst verspürt hat, um wie viel realer die Vereinigung unserer Seelen durch ihn war. Die Vereinigung der Wesen, die sich in Christus lieben, ist niemals tiefer, niemals inniger, als wenn sie in der Liebe geschieht, ohne dass ein natürlicher Ausdruck hereinspielt, welcher die wahre Vereinigung, die ihre Quelle im Herzen Jesu hat, eher stört.

Ich werde hier nicht die zahlreichen Geschenke aufzählen, die ich von Jesus für meine geliebte Schwester erbat, nein, ich werde sie nicht aufzählen. Sie sollen ein ganz köstlicher Liebesaustausch zwischen dem Herzen Jesu und dem Herzen seiner geliebten Braut bleiben.

Ich vertraue darauf, dass auch sie an diesem so schönen Tag mich nicht vergessen hat, und ich weiß, dass unser Herr seinen Bräuten an ihrem Hochzeitstag nichts abschlägt. Meine Freude ist in keiner Weise egoistisch, da sie ja aus der Liebe Jesu kommt, unseres angebeteten Meisters.

Oh du so unendlich guter Gott! Bewahre meine innig geliebte Schwester recht lange, sehr oft und immerfort an deinem Herzen und möge sie dort immer Ruhe, Kraft, Trost, Fülle und ... Freude finden.

Drücke sie ganz zärtlich in deinen Armen, um ihr zu danken für alle ihre Gebete, Gaben, Opfer, die sie dir dargebracht hat im Hinblick auf die Heiligung meiner Seele durch die Liebe.

Heute Morgen habe ich mein irdisches Exil lang gefunden. Warum? ... Freilich nicht, weil ich das Ende meiner großen Leiden herbeisehne und erbitte, noch weil ich weniger leiden möchte. Oh nein! Das wünsche ich

---

1 Vgl. Röm 8,28.

überhaupt nicht, sondern einzig und allein, dass ich voller Liebe allen Äußerungen des göttlichen Willens gehorche.

Wenn es Gott gefällt, dann stimme ich gerne der Vorstellung zu, dass mein Leben mit seinen körperlichen und inneren Leiden noch lange dauert! In ihm schöpfe ich die Kraft, die mich ihn immer mehr lieben lässt ... und auf ihn setze ich meine Hoffnung. ⌜Ich sehe nicht, was ich nach meinem Tod noch hätte, was ich nicht schon jetzt besitze ... Im Himmel werde ich den lieben Gott von Angesicht zu Angesicht sehen, ihn betrachten, das stimmt, aber was das Zusammensein mit ihm betrifft, das habe ich schon voll und ganz auf Erden.⌝[1]

⌜Oh! Ich bin überhaupt nicht unglücklich! Der liebe Gott gibt mir gerade das, was ich tragen kann ...⌝[2] Und ganz besondere Gnaden sind auf meine Bedürfnisse abgestimmt, da ja er es ist, der liebe Gott, der mich zu diesem Leben aus Liebe durch das Leiden berufen hat, das ich immer mehr liebe. Er gibt mir also all das, was meine Armut nötig hat, um meine schöne Berufung zu verwirklichen.

Wenn auf der Erde zu bleiben bedeutet, Gott und die Seelen mehr zu lieben, dann hat es keine Eile, dass ich sterbe, um in den Himmel zu kommen. Die glückliche Stunde wird schlagen ... eines Tages ... vielleicht bald! ... Aber ich will gerne noch eine leidende Hostie sein und wie Jesus am Kreuz Tropfen für Tropfen das Blut aus meinem Herzen fließen lassen.

Wenn du es willst, Herr, wirst du mich rufen und ... ich werde glücklich sein. Du bist am Kreuz für mich gestorben, dort will ich bis zu meinem letzten Seufzer für dich leben.

Im Himmel, sagt man, werden wir mehr Gutes tun als hier auf Erden, das ist sehr wahrscheinlich. Im Himmel werden wir ernten. Unsere Leiden, unsere Verdienste, unsere verborgenen Opfer werden dann ihre volle Wirksamkeit erlangt haben, wir werden dazu beitragen, dass die Liebe geliebt werde ... aber das wird immer nur in dem Maße sein, wie wir im Schmerz erworben und geliebt haben.

Solange der liebe Gott mich nicht ruft, will er noch etwas von mir. Es stimmt, dass wir auf Erden ihm geben und dass wir im Himmel nur noch

---

[1] Glossierte Übernahme aus Thérèse de l'Enfant-Jésus, HA S. 226 (= CJ 15.5.7). Siehe Einf., S. 12 Nr. 4 und S. 13 Nr. 7.
[2] Vgl. Thérèse de l'Enfant-Jésus, *Novissima Verba*, S. 160 (= CJ 25.8.2). Siehe Einf., S. 12 Nr. 4 und S. 13 Nr. 5.

ausgießen. Eine einzige Seele, die betet, die leidet, die liebt, die sich mit Jesus und wie Jesus hingibt, um der schöpferischen und erlösenden Liebe zu genügen durch Sühne, Verzicht, Aufopferung, tröstet das Herz des guten Meisters tausendmal mehr, als tausend Unglückliche, die ihn verachten, es zerreißen können.

Was braucht es, um den Herrn zu trösten und zu erfreuen? Seelen, die lieben und der Gnade treu sind ... großherzige Seelen ... priesterliche Seelen. Ach! Wenn wir doch wüssten, wie viel an Liebe sein liebendes Herz aus einem schmerzhaften Stöhnen, einem verborgenen Leiden, einer Entbehrung, die uns etwas abverlangt, einem Opfer, dem wir freudig zustimmen, einem Lächeln, hinter dem Tränen sind, gewinnen kann.

Jede Minute, die man Gott aus Liebe schenkt, ist ein Schritt zur Heiligkeit. Ich sage es noch einmal, jedes noch so geringe Leiden ist unendlich viel mehr wert als alle Reichtümer und alle Zufriedenheit der Welt.

Und wenn ich tausend Sprachen hätte, wäre ich nicht in der Lage, die Wohltaten auszudrücken, welche das Leiden der Seele verschafft, in der Gott frei wirkt. Mein Leben aus Leiden und reiner Liebe, mein Leben als Opfer und Hostie des Lobes, ich bringe es Gott für alle dar, damit alle eins seien in ihm, damit sie alle im Licht verwandelt werden.

In jedem Augenblick bricht aus meinem durch die Liebe verwundeten Herz das glühende und heftige Verlangen hervor, die Seelen zu retten, alle Seelen, indem ich Jesus wahnsinnig liebe.

Sollte die göttliche Gerechtigkeit wie durch ein Wunder mich bitten, mein Leben mit seinen körperlichen und seelischen Leiden bis ans Ende der Zeiten dauern zu lassen, und sei es nur um einer einzigen Seele willen, würde ich, so fühle ich, nicht zögern und freudig ja sagen. ⌈Überzeugt, dass Jesus mir fortan bis zum Ende seine allmächtige und geliebte Hilfe gewähren wird,⌋¹ wenn ich mich bis zum Ende mit vollem Vertrauen seiner anbetungswürdigen Liebe, seiner unendlichen Barmherzigkeit überlasse, ohne mehr Verdienst zu haben als jetzt ... Alles in mir ist das Werk des Allerhöchsten!

Oh! Wie sehr der liebe Gott mich glücklich macht! Je kleiner und je weniger geeignet zu etwas, für etwas, ich mich fühle, desto mehr gefällt er sich darin, mich mit Gunsterweisen und erstaunlichen Gnaden zu überhäufen. Weit davon entfernt, mich dessen zu rühmen, freue ich

---

1 Freies Zitat aus THÉRÈSE DE L'ENFANT-JÉSUS, *Novissima Verba*, S. 18 (= CJ 27.5.2).

mich im Gegenteil, dass alle diese wirklich wunderbaren Gnaden und Gunsterweise das Wissen um meine Nichtigkeit und meine Dankbarkeit gegenüber dem so unendlich und so allumfassend reichen Gott noch vergrößern. Und ich preise ihn, weil er sich mir gegenüber so verschwenderisch zeigt.

„Für mich ist Christus das Leben."[1] Meine Augen und mein Herz, mein ganzes Wesen ist voll von ihm und ein Bedürfnis brennt in mir, verzehrt mich: ihn sichtbar werden zu lassen.

Leider bist du es nicht ganz, Herr, den ich zeigen werde; es ist nur ein einfacher Strahl deiner Göttlichkeit, ein bloßer Tropfen aus dem Ozean deines Lebens, ein schlichter Funke aus dem lodernden Feuer deiner Liebe. Aber ich hoffe, dass dieser Strahl dazu führt, dass man den Feuerherd, von dem ich komme, liebt, dass dieser Tropfen dazu führt, dass man den Ozean, dem ich entsteige, liebt, dass dieser Funke dazu beiträgt, dass man die Feuersglut, der ich entstamme, liebt. Ich vertraue darauf, dass die Hingabe meines Lebens in die Hände der Liebe und des anbetungswürdigen Willens Gottes eines Tages für alle ein „*Sursum corda*"[2] sein wird.

Ich vertraue alles meiner geliebten Mutter an und ich lasse mich ganz in ihre Arme fallen, damit sie mir hilft, jede Minute, die Gott mir gibt, mit allem, was sie enthält, zu heiligen und ihm darzubringen.

Und Sie, Père[3], bitte ich, bringen Sie jeden Morgen auf dem heiligen Altar die ganz kleine Hostie, die ich bin, der großen und göttlichen Hostie dar für die Seelen, damit Gott mit Jesus, aber durch Jesus und in enger Abhängigkeit mit Jesus, aus seiner kleinen Hostie alles Lob und die Ehre schöpfen kann, die er von ihr erwartet, und die Seelen alle Gnaden, derer sie bedürfen. Stellen Sie sie immer wie eine Lampe um den Kelch und mischen Sie alle Anliegen und auch alles Elend Ihres demütigen Kindes unter das erlösende und heiligende Blut. Sie wissen, dass in diesem Augenblick mehr als in jedem anderen unsere Seelen innigst vereint sind und dass ich mich durch Ihre Hände oder durch die Hände der Heiligsten Jungfrau Maria erneut hingebe, damit Sie und damit mit Ihnen viele andere viel, viel Gutes tun.

---

1 Vgl. Phil 1,21.
2 „*Erhebet die Herzen.*"
3 Marthe wendet sich hier an Père Faure, den Pfarrer von Châteauneuf, auf dessen Bitte hin sie ihr *Tagebuch* schreibt.

Ja, Père, ich bringe viele meiner Leiden in Ihren Anliegen dar! Über den Altar hinaus bleibe ich Ihnen von ganzem Herzen und in den lieben Herzen von Jesus und Maria verbunden.

↑ 7. Oktober 1931 (Mittwoch)

Ich besinge die Liebe und die Dankbarkeit; ich bitte inständig um Vergebung und Barmherzigkeit!

Ich fließe über vor Leiden, aber ich fließe auch über vor Freude. Meine Seele ist in den Schmerzen so glücklich, dass sie sich immer beklagt, dass es daran fehlt.

⌜Wer auf dem Weg des Leidens wandelt, hat kein anderes Verlangen, als sich mit reiner Liebe dem Dienst Gottes zu weihen, und die reine Liebe wächst in dem Maße, als das wahre Leiden zunimmt.⌝¹ Das Leiden ist die Tochter der Liebe; es bezeugt sie auch in reinster Weise. Deshalb freut sich die liebende Seele über das Leiden und glaubt immer, des Leidens nicht würdig zu sein.

In meiner Umgebung muss man wohl oft denken und kann sogar glauben, dass ⌜ich schwimme in Tröstungen⌝², so ruhig und freundlich bleibe ich, so voller Begeisterung ist mein ganzes Wesen.

Doch ist dem nicht immer so. Jesus verbirgt sich manchmal in jenem kleinen Himmel meiner Seele. In manchen Augenblicken scheint er sich sogar entfernt zu haben und ich weiß wirklich nicht mehr, ob ich noch in seinen Armen bin ... Sicher bin ich dessen nur noch aufgrund meines Willens, dass ich immer dort bleiben will.

Das sind Tage ohne Sonne, Nächte ohne Stern, aber von Frieden erfüllt, von jenem bleibenden und göttlichen Frieden, der die Seele in Verzückung versetzt und ⌜das Herz ins Paradies⌝³, der alles Mühsame wertvoll und leicht macht und einem das Bitterste süß und köstlich erscheinen lässt.

Oh Tiefe! Unerforschlicher Abgrund der schrecklichen Forderungen Gottes! Ja, es stimmt wirklich, die Hingabe und die Liebe machen den schwersten Weg leicht. Aber man soll sich nicht wundern, wenn die Liebe

---

1 Fast wörtliche Übernahme aus DES PLANCHES, *La Passion Renouvelée ou Sainte Véronique Giuliani*, S. 140–141. Siehe Einf., S. 14 Nr. 16.
2 Markanter Ausdruck von THÉRÈSE DE L'ENFANT-JÉSUS, HA S. 208 (= Ms B fol. 1r). Siehe Einf,, S. 11 Nr. 1.
3 Markanter Ausdruck aus DES PLANCHES, *La Passion Renouvelée ou Sainte Véronique Giuliani*, S. 141. Siehe Einf., S. 11 Nr. 1.

schreckliche Anforderungen, erdrückende Süße mit sich bringt. „Ich bin, der ich bin ..." „Ich beschneide die Rebe, selbst dann, wenn sie Frucht bringt, damit sie noch ergiebiger wird."

Wie gut es ist, wenn die Seele mit Jesus im dunklen Garten von Getsemani mit dem Tode ringt! Ich bitte also nicht um ein Ende dieser Prüfung. Ich liebe und will diese schmerzhafte Nacht nur, wenn sie für Jesus Freude, Erleichterung und Tröstung ist, so sehr bin ich gewiss, dass er meinen Willen (besonders was die Liebe zu ihm und zu den Seelen betrifft) immer getan hat und noch mehr tun wird in dem Maße, wie ich den seinen tue, wie die heilige Thérèse vom Kinde Jesu sagt.[1] Ich spreche oft von ihr. Sie ist für mich eine so vertraute „große Schwester", deren ganz aus der Liebe kommende Lehre für meine Seele so wohltuend war zur Zeit der großen Dunkelheit und der nicht weniger großen Einsamkeit, in der ich mich befand. Ihr Leben, die *Geschichte einer Seele*[2], die ich manchmal aufs Geradewohl aufschlug, bot mir Lösungen, die lichtvoll und höchst angemessen waren.

Immer leiden und weder um ein Nachlassen noch um den Tod bitten! Ich würde den lieben Gott preisen, wenn es sein Wille wäre, mich wieder ein normales Leben aufnehmen zu lassen, so wie ich ihn < für > das preise, was er jetzt tut.

Ich überlasse die Gegenwart und die Zukunft seiner unendlichen Barmherzigkeit, die in jeder einzelnen unserer Seelen immer ganz Liebe ist.

⌐Weil sie an die Vergangenheit denken und sich Sorgen wegen der Zukunft machen, verlieren viele allzu oft den Mut und verzweifeln.⌐[3]

Alles aus Liebe und in der Liebe! Mein Leben, das ist Liebe. Ich weiß nur noch eines ... dich lieben, oh glückselige Dreifaltigkeit, oh Einheit meines Gottes! Oh mein Jesus! Seit so langer Zeit gehöre ich mir nicht mehr ... ich bin ganz seinem Wirken ausgeliefert, um in allem und im Hinblick auf alles das Belieben Gottes zu erfüllen und geschehen zu lassen. Es ist Jesus, er allein, der in mir lebt und handelt. Je mehr ich mit ihm eins wer-

---

1 *Im Himmel wird der liebe Gott alles, was ich will, tun, weil ich auf Erden niemals meinen Willen getan habe.* Siehe THÉRÈSE DE L'ENFANT-JÉSUS, HA S. 303 (= CJ 13.7.2).
2 *Geschichte einer Seele* (*Histoire d'une Âme*): Sammlung nach ihrem Tod veröffentlichter autobiographischer Texte der heiligen Thérèse vom Kinde Jesu. (Anm. d. Übers.).
3 Glossierte Übernahme von THÉRÈSE DE L'ENFANT-JÉSUS, HA S. 236 (= CJ 19.8.10). Siehe Einf., S. 13 Nr. 7.

de, desto leidenschaftlicher liebe ich auch die Seelen, desto mehr dürste ich danach.

Die Leiden, die Freuden geben mir die Gelegenheit, mich ohne jeden Vorbehalt den mächtigen Reizen der Gnade zu überlassen und gleichermaßen die schrecklichen Forderungen der Liebe zu lieben, ohne sie jemals zu vernachlässigen, ohne jemals dagegen aufzubegehren und ihnen einen ganz natürlichen Widerstand entgegenzusetzen. Aus mir heraus vermag ich nichts ... aber „alles vermag ich durch ihn, der mir Kraft gibt"[1].

Die Seelen, die sich entschieden auf den Weg der demütigen Hingabe einlassen wollen, müssen sich dieser aktiven Hingabe gegenüber als treu erweisen. Sie stellt eine heroische Bereitschaft dar, Jesus Christus in allem zu folgen und unter dem Einfluss seiner Liebe frisch und fröhlich jedes Werk und jede innere Vollkommenheit zu vollbringen.

Das heißt, dass man sozusagen in das Verlangen, in die Macht des Herrn eintritt[2], das heißt, dass man sich ergreifen lässt, das heißt, dass man sich dem souveränen Willen Gottes, der ohne Hindernisse bis zu den Gipfeln des Berges der Liebe führt, zur Verfügung stellt.

Der göttliche Meister sagt uns wiederholt: „Lernt von mir ..." Aber was? Welten zu schaffen, sagt der heilige Augustinus, Wunder zu wirken? ... Einfach nur „sanft und demütig von Herzen zu sein ..." Von Herzen ... das heißt, nicht mit den Lippen, sondern zuinnerst, im eigenen Herzen. Mit welch zarter Freude habe ich Jesus meinen ganzen Willen übergeben ... und ich bat den Vater, sich aller meiner innersten und natürlichen Fähigkeiten zu bemächtigen, um mich definitiv in sich aufzunehmen, ohne ⌜dass jemals irgendetwas meinen Frieden stören und mich aus ihm, meinem einzigen Gut, heraustreten lassen könne[3]⌝. ⌜So, dass ich niemals mehr menschliche und persönliche Handlungen ausführe, sondern nur ganz göttliche Werke, die eingegeben und geleitet sind vom Geist der Liebe⌝[4], was für mich bedeutet, dass ich nicht mehr aus mir selbst heraus handle, sondern mich vollkommen den Impulsen des Heiligen Geistes, den Regungen der Gnade, unterstelle und immer unter der Herrschaft Gottes bleibe.

---

1 Phil 4,13.
2 *die Wünsche ... des Herrn*: Im Heft steht diese Passage in Klammern.
3 Der Ausdruck erinnert an Elisabeth von der Dreifaltigkeit, die bei KLEIN, *Madeleine Sémer*, auf S. 209 zitiert wird. Siehe hierzu S. 45 Anm. 2.
4 Vgl. THÉRÈSE DE L'ENFANT-JÉSUS, HA S. 290. Siehe Einf., S. 13 Nr. 6.

Man wird nur in dem Maße, wie man der Liebe hingegeben ist, von der Liebe verzehrt. Mein Gott, ich liebe dich. Ich bin dein! Mein Herz ist dein! Ich bin ganz dein! Oh! Mache, dass ich dich liebe, dass ich dich durch deine Liebe und durch die Liebe Mariens, meiner geliebten Mama, liebe.

↑ 9. Oktober 1931 (Freitag)

⌜Ja, der Allmächtige hat Großes in mir getan! Und das Größte ist, dass er mir ungeschminkt mein Kleinsein gezeigt hat, meine Nichtigkeit in allem.⌝[1]

Ah! Wie preise ich den Herrn, weil er mir die unermessliche Gnade gewährt hat, dass ich auf meinem Weg nicht darin meine Freude finde, die zauberhaften Blumen der Annehmlichkeiten und der spürbaren Tröstungen zu pflücken, sondern überschäumend vor Vertrauen und Liebe auf dem geraden Pfad der Verzichte voranzuschreiten, wo die wohlriechenden Rosen immer mit langen Dornen verziert sind.

Ein Glück bleibt übrigens niemals ohne Dornen, wie schön auch der Weg am Anfang aussehen mag. „Aber das Tor, das zum Leben führt, ist eng und der Weg dahin ist schmal und nur wenige finden ihn."[2] Aber das „Ja" zur Pflicht, das heißt zu Gott, wird, wenn man dabei standhaft bleibt, immer und sehr schnell ein klares und freudiges „Ja", ein leuchtendes „Ja" voller Ideal.

Ist nicht der ganze Himmel schon im „Ja" eines Herzens voller Liebe? Ist nicht die ganze Hölle schon im Voraus im „Nein" eines Herzens ohne Liebe?

Der heilige Paulus erläutert: „Alle, die zu Christus Jesus gehören, haben das Fleisch und damit ihre Leidenschaften und Begierden gekreuzigt."[3]

„Lasst euch nicht von dem verführen, was hoch ist, sondern lasst euch zu dem hinziehen, was demütig ist!"[4] ... Sich hinziehen lassen! ... wie gut und wie schön das ist! „Je demütiger du bist, [desto mehr] sei demütig in allen Dingen und du wirst Gnade finden vor Gott." Denn Gott widersteht den Stolzen, den Demütigen aber schenkt er seine Gnade.[5]

---

1 Vgl. Thérèse de l'Enfant-Jésus, HA S. 156 (= Ms C fol. 4v). Siehe Einf., S. 12 Nr. 4 (geistliche Stütze).
2 Mt 7,14.
3 Gal 5,24.
4 Vgl. Röm 12,16.
5 Vgl. Jak 4,6; 1 Petr 5,5.

11. Oktober 1931

Die Gnaden des Hingezogenseins zu Gott werden den Demütigen geschenkt und denjenigen, die diese Neigung zur Demut haben.

Sich freiwillig vor Gott demütigen, „der will, dass kein Fleisch sich in seiner Gegenwart rühme"[1], mit Freude – oder wenigstens mit einer tiefen Ruhe – insbesondere eine erlittene Demütigung akzeptieren, das ist oftmals ein Mittel, das erlaubt, mit großen Schritten in der Tugend der Demut voranzuschreiten.

Alles, was Gott für uns will, ist liebender Wille. Was haben wir, was wir nicht empfangen haben, und warum sollten wir, da wir es ja empfangen haben, uns rühmen, als ob wir es nicht empfangen hätten?[2]

⌜Diese tiefen und persönlichen Gedanken, dieses Aufflammen des Verstandes, diese glühenden Wünsche des Herzens, an die wir uns manchmal binden, sind geliehene Reichtümer, Schätze, die uns zur Verfügung gestellt wurden, und bleiben Schätze des lieben Gottes. Der heilige Paulus versichert uns, dass wir ohne die Hilfe des Heiligen Geistes nicht einmal Gott zärtlich Vater nennen können.⌝[3]

Meine Wahl ist seit langem getroffen, ich weiß, wohin die Liebe mich zieht ... ⌜Nicht zum ersten Platz stürme ich hin, sondern zum allerletzten. Ich lasse den Pharisäer sich brüsten und ich wiederhole mit einem Herzen voller Vertrauen das demütige Gebet des armen, des lieben, des rührenden Zöllners.⌝[4]

Durch dieses Eingeständnis unseres großen Elends beginnt unsere Rechtfertigung; da auch ereignet sich die wahre Heiligkeit für uns. Ich habe nichts, was ich nicht empfangen habe. Alles Gute, das es in mir geben kann, ist das, was mein geliebter Jesus in mich hineingelegt hat, sonst wäre ich wie das kleine Kind, das Angst hat im Dunkeln, das unter den wiederholten Schlägen des Leidens erzittert, und weil mich manchmal Schmerz umgibt und Jesus mich immer mehr auf dem Leidensweg führt ... auf einem Weg, den ich liebe, weil er ihn für sich gewählt hat und weil er in meine Seele die ganze Liebe, die ganze verrückte Leidenschaft gelegt

---

1 Vgl. 1 Kor 1,29.
2 Vgl. 1 Kor 4,7.
3 Glossierte Übernahme aus THÉRÈSE DE L'ENFANT-JÉSUS, HA S. 178–179 (= Ms C fol. 19r und 19v). Siehe Einf., S. 13 Nr. 7.
4 Glossierte Übernahme aus THÉRÈSE DE L'ENFANT-JÉSUS, HA S. 204 (= Ms C fol. 36v). Siehe Einf., S. 13 Nr. 7 und 5.

hat, um ihm darin zu folgen, und weil er mir den ganzen Eifer gibt, den ich brauche, um diese erhabene Berufung zu verwirklichen.

Aber sich mit Jesus zu demütigen, bedeutet, dass man aufsteigt! „Wer sich erniedrigt, wird erhöht werden, wenn ich komme." Aber dieser Weg, der von Anfang an vollkommen ist, hat Stufen, verschiedene Grade. „Es gibt mehrere Wohnungen im Haus meines Vaters." Im Haus des Vaters zu sein, das ist schon viel. Doch gibt es unterschiedliche Stockwerke und bis zum Ende ist für alle und immer ein weiterer Aufstieg möglich. Denn die Liebe ist ein unendlicher Abgrund, der sich erst im Himmel ganz entfaltet.

„*Sursum corda!*"¹ Immer aufsteigen, die Augen ganz nach oben gerichtet, die Seele von allem losgelöst, mit dem brennenden und einzigen Wunsch, immer mehr zu lieben. Immer höher steigen, in den feurigen Abgrund, in die keuschen Umarmungen der Liebe, in diesen einzigen und lebendigen Unendlichen, der mich immer unwiderstehlicher anzieht ... So weit, so weit nach vorne, wie Gott mir die Gnade gibt.

Ich liebe! Ich dürste danach zu lieben! ⌐Ich wache, ich bete, und inmitten der Trunkenheit, wenn Wonnen mich durchfluten, dürste ich nach Heiligkeit, nach Reinheit,² nach Leiden. Das will ich, das nenne ich „*virginum martyrum*", und dieser energische Wunsch, der nie nachlässt, treibt mich zur Liebe an, zu einer immer größeren Liebe.

Oh Geheimnis, Geheimnis und doch machtvolle Wirklichkeit ... Ich weiß, ich weiß, dass ich für Gott gemacht bin und dass wir alle gemacht sind, um ihn zu lieben und ihn so, wie es uns zugemessen ist, zu kennen, und dass Christus Jesus der Bräutigam ist, der unsere Liebe will. Und ich schenke ihm die meine mit einer Inbrunst, einer Zärtlichkeit und einem Verlangen ohne Maß.⌐³

Das Göttliche, das Übernatürliche, macht mein Leben mehr aus als die Luft, die ich atme. Von Gott geführt und angezogen, taucht meine Seele ununterbrochen darin ein ... sich davon loszureißen, wird ihr zu einer wahrhaften Qual.

---

1 „*Erhebet die Herzen!*"
2 Das Komma ist von uns. In diesem Heft kommt es oft vor, dass die Punktierung am Ende der Zeile fehlt (siehe Beschreibung der Hefte, S. 25).
3 Sich überlagernde Reminiszenzen aus KLEIN, *Madeleine Sémer*, S. 227, und MARIE DE LA TRINITÉ, *Lettres de „Consummata"*, die häufig den Ausdruck *Regina Martyrum* (*Königin der Märtyrer*) verwendet, den Marthe hier falsch in Erinnerung zu haben scheint. Vgl. a. Einf., S. 13 Nr. 8.

11. Oktober 1931

Alles für Gott, um ihn zu lieben ... ihn und alle Seelen: die der Armen und der Demütigen, der Verirrten und der Ungläubigen.

Indem wir uns für die Seelen aufopfern, genügen wir ein wenig der Liebe, die wir ihm schulden.

⌐Es kommt noch oft vor, dass ich Schwächen zeige. Ich stelle mich nicht immer so prompt, wie ich möchte, über die Nichtigkeiten der Erde ... Dann begebe ich mich in mein Inneres und da sage ich zu mir im himmlischen Licht: Leider! Ich bin also doch noch am Anfang wie früher ... Ich vermag also nichts in der wahren Vollkommenheit zu tun, die Gott verlangt. Oh meine Seele, was für eine Verwirrung! Habe ich also keine Tugend? Aber das sage ich mir ohne Traurigkeit, ohne Mutlosigkeit.

Es ist so lieblich, die eigene Schwäche voll und ganz zu fühlen,[1] sich nur von Gott her stark und sehr stark zu machen, nur auf ihn zu zählen, die ewige Gerechtigkeit, aber nicht weniger die ewige Güte.

Meine ganze Größe besteht darin, den lieben Gott heilig, leidenschaftlich, unermesslich zu lieben. Danach hungert mein Herz immer mehr. ⌐Wäre mein Wesen nicht im Voraus so von den Wünschen Gottes durchdrungen, erfüllt, müsste es das erst werden durch die Empfindungen von Freude oder Traurigkeit, die in unserem Leben so rasch aufeinanderfolgen, dann wäre das ein recht bitterer Fluss von Schmerzen. Diese Wechselfälle berühren meine Seele nur flüchtig, wenn sie diese streifen! Deshalb bin ich immer im Frieden ...⌐[2] und in was für einem Frieden! Leiden macht meine Freude aus. Warum, fragt man mich sehr oft. Aber ganz einfach, weil das die Freude Gottes ist.

Hatte ich ihn nicht früher gebeten, [dass], wenn er mich nicht heilen wolle, er mich nicht einen Augenblick ohne körperliche Leiden, ohne seelische Qualen lasse ... die Bitte wird übertroffen.

Man sorge sich nicht um mich: Ich bin durch die Liebe wie zu neuem Leben erwacht. ⌐Ich bin so weit gekommen, dass ich nicht einmal mehr leiden kann, weil mir alles Leiden süß ist,[3] und das so sehr, dass ich oft nicht einmal mehr weiß, ob ich noch auf Erden oder ob ich im Himmel bin.

---

1 Glossierte Übernahme aus THÉRÈSE DE L'ENFANT-JÉSUS, *Novissima Verba*, S. 45–46 (= CJ 5.7.1). Siehe Einf., S. 13 Nr. 7.
2 Glossierte Übernahme von THÉRÈSE DE L'ENFANT-JÉSUS, HA S. 236 (= CJ 10.7.13 und 14.7.9). Siehe Einf., S. 13 Nr. 7.
3 Vgl. THÉRÈSE DE L'ENFANT-JÉSUS, *Novissima Verba*, S. 21 (= CJ 29.5.1). Siehe Einf., S. 12 Nr. 4 (geistliche Stütze).

An Tagen wie heute scheint mir der Himmel gar nicht weit entfernt zu sein und ich weiß nicht einmal mehr, ob ich es will. Das hat keine große Bedeutung und läuft darauf hinaus, noch mehr zu lieben.

Mit Jesus, den ich liebe und der mich liebt, „vermag ich alles" ... Ja, ich vermag alles, was sein heiligster Wille verlangt, was er fordert. Jesus als Kind zeigt sich meiner Seele kaum; doch hingegen Christus Jesus in seiner ganzen Fülle. Ich ruhe völlig am durchbohrten Herzen Christi, ich habe den Eindruck, am Opfer Christi teilzuhaben. Oft rufe ich ihn. Die Vereinigung ist umso tiefer und erfahrbarer, als er freier und vollständiger in mir lebt. Gott in uns! Was für ein herrliches Wunder! ... Mit Gott das Leben Gottes selbst leben ... größtes Geheimnis und so erstaunlich real, dass ich oft in übermäßiger Freude aus mir herausgerissen werde, außer Atem und bebend vor Jubel und vor Liebe.

Das ist das Leben des Himmels, das man schon in dieser Welt verkostet! Daher sagt mir das Wort „Glück" im Hinblick auf die Ewigkeit nichts, was ich nicht schon wüsste.

Er möge immer lebendiger, immer mehr Meister sein in mir, dieser demütige und von Herzen sanftmütige Gott, der bereit war, sich am Kreuz um meiner Seele willen martern zu lassen.

Güte, höchste Schönheit! Ich liebe dich; mache, dass es nichts in mir gibt, das nicht dir gehört ... mache, dass meine Liebe immer noch mehr Liebe sei! ...

In Gott finden alle Probleme ihre Lösung, werden alle Hindernisse überwunden, werden alle Horizonte erleuchtet, wird alle Finsternis hell ... diesbezüglich habe ich gerade wieder eine tiefe Gewissheit bekommen. Was für ein Friede! Was für ein unermessliches Entzücken verkostet die Seele, die schweigt und der Stimme eines in Schrecken versetzenden und sanften Jesus zuhört, die warnt, rät, in Kenntnis setzt ... der gebieterischen Stimme, die wiederholt: „Himmel und Erde werden vergehen, aber meine Worte werden nicht vergehen."[1] Der geliebten Stimme, die im Geheimen flüstert: „Sammelt keine Schätze auf Erden, vertraut sie dem Himmel an, wo weder Wurm (das heißt Sünde) noch Rost (das heißt Schuldgefühle) sie beeinträchtigen können."[2]

---

1 Mt 24,35.
2 Vgl. Mt 6,19.

Das heißt nicht, dass ich mich bemühe, mir einen Schatz im Himmel zu bereiten; mein Schatz, das ist die Liebe. Ich überlasse Gott alles nach und nach, oder besser, ich bitte ihn inständig, alles akzeptieren zu wollen und darüber zu verfügen, wie es seinem Herzen und den Wünschen der Jungfrau Maria, jener zärtlichen Mutter, der ich alles anvertraue, entspricht.

Mein Leben ist alles zusammen: Liebe und Leiden ... Empfangen und Austeilen.

Alles um der Liebe Gottes willen! Oh innigst geliebte Mutter, ich vertraue, ich hoffe auf dich!

↑ 11. Oktober 1931 (Sonntag)

Heilige Kommunion. Oh unendliche Macht! Oh Weisheit! Oh Milde! Da ist mein Gott, der an diesem schönen Herbstmorgen zu mir kommt.

Ich verbleibe gerührt und überwältigt! Wie kann man bei so viel Vertrauen nicht ganz begeistert und ergriffen sein, wie nicht erdrückt von so viel Liebe?

Wenn ich mein unermessliches Elend betrachte, bin ich ganz bestürzt und zunichtegemacht! Aber wenn ich mein Herz befrage, das ganz vor Verlangen brennt, wenn ich die Schreie, das zärtliche Rufen meiner vor Freude wahnsinnigen Seele höre, dann erbebe ich unter dem Einfluss des Heiligen Geistes vor Liebe und Jubel. *„Jesus-Hostie"*. Es fühlt sich an, als ob eine glühende Woge mein ganzes Wesen überschwemmt ... das ist die liebliche Gegenwart meines Gottes, spürbarer denn je ... das ist seine geliebte Stimme, die meine Seele trunken macht vor Freude ... das ist die mir so teure Innigkeit in der Vereinigung und in der Liebe ... das ist das köstliche Mysterium, das mich in eine tiefe und lange Ekstase taucht.

Ich bin so armselig, oh großer Gott, dass ich dir selbst nichts anbieten könnte, das es wert wäre, dir angeboten zu werden als Antwort auf das große Geschenk deiner Liebe. Aber ich besitze in mir einen unendlich großen Schatz und diesen einzigartigen und göttlichen Schatz opfere ich dir ganz auf, oh barmherziger und gütiger Vater, für meine persönlichen Bedürfnisse und Intentionen, für alle Seelen, die der meinen sehr eng verbunden sind, und für alle Seelen des Universums. Und da die Früchte einer Kommunion, über die ich frei verfügen kann, unerschöpflich sind, opfere ich dir diese Kommunion kraft der unendlichen Verdienste Jesu Christi, der erlösenden Liebe, zugunsten der streitenden Kirche auf, in allen Nöten der leidenden Kirche und zum Ruhme der triumphierenden Kirche.

Oh Vater, gewähre mir, darum bitte ich dich inständig, all die Gnaden, die du für notwendig hältst, damit ich mich jeden Tag auf der Höhe der Liebe und Demut bewege, die du von mir erwartest und wo du auch diejenigen haben willst, die ich liebe. Ich überlasse dir meine liebsten Anliegen und lege sie am Fuße deines herrlichen Thrones nieder mit der Bitte, dass du uns allen insbesondere die Liebe zu unseren Pflichten und die kindliche Hingabe an deinen göttlichen Willen gewährst. Ich bitte dich, nimm meine schwachen Danksagungen mit meinen Bitten entgegen, vereint mit denen meines geliebten Jesus und meiner innig geliebten Mutter.

Oh höchst liebenswürdiger Vater, schau dein armes kleines Kind jetzt nur noch in Maria an, der Mutter der göttlichen Gnade, durch die du es immerfort in Vereinigung mit dem geopferten Jesus, mit dem eucharistischen Jesus siehst. Ach! Ich habe so sehr das Verlangen, allen den Christus voller Liebe und Barmherzigkeit zu zeigen, um sie zu Gott hinzuziehen. Ich möchte sehen, dass alle Völker dem Irrtum abschwören und sich vor dem eucharistischen Jesus auf die Knie werfen und ihn lieben, wie ich ihn liebe.

Wie lieblich es ist, diese lebendige Hostie zu betrachten, in der jeder die Hilfe und die Gnaden finden kann, die er braucht, um Gott zu ehren und zu verherrlichen.

Ich selbst will ganz in ihn eingehüllt bleiben, damit Jesus, und Jesus ganz allein, für allezeit in mir lebe und damit Gott immer in dem kleinen Opfer und der Hostie, die ich bin, nach seinem einzigen Belieben schalten und walten kann.

Man kann nicht lieben, ohne brennend danach zu dürsten, dass die Liebe geliebt werde. Oh mein angebeteter König! Du, mein Schatz und mein Alles! Du, Wonne und Leben der Seelen, die dich lieben, verschenke dich, bleibe immer in mir, damit ich dich zeige, damit ich dich allen gebe.

Die größte Finsternis verwandelt sich schnell in strahlenden Mittagsglanz, wenn der eucharistische Jesus von meinem Herzen Besitz ergreift.

Was für ein wohlklingendes Liebeslied, wenn mein Herz, ganz von der göttlichen Gegenwart erfüllt, die süßen Zärtlichkeiten der Liebe, die alle anderen verblassen lassen, voll genießt.

Was für eine köstliche Begegnung! Was für eine unaussprechliche Vereinigung! Mein Herz schlägt nicht < mehr? >, die berauschenden Freuden meiner trunkenen Seele sind alle eine einzige Harmonie mit der Seele und dem Herzen des angebeteten Gastes. Ich habe das Gefühl, dass in mir immer lebhafter die Ähnlichkeit mit Christus zum Ausdruck kommt und dass sich auch die unermessliche Größe Gottes reiner und herrlicher widerspiegelt. Jede Kommunion ist eine Verwandlung.

Wie innerlich ist die Trunkenheit für die kleine Seele, die ins Unendliche versetzt wird, die sich mitten in einem Abgrund aus Feuer befindet, wenn sie die staunenswerten Wunder, die Gott in den Menschen, in den Seelen, in der Welt der Natur, auf der ganzen Erde und im Himmel wirkt, lieben, besingen, anbeten und sich ihrer erfreuen kann. Aber weder kann man mit Worten von den Reichtümern Gottes sprechen noch mit einem Pinsel seine strahlende Schönheit malen.

Diese Kommunion war für meine Seele ein Glück, das zu einer Zeit auftrat, die reich war an Schmerzen, an Qualen aller Art.

Wer die innige Zartheit der Liebe Gottes verkostet hat, kann nicht ohne fortwährendes Leiden leben, solange er sich noch nicht der ewigen Umarmungen der Liebe erfreut, des so sehr ersehnten Gegenübers, wo die zärtliche < Vereinigung? >¹ keine Grenzen kennt. Neben diesem Glück des Leidens jedoch sind alle Freuden, alle Befriedigungen Illusionen. Gott sei die Ehre, weil er mich einhüllt und so gut in sich versinken lässt. Eine glückliche Erfahrung, die ich jeden Tag mache.

Gott sei die Ehre, weil er mich in so schmerzhafter Weise seine Abwesenheit durchleiden ließ ... besonders in der vergangenen Nacht. ⌈Von Mitternacht an und lange in der Nacht tödliche Leiden, völlige Trockenheit, gewalttätige Angriffe Satans ... ich glitt in die Verzweiflung ab. Vergangenheit, Gegenwart, alles schien mir verlorene Zeit.

Kein Schutz, nicht einmal die Möglichkeit zu rufen. Was für ein schrecklicher Lärm, den die Dämonen machten. Einer von ihnen, der scheußlich aussah, schrie mir mit fürchterlicher Stimme zu: „Verfluchte, lass alles sein oder du wirst es mir teuer bezahlen!" Ich zitterte am ganzen Körper und war nicht in der Lage, um Hilfe zu rufen. Nach einem Augenblick, der mir eine Ewigkeit schien, rief ich Jesus und Maria an und murmelte aus tiefstem Herzen: „Herr, mein Gott, oh meine gütige Mutter, auf euch hoffe ich, auf euch habe ich mein ganzes Vertrauen gesetzt, mit eurer Gnade

---

1 Im Heft fehlt ein Wort: *union* / *Vereinigung*, wie am 17. Oktober 1931, S. 362 (*tendre union* / *zärtliche Vereinigung*)? Oder auch *intimité* / *Innigkeit* / *Vertrautheit* (vgl. z.B. 14. Nov. 1931, S. 375: *douce intimité* / *süße Vertrautheit* und 4. Dezember 1931, S. 385)?

fürchte ich nichts." Dann, als ich die Worte des Kreuzzeichens sprach, beteuerte ich, dass ich nichts anderes wollte als den heiligen Willen Gottes.⌐[1] Daraufhin verschwand der Versucher.

Liegt darin nicht auch ein Wunder der großen Güte, die Gott für meine Seele hat? Er hat mir zeigen wollen, wie weit mein Elend geht, wenn er nicht ununterbrochen „mein Alles" ist ... Aber möglicherweise vor allem, damit ich mich mehr über die unermessliche Wohltat seines Besuchs freue, der meine Seele im Licht zurücklässt: Ich muss nur die Augen schließen, um diese Klarheit, diese Schönheit wieder zu sehen.

Möge es in allem geschehen, das göttliche Wollen meines Gottes!

Oh! Wie habe ich in diesen herrlichen Stunden, die alle vom Himmel waren, den Herrn angefleht, beschworen, das Apostolat meines geistlichen Begleiters in der Gemeinde zu segnen, zu vermehren, zu verwandeln. Dann habe ich < mich > der Königin der Apostel und der Beichtväter zugewandt und sie zutiefst angefleht, alles, was rein und heilig ist, edel und göttlich, in sein Herz zu legen, und ich habe sie gebeten, der Leitstern seines priesterlichen Lebens zu sein, sein Vorbild, das er bewundert, und seine mütterliche Beschützerin in den glücklichen und schmerzhaften Tagen seines erhabenen Dienstes.

Wie habe ich sie angefleht, diese mitfühlende Mutter, dass sie mein Herz immer so in der Demut und in der Liebe bewahre wie heute, so rein und duftend wie eine Lilie, die sie unablässig Gott darbringen könne.

Absichtlich einen Fehler begehen, Jesus, der zu seinem kleinen Opfer Vertrauen hat und der es mit unermesslicher Zärtlichkeit liebt, betrüben, oh nein! Ich würde es nicht mehr wagen, in seiner Nähe zu bleiben, ich würde es nicht mehr wagen, ihn in meinem Herzen anzurufen, ich, die ich ihn doch darum bitte, dass er nicht einen Augenblick verstreichen lässt, wo er nicht kommt und sich in seiner geliebten Wohnstatt ausruht.

Oh! ⌐Ich fühle, dass meine Seele nicht dem geringsten Fehler zustimmen könnte, ohne den Eindruck zu haben, Ehebruch zu begehen!⌐[2]

Ich bin nicht sicher, ob ich nicht jemals eine schwere Sünde begehen werde; aber mit Recht erwarte ich von der Barmherzigkeit Gottes, dass es

---

[1] Marthe greift zwei Erfahrungsbeschreibungen aus DES PLANCHES, *La Passion Renouvelée ou Sainte Véronique Giuliani*, S. 257 und S. 264, auf und überlagert sie. Siehe Einf., S. 12 Nr. 4 und S. 13 Nr. 5.
[2] „*Geistliche Formulierung*", vgl. z.B. KLEIN, *Madeleine Sémer*, S. 177. Siehe Einf., S. 12 Nr. 2.

niemals zu diesem schrecklichen Unglück kommen wird, wenn ich recht treu bin und ganz aufmerksam auf die Gnade achte.

Es gibt ein tiefes Gefühl, das die Sünde zunichtemacht ... das ist die Liebe! Immer mehr lasse ich alles an mir geschehen, damit der liebe Gott ganz frei sei in meiner Seele. Ja, Stille und Hingabe, immer und immer mehr, um nur noch auf ihn zu hören und ihn zu verstehen und aus meinem Leidensleben, aus meiner lebendigen Aufopferung, eine Andacht in der Liebe und auch in heiligem Jubel zu machen, in Erwartung des Himmels!

↑ 13. Oktober 1931 (Dienstag)

Oh! Wie sehr bin ich doch die kleine Seele unter allen Seelen! Die kleine brennende, von der Liebe verzehrte Seele: für die Armen, die Kleinen, die Leidenden, die Betrübten, die Schwachen, die Verzweifelten ... die teuren Sünder.

Ich liebe auch jene mit einer ganz zärtlichen Liebe, die mir durch ihre Ansichten, ihren Glauben fernstehen. Jene, die schlecht von mir reden, die mich verachten, die mich leiden lassen wollen. Sind nicht sie es, die, ohne es zu wollen, ohne es zu wissen, ohne es zu verstehen, mich am meisten mit Wonnen überschütten, wenn es ihnen gelingt, mich mit Leiden zu überschütten, und die meine Hände mit den herrlichsten Perlen füllen, mit den schwersten Trauben, die ich dann in meiner Liebe Gott für das Heil ihrer Seelen darbringen kann? Möge er sie segnen, ⌈dieser Vater, der zärtlicher ist als eine Mutter⌋¹, und möge er sie, wie mich, mit Glück erfüllen.

Lange schon habe ich meine Seele auf den höchsten Gipfeln der Liebe fest gemacht, in der göttlichen Unendlichkeit. Und ich sehe in all dem nur die zärtliche Fürsorge meines himmlischen Vaters, der hören möchte, dass ich zitternd und voller Begeisterung sage: Oh! Danke, danke, mein Gott.

So wie Gott seine Göttlichkeit hinter dem schwachen Anschein der Menschheit verbirgt ... wie er den Triumph des Kreuzes hinter der Schande der Marter verschwinden lässt ... wie er weiterhin seine erhabene Gegenwart in der einfachen Gestalt des eucharistischen Brotes verhüllt, so ist die Trübsal, die man erleidet, ein Geschenk erster Wahl, dessen göttliche Schönheit liebevoll in eine Welle menschlicher Schändlichkeiten verpackt ist.

---

1 Markanter Ausdruck aus KLEIN, *Madeleine Sémer*, S. 258. Siehe Einf., S. 11 Nr. 1. Der Ausdruck kehrt noch einmal weiter hinten wieder, S. 397 (12. Januar 1932).

Zwischen den Steinen des Weges wachsen immer auch noch Blumen, welche die lebendigen Farben der Liebe purpurrot gefärbt haben und für die man dem Herrn immer noch Ehre erweisen kann, auch wenn man sie nicht pflücken kann.

Wenn ich die Augen auf den göttlichen Gekreuzigten der Liebe richte und ihm aus meinem ganzen schmerzenden Wesen heraus mein inbrünstiges und stummes Danke sage, glaube ich zu sehen, dass sich sein zärtlicher Blick auf mich senkt, um mich zu segnen ... dann habe ich den Eindruck zu hören, wie jene vertraute Stimme, die mehr seinem Herzen als seinen Lippen entspringt, in mir flüstert: „Wundere dich nicht ... beklage dich nicht ... vor allem weise nichts zurück; freue dich über das Glück, das ich dir dadurch gewähre, dass ich dich rufe, mit mir, wie ich und für mich ein wenig von dem zu leiden, was ich früher um deiner Liebe willen zu leiden bereit war." Oh Kreuz, du trägst das Licht und das Leben! Was für große Lektionen erteilst du der Seele, die dich betrachtet! Welch kostbaren Wohlgeruch verbreitest du in derjenigen, die ja zu dir sagt! Mit wie viel Freude und himmlischen Gunsterweisen erfüllst und überschüttest du jene, die dich umarmt und liebt. Haben es nicht diejenigen, die mir wehtun, die den lieben Gott betrüben, am nötigsten, dass ich ihnen Anteil verschaffe an dem Licht, an der Liebe, an den Reichtümern, die ich von oben erhalte, an dieser zärtlichen Vereinigung mit Gott, die ich vielleicht noch nie in so extremer Weise empfunden habe?

Nicht um die Liebe vorzugaukeln bin ich gemacht, sondern um zu lieben, auch bin ich nicht eine Marktfrau der göttlichen Gnaden; nein, ich bin nur die recht armselige kleine Botin, die die göttlichen Reichtümer, die meine ununterbrochen auf das Unendliche hin offene Seele im Überfluss erhält, im Schweigen und in der Liebe austeilt, ohne Maß, ohne zu berechnen, ohne Angst vor Schmerzen und Opfer ... ohne dass ich mich damit aufhalte, wissen zu wollen, wen der göttliche Geber damit begünstigt, noch wie Maria, die mütterliche Vermittlerin aller Gnaden, damit umgeht. Was bedeuten schon die quälenden Leiden, die reißenden Dornen, wenn Jesus jeden Blutstropfen in dem unermesslichen Kelch seines Herzens voller Liebe auffängt.

Beten wir für diejenigen, die böse sind, die sich in Käuflichkeiten verlieren.[1] Sie sind so unglücklich, weil sie vergessen, dass das Leben dem

---

[1] *Käuflichkeiten* (*vénalités*): Sollte es nicht eher *Eitelkeiten* / *Nichtigkeiten* (*vanités*) heißen?

17. Oktober 1931

Menschen von Gott nur geschenkt ist, damit er sich vervollkommne, so wie es der Blume gegeben ist, damit sie blühe; dass ihm das Sprechen nur überlassen ist, um wohltuend zu sein; dass er nur handeln darf, wenn er edlen Mutes und in reiner Absicht seine Pflicht erfüllt ... also aus Liebe.

Wir denken nie genug über den Ernst und die Bedeutung dieses Lebens nach, über die Auswirkungen unserer Worte ... über die Tragweite unserer Handlungen; und wir treffen Jesus mitten ins Herz.

Es ist die Hölle, die überall auf dem menschlichen Ozean Sturm aufkommen lässt. Wenden wir ihn ab durch Gebet, Verzicht, Opfer; das ist eine unabweisbare Pflicht der Liebe.

Wir, die intimen Freunde des mit dem Tode ringenden und eucharistischen Herzens Jesu, wir, die kleinen Opfer des verkannten und so geschmähten Königs, seien wir seine glückseligen Wachposten und lassen wir uns darauf ein, im Geist eucharistischer Anbetung und gesellschaftlicher Wiedergutmachung zu wachen, zu sühnen, wiedergutzumachen. Ach! Ich möchte zunichtegemacht und wie enteignet werden um des allgemeinen Wohls der Seelen willen.

Wie! Sollte es so sein, dass die frivolen Belustigungen, die gefährlichen und schuldhaften Vergnügungen, ja sogar die Sünde angestammtes Recht hätten, nicht aber die Wiedergutmachung durch die Liebe, jene ausgleichende Liebe, nach der der so beleidigte Meister so sehr dürstet? Als er für uns zu seinem Vater betet, bittet der angebetete Meister, dass wir „eins" seien in Ihnen, so wie sie selbst eins sind. Alle sollen vollendet sein in der Einheit der Liebe.

Wie glühend ist das Gebet Jesu für all die Seinen, wie leidenschaftlich ist es, wie vertrauensvoll ist es, wie heilig ist es; und es hat nur ein Verlangen: die Ehre Gottes und die Heiligung der Seelen! Beten wir wie er und unsere Gebete werden gut gebetet sein! Leben wir ganz mit ihm und unser Leben wird fruchtbar und erlösend sein!

Man muss aus Liebe handeln und reagieren! Den Nächsten, wer auch immer er war, wer auch immer er sei, durch die Strahlkraft eines vollkommenen Lebens mit dem Netz einer heldenhaften Nächstenliebe umgeben ... Die Ungläubigen, die Verirrten brauchen keine Worte ... sie bedürfen der Tugenden, die aufstrahlen, die sie erleuchten, die sie anziehen. Die Ausstrahlung, die auf die Sünder herabkommt, die Beispiele eines der Heiligkeit ganz nahen Lebens haben eine unvergleichliche Anziehungs- und Überzeugungskraft.

Oh! Wie viele Verlorene würden zur Heimstätte zurückgeführt, wenn wir nur wollten; wie viele geistig Blinde würden wieder sehen, wie viele Unwissende würden nach der Wahrheit suchen; wie viele Gelähmte würden geheilt; wie viele Seelen würden überschüttet zur Belohnung für ihr ganz aufgeopfertes, ganz Gott geweihtes Leben ... Vor allem, wie viele Seufzer, die dem so liebenden Herzen Jesu entfuhren, würden auf diese Weise in unaussprechliche Freude verwandelt.

Jeder Liebespakt zwischen Jesus und einer Seele wird eines Tages durch Wunder an Gnaden, durch Fluten der Barmherzigkeit belohnt werden!

Jetzt gilt es, mehr auszustrahlen als jemals zuvor, um die Seelen zu retten! ... in deinem Namen zu säen, oh Jesus! ... damit du unermesslichen Ruhm erntest!

Man muss wissen, was es bedeutet, ein kleiner Strahl auf Erden zu sein, um ein Licht sein zu wollen, das in Ewigkeit nie verlöscht.

Man muss eine Leuchte in der streitenden Kirche sein wollen, um in der triumphierenden Kirche ein Stern zu werden, das bedeutet, demütig, unauffällig, schweigsam bleiben, eine „mit Christus Jesus ganz in Gott verborgene Seele" ... nur ihm allein gehören, folgsam und sehr treu gegenüber allen seinen Liebeswünschen.

In der Vereinigung mit Gott wird man heilig ... durch die Vereinigung mit Gott strahlt man auf die Welt der Seelen aus. Die christliche Seele vermag alles, aber „in dem, der sie stärkt".

Die schönste Blume kann nichts für ihre Schönheit, die Pflanze hat keinen Einfluss auf die Wirkung ihrer Kräfte, die eine wie die andere sind das, was der Schöpfer aus ihnen gemacht hat.

Unsere Werke haben in sich selbst keinerlei Verdienst ... die Liebe, die dazu anregt, heiligt uns.

Jede Minute, die Gott mir gibt, mit Sanftmut und Liebe auffangen, ohne etwas von dem, was sie enthält, verloren gehen zu lassen, und sie ihm darbringen. Es wäre so traurig, von der Liebe alles zu erhalten und der Liebe nicht alles zu geben.

↑ 17. Oktober 1931 (Samstag)

Ein beständiges und sehr sanftes Feuer verbrennt langsam in mir. Man möchte sagen, dass das Martyrium der Liebe von Tag zu Tag in meinem Herzen, in meiner Seele, in meinem ganzen Wesen zunimmt.

20. Oktober 1931

Danke, oh danke, mein Gott! Ganz wie du willst, heute ... morgen ... alle Tage ...

Ich mag und will nur eines: all deiner Fürsorglichkeit liebevoll zustimmen, mit deinem ganzen göttlichen Willen vollkommen übereinstimmen. In dir, Herr, finde ich Kraft, Fülle, Vertrauen und ... immer Freude.

Bringen wir Jesus nicht nur Klagen, Schmerzen. Er hat das Recht und er will Freude, Lächeln und sogar den Jubel in unserer Liebe sehen. Ich werde gleichermaßen sehr fröhlich und sehr zufrieden auf der Grundlage dessen, dass „die Dämonen keinerlei Macht über einen Diener Christi haben, den sie immer mit heiligem Jubel erfüllt sehen; dass seine Seele sich aber leicht von Traurigkeit gefangen nehmen oder zu eitlen Freuden verleiten lassen wird, wenn sie bekümmert, tief betrübt, ängstlich ist."

Wenn unserer gebrechlichen Natur, obwohl sie sich unterwirft, im Leiden ein Schmerzensschrei entfährt, hört Gott ihn als guter Vater und er hat Erbarmen damit ... Aber wir haben und wir können ihm weit Besseres geben: Unsere Freuden und nicht unsere Klagen legen sein Herz in Ketten.

⌈Leiden mit Liebe ... das bedeutet auch, sich aus Liebe freuen! ...⌋ [1]

In allen meinen Leiden wie in allen meinen Freuden wusste ich immer den Herrn zu preisen und ihm zu danken. Deshalb habe ich von ihm wunderbare Gnaden, erstaunliche Gunsterweise erhalten ... eine so große Liebe, dass ich ganz davon entflammt bin.

⌈Die Liebe hat sich gewinnen lassen und das ist das Geheimnis meiner Leiden! Ich habe die Liebe gefunden und das ist das Geheimnis meines Glücks!⌋ [2]

In meinen Leiden und meinen Aufopferungen hatte ich nur einen Traum: mich zu verlieren ... ich hatte nur ein Bestreben: für Jesus ein Mehr an Freude und an Trost zu werden; nicht aus dem Verlangen, im Besonderen den Blick der göttlichen Dreifaltigkeit auf mich zu ziehen ... im Gegenteil, ich liebe es, mein Kreuz zu verdecken, das sich färbt mit Blut, mit den weißen Veilchen der Demut, mit den Gänseblümchen der Einfachheit, mit den Rosen des Schweigens.

---

[1] Markanter Ausdruck von THÉRÈSE DE L'ENFANT-JÉSUS, HA S. 218 (= Ms B fol. 4v). Siehe Einf., S. 11 Nr. 1.
[2] Vgl. DES PLANCHES, *La Passion Renouvelée ou Sainte Véronique Giuliani*, S. 193. Siehe Einf., S. 12 Nr. 4 (geistliche Stütze).

Ah! Wüsste man doch, was eine Seele an Liebe ernten kann, wenn sie sich bemüht, immer freundlich zu bleiben, sich immer in allem glücklich zu zeigen.

Man kann viel aushalten, wenn man sich nicht um seine Leiden kümmert ... soweit das möglich ist ... Und wenn es schwer ist, wacht der Herr, der die Kraft der Schwachen, der Mut der Demütigen, die Freude derer ist, die ihn lieben, und kommt unserem guten Willen zu Hilfe ... dann kann man alles und noch weit besser.

Wie schön und gut ist die Begegnung der Seelen, die aufeinander zugehen, sich vereinen, um sich gegenseitig zu helfen, sich aufzubauen, sich zu heiligen! Diese glückliche Verbindung ist eine göttliche Saat, die von einer Seele an eine andere weitergegeben wird und die dann früher oder später in der innigen Vereinigung mit Gott vorteilhaft befruchtet, keimen wird, wachsen wird.

Ihr Bestreben ist eines: reiche Schätze an Tugenden sammeln, sich vervollkommnen, zur Heiligkeit gelangen, um der Ehre Gottes willen ... und Früchte der Gnade hervorbringen zugunsten aller [und aller] Seelen.

Unter Seelen, die sich begreifen, die von einem gleichen mystischen Ideal gepackt sind, die in einer gleichen Harmonie schwingen, die < von > einer gleichen Liebe verzehrt werden, hat Zusammenfinden nur ein Ziel ... Gott und Gott allein. Ihr Austausch, wo es bei jedem Thema nur um das Gebet, das Leiden, den Tod, den Himmel geht ... und besonders um Vertrauen, Liebe und Hingabe in unseren zutiefst vertrauten und geliebten Jesus, kann nur unermesslich gewinnbringend sein. Besonders für mich, die ich mich neben den anderen dem Herrn geweihten Seelen als so unwissend und so klein empfinde und betrachte ... Aber ich liebe es so, es zu erkennen, um mich immer mehr zu verlieren und immer mehr in mein Nichts zu versenken ... um sehr schnell und sehr kräftig voranzukommen ... um immer und endlos aufzusteigen, zitternd vielleicht, aber in einem Glücksrausch und im geheimnisvollen Wehen des Unendlichen, das mich immer unwiderstehlicher mitreißt.

Die großen Seelen, sagt man, „tragen die kleinen auf ihren Flügeln" ... und das ist wahr ... doch beruhigt es mein Kleinsein noch viel mehr, dass es sich auf den allmächtigen Flügeln des göttlichen Adlers mitgenommen fühlt. Es liegt mir fern, zwischen den Geschöpfen und mir eine Parallele ziehen zu wollen, es sei denn, um sie als besser einzuschätzen. Aber was ist ein Kleinsein neben einem anderen sogar großen Kleinsein? Ich gehe

20. Oktober 1931

nicht darin auf, neben mich oder nach unten zu schauen, wohl aber immer höher. Der Anblick des einzig wahren großen Gottes überwältigt mich. „Ich bin derjenige, der immer war und ist." Was mich überwältigt und wie gebrandmarkt quält, ist jene Antwort des Schrecken erregenden und sanften Jesus: „Noch ehe Abraham wurde, bin ich ..."[1] „Keinem anderen werde ich meinen Ruhm überlassen." Ihm sei alle Ehre und aller Ruhm!

⌜Ich bin mir vollkommen bewusst, dass nichts in mir geeignet war, die Blicke Jesu anzuziehen, sein Herz zu entzücken, dass allein seine Liebe mich mit Gütern überschüttet hat⌝[2], und wenn der Allmächtige in meiner Seele große Dinge vollbracht hat, dann einzig aus Barmherzigkeit.

Was mich aufrichtet und mich sogar wagemutig macht, nachdem es mich in Angst und Schrecken versetzt hat, ist jener Ausruf, den ich vor nicht allzu langer Zeit vernommen habe und der wie ein wohltuender Balsam über meine Seele gekommen ist: „Wer ist wie der Herr, unser Gott, der in der Höhe wohnt und sich herabneigt zu dem, was niedrig ist!"[3]

Denn wenn Gott eifersüchtig auf seinen Ruhm schaut, dann gewinnt ihn eine Seele, die frei ist von sich selbst, die eifersüchtig auf seine Eifersucht schaut, die fruchtbar ist durch seine Fruchtbarkeit. Er lässt sich seinerseits zu dem hinziehen, was so niedrig ist, so niedrig. Er neigt sich zärtlich über die Niedrigkeit seiner Magd, um sie zu ermutigen, zu stärken und mit sich zu vereinen. Von da an erklingt das „Ehre sei Gott in der Höhe" ... und für die Seele ist es der Friede auf Erden! Und was für ein Friede!

Wenn Gott gesprochen hat, ist keine Ausflucht mehr möglich! Oh! Dieser Nachmittag, geschenkt in voller Freiheit des Geistes und des Herzens. Meine tiefe Freude, meine Liebe festigt meine Zärtlichkeit, machte sie zuvorkommender, anziehender. In dieser ganzen Zeit habe ich mein Leiden mit erstaunlicher Heiterkeit getragen; sie war in meinem ganzen Wesen wie eine Kraft, wie ein Mittel, um mich besser hinzugeben! Aber war ich demütig genug, mitteilsam genug ... oder zu sehr? Ich liefere mich nicht gerne aus. Ich mag es nicht und ich kann es nicht; das ist nicht meine Art ... gerne mag ich nur die Einfachheit.

---

1 Joh 8,58.
2 Glossierte Übernahme von THÉRÈSE DE L'ENFANT-JÉSUS, HA S. 7 (= Ms A fol. 3v). Siehe Einf., S. 13 Nr. 7.
3 Vgl. Ps 113,5–6. Zur damaligen Zeit, wurde dieser Psalm in der Sonntagsvesper gesungen. (Die Wiedergabe der Stelle bei Marthe orientiert sich an der Vulgata. Nach dortiger Zählung Ps 112,5–6. Anm. d. Übers.).

Manchmal liebe ich es, solche Annäherungen zu erleben, solche Sympathien, die keine sind, weil sie nur einen Zweck haben: Jesus! Jesus! ... Und überhaupt weiß der liebe Gott wohl, dass meine kranke Natur, meine Unfähigkeit in allem, seiner überragenden Unterstützung bedarf. Es ist mir sehr angenehm zu denken, dass man für mich betet; dass man mich da sein lässt, ganz wachsam in meiner Liebe, ganz in Anbetung in der Nähe des geliebten Gefangenen der Liebe, ganz dem Belieben Gottes ausgeliefert. Ah! Dass dieser so teure Meister wirklich da ist, in ganz besonderer Weise, vollkommenes Vorbild für alle kleinen, ganz hingegebenen Seelen, die sich dem göttlichen Handeln großherzig überlassen.

Meine Berufung ist es nicht, mit Wortschwallen zu glänzen, sondern durch gelebtes Beispiel zu überzeugen ... und nicht durch gelesene Beispiele! ⌜"Sorge dich nicht, weil du nicht lesen kannst; ich allein will deine Fackel sein."⌝[1]

An diesem vollkommenen Vorbild also orientiere ich mich, nach diesem Licht richte ich mich aus. Jetzt lebe ich so gut aus ihm, dass nur noch sein Wort zählt.

Der Herr hat mir als göttliches Handeln das Leiden in Einheit mit ihm gegeben; und als geistliche Übungen das Gebet und das innere Gebet! Und mittels dieser frommen Übung, bei der ich ihm unablässig die Tür meines Wesens öffne, wurde die innigste Vereinigung gewirkt und setzt sich fort.

Ehre sei Gott, der durch das innere Gebet und die Liebe meiner Seele das Unendliche eröffnet hat.

An seinem Herzen möchte ich Apostel sein und aus ihm alles schöpfen, was ich will ... dort kann ich immer mehr für alle Seelen die kleine Seele mit dem großen Herzen werden.

Alles in der Liebe und allein für Gott! ...

Man muss sich des unermesslichen Glücks erfreuen, Jesus allein zu erleben, aus Jesus allein zu leben, um die ganze Bitterkeit und die göttliche Trunkenheit zu spüren, die darin liegt. Je mehr eine Seele von Gott ins Zentrum der wahren Wirklichkeit hineingezogen wird, desto weiter öffnet sie sich in der Folge den reinen und heiligen Freundschaften, zusätzlich zu denen der Eltern, der Familie und Freunde, deren Zärtlichkeit bis zu

---

[1] Vgl. DES PLANCHES, *La Passion Renouvelée ou Sainte Véronique Giuliani*, S. 210. Siehe Einf., S. 12 Nr. 4 (geistliche Stütze).

den äußersten Grenzen geht! ... Aber wie viel Irrtum gibt es doch in diesem Punkt! ...

Ich weiß nicht, welch glückliche Wirkung jene Begegnung in diesen teuren verwandten Seelen hervorbringen konnte. Aber ⌜wie gut war es, mit diesen schönen und so großherzigen Seelen über Gott zu reden, über seine Liebe und sogar ganz einfach über die Pflicht. Ich bin immer noch tief ergriffen. Ihre große Liebe zu mir hat mich mehr berührt, als ich es sagen könnte und [das] hat übrigens, wie alles, was rein und heilig ist, in mir das Leben zum Klingen gebracht. Das Leben, das Gott ist ... Gott, die Liebe und ... unsere Mitte.⌟[1]

⌜Mir scheint, dass das Leben in mir aufsteigt und ich nehme ein Licht in meinem ganzen Wesen wahr. Ich fühle mich in Licht getaucht, in das Licht und in die Glut einer unendlichen Liebe ... Ich begreife, dass mein ganzes Wesen in Gott ist.⌟[2]

↑ 20. Oktober 1931 (Dienstag)

Oh Vater meines Lebens! Oh teurer Bräutigam meiner Seele! Oh Herz meines Herzens! Komm ... Oh! Komm in mein Herz!

Ein loderndes Feuer brennt in meinem ganzen Wesen und ich fühle, wie mich brennender Durst verzehrt. Lass, oh angebeteter Meister, in meiner lechzenden Brust all die Erfrischungen hervorbrechen, die meine Liebe zufrieden stellen!

Nicht weil ich leide, rufe ich dich und bitte dich zu kommen, oh mein König und mein Gott ... sondern weil ich dich liebe! Du, nichts als du, kannst mein Herz erfüllen und meine Seele satt machen.

Mit dir leide ich nicht mehr, oder besser, ich vergesse, dass ich leide ... da ich dich ja liebe und auf deine Liebe hoffe, süße Hoffnung meines Lebens.

Wie könnte man den nicht lieben, der uns so sehr liebt und uns von Ewigkeit her geliebt hat! Den, der uns geschaffen, gerettet, losgekauft hat ... und der uns alles gibt. Diesen Gott, der uns eine Seele gebildet hat,[3] ein reines Bild seiner Vollkommenheit, seiner Größe und seiner Schönheit ... die am göttlichen Leben teilhat.

---

1 Glossierte Übernahme aus KLEIN, *Madeleine Sémer*, S. 258–259. Siehe Einf., S. 13 Nr. 7.
2 Glossierte Übernahme aus KLEIN, *Madeleine Sémer*, S. 193. Siehe Einf., S. 13 Nr. 7 und 5.
3 Im Heft steht kein Komma. Wir setzen es an dieser Stelle im Hinblick auf den Kontext, der die ursprüngliche Gnade der Schöpfung des Menschen in Erinnerung ruft.

⌜Das Wort ist Fleisch geworden, damit der Mensch durch Seine Menschheit mit der Gottheit in Berührung komme. „Ich bin der Weg, niemand kommt zu meinem Vater außer durch mich!"⌝¹ Ich bin die Wahrheit, niemand kann sich rühmen, an meinen Vater zu glauben, wenn er nicht zugleich an mich glaubt! Ich bin das Leben, niemand wird auferweckt werden, wenn ich nicht selbst zu neuem Leben auferstehe! ..." Warum schenkt sich der Herr uns, wenn nicht, um uns mit ihm zu vereinen?

⌜Durch übernatürliche Anziehung und besonders durch geschenkte Liebe vereint sich die Seele mit Christus, dem Gottmenschen, um sich in Gott zu verzehren.⌝²

Das ganze Glück der liebenden Seele ist es, in der unaussprechlichen Gesellschaft Gottes zu leben ... Gott allein und die Seele allein. Gott in der Seele und die Seele in Gott ... Gott für die Seele und < die Seele > für Gott, im Hören auf die vertraulichen Mitteilungen und bereit, die göttlichen Anweisungen zu empfangen in der großen Stille des Unsichtbaren. Was gäbe es, das unaussprechlicher, köstlicher wäre für sie, wenn sie das Ausmaß ihres Glücks begreift und wenn sie es nutzt?

Jede Minute, die vergeht, gibt mir Gott ... jede einzelne dieser Minuten muss mich ganz bei ihm finden. Was für eine Kränkung ist es für Jesus, wenn ich ihn ganz in mir habe und mich nicht völlig mit ihm vereine! Doch können wir die Höhenflüge der vollkommenen Liebe nur kennen, wenn wir oft in den bodenlosen Brunnen der rechten Selbstverachtung hinabsteigen.

Will man mit Gott leben, muss man im eigenen Inneren leben, was nicht heißt, für sich zu leben, verschlossen, engstirnig, einseitig. Nein, im Gegenteil, die Vereinigung mit Gott lässt das Herz groß werden, weitet den Verstand ... sie macht das Wesen ideal. Die Vollkommenheit, die Vergöttlichung unseres Wesens erlangt man eher durch Vertiefung als durch Veräußerlichung ... Indem man sich weitet und nicht, indem man sich verzettelt.

Die Stunden werden nur dann geheiligt, wenn wir das Empfinden für die wirkliche Gegenwart Gottes bewahren und den Gedanken, dass wir mit ihm vereint sind, intakt halten, denn es bedarf einer ununterbrochenen

---

1 Vgl. DES PLANCHES, *La Passion Renouvelée ou Sainte Véronique Giuliani*, S. 209. „Geistliche Formulierung", siehe Einf., S. 12 Nr. 2.
2 Vgl. DES PLANCHES, *La Passion Renouvelée ou Sainte Véronique Giuliani*, S. 209. „Geistliche Formulierung", siehe Einf., S. 12 Nr. 2.

Aufmerksamkeit, um das wunderbare Wirken der Gnade in unserer Seele zu erfassen.

Glücklich die zurückgezogene Seele, die die Gegenwart des geliebten Meisters zuinnerst bewahrt, der sie die Einsicht ins Leben lehrt und sie mit seinen göttlichen Seligpreisungen erfüllt.

Ja, glücklich, glückselig die Seele, die voll von Unendlichem ist (der Gott der Wahrheit und der Unermesslichkeit), die immer Danksagung übt und fortwährend die Liebe zu ihrem Gott, der souverän in ihr lebt und herrscht.

Was für Herrlichkeiten, die zu betrachten sind! Was für unerschöpflich fruchtbare Wasser, die man erhält ... um sie auszugießen.

Gott allein bei mir, in mir ... Er allein und ich und ... immer. Oh göttliches Leben! Leben der Liebe! Leben voller Zeichen und Wunder! Steige in mir hinab und auf, sei der Reiz meiner Augen, die Beschäftigung meines Denkens, die Wonne meiner Nächte ... der Mittelpunkt all meines Handelns.

Hier auf Erden, die Berührung von Herz zu Herz, von Seele zu Seele mit dem eucharistischen Jesus, zum Lobe der göttlichen Dreifaltigkeit ... im Himmel werden wir uns von Angesicht zu Angesicht gegenüberstehen.

↑ 2. November 1931 (Montag)

Heilige Kommunion. Was soll ich machen, was in mein Herz tun, um dort den zu empfangen, den ich so lange gerufen habe und der zu mir kommt, um mich mit dem Feuer seiner Liebe, mit den fruchtbaren Wassern seiner Gnade zu erfüllen ... um mich mit ihm „eins" zu machen?

Wir zusammen, in diesem neuen Bethlehem – nicht kalt, dieses hier, weil ja die Liebe es erglühen lässt, es verzehrt – und wir strahlen ganz vor Frieden und heiliger Liebe, vor Vertrauen und Reinheit.

Das Sakrament der Eucharistie ist das ausgewiesene Zentrum, das in uns das übernatürliche Leben einpflanzt, entwickelt, wachsen, überströmen und triumphieren lässt und unsere Seele für ein immer tieferes Begreifen der göttlichen Geheimnisse öffnet.

Die Seele, die hungert, die dürstet nach intimer Vereinigung mit Gott, verlangt nach der sakramentalen Kommunion, die ihr den Aufstieg im mystischen Leben erleichtert.

Der Himmel in mir! Der Himmel in meiner Seele! Aber das kann nicht möglich sein? ... Das ist zu schön, das ist ein zu großes Glück! Doch bald wird es wahr sein! ...

Oh Vater! Oh Wort! Oh Heiliger Geist! Ich falle in Anbetung und meine Seele ist durch die Ekstase schon wie mitgerissen zu den Füßen Gottes ... einziger und wahrer Gott, „Einer" in drei Personen und drei ohne geteilt zu sein.

Oh mein Leben, oh mein Licht und meine Liebe! ⌜Jetzt weiß ich, dass meine sanfte Dreifaltigkeit mich in ihrer Liebe ganz besitzt.⌟[1] Ich bin die Braut der göttlichen Dreifaltigkeit! ... Die Dreifaltigkeit hat meine Seele geküsst! Oh meine geliebte Mutter, bekleide mich mit deinen engelhaften Tugenden und möge ich eine kleine Hostie ganz zum Lobe der Dreifaltigkeit sein. Du, meine Seele, was sagst du zu diesem unbegreiflichen Wunder? Glaubst du, dass du den ganz in dir hast, den die Weite der geschaffenen Welten nicht zu fassen vermag, und fühlst du dich fähig, dich mit dieser unendlichen Größe zu vereinen? Ja, du zitterst, weil du es nicht einfach nur glaubst, sondern du begreifst, du lebst diese unfassbare Wahrheit.

Was hast du, das du im Gegenzug für so viel Dankbarkeit[2] geben könntest? ... nichts ... Aber der Herr verlangt nur eine Antwort: Liebe ... Liebe! Lieben und das wie er, bis zur totalen Hingabe, bis zum erhabensten Vollzug.

Oh! Das unerklärliche Brennen des heiligen Kusses der Kommunion fühlen, in der Stille der Tiefe des eigenen Wesens das Herz des Geliebten fühlen und schlagen hören, seine anbetungswürdigen Züge betrachten, sich seines göttlichen Feuers erfreuen, seine intimen Vertraulichkeiten hören, sich in seine Fülle versenken, dahinschmelzen, sich verlieren in seiner unendlichen Majestät. Was für ein köstliches Vernichtetwerden! ...

„Dein Rufen ließ mein Herz beben. Ich habe dem Tag vorgegriffen, um mich dir früher zu schenken, so sehr habe ich Eile und dürste danach, in dein Herz hinabzusteigen. Liebst du mich? ..." – Ja, Herr, ich liebe dich! ⌜"Ich dürste! Ich dürste danach, geliebt zu werden! Wer wird meinen Durst stillen wollen?[3] ...⌟ ⌜Liebst du mich? ..." Oh Gott, der du ganz Liebe bist, mögen sie es dir sagen, meine Leiden ... mögen sie dir Antwort geben, all

---

[1] „Geistliche Formulierung", vgl. KLEIN, *Madeleine Sémer*, S. 188. Siehe Einf., S. 12 Nr. 2.
[2] Marthe meinte wahrscheinlich *Wohltaten*.
[3] Freie Übernahme aus DES PLANCHES, *La Passion Renouvelée ou Sainte Véronique Giuliani*, S. 157. Siehe Einf., S. 13 Nr. 5.

die Verletzungen, die die Hand der Liebe in mein Herz gegraben hat! Herr, du bist die Liebe, ich liebe dich also aus deiner ganzen Liebe heraus!„[1]

Was für lange und unaussprechliche Herzensergießungen an Zärtlichkeit! „Du bist ganz mein und ich will, dass du noch mehr mein bist, deshalb werde ich dich noch mehr zum Opfer machen." Möge sich in mir dein heiligster Wille erfüllen, oh mein göttlicher Jesus!

„Ich will, dass du nach mir und mit mir durch Leiden und Sühnen den gerechten Zorn Gottes besänftigst, der durch die Undankbarkeit der Menschen maßlos beleidigt wird. Ich brauche deine Hilfe, um die Seelen den Klauen Satans zu entreißen, indem du in dir meine erlösende Passion vollendest. Sei auf große Qualen gefasst, auf sehr harte Leiden, weil du ja immer mitten unter den Dornen bist und ich dich auf mein Kreuz gelegt habe. Der Feind unternimmt immer mehr große Anstrengungen, um dich zu haben, aber sei voller Vertrauen, ich bin immer bei dir." Oh göttlicher Sturzbach himmlischer Wonnen, ich gebe mich ohne Vorbehalt deinem göttlichen Feuer hin; erlaube mir, dich noch um eine Gnade zu bitten: um die Gnade, dir keinen Schmerz zu bereiten, dich auf dem Weg nicht zu beleidigen ... zu allem anderen sage ich *fiat*!

„Ich habe auf der ganzen Erde zahlreiche kleine Opfer wie dich, denen meine Verfolgungen, meine Schande, die Schmerzen meines Kreuzes ebenfalls zur Wonne werden. Sie sind die Geliebten meines Vaters, die Bevorzugten meiner zärtlichen Mutter, die ihre Hüterin ist.

Aber um wie viel zahlreicher sind unter meinen Freuden jene, die sich weigern, das Kreuz zu tragen, die davor fliehen; wie groß ist die Zahl derjenigen, die nicht beten! Wie viel schändlich verschmähte Liebe! Wie viel ungenützte Gnaden! ... Bei dir finde ich Erleichterung und werde für die Beleidigungen, die man mir zufügt, entschädigt, für die Kränkungen, die ich ertrage, für die Ablehnungen, auf die ich stoße, ich, die unendliche Liebe!

Deshalb überschütte ich dich immer mehr mit Gnaden, [deshalb] höhle ich immense Abgründe in dir aus, um dich mit den überschäumenden Wassern meiner Liebe zu füllen! ... Du bist mein Opfer, durch dich will ich all die Gnaden austeilen, die zurückgewiesen worden sind.

---

[1] Aneignung einer Erfahrung aus DES PLANCHES, *La Passion Renouvelée ou Sainte Véronique Giuliani*, S. 154–155. Siehe Einf., S. 12–13 Nr. 4 und 5.

Ich halte für die ganze Welt und besonders für Frankreich Schätze des Lichts, Fluten von Gnaden bereit ... Bis ans Ende der Zeiten werde ich Wunder wirken, nichts wird mich aufhalten können, weder die Wildheit der Dämonen noch der Widerstand der Menschen ... ich werde sie überwältigen.

Ich werde mir Seelen auswählen, um sie zu empfangen, ich werde mir Opfer machen, um mir alle diese Wunder zu bezahlen ..."

Oh! Dieses Überfließen von Gnaden! Dieses Überschwemmen von Licht! Dieses Ergießen der Liebe! Diese göttlichen Vertraulichkeiten! ... Ich möchte mich dem entziehen können ... zerschmelzen ... nicht mehr sein. Und dabei ⌐ein unendlicher Wille, mich an Gott zu binden, glücklich, dass ich um den Preis all dessen, was er wollen wird, all dessen, was ich besitze, diesen Schatz der Liebe, den ich in ihm verborgen finde, kaufe.⌐[1]

Ich leide, nicht daran, dass ich zu viel liebe ... sondern daran, dass ich nicht weiß, wie man liebt ... und weil ich mich als immer unfähiger, als immer unwürdiger erkenne, die Liebe zu lieben.

Maßlose Unfähigkeit, erschreckende Unwürdigkeit ... Streben, unwiderstehliches Verlangen, diese Liebe zu besitzen, die immer größer ist als das Gefäß, das sie empfängt ... immer höher als die beiden sehnsüchtig ausgestreckten Hände. Liebe, die verzweifeln lässt und die anzieht... Liebe, deren Leiden leben lässt und deren Trunkenheit tötet. Liebe, die den Durst löscht und die ebenso brennt; denn wie sollte man nicht in einem flüchtigen Augenblick in diesen flammenden Fluten verzehrt werden?

Nichts ist zugleich köstlicher und quälender als die Liebe! Aber warum, Herr, hast du Maria Magdalena verboten, sich dir zu nähern und dich zu berühren, als du aus dem Grab stiegst, und lässt ein so undankbares Geschöpf wie mich in unaussprechlicher Weise in dir wie in einem keuschen und göttlichen Bett ruhen? Wenn ich du wäre, oh Jesus, hätte ich nicht mich gewählt! Ich hätte nicht eine Undankbare gewählt! ... „Aber ich, ich habe dich gewählt, im Gegenteil, ich werde es noch öfter tun. Du bist meine kleine Freude." Aber, Herr, und die anderen? ... „Mach dir keine Sorgen. Es liegt in der Natur des höchsten Gutes, dass er allen Geschöpfen im Überfluss und freigiebig ihr Maß an Freude und Liebe gibt und dass er ihre Wünsche über alle Erwartung hinaus erfüllt ... ohne dass der Strom

---

1 Übernahme aus KLEIN, *Madeleine Sémer*, S. 216, mit Wechsel der Person. Siehe Einf., S. 13 Nr. 9.

versiegt. Ich bin dein ... ich liebe dich, sagt Jesus, bleibe bei mir, deinem Gott und deinem Bräutigam." Dann segnete er mich und die vertrauliche Begegnung war zu Ende.

Meine Freude ist viel zu ungeheuer, mein Glück ist zu intim, um sich nach außen hin auszudrücken.

Oh Gott, meine Liebe! Hebe Abgründe der Barmherzigkeit und der Nächstenliebe in mir aus! Mache mich allen deinen Wünschen gehorsam und ganz gefügig, treu gegenüber deinen Eingebungen, deiner weisen Führung demütig ergeben ... bereit, jede Pflicht zu erfüllen und sogar das Ruhen zu vergessen, ohne dass das allzu sichtbar würde ... ohne dass ich des Leidens überdrüssig würde! Du hast es gesagt, ich gehöre untrennbar dir!

Dem lieben Gott nichts abschlagen können!

Niemals etwas von ihm empfangen ohne den Wunsch, es sogleich mit einer Seele zu teilen.

Nur Gott kann diese Gedanken unserer Seele eingeben und sie dort verankern.

Oh bewundernswürdige und liebende Mutter! Lass mich Jesus lieben, wie du ihn liebst, und diese Liebe soll das ganze Glück meines Lebens und mein Vertrauen im Augenblick meines Todes sein!

Himmlische Chöre der Engel, die ihr im Angesicht Gottes in der Höhe singt und betrachtet ... und ihr, glückselige Scharen der heiligen Männer und Frauen, von denen die Welt nichts weiß, begleitet mich, dankt, lobt, verherrlicht den, der dem armseligsten seiner Geschöpfe die Gnade einer unendlichen Liebe gewährt.

↑ 6. November 1931 (Freitag)

Heilige Kommunion. Dieser Tag ist eine wahre Wonne aus dem Paradies gewesen! Was für ein Aufblühen! Was für ein begeistertes Singen in der Seele, die, ganz in Brand gesetzt, in Besitz genommen von < einer > lebendigen Flamme, vom Verlangen und der Liebe fortgerissen wird zu den Höhen der Kontemplation; in der Seele, die nach dem Willen dessen, der die Liebe selbst ist, der Seele und dem Opfer des eucharistischen Christus aufgeopfert und gleichgestaltet wird, der ganz lebendig in ihren Geist und in ihr Herz gekommen ist und in dem sie unter dem unmittelbaren Wirken des Heiligen Geistes das wunderbare Konzert zur Ehre des Schöpfers singt.

„Ehre sei Gott in der Höhe" und Friede auf Erden den Seelen, seinen folgsamen Dienerinnen ... antworten die Engel.[1]

Was für ein Trost für die ärmsten kleinen Seelen, dass sie im eucharistischen Jesus all die Liebe, all die Inbrunst finden, die sie brauchen, um Gott zu loben, zu besingen, zu verherrlichen.

Oh Jesus, es ist sehr wohl für immer, dass du ganz mein bist und dass ich ganz dein bin. Ich besitze Jesus in mir ... und in ihm bleibe ich ... nicht, um dort mein Leben zu leben ... sondern um aus dem Seinen zu leben und ihm unaufhörlich mein ganzes Wesen zu öffnen und mich in ihm zu versenken.

Er selbst bestätigt das: ⌜"Ich bin die Liebe in Person, ich liebe dich, ich nehme dich ganz in mein Herz auf. Du bist meine Braut, die Braut meines Herzens."⌝[2]

Aus Gott leben, in Gott allein! Das heißt, seine Seele sehr hoch über die Nichtigkeiten der Erde erheben ... das heißt, sich auf den Gipfeln der strahlenden Wirklichkeiten festmachen, im Licht, das verwandelt, einzig und allein im Namen Jesu ... das heißt, in ihm ruhen in den Wonnen der vollkommenen Vereinigung. ⌜Einer Vereinigung, wo der Verstand grenzenlos erhellt wird, durch sein höchstes Gut in dem Maße immer mehr erleuchtet, wie es sich ihm zeigt und ihm ein höheres Verständnis seiner unendlichen Vollkommenheit schenkt; einer Vereinigung, wo sich der Wille vorbehaltlos hingibt, immer mehr durchdrungen ⌝[3] von einem tiefen Gefühl der Demut und einer absoluten Loslösung von den Dingen der Erde und begleitet von dem brennenden Wunsch, um den Preis aller Leiden und sogar des Martyriums für sich selbst und für alle Geschöpfe das Glück des Himmels zu erkaufen.

Aus dieser Liebesvereinigung, aus dieser süßen Vertrautheit mit Gott in himmlischen und irdischen Wonnen kann die liebende Seele nicht mehr zurückkehren, wenigstens nicht ganz ... und immer göttlich umgestaltet.

⌜Da die Liebe sie erfüllt, gefangen nimmt, bezaubert, und das so gut, dass sie nichts anderes fühlen, verkosten, genießen kann, findet sie da im-

---

1 Vgl. Lk 2,14.
2 Freie Übernahme aus DES PLANCHES, *La Passion Renouvelée ou Sainte Véronique Giuliani*, S. 145. Siehe Einf., S. 13 Nr. 8.
3 Glossierte Übernahme aus KLEIN, *Madeleine Sémer*, S. 216. Siehe Einf., S. 13 Nr. 7.

mer staunenswerte Geheimnisse, die sie in der Liebe wachsen lassen, und Mittel, um mehr zu lieben.⌋¹

Nichts stellt für ihre Liebe ein Hindernis dar. Und ⌈sie gibt sich ihr nicht nur ganz hin, sondern die Liebe, die sie mit ihrem Geliebten vereint, flößt ihr unaufhörlich in allen Dingen, in den geringsten Dingen und durch alle Einzelheiten ihres Lebens eine erhabene Regung ein, die sie dazu bringt, ihn immer mehr zu lieben.⌋² Sie nutzt alles, um zu lieben, und sie kommt auch ohne alles aus, wenn es nötig ist ... wenn ihr alles fehlt ... liebt sie und ... die Liebe ersetzt ihr alles.

Oh Gott, der du ganz Liebe bist! Oh Wort, das die Liebe hat Fleisch werden lassen, damit jede Unmöglichkeit der Vereinigung zwischen Gott und Mensch aufgehoben werde ... das die Liebe weiterhin täglich aufopfert, das die Liebe zum Gefangenen macht, Brot des Lebens, und wo ihre unendliche Zärtlichkeit, wenn wir sie lassen, in uns Gleichförmigkeit des Lebens, des Namens, der Ähnlichkeit bewirkt ... Die Umgestaltung vollzieht sich in der Liebe, aber zur Heiligkeit gelangt man durch Demut!

Das Kreuz und die heilige Hostie, mit nichts zu vergleichende Geheimnisse der Demut und Liebe, sind die beiden Fackeln, die meinen Lebensweg erhellen, die beiden großen Flügel, die mein inneres Beten leiten und meinen Aufstieg stützen.

Für die unablässigen Gnaden, die wunderbaren Gunsterweise, die du meiner Seele gewährst, für alle leidenschaftlichen Gebete, < die > meinem Herzen entstiegen, sich zu dem deinen hin erhoben haben und die du in deiner wunderbaren Güte erhört hast oder die du aus noch größerer Liebe unbeantwortet gelassen hast,

preise ich dich, mein Gott!

Für die so guten Stunden, die so reinen Freuden, die ich in der Sanftheit der Vereinigung und der Liebe verkostet habe und deren wohltuendes Andenken niemals mehr aus meiner Seele weichen wird,

preise ich dich, mein Gott!

Dafür, dass du mich, wie ein erlesenes Gefäß, dazu bestimmt hast, das Feuer deiner göttlichen Liebe aufzunehmen, dafür, dass du mir so oft eingegeben hast, wie ich ganz dein werden sollte ... und weil du mich mit so

---

1 Freie Übernahme aus KLEIN, *Madeleine Sémer*, S. 216. Siehe Einf., S. 13 Nr. 8.
2 Freie Übernahme aus KLEIN, *Madeleine Sémer*, S. 216. Siehe Einf., S. 13 Nr. 8 und 5.

viel Sanftheit ersucht hast, dass ich auf dem Amboss des schrecklichen Bittens der Liebe immer dein kleines Opfer bleiben will,

preise ich dich, mein Gott!

Herr, ich lasse mich fallen in deine Hände, ich bin für immer dein!

Sogleich sah ich mein Bett verwandelt in ⌜ein großes dorniges Kreuz, eine Verwandlung, die sich schon oft ereignet hat und die jedes Mal quälender vor sich geht, da mit immer größerer Liebe.

„Da will ich dich jetzt", sagte sogleich eine innere Stimme.⌟¹ Die Änderung kam plötzlich. Die Heftigkeit des Leidens war so, dass es mir sehr schweres Zittern verursachte; alle meine Glieder zitterten und ich fühlte, dass das Herz mir verbrannte.

Unmöglich zu sagen, < welcher Art > meine innere Qual war, aber ich glaubte wirklich, dass ich sterben würde. Ich konnte nur sagen: Herr, ich liebe dich! Alles um deiner Liebe willen, oh mein Gott! Aber schenke mir Maria, meine zärtliche Mutter, und schenke mich ihr!

⌜Mein Gott gab mir daraufhin durch Mitteilung zu verstehen, dass all mein Frieden und meine Glückseligkeit in der Demut lägen, im andauernden Achten auf die innige Gegenwart Gottes und in der vollkommenen Übereinstimmung mit seinem göttlichen Willen.⌟²

Im gleichen Augenblick fühlte ich, wie mein Mut zu leiden wieder erwachte, und ich bat inständig um die ganz mütterliche Vermittlung der Jungfrau Maria!

↑ 14. November 1931 (Samstag)

Wieder, Herr! Und noch mehr! Was für eine glückliche Mischung von Prüfungen und Kreuz!

Aber gerade bei der Prüfung und beim Kreuz wirkt sich der ganze Wert auf unser übernatürliches Leben aus.

---

1 Freie und glossierte Übernahme aus DES PLANCHES, *La Passion Renouvelée ou Sainte Véronique Giuliani*, S. 263. Siehe Einf., S. 13 Nr. 7 und 8.
2 Aneignung einer personalisierten Erfahrung aus DES PLANCHES, *La Passion Renouvelée ou Sainte Véronique Giuliani*, S. 265. Siehe Einf., S. 12 Nr. 3 und S. 13 Nr. 8. Veronica Giuliani befindet sich auf einem Weg zwischen Dornen; für Marthe verwandelt sich das Bett in ein dorniges Kreuz.

23. November 1931

Der angebetete Adler berührt niemals eine Seele mit seinem Flügel, ohne ihr mit dem wahren Kuss Schmerz zuzufügen. Und weil nichts Großes in uns geschieht ohne Leiden!

Ave Crux amoris spes unica!

Alles, was demütigt, reinigt ... alles, was kreuzigt, heiligt ... alles, was mit Jesus vereint, vergöttlicht!

Ah! Wie lieblich ist es, Christ zu sein, wenn die Krankheit das tägliche Kreuz ist und man Monate und Jahre auf einem Leidensbett zubringt!

Verzicht, Opfer, das ist die Grundlage der Vollkommenheit, der beste Begriff[1] für jedes hohe und fruchtbare Handeln.

Sich zu demütigen wissen, sich zu vergessen wissen, sich aufopfern zu wissen, sich hingeben zu wissen, sich verlieren zu wissen, sich verausgaben zu wissen und sich allen zur Verfügung zu stellen und dabei freudig und mit Liebe Beleidigung, Undankbarkeit, Ermüdung, Leiden, Verlassenheit annehmen, indem man sich über die geschwächte und von Schmerzen gepeinigte Natur erhebt ... über unsere gequälten und dem Martyrium preisgegebenen Sinne hinaus. Alles dient ... alles hilft uns, um in den Himmel zu gelangen! Also *fiat* immer und immer *fiat*! Amen! Halleluja!

Das Leiden und die Buße sind zwei Waffen des Heils, die in die Hände der tapferen Armee der Bräute Jesu Christi gelegt wurden, die entschlossen sind zu beten, zu kämpfen für den Frieden und die Einheit der Kirche, für den obersten Stellvertreter Christi, für all die anderen Hirten, die mit ihm die ganz göttliche, aber so erschreckende Last der Anleitung der Seelen tragen, für die Verteidigung und die Wiederherstellung der christlichen moralischen Tugenden in der Welt und für das Heil der Seelen. Das Herz eines kleinen Liebesopfers muss ununterbrochen in einer Dornenkrone zerrissen, vom Kreuz durchdrungen, von einer Lanze durchbohrt, von sieben Schwertern durchstoßen werden und darf nur lebendige Flammen zeigen.

Der eucharistische Christus ist das Vorbild, dessen Züge ich alle wiedergeben, dessen Opferungen ich alle von Neuem durchleben muss. Wir dürfen in unseren Schmerzen nie nur uns selber sehen. Stellen wir neben unsere Leiden immer auch die Leiden der anderen; stellen wir neben unser Weinen immer auch die Tränen der anderen; verstehen wir es, neben

---

1   Im Sinn von *Geheimnis (jedes Handelns ...)*. Marthe hat dieses Wort im Heft unterstrichen.

unsere Betrübnisse die Mühsal der anderen zu stellen. Jede Seele hat in ihrem Leben Seiten, die sie nicht kennt und die durch die Verdienste, Gebete, Bußakte, Leiden anderer Seelen geschrieben sind.

Oh! Wie bin ich doch innerlich gebrochen und gemartert. Tag und Nacht seufzt mein ganzes Wesen im Feuer, vom Leiden gequält und noch mehr von der Liebe gemartert! Und wie wenig Ruhe wird in all dem gewährt? Woher kommt es, dass mein Gesicht wie gegen meinen Willen meiner Umgebung zulächelt, wenn es eigentlich weinen möchte, dass meine Zunge spricht, wenn sie stumm bleiben möchte, mein Geist sich für die Bedürfnisse, die Leiden der anderen interessiert, wenn er sich eigentlich verschließen möchte? Woher kommt es also, dass es mich so sehr danach verlangt, allein zu sein, und ich würde sagen, äußerlich Ruhe zu haben, und dass eine innere Stimme sogleich lauter spricht als mein Wunsch nach Rückzug und ihn sofort auslöscht? Woher kommt es, dass ich so spontan allen zur Verfügung stehe? ... Ist es die kleine heilige Thérèse, die Rosen auf „den kleinen Weg der Einfachheit, des Vertrauens und der Liebe" streut, um mich sicherer in die Dornen, die Leiden, die Todeskämpfe der „Großen"[1] zu ziehen? ... Ist es die Heilige Jungfrau, die mich immer liebevoller zu den mutigen Aufstiegen führt? Oder bist du es, Herr, der mich so handeln, lächeln, sanft reden, geduldig am gewöhnlichen Leben teilnehmen lässt, sogar dann, wenn die Müdigkeit äußerste Grenzen erreicht?

Jesus ähnlich werden, mein Leben nach dem seinen gestalten. Maria nachahmen, die ganz treue Jungfrau, die priesterliche Jungfrau, in der Liebe der beiden lieben ... in Einheit mit ihr[2] bleiben, aufmerksam in der Gesellschaft meiner königlichen Familie ... das ist mein ganzes Ideal!

Gott durchdringt uns mit seinem Einfluss, um uns nach seinem Bild zu gestalten, um uns tiefer in die Betrachtung seiner göttlichen Attribute eindringen zu lassen ... Er schafft sich Opfer nur, um sie mit seinen Zärtlichkeiten zu erfüllen.

Oh! Das stimmt, ich möchte nicht weniger leiden, denn weniger zu leiden würde dazu führen, weniger zu lieben ... und weniger geliebt zu werden! Um zu leben, um zu leiden, um zu sterben ... gebe ich mich hin!

---

[1] Gemeint ist Teresa von Avila.
[2] Bezug zu Maria. (Anm. d. Übers.).

Alles, was Gott will, liebe ich ... Ich überlasse mich ihm blindlings, durch Maria! Meine Hingabe, ich will, dass sie unbegrenzt sei.

„Sei darauf bedacht, mir zu gefallen und ... ich werde darauf bedacht sein, die Bitten, die dir am meisten am Herzen liegen, in reichem Maße zu erfüllen."

In dieser schmerzhaften Angelegenheit kann nur er wahrhaft handeln, wirksam eingreifen!

Ja, du allein, oh Jesus, den meine Lippen mit Liebe und Zittern nennen, dringst vor bis zum Grund meiner Seele ... Du allein weißt ... Du allein begreifst ... Du allein, oh Gott, kannst meinen abgrundtiefen Schmerz verstehen und das ist mein ganzer Friede!

Oh innig geliebte Mutter, lehre mich, mit immer größerer Liebe zu leiden. Oh Vater, Herr des Himmels und der Erde, fülle den Kelch meiner Seele mit dem frischen Tau deiner Gnaden und deinem väterlichsten Segen.

↑ 23. November 1931 (Montag)

Nacht der Liebe! Nacht tödlicher Leiden! Nacht des Mutes ... Nacht der treuen Vereinigung mit Gott.

Oh! Diese immer größer werdende Vereinigung ... Diese immer göttlichere, immer himmlischere, immer mitteilsamere Vertrautheit! Wie oft sie mich außer mir sein lässt! ⌜So strahlend hell ist, in der Liebe, die Empfindung der geliebten Gegenwart meines Gottes geworden und so lebhaft das Bewusstsein, mit ihm vereint zu sein, dass das sehr oft eine Aufhebung der inneren Kräfte und sogar eine Unempfindlichkeit der äußeren Sinne zur Folge hat⌝[1], und das in mehr oder weniger vollständiger Form.

Mein Gott, mache dass ich mich nicht sorge und mich nicht mit mir selbst beschäftige! ... so wenig wie möglich.

Lieben ... beten ... leiden ... und schweigen! Die Gnade und die Liebe Gottes für alle Zeit in meinem ganzen Wesen ihr Werk der Liebe vollbringen lassen, um für den lieben Meister und sanften König meiner Seele immer das Angenehme, der Ruheplatz, die kleine Freudenhostie zu sein ... sein ganzer Himmel voller Wonnen.

---

1 Aneignung einer Erfahrung aus KLEIN, *Madeleine Sémer*, S. 203. Siehe Einf., S. 12 Nr. 3.

Weder Murren noch Schwäche noch Klage kennen! Zu allen Schmerzen nur ein „ja" haben und in allen Todeskämpfen nur einen Jubelgesang. Alle meine Leiden vergraben, sich wegen ihrer vielfältigen Zunahme nicht mehr ängstigen als der Baum, wenn ein Blatt fällt, und das einzig mit dem Gedanken, dass ich niemals alleine bin. Denn mit dem Strom von Leben, Licht und Liebe, der sich Tag und Nacht in meine Seele ergießt, trage ich die sprudelnde Quelle, den ganzen göttlichen Ozean in mir.

Gott trennt sich niemals von seinen Gaben, wenn er sie uns gibt, schenkt er sich mit ihnen. Wie die Mutter, die mit ihren Armen das ganz kleine Kind umfängt, in dem sie sich selbst wiederfindet, so kann auch Gott die Seele, die er sich angeeignet hat, nicht anschauen, ohne sich in ihr zu lieben und ohne den Wunsch, sich mit ihr zu vereinen, um selbst sein schöpferisches und heiligendes Werk fortzusetzen.

„Denjenigen, der mich liebt, verkündete Jesus, werden mein Vater und ich lieben und wir werden in ihm Wohnung nehmen."[1]

Also gilt, dass Leiden in so königlicher Gesellschaft, mit Jesus und wie Jesus, so berauschend ist, so lieblich, dass es wirklich kein Leiden mehr ist! Ich habe es gesagt, die Liebe hat meine Seele auferweckt. ⌜Zuvor wandelte ich im Glauben, aber jetzt ist es Wirklichkeit, ist es Erfahrung.⌝[2] ⌜Ich bin so weit gekommen, dass ich nicht mehr leiden kann, weil mir alles Leiden süße Trunkenheit ist ...⌝[3] Ich sterbe vor Leiden und ich werde wieder geboren, um weiter zu leiden. Ich bin eine Liebeskranke, ich bin krank vor Liebe zu Gott und vor Liebe zu den Seelen, zu allen Seelen des Universums.

Jesus hat mir ein Herz gegeben, um die ganze Welt zu lieben!

Meine hauptsächliche, um nicht zu sagen einzige Aktivität ist das leidenschaftliche, glühende innere Leben ... ist die Liebe! Natürlich muss ich mich anderen Pflichten und anderen Beschäftigungen widmen, aber sie beanspruchen mich, ohne dass sie mich gefangen nehmen.

⌜Mein Wunderleben⌝[4] erweist sich von Tag zu Tag als wunderbarer. Das Übernatürliche, das Göttliche dringt in meine Seele ein.

---

1 Vgl. Joh 14,23.
2 Aneignung einer Erfahrung aus KLEIN, *Madeleine Sémer*, S. 232. Siehe Einf., S. 12 Nr. 3.
3 Vgl. THÉRÈSE DE L'ENFANT-JÉSUS, HA S. 235 (= CJ 29.5.1). Siehe Einf., S. 12 Nr. 4 (geistliche Stütze).
4 Markanter Ausdruck aus KLEIN, *Madeleine Sémer*, S. 188. Siehe Einf., S. 11 Nr. 1.

28. November 1931

⌜Ich weiß, ich bin sicher, dass ich, weil ich bereit war, mein natürliches Leben mit meinem übernatürlichen und göttlichen Leben zu vereinen, schon in dieser Welt jenes wunderbare Hundertfache erhalten habe, das unser Herr der großherzigen Seele versprochen hat und das meine Freude ausmacht⌝,[1] sogar in den größten Schmerzen. Oh! Wie glücklich ich bin! Und wie unendlich Gott in seiner Barmherzigkeit und in seiner Liebe ist!

Wie bewundernswert der Herr ist! Wie groß und edel er mir gegenüber ist, weil er mich als geliebteste Braut und als wirkliches Opfer behandelt.

Allein die intensive Vereinigung mit Gott durch das innere Gebet kann uns dauerhaft in der demütigen Haltung der vorbehaltlosen Hingabe und in der Liebe zu Gott bewahren.

Man lebt nur dann in der Liebe zu Gott, wenn man sich selbst ganz zurücknimmt und ihm alle Handlungsfreiheit überlässt. Um wirklich Opfer der Liebe zu sein, muss man sich der Liebe ganz ausliefern und sich von ihrem Feuer bis zur völligen Aufzehrung verschlingen lassen ... Alle diese großen Dinge, die die Liebe in mir verwirklicht hat, entfalten sich von Tag zu Tag immer mehr!

Oh! Jene Blicke Jesu, die auf meiner Seele ruhen! ... Aber wie glücklich Jesus auch sein mag, dass er wie ein vor Liebe und Wahrheit funkelnder Stern in den Augen der Seele glänzt, die, ganz bebend vor Jubel, die harten Pfade der Vollkommenheit durchschreitet, die mit einem Herzen voller Hoffnung in mühsamen Etappen den Kalvarienberg erklimmt, mal gekrümmt unter der Last ihrer Fehler, mal mit zur ewigen Heimat im Licht erhobenen Augen, so gefällt er sich doch darin, die geliebte Seele, um in ihr die Tugend zu stärken und ihre Liebe zu prüfen, in die Dunkelheit und die Ängste seines Todesleidens einzuhüllen, in die Bitterkeit und die Leiden seiner Passion, mit der er sie doppelt verbinden möchte.

Übrigens kann der Tag nicht unbegrenzt dauern und notwendigerweise folgt ihm die Nacht und geht ihm voraus. Es braucht mehr als das Strahlen des Lichts, damit eine Seele sich in göttlicher Weise entfaltet, es braucht Dunkelheiten und Trostlosigkeiten; es braucht mehr als das Leben, es braucht Prüfungen und Qualen ... es braucht den Tod.

Der Herr gibt allen seine Rosen und seine Dornen, allen den bitteren Kelch und den göttlichen Becher, das Brot des Lebens und den Schwamm mit Galle!

---

1 Aneignung einer Erfahrung aus KLEIN, *Madeleine Sémer*, S. 232. Siehe Einf., S. 12 Nr. 3.

In allen meinen Leiden ist mein Leben ein Glück und Gott ist ein unendlich viel zu feinfühliger, viel zu zärtlicher Vater. Und Jesus! Jesus! Kann ich es nicht sagen? ... Er ist der Bräutigam voller Zärtlichkeit, der seine Opfer mit den schrecklichen Küssen der Opferung umarmt und sie dabei vor Glück schmelzen lässt! Denn überall, wo < er > sein Kreuz hinstellt, da stellt er auch Hoffnung und Liebe hin. Ja, das Leiden ist Prüfung, aber Prüfung, das ist der Himmel! ...

↑ 28. November 1931 (Samstag)

Heilige Kommunion. Oh lieber Meister und sanfter König meiner Seele. Oh unaussprechlicher Glanz! Schönheit ohne Maß! Vollkommene Gottheit! Bräutigam voller Liebe! Welche Süße und welchen Jubel empfinde ich in meiner Seele, weil ich mich dir ganz zugehörig weiß! Lass mich ganz Glut werden, damit ich dich in dem Maße liebe, wie du Liebe verlangst ... ganz Flamme, damit ich bewirke, dass du so geliebt werdest, wie deine unaussprechliche Liebe es einfordert, oh du Göttlicher, der du nach unseren Herzen dürstest ... damit du von allen geliebt werdest, jetzt und immer! Mehr und besser als je zuvor will ich das ganze Gold meiner Gebete, die Diamanten meiner Leiden, die Myrrhe meiner Opfer, die Schätze meiner Verzichte und meiner Liebe verschenken, um den Seelen zu helfen, um sie zu retten und sie Jesus zu geben, dem König der Liebe!

Oh meine Liebe, mein Schatz und mein Alles, wann endlich werde ich dich lieben? Es ist Zeit, Herr, dass ich dich liebe! Dich nicht lieben, kann ich nicht, ich, die ich dein bin ... ich, die ich ganz dein bin, oh mein Geliebter.

Oh meine Seele! Bete den Herrn, deinen Meister und deinen Gott, an und preise ihn!

Besinge die außergewöhnlichen Wunder, die in dir gewirkt wurden: Er hat dich als Tochter seiner Liebe geschaffen, er hat dich in der Taufe an Kindes statt angenommen, er hat dir all deine Fehler vergeben, er hat dich ganz für sich allein gewollt, er hat dich in seiner Liebe wieder aufleben lassen, er schenkt sich dir, um dich ihm anzugleichen, damit du sein treues Abbild seist, damit du in ihm aufgehst und ein Alter Ego werdest ... ein anderer Jesus in der Hostie! ...

Was kann ich dir geben, oh mein angebeteter König! Was kann ich dir im Austausch geben, was tun, um dir mehr Liebe zu bezeugen, um dir mehr Ehre zu erweisen? ... wie dir mein Glück beweisen?

⌜"Zuerst, liebst du mich?" – Oh mein Jesus, du weißt doch sehr wohl, dass ich dich liebe und dass ich nur dich allein liebe, mein Schatz und mein Leben!

„Warum liebst du mich? ..." – Herr, du bist die Liebe, die Liebe will nur von der Liebe geliebt werden, also ist es durch dich, oh meine Liebe, dass ich dich liebe!

„Aber wie liebst du mich? ..." – Mit einer ebenso großen Liebe wie der deinen, denn ich liebe dich durch deine Liebe!

Mein Gott, ich liebe dich durch deine Liebe! ...

„Glaubst du, dass du mich liebst wie dieser Seraph? ... – Ich kann dir keine Antwort geben, aber du weißt, wie ich dich liebe! ... Mein Herz soll es dir sagen!⌟¹ Diese Seele, oh Seraphim, ist meine ganz zarte Geliebte!"

Heiligste Jungfrau, Mutter meiner schönen Liebe! Oh Seraphim mit Herzen voller Glut, Heilige des Himmels und der Erde, lasst mein armseliges Kleinsein sich mit eurer Größe vereinen, um unseren edlen Herrn zu lieben, zu loben, zu verherrlichen!

Ein Einziges überwältigt mich, überflutet mich, nimmt mich in Besitz ... die Liebe meines Gottes! Ich brenne und verschmachte vor Liebe.

Die Kommunion dieses Tages ist ein schöner Liebestag gewesen, ein zusätzliches Glück, in dem mein geliebter Gast mir die unsagbar reinsten, keuschesten und göttlichsten Liebkosungen gewährt hat.

Dieser angebetete Jesus, der mich² sanft, verliebt an sein Herz zieht, das wie eine Sonne aus der anderen Welt funkelt, und bis an seine leuchtenden Lippen, wo ich ihm mit einem Aufschrei der Liebe sage: Oh Herz meines Herzens, oh mein Leben, ich bin nur Armut, nur Elend ... aber ich liebe dich! Mein Jesus, ich gebe dir mein Herz zurück. Und Jesus antwortet mir: ⌜"Ich nehme es, da es ja mir gehört." – Aber, mein zärtlicher Meister, wie soll ich es anstellen, dich zu lieben, wenn ich mein Herz nicht mehr habe? ... Ich, sagt er zu mir, bin dein Leben und dein Herz."⌟³

---

1 Aneignung einer Erfahrung aus DES PLANCHES, *La Passion Renouvelée ou Sainte Véronique Giuliani*, S. 154–155, glossiert auf der Grundlage des Neuen Testaments. Siehe Einf., S. 12 Nr. 3 und S. 14 Nr. 14.
2 Das *mich* ist über der Zeile hinzugefügt, um *meine Seele* zu ersetzen, das gestrichen wurde.
3 Aneignung einer Erfahrung aus DES PLANCHES, *La Passion Renouvelée ou Sainte Véronique Giuliani*, S. 145. Siehe Einf., S. 12 Nr. 3.

Tatsächlich war mein Herz eingetaucht, hineingesenkt, eingeschmolzen in einen Ozean von Feuer, in ein Paradies der Wonnen und mir scheint es sehr wahr zu sein, dass ich nur noch durch das göttliche Herz lebe.

Doch flehe ich meinen geliebten Herrn an, dass er sich mir nicht mehr zeige, dass er mir nicht mehr so viele Gnaden gewähre. Ich beteuere meine Unwürdigkeit und wiederhole, dass er wohl weiß, dass ich die Liebende sein will, die Liebende des Kreuzes ... er aber erklärt sich zum Meister und die Mitteilungen gehen weiter.

In diesem Augenblick äußerster Liebe hat er mich verstehen lassen, dass ich die große Gunst, die mir soeben gewährt wurde, einzig (wie übrigens alles, absolut alles) seiner reinen Güte verdanke und wegen meiner kindlichen Liebe zu seiner zärtlichen und göttlichen Mutter, die ich immer mit der seinen vereine.

Es hat ihm auch gefallen, mir zu offenbaren, wie diese ganz liebenswürdige Herrscherin, die wir gerne unter dem ihr so teuren Titel der mächtigen Schatzmeisterin aller Gnaden anrufen, durch ihre ganz mütterliche Vermittlung uns dem unendlichen Abgrund der anbetungswürdigen Liebe näher bringt, ihn uns öffnet, uns eintreten lässt und wie sie uns immer tiefer in die süße Vertrautheit mit Gott eindringen lässt.

Da wir uns mit Jesus nur durch seine zärtliche Mutter vereinigen können, können wir auch nur zu Gott, dem Vater, gelangen, ihm angenehm sein und am Fuße des Thrones seiner souveränen Größe auf die Knie fallen, wenn wir in Begleitung unseres überaus liebenden Erlösers und verbunden mit ihm und wie verwandelt und vereinigt in ihm sind, um mit seiner göttlichen Hilfe die allmächtige Majestät zu lieben, zu ehren, würdevoll anzubeten und mit dem Herzen, durch das Herz, im Herzen des geliebten Sohnes, in das er sein ganzes göttliches Entgegenkommen gelegt hat, Anteil zu erhalten an seinen überfließenden Segnungen und an seiner unerschöpflichen Zärtlichkeit. Jede Opfergabe, jedes Gebet zur anbetungswürdigen Dreifaltigkeit, das in Jesus und durch Jesus, den höchsten Mittler, dargebracht wird, wird in unvergleichlicher Weise durch seine göttlichen Tugenden veredelt und so durch seine Liebe in einen unbeschreiblichen Gewinn verwandelt.

Freu dich, oh meine Seele, dein angebeteter Jesus hat dir sein Herz geliehen ... oder besser, er hat dich in sein von Flammen brennendes Herz hineingelegt um der Liebe und des Lobes des dreimal heiligen Gottes willen, der nur durch ihn würdig geliebt und verherrlicht werden will und kann.

4. Dezember 1931

Ich könnte nicht sagen, wie lange diese langen zärtlichen Ergüsse, diese Mitteilungen in süßester Vertrautheit, diese Liebesausbrüche zwischen meiner Seele und ihrem Geliebten gedauert haben. Doch glaube ich, dass ich lange in der Liebe und der Betrachtung der göttlichen Attribute, der heiligen Geheimnisse versunken blieb, ohne dass etwas von außen meine Fassungskraft beeinträchtigt hätte.

Was ich wohl weiß und versichern kann – „Ehre sei Gott allein" auch dank der Zärtlichkeiten meiner innig geliebten Mutter – ist, dass in jeder Kommunion Jesus in mir wächst, dass er umso mehr allein in mir lebt, dass ich vollständiger in Gott verborgen bin, in seiner Liebe verloren und noch liebevoller seinem himmlischen Belieben anheimgegeben.

Alles allein um der Liebe Gottes willen und durch Maria, meine zärtliche Mutter! Meine Seele öffnet sich, in Licht gebadet, mit Gnaden überflutet, Tag für Tag weiter, göttlicher den großen ewigen Wahrheiten. Das Jenseits Gottes ist mehr für sie als eine Glaubensgewissheit, es ist eine lebendige Realität, eine herrliche Erfahrung.

Ich bleibe auf der Erde, aber ich lebe im Himmel.

Was für eine unaussprechliche Freude in der Seele im Martyrium der Liebe, wenn sie es ganz einfach zulässt, von Jesus durchflutet zu werden, bearbeitet zu werden und ihm in einer tiefen Liebe anhaftet.

Jeden Tag noch leidenschaftlicher und stärker lieben!

Dieser nahezu unerschöpfliche und liebevolle Austausch mit Gott, der mir, weit davon entfernt, mich zu entmutigen, nur meine große Armseligkeit einsichtiger macht, vermittelt mir im Gegenteil ein wagemutigeres Vertrauen gegenüber meinem zärtlichen Vater. Ich bin nichts, das stimmt, er aber ist das Unendliche; ich bin Sünde, er aber ist Vergebung; ich bin Niedrigkeit, er aber ist Größe; ich bin Bedürftigkeit, er aber ist Reichtum ... An allem ist er, das weiß ich, reich für zwei ... und er ist es in überfließendem Maße für alle, unter der einzigen Bedingung, dass man bei ihm zum Bettler wird.

Was mich überwältigt, ist der Anblick des einzig wahren großen Gottes, seine ewige Majestät reduziert[1] mich, sein Wort schockiert mich: „Ich bin ... und du bist nicht ..." Aber seine Liebe verführt mich, sie berauscht mich, seine Barmherzigkeit übersteigt mich, sie verleiht mir Flügel.

---

[1] *reduzieren*: im Sinne von überwältigen, klein machen

Ist er auch glorreich an Ehre, so wirkt doch unser Elend bei weitem nicht abstoßend auf ihn, sondern gewinnt ihn für sich, zieht ihn an, denn er ist gekommen, um es zu heilen. Er sieht uns unsere Niedrigkeit lieben und an ihr erweist er freimütig seine unendliche Macht.

Nur ein einziges Verlangen habe ich, das zu lieben!, wahnsinnig zu lieben! Ich brauche nichts: nur ganz Liebe sein, nur in der Liebe wachsen, um zu einem erfolgreichen Ende zu gelangen.

⌜Allein die Liebe zieht mich an. Ich verlange nicht mehr nach dem Leiden ... ich besitze es und durch das Leiden glaubte ich oft, an die Gestade des Himmels zu rühren! Heute vermag ich Jesus um nichts mehr mit glühendem Eifer zu bitten, außer um die vollkommene Verwirklichung seines anbetungswürdigen Willens hinsichtlich meiner Seele⌟[1] und um seine unendliche Liebe.

Oh! Die Liebe, dieses lodernde Feuer, das mich verzehrt! Wie gerne würde ich es allen weitergeben! Ich möchte, dass absolut alle an meinem Glück teilhaben, dass absolut alle von dieser Liebe, die in mir brennt, durchdrungen werden, deren Qual an Sanftheit alles übersteigt, was man darüber sagen kann.

Oh Jesus, Freude und Liebe meines Lebens! Bewirke, dass alle Seelen, die mit der meinen in Berührung kommen werden, ihren Anteil an dem berauschenden Glück, das ich empfinde, erhalten!

Unbeflecktes Herz meiner Mutter, erlange du, dass die ganz kleine Hostie ihrem innig geliebten Jesus, der großen und göttlichen Hostie für die Seelen, immer mehr zur Freude werde.

↑ 4. Dezember 1931 (Freitag)

Jesus, mein Gott! Göttliches Opfer meines Heiles, lass mich weiterhin ganz Opfer deiner Liebe sein!

Oh mein König, meine Glückseligkeit und mein Alles! Ich gebe dir alles und das mit Freuden, aber gib mir Seelen ... jeden Tag eine Seele. Möge durch mein Leben, das ganz aus Leiden, aus Verzicht und Liebe besteht, jeden Tag eine Seele aus der Gefahr errettet werden ... möge jeden Tag eine Seele zu ihrem Gott zurückfinden ... möge jeden Tag eine Seele sich Jesus, der unerkannten Liebe, überlassen.

---

[1] Freie Übernahme von Thérèse de l'Enfant-Jésus, HA S. 145 (= Ms A fol. 83r). Siehe Einf., S. 13 Nr. 8.

Möge durch das Überfließen meiner ganz göttlichen Liebe jeden Tag eine Seele dazu gebracht werden, dass sie sich den Sakramenten nähere, der sprudelnden Quelle des Lichts und der Gnaden, dem Brot des Lebens, dem Ozean der Liebe, der die Seelen reinigt, heiligt, vergöttlicht, beseligt durch seine eigene Substanz. Mein Gott, nimm diesen Wunsch an, akzeptiere meine Opfergabe, nimm meine Bitte an, erhöre mein Gebet.

Mein Herr und mein Gott! Dein kleines Opfer bittet dich nicht mehr um eine Seele, sondern um drei Seelen jeden Tag! Gib sie mir, damit ich sie dir gebe.

Deine Liebe, oh mein König, die Liebe zu den Seelen, sind eins in meinem Herzen ... Damit sie sich dir ganz schenken, gebe ich mich vorbehaltlos für sie hin.

Oh meine schöne Mission: sühnen, wiedergutmachen, die Seelen loskaufen! ...

Lieben und bewirken, dass die Liebe geliebt werde!

Mein Geliebter, mein Jesus! Deinem armseligsten kleinen Opfer gib dein Herz; nur mit deinem Herzen kann ich deine Liebe empfangen und weitergeben.

↑ 9. Dezember 1931 (Mittwoch)

Göttliches Jesuskind! Hab Erbarmen mit den Menschen, die ganz allein sind, hab Erbarmen mit den einsamen Seelen. Nimm sie alle auf, nimm sie alle zu dir an diesem festlichen Abend, in dieser Nacht der Liebe, in dieser Morgenröte des Friedens und der Hoffnung, damit ihr von Schmerzen gepeinigtes Herz, ihre verzweifelte Seele Zuflucht finden bei dem liebevollsten, sanftesten, zärtlichsten, bei dem einzigen allmächtigen und wahren Freund.

Wenn ich weiß, dass sie bei dir sind, wenn ich fühle, dass sie sich an dich schmiegen, oh mein König, dann werden all meine Leiden in der Liebe geschmolzen, vergessen sein.

Heiliges Kind in der Krippe, du bringst Segen und Freude auf die Erde, komm in die Seelen, die dich erwarten, die dich rufen, errichte in ihnen deinen Himmel, deine geliebte Wohnstatt, das Haus deiner Ruhe, deine gesegnete Krippe!

Lebe in inniger Vertrautheit in jenen, die von den lodernden Flammen deiner Liebe verzehrt werden und vergöttliche ihr Handeln, überschütte sie mit deinen Gnaden, tauche sie ein in dein Licht, berausche sie mit den Wassern deiner Liebe und deiner himmlischen Wonnen.

Frieden, Freude des Himmels, Vereinigung mit Jesus, Aufgehen in der Einheit mit Gott, das habe ich für alle und einzeln eingefordert, in ganzer Fülle erfleht. Oh ja! Ich habe Jesus selbstverständlich gebeten, dass er über sein Volk seinen reichsten Segen ausschütte, seine lieblichsten Gunsterweise, seine göttlichen Gnaden, diejenigen, die uns anziehen, die uns ihm schenken und bewirken, dass wir ihn uneingeschränkt lieben.

„Der Himmel kommt, um sich mit der Erde zu vereinen." Es ist Weihnachten! Die Nacht, die einlädt und vorherbestimmt ist, dass wir den Herrn um Gnade und Vergebung für alle Sünden der Menschheit bitten.

Jedes Mal, wenn ich um Mitleid und Erbarmen für die Sünden der schwachen Menschheit flehe, wiederholt mir mein zärtlicher Geliebter, wobei er mir ganz offen den unendlichen Abgrund seiner barmherzigen Liebe zeigt, mit einer vor Liebe und Schmerz zitternden Stimme: „Geh und sage allen wieder und wieder, wie sehr ich sie liebe. Wiederhole ihnen, dass ich alles vergebe, außer dass man an meiner Liebe zweifelt."

Und dann sagt die sanfte Stimme: „Von dir, meine Geliebte, verlange ich Liebe, Wiedergutmachung der Liebe, Leiden, Martyrium der Liebe! ..." Das willst du weiterhin, oh mein sanfter Jesus? Ich freue mich darüber! Dich für all jene lieben, die dich nicht lieben, Wiedergutmachung leisten für all jene, die dich betrüben, was für eine unaussprechliche Gunst!

Ich habe so sehr mehr und mehr das Gefühl, hinter meiner Rolle als sühnendes und erlösendes Opfer zurückzubleiben.

Möge meine kleine Seele von deiner unerschöpflichen Liebe für alle ... Liebe und Vergebung erlangen.

Schenke mir, *„O Jesu dulcis! O Jesu pie!"*[1], um alle Seelen die Sanftheit deiner Liebkosungen, die Wohltaten deiner Zärtlichkeit, die Wonnen deiner Liebe spüren zu lassen, deinen Geist, schenke mir deine Liebe, schenke mir dein Herz! ... Oh Jesus, schenke dich mir durch Maria!

Oh mein göttlicher Freund! Himmlische, dem jungfräulichen Schoss Mariens entsprungene Blume, lass durch die Fülle deines Gnadenregens in meiner Seele ein Mehr an Tröstung und Glück für dich erblühen ... ein Mehr an Liebe und Demut für mich, ein Mehr an Leiden und Mühen.

---

1 *Oh süßer Jesus! Oh milder Jesus!* Vers aus dem *Ave verum*, einer Hymne, die während der Aussetzung des Allerheiligsten Sakraments gesungen wurde.

Ich fühle hinsichtlich all deiner göttlichen Wünsche in mir ein immenses Verlangen nach Treue, nach Folgsamkeit, nach Großherzigkeit, nach einer Hingabe voller Liebe. Du selbst hast mir eines Tages gesagt: „Was dich anbelangt, habe ich unendlich große Wünsche."

Möge die Tugend bei uns blühen und in allen christlichen Heimstätten! *„Gloria in excelsis Deo. Et in terra pax hominibus bonae voluntatis."*[1] Oh! Was für ein süßer Jubel! Was für eine lebhafte Freude! Was für ein übermenschliches Licht erhellt die Seele, die im Exil ihrer irdischen Gefangenschaft, weitab von ihrem Jesus, ihren Weg geht, wenn sie in dieser paradiesischen Nacht ihren freudigen Klang mit der Sinfonie der himmlischen Musiker vereint, um die großen Wunder der Liebe zu besingen!

„Ehre sei Gott in der Höhe und Friede auf Erden den Menschen, über denen seine göttliche Güte wacht!"

Was für eine Wahrheit! ... Was für eine Hoffnung! ... Was für ein Himmel! Was braucht es mehr, um in allen Herzen den Glauben, das Vertrauen und die Liebe wieder aufleben zu lassen, als diese herrlichen Worte lange zu meditieren!

Der Himmel hat sich über unsere Seelen gebeugt und lässt von oben seinen süßen Tau herabfließen. Die Engel und die Heiligen erbeben vor Freude bei diesem neuen Schauspiel, „Ehre und Ehre sei Gott!" Wieder hat die Jungfrau Maria der Erde das Leben, das Licht und die Liebe, die gesegnete Frucht ihres Leibes gegeben! Ihren blonden Jesus ... den süßen Messias ... die lebende Hostie unseres Heils. *„Venite adoremus!"*[2] Die Liebe, die so viele Wunder wirkt, hat ein neues Wunder hervorgebracht ... der Retter der Welt liegt auf einem Korporale[3] aus Stroh.

„Laus tibi Christe"[4]

Das Lied, das die Engel an der Krippe, in der der Gottmensch Jesus geboren wurde, gesungen haben, offenbart uns, was es zu glauben, lieben und zu ersehnen gilt, um Frieden auf Erden zu haben, und es zeigt uns, in welcher Verfassung wir das tun müssen. Es gibt uns die Gewissheit, dass diejenigen, die Glauben, Hoffnung und Liebe haben, die Wahrheit, die es

---

1 *„Ehre sei Gott in der Höhe, und Friede auf Erden den Menschen, die guten Willens sind"*. Vgl, Lk 2,14, hier nach dem Text der Vulgata. (Anm. d. Übers.).
2 *„Kommt, lasst uns anbeten!"*
3 Kleines viereckiges Leinentuch auf dem Altar, auf das bei der Eucharistiefeier Hostienschale und Kelch gestellt werden. (Anm. d. Übers.).
4 *„Dir sei Lob, Christus."*

beinhaltet, sogar schon auf dieser Welt erkennen werden und dass sie im Himmel deren volle Entfaltung sehen werden.

Wie viel Schönheit, wie viel Licht, wie viel Göttliches spiegelt sich in meiner Seele wider. ⌐Das Feuer, die Freude, die Liebe des Himmels ist bis zu mir, in mich, gekommen. Zitternd, ergriffen, fühlte mein armer Körper nicht mehr, spielte er keine Rolle mehr, obwohl mein ganzes Wesen von diesem Glanz, von dieser Flamme durchdrungen, in Besitz genommen war und es genoss. Im Überschwang meiner Freude habe ich gerufen: oh Vater, oh mein Jesus, oh Heiliger Geist! ... Oh meine so süße Dreifaltigkeit!⌐ [1]

Das Kreuz ... immer das Kreuz, das königliche, so peinigende und so teure Kreuz, auf dem meine Seele kniet, mein ganzes Wesen sich in einem andauernden Karfreitag hingibt. Aber über dem Kreuz, da ist der Himmel, das lichtumglänzte, von tausend Feuern belebte Firmament.

Oh mein angebeteter Jesus, ich gebe mich dir wieder und weihe mich dir!

Du hast mir gesagt, Herr, dass diejenigen, die das Kreuz lieben, für immer dein göttliches Herz als Wohnstatt haben. Wie glücklich bin ich doch, dass ich eine Liebende bin, dass ich das Kreuz liebe, und ich unterschreibe mein Glück mit allen meinen Leiden.

Bei jedem neuen Kreuz, wo ich ja und danke sage, sehe ich am Himmel des inneren Lebens so viele strahlende Wunder, so viele wahre Freuden für meinen Gott ... seine Liebe, die alles in ihrer liebenden Flamme in Brand setzt, die Liebe zu den Seelen, strahlend und so rein ... die Schönheit des Opfers, die Freuden der Hingabe, die Süße des Vertrauens, die Wonnen der Liebe, die Träume der seelischen Vollkommenheit, den Aufstieg zu den mystischen Erhebungen.

In der leidenden und gekreuzigten Seele sind sehr viele Augenblicke Augenblicke des Himmels! Das anbetungswürdige Antlitz des göttlichen Sterbenden wird sehr schnell vor Herrlichkeit leuchten, ein wahrer Freudenhimmel für den Blick, der sich nicht abstoßen lässt vom Schleier des Todes, von dem es wie zugedeckt ist.

In einer lebendigen und leidenschaftlichen Seele gibt es keine noch so große Betrübnis, keine noch so schmerzhafte Qual, in die nicht eini-

---

[1] Aneignung einer Erfahrung aus KLEIN, *Madeleine Sémer*, S. 183–184. Siehe Einf., S. 12 Nr. 3.

ge sanfte Noten der himmlischen Harmonien und manchmal sogar eine ganze Hymne voller Trunkenheit gemischt wären. Jesus gehört ganz mir und ich gehöre ganz ihm. Der Herr ist bei mir. Er ist meine Freude ... er ist mein Himmel ... er ist die ganze Glückseligkeit meines Lebens! Ich liebe ihn zu sehr, als dass er mich verlassen könnte.

Nein! Mein Vertrauen in die ewige Güte Gottes und zu seiner unermesslichen Barmherzigkeit kann nicht wanken oder geringer werden.

In dem Maße, wie die Trübsale zunehmen, wie die Leiden sich zuspitzen und sich verschlimmern, fühle ich mein Vertrauen glühender werden. Jesus, ja, Jesus allein ist meine süße und beständige Hoffnung. Selbst wenn man mich meiner ewigen Verdammnis versichern würde, würde ich immer noch und trotzdem auf ihn hoffen, weil mich nichts von seiner Liebe trennen kann.

Der liebe Gott könnte mich töten, es würde ihm nicht gelingen, meine Liebe zu töten ... Er kann mich damit nur glücklich sterben lassen.

Wie rein und himmlisch sie ist, meine Freude! Wie tief und göttlich es ist, mein Glück! In meiner Seele, eine wahre Flut von Liebe.

Weihnachten! Weihnachten! Was für ein göttlicher Anblick! Maria und Josef, die mich zur Anbetung an der teuren Wiege einladen! Jesus, der seine beiden kleinen Arme ausstreckt und mich ganz zu sich hinzieht, sich an mich hängt ... Jesus, der mich bittet, bei ihm zu bleiben. Die Liebe, die sich hingibt ... die Liebe, die sich opfert ... die Liebe, die sich vereint.

Ich empfinde ein wahrhaft kindliches Glück, wenn ich mich in die mütterlichen Arme meiner innig geliebten Mutter schmiege, um in ihrer sanften Gesellschaft und unter den göttlichen Blicken des Vaters in der Einheit und Liebe Jesu zu leben.

↑ 25. Dezember 1931 (Freitag)

Wenn meine Seele in der Kommunion gesättigt wird, dann vertieft das, ohne dass ich auch nur einen Gedanken daran verschwende, meinen Hunger, dann verstärkt das die Qualen meines Durstes, der danach lechzt, sich mit Jesus, der unbekannten Liebe, zu vereinen.

Dieses Mal erweist sich die Entbehrung als lang, schmerzhaft, zum Verzweifeln.

In den Tiefen meiner Seele fühle ich unerschöpfliche Reserven. Mit meiner Schwachheit, die extrem ist, ist es nicht so.

Ich weiß es und ich fühle noch mehr, dass ich zu klein bin, um was auch immer zu vermögen, wenn mein Geliebter nicht bei mir ist, wenn er mich nicht sozusagen in den Armen hält ... wenn er mich nicht andauernd in seinem Herzen bewahrt. Er allein ist mein Gut, mein Alles ... mein einziges Alles.

Ja! Es ist wahr ... ich vermag nichts mehr ohne Jesus!

Um jeden Preis ist es notwendig, dass sich mein Herz erweitert, dass die innige Freundschaft fließt in liebender Vereinigung, durch die sakramentale Kommunion, um meine Berufung als Liebesopfer, als Hostie des Lobes, voll zu verwirklichen ... damit Jesus allein ganz in mir lebe – Jesus, das leidende Opfer, Jesus, die lebendige Hostie – in der vollkommensten Übereinstimmung, in der reinsten Nachahmung seines Mysteriums!

Wie drängt es mich, meine Kräfte an der sprudelnden Quelle, deren unerschöpfliche Fülle Jesus ist, wiederherzustellen, so brennend verlangt mich, so sehr dürste ich nach dieser Erfrischung. Sollte mein Opfer noch länger dauern ... werde ich im Frieden, in der Nacht der Sehnsucht auf die Sonne der Liebe warten, aber in einer qualvollen Agonie.

Nicht nach Gunsterweisen und fühlbaren Tröstungen sehne ich mich, Jesus, nein; nur nach Leiden hungere und dürste ich ... nur nach Tugend hungere und dürste ich ... nur nach Jesus und nach Jesus allein. Die Härten der Entbehrung würden mich sterben lassen, wenn ich nicht aus der unwiderstehlichen Hoffnung leben würde, dass mir das große Glück, das ich ersehne, gewiss bald gewährt werden wird.

Ich fühle mich so schwach, dass ich ohne das himmlische Feuer, das mich ebenso belebt und aufrechterhält wie es mich verzehrt, nicht durchhalten könnte.

Eine Person, die nicht von diesem göttlichen Verlangen verschlungen wird, kann die Leiden nicht verstehen, die eine Seele, welche begierig, hungrig ist nach der Eucharistie, empfindet, wenn sie darauf verzichten muss und es nicht in ihrer Macht steht, ihren Hunger zu stillen.

Oh Jesus, meine zärtliche Liebe! ... nach dir verlangen meine Tränen, nach dir rufen bittend die Seufzer meines Herzens ... durch dich und durch dich allein wird meine Seele gestillt.

Beim Anbruch der Morgenröte des neuen Jahres, setzte ich, mehr als je zuvor meinem Gott ausgeliefert und mit ihm vereint, in kindlichem Vertrauen meinen Lauf fort und lasse aus meinem ganz vom himmlischen

Feuer entfachten Herzen und besser noch aus meiner auf das Unendliche hin geöffneten Seele nur noch ein einmütiges Liebeslied, die flammende Hymne einer unaufhörlichen Danksagung hervorbrechen. Mit Neujahrsgeschenken bin ich in all diesen Tagen reichlich, überreich überschüttet worden! Nach göttlicher Art natürlich. Jesus wird immer verschwenderischer mit den Wohlgerüchen seiner Liebe! ... Der Becher ist randvoll, zum Überlaufen voll! Welch göttliche Trunkenheit! ...

Es ist so gut, für Jesus zu leiden, so süß, dass ich weit davon entfernt bin, mich über die äußerst schmerzhafte Aufopferung, zu der mich seine Liebe so stark veranlasst, zu beklagen.

Nicht um den Himmel und die Erde, nicht um all ihre Freuden und ihre Wonnen, möchte ich mich weigern, auch nur den kleinsten Tropfen aus dem Kelch zu trinken, den mir seine geliebte Hand anbietet, so sicher bin ich, dass die schmerzhaften Ereignisse, die nacheinander kommen, die körperlichen Schmerzen, die innerlichen Schmerzen – und wie innerlich sie sind! – nur ein reiner Wunsch seines Herzens sind, eine nur noch größere Bestätigung seiner Liebe zu meiner Seele, nur eine zarte Einladung zur Heiligkeit! Tiefe Leiden, übernatürliche Prüfungen sind meistens nur das Zeichen für bevorstehende Segnungen oder die Krönung großer Gunsterweise in der Vergangenheit.

Nicht weil Jesus alle meine kleinen Wünsche aufsammelt und sie sich zu eigen macht, liebe ich ihn. Oh nein! Ich liebe ihn, weil er Gott ist, weil er die Liebe ist! Und weil ich *fiat* sage und weil ich mit allem, was er tut, zufrieden bin, weil ich Amen sage zu allem, was er will, macht er mich so glücklich ...

Von allen Seiten geplagt ⌜war ich lange, bevor ich diesen hohen Grad der Hingabe erreicht habe. Jetzt habe ich ihn ganz erreicht. Mein lieber Jesus hat mich ganz genommen und mich da hingestellt, an sein Kreuz.⌝[1] Kann man eine größere Ehre, ein größeres Glück erträumen ... eine Freude, die unerschütterlicher wäre, da sie ja von oben kommt!

Jesus hat sich in Geschenken als verschwenderisch erwiesen ... an mir liegt es, an Aufopferungen verschwenderisch zu sein. Jede Minute, die vorübergeht, hat seinem Herzen eine Schmach, ein Leiden abverlangt, jede ist

---

[1] Übernahme von THÉRÈSE DE L'ENFANT-JÉSUS, HA S. 236 (= CJ 7.7.3) mit einer Abweichung zum Kreuz hin bei Marthe (während Thérèse schreibt: Der Herr ... hat mich dorthin gestellt – d.h. in die Hingabe). Siehe Einf., S. 14 Nr. 12.

mit seinem erlösenden Blut gefärbt und Minuten, die seiner Zärtlichkeit so kostbar sind, können nur gelebt werden, wenn sie mit Fäden der Liebe verwoben sind, wenn sie vom Wohlgeruch der Opfer erfüllt sind, wenn sie mit Rosen geschmückt sind, die purpurrot sind vom Blut meines Herzens.

Nichts, nicht einmal ein Stöhnen soll meinem täglichen Brandopfer entfahren, mir, die ich ein Opfer der Liebe bin.

Ich fühle mich immer noch von demselben großen Verlangen verzehrt: dass das heilige Evangelium gelesen, studiert, gelebt ... gepredigt, allen eingeflößt werde. Dass es der kostbare, leuchtende Führer ... das Leben aller sei.

Man kann nicht als wahres Kind Gottes leben, wenn man sich nicht bemüht, die Schönheit, die hohe und einfache Wahrheit der Mysterien zu durchdringen, zu vertiefen. Nicht mit der einzigen Absicht zu wissen, sondern um zu erkennen, zu verstehen, um sich zu bilden; damit man seinen Glauben stützt, wenn es nötig ist ... und damit man sein Leben vergöttlicht.

Der ganze christliche Glaube besteht in der Vereinigung der Seele mit Gott durch Jesus Christus; nichts weiter, das ist der Punkt. „Niemand kommt zum Vater außer durch mich"[1], das heißt, ohne seine Lehre zu kennen, ohne sich mit ihm zu vereinigen, ohne aus seinem Leben zu leben.

Die Kirche ist ein einziges „Familienhaus", in dem man all jenen, die es wünschen, die Unterweisungen, die Hilfen, die Einsichten, die Sakramente gibt, die notwendig sind, um in der Seele das geistliche Leben (das Leben nach dem göttlichen Vorbild Jesu), das wir in uns wiedergeben sollen, aufrechtzuerhalten, jene Nachahmung, ohne die man nicht auserwählt sein kann.

Ohne Liebe ist keine Nachahmung möglich und nur wenn man einander ähnlich ist, vereint man sich gut.

Warum lässt die Liebe Gottes, die so viele tausend Herzen entzündet, so viele tausend andere so kalt?

Und warum also sind diejenigen, die dieses große Geheimnis des Lebens kennen, die es besitzen, nicht begieriger darauf, es weiterzugeben, jene, die nicht darum wissen, daraus zu nähren, daraus leben zu lassen?

„Geh, sag den Menschen, was der Herr für dich getan hat, wie er sich in seiner Liebe dir geschenkt hat! ... In dem Maße, wie ich ihnen nachgehe, laufen sie weg, deshalb finden sie mich nicht."

---

[1] Joh 14,6.

12. Januar 1932

Die Seelen schauen nicht mehr dem Himmel entgegen, weil sie den leuchtenden Weg dahin nicht sehen. Sie verlaufen sich, weil sie ihn nicht kennen. Sie leben ohne Liebe, weil sie deren Quelle nicht kennen.

Dieser Welt, die unempfänglich geworden ist für die Stimme Gottes, muss man sein Wort zu Gehör bringen. Man muss es verstehen, durch das Zeugnis eines Lebens zu bekennen, das ganz aus Heiligkeit und Liebe besteht; die Welt hat es vor allem nötig, Beispiele zu sehen, das Strahlen eines vollkommenen Lebens. Denn ⌈wie kann man den anderen das weitergeben, was man offensichtlich nicht ganz und gar besitzt, was man nicht vollkommen lebt? Wie die anderen entfachen, wenn man nicht selbst Glut ist?

Der lebendige, unnachgiebige Glaube berührt trotz allem, auch wenn es so aussieht, als würde er schockieren, verprellen, weil er stört; er drängt sich auf, er erhellt, er bringt zum Nachdenken.⌋ [1]

Wenn ich Priester wäre, dann würde ich, glaube ich, immer dieselbe Lehre verbreiten, würde ich immer zu demselben Ideal hinziehen: die Liebe Gottes, die glücklichen Folgen der Liebe.

⌈Wenn ich doch Priester oder Missionar wäre! Ich würde mit dem Kreuz auf der Brust durch die Welt ziehen und meine Seele, mein Herz, mein Blut, mein Leben hinwerfen, hingeben, um den Glauben zu bekräftigen, damit der Christkönig triumphiert! Damit er regiere! ...⌋ [2]

Ach! Ich kann nicht daran denken, Priester oder Missionar zu sein! Aber wenn mich auch die Krankheit hindert, wenn es mir nicht erlaubt ist, das Wort der Wahrheit zu lehren, so kann ich doch wenigstens durch die Stimme[3] des Leidens und des Gebetes, durch die Hingabe meines Krankenlebens[4] an der Herrschaft Jesu, des Königs der Liebe, arbeiten. Ich kann Licht in der Finsternis sein, Liebe in der Stille, und so den glühenden Wunsch in mir zufriedenstellen, Jesus viele, viele Seelen zu geben, und das mit der innersten Überzeugung, sie ihm zu geben, indem ich mich ständig seiner Gerechtigkeit aufopfere.

---

1 Freie und glossierte Übernahme aus KLEIN, *Madeleine Sémer*, S. 257. Siehe Einf., S. 13 Nr. 7 und 8.
2 Freie Übernahme aus DÉSIRÉ DES PLANCHES, *La Passion Renouvelée ou Sainte Véronique Giuliani*, S. 157, mit Wechsel der Person. Siehe Einf., S. 13 Nr. 8 und 9.
3 Wir haben die ursprüngliche Lesart beibehalten (Gegensatz zum Wort, das ihr nicht erlaubt ist), obwohl bei ihr das Bild vom Leiden als Weg üblich ist. (Im Frz. *voix* / Stimme und *voie* / Weg. Anm. d. Übers.).
4 Gemeint ist: *durch die Hingabe in meinem Krankenleben*.

Alles für Jesus und für Jesus allein!

Wann wird mein Martyrium enden? ... Ob ich lebe oder sterbe, ich gebe mich hin, obwohl es der Tod ist, nach dem ich verlange, und nicht das Leben. Wenn Jesus meine Seele pflücken würde, würde er alle meine Wünsche erfüllen; aber ich darf nichts verlangen, nichts tun, um meine Ungeduld zu überstürzen, um die glückliche Stunde der lieblichen Begegnung meiner (nun) aus ihrer Hülle befreiten Seele mit ihrem Gott schneller herbeizuführen.

Es sollte nicht so aussehen, als ob man es allzu eilig habe zu sterben, hat man mir gesagt. In der Tat, die Tage des Wartens sind Gnadentage, die es uns erlauben, Jesus viel zu geben. Mein ganzes Glück im Himmel wird sein, dass ich im Leiden geliebt habe, wie auch mein Eifer auf Erden darin besteht, dem göttlichen Willen zu folgen und mich ihm jeden Augenblick anzupassen.

Die Prüfung ist lang und sehr schmerzhaft! Aber umso unermesslicher, umso länger wird auch die Wohltat sein, die daraus hervorgeht. ⌜Liebe und Fruchtbarkeit sind eins in Gott.⌝¹

Es ist so gut sich zu überlassen! In den Armen Gottes nur das zu sein, was Gott will.

Die ganz armseligen kleinen Seelen, die sich ihres Kleinseins bewusst sind, ihrer Unfähigkeit in allem, sofern Gott es nicht anders will, sind diejenigen, die zutiefst von seiner Liebe verwöhnt werden, und mit Vorliebe offenbart er sich den ganz kleinen Seelen und teilt ihnen seine Geheimnisse mit.

Was macht es schon, wen Gott zu seiner Ehre benutzt! ... da er doch auf niemanden angewiesen ist.

Damit Gott frei handeln kann, ist es nötig, dass man sich freiwillig loslässt. Jede Schwierigkeit, die sich dem Wirken der Gnade entgegenstellt, liegt in unserem Innern; unseren unverbesserlichen Stolz gilt es, an der Wurzel auszureißen, den Thron unseres Ich gilt es zu zerschlagen.

Man muss sich selbst absterben, um aus Jesus zu leben und um Jesus zu geben.

Man muss sich selbst missfallen, um Jesus zu gefallen und um für alle verfügbar zu sein, um für jeden lebendiges Brot zu sein. Aber ans Ziel der

---

1 Vgl. KLEIN, *Madeleine Sémer*, S. 258. Siehe Einf., S. 12 Nr. 4 (geistliche Stütze).

vollkommenen Vereinigung gelangt man nur über den Weg der Demut und der Liebe.

Die Liebe findet Gott, indem sie sich bis zu seinem Herzen aufschwingt; die Demut begegnet und vereint sich mit ihm, indem sie in die innersten Tiefen ihrer Nichtigkeit hinabsteigt.

Damit die Wahrheit sich zeigt, muss man ganz rein sein ... vor allem aber ganz klein.

Die Gott ganz hingegebene, ganz zu seiner Ehre geopferte Seele ist ein – von der Liebe – gekreuzigtes Opfer. Die Seele, die sich aus Liebe zu Gott aufopfert, hingibt, ist eine lebendige Hostie.

„Ich sage dir Dank, heiligster Vater, weil du das den Klugen und Stolzen verborgen und weil du es den Kleinen offenbart hast. Ja, Vater, ich preise dich, weil es dir so gefallen hat."[1] Ein Wort, das berührt, das fähig wäre, ein Leben zu verwandeln, zu erneuern, aus der Welt ein großes Vorzimmer des Himmels zu machen, wenn die Welt nur fähig wäre, es zu hören.

Oh! Wie sehr doch Gott die kindliche Hingabe des Geschöpfes wahrnimmt und schätzt und wie lieb es ihm ist, wenn er hört, dass man ihn Vater ... mein Vater (!) nennt.

Es ist auch derart, derart unsagbar gut, sich als Kind des lieben Gottes zu fühlen und „mein Vater, mein Gott" zu ihm zu sagen, ganz laut und ganz leise und mit der Gewissheit, dass man in ihm einen Vater voller Zärtlichkeit findet, der sich unablässig über unsere Niedrigkeit beugt, sie anzieht, sie umgibt und mit ihm vereint.

Er sei gepriesen, ⌜dieser Vater, der zärtlicher ist als eine Mutter⌝[2], und all jene, die ihn lieben, mögen vor Freude entzückt sein.

↑ 12. Januar 1932 (Dienstag)

Heilige Kommunion. Das lange und schmerzliche Warten ist vorüber. Da kommt das so geliebte Erscheinen ... Jesus ... er endlich! Der einzige wahre große Gott, den das Universum nicht zu fassen vermag, der sich zu meinem Gefangenen machen lässt ... zum Gefangenen meiner Liebe.

Jesus, Mensch und Gott zugleich! Gott, untrennbar von den unendlichen Schätzen seiner Gottheit; Mensch mit den bezaubernden Gnaden seiner verherrlichten Menschheit.

---

1 Vgl. Mt 11,25–26 (und Synoptiker).
2 Markanter Ausdruck aus KLEIN, *Madeleine Sémer*, S. 258. Siehe Einf., S. 11 Nr. 1.

Ich hatte so zur Jungfrau Maria gebetet und das mit so großer Inbrunst. Den lodernden Flammen, die mich verschlingen, preisgegeben und dem unwiderstehlichen Verlangen, das mich ohnmächtig werden lässt, möchte ich mich mit einem einzigen Sprung auf jene Erfrischung stürzen, die mir Ruhe verschafft und in der ich Kraft und neues Leben finde.

Die irdischen Heilmittel reichen nicht aus, um ein allzu tief sitzendes Übel zu behandeln, nur die göttlichen Heilmittel sind förderlich und wertvoll für meine Seele.

Allein der Tod wird mein leidvolles Ringen um die Liebe und darum, dass Jesus, die unerkannte Liebe, geliebt werde, vollenden können.

Ganz Feuer, um zu lieben ... ganz Flamme, um zu bewirken, dass man liebe! Immer heftiger fühle ich diese Sehnsucht in mir oder vielmehr ist es Gott, der durch mich brennend danach verlangt; und es gibt nichts, das ich nicht mit Freude zu tun, zu opfern, aufzuopfern bereit wäre, um dieses Bedürfnis, das mich verzehrt, zu stillen. Meine Liebeskräfte verschenken, verbrauchen, ausschöpfen, vermehren, aufzehren.

Welche Sprache sollte man verwenden, um von Jesus, von seiner Zärtlichkeit, von den unendlichen Erweisen seiner Güte zu sprechen? ⌈Welche Geliebte hat es jemals gewagt, einem anderen als ihrem Geliebten von ihrer Liebe zu erzählen?

Ihm sage ich es so gut und so leicht ... ich liebe ihn so sehr! Es ist so einfach, so süß, meine ganze Liebe, meine ganze Inbrunst zu zeigen, all meine unermessliche Zärtlichkeit zu schenken; aber jetzt kann ich nicht, wage ich es nicht.⌋ [1]

Das, was Gott die in heiliger Weise aus Liebe begeisterte Seele, in der er ruht, spüren und verstehen lässt, was er ihr in dieser trauten Zweisamkeit offenbart, das kann sie weder sagen noch schildern, ohne es furchtbar blass zu machen. ⌈Alle Worte sind grob und wirkungslos. Eher scheinen sie die Wahrheit, die Schönheit, das Leben, den Reichtum, die Unendlichkeit, die in Gott ist, zu leugnen als sie auszudrücken.⌋ [2]

Alles ist zu wunderbar, zu schön, als dass man es ausdrücken könnte ... zu unvergleichlich. Die Liebe geht über alle Worte hinaus. Das Übernatürliche ist nicht zu fassen, nicht zu definieren.

---

[1] Glossierte Übernahme aus KLEIN, *Madeleine Sémer*, S. 230–231. Siehe Einf., S. 13 Nr. 7.
[2] Vgl. KLEIN, *Madeleine Sémer*, S. 228. Siehe Einf., S. 13 Nr. 5.

Doch muss ich trotz der unermesslichen Not, trotz der unüberwindlichen Schwierigkeiten, die ich darüber empfinde, mit ebenso großer Demut den Anweisungen meines geistlichen Begleiters gehorchen, dem meine Seele zu öffnen mir Gott die große Gnade gegeben hat, wie ich Freude hätte, es nicht zu tun, wenn er mir nicht eine dringende Pflicht daraus machen würde.

Die überschwängliche Freude, die ich empfinde, wenn ich mit den Augen die strahlende Hostie betrachten kann, wird im Augenblick der Kommunion zur Trunkenheit. Und sobald sie auf meine dürstenden Lippen gelegt wird, dann steigt sogleich der ganze Himmel in mich hinab und verströmt alsbald eine Glückseligkeit, die meine armselige Fähigkeit zur Freude übersteigt.

Unter dem Zugriff des göttlichen Einflusses, der sich meiner bemächtigt und mich heftig aus mir herauszieht, werde ich ohnmächtig, liege ich, so will es mir scheinen, in den letzten Zügen. Es ist als ob mein Herz sich öffne, als ob meine Seele wegginge, fortgerissen von der mächtigen Welle, die plötzlich über sie hereingebrochen ist. Ich fühle, wie sie in diesem unaussprechlichen Wehen aufsteigt, so wie man Weihrauch in den azurblauen Himmel aufsteigen sieht.

Würde mein Geliebter mich nicht mit seiner mächtigen Hilfe stützen, würde er mir nicht mit seiner Zärtlichkeit Mut machen, wäre es mir, das verstehe ich, unmöglich, dem Feuer seiner Liebe standzuhalten.

Heute sage und singe ich: Der ganze Himmel hat sich über meine Seele gebeugt.

Wie wirkt Gott ein so erstaunliches Wunder? ... Geheimnis! Ich kann es nicht begreifen. Was ich sehr wohl weiß, ist, dass ich voll in der Wirklichkeit lebe.

Ich spüre, dass ich dazu gemacht und berufen bin zu lieben, geliebt zu werden in der reinsten, der vollkommensten, der unaussprechlichsten Liebesvereinigung mit dem, den ich zugleich meinen Vater, meinen Gott, meinen geliebten Bräutigam, meinen Jesus und mein Alles nenne.

Immer öfter und immer klarer vernehme ich die Stimme, die mich zur Liebe ruft.

⌜Dass eine derartige Liebe möglich ist, und dass so viele sie nicht erkennen, nicht darum wissen oder sie missachten; dass sie die Massen gleichgültig lässt; dass eine solche Vereinigung allen angeboten wird, dass < sie >

alle gerufen sind und sie allen geschenkt wird und dass so wenige sie suchen, darum bitten! Welche Angst! Welch schreckliches Unglück!⌋¹ Was für eine erstaunliche Unempfänglichkeit! Ach! Das große Unglück unserer Zeit, das ist die Nachlässigkeit, das ist der Irrtum.

Warum nicht sein ganzes Herz, seine ganze Seele dem Gedanken an Gott überlassen? Warum sich nicht ganz, ohne Vorbehalt und unwiderruflich der Liebe, der göttlichen Vereinigung ausliefern?

Jesus tut unvergleichliche, erhabene Dinge für uns! Wer kann das sehen, das erleben, ohne von Staunen ergriffen zu werden, ohne dahinzuschmelzen, ohne vor Bewunderung, Dankbarkeit und Liebe zu weinen?

⌈Wir baden in einem Ozean der Barmherzigkeit und der Liebe und das, ohne es zu wissen.⌋²

Die göttliche Seele wirft Fluten von Licht, Ströme von Liebe auf die menschliche Seele herab, doch wie wenig Entflammen, wie wenig Entzücken gibt es!

Endlich bin ich allein, allein mit Jesus, allein in der großen Stille der Nacht, wo die Geschöpfe und die Natur schweigen, was der innigen Vertrautheit, der liebenden Vereinigung so förderlich ist und was das ganze innere Glück so selig macht, weil es in der Seele eine Atmosphäre der Ewigkeit hervorruft.

Es fällt mir wirklich schwer, an einem Tag der Kommunion jemanden zu sehen, so sehr fürchte ich, dass die berauschenden Wonnen, die mein Wesen durchfluten, sichtbar werden oder von denjenigen, mit denen ich rede, erraten werden könnten. Vor allem habe ich Angst, dass plötzlich eine Verzückung über mich kommt und es mir dann natürlich an Einfachheit, an Vertrauen mangelt! Aber auf was würde man kommen, wenn ich plötzlich von einer Ekstase ergriffen würde, ich, die ich so sehr möchte, dass das große Geheimnis meines Lebens allen verborgen bleibt?

Mir scheint, dass, wenn Gott es wollte, er mir dieselben Gnaden erweisen könnte, ohne dass irgendjemand etwas bemerke; was – die Ehre sei ihm – wieder und wieder geschehen ist.

Ah! Wie keusch und zärtlich sie sind, die Unterhaltungen mit Jesus! Wie rein sie ist, in ihrer ganzen Innigkeit, die Vereinigung mit ihm!

---

1 Freie und glossierte Übernahme aus KLEIN, *Madeleine Sémer*, S. 231. Siehe Einf., S. 13 Nr. 7 und 8.
2 Glossierte Übernahme aus KLEIN, *Madeleine Sémer*, S. 231. Siehe Einf., S. 13 Nr. 7.

Welche Trunkenheit in seinen Worten! Was für eine göttliche Leidenschaft in seiner Liebe, in seinem Blick! Was für Wonnen in ihm! ...

⌈Ich würde gerne Theologie studieren, um tiefer in die Schönheit der Geheimnisse einzudringen. Aber ich weiß, dass eine Stunde der Kontemplation, der Vereinigung mit Gott mir mehr gibt als die gelehrtesten Lektüren⌋¹; dass sie mehr zur Heiligung beiträgt, fruchtbarer ist als die hervorragendsten Werke.

⌈Mein Kloster, meine Einsamkeit, das ist meine göttliche Dreifaltigkeit.⌋² Meine innerste Zelle, das ist Jesus, die unerkannte Liebe, das ist sein von der Liebe verwundetes Herz, diese Wohnstatt, von der viele nichts wissen, wo man lebt und liebt wie im Himmel. Da ist der feurige Stern, in den ich Tag und Nacht eintauche; der unsagbar reine Spiegel, in dem ich die erhabene Dreifaltigkeit, die ich liebe und anbete, betrachte!

Oh mein Vater, wie lieblich es ist, nichts anderes mehr zu lernen, als was aus dem Munde Jesu selbst kommt, nur seine göttliche Gesellschaft zu verkosten, sich nur seinen liebenden Umarmungen zu überlassen und im Frieden alles zu erwarten, was er will und was ihm beliebt! So will er sein kleines Opfer.

⌈Mein Leben der Liebe in der Vereinigung der Drei Göttlichen Personen erweist sich in mir von Tag zu Tag inniger, tiefer, vertrauter und als so natürlich, dass es kein Gebet, keinen Gedanken, keine Handlung gibt, die es mir nicht in ganzer Fülle schenken ... oft sind es sogar die gewöhnlichsten Dinge.⌋³

Ich kann mich dem in jedem Augenblick und ganz leicht überlassen, ohne dass um mich herum jemand etwas zu bemerken vermag.

In den letzten Tagen dachte ich: zuvor wandelte ich im Glauben, ich suchte das Licht; jetzt, oh Geheimnis, ist es Realität, ist es das Unsagbare. Ich fühle nicht nur, kenne nicht nur: Ich koste, ich sehe, ich verstehe ... ich lebe im Licht.

Was für ein übermenschliches Licht! Welcher Glanz vom Tabor her erhellt jeden Abschnitt meines Schmerzenswegs.

---

1 Vgl. KLEIN, *Madeleine Sémer*, S. 256–257. Siehe Einf., S. 12 Nr. 4 (geistliche Stütze).
2 Vgl. Schwester Marie Saint-Anselme, zitiert bei KLEIN, *Madeleine Sémer*, S. 209. Siehe Einf., S. 12 Nr. 4.
3 Vgl. KLEIN, *Madeleine Sémer*, S. 219. Siehe Einf., S. 13 Nr. 5.

Deine Liebe, oh mein Gott, mache sie erfahrbar, schenke sie allen Seelen, wie du sie mir geschenkt hast; öffne allen dein Herz, wie du es mir selbst geöffnet hast, und mögen sie eintreten durch diese Pforte der Liebe und eins werden mit dir und möge ich mit ihnen in dir nur eins sein mit dir.

↑ 16. Januar 1932 (Samstag)

Heilige Kommunion. Alle Geheimnisse des wahren Lebens, alle Tugenden, alle Vollkommenheiten lassen sich aus der Quelle alles Guten schöpfen ... gehen ein in den Feuerherd aller Liebe, der Jesus Christus ist, die ewige, untrügliche Wahrheit! Glücklich die Seele, für die der ganze Himmel in der kleinen Hostie ist!

Glücklich, glückselig die Seele, deren entflammtes Streben, deren fortwährende Beschäftigung zu Jesus drängt, um sich in Gott zu vereinen, zu verzehren.

Oh süße Eucharistie, anbetungswürdiges Sakrament, Seele und Leben meiner Seele, Unterpfand der Liebe des großen Königs! Gegenstand meiner lebhaften Sehnsucht, meiner unerschöpflichen Bitten.

Oh meine Leidenschaft ... oh mein Glaube ... oh meine Freude! Oh mein Streben, meine Wonne und mein Paradies! Vermöchte ich doch, verstände ich es doch, da ich dich liebe, zu bewirken, dass man dich mit der feurigen und wahnsinnigen Liebe liebt, mit der ich dich liebe!

Ja, ich möchte meine Liebe in die Seelen geben, sie dort verbreiten, damit alle die süße und reine Trunkenheit der wahren Liebe erkennen und damit sie sich des ganz göttlichen Glücks zu lieben erfreuen.

Ah! Ich verstehe, warum die wundervolle Macht Jesu, des Gottes der Liebe, durch ein ergreifendes Wunder seiner unvergleichlichen Liebe ein Mittel gewählt hat, das seines Herzens wohl würdig ist, um sich uns zu schenken, um uns mit sich zu vereinen und dabei einen Schleier der Geheimnishaftigkeit wie einen Mantel der Zärtlichkeit seinen königlichen Glanz in der Eucharistie verhüllen zu lassen; damit unsere schwachen Herzen, unsere zerbrechlichen Seelen, unsere äußerste Bedürftigkeit sich seiner erhabenen Gegenwart nähern können, ohne zerbrochen, ohne in Angst, Schrecken und Erstarrung versetzt zu werden durch den unerträglichen Glanz seines Ruhmes und seiner Göttlichkeit, durch die Glut seiner Liebe, die in dieser verborgenen Erscheinungsweise nicht weniger unendlich ist, aber unserer Widerstandsfähigkeit wunderbar angepasst, oder besser: unserer geschöpflichen Unterlegenheit.

Lange und reine Vereinigung in Zärtlichkeit und Liebe! Ich gebe dem wohlmeinenden Drängen meines Geliebten nach, ich gebe mich widerstandslos im Glück und der Freude einer Braut allen seinen Wünschen, seinen göttlichen Freuden hin! Oh, ich glaube nicht, dass ich mich den Küssen seiner Liebe verweigert habe.

Mein Gott und mein Alles! Er, so lebendig in mir, so sehr mein Meister; so sehr mein, dass er ganz ich ist, oder eher noch bin ich ganz durch ihn ... ganz in ihm ... ich löse mich auf in seiner Göttlichkeit, in der Freude, ihm zu gehören und ganz ihm für immer.

Ich liebe und ich werde geliebt! Vom innig geliebten Gast kommt jene süße Beteuerung: ⌜"Du bist meine Freude, meine Ruhestatt ... du bist mein Himmel, wo ich meine Wonne schöpfe, wo ich geliebt werde." Und dann zeigt er mir noch einmal sein Herz, das heller strahlt als tausend Sonnen, sein Herz, lodernde Liebesglut, feuriger Ozean, Firmament der Schönheit, Paradies der Freuden ... sein Herz, Unermesslichkeit, die nichts begrenzt, sein Herz, wo ich – oh Glück! – so viele heilige Seelen sehe und wo ich mich selbst mittendrin sehe, während ich jene Stimme vernehme, die nicht täuschen kann: „Dort behalte ich dich immer ... dort ist dein ewiger [Aufenthalt]¹ Aufenthalt!"⌝²

⌜"Ich dürste danach, geliebt zu werden, dass man mich liebe! Wer will meinen Durst verringern, wer will mir mein Getränk der Liebe bringen, meinen Trank der Seelen? Wer will mir Ehre erweisen für alle menschlichen Herzen, wer will mir bei meinem Erlösungswerk helfen?

Ich, mein Jesus, ich werde deinen Durst mit meiner Liebe verringern, ich werde das Getränk, den Trank für dich erwerben durch Demütigung, durch Leiden und ich werde es dir bringen im Kelch meines Herzens, ganz pochend, ganz überschäumend vor Leben. Ich bin dein Liebesopfer ... Ich werde als Opfer dein Apostel sein! Ich liebe dich!⌝³ Ich werde bewirken, dass du geliebt wirst!

---

1 Das Wort *Aufenthalt* steht doppelt, am Ende einer Zeile und am Beginn der folgenden.
2 Sehr freie Übernahme einer Erfahrung aus DES PLANCHES, *La Passion Renouvelée ou Sainte Véronique Giuliani*, S. 139–140. Siehe Einf., S. 12 Nr. 3.
3 Freie Übernahme einer Erfahrung aus DES PLANCHES, *La Passion Renouvelée ou Sainte Véronique Giuliani*, S. 157. Siehe Einf., S. 12 Nr. 3.

Dieses göttliche Bekenntnis, das wie eine lodernde Flamme, wie ein Schluchzen dem so liebenden Herzen Jesu entfuhr, hat mein ganzes Wesen neu entfacht und dabei die sehr engen Bande einer schon so vollkommenen Vereinigung noch fester gemacht und hinterlässt in mir noch mehr volles übernatürliches Leben, göttliches Leben ... mehr Verzückung! ...

Ich fühle, wie meine Seele leidenschaftlich ergriffen ist in meinem armseligen, vom Leiden zermarterten Körper.

Bewegt und ganz bebend vor Begeisterung, habe ich Dank gesagt ... habe ich um das Leiden gefleht. Oh! Wie noch nie zuvor! ... Inständig bat ich meinen angebeteten Herrn, dass er in mir den Wunsch zu leiden aufleben lasse und die Liebe, um gut zu leiden ... immer, ohne jemals um physische oder seelische Erleichterung zu bitten, ohne etwas anderes zu wollen, als dass ich immer verliebter, immer treuer seinem anbetungswürdigen Willen hingegeben sei! Und ich glaube in aller Bescheidenheit, dass der geliebte Meister auf diese Weise seine Dienerin liebt.

Das sind die Freuden, die meine Seele, die an der göttlichen Hand sehr folgsam geworden ist, verkostet: die Liebe im Leiden ... Das ist das Glück, dessen sich diese Seele, die ganz klein geworden ist, erfreut: der Friede in der heiligen Vereinigung.

Ich möchte, dass viele erkennen, wie sanft der Herr ist, wie köstlich die vollkommene Vereinigung mit ihm ist und wie voller Liebe die innigen Ergießungen sind, die seine unermessliche Zärtlichkeit zwischen ihm und der geliebten Seele stattfinden lässt.

Indem ich meine Danksagung verlängert habe, habe ich mein Gebet auf alle und jeden ausgeweitet.

Für meinen geistlichen Begleiter habe ich inbrünstig und voller Zuneigung gebetet! Es wäre mir unmöglich, mir all die Gebete in Erinnerung zu rufen, die ich zu seinen Gunsten verrichtet habe, doch erinnere ich mich, dass ich für ihn um ein sehr lebendiges, sehr intensives inneres Leben, um eine heilige Inbrunst in seinem Apostolat gebetet habe, damit sein Wirken wohltuend und vom Himmel gesegnet sei.

Ich weiß, dass das Wort es nicht im Geringsten vermag, in einem Herzen und in einer Seele auch nur den kleinsten Glaubensfunken, den kleinsten göttlichen Strahl hervorbrechen zu lassen, wenn Gott dieses Wirken nicht direkt fruchtbar macht und in der Seele seines Apostels nicht vollkommene Bereitschaft und Treue findet. ⌜Newman hat gesagt, dass Bekehrungen mehr von der seelischen Werthaftigkeit des Apostels abhängen als von der Überzeugungskraft seiner Gründe.⌐¹ Und in der Tat besteht die wahre Weisheit nicht in der Art und Weise, wie man den Nächsten unterrichtet, sondern im Gesamt einer Haltung vollkommener Reinheit, eines völlig christlichen Lebens.

Möge der angebetete Meister meinen geistlichen Begleiter ganz und gar in seine Liebe aufnehmen und dort bewahren.

Am selben Abend wurde ich, während ich um der Wiederherstellung der Liebe willen ganz in Anbetung war, bewegungslos, wortlos, zu Füßen des teuren und göttlichen Gekreuzigten ... liebend in der Inbrunst der Stille ... plötzlich von einem Licht umhüllt und war wie eingetaucht in dieses Licht! Und ohne Vorbereitung, ohne dass meine Gefühle danach gesucht hätten, sogar ohne dass ich danach verlangt, es herbeigerufen hätte, zeigte sich meiner Seele das sanftmütige und schmerzhafte Bild des sterbenden Retters mit einer Präzision, einer Klarheit, die nicht den Schatten eines Zweifels zurücklassen konnte. Dennoch ⌐habe ich die Vision barsch zurückgewiesen, weil ich fürchtete, dass das nur < ein > teuflisches Trugbild sei. Aber die Augen zärtlich auf mich gerichtet, sagte er mir mit vorwurfsvollem Ton: „Ich bin nicht der Dämon, wie du denkst, ich bin dein Jesus, dein geliebter Bräutigam, ich komme, um deine Kräfte wieder zu beleben und um dich in meinen Leiden aufzurichten ...⌐² ich gehöre dir."

Was die Beschreibung angeht: Der heilige Leib des Gottmenschen war von einer durchscheinenden Blässe, die Züge des teuren Gesichts waren sehr ausdrucksstark, sehr schön trotz der Spuren eines Schmerzes, einer immensen Traurigkeit, die, so schien es mir, durch andere, grausamere Qualen hervorgerufen wurden, als jene, die seinen göttlichen Leib zermalmten.

Es dauerte nur einen Augenblick, da begann das Blut in Strömen von seiner mit Dornen gekrönten Stirn zu fließen und verteilte sich über sein

---

1 Wörtliche Übernahme aus KLEIN, *Madeleine Sémer*, S. 254, die Newman zitiert. Siehe Einf., S. 15 Nr. 17. (John Henry Newman, 1801–1890, Priester und Gelehrter in der anglikanischen Kirche, wandte sich nach schweren gesundheitlichen und religiösen Krisen der Frage nach der Ausformung einer objektiv gültigen Lehre zu. 1845 Konversion zum Katholizismus, 1879 Kardinalserhebung. In der Auseinandersetzung mit dem Liberalismus seiner Zeit ist es Newman ein Anliegen, individuelle Glaubensgewissheit und Dogma, Gewissen und Lehramt miteinander in Verbindung zu bringen. Anm. d. Übers.).
2 Glossierte Übernahme einer Erfahrung aus DES PLANCHES, *La Passion Renouvelée ou Sainte Véronique Giuliani*, S. 260. Siehe Einf., S. 12–13 Nr. 3 und 7.

abgezehrtes Gesicht; ebenso und noch reichlicher aus der Wunde seines durchbohrten Herzens und von seinen Händen, von seinen Füßen ... aus allen Wunden seines Körpers, die so zahlreich sind, dass man sie nicht zählen könnte, und überströmte sogar das Kreuz, das sich düster und scharf in dem immensen Licht, das es umgab, abhob. Zutiefst beeindruckt, entsetzt sogar, doch sehr ruhig, betrachtete ich lange und mit einem Gefühl des Leids die trostlose Erscheinung und je mehr ich (innerlich) auf das blutige Bild meines Gottes, des Retters, starrte, desto strahlender wurde das Licht, in dem es mir gezeigt wurde. Unsagbar berührt, zerfloss ich in Tränen des Mitleids und der Bewunderung, der Bitte um Vergebung und der Reue und dachte dabei in meinem Verständnis des Wahren nur daran, für so viele Leiden Entschädigung, Wiedergutmachung zu leisten, das viele Blut zu trocknen, die vielen Wunden zu verschließen, die durch schuldhafte Vergnügungen, durch Verbrechen verursacht werden.

Aus Opferbereitschaft oder aus einer noch nicht ganz verblassten Furcht heraus versuchte ich, mich von der Betrachtung loszureißen, um mich einzig mit Inbrunst dem mündlichen Gebet zu überlassen, freilich nicht aus Abneigung gegen das Leiden.

Und ich begann von Neuem: ⌜„Nicht Visionen will ich, sondern die Leiden meines Jesus, das nackte Kreuz. Mein geliebter Jesus, komm mir zu Hilfe! ..."

„Ich bin es, dein geliebter Jesus. Sag mir alles, was du wünschst." – „Was ich will, oh mein Herr, ist der Schmerz über meine Fehler, die vergangenen und die gegenwärtigen; die Gnade, dich nicht mehr zu beleidigen und mich gut zu kennen⌟[1]; die Gnade zu sühnen, für das Menschengeschlecht wiedergutzumachen und mit dir an seiner Erlösung zu arbeiten."

Da ich nicht die Kraft hatte, gegen die Allmacht Gottes anzukämpfen, wurde ich, übrigens ohne Widerstand zu leisten, zu Füßen des guten Meisters geführt, die ich aus der Tiefe meiner Demut heraus mit Küssen und Tränen bedeckte, wobei ich meine treue Liebe bezeugte und Jesus in lebhafter Zärtlichkeit anflehte, mich ganz und gar an sein Kreuz zu ziehen, an das seine, nicht nur damit ich dort die Schande, die Qualen, den Durst, das Todesleiden ... und schließlich den Tod teile; sondern er solle selbst herabsteigen und mich an seiner Stelle annageln!

---

[1] Übernahme einer Erfahrung aus DES PLANCHES, *La Passion Renouvelée ou Sainte Véronique Giuliani*, S. 256. Siehe Einf., S. 12 Nr. 3.

Sogleich erlangte Gnade, weil ich mich, überschwemmt, überströmt von einer Art Trunkenheit, im selben Augenblick, schneller als man es sagen kann, ganz verwandelt sah, unserem Herrn gleichgestaltet, so als wäre mein ganzes Wesen in ihn hineingeflossen, mit ihm verschmolzen! ... Ich war nicht mehr ... ich lebte nicht mehr! Die Dornenkrone, die Nägel in den Händen, in den Füßen, die spitze Lanze durchdrangen, durchbohrten mein Herz, mein Fleisch so heftig, dass es mir von einer Seite zur anderen durchlöchert, durchstochen schien, während ich, mein ganzes Wesen, in einen feurigen Abgrund getaucht wurde. Feuer viel mehr des Schmerzes als der Liebe! Oh Gott, welche Marter! Ich empfand eine so große Qual, dass ich daran zu sterben glaubte.

Niemals hatte ich mich in einem Zustand so vollständiger Verwandlung in die anbetungswürdige leidende und liebende Menschheit Jesu[1] befunden; Jesu, der mein ganzes Wesen in sich hinein aufnahm, versenkte, aufbrauchte, verschmolz! Eine Minute ... eine Sekunde mehr und meine Seele wäre aus ihrer sterblichen Hülle herausgebrochen.

Diese wirkliche Umgestaltung in eine Ähnlichkeit mit dem Opfer des gekreuzigten Jesus, die sich durch ein mystisches Entflammen der göttlichen Liebe ereignet hat, lässt mich zu meinem großen Glück ohne äußere Male zurück. Zu der Stunde, wo diese Zeilen geschrieben werden, sind die Leiden noch immer sehr lebhaft, sie gleichen einem Feuer, das mich ganz verbrennt, besonders heftig in der Brust, im Kopf, in den Beinen und in den Armen, wobei sie unsichtbar bleiben; wenn nicht die Leiden, so doch wenigstens die Male der Leiden! Es lebe Jesus!

Und es lebe Maria, meine zärtliche Mama! Denn ihrer ganz mütterlichen Vermittlung verdanke ich es auch dieses Mal, dass kein sichtbares Mal zurückgeblieben ist.. Doch wird man der göttlichen Person des Wortes nicht angeglichen, ohne ein Alter Ego zu werden. Man wird nicht in die verzehrende Glut der Liebe geworfen, ohne daraus für immer erneuert hervorzugehen!

Neues Leben in einem Mehr an Hingabe und Liebe! Mehr als je zuvor dem umgestaltenden Wirken des Heiligen Geistes ausgeliefert ... Jesus, dem eucharistischen Christus, um seinem Bild und der Ähnlichkeit mit ihm immer mehr zu entsprechen; denn niemand kann die Wohnung des Vaters betreten, wenn er nicht dem Sohn ähnlich ist. Für die kleinen vor-

---

1 *Menschheit Jesu:* Vgl. S. 76 Anm. 1.

herbestimmten Seelen befindet sich der Tabor auf dem Kalvarienberg. Oh! Was bedeutet schon das Leiden und das Kreuz, da ich ja die Liebe habe ... die Liebe über alles. Die Liebe keimt im Regen der Tränen und blüht auf unter den brennenden Strahlen des Schmerzes, die Liebe reift im Kuss eines ganz göttlichen *fiat*.

Erlernte Liebe, begriffene Liebe, gelebte Liebe ... Liebe, die endlich ausstrahlt, überfließt dank des Wohlgeruchs aller meiner mit Dornen angereicherten Rosen! ⌐Worte, zu arm und zu blass, um von einem so großen Wunder zu sprechen ...⌐¹ warum übrigens Worte? Ist es nicht viel besser, sich vor dem Werk, das die Liebe selbst hervorgebracht hat, niederzuknien, es zu durchdringen, es zu sehen, es bis auf den Grund zu spüren, um es bis ins Letzte zu verwirklichen? Ich messe dieser geistigen Vision keine andere Bedeutung bei, allein die Frucht ist der Aufmerksamkeit und des Begehrens würdig. Wenn ich darüber mit demjenigen rede, mit dem ich es muss, dann um zu gehorchen und um Rat, Einsicht, Ermutigung zu erbitten. Wenn ich manchmal daran denke, dann um mir meines Elends besser bewusst zu werden, um mehr zu lieben und um Gott zu verherrlichen!

Du allein, oh mein Gott, mein König! Du allein immer und ... immer nur du allein, durch Maria, meine innigst geliebte Mutter!

↑ 26. Januar 1932 (Dienstag)

Leidenschaftliche Anbetung, tiefe Innigkeit, zärtlicher Austausch, himmlische Mitteilungen zwischen den Drei Göttlichen Personen und meiner Seele.

Ich lebe in der Dreifaltigkeit und ich sehe mich in ihr! Welche Stille! Welche Ruhe! ⌐Da ist die erhabene Anziehung, neben der alles andere nichts ist ... Da ist das Unvergleichliche⌐², in dem ich alles finde ... Da ist das unbegreifliche Geheimnis ... Da ist das schöne Leben für mich, da ist meine schöne Liebe!

---

1 Vgl. KLEIN, *Madeleine Sémer*, S. 253 und andernorts. Siehe Einf., S. 12 Nr. 2 („geistliche Formulierung").
2 Vgl. Angela von Foligno, zitiert bei KLEIN, *Madeleine Sémer*, S. 208–209. Einf., S. 12 Nr. 2. (Angela von Foligno, ca. 1248–1309, ital. Franziskanerterziarin und Mystikerin, widmete sich, nachdem sie infolge einer Bekehrungserfahrung ihrer Neigung zu weltlichen Freuden entsagt hatte, der Buße und dem Dienst an den Armen. Sie wurde mit außergewöhnlichen Gnadenerfahrungen beschenkt und bezeugte eine zunehmende Vereinigung mit Christus in der Erfahrung von Liebe und Leid. Anm. d. Übers.).

Oh göttliche Dreifaltigkeit! Oh Einheit meines Gottes! Oh Freude! Oh Süßigkeit! Oh Liebe! Oh mein Alles! Hör nicht auf, mich immer weiter in deine heilige Innigkeit hineinzunehmen, in deine Unendlichkeit, in den unermesslichen Glanz deines so sanften Geheimnisses, worauf ich mich ohne Vorwand, ohne weitere Demonstration ganz einlasse, ⌐glücklich, diese Überfülle des Lebens, diesen Schatz der Liebe, den ich in dir verborgen finde, um den Preis welchen Martyriums auch immer zu kaufen!⌐[1]

Vollkommenes Eindringen der Gnade in mir!

Oh glückselige! Oh meine ganz liebliche Dreifaltigkeit.

↑ 28. Januar 1932 (Donnerstag)

Heilige Kommunion. ⌐Meine Seele und mein Körper beben, trunken, entzückt vor Freude im lebendigen Gott, hineingezogen in ihn wie durch einen Magneten der Liebe! Und in dieser Freude, dieser Vereinigung, diesem Besitzen, das nur Wonne ist, nur Trunkenheit, nur Schwachwerden aus Liebe⌐[2], lebhafte Umarmungen, innige und vertraute Ergießungen, Auflösung, Zusammenbrechen meines ganzen Wesens in einer unendlichen Sanftheit, Zärtlichkeit, in der unsagbar reinen, keuschen und göttlichen Liebe.

In der so leidenschaftlichen Liebe, die nur Kniefall der Seele ist, nur Jubel.

Glücklich, glückselig die Seele der Ganzhingabe, weil Jesus, ihr königlicher Bräutigam, der ihr ganz gehören will, will, dass sie ganz ihm gehört, dass er sie ganz für sich will.

Oh Herz meines Herzens! Oh meine Seele! Oh mein Leben! Oh meine teure Liebe! Ich habe heute die absolute Vertrautheit mit Jesus kennen gelernt. ⌐Unsere Leben, so gut miteinander vermischt, verschmolzen, ineinander übergegangen in der reinsten Vereinigung und doch voneinander so verschieden. Mein Gott, mein Gott, dass er in mir ist und dass ich in ihm bin! Alles in mir, alles von mir ist das Werk seiner Liebe! Die Liebe hat meine Seele verwandelt. Wie erstaunlich, diese beiden Leben, die so eins sind und so verschieden, wenn das Innere eine heftige Feuersglut ist.⌐[3]

---

1 Glossierte Übernahme von KLEIN, *Madeleine Sémer*, S. 216, mit Wechsel der Person. Vgl. Einf., S. 13 Nr. 7 und 9.
2 Übernahme einer Erfahrung aus KLEIN, *Madeleine Sémer*, S. 221 und 219. Vgl. Einf., S. 12–13 Nr. 3 und 5.
3 Glossierte Übernahme einer Erfahrung aus KLEIN, *Madeleine Sémer*, S. 185 und 191. Vgl. Einf., S. 13–13 Nr. 3, 7 und 5.

Jesus will mich, ich gehöre ihm ... ich bleibe in ihm. Äußerlich ist nichts mehr, zählt nichts mehr, während Leben, unermessliche Liebe meine Seele erfüllt hat.

Ich war in der Liebe, trunken vor Liebe, trunken von Jesus, trunken vor Freude! ⌜Ich liebte, ohne es sogar noch zu wagen, Worte der Liebe zu sagen, ich dachte nicht, dass man mich, mich liebte, aber dass Jesus in mir, das Wort der Liebe, er, der zärtliche Bräutigam meiner Seele, er, der Geliebte des Vaters, seine liebenden Umarmungen empfing, jene feurige Liebe, die der Heilige Geist ist. Mein armes, elendiges Wesen erfuhr dieses Wunder, staunte, genoss⌝¹ alles durch die Wirkung des Geistes, in der ewigen Liebe.

Wenn man aus der Liebe kommt, um Gott zu suchen, erhält man die Liebe hundertfach! Und was für eine Liebe ohne Ende, ohne Grenzen! Oh Jesus! Oh mein Gott, oh erhabene Dreifaltigkeit! ... ich lebe in deiner Liebe. Ich kann nur noch lieben und meine Liebe wird immer größer!

Ich würde gerne meinem geistlichen Begleiter alles sagen, aber wie? Einige Minuten nach der Kommunion, bevor ich mich den Wonnen der Vereinigung und der Liebe überließ, den göttlichen Liebkosungen Jesu, übergab ich mich in seine Hände, damit er dem Vater mein Herz darbringe, das ganz ihm gehört, mein Herz, das von seiner Liebe ganz entfacht ist, meine Seele und meinen Geist, die so glücklich und so hingegeben sind, meinen Körper, der durch ihn allen Schmerzen ausgeliefert ist, allen Opferungen, seinem ganzen göttlichen Belieben. Nach einer leidenschaftlichen Umarmung und mit einer Geste voller Sanftheit und Majestät, brachte er mich dem Vater dar wie einen reinen Kelch, gefüllt mit Ihm; Gott, der Vater, der zugleich so mächtig und so sanft ist, sah, zärtlich über seine Dienerin gebeugt, in ihr nur den geliebten Sohn, in den er all sein Gefallen gelegt hat.

Entzückt, staunend, berauscht vor Freude, außer mir, trunken vor Liebe, habe ich ausgerufen: Oh Gott, mein Vater, oh mein so teurer Jesus, oh Heiliger Geist, der du mich mit deinem Feuer verbrennst und überflutest! Die Liebe, die Zärtlichkeit trägt mich, erhebt mich ... mein ganzes Wesen ist ergriffen, ohne Ende in Besitz genommen.

---

1 Glossierte Übernahme einer Erfahrung aus KLEIN, *Madeleine Sémer*, S. 183–184. Vgl. Einf., S. 12–13 Nr. 3 und 7.

2. Februar 1932

Wie ich liebe! Wie ich liebe! Das ist mein ganzes Gebet: mehr lieben, um noch besser zu lieben ... um aus Liebe zu leben und zu sterben.

Es gibt keine sakramentale Hostie ohne eine Opferhostie, aber ich habe die süße und feste Überzeugung, dass ich Jesus, der es verlangt, Hostie gegen Hostie zu geben vermochte.

Ich glaube, dass ich anfange zu wissen, wie man kommuniziert!

Was für eine lebendige Danksagung folgte dann! Welche Aufschwünge des Herzens! Welche Inbrunst der Seele! Welche Liebe in meinem Gebet! Ich habe gebetet, gebetet für alle. Zugunsten der Kirche und ihres höchsten Leiters, den ich mit ganzer Seele liebe, für die lieben, lieben Meinen und für alle meine Freunde, für all jene, die ich lieben muss und will ... für all diejenigen, die Jesus mir gegeben hat und denen (geistlich) zu helfen, er mich bittet. Brennend vor Liebe, mitgerissen von einem heiligen Verlangen, warf ich mich in die Arme der Heiligen Jungfrau, meiner Mutter, um ihr zu danken, sie zu preisen, sie, die mir Jesus geschenkt hat, sie, der ich mein Glück verdanke.

⌜Ich habe mich bemüht zu schreiben, aber ich weiß, dass ich mich schlecht ausdrücke. Es ist viel zu hoch über allen Worten, viel zu hoch, unendlich viel zu hoch über dem menschlichen Wesen. Es gibt keine Worte, die die Lieblichkeiten der göttlichen Vertrautheit, die Wonnen dieser gesegneten Augenblicke ausdrücken könnten.

Und außerdem bedeutet von Jesus, von meiner Liebe, zu reden, dass ich mich in ihn versenke, dass ich mit ihm vereinigt bin, dass ich sofort trunken werde von ihm.⌝[1]

Oft wage ich in meinen Unterhaltungen nicht einmal, den so lieblichen Namen Jesu auszusprechen, ⌜ich zögere sogar manchmal, ihn zu nennen, wenn ich bete⌝[2], besonders wenn ich nicht alleine bin. Mein Herz ist durch die Liebe so weit geworden, all ⌜mein Wesen erbebt so stark bei dem bloßen Gedanken an den Tabernakel⌝[3], beim Gedanken an alles, was dieser angebetete Meister für uns getan hat, an alles, was er für mich im

---

[1] Glossiertes Patchwork aus drei Ausdrücken aus Klein, *Madeleine Sémer*, S. 231. Vgl. Einf., S. 12–13 Nr. 7, 4 und 5.
[2] Glossierte Übernahme aus Klein, *Madeleine Sémer*, S. 226. Siehe Einf., S. 12 Nr. 3 und S. 13 Nr. 5.
[3] Personalisierte Übernahme einer Erfahrung aus Klein, *Madeleine Sémer*, S. 226 (aus *indem ich mich dem Tabernakel nähere* wird bei Marthe: *bei dem bloßen Gedanken an den Tabernakel*). Siehe Einf., S. 12 Nr. 3 und S. 13 Nr. 5.

Besonderen getan hat und weiterhin tut, dass ich Angst habe, plötzlich von einer unwiderstehlichen Kraft ergriffen, mitgerissen zu werden, sollte ich für einen Augenblick aufhören, mir zu gehören, mich (wie neulich) unter Kontrolle zu haben. Was mich zurückhält, ist einfach das: Ich habe Angst vor der Verzückung; und angesichts der Möglichkeit dieser Folge, die ich zu Recht oder Unrecht fürchte, ⌜bemühe ich mich, das Gefühl der geliebten Gegenwart in einer feierlich auf die allerhöchste Dreifaltigkeit gerichteten Aufmerksamkeit untergehen zu lassen! Aber ich verliere schnell die Beherrschung! Und da alles in mir Liebe ist, lebendige, kraftvolle Liebe, im Herzen der Liebe selbst, empfinde ich, dass alle meine Gefühle, meine ganze Leidenschaft zu lieben nur noch glühender sind.⌝[1] Dieser schöne Tag der Vereinigung und der Liebe sei dargebracht für das Glück und die Heiligung jener, die lieben.

Und möge Gott aus mir einen Feuerherd machen, um die Welt zu reinigen und die Seelen zu entzünden.

↑ 2. Februar 1932 (Dienstag)

Tiefe Empfindung der Gegenwart Gottes in mir, der mich mit Licht überflutet, mich mit unaufhörlichen Gunsterweisen überschüttet! Oh! Wie ich heute geliebt worden bin! ... Und wie mein Gott doch unendlich ist an Güte, an Sanftheit, an Reichtum ... besonders an Liebe.

Was soll ich im Tausch gegen so große Güter geben? Was für ihn tun, um ihn noch besser zu lieben? Alles, was er will, wann er es will, wie er es will. Das ist mein schönstes Gebet ... das ist meine ganze Antwort, das ist mein einziges Liebeswort.

Mehr Schmerz in mehr Liebe und in welcher Hingabe!

Was für ein sanfter Friede in mir und was für eine ungetrübte Glückseligkeit! Was für ein Verschenken meines ganzen Wesens! Was für ein Vergessen der Leiden, der Schmerzen, der Erschöpfung in dieser Hingabe an die Liebe! Was für glückliche Tränen! Was für eine übermenschliche Fülle an Freude in dieser ganzen Woge von Schmerzen!

Mein ganzes Wesen ist unbegreiflichen Qualen anheimgegeben! Aber um wie viel spürbarer, extremer noch sind sie in meiner gemarterten, von unstillbarem Liebesdurst brennenden Seele.

---

[1] Entfernte Übernahme aus Klein, *Madeleine Sémer*, S. 226. Siehe Einf., S. 13 Nr. 8.

7. Februar 1932

Ich schwimme in den Leiden, das stimmt, aber mein so sanfter Jesus legt so viel Schönheit, so viel Unendlichkeit in mein armes kleines Leben, dass ich dahinsegle, dass ich ganz hoch über allen meinen Leiden schwebe, in dieser lebendigen und wundervollen Wirklichkeit, im himmlischen Abgrund.

Die schlimmsten Trübsale vermögen weder mein Glück anzutasten noch die Gelassenheit meiner Seele zu streifen, da ich sage: Was kann geschehen, was kann mir passieren? Mein Geliebter, er, der Heilige, der Reine, der einzig wahre Gott und einzige Freund, er, die Liebe selbst, ist bei mir; ich liebe ihn und ich empfange seine Liebe; mein ganzes Wesen liegt in seinen Armen.

Ich bin dein, oh mein Jesus! Ich bin dein kleines Opfer und deine lebendige Hostie, um in dir, durch Maria, meine geliebte Mutter, das Lob der Heiligsten Dreifaltigkeit zu sein! Wundervolle Mission und es ist so ergreifend, sie zu erfüllen. ⌜Es scheint mir immer weniger möglich, dass eine solche Überfülle an Gnaden, eine solche Liebesglut allein zur Freude, allein als Belohnung wegen meines heiligen Liebeseifers, wegen meiner Hingabe an alle göttlichen Willensbekundungen geschenkt wird! Ich bin Sünderin, ich bin Nichts, ich bin „Bedürfen" und wenn Gott es in seiner Perspektive der Ewigkeit für < gut > erachtet hat, seine Blicke auf das Niedrigste, das es gibt, herabzusenken, dann weil er sie[1] für etwas, um das er weiß, gezeichnet hat.⌟[2]

Und lassen wir, weil ja am mystischen Leib der Kirche die schwächsten Glieder die notwendigsten sind, einmal mehr die göttliche Hand im Verborgenen tiefe Einschnitte vornehmen, behauen, im Blick auf zukünftige Ernten. Die schönsten Gnadenfrüchte holen ihren Saft aus dem fruchtbaren Schatz des Leidens, so wie eine Pflanze das Leben aus dem Boden schöpft, den der Regen aufgeweicht hat.

⌜Mein Gott, bewahre mich für das unsichtbarste, für das am wenigsten erkannte Gut, mache, dass meine Leiden wirken, mache, dass so viel Liebe diene.⌟[3]

Meine ganze Seele ist mit einer so reinen Sanftheit, mit einem so erhabenen Denken, mit einem so heiligen Jubel erfüllt, wie weder die Liebe

---

1 Von der frz. Konstruktion her ist hier eindeutig die Sprecherin gemeint. (Anm. d. Übers.).
2 Entfernte Übernahme aus KLEIN, *Madeleine Sémer*, S. 180. Siehe Einf., S. 13 Nr. 8.
3 Entfernte Übernahme aus KLEIN, *Madeleine Sémer*, S. 178. Siehe Einf., S. 13 Nr. 8.

noch die Genüsse, noch die angesammelten Tröstungen der Erde < es > jemals einer Person so wahrhaft, so tief geschenkt haben! ...
Ich liebe und ich bin in der Fülle der himmlischen Güter.
Wie gut es ist, über seinem Leiden und wie außerhalb seiner selbst zu leben. Sich an Jesus zu erfreuen ... und an ihm zu leiden! Du, nichts als du, oh Jesus! Du allein, oh mein Leben!

Man atmet so leicht auf den hohen Gipfeln des Ideals, wo man von der Liebe zu immer mehr Liebe mitgerissen wird.

Mit dir, oh Jesus, kann ich in meinen Leiden sagen und singen, dass ich glückselig bin, und in meiner verzückten Seele besinge, preise, verherrliche ich den Herrn! Halleluja! Halleluja! Und Ehre sei Gott.

Ach! Ich verstehe die Entmutigung, die Verärgerung, ja sogar die Auflehnung in der Prüfung bei jenen, die den Glauben nicht haben. Mit dem geringsten Funken wahren Lichts vermag ich nur noch Geduld, Sanftheit, freie Zustimmung des Willens zu sehen und zuzulassen, ⌜Hingabe voller Liebe, vollständige Selbstaufgabe; und das ist jedem von uns möglich.⌝[1]

Es genügt, ganz einfach zu wollen, sich zu demütigen und gut zu beten, um sich bis zum völligen Sichabfinden, bis zum höchsten *fiat* zu erheben und seine Seele zu den strahlenden Gipfeln, die nur der Liebe zugänglich sind, aufsteigen zu lassen, wo uns so viele ungeahnte Wunder erwarten.

Und dann, dort angekommen, was kann man nicht alles erdulden! Was kann man nicht tragen! Was kann man nicht erleiden!

Sich anbieten, sich hingeben, sich der Liebe ausliefern! Das bedeutet, Gott anzuziehen, das bedeutet, diese Liebe zu besitzen. Das bedeutet, sich mit Jesus zu vereinen, das bedeutet, sein Leben im göttlichen Leben zu vollenden.

Es gibt keine wahre Geduld ohne echte Liebe und ⌜die echte Liebe wächst in dem Maße, wie die wahre Geduld zunimmt.

Man muss wirklich in der Liebe Gottes leben und durch Krankheit zur Handlungsunfähigkeit gezwungen sein, um die eigene Nichtigkeit, das eigene Unvermögen voll und ganz zu fühlen⌝[2], das eigene Elend, die eigene natürliche und übernatürliche Unfähigkeit, richtig zu handeln.

---

1 Vgl. KLEIN, *Madeleine Sémer*, S. 260. Siehe Einf., S. 12 Nr. 2 („geistliche Formulierung").
2 Glossierte und aneinandergereihte Übernahme aus DES PLANCHES, *La Passion Renouvelée ou Sainte Véronique Giuliani*, S. 14 und KLEIN, *Madeleine Sémer*, S. 146. Siehe Einf., S. 13 Nr. 6 und 7.

„Ohne mich vermögt ihr nichts"¹, nicht einmal, ihn zu lieben, nicht einmal, uns ihm hinzugeben, uns mit ihm zu vereinen, in ihm zu leben, mit ihm zu verschmelzen, sich zu verlieren, würde nicht er selbst durch sein göttliches Wirken unser Leben beleben, weiterführen, bewahren, heiligen, wäre er nicht das Alles in unserer Seele und das Alles in unserem Sein. „Ohne mich könnt ihr nicht sein." „Ich bin der Ich-bin-da." Und er versichert: „Ihr habt nichts, das ihr nicht von mir erhalten habt."

Der Allmächtige hat in mir große Dinge gewirkt, er hat mir außerordentliche Gnaden gewährt und die größte von allen ist, dass er in mir unermessliche Abgründe erschlossen hat, dass er mich gelehrt hat, mich fühlen, erkennen und durch all das hindurchgehen ließ. Er, nur er allein kann mein Wesen erfüllen und meine Seele weiten.

⌈Ach! Ich spüre wohl, was das väterliche Herz des lieben Gottes am meisten an seiner kleinen Dienerin entzückt, nämlich zu sehen, dass ich es liebe, nichts zu sein, nicht mehr zu sein; das ist meine vollkommene Freude in all den schweren Kreuzen, die auf mich herabstürzen, das ist meine blinde Hoffnung auf seine barmherzige Liebe ...⌋², das ist schließlich mein bis an die äußersten Grenzen getriebenes Vertrauen.

Ich spüre immer mehr meine abgrundtiefe Armut ... aber ich spüre noch viel besser meinen unendlichen Reichtum in Gott allein! Ich liebe und ich preise ohne Ende!

↑ 7. Februar 1932 (Sonntag)

Heilige Kommunion. Oh Leben der Liebe! Leben Jesu in mir! Machtvolles Geheimnis! Unaussprechliche Hoffnung! Göttliche Fülle! Wie es mir mein Père gesagt hatte, habe ich im Feuer kommuniziert, in dem Feuer der Liebe.

In dem Augenblick, als meine Lippe sich vor Wonne und Freude der heiligen Hostie öffnete, erklang eine sanfte Stimme: „Ich bin es, ich steige in meinen Himmel hinab!" Die Hostie, die ich empfing, war ein Feuer, das meine Lippe verbrannte, das in meinem Herzen brannte, das in meinen Gliedern brannte ... das in meinem ganzen Wesen brannte! Und was für ein Feuer, was für eine Liebe! Was für eine reine und unermessliche Liebe ... einzigartige, unendliche Liebe. Man fühlt, dass sie dafür da ist, um

---

1 Vgl. Joh 15,5.
2 Glossierte Übernahme von THÉRÈSE DE L'ENFANT-JÉSUS, Brief 6, S. 355 (= LT 197.1.17 und folgende).

die Welt zu entfachen mit ihren schönen und mächtigen Flammen, mit ihren lieblichen und mystischen Düften, mit ihrer Weite, ihrer Tiefe, ihrer Höhe, ihrer Intensität.

Das Feuer der Liebe ist lange in mir geblieben und hat mich auf unerklärliche Weise verbrannt; oder vielmehr war ich es, die in dieses Feuer der anbetungswürdigen, der unwiderstehlichen Liebe eingetaucht war! Schreckliche und so zart köstliche Liebe, in der ich mit allen göttlichen Zärtlichkeiten begünstigt wurde, angefangen bei denen der Braut am Herzen ihres königlichen Bräutigams bis zu jenen des kleinen Kindes auf den Knien seines Vaters, in den Armen seiner Mutter. Der Herr ist gekommen und hat mich in seine Güte, in seine Liebe hineingenommen, hat mich wissen lassen, dass ich nicht nur Dienerin, Sklavin seiner Liebe bin, wie ich mich noch immer gerne nenne (weil ich mich ganz einfach eines anderen Namens unwürdig finde), sondern Braut, Geliebte, bevorzugtes Kind! Oh unbegreifliche Torheit eines Gottes! Oh Blindheit seiner Liebe! Wer wäre nicht ergriffen, gedemütigt, außer sich, verzückt vor Staunen! Wer würde nicht vor Glück, vor Dankbarkeit dahinschmelzen! Ich habe in freudiger Erregung, im Jubel geweint, gebetet, verherrlicht, gepriesen. ⌜Oh Liebe! Du bist die Liebe, die barmherzige Liebe, die Wahrheit, die allein bleibt.⌝[1]

In der Liebe! In der Liebe! Ich bin in der Liebe ... ich bin eins mit der Liebe ... ich trage sie in mir ... ich lebe aus ihr in Ihm. Mein ganzes Wesen brennt vor Liebe, mit einer Trunkenheit, mit einer unvergleichlichen Intensität.

Herr Jesus! Mache, dass ich deine Liebe dadurch, dass ich dich in mir trage, bekannt mache und dazu beitrage, dass man sie liebt. Mache mich heilig, oh mein Geliebter! ... Alle Erkenntnis, alle Macht, alle Freude, alles Leben liegt in der Liebe.

Oh mein so sanfter Jesus! Lasse mich noch mehr an allen deinen Schmerzen, deinen größten Qualen teilhaben, damit ich ganz sicher bin (und ich bin es), dass mein Elend dich liebt, dich allein und nicht nur deine Sanftheit, deine Liebe. Mache mich würdig, für deinen Namen, für dein Reich zu leiden.

Oh gesegnete Tage, Tage meines Lebens, die zu schön, die zu glücklich sind! Mein Gott, vergiss mich in meiner Kleinheit, mein Gott, geh weg von meinem Elend!

---

[1] Entfernte Übernahme aus KLEIN, *Madeleine Sémer*, S. 176. Siehe Einf., S. 13 Nr. 8.

15. Februar 1932

In diesen Tagen der Verzückung, ⌜in diesen himmlischen Tagen scheint mir das Wunder nicht darin zu liegen, dass ich Gott fühle, ihn sehe! Was mich noch viel mehr erstaunt, ist, dass ich danach, wenn noch ganz durchdrungen, ganz gefangen genommen und erfüllt von der süßen Gegenwart, die Dinge der Erde noch wahrnehmen, sehen kann⌝[1], sprechen, mich beschäftigen und meine Freude, meine einzige Liebe mühelos aufopfern kann, um mich zu vergessen, mich zu verschenken, mich allen zur Verfügung zu stellen, ⌜indem ich alles, was mein Glück ausmacht, darbringe, loslasse, damit andere Seelen heimgesucht werden⌝[2], getröstet und wie ich, mehr noch als ich, mit Liebe entzündet ... damit Jesus sich ihnen wie mir, mehr noch als mir, offenbare.

⌜Es ist unmöglich, dass die göttliche Liebe, die Vereinigung mit Jesus, nicht dazu führt, dass wir uns Pflichten und Opfer mit Freuden zu eigen machen⌝[3], und ich fühle, dass die Reinheit dieser Liebe, der lebhafte Eindruck dieser teuren Gegenwart, die in mir fließt < wie > ein Wohlgeruch, eine Flamme, eine Kraft, die in mich eindringt, mich handeln lässt ... ⌜mir eine Sanftheit, eine Liebe, eine Zuneigung zu allen Geschöpfen ins Herz legt, die nichts zu unterbinden vermöchte.⌝[4]

Sie liegt weit zurück, die Zeit, wo ich Jesus bat, mich von allem loszulösen und mich zu ergreifen, mich mit sich zu vereinigen, mich in sich zu versenken und mich dort zu bewahren. Jetzt ist sein Leben so sehr mein Leben, die Seele meines Lebens, dass ich mich unablässig davon losreißen muss, um für alles bereit zu sein. Nicht mehr ich bin es, die ist ... Jesus „ist" ganz in mir. Er ist die Seele und das Leben meines Lebens.

Oft lässt mich ein einfacher Ruf der Zärtlichkeit, ein Aufschwung des Herzens, der bloße Name des Geliebten sogleich das so reine Glück seiner Gegenwart fühlen und mich die süßeste Innigkeit erfahren.[5]

Das Herz meines Geliebten schlägt in meinem Herzen! Machtvolles Wunder und so wahr; wahrer als alles, was ich kenne, weiß und sehe ... als alles, was ich sagen könnte.

---

[1] Glossierte Übernahme aus KLEIN, *Madeleine Sémer*, S. 175. Siehe Einf., S. 13 Nr. 7.
[2] Glossierte Übernahme aus KLEIN, *Madeleine Sémer*, S. 176. Siehe Einf., S. 13 Nr. 7 und 5.
[3] Glossierte Übernahme aus KLEIN, *Madeleine Sémer*, S. 180. Siehe Einf., S. 13 Nr. 7 und 5.
[4] Glossierte Übernahme aus KLEIN, *Madeleine Sémer*, S. 180. Siehe Einf., S. 13 Nr. 7 und 5.
[5] Die Syntax entspricht der Umgangssprache, doch ist der Sinn verständlich: *und < genügt >, dass ich ...*

Mein Leben ist weiterhin eine Wohltat, ein tägliches Wunder, ein Segen, eine Barmherzigkeit, die nicht endet. Mein Gott! Du machst mich in meinen Leiden allzu glücklich! Zu lieben ist schon allzu gut, allzu schön. Wird mich mein Gott noch lange auf Erden belassen? Es scheint mir nicht so, mein Leben ist so verwunderlich, derart verwunderlich und so schön! Aber was macht das einem kleinen, gekreuzigten Opfer aus, einer kleinen, durch die Hand der Liebe geopferten Hostie ... heute Nacht, morgen, später, falls er will ... ich bin in seinem Willen ... nichts als seine Sache.

Was macht das aus, wenn ich durch Maria und in Maria, meiner geliebten Mutter, weiß, wie man liebt, lebt, leidet und alles aus reiner Liebe tut ... und das, um aus Liebe zu sterben!

↑ 15. Februar 1932 (Montag)

Heute wieder ⌈hat mich die Liebe in die unermessliche Feuersglut versetzt, mitten in ein noch nicht gekanntes Wunder.

Für einen langen Augenblick wimmelten die Spitzen des Feuers so gedrängt[1], so brennend, dass ich glaubte vor Schmerz, vor Wonne in dieser gesegneten Qual zu sterben. Ich vermöchte jetzt nicht zu sagen, was ich in der göttlichen Unermesslichkeit empfunden, gespürt habe. Da ich nichts sofort aufzeichnen lassen[2] konnte, könnte ich es nur, wenn ich suchen, mir ins Gedächtnis rufen, meine Erinnerungen zusammenbringen würde, und das will ich nicht.

Es muss unmittelbar sein, dann wenn die Worte fließen, fast ohne dass man sie denkt und wie diktiert, geleitet von einer Inspiration, einem Licht, das nicht von dieser Welt ist.⌋[3]

Doch kann ich sagen, dass ich mit meinem immer größer werdenden Wunsch zu wissen, zu verstehen, weiter in die Gottheit einzudringen (ein Verlangen, das in mir ein Ruf ist, der mein Herz heftig schlagen lässt)[4], wieder und wieder in das Meer aus Feuer eintauchte, das jedes Mal auch intensiver wurde. Ein Reiz, eine Flamme stiegen auf, stiegen auf in mir,

---

1 Im Sinne von *dicht, eng beieinander*. Vgl. unten S. 427 (*dichter, gedrängter als Regen*).
2 *aufzeichnen lassen*: Marthe hat im Augenblick der Erfahrung nichts diktiert. Als sie schreibt, erinnert sie sich daran.
3 Glossierte Übernahme aus KLEIN, *Madeleine Sémer*, S. 186 und 184. Siehe Einf., S. 13 Nr. 7 und 5.
4 Im Heft schließt die Klammer nach *Ruf*.

16. Februar 1932

gleichzeitig fühlte ich mich zu einem Licht, zu etwas Unbekanntem hingezogen und mit solcher Macht, derart unerwartet, dass ich den Eindruck hatte, wie in Gott einzugehen, mit meinem ganzen Wesen versenkt, eingetaucht in diesen Ozean der Schönheit, der Heiligkeit und der ganzen Liebe.

Nach großen Anwandlungen der Inbrunst, der Dankbarkeit, bat ich um Gnade und Ruhe in der Liebe; doch wiederholte sich der quälende und sanfte Eindruck noch mehrmals. Ein glühendes Feuer verbrannte mich und ich fühlte mich hinweggerissen zu größerer Liebe, zu größerem Verlangen.

Möge es sich in allem durchsetzen, das göttliche Wollen!

Oh uferlose Unermesslichkeit! Oh Leben Gottes! Was für ein Geheimnis! Was für ein Reichtum! Was für eine Unendlichkeit! Was für ein Abgrund! Ich bin noch ganz hingerissen vor Staunen, vor Entzücken ... meine < Seele? > kommt aus der Ekstase nicht mehr heraus. Oh! Wie schön alles ist! Wie groß und herrlich alles ist! Wie rein, hell und göttlich alles ist! ... Ja, alles ist schöner, unendlich viel wahrer als alles, was man sagen, lesen, schreiben und sich vorstellen kann, als alles, was man ersehnen, vermuten, voraussahnen, vorhersehen kann. Oh! Seltsame und hinreißende Größe Gottes! Ich habe gesehen, wie die Liebe, das Licht, die Tröstungen, die Gnaden, die Wohltaten des Herrn auf die Welt herabregneten, dichter, gedrängter als Regen, als die kräftigen Strahlen der Mittagssonne.

In seiner Vaterliebe legt Gott uns allen Gnaden des Lichts und der Stärke ins Herz, um uns aus dem Abgrund herauszuziehen, um uns zu sich zu ziehen und uns im Licht zu verwandeln.

Sollte ich es zu sagen wagen? Die Menschen leben mitten in einem Glutofen der Liebe und bleiben kalt, sie tragen diesen großen Schatz der Liebe in sich und sie lieben nicht; sie werden von himmlischen Eingebungen überflutet und sie vernachlässigen sie; sie werden mit allen geistlichen Gnaden begünstigt, die notwendig sind, um die Wahrheit, die rettet und die leben lässt, zu erkennen, und sie weisen sie zurück; sie werden geliebt und sie wissen es nicht. Ja, Gott liebt die Menschen mit unendlicher Liebe und die Menschen verletzen seine unendliche Liebe.

Die Welt ist voller Blinder, voller Stolzer, die nach dem Licht verlangen und sich der Dunkelheit zuwenden ... die sagen, dass sie lieben wollen und dabei hartnäckig ihr Herz der einzigen und wahren Liebe verschließen, dem, der allein sie durchdringen, erleuchten, befriedigen ... ihnen Flügel verleihen kann! Spürt man aber die allzu reine Liebe, weist man sie zurück, kennt man das allzu schöne Licht, will man es nicht festhalten.

Was für eine unermessliche Torheit, sich mit banalen Dingen zufriedenzugeben, sich an Nichtigkeiten zu hängen, den Frieden, das Glück dort zu suchen, wo sie nicht sind und die anbetungswürdige und schöne Wahrheit, die für alle ist, zu missachten!

Ich nenne eng die Gedanken, die nur auf kleinem Raum erstrahlen können, ich nenne sinnlos allen Ehrgeiz, der nur das Zeitliche umarmt, ich nenne schändlich die Liebe, die auf die Erde gerichtet bleibt.

Gibt es dagegen ein schöneres Ideal, unaussprechlichere Wonnen, als < sich > Gott zu schenken und nur Gott zu gehören? Und besitzt man nicht, wenn man in liebevoller Beachtung < seiner > wunderbaren Lehre und in ganz zärtlicher Vertrautheit mit ihm lebt, den Frieden und die Glückseligkeit, welche die Welt nicht zu bieten vermag?

Ah! Der Friede, wie auch das Licht, ist nur in Gott allein; er ist das dauerhafte Festmahl der demütigen und friedvollen Seele.

Ich weiß wohl, leider (!), dass diese Schreie meiner von Liebe entzündeten, ins Unendliche getauchten Seele, nicht zur Umkehr bewegen können (ich weiß, dass nur Gott das kann), aber sie können dennoch bewegen, berühren, hinaufziehen zu den hohen Horizonten, ins lebendige Unendliche; sie können mehr Aufmerksamkeit bewirken, mehr bewussten guten Willen, mehr Klarheit über das Geheimnis unserer Bestimmung für jene, die in sich nach dem wahren Leben verlangen ... auch mehr reine Liebe!

Was tun, oh mein so teurer Jesus? Was tun, damit man dich suche, damit man dich liebe ... und damit das Feuer, das du deinem göttlichen Verlangen entsprechend mit deinem Kommen auf die Erde gebracht hast, das Universum entzünde? Was für ein Leiden, wenn man kein Gehör finden kann, wenn einem nicht geglaubt wird und wenn man doch mit Freuden dafür sterben würde, um es zu beweisen!

Oh sanfter Herr! Wenn es schlecht ist, deine Wunder zu rühmen, deine Liebe zu besingen, dann bringe du, der du der Meister bist, meine Stimme zum Schweigen, entziehe mir jedes Mittel! Aber bist nicht du es, oh Jesus, der kommt und seine Liebe in mich legt, damit ich dich mit einer Liebe liebe, die der deinen gleicht?

Übrigens erzähle ich all diese Dinge nur für meinen geistlichen Begleiter und ich weiß, dass er es verstehen wird, mein teures und großes

Geheimnis zu wahren. Für ihn zu schreiben, zu schreiben, um ihm zu gehorchen, das ist ebenfalls beten.

Möge mein Herz ohne Ende das reine Lied der Liebe singen und möge ich dir, oh mein Geliebter, Schritt um Schritt und aus Liebe folgen, vereint mit Maria, meiner ganz zärtlichen Mutter, bis in die Höhen deiner Herrlichkeit. Mögen alle Kräfte meiner Seele sich darin erschöpfen, dass sie dich loben und preisen, und mögen sie sich vor Glück und vor Liebe verzehren.

↑ 16. Februar 1932 (Dienstag)

⌐Heute Morgen, als ich mich mit der Messe verbunden habe, keine großen, keine tiefen Zärtlichkeiten in der Vereinigung mit Jesus. Ein bisschen Staunen zuallererst, weil er ja da ist ... dass ich ihn spüre ...⌐¹ und dass er mein Herz schneller schlagen lässt.

Zu Füßen Jesu, den ich liebe, Jesu, dessen Liebe ich so reichlich verkostet habe, habe ich gebetet – oh, aus ganzer Seele – und habe alle Freuden, alle Tröstungen, alle Wonnen losgelassen, um ihn noch besser zu lieben ... mich noch besser hinzugeben.

Am Altar habe ich, indem ich mich mit Jesus dem ewigen Vater für die Heiligung und das Heil der priesterlichen Seelen, für die Treue und die Vergöttlichung ihres Lebens dargebracht habe, gesagt: „Nimm, bring mich zusammen mit dir dar, Herr, mein Gott, und ich werde nicht zurückgewiesen werden." Und die Gnade ist in mich gekommen wie ein Lebensstrom! Und wieder ist Friede, Sanftheit, Ruhe, Gelassenheit in meiner armen kleinen Seele. Lange bin ich dabei verblieben, Gott zu preisen, der Jungfrau Maria, meiner Mutter, zu danken, sie zu lieben; und in dieser ausgedehnten inneren Sammlung meines ganzen Wesens wurde ich ergriffen, nicht von einer Verzückung, sondern von einem langen Schmerzensschauer, der mir eine Vorahnung der kommenden und ganz nahen Mühen und Leiden zurückließ.

Sie mögen kommen, ich rufe sie herbei in meinem Körper, in meinem Herzen, in meiner Seele und preise sie schon, jene Boten der Liebe, jene unvergleichlichen Mittler der Gnaden von oben.

Was gibt es, was eine kleine Braut Jesu, eine kleine Liebende des Kreuzes nicht aushalten könnte? Eine einzige Sache ist wichtig und < ist > not-

---

1 Vgl. KLEIN, *Madeleine Sémer*, S. 186. Siehe Einf., S. 12 Nr. 4 (geistliche Stütze).

wendig: ⌜um den lieben Gott sozusagen zu verpflichten, dass er uns mit seinen göttlichen Gunsterweisen überschütte: sich mit ganzem Vertrauen seiner unendlichen Barmherzigkeit überlassen.⌝¹ Ich habe immer, jetzt jedoch mehr als je zuvor, mit der ganz barmherzigen Macht Jesu gerechnet, der nie, nie die grenzenlose Hoffnung, die ich in seine Liebe gesetzt habe, enttäuscht hat. Ich rechne unablässig mit ihm in der Gewissheit, dass er, wenn er mich jeden Tag treu findet hinsichtlich des Grades an Demut und Liebe, wo er mich haben will, er mir selbst bis zum Ende sehr treu sein wird.

Oh Jungfrau, Mutter voller Gnade und Güte! Oh meine Königin! Oh meine zärtliche Mutter! Stütze mich, hilf mir, komm zu mir in den Tagen meines Elends.

↑ 20. Februar 1932 (Samstag)

Lange Vereinigung mit Jesus in der Liebe. Ich finde keine Worte, die stark genug wären, um die Sanftheit, die Innigkeit, die Vertrautheit, die unendliche Fülle dieser Vereinigung auszudrücken, die mein leidender Zustand noch verstärkt.

⌜Wäre ich nicht so voller Glut und, ich würde sagen, wäre nicht das Verlangen, das tiefe Gefallen an der Heiligkeit, der Sinn für das vollkommene Leben in mir so mächtig, ich glaube, ich würde es nicht wagen, die starken, die intimen Eindrücke meines stillen und einsamen Tages aufzuschreiben, der kaum unterbrochen wird durch das Kommen und Gehen meiner treu ergebenen Mama, einigen mit ihr gewechselten Worten, die keineswegs die liebevolle Vereinigung mit Jesus stören.⌝²

Seit Tagen war ich nicht mehr so allein mit ihm gewesen! Oh heiliger und göttlicher Tag! Wie schön sie ist ... wie wunderbar schön sie < ist >, die Liebe, die unter dem Tau der Tränen und der Schmerzen blüht.

Mein kleines Zimmer ist ein wahrer Himmel an inneren Wonnen, ein Vorzimmer zum Paradies, wo ich in der inneren Sammlung, in der Danksagung ... liebe, verkoste, Gott genieße.

---

1   Vgl. THÉRÈSE DE L'ENFANT-JÉSUS, HA S. 221 (= Ms B fol. 5v). Siehe Einf., S. 12 Nr. 4 und S. 13 Nr. 9 (Wechsel der Person).
2   Personalisierte Übernahme aus KLEIN, Madeleine Sémer, S. 189. (Die Einsamkeit von Madeleine wird unterbrochen durch das Schreiben eines Briefes; die von Marthe durch das Kommen und Gehen ihrer Mutter). Siehe Einf., S. 13 Nr. 8.

26. Februar 1932

Oh Herz meines Herzens! Oh mein Geliebter! Oh mein Leben! Dass du mich Tag und Nacht bewahrst und immer ganz verborgen, in dich versenkt in deinem einsamen Gefängnis im Tabernakel, Gott lobend und verherrlichend!

Oh! Möge ich wenigstens immer wachsam leben in meinem Geist und in meinem Herzen, wo du so lebendig bist und ganz Liebe, und möge ich ganz mit dir vereint bleiben und unablässig mit dir beschäftigt.

⌜Der bloße Gedanke an meine Liebe lässt mich hin und wieder fast ohnmächtig werden. Ich höre, wie mein Herz sehr stark schlägt, wenn ich flüstere⌝¹: Jesus, ganz leise und sogar wenn ich es ganz laut sage.

Mein Gott, mein Friede, meine Glückseligkeit und mein Leben! Es geht mir gut bei dir ... aber es geht mir nur bei dir gut.

⌜Im Gebet fühle ich mich wie aus mir herausgenommen ... weit weg von allem ... mein ganzes Wesen nur noch in den Gedanken an Gott versenkt.⌝² Je mehr Klarheit ich über die in der Passion verborgenen Geheimnisse, das Kreuz und den Tod Jesu habe, desto mehr wird mir die Heiligkeit, die Größe, die Weisheit, die Liebe Gottes zuinnerst offenbart. ⌜Je mehr ich vor allem in die tiefe Erkenntnis der süßen Geheimnisse der Inkarnation unseres Herrn eintrete sowie der erstaunlichen Mittel, die er benutzt hat, um das erhabene Werk der Erlösung der Menschheit zu vollenden⌝³, je mehr ich auch Zeuge oder Begünstigte von Gnaden und unsagbaren Wundern bin, desto besser verstehe ich, dass ich nichts gesehen habe, dass ich nichts von der Unermesslichkeit und dem Ruhme Gottes und dem Glück, das er denen vorbehält, die ihn lieben, begreife. ⌜Mir scheint nicht, dass ich in diesem Zustand der Aufopferung, auf dieser Stufe der Liebe und der Hingabe von einem Gedanken des Stolzes versucht werden könnte, vom geringsten Wunsch nach Lob, so sehr sehe ich die Niedrigkeit meines Nichts, so sehr spüre ich von Grund auf die Unermesslichkeit meines Elends.⌝⁴ Ich bin zu sehr im Herzen Jesu, wo ich die Süße, die Wonnen der Dreifaltigkeit genieße, als dass irgendetwas imstande wäre, mich von seiner Liebe zu trennen. Der treuen und ganz hingegebenen Seele steht

---
1 Personalisierte Übernahme einer Erfahrung aus KLEIN, *Madeleine Sémer*, S. 194. Siehe Einf., S. 12–13 Nr. 3 und 7.
2 Glossierte Übernahme aus KLEIN, *Madeleine Sémer*, S. 194. Siehe Einf., S. 13 Nr. 7 und 5.
3 Glossierte Übernahme von Johannes vom Kreuz, zitiert bei KLEIN, *Madeleine Sémer*, S. 216, mit Wechsel der Person. Vgl. Einf., S. 13 Nr. 9 und 7.
4 Glossierte Übernahme aus KLEIN, *Madeleine Sémer*, S. 194. Siehe Einf., S. 13 Nr. 7.

nichts im Weg, nichts hindert ihre Demut, ihre Heiligung, alles ist Erhebung und göttlicher Aufstieg ... alles dient, um sie in der Liebe zu schulen, um sie in Liebe zu verwandeln und selbst Liebe zu werden.

Heute habe ich gesehen, habe ich verkostet, habe ich erkannt, wie allmächtig der Herr in denen ist, die er liebt, und wie herrlich und süß es ist zu lieben ... und geliebt zu werden.

In aller Wahrheit kann ich sagen und beweisen, dass ich ohne Vorbehalt ein „Ja" zur Liebe bin.

Oh Geheimnis! Oh reines und großes Geheimnis! Mit welcher Großzügigkeit, mit welcher Sanftheit und mit welchem Gehorsam Jesus sich schenkt! Man will ihn nicht, man ruft ihn nicht, das ist alles ... Oder mehr noch, man ruft ihn ohne wirkliches Verlangen, ohne Liebe, ohne Glaube. Dabei hat Jesus gesagt: „Ich werde euch nicht als Waisen zurücklassen."[1] Oh! Wenn wir Glauben hätten! Wenn der unser Leben wäre!

Herr, vermehre unseren Glauben! Möge er lebendig < sein >, gelebt, überströmend und, durch dich, allmächtig.

Wenn ich die Monstranz Gottes bin, wenn ich bewirken will, dass er geliebt werde, wenn ich sehen will, dass er herrscht, dann muss ich ihn in mir tragen, nicht wie einen Toten in seinem Leichentuch, sondern wie die Hostie in der Monstranz.

↑ 26. Februar 1932 (Freitag)

Heilige Kommunion. *„Oh Jesu Hostia"*. In den Armen Jesu habe ich Jesus in diesem winzigen Tempel meines Herzens empfangen, habe ich mich mit seinem reinen Fleisch genährt, habe ich das Blut meiner Erlösung getrunken.

Durchdrungen von den würdevollen Worten Davids: „Das Werk, das ich unternehme, ist groß, sagte er; nicht einem Menschen bereite ich eine Wohnstatt, sondern Gott selbst." Und ich, nicht einem Menschen, nicht einmal einem Heiligen noch gar einem Engel habe ich die überschwängliche Freude eine geliebte Wohnstatt, ein Ruhebett zu bereiten ... einen Himmel; sondern dem König der Könige, dem König der Liebe, der in mein armes Herz kommt auf eine Art und Weise, die viel inniger ist, viel wirklicher, viel spürbarer ist als im Tempel von Jerusalem.

---

[1] Joh 14,18.

10. März 1932

Über dem glücklichen, so lange erhofften, tausendmal herbeigerufenen Tag versuchte ein Schleier der Traurigkeit das aufblühende Glück zu trüben. Nicht dass ich wegen schwerer Fehler zu zittern hätte! Oh nein, ich fühle – und Gott sei Dank -, dass ⌜meine Seele in keine Sünde fallen könnte, ohne sich als Ehebrecherin zu fühlen⌝[1], das ist es, was mir Sicherheit gibt, wenn – schrecklicher Gedanke – ich glaube, die unendliche Liebe verletzt zu haben! Aber unserer Unvollkommenheit entgehen so viele Kleinigkeiten, die die Reinheit der Seele beflecken können ... und für Jesus will ich so rein sein wie eine weiße Lilie. Vor allem weiß ich genau, dass Jesus über die kleinen Nachlässigkeiten der Seele, seiner Freundin, unendlich mehr betrübt ist als über die sogar sehr schweren Fehler seiner Feinde. Aber ich weiß auch, dass wenn die geliebte Seele nach jeder kleinen Unfeinheit kommt und sich mit einer Reue voller Liebe in die Arme ihres Herrn wirft und ihn dabei demütig anfleht, ihr zu vergeben und ihr ihre Unschuld zurückzugeben, sein Herz, das nur Liebe und Barmherzigkeit ist, sogleich aus einer Freude heraus erbebt, die bei weitem seinen Schmerz übersteigt.

Mir scheint, dass ich meinerseits im Verborgenen meiner Seele seine Worte höre, die er an seine Geliebte, die heilige Margareta Maria[2], richtete: „Gib mir deine Sünden, damit ich sie dir vergebe." Und ich gebe alles: meine Sünden, meine Schwächen, mein innerstes Elend ... alles und mich selbst. Nicht weniger beruhigt durch den Bericht der heiligen Thérèse, die in ihrer geisterfüllten Sprache auch sagt, dass „man seine Fehler nicht mit einem kindlichen Vertrauen in die verzehrende Glut der Liebe werfen kann, ohne dass sie auf immer verbrannt würden".[3] Ich hatte verstanden: Die Dinge weiter zu vertiefen, würde zu einem Mangel an Vertrauen führen, wäre eine Beleidigung, die Jesus ins Gesicht geworfen wird, Jesus, der alles vergibt, nur nicht, dass man an seiner Liebe zweifelt.

In dieser Minute mit der Schwere einer Ewigkeit ging ein geheimnisvoller, himmlischer Hauch durch mich, ein Hauch göttlichen Friedens, göttlichen Lebens.

---

1   „Geistliche Formulierung", vgl. z. B. KLEIN, *Madeleine Sémer*, S. 177. Siehe Einf., S. 12 Nr. 2.
2   Margareta Maria Alacoque, 1647–1690, frz. Salesianerin, erlebte in mystischen Erfahrungen eine tiefe Verbindung mit dem leidenden und liebenden Herzen Jesu, gab wesentliche Anstöße zur Verbreitung der Herz-Jesu-Frömmigkeit. (Anm. d. Übers.).
3   Vgl. THÉRÈSE DE L'ENFANT-JÉSUS, LT 247.56. Siehe Einf., S. 12 Nr. 4.

In einem durchdringenden Blick auf die Seele seines kleinen Geschöpfes hatte Jesus alles hinweggeschmolzen, was sie verunstalten konnte, alles herausgerissen, was auf dem Ort seines Aufenthalts lasten konnte. Die geliebte Stimme, die wohlbekannte Stimme flüstert im Verborgenen: „Jetzt bist du rein und schöner als eine Lilie. Du bist meine Lilie ... ich komme!" In diesem Augenblick habe ich gespürt, wie meine Seele sich wie eine Blume geöffnet hat und dabei höchst süße Düfte verströmte. Ich glaube nicht, dass man sie draußen wahrnehmen konnte, es gibt Wunder, die Jesus ganz für sich allein wirkt.

Mit einem liebenden Kuss begann er, die höchste Vereinigung zu vollziehen, die so ersehnte Vereinigung, und das demütige kleine Opfer seiner Liebe, seine kleine Gekreuzigte, an sein Herz zu heben, sie neben sich zu setzen.

Zitternd vor Freude, ganz bebend vor Aufregung und Liebe, warf ich mich in die Arme Jesu, meines Gottes, gemäß der feinsinnigen Empfehlung des ergebenen Priesters (Abbé D...)¹, dem ich diesen himmlischen Tag verdanke.

⌜Meine Kommunion ohne spürbare Freude, ich will sagen, ohne Freude, die erschreckt, weil zu extrem, war glühender, als ich sie jemals erlebt habe ...⌝², das wenigstens glaube ich! Welche Feuersgluten der Liebe! Was für eine lebendige Zärtlichkeit steigt aus den geheimen Abgründen des Herzens empor! Und diese Liebe, diese unermessliche Zärtlichkeit, deren immer wieder neue, so tiefe, so reine Lieblichkeiten ich nicht in Worte fassen kann, haben bewirkt, dass ich glaubte, mich mit Jesus zum ersten Mal zu vereinen, mich ihm zum ersten Mal hinzugeben.

Wie ist nach meiner großen Traurigkeit meine Liebe, mein Verlangen nach Liebe glühender, stärker in ihrer heiligen Leidenschaft, in ihrer Schönheit! ⌜In der Zweisamkeit, in der durch unmittelbare Verbindung gegebenen vollkommenen Innigkeit mit dem Geliebten verstehe ich⌝³, dass ich, obwohl ich ein niederträchtiges und schändliches Nichts bin,

---

1 Es handelt sich wahrscheinlich um Père Duret, einen Priester aus der Gegend, der Marthe in den 30er Jahren besuchte.
2 Glossierte Aneignung einer Erfahrung aus KLEIN, Madeleine Sémer, S. 172. Siehe Einf., S. 12–13 Nr. 7 und 3.
3 Glossierte Übernahme aus DES PLANCHES, La Passion Renouvelée ou Sainte Véronique Giuliani, S. 265. Siehe Einf., S. 13 Nr. 7.

seine Geliebte, seine Liebhaberin bin, ⌜seine Braut, seine Teilhaberin an seinem Erlösungswerk⌟ [1]

Mein Gott! Geliebte, Liebhaberin, Braut des Königs der Liebe, ja, ich fühle, dass ich das bin und zwar aufgrund einer unerklärlichen, einer unbegreiflichen Bevorzugung, da ich es ja durch das Leiden, durch das Kreuz bin, für die ich Dank sage und deren Süße, deren quälende Schmerzen ich liebe.

Ich weiß nicht warum, noch wie, aber ich bin glücklich, glücklich, wie man es im Himmel sein muss ... und was ich will, ist die Verherrlichung meines Gottes. ⌜"Ich habe dich zu einem großen Werk auserwählt, sagte er mir an einem Tag, der schon lange zurückliegt, aber um meiner Liebe willen wirst du ein langes und sehr schmerzliches Martyrium auf dich nehmen!"⌟ [2] Oh göttliche Kreuzigung! Deine Liebe, oh Herr, hat mein ganzes Wesen durchdrungen. Ah! Ich preise die Ereignisse, die Umstände, die göttlichen Willensbekundungen, die mir dieses ganze Liebesglück, eine so vollständige Vereinigung mit Jesus, eingebracht haben und das aus dem heutigen Tag, einem Tag, der seinesgleichen nicht hat, einen Tag macht, den ich mir nicht einmal mehr zu erträumen wagte und von dem ich unablässig träumte ... ein wahres Weihnachten.

Keine Angst, keine Bedrängnis, keine Nacht mehr in meinem innersten Leben. In der Liebe habe ich die strahlende Glückseligkeit, den vollen Besitz Gottes wiedergefunden. Meine Tage und meine Nächte sind nur eine lebendige Danksagung, ein Akt reiner Liebe zu meinem Gott. In der Liebe hänge ich der Liebe an, spreche ich mit ihr, bin ich eins mit der Liebe. Ich fühle mich aufgesogen von der Liebe, verzehrt von ihrer reinen Flamme! Ich liebe ...

Lieben, darin liegt alles. Lieben, das ist der Kern, die Blüte, die Frucht, der Ertrag des Lebens ... das ist das fruchtbare Überströmen der Seele. Aus Liebe leben, um aus Liebe zu sterben, wenn Gott sagen wird: Es ist Zeit! Alle Heiligkeit, alles vollkommene Leben liegt in der Liebe! Jeder Wert des Seins ist ein Wert der Liebe.

Heiliger Gott, starker Gott, Gott der Liebe! Segne mich und segne jedes deiner Geschöpfe.

↑ 10. März 1932 (Donnerstag)

---

1   Vgl. DES PLANCHES, *La Passion Renouvelée ou Sainte Véronique Giuliani*, S. 90, mit Wechsel der Person. Siehe Einf., S. 12–13 Nr. 3 und 5.
2   Glossierte Übernahme aus DES PLANCHES, *La Passion Renouvelée ou Sainte Véronique Giuliani*, S. 45. Siehe Einf., S. 13 Nr. 7 und 5.

Gott des Lebens, des Lichts, Gott der Liebe! ⌜Oh mein Kloster, oh meine ganz süße Dreifaltigkeit!⌝¹ Ich trage in mir dieses unvergleichliche Wunder, oder eher, ich lebe in seinem Glanz, eingehüllt in den prächtigen Schatten seiner Unermesslichkeit.

Mein Herz singt, betet, preist heute mit einem Feuer, einer Begeisterung ohne Ende.

In einem solchen Hervorquellen von Liebe, einem solchen Aufstrahlen von Licht, ⌜einem solchen Einbrechen von Gnade scheint es mir, dass ich nicht mehr traurig sein werde, dass ich nie wieder zittern werde.⌝² Doch wie lustlos und träge, muss man sagen, war ich die ersten Tage der Woche gewesen! Was für ein Leiden! Was für ein Mangel an Leben! Was für eine Wüste in meiner Seele trotz ihrer Liebesglut! Man hätte sagen können, dass alle Engel und Heiligen sich abgesprochen hatten, um mir Gott zu verbergen, um mich an seiner Abwesenheit leiden zu lassen. Ich glaube eher, dass sie wissen wollten, ob ich immer noch an der gleichen unveränderlichen Hoffnung festhalten würde.

Es stimmt, ich bin recht schwach und weiß nicht, wie ich aufrecht bleiben soll ohne die unvergleichliche Wohltat der eucharistischen Kommunion; aber weil ich recht klein bin und ganz der Liebe und dem Belieben Gottes hingegeben, bin ich nicht sehr erschrocken, konnte ich mein Vertrauen bis an die äußersten Grenzen treiben und sichtbar ruhig, heiter bleiben, wenn das ganze Wesen im Leiden, das zerbricht, das quält, zittert und erschauert. Marter aller Martern: Glauben, dass man weit weg ist von Gott, von Gott verlassen, wissen, dass man für das Leben gemacht ist, und glauben, dass man für den Tod bestimmt ist, dazu verurteilt, für immer von der Liebe verstoßen zu werden.

Wenn ich in den letzten Tagen die lebhafte Empfindung seiner liebevollen Gegenwart absolut nicht verkostet habe, nicht sein wunderbares und außergewöhnliches Wirken in meiner Seele gespürt habe, dann kann das wohl meine Schuld sein, denn sein Leben ist für immer in mir. Ich besitze ihn, ich berühre ihn, ich trage ihn in mir, ich brenne mit seinem Feuer. Mein Herz handelt, schlägt nur durch die Schläge seines Herzens! ... Oh! Wunder der Liebe ... Jesus hat mir sein Herz gegeben.

---

1 „Geistliche Formulierung". Siehe Einf., S. 12 Nr. 2.
2 Freie und glossierte Übernahme aus KLEIN, *Madeleine Sémer*, S. 185. Siehe Einf., S. 13 Nr. 7 und 8.

Mein Gott, oh Fluss unerschöpflicher Trunkenheit! Oh Herz meines Herzens! Wird mein zu bewegtes Herz nicht zerspringen, zerbrechen an den Freuden eines wahren Opfers? Freuden, die viel mehr in Blut getaucht wurden als in die Süße des Honigs, solcherart wie die Freuden, die im Herzen des großen Opfers vom Kalvarienberg wohnten, als es sich an dem Schmerz berauschte, der es das Leben kostete, um die Welt zu retten.

Diese Nacht habe ich gewacht, in der Liebe geruht und nur an Jesus gedacht, ohne den Wunsch, etwas anderes zu wissen, zu kennen. Doch, mehrmals von einer äußersten Inbrunst ergriffen, überwältigt, sagte ich zu meinem göttlichen Freund: „Oh Jesus, Jubel der Herzen, zärtlicher Bräutigam der Seelen, der du dich meiner so gut bemächtigt hast, nimm mein Leben auf, verschmelze es in der Liebe, damit ich unablässig und ganz vergehe und mich in den unsagbaren Tiefen deiner Dreifaltigkeit verliere."

⌈In diesem Augenblick nahm ich mit vollem Bewusstsein ein herrliches Licht wahr; ohne dass etwas greifbar oder sehr präzise gewesen wäre, fühlte ich meine Seele von Licht durchdrungen, im Licht und in der Liebe, und ich hatte den wonnevollen Eindruck, dass mein ganzes Wesen in Gott hineingezogen wurde.⌋[1]

Oh Geheimnis! Geheimnis! Ich verstehe es nicht, ich kann es nicht sagen; was ich versichern kann, ist, dass Jesus wächst, sich in mir herrlich fortpflanzt, in einer ebenso sichtbaren wie wunderbar staunenswerten Wirklichkeit. Das ist vollkommene Vereinigung! Eine umso tiefere, umso vollere und auch köstlichere Vereinigung, als sein menschliches Leben, sein eucharistisches Leben in mir vollkommener, freier ist.

Ich habe keine Mühe, also auch kein Verdienst, nur ihn zu lieben, nur an ihn zu denken, ihm mein ganzes Wesen zu öffnen. Ich bin mir zu sehr bewusst, dass ich mit ihm vereint bin.

Ich bin es durch das Denken und in allen seinen Geheimnissen, ob ich mich dem inneren Gebet hingebe oder mit etwas anderem beschäftigt bin und trotz des Leidens und der inneren Prüfung.

Oh überfließendes, unermessliches Leben, das mein Herz erfüllt ... das mich ganz erbeben lässt. Mir scheint, dass ich von Tag zu Tag mehr in Gott eintauche und dass mein so teurer Jesus meine Liebe mit einer Begier-

---

[1] Glossierte Übernahme einer Erfahrung aus KLEIN, Madeleine Sémer, S. 193. Siehe Einf., S. 12–13 Nr. 3 und 7.

de, einem Anspruch, einer Leidenschaft, wie ich sie noch nie empfunden habe, fordert. Augenblicke, die zu schön sind und die zu schnell vergehen. Was für ein Erwachen, wenn man die unsichtbare, die göttliche Wirklichkeit verlässt und die Augen auf diese Welt hin öffnet!

Oh! Gewiss, ich brauche keine Anstrengungen zu machen, um in der Vereinigung mit Gott zu bleiben, wohl aber um mich aus dieser sanften Gegenwart loszureißen, um den Verpflichtungen des normalen Lebens zu gehorchen, obwohl auch dieses ganz durchdrungen, ganz verschmolzen ist mit meinem übernatürlichen Leben. So sehr, dass ich alle meine täglichen kleinen Pflichten erfüllen kann, ohne jemals meine himmlische, meine königliche Familie zu verlassen ... sogar im Gespräch.

Die Schönheit des Lichts ist meinen Augen entschwunden, aber < ein > anderes, unvergleichlicheres, stärkeres Licht bleibt in meiner Seele entzündet, bestrahlt sie mit seinem Feuer! ... Ich habe die Liebe gefunden.

Instinktiv, in meiner Einsamkeit, ⌜schließe ich die Augen und bin in der Kontemplation, der süßesten Vereinigung. Sobald es nötig ist, öffne ich sie und ich bin bei meiner Pflicht in Gott,⌝¹, der Ganz und Gar² in seinem geringsten Belieben ist. Jesus ist auf dem Grund meiner selbst und alles gibt mir ihn!

Die Mission der armseligsten kleinen Seelen (was ich bin) ist die süßeste, die strahlendste und oft die wohltuendste. Dadurch, dass sie das Schweigen, die Bewegungslosigkeit, die Verborgenheit, welche der eucharistische Jesus, ihr unaussprechliches Vorbild, freiwillig gewählt hat, nachahmen, opfern sie sich, opfern sie sich auf wie er aus Liebe und aus Nächstenliebe, um von den Seelen, von allen Seelen, vieles zu erhalten zugunsten Gottes.

Ich will in Jesus durch Maria, meine liebe Mutter, die kleine Hostie des Lobes der erhabenen Dreifaltigkeit bleiben.

↑ 11. März 1932 (Freitag)

⌜Durch die Liebe, die innere Bewegtheit, das Leiden, durch die Vision bin ich mit Jesus erneut den Kreuzweg gegangen. Ich habe dazu die Kraft der Liebe gehabt, ich habe dazu die Gnade empfangen ... ich bin ihm nach-

---

1 Freie Übernahme aus KLEIN, *Madeleine Sémer*, S. 229. Siehe Einf., S. 13 Nr. 8.
2 Die Großbuchstaben stehen in der Handschrift und weisen darauf hin, dass *Ganz und Gar* sich auf *Gott* bezieht und nicht auf *Pflicht*.

gefolgt, ich war dabei.⌋¹ Eine heftige Durchdringung, ein inneres Licht ließ meine Seele, so dass mein ganzes Wesen es spüren konnte, jedes Ereignis, jede Qual der schrecklichen Nacht sehen.

Oh Nacht! Furchtbare Nacht! Nacht der Schmerzen, der Wonnen und der Tränen. Außer mir vor Entsetzen, habe ich der schrecklichen, schrecklichen Passion des Retters beigewohnt. ⌜Ich habe ihn nacheinander alle Martern erleiden sehen, von der Agonie im Garten bis zur Kreuzigung auf Golgota, habe dabei mitgefühlt mit zerrissenem, blutendem Herzen; habe daran teilgenommen, sie in ihrem Grauen erfahren⌋², in ihrem Schmerz, in ihrer Liebe ... vor allem in der Liebe.

Ich habe sein Leiden an der Isolation, die zermalmt, die das Herz in Angst und Schrecken versetzt, erfahren; ich habe vor Entsetzen geschaudert und im Todeskampf geschwitzt; ich habe aus dem Kelch der Bitterkeit getrunken; schmerzlich ließen mich die unsichtbaren Peitschen erzittern, die auf meine Glieder einschlugen, die Dornen, die sich tief in meine Schläfen eingruben; die verborgenen Verletzungen, die immer fürchterlicher in meinen Händen, meinen Füßen, meinem Herzen brennen. Und aus meiner ganzen Seele, aus meinem ganzen, mit den Martern der Passion gefolterten Wesen erblühten glühende „Ja", begeisterte „Ja".

„Ja, Vater, dein Wille ist auch der meine." Ich kann nicht anders leben als in der Liebe Jesu, in den Leiden Jesu, in den Opferungen Jesu; seine Passion und seine Todeskämpfe erleiden, um mit Jesus, wie Jesus, zu sühnen und zu erlösen und zu erobern.

Um ganz als Jesus zu leben, um ganz und gar Jesus zu werden, muss man gekreuzigter Jesus sein wollen. Man muss sich Schritt um Schritt entblößen, sich ans Kreuz des sanften Geliebten ziehen und anschlagen lassen und bitten, zustimmen, dass man nur noch eine Seele, ein Herz, ein leidendes Fleisch mit ihm ist für alle.

In meinem Durst nach Liebe und meinem Verlangen, Jesus Seelen zu geben, habe ich es oft zugelassen, dass seine göttliche Hand mit glühenden Eisen bis in die innersten Tiefen meiner Seele jene zwei so erhabenen und so süßen Worte eingräbt, die immer mehr mein Leben geworden sind, die ganze Zusammenfassung meines Lebens: Opfer und Hostie.

---

1 Glossierte Übernahme einer Erfahrung aus KLEIN, *Madeleine Sémer*, S. 194. Siehe Einf., S. 12 Nr. 3 und S. 13 Nr. 7.
2 Glossierte Übernahme einer Erfahrung aus DES PLANCHES, *La Passion Renouvelée ou Sainte Véronique Giuliani*, S. 82–83, mit Wechsel der Person. Siehe Einf., S. 12–13 Nr. 3, 7 und 9.

Nicht mehr sind sanfte Wonnen, unermessliche Wonnen, tiefe Trunkenheit der Liebe, wunderbare Klarheiten, göttliche Glückseligkeit in meiner Seele, sondern äußerste Qualen, Todeskampf aus Liebe ... es ist das nackte Kreuz ... das reine Leiden! Die Liebe, das Leiden überwältigen mich immer mehr! Ich erleide eine intensive Passion der Liebe, ein übermäßiges Verlangen, das mir das Herz verbrennt. Ich leide aus Liebe, ich verbrenne aus Liebe, ich ringe mit dem Tode im Abgrund dieses feurigen Ozeans, ohne dass die geringste Erfrischung käme, um den Brand zu beruhigen, ohne dass die geringste Süße käme, um die Bitterkeit zu mäßigen ... und das tut mir so inniglich gut!

Jedes Leiden, das uns umfängt, jedes Opfer, das uns selbst darbringt, jede Angst, die uns in die Finsternis, in die Nacht der Verlassenheit und der Agonie stürzt, jeder Furcht erregende Abgrund, der sich in unser Herz gräbt, als wolle er all unser kleines Glück und alle unsere Hoffnungen verschlingen, jede höchste Verzweiflung, die uns wie ein letztes *„consummatum est"*[3] vorkommt, ist neues Leben, das der göttliche Meister unserer Seele einimpft. Er hat den Tod besiegt und den Stachel des Todes und als erhabener Sieger seit seiner glorreichen Auferstehung lässt er in den Seelen die gleichen vernichtenden Todeskämpfe auftreten. In die Nacht der Gräber schließt er sie nur ein, um sie zur Liebe aufzuerwecken und sie, nachdem er sie begraben hat, mit vollerem Leben wieder heraussteigen zu lassen.

Herr Jesus, lass dein Blut und deine Verdienste sprechen, lass deine Leiden sprechen und alle Stimmen deiner Wunden um der Seelen willen, die du losgekauft hast; erlange diese Gnade von deinem Vater! Was mich betrifft, sanfter Herr, bin ich nach dir und mit dir vereint zu allen Qualen bereit und ich bitte darum, dass mein Martyrium weder Ende noch Ruhe habe, wenn dieses Martyrium dir helfen soll, deine Seelen zu retten und sie dir zu geben, damit du deinen Durst stillen kannst. Oh Jesus, Jesus, sie sollen dein sein, alle Seelen; bring dein Blut dar, bring deine Leiden dar, und mein Blut und meine Leiden mit den deinen.

Das Leben wäre nichts, könnten wir uns nicht seiner bedienen, um zu leiden, und wüssten wir es nicht zu nutzen, um zu lieben.

---

3   *„Es ist vollbracht."* Vgl. Joh 19,30.

25. März 1932

Das Kreuz wollen, das Kreuz umarmen, das Kreuz küssen, am Kreuz leiden, das heißt, sich in Jesus allein, im tiefen Geheimnis seines Mysteriums, all der Liebe zu erfreuen, nach der meine Seele so sehr dürstet.

Manchmal erstaunt es mich, dass ich so lange diesem täglichen Martyrium standhalte. Nicht dass ich meinen Anteil an Schmerzen zu groß finde ... im Gegenteil, ich bewundere, ohne dass es mir gelingt zu begreifen und ohne dass ich danach suche, die unermessliche Liebe, die Jesus veranlasst hat, mich so sehr zu lieben, dass er mit mir die Schmerzen seines Lebens, die Schrecken seines Todeskampfes, die Qualen seiner Passion, seines Kreuzes teilen will.

Ich habe „ein bisschen" gesagt, denn unsere Leiden sind wahrhaftig so wenig angesichts der Unermesslichkeit der seinen für uns. ⌜Was mich betrifft, muss ich in jeder Hinsicht zugeben, dass nichts, nichts in mir geeignet war, um seine göttlichen Blicke anzuziehen. Ich gebe zu, dass er mich allein aus Barmherzigkeit mit seinen größten Gunsterweisen überschüttet hat ...⌝[1] Und der größte von allen ist, dass er mir das gezeigt hat.

Wenn Jesus sich manchmal zum Henker macht (er selbst hat sich mir gegenüber so bezeichnet), dann gibt er zu erkennen, dass er es nur aus der Fülle der Liebe heraus ist, nur um wieder der sehr zärtliche Freund zu werden. Er schlägt nur, um unsere Herzen mit seiner Güte zu durchdringen und sie für den Einbruch seiner Zärtlichkeit zu öffnen.

Wenn ich diese Welt durch den entsetzlichsten, quälendsten Tod verlassen soll, dann kann er kommen, ich werde vorbereitet sein, um seinem einnehmenden Ruf zu folgen, und wenn dann der Himmel sich öffnet, um mich aufzunehmen, dann werde ich es wagen anzunehmen, dass es nun soweit ist, für immer in die Arme meines Vaters zu fallen. Mir scheint, dass ich im Himmel ganz nahe bei denen sein werde, die ich geliebt habe, bei all jenen, die mir Gutes getan haben, besonders, dass sie mich zum lieben Gott geführt haben. Meinerseits und durch Maria werde ich sie zu Jesus, der ewigen Liebe, führen, ich werde sie lehren, ich werde sie anstacheln, immer und immer mehr zu lieben, ich werde ihnen helfen, sich ganz in ihm zu verlieren, „eins" mit ihm zu werden. Wie sehr werde ich ihnen allen dann meine Dankbarkeit erweisen. Bis dahin, Gebet, Leiden, Aufopferung, Kampf, irdisches Exil. Im Himmel, wo ich für immer eine

---

[1] „Geistliche Formulierung", vgl. zum Beispiel THÉRÈSE DE L'ENFANT-JÉSUS, HA S. 7. Siehe Einf., S. 12 Nr. 2.

kleine, andauernd lodernde Glut im Herzen der Liebe bleiben werde, werde ich meine schöne Mission weiterführen, damit die Liebe geliebt werde und damit übernatürliche Berufungen gesät werden. Mir scheint, dass mein Verlangen nach meinem Tod bis ans Ende der Zeiten immer noch größer werden wird, mein brennendes Verlangen, auf alle die unerschöpflichen Schätze meiner Unbefleckten Mutter herabkommen zu lassen und allen Seelen durch sie die göttlichen Vorratskammern zu öffnen. Ich habe die Intuition, dass ich sie von da oben besser hören werde, dass ich es noch besser machen werde.

Ach! Wie nahe und wie ferne der Himmel doch ist! Indessen, ich kann nicht mehr! ... Aber ich spüre, dass das eine Kleinigkeit ist für die Allmacht Gottes, der sich unaufhörlich zum Alles für meine enorme Schwäche macht.

Die unermesslichen Gnaden Gottes fordern einen unermesslichen Anteil an Leiden. Liebe! Nichts als Liebe! So geht Sterben, in jedem Augenblick höher steigen, sich von der Liebe verzehren lassen, bis man dadurch nicht mehr leben kann.

Sterben, das ist mein Wunsch ... das wäre mein Glück, aber ich darf nicht verlangen zu sterben, das ist besser[1] auf meinem Weg der Hingabe und ich weiß, dass wenn es der Wille Jesu ist, das sehr gut und sehr schnell gehen kann.

Nur die Liebe kann in solchem Maße leiden lassen! Leben, das ist leiden, denn überall, wo man aus der Liebe lebt, lebt man aus dem Leiden. Ich nehme das Leben immer noch an, ich nehme das Leiden an, ich will keine andere Bettstatt als das Kreuz.

⌈Ich bin eine Gekreuzigte, aber ich bin eine Gekreuzigte der Liebe!⌋[2] Die Jungfrau Maria verlässt mich jetzt nicht mehr! Wie hat sie sich doch heute Nacht in herrlicher Weise zu meiner Mama gemacht bei den schrecklichen Anstürmen der niederträchtigen Geister, die unablässig wieder angriffen, mich blendeten, mich in Rauch und Flammen erstickten, mich pausenlos und ohne Unterbrechung verfolgten!

Es kostet sie nichts, meine Leiden zu verschlimmern, meine Blicke zu martern, meine Seele und mein Herz zu quälen durch ⌈ihre widerlichen Gotteslästerungen und wenn ich sie anschreie, dass sie schweigen sollen,

---

1 *besser*: i.S. von *angebrachter* ...
2 „Markanter Ausdruck" aus KLEIN, *Madeleine Sémer*, S. 178. Siehe Einf., S. 11 Nr. 1.

und mich anstrenge, dass ich sie nicht mehr höre, dann werden ihre Flüche noch schriller, noch gottloser. Mit furchtbarer Angst erfüllt, entsetzt vor Schmerz und Schrecken, sage ich ihnen wieder und wieder, sie sollen mich schlagen, mich zermalmen, wenn sie das wollen, aber sie sollen aufhören, meinen Herrn und meinen Gott zu beleidigen.

Weder Mensch noch Tier, zerreißen ihre Missbildungen einem die Augen. Sie sind widerwärtige Geister, ekelhaft wie die Sünde, die eine Abscheulichkeit ist. Oh! Dass ich hier sage, der große Schmerz der Verdammten, das ist der Anblick Satans, des abscheulichen Satans, so wie das große Glück der Erwählten das Betrachten der berauschenden Schönheit Gottes ist.⌋[1]

Starker Gott, heiliger Gott, unsterblicher Gott, vergib mir durch Maria, die Mutter Jesu und unsere Mutter, meine Sünden, hab Erbarmen mit mir, habe Erbarmen mit allen. Öffne allen die Tür zum Himmel, damit wir in Ewigkeit mit dir in der glückseligen Wohnstatt den lieblichen Gesang des Magnifikat singen können.

↑ Karfreitag, 25. März 1932

Halleluja! Halleluja! „Komm zu uns, Gott des Lichts!"

Das leidende Herz schweigt, wenn es zu viel zu sagen hat! Sollte man jetzt reden oder ob es besser ist, im Schweigen zu bleiben, demütig zu säen und dann auch noch im Gebet, in der Sanftmut, der Liebe und der Hingabe meines Lebens als Opfer und Hostie die Stunde zu erwarten, die Minute, die nur Gott gehört und die nur er kennt, für die lieben Blinden, die noch .... sind und die ein Damaskus-Weg[2] werden kann.

Ich habe ebenso viel Vertrauen, wie ich liebe! Nein, niemand kann mich in dieser Hinsicht erschrecken, ich weiß zu viel über die Liebe und über die Barmherzigkeit Gottes. Ich bin sicher, dass all diese tausendfachen Hindernisse, die unüberwindlichen Barrieren gleichen, sobald Jesus es will, untergehen werden wie ein Wassertropfen, den man in eine lodernde Feuerglut wirft.

Ja, Vater voller Güte und voller Liebe! Ich weiß, du kannst mir all jene, die mir die Liebsten sind, jene, die mein trostloses Herz am meisten brauchen würde, wegnehmen, du kannst zulassen, dass sie von mir weg blei-

---

1 Aneignung einer Erfahrung aus DES PLANCHES, *La Passion Renouvelée ou Sainte Véronique Giuliani*, S. 115. Siehe Einf., S. 12 Nr. 3 und S. 13 Nr. 9.
2 Anspielung auf die Umkehrerfahrung des Hl. Paulus. Vgl. Apg 9. (Anm. d. Übers.).

ben, sich von mir zurückziehen! Du bist der gerechte Meister, oh mein Gott. *Fiat voluntas tua!*¹ Ich bin ganz „Ja" hinsichtlich des Liebeswillens, der mich besitzt, ganz „Ja" hinsichtlich der göttlichen Passion Jesu, was auch immer die Liebe fordert, fordern wird.

Jesus! Jesus! Ich besinge ihn in allen Tonlagen, ich rufe ihn mit allen Stimmen, ich liebe ihn mit meiner ganzen Liebe! Jesus! Jesus allein!

⌜Meine Sünde ist es, dass ich zu sehr nach der lieben, nach der sanften Gegenwart verlange und sie unablässig ersehne. Manchmal habe ich Angst, wie heute Morgen, ich bitte um Vergebung und beteure, dass ich nichts anderes will als den Willen Gottes, sogar und vor allem in meinen größten Sehnsüchten nach Liebe.⌟ ²

Herr, mein Gott, ich überlasse mich ganz durch Maria, meine geliebte Mutter, deinem anbetungswürdigen Willen! Hole du selbst aus deinem armseligsten kleinen Ding all das Gute, all die Liebe, alles Lob und alle Verherrlichung hervor, die du wünschst.

Ja, Vater, ja und immer wieder ja und ... immer wieder danke!

Ich weiß nicht, ob ich in diesem Augenblick mehr leiden könnte ... aber ich möchte nicht weniger leiden. Ich verbrenne, ich blute; das ist das blutige, quälende Kreuz ... ich will alles, was er will.

Das Leiden ist die Antwort der Liebe, es ist auch ihre Belohnung. Gekreuzigt leben heißt, in der Schönheit leben.

Ich leide im Übermaß, aber meine Seele fließt in all ihren Drangsalen über vor Freude.

Meine Freude an der Liebe ist so groß, so groß, dass ich es nicht wage, daran die Schmerzen, die ich erdulde zu messen ... und das Herz Jesu hört nicht auf, mich zu überfluten.

Alles in mir ist geistliches Feuer, himmlischer Gesang, liebende Sanftheit, göttliche Glückseligkeit.

Oh göttliche Liebe! Wirf auf meinen kranken Vater den gleichen liebenden Blick, den du auf die Seele der Magdalena und auf uns alle, die Sünder, fallen ließest, als du am Kreuz im Todeskampf lagst. Oh Wort des Lichts und der Wahrheit! Offenbare dich seiner Seele. Sie möge dich suchen, sie möge sich nach dir sehnen, sie möge dich sehen, sie möge hungern und

---

1 *Dein Wille geschehe!*
2 Glossierte Übernahme aus KLEIN, *Madeleine Sémer*, S. 149. Siehe Einf., S. 13 Nr. 7.

dürsten nach dir, ihrem höchsten Gut; damit er durch eine ganz besondere Gunst deiner unendlichen Liebe und aufgrund seines arbeitsreichen Lebens, aller seiner seelischen und körperlichen Leiden und all des Guten, das er tun konnte, die Freude habe, dich zu kennen, dich zu lieben, sich mit dir zu vereinen und es verdiene, eines Tages hinzugehen, um dich zu schauen, um dich für die großen Erweise deiner Barmherzigkeit in der ewigen Heimat der Liebe zu preisen.

Was soll man dafür tun, was geben, was versprechen? ... Gott nichts verweigern ... mir alles versagen, um alles zu erhalten.

Oh gute Mutter! Du so Wohltuende, so Mitfühlende und immer so mütterlich deinen armen Erdenkindern Zugeneigte, bleibe nicht gleichgültig angesichts der herzzerreißenden Not, angesichts der reinen Zärtlichkeit deines Kindes; beuge dich über ihren lieben Papa, um ihm Linderung zu verschaffen, ihn zu heilen. Komme bis zu ihm herab, sprich zu seiner Seele, oh zärtlichste Mutter, hilf ihr zu lieben und sie wird sich einer wahren und fruchtbaren Reue öffnen.

Hilf uns allen, oh Mutter der Schmerzen, in diesen Tagen der Not und der Tränen! Breite aus über uns deinen Mantel der Liebe und trage unsere flehentlichen Bitten zu Jesus und mögen durch dich in unsere Seelen zusammen mit seinem Segen die Gnaden herabkommen, die notwendig sind, um in einem großherzigen *fiat* den anbetungswürdigen Willen des Allerhöchsten zu erfüllen.

Nichts erhebt und reinigt, nichts fördert das Wachstum und heiligt so sehr wie der heilige Kuss des Schmerzes.

Gott erfüllt das Herz, er bringt Überfluss in die Seele, wenn die Hände leer sind.

↑ Ostermontag, 28. März 1932

Gott weiß alles, er vermag alles, er kennt den Abgrund meines Schmerzes ... und er liebt mich.

Um heute gut zu leben, gut zu geben, brauche ich Gnaden, Mut, denn jeder Augenblick bringt mir Schmerzen, Ängste ... jeder Augenblick versetzt meine Seele unter das Rad der Presse.

Was bedeutet schon der Schmerz, die schwere Last des Tages! Was bedeuten die Trübsal und meine Unzulänglichkeiten! Was bedeutet Demütigung, erdrückende Arbeit, wenn man Jesus liebt, Jesus über alles, und wenn ich durch ihn und vereint mit ihm dem allgemeinen Wohl nützen kann.

Was bedeutet es schon zu weinen, wenn man liebt!

Nein, keine Klage! Nein, keine Furcht! Liebe, nichts als Liebe. Man muss Jesus im Jubel lieben.

Die kleine Braut des göttlichen Gekreuzigten hat kein Recht, den vernichtenden Todeskampf von Getsemani und den blutgetränkten Kalvarienberg zu fürchten. Heute wage ich nicht einmal zu sagen, „Herr, vermehre meine Liebe, damit mein Leben noch mehr Abglanz, Abbild des deinen sei; vermehre meine Liebe, damit ich einzig und ganz innig aus dir lebe; vermehre meine Liebe, damit ich es verstehe, diese große Gabe des Leidens, die du mir anvertraut hast, fruchtbar werden zu lassen; vermehre meine Liebe, damit ich dich ebenso liebe, wie du mich liebst!", so sehr ist es mir gegeben, immer glühender zu lieben, so sehr weitet sich mein Herz, so sehr taucht meine Seele in die Gottheit ein, ergötzt sich an ihr.

Ich lebe aus Jesus, in Jesus, durch Maria, in der Dreifaltigkeit! Jesus ist die Seele meines Lebens, das Leben meiner Seele und in der Vereinigung und in der Liebe, in der vollkommenen Übereinstimmung der Existenz mit ihm, kann ich alles lieben, alles erleiden ... und alles verschweigen.

Es ist so gut, nur eine Antwort auf alle Schmerzen zu haben, nur ein Lied der Dankbarkeit in allen meinen Todeskämpfen: Mein Gott! Mein Jesus! ... ich bete dich an und ich liebe dich! Oh meine Dreifaltigkeit, ich verliere mich in dir! Meine Leiden sind körperlich, sie sind seelisch, sie sind mehr noch diese verzehrende Liebe, diese feurige und wahnsinnige Liebe, diese Marter, die ganz und gar göttlich, weil so durch und durch köstlich ist.

Oh unendlich sanfter Vater! Oh zärtlichste Mutter! Gib mir Jesus immer wieder, denn ich brauche andauernd einen Platz in seinem Herzen.

↑ 29. März 1932 (Dienstag)

Ich kann mich mit nichts beschäftigen noch mich auf irgendetwas konzentrieren. Ich habe nur den Elan, um wortlos zu beten.

Heiliger Vater! Stütze mich, hab Erbarmen mit mir, gib mir Mut. Heute Morgen habe ich vor Liebe, vor Zärtlichkeit geweint. Ich habe gestöhnt, für die Sünder gebetet, deren Seelen ich immer leidenschaftlicher liebe, die ich rufe, denen ich mein Herz gebe, das ich ihnen zuwende, das ich ihnen öffne, so als könnte ich ihnen Jesus geben, so als ob ich ihre Seelen entführen und sie dem Herrn als Trank geben könnte. Heute Abend vermag ich nichts zu geben, überwältigt wie ich bin von einem Weltschmerz, von einer tiefen Melancholie, wobei ich nur das lebhafte Gefühl meiner Nutzlosigkeit verspüre. Zu Füßen des Meisters bleiben, die Augen schließen, sehr, sehr intensiv lieben, warten, das ist alles! ... Ich leide auf alle Art und Weise, aber ohne schwach zu werden. Durchdrungen, erfüllt von Gott, verbleibt mein Denken über mir, über meiner Liebe.

⌐Wirklich, ich bin weit entfernt von der Heiligkeit, weit entfernt vom Grad der Vollkommenheit, den Jesus verlangt, weit entfernt von den hohen Gipfeln, wo er auf mich wartet. Ich sollte darüber verdrossen sein und mir diesen Mangel an Leben, diesen Zustand der Lustlosigkeit vorwerfen und ihn meinem geringen Eifer zuschreiben, meinen großen Unvollkommenheiten angesichts des erstaunlichen Maßes der göttlichen Zuvorkommenheit mir gegenüber und angesichts der unbegreiflichen Liebe, mit der Jesus mich geliebt hat. Aber nein doch! Weit davon entfernt, betrübt zu sein⌐¹, weit davon entfernt, niedergeschmettert zu sein durch mein Unvermögen, durch meine Schwächen, die weder gewollt noch gesucht sind, mache ich mich noch kleiner und werfe mich voller Vertrauen und Einfachheit in die Arme der unermesslichen Liebe meines Gottes und beteure dabei, dass ich zu jedem Martyrium bereit bin, um in ganzer Fülle und bis zum Schluss auf seinen göttlichen Willen zu antworten.

Ich begreife, dass Gott uns nie mehr liebt, als wenn er uns alles zu entziehen scheint, dieses Alles, das er selbst ist. Aus reiner Liebe geben, ohne die Absicht, dafür etwas im Gegenzug zu erhalten, ist so begeisternd! Aus den Tiefen des Schmerzes steigt Freude auf! Ich gebe zu, die zahlreichen Einsichten, die ich hatte bezüglich meiner Nichtigkeit, waren wertvoller für mein übernatürliches Leben, für mein Vollbringen in der Einheit der Liebe, als alle größten Offenbarungen über das Unsichtbare.

⌐Es ist oft sehr lehrreich, das Buch unserer selbst!⌐² Ich sage mir schließlich, dass ich, wenn ich Jesus in diesem armseligen Zustand gefalle, darüber glücklich sein und ihn dafür preisen muss. Alles dient ihm, um die Seelen in der Heiligkeit voranschreiten zu lassen, wenn sie sich als solide Grundlage die Demut in vollkommenster Nächstenliebe bewahren. Die bittere Prüfung verwandelt sich, sobald man sie innig umarmt und

---

1 Entfernte Übernahme von THÉRÈSE DE L'ENFANT-JÉSUS, HA S. 132 (= Ms A fol. 75v). Siehe Einf., S. 13 Nr. 8.
2 „Markanter Ausdruck". Siehe Einf., S. 11 Nr. 1.

sich mit liebevollster Folgsamkeit der Liebe überlässt, schnell in himmlische Wonnen. Der bloße Akt der Zustimmung, dass man so von Jesus, der unendlichen Liebe, erdrückt, zermalmt, als Opfer dargebracht wird, ist, glaube ich, ein sehr, sehr starkes Gebet.

Nur eines zählt: Gott alle unsere Gedanken, Kräfte und Fähigkeiten frei zu überlassen ... Eines genügt, um unser Leben und das unserer Brüder zu heiligen, zu vergöttlichen: sein liebendes Wirken in unseren Seelen. Gott in sich und Gott in allem ... Gott in uns und Gott für uns, so wie wir in Gott sind! Das ist das ganze Ideal, die ganze Heiligkeit, der ganze Himmel!

↑ 30. März 1932 (Mittwoch)

Was für armselige Stunden habe ich heute wieder gehabt! Die Seele sanft am Herzen Jesu ruhend, habe ich ihm gesagt: „Oh ja, ja, Herr! Er möge in allem geschehen, dein göttlicher Wille!"

Ich fühle sogar sehr lebhaft, dass dieses Verlangen in mir wie ein Feuer ist, wie eine Leidenschaft; aber sogleich scheint er mir alles zu entziehen, was er ist. Das heißt alles ... alles, was die Freude, das Glück, die Liebe meines Lebens ausmacht.

Trotzdem glaube ich, dass ich es in dieser Kraftlosigkeit nicht fertiggebracht habe, irgendeine Anstrengung zu vernachlässigen, < noch > den geringsten Wunsch preisgegeben habe, mich in ihm zu verlieren, zu warten, mich erfüllen zu lassen. Aber ich hatte nicht die Kraft, vielleicht < nicht > den Mut, so innig, so großherzig, so hingegeben zu sein, da mir wahrscheinlich ihm gegenüber jene kindliche Unschuld fehlte, die seinem Herzen so gefällt. Es stimmt, dass ich mich recht schnell aufgeschwungen habe mit einem Willen zum Mut und zu einer großen Demut, und dann habe ich, ein kleines Opfer am Kreuz aller Schmerzen, meine Seele Gott, meinem Vater, übergeben, meine kleine Seele, die für immer in seinem väterlichen Schoss ruht, und habe ihn dabei gebeten, mich sofort sterben zu lassen, sollte ich ihn beleidigen, sollte ich ihn in seiner unendlichen Liebe verletzen. Und das glühende, überfließende Leben ist zurückgekommen, überwältigender als je zuvor. Ich bin hingerissen, weit geöffnet, verzückt, verrückt vor Liebe, trunken von Gott, von der Reinheit, der Größe, der Unermesslichkeit seines Lebens.

Mein ganzes Wesen brennt mit neuer Glut! Ich strahle vor Jubel ... Mein Gott, ich liebe dich, trinke aus deinem kleinen Becher! Oh meine so zärtliche Mutter, hilf mir, dass ich liebend am Herzen meines Gottes ruhe, meines Jesus, selbst wenn es Nacht ist, selbst wenn ich ihn nicht höre und selbst wenn er will, dass ich nicht spüre, ob ich noch ihm gehöre ... Er gibt mir so viele Mittel, um zu lieben ... und um immer mehr zu lieben, heute und morgen noch mehr. Du allein, oh süße Mittlerin, kannst ihm die Zuneigung, die Zärtlichkeit, die unerschütterliche Liebe seiner kleinen Braut übermitteln. Ich will keine anderen als dich, um es ihn wissen zu lassen ... sprich du selbst zur Dreifaltigkeit. „Glücklich die reinen Herzen", weil sie vor Freude in Gott erbeben! Heute Nacht habe ich die Süße der Tränen verkostet, die man in den Armen Jesu weint.

Glücklich die Seelen, die der Liebe treu sind, weil sie am Herzen des Bräutigams ruhen können.

⌜Wenn ich den Kopf gebeugt hätte, hätte ich ihn auf die teure Schulter stützen können, die meinem Schmerz angeboten wurde, ganz nahe beim göttlichen Antlitz, das, wie ich fühlte, zärtlich zu dem meinen hin geneigt war. Ich habe weder gewagt, das zu tun, noch die Augen zu öffnen, um ihn zu betrachten, ihn, meinen zärtlichen Geliebten, da ich zu aufgeregt war; aber ich bin mir der Wirklichkeit des Wunders sicher, ja, ich bin mir der menschlichen Gegenwart Jesu an meiner Seite sicher und dass ich ihn in meinem Herzen bei seinem so süßen Namen Jesus genannt habe.⌝[1] Dafür habe ich als Gewissheit und als Zeugnis für die Wahrheit den lebhaften Eindruck, den ich empfand, während ich weit davon entfernt war, solches zu erwarten, sowie die liebende Umarmung, bei der ich mich so stark und wonnevoll gedrückt fühlte, und dass meine große Sorge wie durch ein Wunder zerstreut wurde und die unauslöschliche Erinnerung, die so präzise in mir zurückbleibt.

Seit meinem letzten großen Gelübde der Hingabe an die Liebe war mir Jesus nie äußerlich erschienen, ich will sagen, dass ich sehr wenige körperliche Visionen hatte. Die göttlichen Erscheinungen zeigen sich fast immer meiner Seele.

An jenem Tag der Liebe, an diesem Tag meiner Gelübde der Hingabe an die Liebe, die daraus einen einzigartigen Tag in meinem Leidensleben gemacht hat, hatte ich mit geblendeten Augen die wundervolle Vision geschaut. Dieses Mal habe ich in meinem innersten und empfindsamen We-

---

[1] Entfernte Übernahme einer Erfahrung aus KLEIN, *Madeleine Sémer*, S. 60–61. Siehe Einf., S. 12–13 Nr. 3 und 8.

sen nur die Tatsache wahrgenommen, das er es ist, ja er, oh Christus, oh mein Christus Jesus.

Oh schöne Nacht! Heilige Nacht! Nacht der Hoffnung, Nacht der Tränen und der Liebe! Man muss um ein geliebtes Wesen gezittert haben, um diese Befreiung voll zu erleben.

Als Gegenleistung für die Annehmlichkeiten, deren reine, unerschöpfliche Quelle Jesus selbst ist inmitten der größten Schmerzen, der herzzerreißendsten Prüfungen, gefällt sich jener angebetete Meister darin, aus der Seele, die ihn liebt, die oft beängstigenden Bitterkeiten zu schöpfen, die seine Liebe in großen Strömen in sie ausgießt. Denn man kann nicht lieben, ohne zu leiden.

Man wird weder umsonst geweint haben, noch wird man umsonst so viel gelitten haben. Unser Herr, der alles nur um unseres Glückes willen erlaubt, bedient sich oft der Prüfung, um es zu verwirklichen.

> Wer tröstet und verzeiht
> Wer lässt nie allein
> Wer erbarmt sich immer,
> Die göttliche Liebe.

Ich danke der allmächtigen und immer so mitfühlenden Jungfrau für ihren unsichtbaren, doch so rührenden Beistand, dass sie mir geholfen hat, die pausenlosen Qualen ohne auch nur eine Minute der Schwäche und im Lobpreis zu ertragen.

Ich bin glücklich, ich freue mich, aber ich weine vor Liebe, vor Dankbarkeit. Und in meinem Herzen, wo die Wunden des göttlichen Gekreuzigten so tief eingeprägt sind, erklingt das Magnifikat der Danksagung.

↑ 4. April 1932 (Montag)

Die Liebe quillt aus meinem Herzen hervor wie ein glühendes Dankeschön!

Danken ist so gut, wenn man, tage- und nächtelang, elendig zu Füßen des Allmächtigen, diesen aus der Tiefe seines Wesens heraus anflehend, bebend vor Schmerz, um das Heil eines geliebten Menschen gezittert hat. Wenn der Herr uns durch eine Prüfung heimsucht, dann wollte er uns verschonen. Ich will an ein Wunder glauben um eines anderen Wunders willen.

Vertrauen, unermessliche Hoffnung pocht und steigt in mir auf, trotz des feurigen Schwertes, das in mein Herz eingedrungen ist.

14. April 1932

Oh Christus des Friedens! Christus der Liebe! Oh mein Jesus! Sollte ich das Leiden fürchten, sollte ich Schmerz und Anstrengung fürchten, wenn du da bist! Mein Gott! Ich überlasse dir alles, ich brauche mich nicht um dies oder jenes zu kümmern und auch nicht um die Zukunft, ich weiß, dass alles, was du für uns willst, der Liebe entspringt und dass alles um der Besserung und der Heiligung der Seelen willen gewollt ist.

Ich will nur lieben, ich muss nur das, was als deine Antwort kommen wird, preisen und annehmen.

Oh Mutter, Quelle der Liebe und Reinheit, strahle auf in unseren Seelen! Damit wir nicht Beute der ewigen Flammen werden, oh allmächtige Jungfrau Maria, verteidige du selbst uns am Tag des Gerichts.

Die Hölle mag wieder zu den Waffen greifen, doppelt so unverschämt sein, unvorhergesehene Gründe, Widerstände hervorbringen, es wird ihr nicht gelingen, mein Vertrauen zu erschüttern, einen Schatten darauf zu werfen.

Nichts lässt die raffinierte Schlange verzweifelter zurückweichen als Vertrauen, das aus der Liebe schöpft.

Ich lebe nur noch aus dem Vertrauen, dass wir im besten Sinne erhört werden. Ich habe „wir" gesagt, weil ich von all den teuren und heiligen Seelen sprechen wollte, die mit uns vereint gebetet haben oder beten. ⌜Oh Liebe, du bist die Liebe, die Liebe, die sich hingibt, die Liebe, die nach allem zurückbleibt.

Heute Morgen habe ich nahe beim heiligen Altar an meine Freunde gedacht und sie geliebt, die Freunde Jesu, des Bräutigams der Seelen, die, in ihm, vor Jubel erbeben.⌝[1] Große Sanftheit der Liebe in der Vereinigung mit Jesus am heiligen Altar, wo meine Seele sich aufgrund einer Gnade, einer unvergleichlichen Gunst, so gut einstellt.

Zuerst werden meine inbrünstigen Gebete wortlos, über meine Augen legt sich ein Schleier, meine Ohren werden taub, keine Bewegung ist mehr auf meinen Lippen, mein Körper geht verloren, während eine starke und tiefe Intuition mich im Geist Dinge schauen lässt, die ich nicht sehe. Ich fühle, wie meine Liebe Tag für Tag inniger, stärker, vertrauter, brennender wird.

Ich fühle, ich verkoste, ich durchdringe die geheimen und erhabenen Tiefen der Größe und der Weisheit Gottes! ... Ich habe die Liebe erfahren.

---

[1] Glossierte Übernahme aus KLEIN, *Madeleine Sémer*, S. 176. Siehe Einf., S. 13 Nr. 7.

In ihrem Licht habe ich wie in einem unendlich reinen Spiegel gesehen, mit welcher Liebe Gott mich geliebt hat, mich, die ich so verachtenswert bin, mich, sein kleines Werkzeug, das ihm noch immer nicht wirklich folgsam sein konnte.

Ein langer Tag voller Glut. Ich habe gebetet und litt und redete dabei. Gebete der Leiden, Gebete der Liebe. Ich bebe vor Freude! ... Mehr als gewöhnlich fühle ich mich voll übernatürlichen Lebens, göttlichen Lebens, ganz davon durchdrungen, in Besitz genommen, überwältigt.

In einem höchsten Aufschwingen meines ganzen Wesens habe ich mich Gott wieder geschenkt um einer neuen Angleichung, einer vollständigeren Gleichgestaltung mit dem Opfer Christi willen ... Und ich habe diese Vereinigung, diese geheimnisvolle Umgestaltung, wie eine mächtige Wirklichkeit erlebt.

Oh unermessliches Leben! Oh unbegreifliches Wunder! Ich bin in Gott, ich bleibe in ihm! Ich liebe und lebe durch Jesus. Sein Leben, seine Liebe pulsiert, sprudelt in meinem ganzen Wesen unter dem Drang einer wärmeren Kraft. Die kleine Braut ist sehr wohl für immer in Maria mit ihrem Bräutigam, mit seiner königlichen Familie vereint.

⌜Lange bin ich im Gebet verharrt, um in der Ekstase die sanfte Strömung des Lebens besser zu genießen. Es ist in mir, es schlägt und steigt nicht nur in meinem Herzen auf, sondern bis ins Äußerste meiner Glieder. Ich rufe nach ihm, es antwortet auf mein Verlangen.⌟[1]

Oh Christus! Du bist mein Leben! Sei immer mehr mein Leben!

Wieder zu mir gekommen, habe ich gedacht, dass es vielleicht schlecht sei, nach der teuren Gegenwart zu rufen, sich nach ihr zu sehnen, die vollständige Umwandlung zu wollen. Zitternd vor Angst habe ich um Vergebung gebeten und dabei den Vater angefleht, allen Trost, alle Süße von mir zu nehmen, mir alles zu entziehen, was mein Glück ausmacht, alles, was für mich in der Vereinigung Freude, Trunkenheit und Wonne sein kann. Ich habe ihm wiederholt gesagt, er solle mir keine Gunst mehr erweisen, mir nur das Feuer der Liebe belassen, mir Jesus nur in seinen Freuden und in seinen Todeskämpfen geben.

Nicht Visionen und Tröstungen ersehne ich. Was ich will, ist der Schmerz über alle Fehler meines Lebens und größere Einsichten in

---

[1] Glossierte Übernahme einer Erfahrung aus KLEIN, *Madeleine Sémer*, S. 193. Siehe Einf., S. 12–13 Nr. 3 und 7.

14. April 1932

mein Elend. Nur um Leiden, nur um Kreuze, um die unsichtbarsten aber schmerzhaftesten flehe ich.

Alles verlieren, das will ich gern, wenn ich noch mehr lieben soll und kann, um für immer in den Ozean der Liebe zu steigen, einzutauchen ... bis zur höchsten Vereinigung mit Gott.

Ich rechne mit dem Schutz der Jungfrau Maria, um unendlich klein zu bleiben, doch unendlich liebend, jeden Tag kleiner und liebender, ein kleines Nichts, das aus der Stille, der Demut, dem Verzicht, der Einfachheit lebt ... besonders aus der Liebe. Mehr und mehr lasse ich an mir geschehen.

Gott ist Liebe und in seiner Liebe mache ich mich in allem zunichte. In ihm finde ich all meine Inbrunst, all meine Gefühle der Zärtlichkeit und der Liebe wieder, die ganze Kraft, die ich brauche, um zu leiden. Da, in diesem Herd des Lebens, habe ich erkannt, welchen Reichtum die doppelte Gnade der Tugenden der Geduld und der Liebe beinhaltet, die Gott verlangt, will man zum Gipfel der Vollkommenheit gelangen; und wie wir durch unsere eigene Schuld unseren Aufstieg ins Göttliche verzögern und sein erhabenes Wirken in unserer Seele lähmen.

....[1]

Ich bin nicht müde, ich habe keinen Hunger, ich habe keinen Durst. Nur zu lieben, zu leiden und allein für Gott zu arbeiten bin ich hungrig und begierig. Nicht dass ich auf äußere Werke zählen würde, aber auf die Stille des Verzichts, des Leidens und der Liebe in allem.

Ungeduldig, durstig bin ich nur danach, mich von deinem heiligen Leib zu nähren, oh Jesus, oh mein Gott.

Oh! Dieses wahnsinnige Verlangen, das mir zusetzt und mich verzehrt! Warum sterbe ich daran und werde unablässig daraus wiedergeboren? Meine Seele ist dadurch ganz zerbrochen, aber in der Liebe und im Gehorsam ist sie sich darüber bewusst, dass sie sich in diesem Feuer einem heiligen Werk darbringt, das Gott allein sieht und kennt.

Es bedarf wirklich einer wahnsinnigen Liebe von Seiten Gottes, um zuzulassen, dass das Leiden, eine Qual für den Menschen, für die Seele zur unaussprechlichen Marter wird, zur unbegreiflichen Freude.

---

[1] Im Heft steht eine punktierte Linie auf der ganzen Breite.

Seit der gesegneten Nacht überlasse ich mich öfter der Freude, liebend am Herzen meines Jesus zu ruhen ... Dort liebe ich und singe ich, dort vergesse ich alles und denke an alle.

Möge er mich ganz bewahren als seine kleine Gekreuzigte, als seine lebendige Hostie in den Armen des Kreuzes, auf dem Opferaltar, und möge ich mich ihm auch ganz hingeben.

Ich will für Jesus, der mein ganzes Herz, meine ganze Seele ist ... mein Einziges und mein Alles, die ganze Freude seiner Augen sein, seine ganze Ruhe, sein ganzer Himmel, seine liebsten Liebeswonnen!

Ich bin glücklich, ich habe heute so viel aus dem Kelch der Galle und der Bitterkeit der gerechten Empörung Gottes getrunken. In meiner Seele und in meinem Herzen ist eine wirkliche Gründonnerstagsnacht.

Vor Freude habe ich mich in die Arme meiner guten Mutter geworfen, um Jesus zu danken, Jesus, der so gut ist, so sanft, so eifrig um mein Verlangen, um meine Liebe bemüht.

Oh Mutter, Quelle der Liebe, gewähre mir, dass ich in meiner Seele das Gedächtnis der Schmerzen und des Todes Jesu ganz lebendig bewahre, dass ich in meinem ganzen Wesen, während meines ganzen Lebens, an seiner tödlichen Betrübtheit, an seiner grausamen Passion, an allen seinen Liebesqualen teilhabe, eingetaucht in den Ozean deiner unsagbaren Schmerzen, die schwerer zu ertragen sind als der Tod.

Ewiger Vater! Nimm mich auf aus Liebe zu deinem göttlichen Sohn, der in mir und mit mir lebt, handelt, betet und leidet. Sieh mich nur noch als in seinem Herzen verborgen, mit seinen Wunden bedeckt, in seinem Blut gebadet und mit seinen unendlichen Verdiensten beladen.

↑ 14. April 1932 (Donnerstag)

Heilige Kommunion. Mein Gott und mein Bräutigam ist in meine brennende Brust herabgestiegen wie ein Gnadenstrom, wie eine Woge des Lebens. Unendliche Wonnen, sprudelnde Fluten flossen in mich: die Heiligkeit, die Liebe, die Tugend Gottes. Oh sanfter! Oh sanftester Herr! Es war Zeit, dass du deine beiden Arme auf mein Elend hin geöffnet hast. Es war an der Zeit für dich, mich zu wollen, für mich, dich zu haben.

Ist es wirklich möglich, dass dieser Jesus, der ganz Feuer und Flamme ist und mich mit einer so heftigen Umarmung an sich drückt, deren göttliche Leidenschaft mein Herz mit einer Liebe, die stärker ist als der

Tod, erzittern lässt und die meine Seele mit seiner herrlichen Fülle erfüllt, derjenige ist, den ich in der Eucharistie empfangen habe?

Was für eine erhabene und gehaltvolle Vereinigung! Was für mystische und berauschende Liebesumarmungen zutiefst in mir!

Ich weiß nicht, wie ich diesmal, ohne ihn zu sehen, ohne mit ihm zu sprechen, die Freude hatte, ihn zu hören, mich mit ihm zu unterhalten in der zuversichtlichsten, in der lieblichsten Vertrautheit. Er, der sich göttlich in mich ausschüttete, der mich mit seinen Gnaden, mit seinen Zärtlichkeiten umgab, überschüttete. Und damit wir noch mehr allein sind, noch mehr einer dem anderen zugewandt, noch mehr in einer Einsamkeit, die durch nichts gestört werden will, zieht er mich ganz in sein Herz hinein und nimmt mich dabei immer und immer weiter mit in den herrlichen Glanz seiner Unermesslichkeit.

Was für eine wundervolle Glückseligkeit, an diesem Punkt angekommen zu sein, ganz liebend, ganz anbetend, ganz selig, in der großen Stille seiner Liebe!

Da ist meine Seele wie ein Kind in den Armen, am Herz seiner Mutter, hingegeben, beruhigt, unendlich trunken.

Die Liebe ist für die Seele das, was das Licht und der Tau für die Blume sind; sie gibt ihr Nuancen, macht sie weit und lässt sie aufblühen.

Oh vollkommene Glückseligkeit der glückseligen Wohnstätte, ich trage dich in mir! ⌜Ich nehme über dem ganzen Wesen, in der heiligen Stille des Unbegreiflichen, deine Klarheit wahr, die lebendig⌝¹, strahlend ist, nicht in ihrer ganzen herrlichen Fülle, doch kann ich in jeder Minute deiner staunenswerten Tiefe näher kommen, in sie eintauchen und mich immer und immer weiter in den unsagbaren Abgrund deiner glorreichen Entfaltung mitnehmen lassen.

Ah! Wie schön ist sie doch, wie groß, wie vielversprechend ist sie, die unleugbare, die unschätzbare Wirklichkeit der unsichtbaren, durch Christus offenbarten Welt. Zu der Unendlichkeit und der Herrlichkeit des göttlichen Lebens, zu denen er uns einlädt, an denen teilzuhaben er uns nahe-

---

1 Übernahme eines markanten Ausdrucks von Ruysbroek, zitiert bei KLEIN, *Madeleine Sémer*, S. 213, mit Wechsel der Person. Siehe Einf., S. 11 Nr. 1 und S. 13 Nr. 6 und 9. (Jan van Ruysbroek, 1293–1389, Augustinerchorherr, gilt als bedeutendster belgischer Mystiker, beschreibt einen gestuften Weg vom äußeren Befolgen der Moral zur inneren Vereinigung mit Gott. Anm. d. Übers.).

legt, kommt noch das Ideal der Gerechtigkeit und der Güte hinzu, das zu verwirklichen wir beauftragt sind.

Indem er unseren Blicken die strahlenden Regionen der Ewigkeit einen Spalt breit öffnet, antwortet er voll und ganz auf unsere Leidenschaft, auf unseren Durst nach Leben. Indem er die Nächstenliebe zum obersten Gesetz unseres Handelns macht, antwortet er in herrlicher Weise auf unser Bedürfnis, auf unser Vermögen zu lieben. Indem er uns alle zur Heiligkeit aufruft, antwortet er wunderbar auf die glühende Sehnsucht, mit der wir danach verlangen, uns durch den Glauben und die Liebe zu den unbekannten Gipfeln zu erheben.

Wir müssen lernen, von der Seele her zu leben, nur von der Seele her zu handeln, und uns darin üben, alles im Leben anzuschauen, alle unsere Kräfte zu nutzen, um es zu vergöttlichen.

Wüsste man doch, was es heißt, Gott zu kennen, zu lieben, zu besitzen, sich seiner zu erfreuen, in der wundervollen Vereinigung mit dem Vater, Sohn und Heiligen Geist ... zu leben ... Aber Worte sind völlig unzureichend, um dieses große Geheimnis zu erklären.

Wer wird jemals, in einem Text, der erhellend genug ist, der Allgemeinheit der Seelen eine Ahnung vermitteln können von dem, was im Himmel sein wird, von dem, was sein kann, von dem, was schon in dieser Welt ist, auf dem Gipfel der vollkommen Loslösung, nämlich die unaussprechliche Freude, dass man durch Maria, die reinste Jungfrau, wahrhaft mit der göttlichen Dreifaltigkeit vereint ist?

Gott allein kann, durch die Kraft des Heiligen Geistes, berühren, erweichen, sich offenbaren, sich fruchtbar mitteilen, einen vollständigen Begriff der großen Glaubenswahrheiten vermitteln, der prächtigen Wunder in der jenseitigen Welt. Ich flehe ihn an, das zu tun.

Ich flehe ihn an, dass er sich den Seelen aufdränge, dass er sich ihnen zeige.

Ich verstehe immer besser, dass die Liebe beredter, unwiderstehlicher ist als alles andere, um das liebende Herz Gottes zu öffnen und von ihm die größten Gnaden zu erhalten.

Eine Seele vermag und erreicht mehr durch ihre Liebe als durch ihr Denken, ihr Wissen, ihr Handeln, ihre Werke und ihre Worte.

Die Liebe! Was für eine Vereinfachung in allem und was für eine Klarheit in allem! Die Liebe! Das ist etwas Prächtiges und die Hingabe seiner selbst, die Aufopferung seiner selbst, der Verlust seiner selbst, das ist so süß!

Ah! Ich spüre wohl, dass ich lerne, den lieben Gott zu besingen! Wenn ich auch nicht die feurigen Worte eines Franz von Assisi habe, so habe ich eine nicht weniger unerschütterliche, eine nicht weniger brennende Liebe.

Die Liebe ist eine leichte Bürde, die nicht auf dem lastet, der sie trägt, sondern ihn im Gegenteil stärker macht, ihm Flügel verleiht. Sie genießt in den Leiden, in den Prüfungen wie auch in den Freuden und in den Tröstungen; durch sie ist man Sieger über die Dämonen, durch sie schließlich werden diejenigen, die gegen das Fleisch und die Welt kämpfen von allem Übel befreit. Sie ist ein Wein voller Wonnen, der die wahren Liebhaber Gottes berauscht, ein heiliges Feuer, das vor Freude jauchzen lässt. So empfindet das Herz, das vollkommen liebt, weder Schmerz noch Kummer. Es ist weder traurig noch unruhig, denn die Liebe macht vollkommen, wogegen der Schmerz deprimiert, ermattet.

Die Liebe ist also das Süßeste und das Nützlichste, was das Geschöpf empfangen hat. Nichts ist vor Gott angenehmer und liebenswürdiger zugleich. Sie entzückt nicht nur die Seele, fesselt das Wesen durch Bande der Weisheit und der Sanftheit und vereint es mit Gott, um sie[1] in Gott zu verzehren, sondern sie vernichtet auch die schlechten Wünsche, sie verhindert, dass man sich von falschen Annehmlichkeiten gefangen nehmen lässt und dem Irrtum der Begehrlichkeiten verfällt.

Durch die Liebe wird das Herz weit; durch die Liebe triumphiert die Seele, durch die Liebe wird unser Leben gestärkt, gefestigt.

Ich habe keine bessere und süßere Wohnstatt gefunden als die, wo die Liebe mich mit meinem Geliebten vereint und aus uns beiden nur eins macht.

Gelobt, gelobt sei Jesus für all das Unermessliche, Unendliche, das er in einer armen, kleinen, elenden Seele getan hat!

Das ist viel zu wunderbar, unsagbar viel zu schön, allzu hoch über dem Verstehen; ich wage nicht, ich vermag nicht daran zu denken, ohne Tränen zu vergießen.

Mein Gott! Entferne dich von mir, die ich nur eine armselige Sünderin bin.

---

1 sie: *die Seele.*

Ich habe die ganz sichere, ganz klare Ahnung, dass ich noch stärkere, noch schönere, noch höhere Dinge wissen werde! Die Gnade Gottes sei mit mir.

Oh höchste Schönheit! Liebe, würdig, besungen zu werden! Nachdem du dich so sehr herabgelassen hast, mir zu gestatten, dass ich am Festmahl der Erwählten teilnehme, dass ich mich am unerschöpflichen Strom der himmlischen Wonnen an Unendlichem berausche, lass mich in der Dunkelheit der Erde das eigentliche Leben des Himmels leben! Meine ganze Seele öffnet sich den reinen Küssen Gottes! ...

↑ 16. April 1932 (Samstag)

Heilige Kommunion. Es fällt mir schwer und ist mir kaum möglich zu schreiben, ich habe keine Lust dazu. Nach meiner Kommunion am heutigen Morgen kann ich daran keine Zweifel mehr haben, so sehr habe ich inmitten meiner selbst Unendliches umarmt und neue Trunkenheit gekostet.

Doch will ich den Herrn mit dem Verstand preisen, besingen, verherrlichen, rühmen in all seiner unendlichen Liebenswürdigkeit, in allem, was er so wunderbar gewährt hat oder was er uns aus größerer Liebe zu verweigern scheint und es uns dann in Form von Reichtümern, die von ihm kommen, gibt, in Umarmungen der Liebe, in schmerzhaften Küssen, in so übertriebenen, derart, derart maßlosen Proportionen, dass ich zeitweise glaube, dadurch in Angst und Schrecken versetzt zu werden, obwohl ich seinem wunderbaren Willen ganz hingegeben bin. Ich schmiege mich ganz an die Jungfrau Maria, an sie, die jeden Schmerz süß macht.

Nichts kann mich indessen über die verliebten Torheiten Jesu, über seine unnachahmlichen Zärtlichkeiten in Staunen versetzen. Also, *fiat*! Und immer mehr Liebe bis meine Mission als Opfer und meine Berufung als Hostie völlig abgeschlossen ist ... bis zum allerhöchsten Vollzug. In einer behutsamen und überfließenden Liebe hatte er im Geheimen alles vorbereitet, alles geführt, alles in der Stille zugelassen und aufgeschoben, um daraus mehr Ehre, mehr Ruhm für sich zu ziehen und mehr Vertrauen, mehr Liebe für die Seelen.

Ja, die Barmherzigkeiten Gottes übersteigen alle seine Werke und mit dem größten menschlichen Elend wirkt er seine schönsten Meisterwerke der Liebe.

23. April 1932

Was für eine unvergleichliche Gnade hat der Herr mir gewährt, dass er mich seinen Willen in allem sehen ließ, und das auf eine so einfache Weise.

Oh ihr alle, die ich liebe, lasst, lasst mich weinen, wenn ich an so viel Liebe denke!

Dass ich nicht in einen Engel der Anbetung, in einen glühenden Seraphen verwandelt werde! ⌜Dass ich nicht Apostel oder Missionar bin!

Dass ich nicht genug Stimme habe, um in die Welt zu schreien, dass Gott Liebe ist und dass man die Liebe lieben muss ... Man muss lieben! Man muss!⌟ [1]

⌜Die Liebe wird nicht geliebt! Die Liebe will geliebt werden!⌟ [2]

Während in meiner Seele ein heftiger Brand lodert und ich ununterbrochen in Glut getaucht bin; während in meinem ganzen Wesen ein Lebensfluss brodelt, der unter dem Druck einer immer schnelleren Strömung darin schreckliche und verlockende Abgründe gräbt, würde ich es da aushalten, eine Flamme ohne Wärme zu bleiben, eine erloschene Glut, ein stehendes Gewässer, eine Blume ohne Schönheit und ohne Duft, ein Licht, das zu schwach ist, um zu leuchten?

Nein, nein! Ein kleines Opfer der Liebe ist dazu da, um zu strahlen, um Gott in dem ganzen Maße, wie sie ihn besitzt, weiterzugeben, um in den Seelen, in allen Seelen, die Gnaden des Lichts und der Liebe zu verbreiten, die sich endlos in sie ergießen.

Sie muss ununterbrochen Fluten von Tugenden, Weihrauchduft, Schätze des Himmels verströmen zur Erbauung, zum Wohl, zum Heil aller.

Alles geben, sich geben, das heißt, zutiefst reich zu sein ... Denn wirklich reich ist man nur an all dem, was man gibt. Sich selbst absterben, allem absterben, das heißt, sich für alle hingeben, sich allen hingeben. Man muss seine Seele verlieren, um sie zu retten.

Je weiter ich gehe, desto mehr zeigt Jesus mir, dass die Liebe zum Leiden, das Martyrium der Liebe, eine unermessliche, unendliche Gnade ist, eine allumfassende Verteidigungsrede. Aber ergreifender, überzeugender als alles ist die Erfahrung. Ich kann nicht daran denken, ohne vor Lie-

---

1 Entfernte Übernahme aus DES PLANCHES, *La Passion Renouvelée ou Sainte Véronique Giuliani*, S. 157, mit Wechsel der Person. Siehe Einf., S. 13 Nr. 8 und 9.
2 „Geistliche Formulierung". Siehe Einf., S. 12 Nr. 2.

be, vor Dankbarkeit zu weinen ... ohne entzückt zu sein vor Staunen, vor Glück.

Ich habe Jesus zu sehr gebeten, ihn mit einer Liebe heiliger Begeisterung lieben zu können, als dass er nicht, koste es was es wolle, durch alles, über alles hinweg und auf jede Weise auf meine unermessliche Sehnsucht, auf mein inbrünstiges Gebet antworte.

Ich fühle mich immer mehr überwältigt, trunken, überströmt von Liebe!

Und obwohl ich liebe, obwohl ich bete, obwohl ich weine, obwohl ich leide bis zur Ohnmacht und soweit, dass ich daran sterbe, ist es immer noch so, leider (!), dass ⌜die Liebe nicht geliebt wird ... und die Liebe will geliebt werden! ...⌝¹

Göttlicher Bettler an unseren Herzen! Oh himmlischer Liebeshungriger! ⌜gewähre mir noch diese Gunst, dass ich dich für alle Seelen liebe, die dich nicht lieben⌝², dass ich deine Freude sei für all jene, die dein Schmerz sind, dass ich mich deinen Umarmungen überlasse für all jene, die daraus entkommen, dass ich ganz und gar deinem Belieben anheimgegeben sei für all jene, die dies nicht wollen ... dass ich zu guter Letzt ein Licht sei, eine Hilfe, eine Unterstützung, besonders aber ein Beispiel für alle jene, die aus Unwissenheit oder aus Schwäche vom richtigen Weg abkommen und vor dir fliehen.

Ich setze mein ganzes Vertrauen auf die göttliche Macht, die denen nichts abschlägt, die sie im Namen der unendlichen Barmherzigkeit gegenüber den Demütigen und den Schwachen anrufen.

Oh mein verkannter Geliebter! Mache in mir und mit mir alles, was du willst; ich bin bereit für alle deine Liebeswünsche und gib mir durch Maria, deine Mutter und meine Mutter, die Freude, an allem zu leiden, um dich besser zu erfreuen.

Alles aus Liebe und in der Liebe, in Vereinigung mit Maria, meiner geliebten Mutter! Herr, du bist alles, was ich will, alles, was ich liebe ... nach dir sehnt sich meine Seele.

↑ 23. April 1932 (Samstag)

---

1 „Geistliche Formulierung". Siehe Einf., S. 12 Nr. 2.
2 „Geistliche Formulierung". Siehe Einf., S. 12 Nr. 2.

Himmelfahrt. „Wenn ihr mich lieben würdet, würdet ihr euch freuen, dass ich zum Vater gehe! ..."

Herr, wir lieben dich! ... Sanfter Herr Jesus, wir preisen dich. Ja, mein Gott, dich lieben wir und nicht uns in dir! Groß ist unsere Freude an diesem Tag! So groß, dass die Schmerzen der Trennung dadurch erstickt werden!

Unsere Freude ist groß, denn jetzt erfreust du dich, zur Rechten des Vaters, grenzenlosen Ruhms! Unsere Freude ist groß, weil die menschliche Bosheit dir nichts anhaben kann: dieser ganz eigene Ruhm ist unantastbar! Für immer werden nun Maria, deine heilige Mutter, der heilige Josef, der Hüter und Beschützer deiner Jugend, die Engel und die Seligen das ewige „*Hosanna*" singen.

Ja, sei glücklich, göttlicher Jesus! Dein mystischer Leib setzt deine Passion fort: Uns genügt es, dich glücklich zu wissen ... unendlich glücklich ... unbehelligt von der Verderbtheit von so vielen deiner Geschöpfe.

Der Herr ist unter Freudenschreien in den Himmel aufgefahren. Er hat sich unter dem Beifall einer sprachlosen Menge in die Lüfte erhoben! Halleluja, halleluja! ...

Ja, es ist richtig, es ist gut, dass ich noch einmal mit dir und für dich diesen Weg des Seufzens und der Tränen gehe, den du um der Liebe < >¹ willen ganz alleine gegangen bist. Oh mein Geliebter, du hast für mich und ohne mich gelitten, während ich, da ich noch nicht existierte, noch gar nicht in der Lage war zu leiden. Heute bist du es, der dazu nicht in der Lage ist. Deine Herrlichkeit, die du in so überfließendem Maße verdient hast, entzieht dich dem Leiden. Leide künftig also in mir, mein Jesus, da ich doch dein Opfer bin und damit ich während der ganzen Zeit meiner übernatürlichen Schulung leidensfähig bleibe, wie du, oh mein göttlicher Leiter, es bis zu deinem Tod gewesen bist.

Wir freuen uns also, sanfter Herr Jesus, über deine Himmelfahrt, weil wir wohl wissen, dass du dort oben bei deinem Vater nicht mehr leiden wirst; die Menschen werden dich nicht mehr kreuzigen können! ... Darüber freuen wir uns für dich.

Doch hast du gewollt, dass die Wohltaten deiner glorreichen Himmelfahrt auch auf uns zurückfallen. Du gibst uns die feste und tröstliche Gewissheit, dadurch dass du dich an deine Apostel wendest und durch sie an alle Seelen:

---

1   Im Heft fehlt ein Wort ohne Zwischenraum (wahrscheinlich beim Abschreiben vergessen).

„Wenn jemand mich liebt, sagst du, wird mein Vater ihn lieben und wir werden zu ihm kommen und wir werden bei ihm wohnen ... Ich werde den Vater bitten und er wird euch einen anderen Tröster geben, den Geist der Wahrheit, der bei euch wohnen wird und in euch sein wird."[1] Was für Wunder stehen hinter diesen Worten! Welche unendliche Tiefe und Einfachheit! ...

Die Gnade, die Eucharistie, die Kommunion, die unfassbare Aufnahme in das ewige Leben der Dreifaltigkeit ... Das hat Jesus bei seinem Weggang seinen Aposteln hinterlassen, seinen Aposteln und all jenen, „die durch sie an ihn glauben!" ... „Es ist gut für euch, dass ich weggehe."[2]

Oh Herr! ..., es reicht uns zu wissen, dass du im Himmel bist, und du willst auch noch, dass wir uns über die Gnaden aus dem Geheimnis dieses Tages freuen? ... Wir erkennen darin einen der Beweise für deine unerschöpfliche Güte uns gegenüber. Zeige uns, oh geliebter Meister, einige jener übernatürlichen Reichtümer, die du uns an diesem Fest anbietest! Sende uns deinen göttlichen Geist, damit unser Verstand erleuchtet werde bei der Begegnung mit deinem Wort, damit unsere Herzen entzündet werden und unser ganzes Wesen sich im Gebet und in der beständigen Aufopferung verzehre wie eine lebendige Fackel, um durch unsere eigene Heiligung die Verirrungen der sündigen Menschheit wiedergutzumachen und in ihrer Mitte einen Feuerherd der Liebe immer am Brennen zu erhalten ...

Durch deine glorreiche Himmelfahrt, göttlicher Jesus, stärke unsere Hoffnung! Meine ganze Hoffnung ist in dir, oh Jesus!

Wer könnte mich von der Liebe Christi, meines Retters, trennen? ... Nein, weder der Tod noch das Leben, noch die Engel, noch Mächte, weder die Gegenwart noch die Zukunft, weder Höhe noch Tiefe, noch ein Abgrund, noch irgendein anderes Geschöpf wird mich von der Liebe Gottes, die in Christus Jesus, unserem Herrn ist, trennen können![3] ...

Deine glorreiche Himmelfahrt, oh sanfter Jesus, ist auch ein wertvoller Ansporn für unsere Nächstenliebe. Unseren fleischlichen Augen entzogen, bleibst du doch unseren Herzen nahe, wenn wir der Gnade treu sind. Du entreißt uns tatsächlich der Erde, um unsere Aufmerksamkeit, unsere ganze Aufmerksamkeit, zum Himmel zu lenken, und du nimmst unsere Herzen gefangen.

---

[1] Vgl. Joh 14,16–17,23.
[2] Joh 16,7.
[3] Vgl. Röm 8,38–39.

Deine Himmelfahrt, Herr Jesus, entreißt uns nicht nur der Erde, um uns in den Himmel zu versetzen: Sie lässt auch unsere Nächstenliebe größer werden.

Schwache Liebe, das stimmt, verlangt, um leben zu können, nach der Gegenwart des geliebten Gegenstandes, andernfalls hört sie, auch wenn sie nicht durch die Sorgen des Alltags gebremst wird, allmählich auf. Anders ist es mit den mächtigen Leidenschaften, die in der Suche nach dem geliebten Gegenstand gefestigt werden. Nach einer langen Trennung erfährt manche Zuneigung eine neue Intensität.

Wer, oh mein Geliebter, vermöchte die brennende Sehnsucht einer Seele in Worte zu fassen, einer Seele, die wahnsinnig in dich verliebt ist, die dich unablässig sucht und deren Durst in dem Maße, in dem du dich zu entfernen scheinst, unaufhörlich wächst.

Gewiss, wir haben die Eucharistie, durch die wir den Geliebten besitzen können, aber wie lange dauern unsere Begegnungen? Das Berauschende einer Vision ist flüchtig und so selten und dunkle Stunden sind so zahlreich.

Nach jedem Besuch lässt du mich mit einem verzehrenden Durst nach deiner anbetungswürdigen Gegenwart zurück ... und, von Glück übermannt, richte ich mich nach Luft ringend auf und verlange noch lebhafter nach der ewigen Vereinigung.

Wann also wirst du meinen brennenden Durst stillen? ... Wann also wirst du vor meiner Seele nicht mehr weglaufen, die dich sucht und die getrennt von dir untergeht? ...

„Ich entferne mich, antwortest du mir, damit dein Wunsch, mich zu besitzen, sich verstärke, denn je größer dieser Wunsch sein wird, umso mehr wird deine Fähigkeit zu lieben wachsen und umso mehr wirst du mich im Himmel besitzen.

⌜Es gefällt mir, mich den teuersten Seelen zu entziehen, um sie zu prüfen. Auf diese Weise tue ich so, als ob ich dich verlassen würde; aber sei nicht bekümmert, das ist keine Strafe, das ist eine Erfindung meiner Zärtlichkeit, um dich ganz von den Geschöpfen zu lösen und um dich noch inniger mit mir zu vereinen."⌟[1]

---

[1] Entfernte Übernahme aus GERMAIN DE SAINT STANISLAS, *La séraphique vierge de Lucques, Gemma Galgani (1878–1903), adapté de l'italien par le R. P. Félix de Jésus crucifié*, Arras 1910, S. 115. Siehe Einf., S. 13 Nr. 8.

Was für Gnaden schenkst du mir an diesem Fest der Himmelfahrt, oh mein Gott! Oh guter Jesus, danke! Danke, dass du gewillt bist, mir Gelegenheit zu geben, meinen Glauben neu zu beleben und mich daran zu erinnern, dass die Trunkenheiten der Vision nicht für die Erde sind.

Danke, dass du mich erkennen lässt, dass ich mit Vertrauen auf mein Heil hoffen soll! Und danke auch, dass du mich so liebevoll der Erde entrissen hast, damit meine Fähigkeit zu lieben wachse bis zu jenem Tag, an dem die Sonne nicht mehr untergeht und wo ich nur noch aus Liebe in der Dreifaltigkeit leben werde.

Ja, Jesus, dein Abschied war sehr nützlich für unsere Seelen.

Aber leider! Wie ist recht oft unsere Haltung gegenüber jenen so großzügig dargebotenen Gnaden? Haben wir sie nicht allzu oft vorbeigehen lassen, jene Gnaden deiner Himmelfahrt, oh mein Jesus? ...

Denken wir daran, unseren Glauben zu fördern? Haben wir, anstatt nach außergewöhnlichen Erleuchtungen zu streben, genug Liebe zu jenen Schatten, die die geduldigen Fortschritte unseres Verstandes verdienstvoll machen?

Haben wir bedacht, dass wir durch den Zustand der Gnade schon im Himmel sind und dass wir die Hoffnung haben dürfen, eines Tages dorthin zu kommen, da Jesus uns ja mit sich genommen hat, uns sich gleichgesetzt hat und er bei seinem Vater, der auch unser Vater ist, zu unseren Gunsten Fürbitte einlegt?

Haben wir verstanden, dass, wenn wir vor der anbetungswürdigen Dreifaltigkeit erscheinen werden, die Intensität des Glorienglanzes nach dem Maße unserer Nächstenliebe hier auf Erden bemessen sein wird? ... Und sind wir schließlich dauerhaft darum bemüht, dass wir unsere Fähigkeit zu lieben vergrößern? Doch leider! Wie viele Schwächen sind wahrscheinlich zu beklagen, oh mein liebenswürdiger Retter ... Verzeihung, Herr! Verzeihe mir und allen Menschen! Ich rechne mit deiner unendlichen Zärtlichkeit: Deine Himmelfahrt wird auch für mich eine Quelle der Freude sein. Mit deiner göttlichen Hilfe werden die zahlreichen Gnaden, die ich anlässlich dieses Festes erhalten habe, nicht unbemerkt vorbeigehen.

Ja, ich rechne mit deiner göttlichen Hilfe: Ohne dich kann ich nichts tun und meine großherzigsten Entschlüsse blieben ohne Wert und ohne Folgen, würden sie nicht durch die Gnade befruchtet.

Gib mir, Herr, gib mir vor allem eine glühende Liebe und die Flamme, die notwendig ist, damit ich meine erhabene Mission als Trägerin von Licht und Wärme würdig erfülle. Möge ich unablässig eine kleine, immer lodernde Glut sein. Denn wenn ich ein lockeres und lustloses Leben führe, wird deine glorreiche Himmelfahrt nicht mehr so heilbringend für meine Seele und < für > mein Leben sein.

Dein offensichtliches Fernsein wird es mir nur dann erlauben, die Tugenden, die du in meine Seele gelegt hast, weiterzuentwickeln, wenn mich bereits eine tiefe und bleibende Nächstenliebe ganz und gar belebt; andernfalls bliebe deine göttliche Gegenwart, ohne jemals zu verblassen, mit der Zeit dennoch irgendwie unwirksam.

Also, oh mein zärtlichster Jesus, wenn ich nicht mehr dieses heftige Feuer kennen soll, das verzehrt, ohne zu verbrennen, das verschlingt, ohne zu zerstören ... wenn ich nicht mehr mit der Überzeugung eines heiligen Paulus wiederholen kann: „*Cupio dissolvi et esse cum Christo*"[1], dann bitte ich dich wenigstens mit der ganzen Kraft meines Willens, mit der ganzen Inbrunst meiner Zärtlichkeit, erdrückt von der Last meines Elends, meines unermesslichen Elends, und im Blick auf das, was meine Seele anzieht und worauf ich nicht verzichten kann, mich dem Tal meiner Nichtigkeit zu entreißen und dem noch tieferen Tal meiner Sünde. Nimm mich mit dir! Ich dürste nach dir, oh mein Gott! ... Komm ... zieh mich an dich! Um jeden Preis will ich dir folgen: dadurch, dass ich Verdienst erwerbe, dadurch, dass ich mich hingebe, dadurch, dass ich liebe ... Um jeden Preis will ich zu dir gelangen, nicht um glücklicher zu sein – das bin ich in dir –, sondern um dich zu schauen, dich zu lieben und dich ohne Ende zu preisen.

↑ Christi Himmelfahrt – 5. Mai 1932 (Donnerstag)

Ich bleibe, entsprechend den göttlichen Offenbarungen, eine dauernd blutende Wunde!

Meine Seele, wie auch mein Herz und mein Leib, alles in mir wird unaufhörlich von der Liebe zermalmt! ... Meine Krankheit, wie mein Leben, das ist die Liebe! Ich sterbe in jedem Augenblick unter der Last eines immer größeren und tieferen Schmerzes, der schwerer zu ertragen ist als der Tod ... Ich sterbe aus Liebe und ich komme wieder zum Leben durch die Liebe. Ich frage mich manchmal, ob ich den Mut hätte, nichts zu wäh-

---

[1] „*Ich sehne mich danach aufzubrechen und bei Christus zu sein.*" (Phil 1,23).

len, wenn Gott mir die Freiheit ließe zu sterben? ... Was ich weiß, ist, dass meine Seele mehr als je zuvor singend, von Tag zu Tag schneller und fröhlicher vorangeht und dass Jesus mich fester und mehr als je zuvor, mehr als in den vergangenen Monaten, an sein göttliches Herz drückt, an seine heiligen Wunden; dass er mich mehr an seinem qualvollen Todeskampf teilhaben lässt, an den Schmerzen seiner Passion, an seinen Qualen am Kreuz, und mich mit < sich > als Opfer Gott, seinem Vater, für das Heil der Sünder darbringt.

Mein ganzes Lebensprogramm besteht darin, in Abhängigkeit von dem inneren Meister, meinem Leiter, in der Einheit mit Maria, meiner Mutter, zu bleiben und mich von Gott überwältigen, verzehren, aufbrauchen zu lassen, mich allem, was er will und allen seinen Wünschen zur Verfügung zu stellen. Es ist so leicht und süß, es ist auch so einfach, nur noch das zu lieben, was der liebe Gott liebt, nur noch das zu wollen, was er will, zuzulassen, dass seine Hand mit dem Eisen und dem Feuer durch mein lebendiges Fleisch geht, dass sie das Schwert in meinem Herzen hin- und herdreht, meine Seele kreuzigt, mein Leben aufbraucht, und nur noch eine Leidenschaft zu haben, einen Traum, ein Verlangen: die Ehre Gottes. Und ich sehe, je mehr ich zulasse, dass Christus mir seine göttliche Ähnlichkeit einprägt, desto voller mit Freude ist mein Herz auf dem Weg, der vielleicht für mich nicht mehr sehr weit sein wird.

⌜Oh mein Gott, Dreifaltigkeit, die ich anbete⌝[1], damit mein Leben immer mehr und mehr als je zuvor zu einem ununterbrochenen Lob werde für deine verkannte Liebe ... zu einer unaufhörlichen Abbitte für deine beleidigte Liebe ... ein freudiges Brandopfer für deine verschmähte Liebe, überlasse ich mich von Neuem der sanften Gewalt unserer Wünsche ⌜und bitte dich dabei inständig, mich unablässig aufzubrauchen, mich pausenlos zu verzehren und in meiner Seele die Fluten der unermesslichen Zärtlichkeiten, die in dir verschlossen sind, überfließen zu lassen und dass ich auf diese Weise jeden Tag reichlicher mit den reinen Wonnen deiner unaussprechlichen Liebe < durchflutet > werde.⌝[2]

Oh heiliger Wille, Wille der ganz Gott hingegebenen Herzen, Antrieb der Leiber und der Seelen, ich überlasse mich dir.

↑ 11. Mai 1932 (Mittwoch)

---

1 „Geistliche Formulierung". Siehe Einf., S. 12 Nr. 2.
2 Entfernte Übernahme aus THÉRÈSE DE L'ENFANT-JÉSUS, *Novissima Verba*, S. 203 (= *Prières* 6 fol. 2v).

14. Mai 1932

Noch drei Tage des Wartens, der Sehnsucht und der Liebe. Ich bin glücklich, ich weiß, dass er kommen wird, mein Jesus, mein Schatz und mein Leben ... meine Freude und meine Glückseligkeit. Und weil er mich lieben will, weil er mich in seine Liebe einhüllen will, weil er mich in sich untergehen lassen, in sich versenken will wie einen Wassertropfen im Ozean, wird mein Retter in mich hinabsteigen ... Da muss man doch vor Freude sterben.

„Oh! Welch glücklicher Augenblick, wenn in deiner Zärtlichkeit
Du kommst, mein Geliebter, mich umzugestalten in dich.
Diese Vereinigung in Liebe, diese unsagbare Trunkenheit,
Das ist mein Himmel für mich!"[1]

Mein Glück ist in mir wie eine Kraft, wie eine Art und Weise, mich ihm zu nähern, mich mit ihm mehr zu vereinen, mich besser hinzugeben. Meine tiefe Freude, meine große Liebe nährt meine Zärtlichkeit, lässt sie inniger, glühender, noch aufmerksamer werden.

Oh! Diese Tage des Wartens, das sind wirklich Tage der Gnaden! ... Ich begreife, dass Gott sich uns nie so sehr zuwendet, als wenn er sich uns zu entziehen scheint ... Er blickt noch fürsorglicher und noch liebevoller auf unsere Seele!

Ich warte auf den Tag der Kommunion und meine Liebe wird immer noch größer. ⌜Ich bin in der Liebe, entflammt, überflutet von Liebe, wortlos, von meiner Sehnsucht erfüllt. In der Trunkenheit meiner Freude habe ich den Vater, den Sohn und den Heiligen Geist genannt und dabei den Heiligen Geist gebeten, mein Herz mit reiner Liebe, mit heiliger Sehnsucht zu entzünden⌝[2], und dann ging ein sanftes Feuer durch mein ganzes Wesen. Mehrfach habe ich etwas gefühlt, das über mein Herz ging wie ein Funke, der es schlagartig entflammte und glühendste Liebesbekundungen daraus hervorbrechen ließ.

Es ist eine wahre Freude, mich in der ganzen Liebe, die er mir gibt, darauf vorzubereiten, Jesus zu empfangen. Und da ja mein Geliebter mir, wenn er zu mir kommt, seine unendlich wertvollen Gnaden mitbringt, werde ich auf die Erweise seiner Güte mit einer lebhaften Sehnsucht nach

---

1 Vgl. Thérèse de l'Enfant-Jésus, Poésie, S. 401 (= PN 32.3.5): *„Oh! Quel heureux instant lorsque, dans ta tendresse, / Tu viens, mon bien-aimé, me transformer en toi. / Cette union d'amour, cette ineffable ivresse, / Voilà mon ciel à moi!"*
2 Glossierte Übernahme einer Erfahrung aus Klein, *Madeleine Sémer*, S. 187–188. Siehe Einf., S. 12 Nr. 3.

seinen Schätzen antworten und mit dem kindlichen Vertrauen, dass ich sie erhalten werde, nicht nur für mich, sondern für die ganze gefallene Menschheit.

Oh Wort, oh Jesus, oh mein Gott! Oh mein Schöpfer, oh mein Retter und höchster Herr! Um mich mit deiner unendlichen Reinheit zu vereinen, reinige meine Seele, tilge meine täglichen Verfehlungen und erwecke in mir Zerknirschung darüber und tiefe Reue, dass ich deine göttlichen Annäherungen nicht immer verstanden habe, und gib mir den aufrichtigen Wunsch, durch ein heiligeres, vollkommeneres Leben Wiedergutmachung zu leisten. Um mich in dein Leben und in deine göttliche Kindschaft aufzunehmen, gieße von Neuem heiligende Gnaden in mich aus, die aus mir das liebevollste Kind des Vaters machen, die strahlendste Monstranz Christi, den würdigsten Tempel des Heiligen Geistes ... die Erbin eines herrlicheren Himmels. Hilf mir, alle Tage in süßester Vertrautheit mit der Heiligen Dreifaltigkeit, die in mir wohnt, zu leben.

Um mich mit deinen Werken zu vereinen, bereichere mich mit jenen sakramentalen Gnaden, die mich dazu drängen, eins zu sein mit deinen Gedanken, mit deinen Gefühlen, mit deinen Tugenden und mit den verschiedenen Zuständen deines leidenden und verborgenen Lebens.

Um mich bis in mein Fleisch hinein mit dir zu vereinen, lass es noch keuscher, noch reiner, dem Geist noch hingegebener, noch abgetöteter sein und lege Samen der Auferstehung in es hinein, Keime der Unsterblichkeit, Früchte der Ewigkeit ... einen Zuwachs an Leben, damit ich, wie der Apostel sagt, „der Vollkommenheit und der Fülle Christi" entgegengehe und weil du diese segensreichen Auswirkungen in mir nicht nur in der Kraft des Sakramentes hervorbringst, sondern auch in dem Maße, wie ich bereit bin.

Komm in mich, du, der du mein Leben bist, meine Liebe, mein Licht und mein Alles! Komm und knüpfe die Bande enger, die uns mit Gott vereinen! ... Komm und bewirke in mir eine neue Veränderung, einen neuen Wandel! Komm und entzünde mich mit deiner Liebe! ... Gib mir deine Liebe, zusammen mit dem Geist des Gebets, damit ich dich unablässig sowohl um Liebe als auch um Beständigkeit in der Liebe bitte.

Oh ewige zärtlich reine Liebe, die du allein der Liebe würdig bist, die du uns über alles, was niedrig ist, erhebst und uns oft so sehr verzückst, dass wir sogar deine göttliche Majestät schauen ...

Komm in mich, oh du, den ich liebe ... Alles, was ich hatte, habe ich für dich gegeben. Komm und nimm Wohnung in mir mit dem Vater und dem Heiligen Geist.

Oh Gott der Liebe! Verlasse nicht diejenige, die, wie du siehst, vor Sehnsucht brennt und die nach deinen unaussprechlichen Umarmungen lechzt. Gewähre mir, dass ich dich liebe, dass ich in dir meine Ruhe finde und meinen Durst stille; und möge es mir schließlich gegeben sein, dass ich dich eines Tages von Angesicht zu Angesicht in deinem Reich der Herrlichkeit schaue.

Gib mir zu trinken, denn ich habe Durst nach diesem Leben von oben.[1] Um dieses den Seelen zu bringen, bist du gekommen und es allein kann meine unendliche Sehnsucht stillen.

↑ 14. Mai[2] 1932 (Samstag)

Heilige Kommunion. Oh Wunder der allmächtigen und strahlend schönen Liebe Gottes, der sich in den Wonnen der eucharistischen Vereinigung so liebevoll seines armen kleinen Dinges bemächtigt hat, um es zu den Gipfeln des göttlichen Lebens mitzunehmen, vor das Angesicht der Wahrheit, in den Schoss der Gottheit hinein, in der es in der Tiefe der ewigen Liebe (soweit das auf dieser Welt möglich ist), das Sein in seiner höchsten Majestät sieht, das Leben in seinem Ausbruch, das Licht in seinem Aufleuchten, die Liebe in ihrem reinen Brandherd. Gott in seiner göttlichen Essenz[3] ... Wie aber dieses Geheimnis erklären? ...

Ich verstehe nicht, wie das möglich war, aber ich habe es gesehen: Ich bin mir der Wahrhaftigkeit des Wunders gewiss.

Oh großer Gott! Lebendige Schönheit! Staunenswerte Vollkommenheit! Oh mein Leben und mein täglicher Lobgesang! Oh meine Freude und meine Glückseligkeit! Aber wie jene Erkenntnis Gottes mit der Feder ausdrücken, wie sie mit irdischen Farben und menschlichen Worten schildern? Wie das sagen, was sich in der Verzückung und im Glanz dieses schattenlosen Ostern ereignet hat? ... Wie in rechter Weise von Gott reden? Er ist, sagen wir ... Aber was ist er? Er ist nicht der, den man nicht erkennen kann, aber er bleibt der Unbegreifliche und also der Unaussprechliche. Wenn wir

---

1 Vgl. Joh 4,10.
2 Im Heft wurde versehentlich *März* geschrieben.
3 Versuch einer Aneignung theologischer Sprache, um eine Wirklichkeit auszudrücken, die sie übersteigt.

versuchen, ihn zu definieren, sind unsere Begriffe so weit von der Wirklichkeit entfernt, dass sie eher Gotteslästerungen gleichen. Oh Geheimnis der Geheimnisse! Es blendet mich, es lässt mich untergehen.

Ich habe immer mehr Abscheu vor dem Schreiben. ⌜Die himmlischen Gunsterweise zu offenbaren, die immer zahlreicheren Gnaden, die mir unser großer Gott der Liebe gewährt, bekannt zu machen, ist für mich die schmerzhafteste Prüfung.⌝[1]

Meine Eindrücke, meine Liebe, sind nicht mehr von dieser Welt ... ich kenne nur Jesus, ich will nur Jesus kennen! Mein ganzes Vollkommenheitsideal, alle meine Zukunftsträume ⌜bestehen darin, mich mit dem Opfer Jesu, des Erlösers, zu identifizieren und die Wundmale seiner Liebe zu tragen, jedoch auf eine ganz innerliche Weise, wie Maria, die schmerzhafte Jungfrau, und so, dass nur er es weiß. Ich liebe diesen Weg, der ganz aus Leiden und aus Liebe besteht so sehr und dieses „mit Christus ganz in Gott verborgene Leben" und finde in meiner geliebten Mutter, wie in Jesus, das vollkommenste und zugleich nachahmenswerteste Vorbild.⌝[2] Indessen muss ich alles meinem Seelenführer mitteilen; ich weiß übrigens, dass er das will.

Mehrmals nach der Kommunion und einmal ganz besonders, als ich in der Liebe und Einheit mit Gott völlig zusammengebrochen, ausgelöscht war und in meiner Seele sprach: „Oh mein Gott, oh mein König, mein Bräutigam und mein Vater! Oh meine große und einzige Liebe! Du[3] bist in mir, ich bin in dir, ich lebe in deiner Fülle, ich singe in deiner Harmonie, ich brenne in deiner reinen Flamme, ich bin durchflutet von deinem Glanz! Ich betrachte dich, ich bewundere dich, ich besinge dich, ich besitze dich und ich gehöre dir auch!" So als hätte mein Gebet eine wunderbare Wirkung gehabt, fühlte ich mich von Neuem lebhaft, kraftvoll ergriffen in Gott, mitgerissen, wie mir schien, an Seele und Leib, und, das war mir bewusst, sehr hoch hinauf; wohingegen meine Seele zu einem Licht hingezogen wurde, das sich in feuriges Strahlen verwandelte in dem Maße, wie ich, mitgerissen von der Ekstase, weiter in die Feuersglut und die Liebe eingetaucht wurde und in dem uferlosen Ozean versank.

---

[1] „Geistliche Formulierung". Siehe Einf., S. 12 Nr. 2.
[2] Aneignung einer Erfahrung von MARIE DE LA TRINITÉ, *Lettres de „Consummata"*, S. 136, glossiert auf dem Hintergrund des Neuen Testaments. Siehe Einf., S. 14 Nr. 14.
[3] Entgegen der im Frz. üblichen Gottesanrede wechselt Marthe in der Glut ihrer Liebe hier ins Du. Siehe oben S. 204 Anm. 1.

Es ist unmöglich, nicht voranzuschreiten unter der geheimnisvollen und so einnehmenden Herrschaft des dreimal heiligen Gottes, der mich in sich hinein fortriss. In der Ergriffenheit, dass ich nahe an etwas ganz Großem war, an einer außerordentlichen Liebesbekundung, ⌈wie es mir der Herr kundgetan hatte und auf die er mich seit einiger Zeit vorbereitete und die in der Erneuerung einer mystischen Vermählung mit meiner Seele bestand, empfand ich in dieser wundervollen Minute so etwas wie eine Erregung, ein geheimnisvolles Zittern voll unaussprechlicher Süße. In diesem Augenblick wurde ich vom Herrn eingeladen, mich dem Thron seiner unermesslichen Majestät zu nähern, auf dem er Platz genommen hatte,⌋[1] und eine nicht auszuhaltende Schönheit ausstrahlte. Gestärkt zudem durch die frommen Ermutigungen meines geistlichen Begleiters, der mir befiehlt, mich völlig und in aller Einfachheit allen Willensbekundungen Gottes hinsichtlich meiner Seele zu überlassen, selbst dann, wenn es sich um außerordentliche übernatürliche Phänomene handelt, warf ich mich völlig und mit einem freudigen Jubelschrei in die Arme, die mir unser göttlicher Retter mit sichtbarer Liebe entgegenstreckte: „Oh! Ich werde nicht mehr weggehen, ich habe die Liebe gefunden ... ich habe mein Zentrum gefunden! ..." Ein feierlicher und so unsagbar göttlicher Augenblick, wo Jesus, mein himmlischer Bräutigam, und an seiner Seite die Selige Jungfrau Maria, ⌈deren Schönheit einem ebenfalls die Sprache verschlägt,⌋[2] beide umgeben mit einer wunderbaren Krone aus Engeln und Heiligen, mich zu einer neuen und mystischen Vermählung rufen; oder eher zur Erneuerung unserer geistlichen Hochzeit.

Sie findet dieses Mal direkt am Herzen des göttlichen Bräutigams statt, der vor Freude strahlt. ⌈Woraufhin er mich mit erhobener Hand segnet und sagt: „Ich bestätige dich als meine geliebte Braut und meine Miterlöserin im Heilswerk ...",⌋[3] Und indem er mich über sich beugte, umfasste er mich zärtlich, lange, mit seinen Armen und ließ mich vor Glück dahinschmelzen, während die himmlischen Heerscharen Gesänge und Lobeshymnen zur Ehre unseres geliebten Gottes hören ließen, der an diesem großen Tag der Liebe sich herabließ, sein armseliges kleines Geschöpf zu

---

1 Personalisierte Übernahme der Erfahrung einer mystischen Hochzeit Vgl. DES PLANCHES, *La Passion Renouvelée ou Sainte Véronique Giuliani*, S. 71. Siehe Einf., S. 12 Nr. 3.
2 Markanter Ausdruck aus DES PLANCHES, *La Passion Renouvelée ou Sainte Véronique Giuliani*, S. 72. Siehe Einf., S. 11 Nr. 1.
3 Übernahme einer Erfahrung aus DES PLANCHES, *La Passion Renouvelée ou Sainte Véronique Giuliani*, S. 72 und 90. Siehe Einf., S. 12 Nr. 3 und S. 13 Nr. 5.

seiner Braut zu machen, indem er es an seinem Glück wie auch an seinem Kreuz teilhaben ließ.

Aber ich dachte nicht einmal daran, ihnen zuzuhören ... ⌜Ich sah und hörte nur noch Jesus, meinen göttlichen und königlichen Bräutigam⌝¹, den ich mit den Augen verschlang und mich von ihm her mit einer Fähigkeit, mit einer Liebesglut füllte, die in dem Maße wuchsen, als sie gestillt wurden.

⌜Die Vereinigung war so, dass Jesus in einer Anwandlung von Trunkenheit mit unaussprechlicher Zärtlichkeit die Worte aussprach: „Ich habe dich in mich verwandelt, du bist ich selbst geworden. Du wirst ich sein, jetzt, im Leiden und in der Liebe, und ich will, dass du in allen deinen Todeskämpfen vor Freude singst."⌝²

Er sagte weiter: „Alles, was mein ist, ist künftig dein, alle meine Reichtümer sind dein ebenso wie meine unendlichen Verdienste, über die du zu deinen Gunsten und zugunsten aller Menschen, besonders aber meiner Priester, verfügen kannst, wie es dir gefällt. Leide für sie! ... Die Qualen meiner Passion, die, weil ich es so will, immer mehr das Wesen und die Substanz deines Lebens sind, werden zu deinen Gunsten sprechen und zugunsten einer großen Zahl; besonders aber zugunsten meiner geliebten Priester. ⌜Deine Leiden werden für dich wie auch für sie und für viele andere, die ich haben will, eine Quelle der Vergebung und der Gnaden sein⌝³ und ihnen meine üppigsten Segnungen einbringen. Meine Priester, meine Priester, die ich so sehr liebe! ... Ich erwarte deine Gebete, ich erwarte deine Leiden, ich warte darauf, dass du mich liebst, um ihnen meine Wohltaten reichlich zukommen zu lassen."

In einer noch innigeren Umarmung fuhr er fort: ⌜"Ich habe dich mit Schätzen überschüttet, von denen das ganze Universum profitieren soll, und ich will, dass du in jedem Augenblick die unsichtbare Ausspenderin meiner Gnaden seist.⌝⁴ Die Aufopferung muss andauernd sein, sie muss vollständig sein. Vergeude nicht so wertvolle Augenblicke, die für die See-

---

1 Glossierte Übernahme einer Erfahrung aus DES PLANCHES, *La Passion Renouvelée ou Sainte Véronique Giuliani*, S. 73, mit Wechsel der Person. Siehe Einf., S. 12–13 Nr. 3, 7 und 9.
2 Glossierte Übernahme aus DES PLANCHES, *La Passion Renouvelée ou Sainte Véronique Giuliani*, S. 145. Siehe Einf., S. 13 Nr. 7 und 5.
3 Glossierte Übernahme aus DES PLANCHES, *La Passion Renouvelée ou Sainte Véronique Giuliani*, S. 147. Siehe Einf., S. 13 Nr. 7 und 5.
4 Glossierte Übernahme einer Erfahrung aus DES PLANCHES, *La Passion Renouvelée ou Sainte Véronique Giuliani*, S. 147. Siehe Einf., S. 12 Nr. 3.

len so große Dinge bewirken können. Du vermagst viel durch das Gebet und das Leiden ... Du erreichst alles bei mir durch die Liebe." Und in seiner verliebten Leidenschaft gab er mir zu verstehen, dass der Wunsch, mir die ganze Glut seiner Liebe mitzuteilen, ihn verzehrte. Im gleichen Augenblick hatte ich die sehr lebhafte Empfindung eines Feuers, das in mich floss und ganz in mich eindrang, so dass ich wie ein loderndes Feuer brannte. Das Herz, der Körper, alles hatte Feuer gefangen, ich war eine lebendige Feuersglut. Wiederholt äußerte ich: Jesus, ich liege im Sterben! Deine Liebe, sie verbrennt mich, sie verzehrt mich. Nein, nein, Jesus, trage mir nicht mehr auf, dich zu lieben! Nein, nein, ich werde dich nicht mehr um Liebe bitten, denn mehr kann ich nicht ertragen. Verzehre mich nicht mehr; ich bin am Ende meiner Kräfte.⌐1 Oh Gott, mein Gott, meine Liebe! Kann es eine Seele geben, die mehr geliebt wird? ... muss es für dich eine Seele geben, die mehr liebt? ...

Oh! Süßes Glück, unendliches Glück! Ich werde endlich meinen liebsten Wunsch verwirklichen können: meinen Wunsch zu lieben und dazu beizutragen, dass die Liebe geliebt werde! Ich werde lieben und bewirken können, dass man Gott liebt, wie ich ihn liebe, da es ja meine Mission ist, der Welt zu zeigen, dass Gott uns bis zum Wahnsinn, bis zum Martyrium und mit der vollkommensten Opferung geliebt hat, indem ich in mir seine erlösende Passion für seinen Leib, der die Kirche ist, vollende. ⌐Nicht dass er nicht im Übermaß der göttlichen Gerechtigkeit Genugtuung verschafft und bei weitem die ganze Schuld beglichen hätte, die der Mensch durch den Sündenfall, wie auch durch die persönlichen Verbrechen, die im Laufe der Jahrhunderte verübt wurden, auf sich gezogen hat, und durch das Messopfer, die Erneuerung des Opfers vom Kalvarienberg, wo er unablässig die unendlichen Verdienste seines Blutes und seines Todes auf die Welt anwendet⌐2; aber um für alle Menschen die Gnade zu erwirken, diesen lebendigen und ewigen Gott, der uns mehr als alles geliebt hat, ihrerseits zu lieben.

⌐Wäre ich doch Apostel oder Missionarin! Ich würde, mit dem Kreuz in der Hand und mit dem Credo auf den Lippen, aufbrechen und mich an die Spitze der christlichen Armeen werfen, um der Herrschaft Christi willen,

---

1 *trage mir nicht mehr auf ... am Ende meiner Kräfte*: wurde in einem Verweis unten auf der Seite hinzugefügt.
2 Fast wörtliche Übernahme aus DES PLANCHES, *La Passion Renouvelée ou Sainte Véronique Giuliani*, S. 89–90. Siehe Einf., S. 14 Nr. 16.

zum Ruhme seines Namens, zur Ehre seiner Passion, zur Festigung des Glaubens.⌋¹

⌈Könnte ich doch vor die Massen springen, die Sünder, die Häretiker, die Ungläubigen rufen und sie zur Liebe einladen! Wäre ich doch gleichzeitig im Polareis und in der Hitze der Tropen⌋² und könnte durch Leiden, Ergebenheit, Opfer und Liebe, alle jene armen Geschöpfe bekehren und sie Gott übergeben!

Ach! Herr! Könnte ich eine einzige Seele davon überzeugen, dir aus Liebe zu dienen ... Jahrtausende der Buße schienen mir kein zu hoher Preis für das Glück, dir diese Tröstung zu bringen.

⌈Ich möchte die ganze Welt durchstreifen, den heiligen Namen Gottes predigen und sein Reich verbreiten, indem ich das Evangelium lehre. Ich möchte bis in die entferntesten Inseln der Erde hinein, dort, < wo > noch niemand hingekommen ist, das glorreiche Kreuz Jesu Christi aufstellen. Ich möchte überall zugleich sein und das bis ans Ende der Zeiten⌋³, um der Welt wieder und wieder zu sagen, wie sanft der Herr ist, wie sehr er die Menschen liebt und sich allen gegenüber zärtlich und mitfühlend zeigt. Allen möchte ich sagen: Liebt den Herrn, liebt Jesus. Liebt ihn mit einer zarten Liebe und liebt ihn mit seinen Leiden, liebt ihn mit zärtlicher Zuneigung, liebt ihn durch sein göttliches Herz, liebt ihn mit jener Liebe, mit der er selbst euch geliebt hat. Liebt dieses göttliche Wort, das für uns in diese Welt gekommen ist, um alle Menschen zu lieben und zu retten. Vor aller Belehrung hat er uns ein Beispiel gegeben. Er hat als Erster den Weg betreten, auf den er uns ruft. Als Meister unseres Schicksals hätte er den Weg, der zur Liebe führt, sehr schwierig gestalten können. Es hat ihm aber ganz im Gegenteil gefallen, ihn mit all seiner erhabenen Zärtlichkeit zu versüßen, damit wir nicht unser Unvermögen und unsere Schwäche als Entschuldigung anführen können. Schließlich hat er seine Liebe so leicht gemacht, dass wir ihm die unsere nicht verweigern können, ohne undankbar zu sein ... Hätte er uns mehr lieben können?

---

1 Übernahme aus DES PLANCHES, *La Passion Renouvelée ou Sainte Véronique Giuliani*, S. 157 und 147, mit Wechsel der Person. Siehe Einf., S. 13 Nr. 9 und 5.
2 Übernahme aus DES PLANCHES, *La Passion Renouvelée ou Sainte Véronique Giuliani*, S. 157, mit Wechsel der Person. Siehe Einf., S. 13 Nr. 9 und 5.
3 Entfernte und glossierte Übernahme von THÉRÈSE DE L'ENFANT-JÉSUS, HA S. 214 (= Ms B fol. 3r). Siehe Einf., S. 13 Nr. 7 und 8.

⌐Ich fühle grenzenlose Wünsche in mir! Ich möchte arm sein wie der heilige Franziskus, rein wie der heilige Aloisius von Gonzaga, Märtyrer wie der heilige Laurentius; ich möchte mich abtöten wie die großen Büßer, Apostel sein wie der heilige Paulus, lieben wie die kleine Schwester Thérèse und der heilige Johannes ... Ich möchte noch viel mehr! Aber alle diese Wünsche, und viele andere, finden ihre Erfüllung allein in Gott, in dem ich mich verliere, mit Maria, meiner geliebten Mutter.

Ja, ich kann es nur noch einmal wiederholen: Sein Leben ist genau das, das ich befolgen will, um Jesus, und zwar den gekreuzigten Jesus, immer voller zu leben; um ein Abbild der göttlichen Vollkommenheit zu sein. Indem ich mit Maria, der Königin der Märtyrer, der Königin der Engel, der Jungfrauen und der Apostel, vereint bleibe, kann ich Gott all das geben, was er von den Seelen verlangt, alles, was er von den Aposteln erwartet, alles, was ich an den Heiligen beneide ... dann gibt es nichts mehr, worum ich sie beneiden müsste.⌐[1]

„Ich bin gekommen, um Feuer auf die Erde zu werfen. Wie froh wäre ich, es würde schon brennen!"[2]

Oh! Warum sind wir so trocken und so kalt? Warum sind wir so wenig „entflammbar"? Wann endlich werden wir Gott um seiner selbst willen lieben? Wann endlich wird seine göttliche Vollkommenheit der süße Gegenstand unseres inneren Betens sein und seine göttliche und unendliche Güte das, worauf unsere Zuneigung ständig gerichtet ist? ... Wann endlich werden wir ihn lieben und uns lieben, wie er uns liebt? ...

⌐Ach! Mein Gott, mögen alle Menschen sich in deiner Liebe lieben, dann wird überall Frieden herrschen! ... Die Einheit der Geister in der Wahrheit und die Vereinigung der Herzen in der Nächstenliebe, das ist mein Traum!

Auf der Erde die Herrschaft der Wahrheit und der Liebe verbreiten, das ist, so scheint mir, meine Mission ... Ich habe es schon oft gesagt, glaube ich, aber ich kann nicht anders, als es noch einmal zu wiederholen: Als Spur meines Vorübergangs hier auf Erden möchte ich nur einen Lichtschweif der Wahrheit und eine Feuersbrunst göttlicher Liebe hinterlassen.

---

1 Lange Übernahme von MARIE DE LA TRINITÉ, *Lettres de „Consummata"*, S. 179, glossiert auf dem Hintergrund des Neuen Testaments (der Apostel Johannes statt Johannes vom Kreuz). Siehe Einf., S. 14 Nr. 14 und 16.
2 Lk 12,49.

Ich möchte, dass alle Menschen aus allen Ländern sich gegenseitig lieben, wie ich sie liebe!⌋ [1]

Mein Gott, ich will deine Liebe, ich will deine Herrschaft, ich will deinen Ruhm ... ich will das Wohl und das Glück aller ... ich will das Heil der Seelen. Ich möchte die ganze Welt für dich gewinnen.

Ach! Würden doch alle Seelen sich ganz der Liebe ausliefern, wie bald wären sie verändert und verwandelt! ...

↑ 23. Mai 1932 (Montag)

⌜An all diesen Tagen verbrannte eine Flamme mein Herz.[2] Der Schmerz war in manchen Augenblicken so heftig, dass er mir Schreie entriss, und um nicht gehört zu werden oder eher, damit man mich weniger hörte, bat ich darum, dass man mich alleine ließ, wo ich dann, voller Feuer, wiederholte: „Oh Liebe! Liebe! Liebe!"⌋ [3] Etwas anderes wusste und vermochte ich nicht zu sagen ...

⌜In dieser Feuersglut geriet das Menschliche in Verzweiflung. Ich schwang mich auf, dann fiel ich wie ohnmächtig wieder zurück ...

Am Abend lebte der Brand noch heftiger wieder auf, ich glaubte gar die ganze Welt im Feuer zu sehen, so heftig war das Lodern. Und der Brand verschlang meine Eingeweide, meine Glieder, mein Knochenmark. Inmitten dieser Flammen flehte mein ganzes Wesen nach dem Tod, aber die Liebe raubte mir den Atem. Ich wollte aus dem Brand heraus, aber der Brand hüllte mich noch enger ein. Allein meine Seele war zufrieden ... Plötzlich ließ mich die Liebe wieder aufleben, um mich auf den Kalvarienberg zu führen.⌋ [4]

↑ 12. Juni 1932 (Sonntag)

⌜Es schlägt kräftig, es schlägt recht kräftig, mein armes Herz; so kräftig, dass es den Anschein hat, es wolle aus der Brust springen. Es ist zu schwach, um solchen Gluten, um so viel Liebe standzuhalten.

---

1 Fast wörtliche Übernahme von MARIE DE LA TRINITÉ, Lettres de „Consummata" S. 211. Siehe Einf., S. 14 Nr. 16.
2 Vgl. zu dieser ganzen Meditation Einf., S. 14 Nr. 10.
3 Glossierte Übernahme aus DES PLANCHES, La Passion Renouvelée ou Sainte Véronique Giuliani, S. 72. Siehe Einf., S. 13 Nr. 7.
4 Glossierte Übernahme aus DES PLANCHES, La Passion Renouvelée ou Sainte Véronique Giuliani, S. 73–74, mit Wechsel der Person und Abweichung (aus: um zur Arbeit zu gehen wird hier: um mich auf den Kalvarienberg zu führen). Siehe Einf., S. 13–14 Nr. 7, 9 und 12.

Es belästigt mich sehr, weil es mich unablässig dazu zwingt, den Mund zu schließen. Mein ganzer Körper zittert.

Es gibt Augenblicke, da ist es so beklemmt, dass es scheinbar aus der Brust springen will... und wenn man bedenkt, dass ich es nicht einmal mit der Hand zusammendrücken kann. Ach! Dass ich doch niemand bei mir habe, der mir helfen könnte, die Gluten und die Flammen, die mein Herz keinen Augenblick zur Ruhe kommen lassen, zu mäßigen.⌋¹

Aber warum erstaunt sein? ⌈Jesus ist so groß und mein Herz so klein! Jesus passt nicht in ein so kleines Herz hinein; er will sich darin Platz verschaffen und das Herz, das arme Herz wird unruhig. Was wird aus mir werden, wenn Jesus nicht darüber wacht? Oh! Möge es weit werden, dieses arme Herz, möge es sich maßlos weiten, damit Jesus, der Geliebte, darin ganz ungehindert leben kann.⌋²

↑ 19. Juni 1932 (Sonntag)

⌈Père, heute Morgen habe ich einen Augenblick der Schönheit, der Liebe, erlebt wie nie zuvor.³ Ich fühlte, wie meine Seele sich in Gott wie eine Blume öffnete. Mir scheint, dass ich sie sah mittels des Verstandes. Das Innere meines Wesens entwickelte sich wie zu einer Vase oder mehr noch zu einer riesigen Blütenkrone; und der Tau des Himmels, die Liebe durchdrang mich bis auf die Knochen ... Ich kann mich nicht ausdrücken, aber ich weinte vor Freude. Diese Liebe ist jetzt jenseits aller Worte, aber als es geschah, welcher Ausdruck und Austausch von Zärtlichkeit und Liebe in der Sanftheit und Innigkeit der Vereinigung! Und welche Danksagung anschließend! Welche Liebesglut! Meine Seele verströmt sich wie ein Parfüm.⌋⁴

↑ 27. Juni 1932 (Montag)

Ein weiteres Mal hat es der Dreifaltigkeit gefallen, meine Seele zu besuchen! ... Meine Seele ist groß genug, um das Unendliche zu fassen! ... Was für ein Geheimnis! Was für ein unsagbarer Abgrund! ... ⌈Mir scheint,

---

1 Glossierte Übernahme aus DE SAINT STANISLAS, *La séraphique vierge de Lucques, Gemma Galgani*, S. 171–172, mit abweichender Erfahrung (aus: *weil es mich dazu zwingt, auf meinem Bett sitzen zu bleiben; und das Bett zittert auch* wird hier: *weil es mich dazu zwingt ... den Mund zu schließen. Mein ganzer Körper zittert*). Siehe Einf., S. 13 Nr. 7 und S. 14 Nr. 12.
2 Glossierte Übernahme einer Erfahrung aus DE SAINT STANISLAS, *La séraphique vierge de Lucques, Gemma Galgani*, S. 172. Siehe Einf., S. 13 Nr. 7 und S. 14 Nr. 13.
3 Hinsichtlich der gesamten Meditation: Siehe Einf., S. 14 Nr. 10.
4 Glossierte Übernahme aus KLEIN, *Madeleine Sémer*, S. 229. Siehe Einf., S. 13–14 Nr. 7 und 13.

als würde ich die drei erhabenen Personen in einem unermesslichen Licht sehen, vereint in einem einzigen Wesen: Dreifaltigkeit in der Einheit, Einheit in der Dreifaltigkeit. Und wie das Wesen dieser Dreifaltigkeit einzigartig ist, ist auch ihre Güte einzigartig, einzigartig ihre Glückseligkeit.⌝¹

Oh Vater! Oh Wort! Oh Heiliger Geist! ... Oh wunderbare Einheit! ...

Père, père², mein Leben ist Glück, es ist nicht nur Opfern, Leiden, Aufopferung, nie endende Schmerzen; sondern Freude, unermessliche Freude und tiefe Trunkenheit der Liebe. Und Gott ist für mich ein unendlich viel zu guter, viel zu sanfter Vater. Und Jesus, werden Sie sagen? Oh Jesus! ... das ist köstlichste und auch wundervollste Vereinigung in einer innigen und dauerhaften Verbundenheit mit seinem ganzen Martyrium.

Dennoch habe ich heute Nacht mehrmals die Jungfrau, Königin der Märtyrer, gebeten, mir Jesus noch mehr zu schenken, mich noch vollständiger am Kreuz zu vereinen!

↑ 7. Juli 1932 (Donnerstag)

Gott gehört mir, er ist in mir und ich gehöre ganz ihm.³ Er ist ganz in mir und für mich da. Jesus ist bei mir und ganz mein. Ich bin allein, mit ihm allein. Allein, um ihn zu preisen, um ihn anzubeten, um ihn zu lieben! ... ⌜Ich warte jetzt nur noch auf die Gnade einer vollständigen Umwandlung in ihn und ich verzehre mich in dem Wunsch, mich in den unendlichen Ozean der göttlichen Liebe zu versenken.

Er ist ganz da in dem kleinen Heiligtum meines Herzens, wo er seine Majestät verhüllt. Wir sind allein und mein Herz schlägt fortwährend im Einklang mit dem seinen. Das Herz Jesu und das meine sind eins.

Ich durchlebe nicht eine Minute, ohne seine Gegenwart zu fühlen, und er erweist sich immer liebenswürdiger⌝⁴ und vollkommener.

↑ 16. Juli 1932 (Samstag)

Heute habe ich im gesegneten und heiligen Namen des Vaters, des Sohnes und des Heiligen Geistes kommuniziert! ... und dabei ganz leise

---

1 Wörtliche Übernahme aus DE SAINT STANISLAS, *La séraphique vierge de Lucques, Gemma Galgani*, S. 146. Siehe Einf., S. 14 Nr. 15.
2 Vgl. S. 135 Anm. 1.
3 Hinsichtlich der gesamten Meditation: Siehe Einf., S. 14 Nr. 10.
4 Glossierte Übernahme aus DE SAINT STANISLAS, *La séraphique vierge de Lucques, Gemma Galgani*, S. 166. Siehe Einf., S. 13 Nr. 7.

die geliebte Formel wiederholt: dass die ganz gerechte, ganz heilige und ganz erhabene Dreifaltigkeit mich durchdringen und mich vollständig in ihre Liebe aufnehmen möge! ... ⌜Und ich war in der Liebe, überflutet von der reinen Liebe, versunken, vereinigt mit ihr. Voller Ehrfurcht nannte ich den Vater, den Sohn und den Heiligen Geist⌝ [1] und bat darum, ⌜dass mich jede Minute weiter, weiter voran in die Tiefe dieses großen Geheimnisses führe⌝ [2], und da ging ein sanftes Feuer durch meine Seele.

Oh glückselige und seligmachende Dreifaltigkeit! Du bist der ewige Brandherd des Lichts und der Liebe, deren Glut niemals erlöscht. Du bist das verzehrende Feuer, dessen Flamme sich von überallher ausbreitet. Du bist das Licht über allem Licht, das höchste und unendliche Gut, die Schönheit, die alle Schönheit übertrifft. Du bist der Friede und die Ruhe der Seelen! ... Du bist die Liebe!

Mit der Dreifaltigkeit eins sein! Welche Ehre! Welches Glück! Welche Trunkenheit! Welch ideale Reinheit! Welches Lebensprogramm! Welch süßes und entzückendes Geheimnis!

Wie die Jungfrau Maria demütig und schweigsam über die Erde gehen, gekreuzigt mit Christus, eingeschlossen in der Dreifaltigkeit, und dabei das Vergnügen, das einem auf dem Weg begegnet, verachten; nur einen einzigen Wunsch, nur einen Gedanken, nur ein Bestreben in der Seele und im Herzen haben: sein Leben oberhalb von allem, was vergeht, zu verankern ... über dem Vergänglichen: in der ewigen Liebe.

Sich immer rein und immer unbefleckt in der Liebe bewahren, wie eine Jungfrau, die Braut Christi ist, um die beglückende Anschauung Gottes, der anbetungswürdigen Dreifaltigkeit, der makellosen Schönheit, des Abgrunds der Reinheit, zu erlangen.

Wie gut tut es, in der Nähe der Unermesslichkeit, die für die Ewigkeit steht, seine sterbliche Hülle abzulegen, um in die Gottheit einzutauchen wie in einen uferlosen Ozean. Dieses Sich-Überlassen, das aus dem göttlichen und unserem Willen einen einzigen und gleichen Willen in der Liebe macht, ist der vollständigste aller Glaubensakte. Er versetzt die Seele in den Stand der Vollkommenheit, er taucht sie ein in einen Abgrund des Friedens und der Wonnen, wo sie an der unveränderlichen, an der voll-

---

1 Zerstückelte Übernahme aus KLEIN, *Madeleine Sémer*, S. 187. Siehe Einf., S. 14 Nr. 11.
2 Elisabeth von der Dreifaltigkeit, zitiert bei KLEIN, *Madeleine Sémer*, S. 209. Siehe hierzu S. 45 Anm. 2.

kommenen Stille Gottes teilhat, der immer ruhig ist und immer wirkt. Oh! Ich weiß es, ich bin mir sicher: Vorher lebte ich im Glauben, ich liebte Gott, ich spürte ihn, ich lebte in ihm und für ihn allein; ich liebte Jesus, der mich mit seinen Worten und mit seinen Beispielen nährte ... und manchmal mit dem lebendigen Brot; aber jetzt sehe ich ihn. Es ist Wirklichkeit, es ist Erfahrung! Ich verkoste, ich erfahre die Liebe.

Nein, ich täusche mich nicht, der Himmel wird mir alles zeigen, was ich liebe, aber mehr wird er mir nicht geben, da ich Gott ja schon besitze, da ich aus ihm, mit ihm, in ihm lebe und ich, indem ich ihn besitze, alles besitze!

Oh mein Gott, oh meine geliebte Dreifaltigkeit! Wie glücklich ist die Seele, die, ohne jemals aus dir herauszutreten, sich dem Frucht bringenden Wirken des Leidens hingeben kann!

Es kann einem nicht überdrüssig werden, oh heilige Dreifaltigkeit, die strahlende Offenbarung deiner unendlichen Größe, deiner Weisheit und deiner Liebe zu bewundern! ... All unser armseliges menschliches Verstehen, das nur um sich selbst kreist, hätte niemals eine solche Erlösung erträumen können, unsere Herzen hätten es niemals gewagt, an eine solche Liebe zu glauben! ...

Im Staunen und in der Verzückung angesichts deines Lichts, werde ich nicht müde, euer unaussprechliches Werk zu bewundern, oh meine Drei Geliebten! ... Und um mein „Danke" herauszurufen, vereine ich mich mit allen Engeln und mit allen Heiligen, besonders aber mit meiner lieben und so zärtlichen Mutter, die das, was wir nur stammelnd auszudrücken vermögen, sehen und verstehen ...

Dir, oh Jesus, all meinen Dank, meine ganze Dankbarkeit und meine Liebe, für deine göttliche Eucharistie, die Mitte alles übernatürlichen Wirkens, auf die hin alles zuläuft und von wo aus sich das Leben, ein unablässig erneuertes Leben, im Überfluss verbreitet!

Danke auch dir, Jungfrau Maria, weil dein unentbehrliches *fiat* uns diese großartigen Wirklichkeiten eingebracht hat! ...

↑ 21. Juli 1932 (Donnerstag)

⌜Jesus macht sich weiterhin zu jeder Zeit und an jedem Ort erfahrbar und das jeden Tag kraftvoller. Dafür möge er immer gepriesen sein! Aber was für Anstrengungen muss ich mir auferlegen, damit niemand, besonders diejenigen, die mir nahestehen und die wenigen Personen, die ich sehe, etwas ahne. Manchmal verbringe ich den ganzen Tag damit, das Verlangen, in den unermesslichen Ozean der göttlichen Liebe einzutauchen, zu unterdrücken; aber besonders an den Nachmittagen nach meiner Kommunion sind die Bande der Liebe so fest, dass ich mich nicht daraus lösen kann, vor allem, wenn ich nicht allein bin. Denn dann habe ich am meisten Angst, übermannt zu werden. Wenn ich einen Sieg erringen konnte, dann komme ich am Abend mit einem wahnsinnigen Fieber davon. Aber Jesus sagt mir, dass ihm diese Anstrengungen sehr gefallen ... Also Vertrauen und immer mehr Liebe!

Oh mein Jesus! Wird es mir weiterhin gelingen, mich vor allen zusammenzunehmen? Ich fürchte nein, weil die Anwandlungen immer heftiger und häufiger werden! Wenn ich nicht mehr standhalten kann, dann werde ich alles loslassen! So ist es! ... Es lebe Jesus!⌋ [1]

↑ 28. Juli 1932 (Donnerstag)

⌈Heute Morgen habe ich, kurz nach der Kommunion, die Gegenwart Jesu gespürt! Und zwar so: Kaum hatte mein Herz ihn empfangen, fing es an, sehr heftig zu schlagen. Einen Augenblick glaubte ich, es werde zerspringen oder die Brust zerreißen. Jesus hat mich gefragt, ob ich ihn wirklich liebe. Für einen Augenblick überrascht, denn mir schien, er müsse das wissen, habe ich ja geantwortet. Dreimal hat er dieselbe Frage wiederholt, dreimal hat er zu mir gesagt: „Sag mir noch einmal, dass du mich liebst, ich empfinde so viel Freude, wenn ich höre, wie du das zu mir sagst." Und du, habe ich meinerseits zu ihm gesagt, liebst du deine kleine Braut wirklich? Daraufhin hat mich Jesus mit Liebkosungen überschüttet, er hat mich lange geküsst und mich dabei an sein Herz gedrückt und ich bin vor Zärtlichkeit in seinen göttlichen Armen ohnmächtig geworden.

Père, diese Ohnmachtsanfälle, die mir in Gegenwart Jesu zustoßen, werden immer häufiger und länger. Wenn Jesus so weitermacht, werde ich nicht lange standhalten ... ich werde vor Liebe sterben! ...⌋ [2]

---

[1] Glossierte und personalisierte Übernahme aus DE SAINT STANISLAS, *La séraphique vierge de Lucques, Gemma Galgani*, S. 162. Siehe Einf., S. 13 Nr. 7.

[2] Glossierte Übernahme aus DE SAINT STANISLAS, *La séraphique vierge de Lucques, Gemma Galgani*, S. 163, mit abweichender Erfahrung (Jesus küsst Gemma *väterlich* und sie *wird zu Asche vor ihm*). Siehe Einf., S. 13–14 Nr. 7, 12 und 13.

Die Liebe verzehrt mein Herz, sie verzehrt sogar meinen Körper ... ich bin ein Brand der Liebe ... ich werde zu Asche zerfallen.

Heute Morgen noch hatte ich das Gefühl, so stark zu brennen, dass ich wirklich glaubte zu sterben. Ich brannte ganz. Diese Feuersglut war bis zu meinen Augen vorgedrungen, Flammen schlugen aus meinem Mund, meine Zunge und meine Lippen bluteten.

⌜Mein geliebter Jesus, rief ich aus, wenn du allen zuteilst, so zu brennen und sich vor dir zu verzehren, dann wird das niemand aushalten können und du wirst allein bleiben!⌝ [1] Und ich fuhr fort: Jesus, Jesus, siehst du nicht, dass ich sterbe? Oh! ⌜Lass mir, lass mir die Freiheit! Ich werde dich über alles lieben, ich werde dich mehr als alles lieben, ich werde dich immer suchen. Oh! Jesus, was hast du getan, was hast du meinem Herzen angetan, dass es so verrückt ist nach dir? Ach! Ich kann nicht mehr! Nein, nein, ich kann den Gedanken nicht mehr aushalten, dass Jesus sich so dem letzten seiner Geschöpfe zu verkosten gibt und ihm in einer ungeheuren Ausgießung seiner Liebe alle Zärtlichkeit seines göttlichen Herzens erweist, alle Wunder seiner Liebe, allen Glanz seiner Göttlichkeit. Meine Kräfte brechen zusammen. Ich habe das Bedürfnis zu zerfließen, ich habe das Bedürfnis zu singen, ich habe das Bedürfnis zu frohlocken. Es lebe die unerschaffene Liebe! Es lebe das Herz Jesu!⌝ [2] Es lebe unser anbetungswürdiger, unser großer Gott der Liebe!

⌜Ah! Die Liebe Gottes ist eine unwiderstehliche Liebe! Es ist eine feurige und wahnsinnige Liebe! Oh! Wie sollte man ihn nicht aus ganzer Seele lieben? Wie sollte man nicht danach verlangen, in ihm aufzugehen und zu versinken? Wie sollte man nicht in den Flammen seiner reinen Liebe verzehrt werden?⌝ [3] ⌜Ach! Würden doch alle Sünder zu diesem Herzen voller Liebe kommen! Kommt, kommt, ihr Sünder, habt keine Angst; dort dringt das Schwert der Gerechtigkeit nicht durch. Oh! Ich wollte, dass meine Stimme bis an die äußersten Grenzen des Universums dringe; ich würde alle Sünder rufen, um ihnen zu sagen, sie sollen alle in das Herz Jesu eintreten. Ich möchte alle Herzen von der Liebe entzündet sehen. Ich möchte,

---

[1] Glossierte Übernahme aus DE SAINT STANISLAS, *La séraphique vierge de Lucques, Gemma Galgani*, S. 163. Siehe Einf., S. 13 Nr. 7 und 5.
[2] Glossierte Übernahme aus DE SAINT STANISLAS, *La séraphique vierge de Lucques, Gemma Galgani*, S. 156. Siehe Einf., S. 13 Nr. 7 und 5.
[3] Glossierte Übernahme aus DE SAINT STANISLAS, *La séraphique vierge de Lucques, Gemma Galgani*, S. 163. Siehe Einf., S. 13 Nr. 7 und 5.

dass alle sagen können: Die Liebe Gottes hat das Herz aller Menschen zu Asche werden lassen.⌋¹

Wie kommt es, dass so viele Christen sich ihm nähern können, ohne von der Liebe entflammt zu werden, ohne in Gott verwandelt zu werden? Ich kann es nicht glauben! ... Ich bin mir dessen sicher! ... Sagt mir, ihr seid ganz Feuer, ihr brennt, wenn ihr den, der die Liebe selbst ist, in euch tragt. Aber ich verstehe, dass ihr dieses Wirken in euren Seelen nicht in Worte fassen könnt ...

↑ 2. August 1932 (Dienstag)

⌜Seit acht Tagen ist es, als ob der göttliche Adler seine kleine Beute tief in einen Abgrund fallen ließ. Ich lebe also nur noch in Gesellschaft des gedemütigten und leidenden Jesus und der *Regina martyrum* und auf dem Grund meines Elends ist zwischen uns eine so große Vertrautheit entstanden, dass das nicht drei verschiedene Leben sind, die sich voneinander unterscheiden, sondern ein einziges und gleiches Leben mit Jesus und Maria in der Dreifaltigkeit.

Ich liebe ihn gleichermaßen auf dem Kalvarienberg wie auf dem Tabor, meinen Jesus und meinen Gott, und der Gekreuzigte wie auch der Verklärte ist der Sohn Gottes und der „Glanz seiner Herrlichkeit" ... Ich liebe es, ihm meine Liebe auszudrücken und ihn als „König im Himmel" und auf der Erde anzubeten, wenn er bedrückt, traurig und gedemütigt ist ... Nur so kann ich ihn an solchen Tagen ansprechen ... er sei immer gepriesen!

Ich fühle mich so weit unten, so weit unten, dass es mir nicht möglich ist zu sagen wie weit. Wahrlich, die Letzte in den Augen Gottes wie auch in den Augen aller. Aber trotzdem ist meine Seele erfüllt von einem unermesslichen und unbegreiflichen Vertrauen in seine allmächtige Liebe ... Ich sage ihm, dass ich ihn liebe und ich weiß, dass er mich auch liebt, sonst würde er nicht bewirken, dass ich ihn so sehr liebe! ... Ich sage ihm, er solle weiterhin in mir und mit mir all das tun, was er will und wie er es will, wenn er nur aus diesem armseligen kleinen Ding das Maximum an Ruhm und Liebe herausholt, das er verlangt ... Und ich vertraue darauf, dass das, was sein Wille ist, gewiss auch seiner Ehre dient⌋² und ⌜das ist

---

1 Glossierte Übernahme aus DE SAINT STANISLAS, *La séraphique vierge de Lucques, Gemma Galgani*, S. 156, mit Wechsel der Person. Siehe Einf., S. 13 Nr. 7, 9 und 5.
2 Glossierte Übernahme von MARIE DE LA TRINITÉ, *Lettres de „Consummata"*, S. 166. Siehe Einf., S. 13 Nr. 7.

sicher das, was ihn am meisten verherrlicht. Was also macht das Leiden aus, was machen Schmerz und Demütigung aus. Die Freude überwiegt, Freude mit Dankbarkeit. So sehr gleichen sie alles aus und löschen den Rest, dass man mit dem heiligen Paulus „in allen Trübsalen überströmt von Freude"⌐⌐.²

⌐Aber ist es nicht übertrieben, so viel Vertrauen zu haben, wenn man sich so weit unten fühlt? ... Ich liebe ihn und ich will nur seinen Ruhm, aber ich möchte ihm einen unendlichen Ruhm geben.

Père, willst du ihn für mich fragen, was ich tun soll, damit er in diesem kleinen Ding ganz und unendlich verherrlicht werde? Das ist mein einziges Verlangen: dass er alles nehme und versenke.⌐³

⌐Die Zukunft gehört ihm und ich will schon jetzt alles, was er will und alles, was er wollen wird: Ich liefere mich aus! ... Ich liebe das Leiden, oh! Gott allein weiß, wie sehr! Und ich liebe den Himmel! ... Aber ich weiß nicht, welches von beiden ich im Augenblick verlangen soll. Also verlange ich nur nach ihm, meinem Gott und meinem Alles, den ich schon besitze.⌐⁴

Von nichts anderem träume ich, als mich in jedem Augenblick dem leidenden und eucharistischen Leben unseres göttlichen Erlösers anzugleichen; wirklich Hostie mit der Hostie zu sein, damit ich mich, ganz Herz mit seinem Herzen, zur Ehre des Vaters und dem Heil der Welt aufopfere. Denn je mehr mein Leben Gott unterworfen und dem des Erlösers gleichförmig sein wird, desto mehr werde ich an der Vollendung seines Werkes teilhaben.

Indem ich auf diese Weise mein verborgenes Wirken, meine armseligen kleinen Handlungen, meine Gebete, von denen kein Mensch weiß, alle meine Opfer, alle meine Leiden und meine Aufopferungen und sogar die scheinbare Unfruchtbarkeit meines Lebens mit der Opferung des unermesslichen Opfers vereine, bin ich gewiss, dass ich nicht nur an meiner eigenen Heiligung arbeite, sondern Gott eine riesige Krone an Auserwählten bringe, die fähig sind, ihn zu lieben und ihn auf ewig im Himmel zu verherrlichen.

---

1   Vgl. 2 Kor 7,4.
2   Glossierte Übernahme von MARIE DE LA TRINITÉ, Lettres de „Consummata", S. 187. Siehe Einf., S. 13 Nr. 7.
3   Glossierte Übernahme von MARIE DE LA TRINITÉ, Lettres de „Consummata", S. 166–167. Siehe Einf., S. 13–14 Nr. 7, 13 und 5.
4   Teilweise Übernahme von MARIE DE LA TRINITÉ, Lettres de „Consummata", S. 168, mit abweichender Erfahrung (aus *ich liebe den Karmel* wird hier: *ich liebe das Leiden*). Siehe Einf., S. 14 Nr. 12 und S. 13 Nr. 5.

Oh mein Gott, lass mich noch auf der Erde, wenn ich durch meine Leiden und sogar durch meine Untätigkeit deinen Ruhm vermehre, indem ich deine barmherzige Allmacht aufstrahlen lasse! Mache nicht nur, dass ich dich niemals beleidige, sondern dass ich immer deine liebende und ganz und gar treue Braut bleibe.

↑ 11. August 1932 (Donnerstag)

⌈Wieder einmal hat mein Leben sich verändert!⌋¹ ⌈Jesus fährt fort, mich zu lieben und sich mir mitzuteilen, aber nicht auf dieselbe Art wie früher. Weiterhin nimmt er mich bei sich auf und vereint mich mit sich, aber auf eine ganz andere Art und Weise. Seit einigen Tagen hat für mich ein neues Leben begonnen.⌋²

⌈Ich weiß das, was ich empfinde, nicht anders auszudrücken, als indem ich, so gut es mir möglich ist, erzähle, wie ich diese Erfahrung gemacht habe. Seit bald zwei Wochen ist es, als habe der göttliche Adler seine kleine Beute wie auf sich selbst zurückfallen lassen. Da allein er immer mein Halt ist, mein einzig stabiler Punkt, mein höchstes und unendliches Gut, war ich deshalb einen Augenblick lang ganz orientierungslos und wusste nicht mehr, was ich tun sollte. Ich spürte wohl, dass ich ganz allein nicht zu ihm wieder aufsteigen konnte, und schaute liebevoll zu ihm auf und wartete, dass er wiederkomme und sein armseliges kleines Ding hole ... Aber das hat er absolut nicht getan. Im Gegenteil, er hat mir einen unermesslichen Abgrund zu meinen Füßen gezeigt, den Abgrund meines Elends und meiner Nichtigkeit, und er hat mich verstehen lassen, dass das das Werk seiner Liebe sei; dass seine Liebe mich durchdrungen habe und dass diese in meine Seele eingetreten sei zusammen mit dem Bedürfnis, mich immer zu vergessen, und dass ich, anstatt nach oben zu blicken, wie ich es tue, mich nach unten stürzen solle. Ich habe es getan und ganz unten in dem Abgrund habe ich meine Vereinigung mit Gott wiedergefunden, und um wie viel süßer und inniger noch, denn indem ich mich nach unten hin überwand, bin ich wieder in ihn hineingefallen, um niemals wieder aus ihm herauszutreten. Und jetzt verstehe ich, dass es gleich ist, ob man sich über alles erhebt oder hinuntersteigt, denn es genügt, sich zurückzunehmen, um in ihm zu bleiben. Aber wenn man ihn dadurch ge-

---

1 „Geistliche Formulierung", vgl. KLEIN, *Madeleine Sémer*, S. 198. Siehe Einf., S. 12 Nr. 2.
2 Glossierte Übernahme aus DE SAINT STANISLAS, *La séraphique vierge de Lucques, Gemma Galgani*, S. 165. Siehe Einf., S. 13 Nr. 7 und 6.

funden hat, dass man sich verliert, dann ist das sicherer, beständiger auch, weil man tiefer nicht fallen kann.⌐¹

Der Herr hat mir darüber hinaus zu verstehen gegeben, dass er sich in mir immer mehr verherrlichen und mich immer mehr erfüllen werde, dadurch dass er mich soweit an seine Stelle setze, bis in mir nur noch Gott allein sei.

Mir schien, als sage er zu meiner Seele: „Ich habe deinen Schritten einen geraden Weg eröffnet, den Weg des Vertrauens und der totalen Hingabe! ... Und was werde ich nicht noch alles tun! Was werde ich meinen schon so großen Versprechungen noch hinzufügen! ... Von dir aber will ich vollkommenste Zurücknahme! ... Verlier dich in mir! In dem Maße wie du dich verleugnest, wirst du mich bezeugen. In dem Maße wie du schweigst, wirst du mich verkünden ... Je nachdem wie du dich zurücknimmst, wirst du mich finden. Du wirst mich finden, indem du dich verlierst! Allein ich bin! ... Verliere dich in mir und du wirst die wahre Freude der Kinder Gottes kennen.

Sei der kleine Wassertropfen meines Opfers, das ganz kleine Stückchen meiner Eucharistie, so wie du die lebendige Zeugin meines Wortes gewesen bist ... die süße Bevorzugte meiner Liebe. Indem du dich verlierst, indem du dich vergisst, wirst du mich finden, mich, deinen Herrn und deinen Gott. Ich will der Einzige sein in dir ... ich allein in dir, du Versunkene."

Ich bedurfte dieser großen Erleuchtungen, um anzufangen, demütig zu werden, um zu erkennen, dass ich vor Gott stehe, um die Unermesslichkeit meiner Unvollkommenheit zu entdecken.

⌐Aber ich vermag das nicht auszudrücken. Alles, was ich sagen kann, ist, dass mich mein angebeteter Meister während dieser ganzen Zeit viel über die Demut, die Hingabe und die Liebe unterrichtet hat. Seine Lehre ist Wahrheit, sie ist Liebe, sie durchdringt die Seele und macht sich ihr gleich. Ich kann nur in dieser Liebe bleiben und mich davon durchdringen lassen ...⌐² mich von allem entfernen, um mich erfüllen zu lassen.

↑ 26. August 1932 (Freitag)

---

1   Glossierte Übernahme einer Erfahrung von MARIE DE LA TRINITÉ, *Lettres de „Consummata"*, S. 207–208. Siehe Einf., S. 12–13 Nr. 3 und 7.
2   Glossierte Übernahme von MARIE DE LA TRINITÉ, *Lettres de „Consummata"*, S. 208. Siehe Einf., S. 13 Nr. 7.

⌐Oh! Die süßen Augenblicke, die für mich verrinnen! Es ist eine Glückseligkeit, die man nur mit der ewigen Seligkeit der Engel und der Heiligen vergleichen kann!

Ja, ich bin glücklich, oh mein Geliebter, weil ich mein Herz in dem deinem schlagen fühle⌐¹, weil ⌐ich dich in meinem Herzen fühle, weil ich dich dort als lebendigen und souveränen Meister in mir spüre! Was für ein Geheimnis! Ich fühle mich im Paradies. Irgendwann einmal, Jesus, werde ich sterben, wenn ich dich in meinem Herzen wie schlagen fühle. Oh Jesus, wenn man doch eines Tages sagen könnte, dass deine Liebe mich verzehrt hat⌐², nicht infolge meiner Anstrengungen, sondern durch das Bemühen deiner allmächtigen Gnade! ... dass ich nicht „eines Todes" gestorben bin, sondern lebend aus Liebe zu dir!

Oh mein Gott, wenn du mir so viel Frieden schenkst, wenn du mich auf dieser Erde so glücklich machst, wie wird das im Himmel sein!

⌐Oh Père, könnten Sie doch so viele Gunsterweise, wie Jesus sie mir gewährt, erfahren und verkosten. Oh! Wie gut er ist, Jesus! Wie groß und äußerst liebenswürdig er ist! ... Wie großzügig sein Herz ist! Ich bitte ihn, mit seinen Gaben aufzuhören, denn ich halte es nicht mehr aus.⌐³

Père, ⌐helfen Sie mir, helfen Sie mir und segnen Sie mich! ...⌐⁴

⌐Oh! Wüssten doch alle, wie schön Jesus ist, wie sanft und äußerst liebenswürdig, man würde nur nach seiner Liebe suchen. Wie kommt es, dass er so wenig geliebt wird? Warum ist es so, dass nicht alle Herzen auf die barmherzige Liebe Jesu antworten? Es heißt, seine Zeit zu verlieren, wenn man sie den Geschöpfen widmet. Unser Herz ist geschaffen, um eines zu lieben: unseren großen Gott⌐⁵ der Liebe. Was werden wir lieben, wenn wir die Liebe nicht lieben? ...

↑ 29. August 1932 (Montag)

---

1 Glossierte Übernahme aus DE SAINT STANISLAS, *La séraphique vierge de Lucques, Gemma Galgani*, S. 166. Siehe Einf., S. 13 Nr. 7.
2 Glossierte Übernahme aus DE SAINT STANISLAS, *La séraphique vierge de Lucques, Gemma Galgani*, S. 171. Siehe Einf., S. 13 Nr. 7.
3 Glossierte Übernahme aus DE SAINT STANISLAS, *La séraphique vierge de Lucques, Gemma Galgani*, S. 166–167, mit Anrede des geistlichen Begleiters. Siehe Einf., S. 13–14 Nr. 7 und 13.
4 Übernahme aus DE SAINT STANISLAS, *La séraphique vierge de Lucques, Gemma Galgani*, S. 166–167, mit Anrede des geistlichen Begleiters. Siehe Einf., S. 14 Nr. 13.
5 Glossierte Übernahme aus DE SAINT STANISLAS, *La séraphique vierge de Lucques, Gemma Galgani*, S. 151. Siehe Einf., S. 13 Nr. 7.

Père, freuen Sie sich, ich habe mich jetzt ganz in die Hände Gottes fallen lassen. Ich suche noch immer Jesus, aber nur damit er mir hilft, seinen heiligsten Willen auszuführen. Deshalb gibt es in meiner Seele keine Wünsche, keine Träumereien, keine Furcht mehr und ich lebe in innerer und äußerer Stille, allem absolut fremd, was nicht Gott allein und sein Werk ist ... in diesem „lebendigen Sterben" und in diesem „Leben aus Liebe", das zu verwirklichen er mich gebeten hat, damit er allein in mir sein ganzes leidendes und eucharistisches Leben leben kann.

Oh! Welche Freude empfindet man, wenn man sich ganz mit dem heiligsten Willen Gottes vereint fühlt, wenn man in diesem anbetungswürdigen Willen aufgeht und wenn man nur ihn allein sieht!

⌜Es ist köstlich zu spüren, dass er alles nimmt, was er will, wann er will und wie er will ... Es ist köstlich, diesem anbetungswürdigen und immer so kreuzigenden Willen, den er selbst zu seiner höchsten Ehre lenkt, vorbehaltlos ausgeliefert zu sein! Vor allem ist es köstlich, ihn ganz einfach zu lieben, weil man ihn liebt und dort zu verbleiben, ganz eingetaucht und verschmolzen in der Liebe.⌟ [1]

⌜Übrigens gibt es für mich kaum noch etwas zu unterscheiden. In der Liebe bleiben, das allein enthält alles! Aber wie die Liebe und die Dankbarkeit, die meine Seele erfüllen, in Worte fassen? Ich fühle, dass mein Gebet vollständig ist und vollständig erhört wird, denn ich suche und sehne mich nur nach dem Willen Gottes und nach seinem höchsten Ruhm. Je mehr ich leide, desto mehr wächst mein Gebet und desto mehr kann ich die Liebe in den Seelen verbreiten und sie Gott bringen.⌟ [2]

↑ 11. September 1932 (Sonntag)

⌜Ich spüre immer mehr, dass die einzig weise Haltung auf Erden die vollständige Hingabe in die Arme „unseres Vaters" ist.[3] Mir scheint, dass dieses grenzenlose Vertrauen in Gott zugleich der beste Liebesbeweis ist, den wir ihm erbringen können, und das beste Mittel, um uns den Frieden zu sichern, da ja derjenige, der „im Schutz des Höchsten wohnt, im Schatten des Allmächtigen ruht ..."[4] Ich begreife „die Größe und die All-

---

1   Glossierte Übernahme von MARIE DE LA TRINITÉ, *Lettres de „Consummata"*, S. 260, mit abweichender Erfahrung („*kreuzigender*" Wille bei Marthe). Siehe Einf., S. 13–14 Nr. 7 und 12.
2   Glossierte Übernahme von MARIE DE LA TRINITÉ, *Lettres de „Consummata"*, S. 213. Siehe Einf., S. 13 Nr. 7.
3   Hinsichtlich der gesamten Meditation: Siehe Einf., S. 14 Nr. 10.
4   Vgl. Ps 91,1.

macht einer Seele, die ihre Hilfe nur vom Himmel erwartet", wie die kleine Schwester Thérèse vom Kinde Jesu so gut sagt.⌐¹

⌐In den Armen dieses so göttlich gütigen Vaters also und unter seinem Blick unendlicher Zärtlichkeit, der allerdings in der Regel verhüllt ist, ruht das Kind seiner Liebe und Jesus setzt in seinem armseligen kleinen Opfer sein Werk der Erlösung und Heiligung fort, doch ohne es aus dem Schoss des Vaters herauszuholen.⌐²

⌐Ich vermag nicht recht auszudrücken, was ich denke, und weiß auch nicht wie, aber meine Seele ist von < so großem > und zugleich so süßem Leiden erfüllt, dass ich kaum verstehe, was in mir in diesem Augenblick vorgeht, und die Gewissheit, dass ich im Willen Gottes stehe, erfüllt mich mit Freude! ...

Aber in den ganzen letzten Tagen war es nicht so; es wäre noch nötiger gewesen, dass ich danksage und ich konnte es nicht, ich war viel zu schwach. In solchen Augenblicken setze ich auf die Hilfe all derer, die mich lieben und die ich in Gott liebe, damit sie mir helfen, ihm zu danken, wenn ich es nicht kann.

Und es ist meiner Meinung nach noch schmerzlicher, dass man seine Freude, sein Glück und seine dankbare Liebe nicht ausdrücken kann. Und dass man sein ganzes Glück so vom Leiden und von Demütigung eingeschlossen sieht, dass nur jene offenbar werden, während doch auf dem Grund eigentlich die Freude ist. Aber dieser Zustand ist, so glaube ich, ganz hervorragend für die Seele, das lässt von der Erde getrennter⌐³ und dem Himmel näher sein. ⌐Und der, der alles weiß, kennt unsere Liebe und unsere Dankbarkeit wohl, selbst wenn wir sie ihm nicht ausdrücken können. Übrigens bleiben die Worte immer hinter dem zurück, was man ihm zu sagen hat und was man darüber sagen möchte! Sie sind zu unvollkommen. Das Schweigen der Vereinigung ist das einzige Mittel, um alles zu sagen ... das allein ist vollkommener Lobpreis.⌐⁴

---

1 Fast wörtliche Übernahme von MARIE DE LA TRINITÉ, *Lettres de „Consummata"*, S. 207. Siehe Einf., S. 14 Nr. 16.
2 Glossierte Übernahme von MARIE DE LA TRINITÉ, *Lettres de „Consummata"*, S. 193. Siehe Einf., S. 13 Nr. 7 und 5.
3 Glossierte Übernahme von MARIE DE LA TRINITÉ, *Lettres de „Consummata"*, S. 188–189. Siehe Einf., S. 13–14 Nr. 7, 13 und 5.
4 Fast wörtliche Übernahme von MARIE DE LA TRINITÉ, *Lettres de „Consummata"*, S. 189. Siehe Einf., S. 14 Nr. 16, und S. 13 Nr. 5.

⌜Und überhaupt, sei es Leiden in vollem Maße oder gründliche Demütigung und sogar etwas anderes, was macht das aus? Das, was uns unser Vater in jedem Augenblick gibt, ist gewiss das, was ihn am meisten verherrlicht, es ist also die größte Gnade, die er uns gewähren kann, die größte, die wir empfangen können. Wie also sollten wir nicht alles friedlich, freudig und mit unserer ganzen Liebe annehmen? Wie, vor allem, sollten wir nicht für alles und jederzeit danksagen?⌝¹ Da ja jedes unserer Leiden, und sogar bis in die kleinste unserer Handlungen hinein, ein Raum der Glückseligkeit werden kann! ... In jedem Augenblick schenkt Gott uns seine Gnade, schenken wir ihm in jedem Augenblick unsere Treue. ⌜"Wir wurden in Jesus Christus dazu geschaffen, hat der heilige Paulus gesagt, in unserem Leben die guten Werke zu tun, die Gott für uns im Voraus bereitet hat, damit wir sie ausführen."² Wenn man sich bewusst ist, dass jeder unserer Augenblicke „im Voraus bereitet" wurde von der allumfassenden Weisheit und der unendlichen Liebe, die, unter allem, was sie uns hätte geben können, eher das als etwas anderes gewählt hat, weil es das ist, was sie am meisten verherrlichen wird, weil eben das die größte Gnade ist, die wir erhalten können⌝³ – die ⌜sie selbst ist – was tun, wenn nicht den eigenen Kelch trinken ungeachtet dessen, was er enthält, und nur Ihn allein sehen, immer nur und in allem Ihn! ...

Wenn ich so immer auf ihn blicke, habe ich den Eindruck, dass ich alles bekomme, was er will, und dass ich ihm alles gebe, was er in der Stille der Vereinigung verlangt.⌝⁴ Das ist meine Art, die göttliche Gerechtigkeit zufrieden zu stellen und an „seinem" Opfer des Lobes und der Wiedergutmachung teilzuhaben, und zwar, indem ich mich an Liebe berausche an diesem erlösenden Kelch, der ein Ozean der Freude, ein Ozean des Schmerzes, ein Ozean des Ruhmes ist. ⌜Alles, was er in mir und mit mir machen will, tut er, aber ich schaue nicht danach, was es ist, ich kann und will nur ihn sehen ... nichts anderes als immer nur ihn allein.

Wie gerne würde ich diese so einfachen Dinge allen bekannt machen, damit sie mit meinem Frieden und meiner Freude in Gott erfüllt würden und damit sie mit mir zusammen dieses ununterbrochene Lied des Lobes,

---

1 Fast wörtliche Übernahme von MARIE DE LA TRINITÉ, Lettres de „Consummata", S. 193–194. Siehe Einf., S. 14 Nr. 16, und S. 13 Nr. 5.
2 Vgl. Eph 2,10.
3 Fast wörtliche Übernahme von MARIE DE LA TRINITÉ, Lettres de „Consummata", S. 194. Siehe Einf., S. 15 Nr. 17.
4 Übernahme von MARIE DE LA TRINITÉ, Lettres de „Consummata", S. 195. Siehe Einf., S. 13 Nr. 5.

19. September und 15. Oktober 1932   483

der Danksagung und der vollkommenen Liebe sängen, dessen volle Worte man nur findet im göttlichen Schweigen⌋¹ der Vereinigung!

↑ 19. September 1932 (Montag)

⌈Ich weiß nicht, wie ich mit Ihnen in diesem Augenblick über meine Seele reden soll, denn ich habe die Gewohnheit wahrzunehmen, was in ihr passiert, vollständig verloren und ich kann nichts darüber sagen, außer dass ich in der Liebe bleibe⌋², versunken in die reine Liebe, ganz verloren und aufgelöst in ihr! ...

⌈Im Hinblick auf die Zukunft und auf alles, was mit der Erde zu tun hat, sehe ich nichts, weiß ich nichts, weder was mich betrifft noch die anderen. Ich bin einfach wie herausgetreten aus dem, was unten ist, befreit von der Erde und allein mit Gott vereint.⌋³ Mein ganzes Leben ist, und zwar einzig und allein, Gott! ... Aber es handelt sich um Gott in einer Erscheinungsform, die jeden Ausdruck übersteigt und die mit dem, was geschaffen ist, nichts zu tun hat ... Es ist wie die Essenz des Göttlichen! ... ⌈Ich lebe in Gott allein, in einer Vereinigung, die man nicht in Worte fassen kann und die mein einziges Leben ist. Ich bin darin wie selbstvergessen und kann nur sanft in ihm allein ruhen, ganz gestillt und verschmolzen in der Liebe. Er ist mein Gott und mein Alles und was zwischen uns geschieht, kann nicht übersetzt werden, es ist eine zu große Vertrautheit, es ist eine zu enge Vereinigung ... Es ist wie eine Identifikation mit ihm oder besser noch, es ist die Verwandlung in ihn ...

Wir, wir lieben uns so sehr, dass wir zusammen „nur eins" sind, und alle meine Anstrengungen sind nur darauf gerichtet, in ihm und in seinem göttlichen Besitz zu verbleiben.

Indem ich im Besitz seines Ganzen bin⌋⁴ und ⌈indem ich einfach in ihm bleibe, kann ich ihn ohne Unterbrechung in seiner ganzen Fülle über

---

1 Glossierte Übernahme von MARIE DE LA TRINITÉ, *Lettres de „Consummata"*, S. 195. Siehe Einf., S. 13 Nr. 7 und 5.
2 Fast wörtliche Übernahme von MARIE DE LA TRINITÉ, *Lettres de „Consummata"*, S. 217. Siehe Einf., S. 14 Nr. 16.
3 Glossierte Übernahme von MARIE DE LA TRINITÉ, *Lettres de „Consummata"*, S. 176. Siehe Einf., S. 13 Nr. 7 und 5.
4 Glossierte Übernahme von MARIE DE LA TRINITÉ, *Lettres de „Consummata"*, S. 176. Siehe Einf., S. 13 Nr. 7 und 5.

die Seelen verbreiten, „damit die Gnade sich vervielfache und überreichen Dank hervorbringe zur Ehre Gottes"⌋[1] [2] und Segen für die Seelen.

Gerne hätte ich mehr von oben gesprochen, aber ich kann nicht weitermachen, denn im Sprechen habe ich mich wieder wie in ihn hinein versenkt. Um über diese Dinge zu sprechen, müsste ich wieder herabsteigen und ich kann nicht. ⌈Nein, ich kann nicht herabsteigen, aber wenn ich nicht aus ihm heraustrete, kann ich die Liebe dessen nicht besingen, der „auf das schaut, was unten ist ...", dessen, der seinem armseligen kleinen Geschöpf ein unendliches Vertrauen eingibt, welches ohne dieses wegen seines Elends verzweifeln würde, und der es lehrt, dass Demut, Liebe und Vertrauen alles zudecken und alles aufwiegen.⌋[3]

⌈Ich habe den Eindruck, dass diese kleine Zusammenfassung recht unvollständig ist. Aber, wie ich Ihnen schon zu Beginn gesagt habe, Père, hält mich sein Wirken immer mehr verborgen in der Liebe. Doch habe ich Vertrauen, dass mein Schweigen ihn viel besser verherrlicht, da es ja ganz sein Wille zu sein scheint, dass ich schweige. Manchmal wäre es süß, die Wunder dieses Lebens öffentlich machen zu können, aber ich spüre, dass er wenigstens für diesen Augenblick und vielleicht sogar für immer will, dass seine kleine Dienerin „alles in ihrem Herzen bewahre"[4], wie ihre geliebte Mutter.⌋[5] In der Tat habe ich von ihm so oft das Gebot erhalten, den Augen der Welt alles zu entziehen. Jesus empfiehlt mir andauernd, nichts von den Gnaden, die er mir gewährt hat, ahnen zu lassen; wenn ich darin fehle, bestraft er mich. Er sagt mir wiederholt, dass ich mich schämen muss, wenn ich mich irgendjemand zeige, weil meine Seele voller Fehler ist ... Alles sei also allein für ihn.

Vollkommene Innigkeit, sanfte Vertrautheit, andauernder und zärtlicher Austausch, liebevolles Mitteilen zwischen den Drei göttlichen Personen und meiner Seele.

Ach! Wüssten wir doch um die Gabe Gottes! Wüssten wir doch, wer derjenige ist, der uns liebt! ...

---

1 Vgl. 2 Kor 4,15.
2 Fast wörtliche Übernahme von MARIE DE LA TRINITÉ, Lettres de „Consummata", S. 178. Siehe Einf., S. 14 Nr. 16 und S. 13 Nr. 5.
3 Fast wörtliche, am Ende glossierte Übernahme von MARIE DE LA TRINITÉ, Lettres de „Consummata", S. 179. Siehe Einf., S. 14 Nr. 16 und S. 13 Nr. 7.
4 Vgl. Lk 2,19.51.
5 Fast wörtliche Übernahme von MARIE DE LA TRINITÉ, Lettres de „Consummata", S. 254. Siehe Einf., S. 13–14 Nr. 13, 16 und 5.

15. Oktober 1932

Wie gut es tut, verzehrt zu bleiben in der Einheit! Wie gut es tut, ⌜nur ein ganz kleines Ding zu sein, das der göttlichen Antriebskraft vollkommen angepasst ist, und ganz eins zu sein mit dem einzigen und allein wahren Gott ...⌟¹, mit der Dreifaltigkeit, absolut losgelöst von allen irdischen und materiellen Dingen, um sich in ihm im Schweigen der Liebe zu verlieren.

Ich vermag wahrlich nur noch den göttlichen Ruhm zu lieben und zu besingen! Mein Leben ist nur noch ein Lobgesang des Glaubens, ein himmlischer Gesang, ein Gesang der Liebe an die Liebe. Es ist eine liebliche Melodie, die kein Ende kennt und die sich durch die Liebe ausdrücken will ... durch immer mehr Liebe! Alles erzählt mir von Gott, alles scheint mir strahlend vor Liebe! Alles scheint mir in ihr Licht getaucht, alles ruft mir ihre unbegreifliche Zärtlichkeit zu.

⌜Wie gerne würde ich die unendlichen Erweise der Barmherzigkeit unseres großen Gottes der Liebe für sein kleines Opfer besingen können, denn heute ist der Jahrestag meiner Weihe und meiner Hingabe an die Liebe²; jener ersten Gnade, die zur Quelle so vieler anderer wurde ...

Wenn ich so die Vergangenheit vorüberziehen lasse, was für ein Gegensatz zwischen dem, was er für mich getan hat, und dem, was ich für ihn getan habe! Das ist das Unendliche gegenüber dem Nichts ... Ich möchte meine dankbare Liebe besingen, aber ich kann nicht! Es ist zu viel, es ist mehr als alles, was man darüber sagen kann ... und ich kann nicht anders verbleiben als vernichtet und ganz versunken, ganz eingetaucht in ihn, ganz verzehrt in meiner Einheit mit ihm. Ich kann mir nur immer wieder sagen: „*Suscitans a terra inopem et de stercore erigens pauperem ...*"³, und andere ähnliche Dinge. Das hier ist so gut: Diese allerniedrigste, allerärmste und unvollkommenste Seele, die es gibt, er hat sie in der Einheit mit sich ganz vollendet ... Nein, noch nie hat er ein so großes Wunder getan.

Wahrlich, was für eine Wonne verkostet man, wenn man sich so armselig und so verachtenswert fühlt! ... Wie liebe ich diese Wahrheit, die mir immer mehr den unendlichen Abgrund meines Elends enthüllt. Wie

---

1 Markanter Ausdruck von MARIE DE LA TRINITÉ, *Lettres de „Consummata"*, S. 250. Siehe Einf., S. II Nr. 1
2 Wahrscheinlich eine Anspielung auf den Akt ihrer Hingabe an die göttliche Liebe vom 15. Oktober 1925, was erlaubt, für diesen Text ein Datum anzunehmen, da am Ende keines steht.
3 Ps 113,7: „*Aus dem Staub erhebt er den Schwachen und erhöht den Armen, der im Schmutz liegt.*" Damals wurde dieser Psalm in der Sonntagsvesper gesungen.

glücklich wäre ich, könnte ich sie allen zeigen, und welche Freude empfinde ich, wenn ich spüre, dass man mich ein wenig erkennt und so behandelt, wie ich bin.

Er ... Aber kann ich es bedauern? ... Er hat immer alles in mir in so erstaunlicher Weise getan, er allein, und mir scheint, dass er von mir nur ein Herz verlangt, das dem seinen ähnlich ist⌐1; das heißt ein sanftmütiges, demütiges Herz ... ⌐ein voll und ganz liebendes, demütiges, vertrauendes und dankbares Herz ... das nur auf die Liebe schaut.

Mir scheint, dass er nur diese volle und starke Liebe wünscht, die friedvoll und freudig über alle wirklichen Hindernisse in der Gegenwart und wahrscheinlichen oder möglichen in der Zukunft hinweggeht, um immer in Gott allein ihre Ruhe, ihre Mitte und ihr einzig Alles zu finden.

Mir scheint, dass dieses voll vertrauende Herz dasjenige ist, das, hingerissen von der unendlichen Macht der göttlichen Liebe, nicht zulässt, dass die menschlichen Möglichkeiten seine Hoffnung begrenzen, und das stattdessen seinem Vertrauen die Größe der Liebe gibt und das von Gott mit friedvoller Zuversicht unendlich mehr erwartet, als man sich vorstellen und wünschen kann.

Mir scheint, so ein demütiges Herz muss eines sein, das, durchdrungen von seinem Elend, von seiner Machtlosigkeit und seiner Nichtigkeit, freudig und mit Liebe akzeptiert, dass es immer geringer ist als alle und alles, das aber trotzdem das Vertrauen hat, dass Gott aus seiner armseligen Schwäche seinen Ruhm schöpft.

Vielleicht verstehe ich nicht gut, was Demut ist, aber ich liebe die Wahrheit und ich möchte vor den Augen aller verschwinden können.

Und dann die Dankbarkeit, die alles krönt, das ist jener so einfache Schwung, der wie spontan aus meinem Herzen hervorbricht: *„Magnificat anima mea Dominum ... Quia respexit humilitatem ancillae suae ... Quia fecit mihi magna ..."*[2]

Schließlich habe ich, als ich meinen göttlichen Erlöser an seinem Kreuz betrachtete, verstanden, dass er, indem er mich mit seinem Zustand

---

[1] Fast wörtliche Übernahme von MARIE DE LA TRINITÉ, *Lettres de „Consummata"*, S. 145–146, mit abweichender Erfahrung (Marthe spielt auf ihren Akt der Hingabe von 1925 an). Siehe Einf., S. 14 Nr. 16 und S. 13 Nr. 12.

[2] Lk 1,46.48.49: *„Meine Seele preist die Größe des Herrn ... Denn auf die Niedrigkeit seiner Magd hat er geschaut ... Denn er hat Großes an mir getan ..."*

der Ohnmacht und der Schwäche vereint hat⌋¹, mich an die Stelle seines leidenden und eucharistischen Lebens gesetzt hatte ...

⌜Ich möchte so sehr, dass an meinem Äußeren die Liebe, die innen ist, offenbar werde! Ich möchte so sehr eine wahre kleine Hostie sein, die meinen Jesus sorgsam verbirgt, ihn aber allen offenbart ... und ich bin noch so weit davon entfernt! Sie wissen es besser als ich, Sie, Père, denn man sieht sich selbst immer mit Augen, die zu nachsichtig sind; und ich weiß wohl, dass, obwohl ich mich fühle, als wäre ich unendlich gering, ich mich immer noch höher fühle, als das, was ich bin⌋² in Wirklichkeit.

↑ < 15. Oktober 1932 (Samstag) >³

Ehre und Ehre sei Gott in der Höhe! Ehre sei Gott in seinen Heiligen! ... Alle Himmel feiern deinen Ruhm, Herr, alle Welten lieben dich und dienen dir! Jene, die Leben erhalten haben in dir, legen Zeugnis ab vor dir im Geist und in der Wahrheit gemäß der Freiheit, die du ihnen geschenkt hast.

Ah! ⌜Wie gut es tut, denen nachzufolgen, die sich den Blicken entzogen haben, und durch sein ganzes Leben jenes Wort eines Heiligen zu wiederholen: „Ich bin für die ewigen Dinge gemacht, nur für Gott bin ich gemacht! ..." Das hilft uns, vollkommen losgelöst von allem zu leben, was nicht Gott ist. Allein ... und schon im Himmel.⌋⁴

Auf Erden wie im Himmel ... und um wie viel mehr noch heute, wo der Himmel und die Erde zusammen und im Einklang erbeben mit ein und derselben Freude, im gleichen göttlichen Jubel: Es ist das Fest aller Heiligen.

⌜Nachdem ich lange an sie gedacht habe, nachdem ich zu ihnen gebetet und ihre einmütige und machtvolle Hilfe für mich und alle teuren Seelen auf der Erde erfleht habe, in der tiefsten und innigsten Vereinigung mit

---

1 Fast wörtliche Übernahme von MARIE DE LA TRINITÉ, *Lettres de „Consummata"*, S. 126, mit abweichender Erfahrung am Schluss (aus *kleiner Erlöser in seiner Krippe* wird: *Erlöser am Kreuz*). Siehe Einf., S. 13–14 Nr. 16 und 12.
2 Fast wörtliche Übernahme von MARIE DE LA TRINITÉ, *Lettres de „Consummata"*, S. 173. Siehe Einf., S. 14 Nr. 13 und 16.
3 Dieser Text endet mit zwei Zeilen oben auf einer leeren Seite und der nachfolgende beginnt auf der Rückseite (was auf eine Niederschrift an einem anderen Tag schließen lässt). Er lässt sich wahrscheinlich auf den 15. Oktober 1932 datieren wegen der Anspielung auf den Akt der Hingabe. Siehe S. 485 Anm. 3.
4 Fast wörtliche Übernahme von MARIE DE LA TRINITÉ, *Lettres de „Consummata"*, S. 254. Siehe Einf., S. 15 Nr. 19 und S. 13 Nr. 5.

Gott allein ... während mein ganzes Wesen vor Leben, Jubel und Liebe erzitterte und ich aus tiefstem Herzen wiederholte: „Hebt euch nach oben, ihr uralten Pforten!", wurde mein Geist einen Augenblick lang fortgerissen und wie eingetaucht in Licht und Liebe. Einen Augenblick lang ging ein Strahl der Herrlichkeit durch mein Wesen und hat mich ganz durchdrungen. Ich sage „Herrlichkeit", weil ich in diesem Augenblick nicht an mich Armselige gedacht habe, sondern an die Herrlichkeit, an die Freude Gottes, an die Herrlichkeit, an das Glück der Heiligen.」[1] Ich muss nur die Augen schließen, um diesen Glanz wieder zu sehen und, falls ich es wollte, um die süßeste Trunkenheit der Glückseligkeit zu erleben. Aber ich halte mich in meiner Freude nur auf, um sie besser zu verstehen und um zu versuchen, sie meinem geistlichen Begleiter zu erklären, der will, dass ich < ihn > auf dem Laufenden halte und ihm über alles Bericht erstatte.

⌈Das Leben ist so harmonisch in mir, so überfließend, so voll, ich will sagen, dass ich mich in einem solchen Glück der Vereinigung, der Geborgenheit, der Liebe, der Gegenwart befinde, dass ich wahnsinniger, leidenschaftlicher liebe als je zuvor! ... So sehr, dass ich den Eindruck hatte, zum ersten Mal dankzusagen, zum ersten Mal die Demut herbeizurufen und zu fühlen, zum ersten Mal zu glauben und zu spüren, dass mein Herz von den Regungen seines Herzens gezeichnet ist! ...」[2], dass ich zum ersten Mal mit der unsichtbaren Welt in Kontakt trat, die Wunder der Gnade betrachtete, in die Tiefe der Geheimnisse eindrang ... dass sich meine Seele zum ersten Mal der Liebe und den mystischen Umarmungen ihres Gottes öffnete.

⌈Ich lebe, ich trinke, ich atme göttliches Leben ein! Ich muss mich nur einen Augenblick sammeln, um sogleich die süßeste Vereinigung zu erleben, um die erhabene Gegenwart voller zu genießen, um schließlich zu fühlen, wie das große Leben in mir schlägt. Manchmal ruft es mich, ich antworte ihm, aber diese Antwort der Seele ist nur das Echo des Lebens Gottes, das sich in ihr liebt. Manchmal ist es fast zu viel für mein Herz und wenn ich mich von den äußeren Dingen zurückziehe, werde ich von Liebe überströmt, überflutet.」[3] Meine Seele ist in Gott, Gott ist in meiner Seele, ich versenke mich, ich verliere mich, ich verzehre mich in ihm, in den unsichtbaren Tiefen der heiligen Dreifaltigkeit im Schoss der Gottheit selbst ...

---

[1] Glossierte Übernahme aus KLEIN, *Madeleine Sémer*, S. 195. Siehe Einf., S. 13 Nr. 7.
[2] Glossierte Übernahme aus KLEIN, *Madeleine Sémer*, S. 195. Siehe Einf., S. 13 Nr. 7 und 5.
[3] Sehr freie Übernahme aus KLEIN, *Madeleine Sémer*, S. 195. Siehe Einf., S. 13 Nr. 7 und 5.

1. November 1932

Es scheint, als ob die Seele durch die Liebe Gott in Gott selbst erkenne und seine ewige Glückseligkeit teile!

Ich liebe meinen Gott, ich liebe die Kirche, meine Mutter, ich liebe die strahlende und immer seligmachende Dreifaltigkeit, ich liebe die heiligste Jungfrau Maria, sie, die ich schon so lange meine geliebte Mama nenne ... Ich liebe alle Heiligen und alle Seelen in Gott und ich möchte sie alle retten.

„Herr, ich will jubeln über die Werke deiner Hände! ... Wie groß sind deine Werke, o Herr, wie tief deine Gedanken! ..."[1] Oh! Wie ich in ihm alle Geschöpfe liebe! Welches Bedürfnis in mir, welcher Durst, ihn weiterzugeben!

Oh lebendige und immer wirksame Opferung! Ich vereine mich mit dir, ich überlasse mich dir und gebe mich ganz deiner reinen Liebe zurück.

Ich habe die wahre Freude gefunden, die einzige, die man begehren darf: die Freude, dass man für die anderen lebt und für ihr übernatürliches und göttliches Glück. Ich fühle den unermesslichen Wunsch in mir, die Wahrheit auszustrahlen und die Liebe zu verbreiten, in anderen Seelen die geistlichen Schätze auszusäen, die in mir alle Tage im Überfluss vorhanden sind.

Ja, der Eifer für das Haus Gottes verzehrt mich, der Wunsch, mich für alle zu opfern, bedrängt mich unablässig und das treibt mich in allen Leiden, in allen Mühsalen und Trübsalen voran.

Hatte ich früher nicht ein Martyrium erbeten, sondern alle Martyrien aller Heiligen der vergangenen, gegenwärtigen und kommenden Zeiten? Ist es da erstaunlich, wenn ich jetzt nicht eine Seele will, sondern alle Seelen, um sie Gott zu geben? Nicht ein Leben, sondern alle Jahrhunderte, um die Liebe zu lieben und zu bewirken, dass sie geliebt werde?

Nichts weniger als die Unermesslichkeit der Zeit brauche ich, die Unermesslichkeit der Räume und die Gesamtheit der Seelen, um mein unermesslich großes Herz, das nach Liebe dürstet, zu erfüllen.

Mein ganzes Wesen ist vorbehaltlos der Liebe ausgeliefert! ... Mein Leben ganz „*in coelis*"[2] scheint nur noch eine süße und liebliche Ausgießung

---

1 Vgl. Ps 92,5–6.
2 *im Himmel.* Ausschnitt aus der ersten Zeile einer Motette des spanischen Komponisten Tomás Luis de Victoria (1548–1611), die an Allerheiligen gesungen wurde: *Gaudent in coelis animae Sanctorum / Die Seelen der Heiligen freuen sich im Himmel.* (Anm. d. Übers.).

von Liebe zu sein, ein langes und glühendes Streben nach Gott, ein begeistertes Vorangehen ins ewige Leben.

Ich habe jetzt wirklich nur noch einen Traum, nur noch einen Wunsch, der mich aber begeistert, der mich verzehrt: zu lieben und zu bewirken, dass man den lieben Gott liebe, wie ich ihn liebe. Meine Gebete, mein Handeln, mein inneres Beten, meine Leiden haben nur ein Ziel: allen das Geheimnis des Glücks, das ich in so vollem Maße besitze, zu enthüllen und Gott zu geben, ihn allen und ihn immer zu geben ... Also, mich opfern zu lassen, mich von der Liebe aufbrauchen und verzehren zu lassen, zugunsten der Heiligung aller, um die Seelen und zwar alle Seelen zu Gott hin zu ziehen, um sie mitzunehmen auf die höchsten Gipfel des Berges, der Christus ist, hinein in die durch nichts zu störende Ruhe des ewigen Schweigens der heiligen Dreifaltigkeit. Dorthin, wo man liebt, wo man aus dem großen und schönen Leben Gottes lebt, der ganz Liebe ist, wo man sich mit ihm in innigstem und wonnevollstem Austausch unterhält ...

In welche Höhe, auf welchen Gipfel, in welches unvorstellbare Licht würde der Herr unsere Seelen tragen, wenn wir es verstünden, auf die Anrufungen seiner Liebe zu antworten und alle Gnaden, die er uns anbietet, zu nutzen! Möge mein schönes Leben aus Liebe, möge mein langsames Dahinsterben Früchte hervorbringen, schöne, ewige Früchte!

Möge mein so großes Glück, möge meine schöne Vereinigung an diesem Tag allen in herrlicher Weise dienen, möge sie allen zur größeren Ehre Gottes gewährt werden.

↑ 1. November 1932 (Dienstag)

Deshalb, weil Sie es mir befohlen haben, will ich Ihnen, Père, darstellen, was Jesus in letzter Zeit in mir getan hat: ⌈Er führt mich immer auf dem gleichen Weg, den er und *Regina Martyrum*¹ gegangen sind. Es kommt mir vor, als wolle mein göttlicher Meister mich wie mit dem zweifachen Siegel des Schmerzes und der Reinheit meiner Mutter gezeichnet sehen.⌋² Er lässt mich verstehen, dass, da sie meine Meisterin gewesen ist in der Schule seines Herzens und meine Mittlerin, um alle Gnaden daraus zu erhalten, sie jetzt in dem großen Akt der Hingabe meine Herrin und meine Mutter sein wird ... ⌈In der Tat liebe ich es so sehr, alles blindlings in

---

1 Gemeint ist Maria, die *Königin der Märtyrer*. (Anm. d. Übers.).
2 Aneinandergereihte und glossierte Übernahme von MARIE DE LA TRINITÉ, *Lettres de „Consummata"*, S. 165 und 197. Siehe Einf., S. 13 Nr. 7 und 5.

die Hände dieser zärtlichen und geliebten Mutter zu legen, deren Schutz ihr Kind immer mehr fühlt. Damit ich nicht erlebe, dass die Wohltaten der Jungfrau Maria über mein Vertrauen hinausgehen, muss ich von ihr grenzenlose Dinge erhoffen.⌋ [1]

⌈Als ich am Oktavtag von Allerheiligen ein bisschen mit Mama im Evangelium las, fühlte ich mich zu diesem Kommentar der Seligpreisungen gedrängt:⌋ [2]

⌈Selig die kleinen Seelen, die Hostien sind, arm an allem und an sich selbst⌋ [3], weil sie ⌈im Gedanken Gottes leben, erfreuen sie sich der Gesellschaft des Sohnes und werden ganz und gar von der Liebe gestillt.⌋ [4]

⌈Selig die kleinen Seelen, die Hostien sind, sanft zu Gott und dem Nächsten, denn die göttliche Sanftheit hat Besitz von ihnen ergriffen und sie ergreifen Besitz von allen Seelen.

Selig die kleinen Seelen, die Hostien sind und die weinen, denn in ihren Tränen werden sie eine Quelle des Trostes finden.

Selig die kleinen Seelen, die Hostien sind und die hungern und dürsten nach der Gerechtigkeit, denn sie werden überreich gesättigt werden.

Selig die kleinen Seelen, die Hostien sind, die zu allen barmherzig sind und die die göttliche Barmherzigkeit weitergeben, denn sie werden selbst barmherzig behandelt werden.

Selig die kleinen Seelen, die Hostien sind und ein reines Herz haben, denn sie werden Gott in einem sehenden und lebendigen Glauben schauen, auf Erden wie im Himmel.

Selig die kleinen Seelen, die Hostien sind und Frieden stiften, weil sie wissen, dass sie die geliebten Kinder des lieben Gottes sind.

---

1 Fast wörtliche Übernahme von MARIE DE LA TRINITÉ, *Lettres de „Consummata"*, S. 270. Siehe Einf., S. 14 Nr. 16 und S. 13 Nr. 5.
2 Personalisierte, auf dem Hintergrund des Neuen Testament glossierte Übernahme von MARIE DE LA TRINITÉ, *Lettres de „Consummata"*, S. 231 (Marthe fügt ihre Mama hinzu). Siehe Einf., S. 14 Nr. 14 und S. 13 Nr. 5.
3 Vgl. dazu das *Livre de l'Amour miséricordieux* (*Buch der barmherzigen Liebe*), S. 120, hier mit Wechsel der Person. Siehe Einf., S. 13 Nr. 9. Das *Livre de l'Amour miséricordieux*, das die Offenbarungen Christi an eine Person in Arras seit 1930 wiedergibt, hat 1934 die kirchliche Druckerlaubnis erhalten. Man kann also daraus schließen, dass dieser letzte, undatierte Text von Marthe später hinzugefügt wurde. Fest steht, dass jenes *Livre de l'Amour miséricordieux* in den Briefen Marthes in den Jahren 1935–1936 auftaucht, was die Hypothese einer späteren abschließenden Ergänzung im Tagebuch bekräftigt.
4 Übernahme von MARIE DE LA TRINITÉ, *Lettres de „Consummata"*, S. 231. Siehe Einf., S. 13 Nr. 6.

Selig die kleinen Seelen, die Hostien sind und um der Gerechtigkeit willen verfolgt werden, weil < ihnen > das Himmelreich gehört: Da sie Anteil haben an den Leiden und an den Demütigungen des Herrn, werden sie auch an seiner Herrlichkeit Anteil haben.

Jesus hat gesagt: Ihr werdet glücklich sein, wenn ihr von der Welt, die die Hostie verkennt und verfolgt, wie Hostien behandelt werdet.

Deshalb freue ich mich, dass ich immer mehr mit der allzeit verkannten, verfolgten, geschmähten und verhöhnten Hostie identifiziert werde, weil Gott schon auf dieser Erde meine unendliche Belohnung ist; und weil ich als kleine, vom himmlischen Vater geliebte Hostie Anteil erhalte an der Glückseligkeit des Sohnes im göttlichen Sakrament, da ich mit seinen Leiden eins bin und mich seinem Tod angleiche.⌐[1]

⌐So bleibe ich durch alles hindurch treu auf dem Weg der stillen Anbetung. Das ist meine Art, die Demut, die Großzügigkeit und die Liebe zu praktizieren. Ah! Wie glücklich wäre ich, Père, könnte ich all seine Barmherzigkeit besingen, aber ich bin so daran gewöhnt zu schweigen ...⌐[2] ⌐Ich kann kaum etwas tun, wenn Er mich nicht dazu veranlasst, und er bringt mich selten dazu zu reden ...⌐[3] Und dann ⌐gäbe es so viel zu sagen, dass ich oft nicht weiß, was ich wählen soll. Dann bleibe ich ganz einfach in ihm und lasse geschehen, was er in diesem Augenblick tut, in der Überzeugung, dass das, was ich Ihnen sage, so unbedeutend es auch sein mag, das ist, was er will.⌐[4]

⌐Ich empfinde eine so große Freude, wenn ich mein Herz, das voller Liebe ist, ausschütten kann, und wenn ich nicht so viel rede, wie Sie es eigentlich möchten, dann nicht, glauben Sie mir, wie Sie manchmal sagen, „um mehr Glück zu haben ...⌐[5] Das kommt daher, dass zu vieles in meiner Seele ist und es mir deshalb nie gelingt, Ihnen alles zu sagen, doch weiß ich wohl, dass ich Ihnen gegenüber immer sehr offen sein will.

---

1 Übernahme aus dem *Livre de l'Amour miséricordieux*, S. 120–121, mit Wechsel der Person. Siehe Einf., S. 13 Nr. 9.
2 Fast wörtliche Übernahme von MARIE DE LA TRINITÉ, *Lettres de „Consummata"*, S. 231. Siehe Einf., S. 14 Nr. 13 und 16.
3 Übernahme von MARIE DE LA TRINITÉ, *Lettres de „Consummata"*, S. 237. Siehe Einf., S. 13 Nr. 5.
4 Übernahme von MARIE DE LA TRINITÉ, *Lettres de „Consummata"*, S. 163–164. Siehe Einf., S. 13 Nr. 5.
5 Glossierte Übernahme von MARIE DE LA TRINITÉ, *Lettres de „Consummata"*, S. 237. Siehe Einf., S. 13 Nr. 7 und 5.

⌐Mama hat Ihnen, glaube ich, gesagt, dass, als es mir sehr schlecht ging, die Geheimnisse der Liebe ein wenig nach außen hin zum Vorschein gekommen sind. Ich war hinterher traurig darüber. Aber seit Sie mir gesagt haben, dass der liebe Gott es so gewollt habe, bin ich beruhigt und glücklich wie zuvor.

Der göttliche Wille ist immer anbetungswürdig und höchst liebenswert. Er belässt mich noch auf der Erde und ich bin glücklich darüber: Es ist so herrlich, weiter leiden zu können¬[1] und alles zu geben ...[2]

---

[1] Glossierte Übernahme von MARIE DE LA TRINITÉ, *Lettres de „Consummata"*, S. 231–232. Siehe Einf., S. 13 Nr. 7.
[2] Der Text endet ohne Datum. Im Heft verbleiben vier leere Seiten.

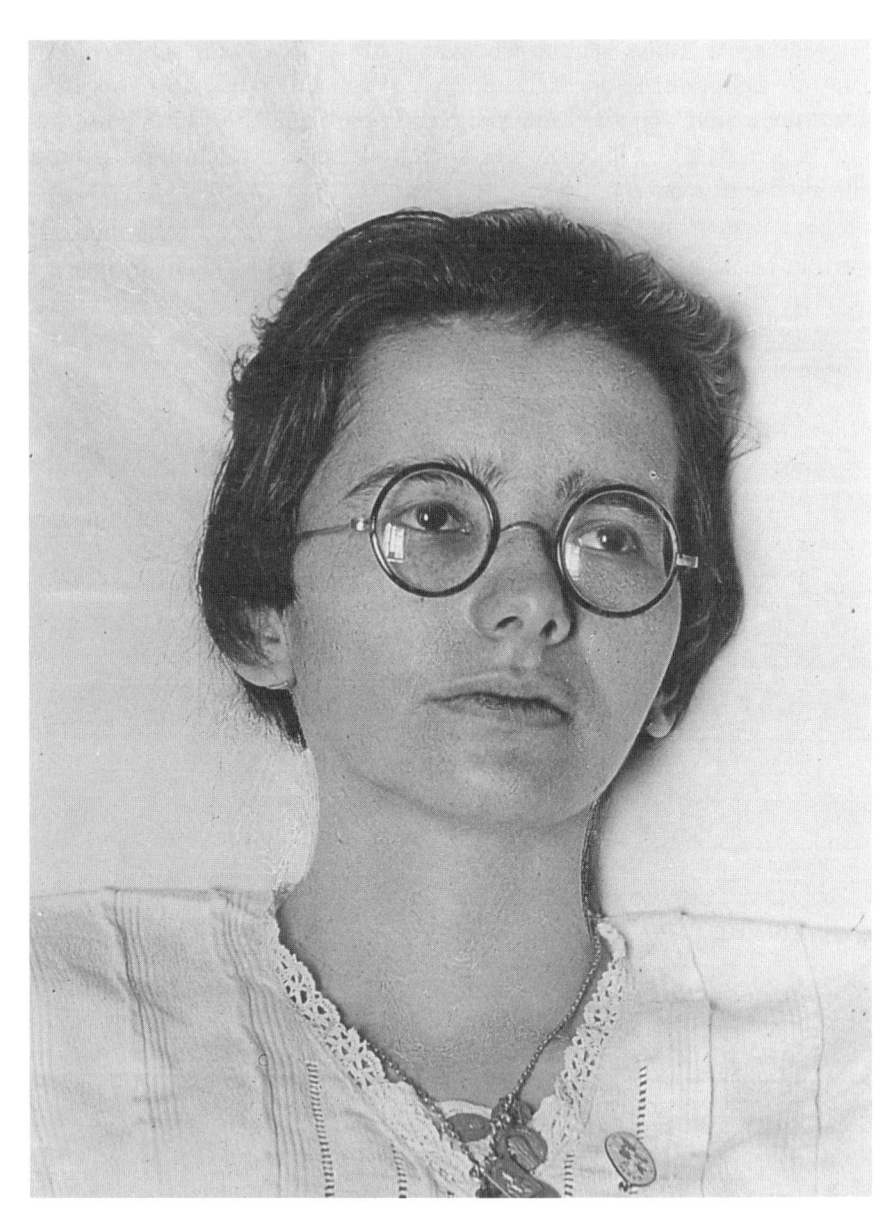

Marthe Robin (1902–1981) mit 28 Jahren, als sie ihr Tagebuch verfasste
(Photo Louis Taly, © Foyer de Charité)

Kleine Chronologie

13. März 1902	Geboren in Châteauneuf-de-Galaure (Departement Drôme) als sechstes Kind einer bäuerlichen Familie, die eine kleine Landwirtschaft betreibt.
5. April 1902	Taufe in der Kirche von St. Bonnet-de-Galaure.
1903	Die Familie wird von einer Typhus-Epidemie betroffen. Eine Schwester Marthes stirbt, Marthe bleibt lebenslang an ihrer Gesundheit geschwächt.
3. Mai 1911	Firmung.
15. August 1912	Erstkommunion.
1918	Marthe erkrankt an einer Gehirnentzündung, worauf sich ihr Gesundheitszustand zunehmend verschlechtert. Sie verdient ihren Lebensunterhalt durch Näh- und Stickarbeiten.
20. Mai 1921	Erste Erscheinung der Muttergottes.
15. Oktober 1925	Vollständige innere Weihe an den Herrn.
1927	Erscheinung der hl. Thérèse von Lisieux, die ihr mitteilt, dass sie ihre Mission im 20. Jahrhundert weiterführen solle.
zwischen November bis 2. Dezember 1928	Eine Volksmission findet in der Pfarrei von Châteauneuf statt. Nach einem Gespräch mit einem Kapuzinerpater und einer Erscheinung von Jesus begreift Marthe, dass ihr Leben als Kranke viele Früchte tragen kann.
1929	Weitgehende Lähmung, so dass Marthe nur noch den Kopf und einzelne Finger bewegen kann und seitdem

	an ihr Bett gefesselt ist. Dennoch wird Marthe zunehmend für viele Besucher zur Seelenführerin.
24. Februar 1930	Eintritt in den Dritten Orden des hl. Franziskus.
2. Oktober 1930	Beginn der Stigmatisierung. Marthe erlebt fortan jeden Freitag die Passion Christi.
1933	Marthe empfängt vom Herrn die Offenbarung des „großen Werkes seiner Liebe": Die Foyer des Lichtes, der Nächstenliebe und der Gottesliebe.
12. Oktober 1934	Auf Anregung Marthes eröffnet der Ortspfarrer Léon Faure eine christliche Mädchenschule.
10. Februar 1936	Begegnung mit P. Georges Finet, der ihr geistlicher Begleiter wird. Ihm vertraut sie ihren Plan an, „Foyers de charité", zu gründen, Zentren, in denen durch Laiengemeinschaften eine vertiefte Gottesbegegnung ermöglicht werden soll.
7.–13. September 1936	In Châteauneuf-de-Galaure werden erstmals Exerzitien im Geist der „Foyers" abgehalten.
1939	Die Krankheit befällt das Sehzentrum.
ab 1941	Schrittweise Gründung der Foyers de Charité in Frankreich, dann in Belgien.
1961	Gründung des ersten afrikanischen Foyer in Togo.
6. Februar 1981	Heimgang.
10. Februar 1986	Eröffnung des Diözesanprozesses für die Selig- und Heiligsprechung.
14. April 1990	Heimgang von Père Georges Finet, geistlicher Begleiter von Marthe und mit ihr zusammen Gründer der Foyer de Charité.
30. Mai 1996	Übergabe des Dokumentenbestandes über den Prozess von Marthe an die Kongregation für die Heiligsprechungen in Rom.
7. November 2014	Kirchliche Anerkennung als „ehrwürdige Dienerin Gottes".

Oh ! c'est vrai, j'ai l'esprit et le cœur plein de lumière et de vérité !
Je devrais ouvrir toute grande mon âme sur tant de pauvres humains qui ignorent tout de Dieu, de la vraie vie.
Mais je reconnais trop grande mon incapacité physique et morale, je sais trop mes insuffisances.
O mon Jésus, comblez tous mes vides.. arrachez-moi de moi-même et pour toujours ; et comblez-moi de Vous, comblez-moi de l'abondance de tous Vos biens.
Mon doux Jésus, donnez-moi tout ce que Vous voulez que je Vous donne..... tout ce que Vous voulez que je leur donne.
Que Vous aimant, faites aussi que je Vous fasse aimer !

Je porte en moi la grâce, la vie même de Dieu ! Je veux tout faire pour augmenter sa Gloire, pour agrandir son Règne.
Seigneur je suis Votre tout petit instrument, je suis là pour faire Votre volonté, pour réaliser tous Vos désirs, pour Vous donner tout mon amour...... et pour chanter Vos louanges.

Je ne recherche ni ne fuit les croix nouvelles ! Les rechercher serait peut être orgueil de ma part, les fuir serait bien sûr lâcheté.
Je veux bien tout ce que le Bon Dieu me donne, tout ce qu'il Veut que je souffre pour son Amour. Et lorsque dans ma nature jamais assez crucifiée je sens venir un frémissement d'épouvante, je me blottis bien vite dans les bras si tendrement maternels de la Sainte Vierge et là sur son cœur je fais bien doucement un acte d'amour et d'abandon aux Trois Divines personnes de la Sainte Trinité.
Je ne demande rien, ni vivre ni mourir, ni guérir ; et si je pouvais, s'il m'était permis de choisir, je crois que je ne choisirais rien. Car ce que j'aime c'est ce que Dieu fait en moi et pour moi, c'est ce qu'il me demande pour Lui en faveur des âmes.
Mon Dieu ! Vous me comblez de joie, Vous m'inondez d'amour par tout ce que Vous faites.

Mon Dieu, je suis Vôtre pour Vous donner tous les consolations pour réparer toutes mes fautes..... pour chanter éternellement Vos miséricordes.

Eine Seite aus dem Tagebuch von Marthe Robin

Die Foyers de Charité...

... sind Gemeinschaften von Getauften, Männern und Frauen, und ein internationales Werk in der katholischen Kirche. Das erste Foyer de Charité wurde von Marthe Robin mit Père Georges Finet in Châteauneuf-de-Galaure (Drôme) gegründet. Das Werk ist derzeit in über 40 Ländern verbreitet.

Die Mitglieder eines Foyer de Charité teilen nach dem Beispiel der ersten Christen miteinander ihre Güter, ihre Kompetenzen und ihre Charismen und leben in Gemeinschaft mit einem Priester, dem Foyervater.

Sie antworten auf den Ruf Gottes, indem sie sich auf Dauer für die Neuevangelisierung und Verkündigung des Evangeliums engagieren. Jeden Tag vertrauen sie sich der Jungfrau Maria an. So machen sie durch ihre Arbeit, ihr Gebet, ihr Zeugnis, ihr geschwisterliches Leben und die Weise, wie sie Menschen empfangen, die Liebe Gottes für alle Menschen und die Schönheit des Lebens mit Christus deutlich.

Die erste Sendung der Foyers de Charité

sind geistliche Exerzitien. Sie vermitteln den katholischen Glauben in ansprechender und überzeugender Weise.

Die Exerzitien

werden vom Foyervater (oder einem anderen Priester) gehalten und durch die Arbeit und das Gebet der ganzen Gemeinschaft mitgetragen.

Die Exerzitien sind offen für Menschen jeden Alters und aus jedem Stand, für Gläubige und Fernstehende, für Verheiratete, Geschiedene und Alleinstehende, für Priester und Ordensleute.

Die Exerzitien

sind ein persönlicher Weg, den man aber nicht alleine geht. Denn während der ganzen Woche bilden Teilnehmer und Foyermitglieder eine große Familie. In dieser Zeit werden die wesentlichen Fragen, die sich jeder Mensch über das Leben stellt, im Lichte des Evangeliums und der Lehre der Kirche vertieft.

Ein entscheidender Bestandteil der Exerzitien ist, dass man das Erlebte in einer Atmosphäre des Schweigens auf sich wirken lässt. Marthe sagte: „Im Schweigen der Geschöpfe spricht Gott zur Seele. Da geht Gott direkt ins Herz". Der Schlusstag ist dann ein Tag des freundschaftlichen Austausches.

Diese 6 Tage stellen eine bereichernde Erfahrung dar. Ein Jugendlicher hat es so ausgedrückt : „Ich bin schon einmal um die ganze Welt herumgefahren, aber in diesen 6 Tagen habe ich einen inneren Weg gemacht, der viel bedeutender, viel wichtiger ist."

In unserem Gründungstext findet sich folgendes Versprechen Jesu an Marthe:

> „Ich werde über das Werk und über jedes seiner Mitglieder
> Fluten von Licht und von Gnaden ausgießen!
> Ich werde hier erstaunliche Wunder wirken!"

Angebote des Foyers in deutscher Sprache

Foyer de Charité „Haus am Sonntagberg"
Sonntagberg 6
3332 Sonntagberg
ÖSTERREICH
T: 0043-(0)7448-3339
www.foyersonntagberg.at

Foyer de Charité „Le Windeck-Ottrott"
Domaine du Windeck
51, rue Principale
67530 Ottrott
FRANKREICH
T: 0033-(0)3 88 48 14 00
www.foyer-ottrott.com

Foyer de Charité „La Flatière"
943, route de la Flatière
74310 Les Houches
FRANKREICH
T: 0033-(0)4 50 55 50 13
www.flatiere.fr

Zentrumsfoyer in Châteauneuf
85, rue Geoffroy de Moirans,
26330 Châtauneuf-de-Galaure
FRANKREICH
T: 0033-(0)4 75 68 79 00
www.foyer-chateauneuf.com
www.martherobin.com
Email: secretariat.foyer@fdc-chateauneuf.com

Besuchen Sie unsere deutsche Homepage unter www.marthe-robin.de.
Dort finden Sie Exerzitien und Angebote in deutscher Sprache.

Weitere Bücher über Marthe Robin

Das Leben der Mystikerin Marthe Robin

Parvis-Verlag, 2008, 352 Seiten, ISBN 978-2-88022-809-3
Père Bernard Peyrous unter der Mitarbeit von Marie-Thérèse Gille

Diese Biographie ist das Ergebnis einer mehrjährigen Arbeit und genauester Recherchen des Autors, Bernard Peyrous, Priester und Postulator ihres Seligsprechungsprozesses in Zusammenarbeit mit Marie-Thérèse Gille, Vizepostulatorin und Mitglied der Foyers de Charité. Es ist dokumentarisch belegt durch mehr als hundert Zeugnisse, die seit ihrem Tod gesammelt wurden und beruht auf einer gründlichen Kenntnis der Korrespondenz und der Aufzeichnungen von Marthe Robin.

Danke Marthe

Verlag Editions Foyer de Charité, 2013, 148 Seiten,
ISBN 978-2-9155-3411-5

Dieser Jubelruf des Herzens bricht aus den unzähligen Zeugnissen hervor, die seit dem 6. Februar 1981 in Châteauneuf eintreffen. Bereits auf Erden eine Freundin der Menschen, ist Marthe Robin dies heute noch weit mehr im Himmel. Zu ihrem 30. Todestag bezeugt diese Auswahl einiger Gnaden und Gunsterweise, die ihrer Fürsprache zugeschrieben werden, von der Zuneigung derer, die Marthes Wirken in ihrem Leben erkannt haben.

Marthe Robin, eine große Schwester

Media Maria Verlag & Versandbuchhandlung, 2016, 44 Seiten
Unter der Leitung des Foyer de Charité von Tressaint

Dieses Buch ist entstanden nach einem Buch in französischer Sprache und dem Wunsch, auch den Kindern im deutschsprachigen Raum die Person Marthe Robins und ihr Wirken für die Kirche näher zu bringen. Wie eine große Schwester wird Marthe Dir das Geheimnis der Freude und der Liebe enthüllen.